Volker Züllighoven

Verbraucherschutz durch Informationspflichten im Wettbewerbsrecht

Volker Züllighoven

Verbraucherschutz durch Informationspflichten im Wettbewerbsrecht

Am Beispiel der Irreführung durch Unterlassen

Tectum Verlag

Erste Berichterstatterin: Prof. Dr. Petra Pohlmann
Zweiter Berichterstatter: Prof. Dr. Ingo Saenger
Dekan: Prof. Dr. H.-D. Steinmeyer
Tag der mündlichen Prüfung: 21.10.2008.

D6

Volker Züllighoven

Verbraucherschutz durch Informationspflichten im Wettbewerbsrecht.
Am Beispiel der Irreführung durch Unterlassen

Zugl.: Westfälische Wilhelms-Universität Münster, Univ. Diss. 2008

ISBN: 978-3-8288-2246-7

Umschlagabbildung: © www.photocase.de, giftgruen

Umschlaggestaltung: Felix Hieronimi

Besuchen Sie uns im Internet
www.tectum-verlag.de

Bibliografische Informationen der Deutschen Nationalbibliothek
Die Deutsche Nationalbibliothek verzeichnet diese Publikation in der Deutschen Nationalbibliografie; detaillierte bibliografische Angaben sind im Internet über http://dnb.ddb.de abrufbar.

meinen Eltern

Inhaltsverzeichnis

Abkürzungsverzeichnis

Die verwendeten Abkürzungen sind erläutert bei:

Kirchner, Hildebert (Begr.), Butz, Cornelie: Abkürzungsverzeichnis der Rechtssprache, 5. Auflage, Berlin, 2003.

bzw.

Dudenredaktion (Hrsg.), Duden – Die deutsche Rechtschreibung, 24. Auflage, München, 2006.

Ferner wurden folgende Abkürzungen verwendet:

BuReg	Bundesregierung
BuRat	Bundesrat
GdV	Gesamtverband der deutschen Versicherungswirtschaft
Muster-AKB	Musterbedingungen des Gesamtverbandes der deutschen Versicherungswirtschaft für die allgemeine Kraftfahrzeugversicherung
SMG	Schuldrechtsmodernisierungsgesetz
UGP-RL	Richtlinie 29/2005/EG des Europäischen Parlamentes und des Rates über unlautere Geschäftspraktiken zwischen Unternehmen und Verbrauchern und zur Änderung der Richtlinien 97/7/EG, 98/27/EG und 2002/65/EG des Europäischen Parlamentes und des Rates sowie der Verordnung (EG) Nr. 2006/2004 des Europäischen Parlamentes und des Rates (Richtlinie über unlautere Geschäftspraktiken)

Literaturverzeichnis

Ackermann, Brunhilde:
Sprachproblem im europäischen Primär- und Sekundärrecht und der Turmbau zu Babel
in: WRP 2000, 807 - 812.
(zitiert: Ackermann WRP, 2000, 807, Seite)

Adomeit, Klaus:
Die gestörte Vertragsparität - ein Trugbild;
in: NJW 1994, 2467 - 2469.
(zitiert: Adomeit NJW 1994, 2467, Seite)

Adomeit, Klaus:
Herbert Marcuse, der Verbraucherschutz und das BGB;
in: NJW 2004, 579 - 582.
(zitiert: Adomeit NJW 2004, 579, Seite)

Ahrens, Hans-Jürgen:
Verwirrtheiten juristischer Verkehrskreise zum Verbraucherleitbild einer „normativen" Verkehrsauffassung;
in: WRP 2000, 812 - 815.
(zitiert: H. J. Ahrens WRP 2000, 812, Seite)

Ahrens, Sönke:
Der Irreführungsbegriff im deutschen Wettbewerbsrecht;
in: WRP 1999, 389 - 397.
(zitiert: S. Ahrens WRP 1999, 389, Seite)

Alexander, Christian:
Die Sanktions- und Verfahrensvorschriften der Richtlinie 2005/20/EG über unlautere Geschäftspraktiken im Binnenmarkt - Umsetzungsbedarf in Deutschland?;
in: GRUR Int. 2005, 809 - 815.
(zitiert: Alexander GRUR Int. 2005, 809, Seite)

Alexander, Christian:
Vertrag und unlauterer Wettbewerb;
Diss., München; München; 2002.
(zitiert: Alexander, Vertrag und unlauterer Wettbewerb)

Apostolopoulos, Haris:
Das europäische Irreführungsverbot: Liberalisierung des Marktgeschehens oder Einschränkung für die Anbieterseite?;
in: GRUR Int. 2005, 292 - 299.
(zitiert: Apostolopoulos GRUR Int. 2005, 292, Seite)

Apostolopoulos, Haris:
Einige Gedanken zur Auslegung der nationalen Generalklausel im Hinblick auf eine Vollharmonisierung des europäischen Lauterkeitsrechts;
in: WRP 2005, 152 - 157.
(zitiert: Apostolopoulos WRP 2005, 152, Seite)

Apostolopoulos, Haris:
Neuere Entwicklungen im europäischen Lauterkeitsrecht: Problematische Aspekte und Vorschläge;
in: WRP 2004, 841 - 857.
(zitiert: Apostolopoulos WRP 2004, 841, Seite)

Arndt, Hans-Wolfgang:
Europarecht;
7. Auflage; Heidelberg; 2004.
(zitiert: Arndt, Europarecht)

Augenhofer, Susanne:
Individualrechtliche Ansprüche des Verbrauchers bei unlauterem Wettbewerbsverhalten des Unternehmers;
in: WRP 2006, 169, 178.
(zitiert: Augenhofer WRP, 2006, 169, Seite)

Bamberger, Heinz-Georg (Hrsg.); Roth, Herbert (Hrsg.):
Kommentar zum Bürgerlichen Gesetzbuch, Band 1, Gesamtsachverzeichnis §§ 1- 610;
München; 2003.
(zitiert: Bamberger/Roth – Bearbeiter)

Baumbach, Adolf:
Kommentar zum Wettbewerbsrecht;
Berlin; 1929.
(zitiert: Baubach, Kommentar zum Wettbewerbsrecht (1929))

Baumbach, Adolf:
Verschulden und Sittenwidrigkeit im Wettbewerbsrecht;
in: JW 1930, 1643 - 1646.
(zitiert: Baumbach JW 1930, 1643, Seite)

Baumbach, Adolf; Hefermehl, Wolfgang:
Wettbewerbsrecht;
22. Auflage; München; 2001.
(zitiert: Baumbach/Hefermehl22)

Baumbach, Adolf (Begr.); Hefermehl, Wolfgang (Fortgef.); Köhler, Helmut (Bearb.); Bornkamm, Joachim (Bearb.):
Wettbewerbsrecht;
23. Auflage; München; 2004.
(zitiert: Baumbach/Hefermehl23 - Bearbeiter)

Baumbach, Adolf (Begr.); Hefermehl, Wolfgang (Fortgef.); Köhler, Helmut (Bearb.); Bornkamm, Joachim (Bearb.):
Wettbewerbsrecht;
24. Auflage; München; 2006.
(zitiert: Hefermehl/Köhler/Bornkamm - Bearbeiter)

Baumbach, Adolf (Begr.); Lauterbach, Wolfgang (Fortgef.); Albers, Jan (Bearb.); Hartmann, Peter (Bearb.):
Zivilprozeßordnung;
64. Auflage; München; 2006.
(zitiert: Baumbach/Lauterbach ZPO)

Beater, Axel:
Schutzzweckdenken im Recht gegen den unlauteren Wettbewerb;
in: JZ 1997, 916 - 922.
(zitiert: Beater JZ 1997, 916, Seite)

Beater, Axel:
Unlauterer Wettbewerb;
München; 2002.
(zitiert: Beater, UnlWb)

Beater, Axel:
Verbraucherschutz und Schutzzweckdenken;
Tübingen; 2000.
(zitiert: Beater, Verbraucherschutz und Schutzzweckdenken)

Becher, Carl:
Wettbewerbsrecht;
Berlin; 1928.
(zitiert: Becher, Wettbewerbsrecht)

Beitzke, Günther u. a. (Hrsg.); Kessal-Wulf, Sibylle (Bearb.):
Julius von Staudingers Kommentar zum Bürgerlichen Gesetzbuch mit Einführungsgesetz und Nebengesetzen,
Buch 2 Recht der Schuldverhältnisse §§ 491-507 (Verbraucherdarlehen);
15. Auflage; Berlin; 2004.
(zitiert: Staudinger – Bearbeiter)

Beitzke, Günther u. a. (Hrsg.); Kessal-Wulf, Sibylle (Bearb.); Werner, Olaf (Bearb.); Köhler, Helmut (Bearb.); Martinak, Michael (Bearb.):
Julius von Staudingers Kommentar zum Bürgerlichen Gesetzbuch,
Verbraucherkreditgesetz; Haustürwiderrufsgesetz; § 13a UWG; Teilzeit-Wohnrechtsgesetz;
12. Auflage; Berlin; 2001.
(zitiert: Staudinger – Bearbeiter)

Benöhr, Hans-Peter:
Konsumentenschutz vor 80 Jahren;
in: ZHR 138 (1974), 492 - 503.
(zitiert: Benöhr ZHR 138 (1974), 492, Seite)

Berg, Hartmut; Cassel, Dieter; Hartwig, Karl-Hans u. a.:
Vahlens Kompendium der Wirtschaftstheorie und Wirtschaftspolitik/2;
9. Auflage; München; 2007.
(zitiert:Berg/Cassel/Hartwig in Kompendium der Wirtschaftstheorie und Wirtschaftspolitik, Seite).

Boente, Walter; Riehm, Thomas:
Besondere Vertriebsformen im BGB;
in: Jura 2002, 222 - 230.
(zitiert: Boente/Riehm Jura 2002, 222, Seite)

Boesche, Katharina Vera:
Wettbewerbsrecht;
Heidelberg; 2005.
(zitiert: Boesche, WettbR)

Bork, Reinhard:
Allgemeiner Teil des Bürgerlichen Gesetzbuchs;
Tübingen; 2001.
(zitiert: Bork AT)

Bornkamm, Joachim:

Wettbewerbs- und Kartellrechtsprechung zwischen nationalem und europäischem Recht;

in: Geiß, Karlmann (Hrsg.); Nehm, Kay (Hrsg.); Brandner, Hans-Erich (Hrsg.); Hagen, Horst (Hrsg.):

Festschrift aus Anlaß des fünfzigjährigen Bestehens von Bundesgerichtshof, Bundesanwaltschaft und Rechtsanwaltschaft beim Bundesgerichtshof; S. 343 - 373.

Köln, Berlin, Bonn, München; 2000.

(zitiert: Bornkamm in FS 50 Jahre BGH (2000))

Bornkamm, Joachim:

Entwicklungen der Rechtsprechung im Wettbewerbsrecht – Vergleichende Werbung:

In: Schwarze, Jürgen (Hrsg.):

Werbung und Werbeverbote im Lichte des europäischen Gemeinschaftsrechts; S. 134- 147.

Baden-Banden; 1999.

(zitiert: Bornkamm in Schwarze, Werbung und Werbeverbote).

Buchner, Herbert; Roth, Günter H.:

Schuldrecht III Unerlaubte Handlungen einschließlich Ansprüche aus dem Eigentümer-Besitzer-Verhältnis und aus rechtmäßiger Schädigung;

2. Auflage; München; 1984.

(zitiert: Buchner/Roth, Unerlaubte Handlungen)

Bülow, Peter:

Der Grundsatz pacta sunt servanda im europäischen Sekundärrecht;

In: Köbler, Gerhard (Hrsg.); Heinze, Meinhard (Hrsg.); Hromadka, Wolfgang (Hrsg.);

Europas universelle rechtsordnungspolitische Aufgabe im Recht des dritten Jahrtausends;

Festschrift für Alfred Söllner zum 70. Geburtstag; S. 189 - 197.

München; 2000.

(zitiert: Bülow FS Söllner (2000))

Bülow, Peter; Artz, Markus:

Verbraucherprivatrecht;

Heidelberg; 2003.

(zitiert: Bülow/Artz, Verbraucherprivatrecht)

Büttner, Hermann:

Die Irreführungsquote im Wandel – Folgen eines sich ändernden Normverständnisses –;

in: GRUR 1996, 533 - 541.

(zitiert: Büttner, GRUR 1996, 533, Seite)

Callmann, Rudolf:
Der unlautere Wettbewerb;
2. Auflage; Mannheim, Berlin, Leipzig; 1932.
(zitiert: Callmann, Der unlautere Wettbewerb (1929))

Canaris, Claus-Wilhelm:
Wandlungen des Schuldvertragsrecht – Tendenzen zu seiner „Materialisierung";
in: AcP 200 (2000), 273 - 364.
(zitiert: Canaris AcP 200 (2000), 273, Seite)

Cicero, Marcus Tullius (Verf.); Gunermann, Heinz (Hrsg.):
De officiis;
Stuttgart; 2003.
(zittiert: Cicero, De officiis)

Coester-Waltjen, Dagmar:
Die Inhaltskontrolle von Verträgen außerhalb des AGBG
in: AcP 190 (1990), 1 - 33.
(zitiert: Coester-Waltjen AcP 190 (1990), 1, Seite)

Damm, Reinhard; Hart, Dieter; Kohl, Helmut; Ott, Claus:
Kommentar zum Bürgerlichen Gesetzbuch, Band 1, Allgemeiner Teil;
Neuwied und Darmstadt; 1987.
(zitiert: AK BGB – Bearbeiter)

Dauner-Lieb, Barbara:
Verbraucherschutz durch Ausbildung eines Sonderprivatrechts für Verbraucher;
Diss., Tübingen; Berlin; 1983.
(zitiert: Dauner-Lieb, Verbraucherschutz)

Daunicht-Hoffrichter, Christiane:
Die „halbe Wahrheit" – Irreführung durch lückenhafte Werbung;
Diss., Frankfurt a. M.; Frankfurt a. M.; 1984.
(zitiert: Daunicht-Hoffrichter, Die halbe Wahrheit)

Dauses, Manfred A.; Sturm, Michael:
Rechtliche Grundlagen des Verbraucherschutzes im EU-Binnenmarkt;
in: ZfRV 1996, 122 - 142.
(zitiert: Dauses/Storm ZfRV1996, 122, Seite)

Deutsch, Erwin:
Allgemeines Haftungsrecht;
2. Auflage; Köln, Berlin, Bonn, München; 1996.
(zitiert: Deutsch, Allg. Haftungsrecht)

Deutsch, Erwin; Ahrens, Hans-Jürgen:
Deliktsrecht;
4. Auflage; Köln, Berlin, Bonn, München; 2002.
(zitiert: Deutsch/Ahrens; Deliktsrecht)

Deutsch, Volker;
Der Einfluß des europäischen Rechts auf den Irreführungstatbestand des § 3 UWG – Gedanken zum Verbraucherleitbild und zur Relevanz bei Täuschungen – ;
in: GRUR 1996, 541 - 547.
(zitiert: V. Deutsch GRUR 1996, 541, Seite)

Doepner, Ulf:
Verbraucherleitbilder zur Auslegung des wettbewerbsrechtlichen Irreführungsverbotes;
in: WRP 1997, 999 - 1011.
(zitiert: Doepner WRP 1997, 999, Seite)

Dreher, Meinrad:
Der Verbraucher – Das Phantom in der opera des europäischen und deutschen Rechts?;
in: JZ 1997, 167 - 178.
(zitiert: Dreher JZ 1997, 167, Seite)

Drexl, Josef:
Die Einwirkung der Grundrechte auf Auslegung der Generalklauseln des UWG;
in: Schricker, Gerhard (Hrsg.); Henning-Bodewig (Hrsg.):
Neuordnung des Wettbewerbsrechts; 11. Ringberg-Symposium des Max-Planck-Instituts für ausländisches und internationales Patent-, Urheber- und Wettbewerbsrecht; S. 163 - 198;
Baden-Baden; 1998/1999.
(zitiert: Drexl in Schricker/Henning-Bodewig, Die Neuordnung des Wettbewerbsrechts)

Eck, Matthias; Ikas, Klaus:
Neue Grenzen vergleichender Werbung. Zur Auslegung und Anwendung der Richtlinie 97/55/EG vom 6. Oktober 1997;
in: WRP 1999, 251 - 273.
(zitiert: Eck/Ikas WRP 1999, 251, Seite)

Ekey, Friedrich L.; Kippel, Diethelm; Kotthoff, Jost; Meckel, Astrid; Plaß, Gunda:
Heidelberger Kommentar zum Wettbewerbsrecht;
2. Auflage; Heidelberg; 2005.
(zitiert: HK - Bearbeiter)

Emmerich, Volker:
Unlauterer Wettbewerb;
5. Auflage; München; 1998.
(zitiert: Emmerich, UnlWb^{5})

Emmerich, Volker:
Unlauterer Wettbewerb;
6. Auflage; München; 2002.
(zitiert: Emmerich, UnlWb^{6})

Emmerich, Volker:
Unlauterer Wettbewerb;
7. Auflage; München; 2004.
(zitiert: Emmerich, UnlWb)

Emmerich, Volker:
Wettbewerbsbeschränkungen durch die Rechtsprechung;
in: Lange, Hermann (Hrsg.); Nörr, Knut Wolfgang (Hrsg.); Westermann, Harm Peter (Hrsg.):
Festschrift für Joachim Gernhuber zum 70. Geburtstag; S. 857 - 877;
Tübingen; 1993.
(zitiert: Emmerich FS Gernhuber (1993))

Engels, Stefan:
Europäische Liberalisierung des Direktmarketings gegenüber Verbrauchern;
in: K & R 2006, 59 – 66.
(zitiert: Engels K & R 2006, 59, Seite)

Engels, Stefan; Salomon, Thomas H.:
Vom Lauterkeitsrecht zum Verbraucherschutz: UWG-Reform 2003;
in: WRP 2004, 32 - 44.
(zitiert: Engels/Salomon WRP 2004, 32, Seite)

Engisch, Karl:
Tun und Unterlassen;
in: Lackner, Karl (Hrsg.); Leferenz, Heinz (Hrsg.); Schmidt, Eberhard (Hrsg.); Welp, Jürgen (Hrsg.); Wolff, Ernst Amadeus (Hrsg.):
Festschrift für Wilhelm Gallas zum 70. Geburtstag; S. 163 - 196;
Berlin, New York; 1973.
(zitiert: Engisch FS Gallas (1973))

Enneccerus, Ludwig (Begr.); Kipp, Theodor (Begr.); Wolff, Martin (Begr.); Lehmann, Heinrich (Bearb.):
Lehrbuch des Bürgerlichen Rechts, Zweiter Band, Recht der Schuldverhältnisse;
15. Auflage; Tübingen; 1958.
(zitiert: Enneccerus/Lehmann, Das Recht der Schuldverhältnisse)

Eppe, Mark:
Verbraucherschutz im UWG und BGB;
in: WRP 2005, 808 - 812.
(zitiert: Eppe, WRP 2005, 808)

Esser, Josef (Begr.); Schmidt, Eike (Fortf.):
Schuldrecht Band I Allgemeiner Teil Teilband 1 Entstehung, Inhalt und Beendigung von Schuldverhältnissen;
8. Auflage; Heidelberg; 1995.
(zitiert: Esser/Schmidt I 1)

Fezer, Karl-Heinz:
Das wettbewerbsrechtliche Irreführungsverbot als ein normatives Modell des verständigen Verbrauchers im Europäischen Unionsrecht;
in: WRP 1995, 671 - 679.
(zitiert: Fezer WRP 2005, 671, Seite)

Fezer, Karl-Heinz:
Das Wettbewerbsrechtliche Vertragsauflösungsrecht in der UWG-Reform;
in: WRP 2003, 127 - 143.
(zitiert: Fezer WRP 2003, 127, Seite)

Fezer, Karl-Heinz:
Modernisierung des deutschen Rechts gegen den unlauteren Wettbewerb auf der Grundlage einer Europäisierung des Wettbewerbsrechts, Arbeitsunterlage für die Arbeitsgruppe des Bundesministeriums der Justiz zur Modernisierung des Rechts gegen den unlauteren Wettbewerb und zur Erarbeitung von Vorschlägen für eine Harmonisierung des Rechts gegen den unlauteren Wettbewerb auf europäischer Ebene (AG-UWG) erstellt im Auftrag der Bundesministerium der Justiz;
abrufbar im Internet unter:
„http://www.jura.uni-muenchen.de/einrichtungen/ls/koehler/FEZER_GUTACHTEN.PDF".
(zitiert: Fezer, Gutachten S.)

Fezer, Karl-Heinz:
Objektive Theorie der Lauterkeit im Wettbewerbsrecht;
in: Ohly, Ansgar (Hrsg.); Bodewig, Theo (Hrsg.); Dreier, Thomas (Hrsg.); Götting, Horst-Peter (Hrsg.);
Haedicke, Maximilian (Hrsg.); Lehmann, Michael (Hrsg.):
Festschrift für Gerhard Schricker zum 70. Geburtstag, S. 671 - 679;
München; 2005.
(zitiert: Fezer in FS Schricker (2005))

Fezer, Karl-Heinz (Hrsg.):
Lauterkeitsrecht, Kommentar zum Gesetz gegen den unlauteren Wettbewerb;
Band 1: §§ 1-4; Band 2: §§ 5- 22;
München; 2005.
(zitiert: Fezer – Bearbeiter)

Fezer, Karl-Heinz:
Plädoyer für eine offensive Umsetzung der Richtlinie über unlautere Geschäftspraktiken in das deutsche UWG;
in: WRP 2006, 781 - 790.
(zitiert: Fezer WRP 2006, 781, Seite)

Fikentscher, Wolfgang:
Schuldrecht;
9. Auflage; Berlin, New York; 1997.
(zitiert: Fikentscher, Schuldrecht)

Fleischer, Holger:
Vertragsschlußbezogene Informationspflichten im Gemeinschaftsprivatrecht;
in: ZEuP 2000, 772 - 798.
(zitiert: Fleischer ZEuP 2000, 772, Seite)

Flume, Werner:
Allgemeiner Teil des Bürgerlichen Rechts, Zweiter Band: Das Rechtsgeschäft;
4. Auflage; Berlin, Heidelberg, New York; 1992.
(zitiert: Flume, Das Rechtsgeschäft)

Fritsch, Michael; Wein, Thomas; Ewers, Hans-Jürgen:
Marktversagen und Wirtschaftspolitik;
6. Auflage; München; 2005.
(zitiert: Fritsch/Wein/Ewers, Marktversagen und Wirtschaftspolitik)

Fuchs, Andreas:
Das Fernabsatzgesetz im System des neuen Verbraucherschutzes;
in: ZIP 2000, 1272 - 1287.
(zitiert: Fuchs ZIP 2000, 1272, Seite)

Gamerith, Helmut:
Der Richtlinienvorschlag über unlautere Geschäftspraktiken – Möglichkeiten einer harmonischen Umsetzung;
in: WRP 2005, 391 – 437.
(zitiert: Gamerith WRP 2005, 391, Seite)

Göbel, Elisabeth;
Neue Insitutionenökonomik;
Stuttgart, 2002.
(zitiert: Göbel, Neue Institutionenökonomik, Seite)

Glöckner, Jochen; Henning-Bodewig, Frauke:
EG-Richtlinie über unlautere Geschäftspraktiken: Was wird aus dem neuen UWG?
in: WRP 2005, 1311 - 1335.
(zitiert: Glöckner/Henning-Bodewig WRP 2005, 1311, Seite)

Gloy, Wolfgang:
Brauchen wir eine neue UWG-Novelle?;
in: Baur, Jürgen F. (Hrsg.); Jacobs, Rainer (Hrsg.); Lieb, Manfred (Hrsg.); Müller-Graff, Peter-Christian (Hrsg.); Gloy, Wolfgang (Hrsg.):
Festschrift für Ralf Vieregge zum 70. Geburtstag; S. 297 - 317;
Berlin, New York; 1995.
(zitiert: Gloy FS Vieregge (1995))

Gloy, Wolfgang; Loschelder, Michael:
Handbuch des Wettbewerbsrechts;
3. Auflage; München; 2005.
(zitiert: Gloy/Loschelder – Bearbeiter)

Gloy, Wolfgang (Hrsg.):
Handbuch des Wettbewerbsrechts;
2. Auflage; München; 1997.
(zitiert: Gloy, HbdWbR² - Bearbeiter)

Goldmann, Michael:
Abgaswerte und Kraftstoffverbrauch als Gegenstand des Wettbewerbsrechts;
in: WRP 2007, 38 – 44.
(zitiert: Goldmann WRP 2007, 38)

Götting, Horst-Peter:
Wettbewerbsrecht;
München; 2005.
(zitiert: Götting, WettbR)

Grigoleit, Hans:
Rechtsfolgenspezifische Analyse „besonderer" Informationspflichten am Beispiel der Reformpläne für den E-Commerce;
in: WM 2001, 597 - 604.
(zitiert: Grigoleit WM 2001, 597, Seite)

Groeschke, Peer; Kiethe, Kurt:
Die Ubiquität des europäischen Verbraucherleitbildes – Der europäische Paß des informierten und verständigen Verbrauchers;
in: WRP 2001, 230 - 238.
(zitiert: Groeschke/Kiethe WRP 2001, 230, Seite)

Größmann, Wolfgang; van Look, Frank:
Die Banküberweisung nach dem Überweisungsgesetz;
in: WM Sonderbeilage Nr. 1 zu Heft 19/2000.
(zitiert: Größmann/Look WM Sonderbeilage Nr. 1/2000, Seite)

Grundmann, Stefan:
Privatautonomie im Binnenmarkt;
in: JZ 2000, 1133 - 1143.
(zitiert: Grundmann JZ 2000, 1113, Seite)

Grundmann; Stefan:
Europäisches Schuldvertragsrecht – Struktur und Bestand;
in: NJW 2000, 14 - 23.
(zitiert: Grundmann NJW 2000, 14, Seite)

Haoming Xu:
Zur Geschichte und zum Wesen des modernen Verbraucherschutzrechts;
Diss., Münster; Münster; 2002.
(zitiert: Haoming Xu, Zur Geschichte und zum Wesen des modernen Verbraucherschutzrechts)

Harte-Bavendamm, Henning (Hrsg.); Henning-Bodewig, Frauke (Hrsg.):
Gesetz gegen den unlauteren Wettbewerb (UWG);
München; 2004.
(zitiert: Harte-Bavendamm/Henning-Bodewig – Bearbeiter)

Härting, Niko:
Fernabsatz – Änderungen durch das Schuldrechtsmodernisierungsgesetz;
in: MDR 2002, 61 - 66.
(zitiert: Härting MDR 2002, 61, Seite)

Härting, Niko:
Fernabsatzgesetz;
Köln; 2000.
(zitiert: Härting FernAbsG)

Heermann, Peter W.:
Die Erheblichkeitsschwelle i. S. des § 3 UWG-E;
in: GRUR 2004, 94 - 99.
(zitiert: Heermann GRUR 2004, 94, Seite)

Heermann, Peter W.:
Lauterkeitsrechtliche Informationspflichten bei Verkaufsförderungsmaßnahmen;
in: WRP 2005, 141 - 151.
(zitiert: Heermann WRP 2005, 141, Seite)

Heermann, Peter W. (Hrsg.); Hirsch, Günther (Hrsg.):
Münchener Kommentar zum Lauterkeitsrecht;
München, 2006.
(zitiert: Müko – Bearbeiter)

Hefermehl, Wolfgang:
Der Anwendungsbereich des Wettbewerbsrechts;
in: Dietz, Rolf (Hrsg.); Hueck, Alfred (Hrsg.); Reinhardt, Rudolf (Hrsg.): Festschrift für Carl Nipperdey zum 60. Geburtstag, S. 283 - 301;
München und Berlin; 1955.
(zitiert: Hefermehl in FS Nipperdey (1955))

Helm, Horst:
Das Verbraucherleitbild des Europäischen Gerichtshofs und des Bundesgerichtshofs im Vergleich;
in: Keller, Erhard (Hrsg.); Plassmann, Clemens (Hrsg.); Falk, Andreas von (Hrsg.):
Festschrift für Winfried Tilmann zum 65. Geburtstag; S. 135 - 147;
Köln, Berlin, Bonn, München; 2003.
(zitiert: Helm in FS Tilmann (2003))

Helm, Horst:
Der Abschied vom „verständigen" Verbraucher;
in: WRP 2005, 931 - 940.
(zitiert: Helm WRP 2005, 931, Seite)

Henning-Bodewig, Frauke:
Das Europäische Lauterkeitsrecht B2C, B2B oder besser doch beides;
in: Keller, Erhard (Hrsg.); Plassmann, Clemens (Hrsg.); Falk, Andreas von Hrsg.):
Festschrift für Winfried Tilmann zum 65. Geburtstag; S. 149 - 160;
Köln, Berlin, Bonn, München; 2003.
(zitiert: Henning-Bodewig in FS Tilmann)

Henning-Bodewig, Frauke:
Richtlinienvorschlag über unlautere Geschäftspraktiken und UWG-Reform;
in: GRUR Int. 2004, 183 - 193.
(zitiert: Henning-Bodewig GRUR Int. 2004, 183, Seite)

Hildenbrand, Thomas; Kappus, Andreas; Mäsch, Gerald:
Time-Sharing und Teilzeitwohnrechtsgesetz (TzWrG), Handbuch, Kommentar und Leitentscheidungen;
Stuttgart, München, Hannover, Berlin, Weimar, Dresden; 1997.
(zitiert: Hildenbrand/Kappus/Mäsch – Bearbeiter)

Hommelhoff, Peter:
Verbraucherschutz im System des deutschen und europäischen Privatrechts;
Heidelberg; 1996.
(zitiert: Hommelhoff, Verbraucherschutz im System des deutschen und europäischen Privatrechts)

Hommelhoff, Peter:
Zivilrecht unter dem Einfluß europäischer Rechtsangleichung;
in: AcP 192 (1992), 71 - 107.
(zitiert: Hommelhoff AcP 192 (1992), 71, Seite)

Hönn, Günther:
Entwicklungslinien des Vertragsrechts;
in: JuS 1990, 953 - 962.
(zitiert: Hönn JuS 1990, 953, Seite)

Hönn, Günther:
Klausurenkurs im Wettbewerbs- und Kartellrecht;
3. Auflage; Heidelberg; 2005.
(zitiert: Hönn, Klausurenkurs)

Hönn, Günther:
Kompensation gestörter Vertragsparität;
München; 1982.
(zitiert: Hönn, Kompensation gestörter Vertragsparität)

Hoppmann, Erich:
Wettbewerb und Werbung;
in: WuW 1983, 776 - 779.
(zitiert: Hoppmann WuW 1983, 776, Seite)

Hösl, Friedrich Emanuel:
Interessenabwägung und rechtliche Erheblichkeit der Irreführung bei § 3 UWG;
Köln, Berlin, Bonn, München; 1986.
(zitiert: Hösl, Interessenabwägung)

Jacobs, Rainer (Hrsg.), Lindacher, Walter F. (Hrsg.); Teplitzky, Otto (Hrsg.):
UWG Großkommentar;
5. Lieferung (§§ 2-6e); September 1992;
9. Lieferung (Einleitung); März 1994;
Berlin.
(zitiert: GK – Bearbeiter)

Jähnke, Burkhard (Hrsg.); Laufhütte, Heinrich Wilhelm (Hrsg.); Odersky; Walter (Hrsg.):
Strafgesetzbuch Leipziger Kommentar, Erster Band, Einleitung §§ 1 – 31);
11. Auflage; Berlin; 2003.
(zitiert: LK – Bearbeiter)

Jänich, Volker:
Der Begriff der Gefahr im Wettbewerbsrecht;
in: Ohly, Ansgar (Hrsg.); Bodewig, Theo (Hrsg.); Dreier, Thomas (Hrsg.); Götting, Horst-Peter (Hrsg.); Haedicke, Maximilian (Hrsg.); Lehmann, Michael (Hrsg.): Festschrift für Gerhard Schricker zum 70. Geburtstag; S. 715 - 724;
München; 2005.
(zitiert: Jänich in FS Schricker (2005))

Jauernig, Othmar (Hrsg.):
Bürgerliches Gesetzbuch;
11. Auflage; München; 2004.
(zitiert: Jauernig – Bearbeiter)

Kantzenbach, Erhard:
Zur wirtschaftspolitischen Beurteilung der Werbung;
in: WuW 1984, 297 - 301.
(zitiert: Kantenbach WuW 1984, 297, Seite)

Kemper, Rainer:
Verbraucherschutzinstrumente
Diss., Münster; Baden-Baden; 2004.
(zitiert: Kemper, Verbraucherschutzinstrumente)

Keßler, Jürgen; Micklitz, Hans-W.:
Die Richtlinie 2005/29/EG über unlautere Geschäftspraktiken im binnenmarktinternen Geschäftsverkehr zwischen Unternehmen und Verbrauchern;
in: BB-Special 13 zu Heft 49/2005, 1 - 23.
(zitiert: Keßler/Micklitz BB-Spec. 13/2005, 1, Seite)

Keßler, Jürgen:
Wettbewerbstheoretische Aspekte des Irreführungsverbotes – eine ökonomische und dogmengeschichtliche Analyse;
in: WRP 1990, 73 - 84.
(zitiert: Keßler WRP 1990, 73, Seite)

Keßler, Jürgen; Micklitz, Hans-W.:
Die Harmonisierung des Lauterkeitsrechts in den Mitgliedstaaten der Europäischen Gemeinschaft und die Reform des UWG;
Baden-Baden; 2003.
(zitiert: Keßler/Micklitz, Die Harmonisierung des Lauterkeitsrechts)

Keyßner, Thomas:
Täuschung durch Unterlassen – Informationspflichten in der Werbung;
Köln, Berlin, Bonn, München; 1986.
(zitiert: Keyßner, Täuschung durch Unterlassen)

Kind, Sandra:
Grenzen des Verbraucherschutzes durch Information – aufgezeigt am Teilzeitwohnrechtsgesetz;
Diss., Mainz; Berlin; 1997.
(zitiert: Kind, Grenzen des Verbraucherschutzes)

Kisseler, Marcel:
Deregulierung als wirkliches Ziel;
in: GRUR 1995, 73 - 80.
(zitiert: Kisseler GRUR 1995, 73, Seite)

Kisseler, Marcel:
Das deutsche Wettbewerbsrecht im Binnenmarkt;
in: WRP 1994, 1 - 15.
(zitiert: Kisseler WRP 1994, 1, Seite)

Kittner; Michael:
Schuldrecht;
3. Auflage; München; 2003.
(zitiert: Kittner, Schuldrecht)

Klauer, Irene:
Die Europäisierung des Privatrechts: Der EuGH als Zivilrichter;
Baden-Baden; 1998.
(zitiert: Klauer, Die Europäisierung des Privatrechts)

Kling, Michael; Thomas, Stefan:
Grundkurs Wettbewerbs- und Kartellrecht;
München; 2004.
(zitiert: Kling/Thomas – Bearbeiter)

Koenig, Christian; Haratsch, Andreas:
Europarecht;
4. Auflage; Tübingen; 2003.
(zitiert: Koenig/Haratsch, Europarecht)

Köhler, Helmut:
Das neue UWG;
in: NJW 2004, 2121 - 2127.
(zitiert: Köhler NJW 2004, 2121, Seite)

Köhler, Helmut:
Der Rechtsbruchtatbestand im neuen UWG;
in: GRUR 2004, 381 - 389.
(zitiert: Köhler GRUR 2004, 381, Seite)

Köhler, Helmut:
Die „Bagatellklausel" in § 3 UWG;
in: GRUR 2005, 1 - 9.
(zitiert: Köhler GRUR 2005, 1, Seite)

Köhler, Helmut:
Die Bedeutung der Richtlinie 2005/29/EG über unlautere Geschäftspraktiken und ihre Auswirkungen für Lebensmittelrecht und Lebensmittelwirtschaft;
in: ZLR 2006, 3 - 17.
(zitiert: Köhler ZLR 2006, 3, Seite)

Köhler, Helmut:
Die Rechte des Verbrauchers beim Teleshopping (TV-Shopping, Internet-Shopping);
in: NJW 1998, 185 - 190.
(zitiert: Köhler NJW 1998, 185, Seite)

Köhler, Helmut:
Irreführungs-Richtlinie und deutsches Wettbewerbsrecht;
in: GRUR Int. 1994, 396 - 402.
(zitiert: Köhler GRUR Int. 1994, 396, Seite)

Köhler, Helmut:
Kopplungsangebote (einschließlich Zugaben) im geltenden und künftigen Wettbewerbsrecht;
in: GRUR 2003, 729 - 739.
(zitiert: Köhler GRUR 2003, 729, Seite)

Köhler, Helmut; Bornkamm, Joachim; Henning-Bodewig, Frauke:
Vorschlag für eine Richtlinie zum Lauterkeitsrecht und eine UWG-Reform;
in: WRP 2002, 1317 - 1328.
(zitiert: Köhler/Bornkamm/Henning-Bodewig WRP 2002, 1317, Seite)

Köhler, Helmut; Lettl, Tobias:
Das geltende Europäische Lauterkeitsrecht, der Vorschlag für eine EG-Richtlinie über unlautere Geschäftspraktiken und die UWG-Reform;
in: WRP 2003, 1019 - 1057.
(zitiert: Köhler/Lettl WRP 2003, 1019, Seite)

Köhler, Helmut; Piper, Henning:
Gesetz gegen den unlauteren Wettbewerb;
3. Auflage; München; 2002.
(zitiert: Köhler/Piper – Bearbeiter)

Köhler, Helmut:
UWG-Reform und Verbraucherschutz;
in: GRUR 2002, 265 - 272.
(zitiert: Köhler GRUR 2002, 265, Seite)

Köhler, Helmut:
Zur Umsetzung der Richtlinie über unlautere Geschäftspraktiken;
in: GRUR 2005, 793 - 802.
(zitiert: Köhler GRUR 2005, 793, Seite)

Kohler, Josef:
Der Unlautere Wettbewerb;
Berlin und Leipzig; 1914.
(zitiert: Kohler, Der unlautere Wettbewerb (1914))

Kollmann, Andreas:
Technische Normen und Prüfzeichen im Wettbewerbsrecht;
in: GRUR 2004, 6 - 11.
(zitiert: Kollmann GRUR 2004, 6, Seite)

Kühlkamp, Eva:
Japanisches und deutsches Verbraucherprivatrecht unter Einschluß des Produkthaftungsrechts;
Diss Münster; Münster; 2004.
(zitiert: Kühlkamp, Japanisches und deutsches Verbraucherprivatrecht)

Larenz, Karl:
Methodenlehre;
6. Auflage; Berlin, Heidelberg, New York; 1991.
(zitiert: Larenz, Methodenlehre)

Larenz, Karl:
Lehrbuch des Schuldrechts, Erster Band, Allgemeiner Teil;
14. Auflage; München; 1987.
(zitiert: Larenz, SchR AT)

Larenz, Karl:
Lehrbuch des Schuldrechts, zweiter Band, besonderer Teil;
2. Auflage; München; 1957.
(zitiert: Larenz SchR BT II² (1957))

Larenz, Karl:
Lehrbuch des Schuldrechts, II. Band, 1. Halbband;
13. Auflage; München; 1986.
(zitiert: Larenz SchR II/1)

Larenz, Karl; Wolf, Manfred:
Allgemeiner Teil des bürgerlichen Rechts;
9. Auflage; München; 2004.
(zitiert: Larenz/Wolf AT)

Lettl, Tobias:
Das neue UWG;
München; 2004.
(zitiert: Lettl, UnlWb)

Lettl, Tobias:
Der lauterkeitsrechtliche Schutz vor irreführender Werbung in Europa;
München; 2004.
(zitiert: Lettl, Der lauterkeitsrechtliche Schutz)

Lettl, Tobias:
Der Schutz der Verbraucher nach der UWG-Reform;
in: GRUR 2004, 449 - 461.
(zitiert: Lettl GRUR 2004, 449, Seite)

Lettl, Tobias:
Die „Verkehrsauffassung" im Markenrecht;
in: Lindenberg, Johann C. (Hrsg.); Huff, Martin W. (Hrsg.):
NJW Sonderheft 100 Jahre Markenverband (2003); S. 44 - 48.
(zitiert: Lettl, NJW Sonderheft 100 Jahre Markenverband, 44, Seite)

Lettl, Tobias:
Gemeinschaftsrecht und neues UWG;
in: WRP 2004, 1079 - 1111.
(zitiert: Lettl WRP 2004, 1079, Seite)

Lettl, Tobias:
Rechtsprechungsübersicht zum Wettbewerbsrecht 2003/2004 – Relevanz im neuen UWG;
in: BB 2004, 1913 - 1925.
(zitiert: Lettl BB 2004, 1913, Seite)

Lieb, Manfred:
Grundfragen einer Schuldrechtsreform;
in: AcP 183 (1983), 327 - 366.
(zitiert: Lieb AcP 183 (1983), 327, Seite)

Limbach, Jutta:
Forum: Das Rechtsverständnis in der Vertragslehre;
in: JuS 1985, 10 - 15.
(zitiert: Limbach JuS 1985, 10)

Limmer, Peter:
Vertragsgerechtigkeit notarieller Urkunden und europäischer Verbraucherschutz;
in: Rheinische Notarkammer (Hrsg.):
Notar und Rechtsgestaltung (1998) S. 15 -48; Köln; 1998.
(zitiert: Limmer, Vertragsgerechtigkeit notarieller Urkunden und europäischer Verbraucherschutz)

Lobe, Adolf:
Die Bekämpfung des unlauteren Wettbewerbes, Band 1: Der unlautere Wettbewerb als Rechtsverletzung;
Leipzig; 1901.
(zitiert: Lobe I (1901))

Lobe, Adolf:
Die Generalklausel des neuen Wettbewerbsgesetzes;
in: GRUR 1910, 3 - 11.
(zitiert: Lobe GRUR 1910, 3, Seite)

Loewenheim, Ulrich:
Aufklärungspflichten in der Werbung – eine Analyse der neueren Entscheidungspraxis –;
in: GRUR 1980, 14 – 18.
(zitiert: Loewenheim GRUR 1980, 14, Seite)

Lorenz, Stephan:
Im BGB viel Neues: Die Umsetzung der Fernabsatzrichtlinie;
in: JuS 2000, 833 - 843.
(zitiert: Lorenz JuS 2000, 833, Seite)

Lütcke, Jens:
Fernabsatzrecht Kommentar zu den §§ 312b – 312 f BGB;
München; 2002.
(zitiert: Lütcke, Fernabsatzrecht)

Martin-Ehlers, Andrés:
Die Irreführungsverbote des UWG im Spannungsfeld des freien europäischen Warenverkehrs;
Diss., Erlangen-Nürnberg; Berlin; 1996.
(zitiert: Martin-Ehlers, Die Irreführungsverbote des UWG)

Mäsch, Gerald:
Die Time-sharing-Richtlinie – Licht und Schatten im Europäischen Verbraucherschutz;
in: EuZW 1995, 8 - 14.
(zitiert: Mäsch EuZW 1995, 8, Seite)

Mayer-Maly, Theo:
Das Bewußtsein der Sittenwidrigkeit;
Karlsruhe; 1971.
(zitiert: Mayer-Maly, Das Bewußtsein der Sittenwidrigkeit)

Medicus, Dieter:
Allgemeiner Teil des BGB;
8. Auflage; Heidelberg; 2002.
(zitiert: Medicus AT)

Medicus, Dieter:
Bürgerliches Recht;
20. Auflage; Köln, Berlin, München; 2004.
(zitiert: Medicus, BR)

Medicus, Dieter:
Grenzen der Haftung für culpa in contrahendo;
in: JuS 1965, 209 - 218.
(zitiert: Medicus JuS 1965, 209, Seite)

Medicus, Dieter:
Schuldrecht I Allgemeiner Teil;
16. Auflage; München; 2005.
(zitiert: Medicus SchR AT)

Medicus, Dieter:
Schutzbedürfnisse (insbesondere der Verbraucherschutz) und das Privatrecht;
in: JuS 1996, 761 - 767.
(zitiert: Medicus JuS 1996, 761, Seite)

Micklitz, Hans W.; Keßler, Jürgen:
Europäisierung des Lauterkeitsrechts – Dogmatische und ökonomische Aspekte einer Harmonisierung des Wettbewerbsverhaltensrechts im europäischen Binnenmarkt;
in: GRUR Int. 2002, 885 - 901.
(zitiert: Micklitz/Keßler GRUR Int. 2002, 885, Seite)

Micklitz, Hans-W.:
Zur Notwendigkeit eines neuen Konzepts für die Fortentwicklung des Verbraucherrechts;
in: VuR 2003, 2 - 20.
(zitiert: Micklitz VuR 2003, 2, Seite)

Micklitz, Hans-W.; Keßler, Jürgen:
Funktionswandel des UWG;
in: WRP 2003, 919 - 936.
(zitiert: Micklitz/Keßler WRP 2003, 919, Seite)

Micklitz, Hans-W.; Reich, Norbert:
Verbraucherschutz im Vertrag über die Europäische Union – Perspektiven für 1993;
in: EuZW 1992, 593 - 598.
(zitiert: Micklitz/Reich EuZW 1992, 593, Seite)

Micklitz, Hans-Wolfgang; Tonner, Klaus:
Vertriebsrecht;
Baden-Baden; 2002.
(zitiert: Micklitz/Tonner, Vertriebsrecht)

Möllers, Thomas M. J.; Leisch, Franz Clemens:
Neuere Gesetze und Rechtsprechung zur bank- und kapitalmarktrechtlichen Informationshaftung;
in: JZ 2000, 1085 - 1092.
(zitiert: Möllers/Leisch JZ 2000, 1085, Seite)

Münker, Reiner; Kaestner, Jan:
Das reformierte UWG im Überblick – Die Sicht der Praxis;
in: BB 2004, 1689 - 1700.
(zitiert: Münker/Kaester BB 2004, 1689, Seite)

Nasall, Wendt:
Die Anwendung der EU-Richtlinie über mißbräuchliche Klauseln in Verbraucherverträgen;
in: JZ 1995, 689 - 694.
(zitiert: Nasall JZ 1995, 689, Seite)

Nordemann, Axel; Nordemann, Bernd; Nordemann, Wilhelm:
Wettbewerbsrecht, Markenrecht;
10. Auflage; Baden-Baden; 2004.
(zitiert: Nordemann)

Oetker, Hartmut; Maultsch, Felix:
Vertragliche Schuldverhältnisse;
Berlin, Heidelberg, New York; 2002.
(zitiert: Oetker/Maultsch, Vertragliche Schuldverhältnisse)

Ohly; Ansgar:
Das neue UWG – mehr Freiheit für den Wettbewerb?;
in: GRUR 2004, 889 - 900.
(zitiert: Ohly GRUR 2004, 889, Seite)

Omsels, Hermann-Josef:
Kritische Anmerkungen zur Bestimmung der Irreführungsgefahr;
in: GRUR 2005, 548 - 558.
(zitiert: Omsels GRUR 2005, 548, Seite)

Oppermann, Bernd H.; Müller, Sandra:
Wie Verbraucherfreundlich muß das neue UWG sein?;
in: GRUR 2005, 280 - 289.
(zitiert: Oppermann/Müller GRUR 2005, 280, Seite)

o. V.:
Grünbuch zum Verbraucherschutz in der Europäischen Union vom 2.10.2001 (von der Kommission der Europäischen Gemeinschaften vorgelegt.); KOM (2001) 531 endg.
(zitiert: Grünbuch der Kommission zum Verbraucherschutz der Europäischen Union)

Palandt, Otto (Begr.):
Bürgerliches Gesetzbuch;
62. Auflage; München; 2002.
(zitiert: Palandt[22] - Bearbeiter)

Palandt, Otto (Begr.):
Bürgerliches Gesetzbuch;
65. Auflage; München; 2006.
(zitiert: Palandt - Bearbeiter)

Pastor, Wilhelm L.:
Verbraucherverbände i. S. d. § 13 Abs. 1a UWG;
in: GRUR 1969, 571 - 581.
(zitiert: Pastor GRUR 1969, 571, Seite)

Pfeiffer, Thomas:
Vom kaufmännischen Verkehr zum Unternehmensverkehr - die Änderung des AGB-Gesetzes durch das Handelsrechtsreformgesetz;
in: NJW 1999, 169 - 174.
(zitiert: Pfeiffer NJW 1999, 169, Seite)

Plassmann, Clemens:
Vergleichende Werbung im Gemeinsamen Markt - Die geplante EG-Richtlinie über vergleichende Werbung und ihre Auswirkungen auf das deutsche Wettbewerbsrecht -;
in: GRUR 1996, 377 - 382.
(zitiert: Plaßmann GRUR 1966, 377, Seite)

Pohlmann, Petra; Orlikowski, Sandra:
Anmerkung zu OLG Frankfurt a. M., Urteil vom 17. Juni 1998 (13 U 348/96) - WM 1999, 631;
in: WuB V B § 3 1.99; S. 647 - 650.
(zitiert: Pohlmann/Orlikowski WuB V B § 3 UWG 1.99, Seite)

Prasse, Christian:
Existenzgründer als Unternehmer oder Verbraucher - Die neue Rechtsprechung des BGH;
in: MDR 2005, 961 - 963;
(zitiert: Prasse MDR 2005, 961, Seite)

Raiser, Ludwig:
Marktbezogene Unlauterkeit;
in: GRUR Int. 1973, 443 - 446.
(zitiert: GRUR Int. 1973, 443, Seite)

Rebman, Kurt (Hrsg.); Säcker, Franz Jürgen (Hrsg.); Rixecker, Roland (Hrsg.):
Münchener Kommentar zum Bürgerlichen Gesetzbuch Band 1 Allgemeiner Teil §§ 1-240, AGBG;
4. Auflage; München; 2001.
(zitiert: MüKo – Bearbeiter)

Rebman, Kurt (Hrsg.); Säcker, Franz Jürgen (Hrsg.); Rixecker, Roland (Hrsg.):
Münchener Kommentar zum Bürgerlichen Gesetzbuch Band 4 Schuldrecht besonderer Teil II §§ 611-704 EFZG TzBfG KSchG;
4. Auflage; München; 2005.
(zitiert: MüKo – Bearbeiter)

Reese, Ulrich:
Zur Bedeutung des Verbraucherleitbildes des EuGH für die Ermittlung der Verkehrsauffassung; Anm. zu OLG Düsseldorf und OLG Köln ZLR 2004, 499 – Ohne Kochen hergestellt I/II;
in: ZLR 2004, 509 - 516.
(zitiert: Anm. Reese ZLR 2004, 509, Seite)

Reich, Norbert:
Bürgerrechte in der Europäischen Union;
Baden-Baden; 1999.
(zitiert: Reich, Bürgerrechte in der EU)

Reich, Norbert; Micklitz, Hans-Wolfgang:
Europäisches Verbraucherrecht;
4. Auflage; Baden-Baden; 2003.
(zitiert: Reich/Micklitz, Europäisches Verbraucherrecht)

Reich, Norbert:
Zur Theorie des Europäischen Verbraucherrechts;
in: ZEuP 1994, 381 - 407.
(zitiert: Reich ZEuP 1994, 381, Seite)

Reuthal, Klaus-Peter:
Verstößt das deutsche Irreführungsverbot gegen Art. 30 EGV?;
in: WRP 1997, 1154 - 1161.
(zitiert: Reuthal WRP 1997, 1154, Seite)

Richter, Rudolf; Furubotn, Erik G.:
Neue Institutionenökonomik;
3. Auflage; Tübingen; 2003.
(zitiert: Richter/Furubotn, Neue Institutionenökonomik, Seite)

Riehm, Thomas:
Das Gesetz über Fernabsatzverträge und andere Fragen des Verbraucherrechts;
in: Jura 2000, 505 - 513.
(zitiert: Riehm Jura 2000, 505, Seite)

Rudolphi, Hans-Joachim (Gesamtredaktion):
Systematischer Kommentar zum Strafgesetzbuch Band I (§§ 1 - 79b);
7./8. Auflage; Loseblatt 41. Lieferung Stand Oktober 2004; München/Unterschleißheim.
(zitiert: SK – Bearbeiter)

Rosenthal, Alfred:
Reichsgesetz gegen den unlauteren Wettbewerb;
5. Auflage; Berlin und Leipzig; 1922.
(zitiert: Rosenthal[5], Reichsgesetz gegen den unlauteren Wettbewerb (1922))

Rosenthal, Alfred (Begr.); Leffmann, E. (Bearb.):
Gesetz gegen den unlauteren Wettbewerb
9. Auflage; Berlin und Frankfurt; 1969.
(zitiert: Rosenthal, Gesetz gegen den unlauteren Wettbewerb)

Rösler, Hannes:
Europäisches Konsumentenvertragsrecht;
Diss., Marburg; München; 2004.
(zitiert: Rösler, Europäisches Konsumentenvertragsrecht)

Roth, Wulf- Henning:
Europäischer Verbraucherschutz und BGB;
in: JZ 2001, 475 - 490.
(zitiert: Roth JZ 2001, 475, Seite)

Rünz, Britta:
Verbraucherschutz im Fernabsatz – Informationspflicht und Widerrufsrecht als Schutzinstrumente deutscher und europäischer Vorschriften;
Diss., Münster; Münster; 2004.
(zitiert: Rünz, Verbraucherschutz im Fernabsatz)

Sack, Rolf:
Der Gewinnabschöpfungsanspruch von Verbänden in der geplanten UWG-Novelle;
in: WRP 2003, 549 - 558.
(zitiert: Sack WRP 2003, 549, Seite)

Sack, Rolf:
Deliktsrechtlicher Verbraucherschutz gegen unlauteren Wettbewerb;
in: NJW 1975, 1303 - 1308.
(zitiert: Sack NJW 1975, 1303, Seite)

Sack, Rolf:
Die neue deutsche Formel des europäischen Verbraucherleitbildes;
in: WRP 2005, 462.
(zitiert: Sack WRP 2005, 462)

Sack, Rolf:
Die Präzisierung des Verbraucherleitbildes durch den EuGH;
in: WRP 1999, 399 - 402.
(zitiert: Sack WRP 1999, 399, Seite)

Sack, Rolf:
Die relevante Irreführung im Wettbewerbsrecht;
in: WRP 2004, 521 - 529.
(zitiert: Sack WRP 2004, 521, Seite)

Sack, Rolf:
Regierungsentwurf einer UWG-Novelle - ausgewählte Probleme;
in: BB 2003, 1073 - 1081.
(zitiert: Sack BB 2003, 1073, Seite)

Sack, Rolf:
Sittenwidrigkeit, Sozialwidrigkeit und Interessenabwägung;
in: GRUR 1970, 493 - 503.
(zitiert: Sack GRUR 1970, 493, Seite)

Sack, Rolf:
Vergleichende Werbung und Erheblichkeitsschwelle in § 3 des Regierungsentwurfs einer UWG-Novelle;
in: WRP 2004, 30.
(zitiert: Sack WRP 2004, 30, Seite)

Sack, Rudolf:
Gesetzeswidrige Wettbewerbshandlungen nach der UWG-Novelle;
in: WRP 2004, 1307 - 1320.
(zitiert: Sack WRP 2004, 1307, Seite)

Samwer, Sigmar-Jürgen:
Verbraucherschutz und Wettbewerbsrecht;
in: GRUR 1969, 326 - 331.
(zitiert: Samwer GRUR 1969, 326, Seite)

Schellhammer, Kurt:
Schuldrecht nach Anspruchsgrundlagen;
6. Auflage; Heidelberg; 2005.
(zitiert: Schellhammer, Schuldrecht)

Scherer, Inge:
Die Werbung zur Ausnutzung von Angst von Verbrauchern nach § 4 Nr. 2 UWG n. F. – Neukonzeption eines altvertrauten Tatbestandes;
in: WRP 2004, 1426 - 1430.
(zitiert: Scherer WRP 2004, 1426, Seite)

Scherer, Inge:
Divergenz und Kongruenz der Rechtsprechung des EuGH und des BGH zur Verbraucherwerbung;
in: WRP 1999, 991 - 997.
(zitiert: Scherer WRP 1999, 991, Seite)

Scherer, Inge:
Normative Bestimmung der Verwechselungs- und Irreführungsgefahr im Markenrecht;
in: GRUR 2000, 273 279.
(zitiert: Scherer GRUR 2000, 273, Seite)

Scherer, Inge:
Partielle Verschlechterung der Verbrauchersituation durch die europäische Rechtsvereinheitlichung bei vergleichender Werbung;
in: WRP 2001, 89 - 97.
(zitiert: Scherer WRP 2001, 89, Seite)

Schrimbacher, Martin:
Anmerkung zum Urteil des BGH vom 11.4.2002 (I ZR 306/99) – VuR 2002, 337;
in: VuR 2002, 339 - 341.
(zitiert: Schirmbacher, Anm. zu BGH VuR 2002, 337, Seite)

Schlosser, Philipp:
Unlautere Werbung durch Stellenanzeigen;
in: WRP 2004, 145 - 153.
(zitiert: Schlosser WRP 2004, 145, Seite)

Schlüchter, Ellen:
Grundfälle zur Lehre von der Kausalität;
in: JuS 1976, 793 - 797.
(zitiert: Schlüchter JuS 1976, 793, Seite)

Schmidt, Eike:
Das Schuldverhältnis;
Heidelberg; 2004.
(zitiert: E. Schmidt, Schuldverhältnis)

Schmidt, Karsten:
Verbraucherbegriff und Verbrauchervertrag – Grundlagen des § 13 BGB;
in: JuS 2006, 1 - 8.
(zitiert: K. Schmidt JuS 2006, 1, Seite)

Schmidt-Rimpler, Walter:
Grundfragen einer Erneuerung des Vertragsrechts;
in: AcP 147 (1947), 130 - 197.
(zitiert: Schmidt-Rimpler AcP 147 (1947), 130, Seite)

Schmoekl, Mathias (Hrsg.); Rückert, Joachim (Hrsg.); Zimmermann, Reinhard (Hrsg.):
Historisch-kitischer Kommentar zum BGB;
Tübingen; 2003.
(zitiert: Historisch-kritischer Kommentar – Bearbeiter)

Schönke, Adolf (Begr.); Schröder, Horst (Fortgef.):
Strafgesetzbuch;
27. Auflage; München; 2006.
(zitiert: Schönke/Schröder – Bearbeiter)

Schricker, Gerhard:
Probleme bei der europäischen Angleichung des Rechts des unlauteren Wettbwerbs;
in: Bernstein, Herbert (Hrsg.); Drobnig, Ulrich (Hrsg.); Kötz, Hein (Hrsg.):
Festschrift für Konrad Zweigert zum 70. Geburtstag; S. 537 - 574;
Tübingen, 1981.
(zitiert: Schricker in FS Zweigert (1981))

Schricker, Gerhard:
Unlauterer Wettbewerb und Verbraucherschutz;
in: GRUR Int. 1970, 32 - 44.
(zitiert: Schricker GRUR Int. 1970, 32, Seite)

Schubel, Christian:
Schuldrechtsmodernisierung 2001/2002 – Das neue Kaufrecht;
in: JuS 2002, 313 - 319.
(zitiert: Schubel JuS 2002, 313, Seite)

Schulze zur Wiesche, Jörg:
Anm. zu BGH GRUR 1983, 654 – Kofferschaden;
in: GRUR 1983, 656.
(zitiert: Schulze zur Wiesche Anm. zu BGH GRUR 1983, 654 – Kofferschaden S. 657 f.)

Schulze, Reiner (Hrsg.):
Bürgerliches Gesetzbuch, Handkommentar
4. Auflage; Baden-Baden; 2005.
(zitiert: HK BGB – Bearbeiter)

Schwarze, Jürgen:
EU-Kommentar;
Baden-Baden; 2000.
(zitiert: Schwarze, EU-Kommentar)

Schweizer, Robert:
Die „normative Verkehrsauffassung“ – ein doppeltes Missverständnis – Konsequenzen für das Leitbild des „durchschnittlich informierten, verständigen und aufmerksamen Durchschnittsverbrauchers“ –;
in: GRUR 2000, 923 - 933.
(zitiert: Schweizer GRUR 2000, 923, Seite)

Seibt, Katrin:
Das europäische Verbraucherleitbild – ein Abschied von der Verwechslungsgefahr als Rechtsfrage?;
in: GRUR 2002, 465 - 472.
(zitiert: Seibt GRUR 2002, 465, Seite)

Seichter, Dirk:
Der Umsetzungsbedarf der Richtlinie über unlautere Geschäftspraktiken;
in: WRP 2005, 1087 - 1095.
(zitiert: Seichter WRP 2005, 1087, Seite)

Simitis, Konstantin:
Verbraucherschutz – Schlagwort oder Rechtsprinzip?;
Baden-Baden; 1976.
(zitiert: Simitis, Verbraucherschutz – Schlagwort oder Rechtsprinzip)

Smtih, Adam:
Wealth of Nations (Wohlstand der Nationen);
deutsche Übersetzung der 5. Auflage (last hand) von 1789 von Recktenwald, Hans Claus;
München; 1974.
(zitiert: A. Smith, Wealth of Nations, 1776, deutsch von Recktenwald, Wohlstand der Nationen)

Soergel, Th. (Begr.); Siebert, W., Baur, Jürgen F. u. a. (Hrsg.); Wolf, Manfred (Bearb.):
Bürgerliches Gesetzbuch mit Einführungsgesetz und Nebengesetzen Band 2 Allgemeiner Teil 2 §§ 104 - 240;
13. Auflage; Stuttgart; 1999.
(zitiert: Soergel - Bearbeiter)

Soergel, Th. (Begr.); Siebert, W., Baur, Jürgen F. u. a. (Hrsg.); Wolf, Manfred (Bearb.):
Bürgerliches Gesetzbuch mit Einführungsgesetz und Nebengesetzen, Band 10, §§ 823-853, ProdHG, UmweltHG;
13. Auflage; Stuttgart; 2005.
(zitiert: Soergel - Bearbeiter)

Sosnitza, Olaf:
Das Koordinatensystem des Rechts des unlauteren Wettbewerbs im Spannungsfeld zwischen Europa und Deutschland - Zum Regierungsentwurf zur Reform des UWG vom 9. 5. 2003;
in: GRUR 2003, 739 - 746.
(zitiert: Sosnitza GRUR 2003, 739, Seite)

Sosnitza, Olaf:
Die Richtlinie über unlautere Geschäftspraktiken - Voll- oder Teilharmonisierung?;
in: WRP 2006, 1 - 7.
(zitiert: Sosnitza WRP 2006, 1, Seite)

Spätgens, Klaus:
Irreführende Werbung - Verbraucherleitbild - Marktforschung;
in: WRP 2000, 1023 - 1028.
(zitiert: Spätgens WRP 2000, 1023, Seite)

Speckmann, Gerhard:
Wettbewerbsrecht;
3. Auflage; Köln, Berlin, Bonn, München; 2000.
(zitiert: Speckmann, Wettbewerbsrecht)

Stadler, Astrid; Micklitz, Hans-W.:
Der Reformvorschlag der UWG-Novelle für eine Verbandsklage auf Gewinnabschöpfung;
in: WRP 2003, 559 - 562.
(zitiert: Stadler/Micklitz WRP 2000, 559, Seite)

Staudinger, Julius von (Begr.); Horn, Norbert (Red.); Hager, Johannes (Bearb.):
J. von Staudingers Kommentar zum Bürgerlichen Gesetzbuch mit Einführungsgesetz und Nebengesetzen,
Zweites Buch Recht der Schuldverhältnisse §§ 823-825;
13. Auflage; Berlin; 1999.
(zitiert: Staudinger – Hager)

Steinbeck, Anja:
Die Dreieckskopplung – ein Fall des übertriebenen Anlockens;
in: GRUR 2005, 15 - 20.
(zitiert: Steinbeck GRUR 2005, 15, Seite)

Steingass, Sibille; Teworte, Marie-Christine:
Stellung und Reichweite des Transparenzgebots im neuen UWG;
in: WRP 2005, 676 - 687.
(zitiert: Steingass/Teworte WRP 2005, 676, Seite)

Streinz, Rudolf:
Europarecht;
6. Auflage; Heidelberg; 2003.
(zitiert: Streinz, Europarecht)

Tempel, Otto:
Informationspflichten bei Pauschalreisen – Eine Bestandsaufnahme: Arten, Rechtsnatur, Sanktionen – unter Einbeziehung des Reisebüros;
in: NJW 1996, 1625 - 1636.
(zitiert: Tempel NJW 1996, 1625, Seite)

Teplitzky, Otto:
Die große Zäsur – Zur Neubearbeitung des Kommentars zum Wettbewerbsrecht von Baumbach/Hefermehl durch Helmut Köhler und Joachim Bornkamm;
in: GRUR 2004, 900 - 907.
(zitiert: Teplitzky GRUR 2004, 900, Seite)

Teplitzky, Otto:
Wettbewerbsrechtliche Ansprüche und Verfahren;
8. Auflage; Köln, Berlin, Bonn, München; 2002.
(zitiert: Teplitzky, Wettbewerbsrechtliche Ansprüche)

Thomas, Heinz (Mitbegr.); Putzo, Hans (Bearb.); Reichold, Klaus (Bearb.); Hüßtege, Rainer (Bearb.):
Zivilprozeßordnung;
27. Auflage; München; 2005.
(zitiert: Thomas/Putzo ZPO)

Tilmann, Winfried:
Der „verständige Verbraucher";
in: Erdmann, Willi (Hrsg.); Gloy, Wolfgang (Hrsg.); Herber, Rolf (Hrsg.): Festschrift für Henning Piper zum 65. Geburtstag, S. 481 - 494;
München; 1996.
(zitiert: Tilmann FS Piper (1996))

Tilmann, Winfried:
Irreführende Werbeangaben und täuschende Werbung;
in: GRUR 1976, 544 - 556.
(zitiert: Tilmann GRUR 1976, 544, Seite)

Tilmann, Winfried:
Richtlinie vergleichende Werbung;
in: GRUR 1997, 790 - 749.
(zitiert: Tilmann GRUR 1997, 790, Seite)

Tonner, Klaus:
Das Recht des Time-sharing an Ferienimmobilien;
München; 1997.
(zitiert: Tonner, Das Recht des Time-sharing an Ferienimmobilien)

Trägner, Werner:
Das Verbot irreführender Werbung nach § 3 UWG im Europäischen Binnenmarkt;
Diss Konstanz; Konstanz; 1993.
(zitiert: Trägner, Das Verbot irreführender Werbung)

Ulbrich, Sebastian:
Der BGH auf dem Weg zum normativen Verbraucherleitbild?;
in: WRP 2005, 940 - 953.
(zitiert: Ulbrich WRP 2005, 940, Seite)

Ulmer, Eugen:
Wandlungen und Aufgaben im Wettbewerbsrecht;
in: GRUR 1937, 769 - 773.
(zitiert: E. Ulmer GRUR 1937, 769, Seite)

Ulmer, Peter; Brandner, Erich; Hensen, Horst-Dieter; Schmidt, Harry:
AGB-Gesetz;
9. Auflage; Köln; 2001.
(zitiert: Ulmer/Brandner/Hensen – Bearbeiter)

Veelken, Winfreid:
Kundenfang gegenüber dem Verbraucher; Bemerkungen zum EG-Richtlinienentwurf über unlautere Geschäftspraktiken;
in: WRP 2004, 1 - 30.
(zitiert: Veelken WRP 2004, 1, Seite)

v. Hippel, Eike:
Der Schutz des Schwächeren;
Tübingen; 1982.
(zitiert: v. Hippel, Der Schutz des Schwächeren)

v. Hippel, Eike:
Verbraucherschutz;
3. Auflage; Tübingen; 1986.
(zitiert: v. Hippel, Verbraucherschutz)

v. Stechow, Henning:
Das Gesetz gegen den unlauteren Wettbewerb vom 26. Mai 1986;
Diss., Bayreuth; Berlin; 2002.
(zitiert: v. Stechow, Das Gesetz gegen den unlauteren Wettbewerb vom 26. Mai 1986 (2002))

v. Westphalen, Graf Friedrich:
Das Recht des Stärkeren und seine grundsätzliche Beschränkung;
in: MDR 1994, 5 - 8.
(zitiert: v. Westphalen MDR 1994, 5, Seite)

v. Westphalen, Graf Friedrich:
Die Novelle zum AGB-Gesetz;
in: BB 1996, 2101 - 2106.
(zitiert: v. Westphalen BB 1996, 2101)

v. Westphalen, Graf Friedrich:
Schattenseiten des Verbraucherschutzes;
in: DB 1981, 61 - 71.
(zitiert: v. Westphalen DB 1981, 61)

Van den Bergh, Roger:
Wer schützt die europäischen Verbraucher vor dem Brüsseler Verbraucherschutz? Zu den möglichen adversen Effekten der europäischen Richtlinien zum Schutze des Verbrauchers;
in: Ott, Claus; Schäfer (Hrsg.), Hans-Bernd (Hrsg.):
Effiziente Verhaltenssteuerung und Kooperation im Zivilrecht. Beiträge zum V. Travemündener Symposium zur ökonomischen Analyse des Rechts; S. 77 - 102;
Tübingen; 1997.
(zitiert: Van den Bergh, Wer schützt den europäischen Verbraucher vor dem Brüsseler Verbraucherschutz?)

Van den Bergh, Roger; Lehmann, Michael:
Informationsökonomie und Verbraucherschutz im Wettbewerbs- und Warenzeichenrecht;
in: GRUR Int. 1992, 588.
(zitiert: Van den Bergh GRUR Int. 1992, 588, Seite)

vom Stein, Werner:
Zur Beurteilung irreführender Werbung ohne demoskopische Gutachten;
in: WRP 1970, 332 - 333.
(zitiert: vom Stein WRP 1970, 332, Seite)

Wackerbarth, Ulrich:
Unternehmer, Verbraucher und die Inhaltskontrolle vorformulierter Verträge;
in: AcP 200 (2000), 45 - 90.
(zitiert: Wackerbarth AcP 196 (1996), 1, Seite)

Weiler, Frank:
Ein lauterkeitsrechtliches Vertragslösungsrecht des Verbrauchers?;
in: WRP 2003, 423 - 431.
(zitiert: Weiler WRP 2003, 423, Seite)

Weitenauer, Herrmann:
Der Schutz des Schwächeren im Zivilrecht;
Heidelberg; 1975.
(zitiert: Weitenauer, Der Schutz des Schwächeren im Zivilrecht (1975))

Wessels, Johannes (Begr.); Beulke, Werner (Fortgef.)
Strafrecht, allgemeiner Teil;
35. Auflage; Heidelberg; 2005.
(zitiert: Wessels/Beulke)

Westermann, Harm-Peter (Hrsg.):
Bürgerliches Gesetzbuch, Band I;
10. Auflage; Münster, Köln; 2000.
(zitiert: Erman[10] - Bearbeiter)

Westermann, Harm-Peter (Hrsg.):
Bürgerliches Gesetzbuch, Band I;
11. Auflage; Münster, Köln; 2004.
(zitiert: Erman - Bearbeiter)

Wimmer-Leonhardt, Susanne:
UWG-Reform und Gewinnabschöpfungsanspruch oder „Die Wiederkehr des Drachen";
in: GRUR 2004, 12 - 20 sowie
JurPC Web-Dok. 219/2003; abrufbar unter
„www.jurpc.de/aufsatz/20030219.htm".
(zitiert: Wimmer-Leonhardt GRUR 2004, 12, Seite)

Wuttke, Tobias:
Die Konvergenz des nationalen und des europäischen Irreführungsbegriffs;
in: WRP 2004, 820 - 828.
(zitiert: Wuttke WRP 2004, 820, Seite)

Wuttke, Tobias:
Neues zur wettbewerbsrechtlichen Relevanz und Interessenabwägung bei der irreführenden Werbung;
in: WRP 2003, 839 - 843.
(zitiert: Wuttke WRP 2003, 839, Seite)

Zöller, Richard (Begr.); Greimer, Reinhold u. a. (Bearb.):
Zivilprozeßordnung;
25. Auflage; Köln; 2006.
(zitiert: Zöller ZPO)

Zöllner, Wolfgang:
Interessenfreiheit bei Gesellschaftsverträgen;
in: Lutter, Marcus (Hrsg.); Ulmer, Peter (Hrsg.); Zöllner, Wolfgang (Hrsg.):
Festschrift 100 Jahre GmbH-Gesetz, S. 85 - 125;
Köln; 1992.
(zitiert: Zöllner FS 100 Jahre GmbHG (1992), 85, Seite)

Zöllner, Wolfgang:
Regelungsspielräume im Schuldvertragsrecht;
in: AcP 196 (1996), 1 - 36.
(zitiert: Zöllner AcP 196 (1996), 1, Seite)

Teil 1 Einleitung

1. Abschnitt Anlaß für diese Arbeit

Es zählt zu den ältesten Fragen des Rechts, welche Informationen man im Rechtsverkehr dem anderen Teil geben muß und inwieweit etwas verschwiegen werden darf.[1] Schon im römischen Recht wird diese Frage erörtert.[2] Auch und gerade im Wettbewerbsrecht ist dieses Problem von großer praktischer Bedeutung. So wird es landläufig als „ältester Marketingtrick der Welt" bezeichnet, einen Kunden dadurch zu gewinnen, daß einfach einige weniger vorteilhafte Aspekte der angepriesenen Leistung verschwiegen werden.

Trotz der praktischen Bedeutung dieser Frage hat es lange Zeit nur rudimentäre gesetzliche Regelungen durch einige Generalklauseln gegeben. Zu nennen sind hier im bürgerlichen Recht insbesondere die §§ 123 und 242 BGB und im Wettbewerbsrecht das Verbot der Irreführung (§ 5 II 2 UWG n. F.; § 3 UWG a. F.). Erst mit der zunehmenden Einführung verbraucherschützender Vorschriften hat der Gesetzgeber verstärkt ein Augenmerk auf die Bedeutung der Informationserteilung gelegt und ausdrückliche Informationspflichten ge-schaffen. Mit der UWG-Reform im Jahr 2004 finden die Aspekte Information und Verbraucherschutz nun erstmals auch im Lauterkeitsrecht eine ausdrückliche Erwähnung. Der Verbraucherschutz wird in § 1 UWG als einer der Schutzzwecke des Gesetzes festgeschrieben. In Umsetzung dieses Zieles hat der Gesetzgeber einige ausdrückliche Informationspflichten, aber auch das von der Rechtsprechung entwickelte Verbot der Irreführung durch Verschweigen mit § 5 II 2 UWG in ein Gesetz gegossen. Diese Arbeit will sich daher dem Problem der Irreführung durch Verschweigen vor dem Hintergrund des Verbraucherschutzes durch Information widmen.

Monographische Untersuchungen hierzu existieren bislang nicht. Hinzuweisen ist jedoch auf die Monographien von Keyßner[3], Daunicht-Hoffrichter[4] und einen Aufsatz von Loewenheim[5]. Keyßner untersucht in seinem Werk aus dem Jahr 1986 das Problem der Irreführung durch Verschweigen rechtsvergleichend. Daunicht-Hoffrichter geht in ihrer

---

1 Historisch-kritischer Kommentar – Schermaier §§ 116-124 Rn. 105.

2 Cicero, De officiis 3,50.

3 Keyßner, Thomas; Irreführung durch Unterlassen – Informationspflichten in der Werbung; Köln, Berlin, Bonn, München; 1986.

4 Daunicht-Hoffrichter, Christiane; Die „halbe Wahrheit" – Irreführung durch lückenhafte Werbung; Diss.; Frankfurt a. M.; 1984.

5 Loewenheim, Ulrich; Aufklärungspflichten in der Werbung – Eine Analyse der neueren Entscheidungspraxis; in GRUR 1980, 14.

Dissertation aus dem Jahr 1984 ebenso wie Loewenheim in seinem Aufsatz von 1980 insbesondere auf die bis zu diesem Zeitpunkt ergangene Rechtsprechung ein. Bei Daunicht-Hoffrichter liegt dabei ein weiterer Schwerpunkt auf der Frage, ob es sich beim Verbot der Irreführung durch Verschweigen um ein Unterlassungsdelikt handelt, welches mit dem Wortlaut des § 3 UWG a. F. vereinbar ist.

Die Rechtsprechung und Gesetzgebung haben sich in der Frage des Irreführens durch Verschweigen nicht zuletzt aufgrund europarechtlicher Vorgaben nach Erscheinen dieser Werke erheblich weiterentwickelt. So stellt sich die von Daunicht-Hoffrichter aufgeworfene Frage nach der Vereinbarkeit des Verbots der Irreführung durch Verschweigen mit dem Wortlaut des Gesetzes gar nicht mehr. Insbesondere aufgrund der starken Zunahme an verbraucherschützenden Vorschriften ist eine weitere Untersuchung vor dem Hintergrund des Verbraucherschutzes durch Information angezeigt.

2. Abschnitt Gang der Untersuchung

Die hohe Aktualität der hier behandelten Frage zeigt sich auch an der Richtlinie über unlautere Geschäftspraktiken (2005/29/EG), welche in Art. 7 besondere lauterkeitsrechtliche Informationspflichten statuiert. Es soll sichergestellt werden, daß der Verbraucher gewisse Basisinformationen erhält, um eine informierte geschäftliche Entscheidung treffen zu können.[6]

Diese Untersuchung soll sich nicht allein auf die Auslegung des § 5 II 2 UWG beschränken. Es ist ein Ziel dieser Arbeit, auch die Verknüpfung von Information und Verbraucherschutz näher zu untersuchen und aufzuzeigen, inwiefern der Gedanke des Verbraucherschutzes durch Information Schutzrichtung und Auslegung des Lauterkeitsrechts beeinflußt. So stellt sich etwa die Frage, ob die große Zurückhaltung, welche bei der Herleitung abnehmerorientierter Informationspflichten aus dem Lauterkeitsrecht an den Tag gelegt worden ist,[7] weiterhin gerechtfertigt ist. Es soll gezeigt werden, daß sich das Lauterkeitsrecht nicht (mehr) in den Bahnen eines sozialrechtlichen oder sonderdeliktsrechtlichen Verständnisses bewegt, sondern daß es sich als objektives Marktverhaltensrecht an der Schwelle zum Recht der Marktkommunikation befindet. Es wird zu zeigen sein, daß ein nicht unerheblicher Teil des Wettbewerbsrechts inzwischen auf dem Gedanken einer marktkommunikationsbezogenen Unlauterkeit beruht. In diesem Zusammenhang wird die Frage zu stellen sein, ob die Schutzzwecke des Lauterkeitsrechts immer noch frei zwischen den mit der Reform normierten

---

[6] Erwägungsgrund 14 der RL 2005/29/EG.

[7] Keßler/Micklitz, Die Harmonisierung des Lauterkeitsrechts S. 16.

Fallgruppen stehen, wie dies zum alten UWG beklagt worden ist.[8] Insbesondere hierzu muß auf die Bedeutung der europarechtlichen Vorgaben eingegangen werden.

Die Zunahme des Verbraucherschutzes durch Information aufgrund europarechtlicher Vorgaben macht es erforderlich, sich nicht allein auf eine Erläuterung der wettbewerbsrechtlichen Informationspflichten zu beschränken, sondern zunächst auf den Verbraucherschutz durch Information im Vertragsrecht einzugehen. Es erfolgt daher im ersten Teil der Arbeit eine Bestandsaufnahme des zivilrechtlichen Verbraucherschutzes durch Information und der Entwicklung dessen theoretischen Unterbaus. Dabei soll untersucht werden, ob aufgrund des Vorranges des Verbraucherschutzes durch Information (sog. „Informationsmodell") der Weg zu einem einheitlichen Recht der Marktkommunikation geebnet ist. Hierbei soll geklärt werden, ob und inwieweit die schuld- und lauterkeitsrechtlichen Informationspflichten miteinander verwoben sind und inwieweit sich Schuld- und Lauterkeitsrecht in diesem Punkt wechselseitig beeinflussen. Hierzu wird insbesondere auf die Sanktionierung der Verletzung schuldrechtlicher Informationspflichten einzugehen sein. Es würde angesichts der Entwicklung der Informationspflichten im gesamten Zivilrecht zu kurz greifen, nur einen wettbewerbsrechtlichen Aspekt isoliert zu untersuchen.

Zunächst soll im 2. Teil im 1. Abschnitt auf Gründe für den Verbraucherschutz und im 2. Abschnitt auf die Entwicklung des Verbraucherschutzes unter besonderer Berücksichtigung des Verbraucherschutzes durch Information eingegangen werden.

Im Anschluß daran werden im 3. Abschnitt die Informationspflichten im bürgerlichen Recht erläutert, um mögliche Querverbindungen zum Wettbewerbsrecht darstellen zu können (lit. A-C).

Sodann werden die Entwicklung des Verbraucherschutzgedankens im Lauterkeitsrecht und die Besonderheiten des Verbraucherschutzes durch Information im Lauterkeitsrecht untersucht (lit. D).

Bevor auf die Regelung von Informationspflichten durch § 5 II 2 UWG und § 4 Nr. 1, 3. Alt. UWG eingegangen wird, wird im 3. Teil zunächst die Rechtsprechung zu wettbewerbsrechtlichen Informationspflichten erläutert. Dabei werden Fälle aus der Rechtsprechung in Fallgruppen – soweit möglich – nach Ursprung der Aufklärungspflichten eingeteilt und dargestellt.

Im 4. Teil werden dann die Anknüpfungspunkte für Informationspflichten im reformierten UWG untersucht, um sodann im 5. Teil die Voraussetzungen der Informationspflichten aufgrund des Verbotes der Irreführung durch Verschweigen zu erläutern. Auch hierbei wird versucht, die

---

8 Vgl. Beater JZ 1997, 916.

Verbindungen herauszuarbeiten, welche aufgrund des Vorranges der Information als Verbraucherschutzinstrument zu den schuldrechtlichen Informationspflichten bestehen. Hierzu werden nicht zuletzt allgemeine Ausführungen zum Irreführungsverbot erforderlich sein, da dieses maßgeblich vom Informationsmodell beeinflußt wird.

In einem letzten Schritt soll sodann im 6. Teil untersucht werden, ob auch Raum für nicht ausdrücklich geregelte Informationspflichten außerhalb des Verbotes der Irreführung durch Verschweigen besteht.

Teil 2 Verbraucherschutz durch Informationspflichten und dessen Gründe

1. Abschnitt Gründe für Verbraucherschutz und Überblick über Verbraucherschutzvorschriften im bürgerlichen Recht (unter besonderer Berücksichtigung von Informationspflichten)

A) Ungleichgewicht zwischen Verbraucher und Unternehmer als Rechtfertigung für verbraucherschützende Vorschriften?

I) Gängiges Legitimationsmodell des Verbraucherschutzes

Verbraucherschutz ist keineswegs eine Besonderheit des Lauterkeitsrechts. Um eine Einordnung des Verbraucherschutzes durch das Lauterkeitsrecht vornehmen zu können, soll hier ein Überblick über den zivilrechtlichen Verbraucherschutz gegeben werden.

Verbraucherschutzvorschriften haben nicht nur ins öffentliche Recht (z. B. §§ 8 ProdSG, 6 GSG, 69 IV AMG), sondern inzwischen sogar weltweit in fast allen industrialisierten Ländern ins Zivilrecht Einzug gehalten.[9] So finden sich in Deutschland insbesondere im BGB, aber auch in einigen Nebengesetzen (z. B. ProdHG) zahlreiche Vorschriften, die dem Verbraucherschutz dienen.

Dabei wird kontrovers diskutiert, ob man von einem Sonderprivatrecht für Verbraucher im deutschen Zivilrecht ebenso sprechen kann wie von einem Sonderprivatrecht der Kaufleute in Bezug auf das Handelsgesetzbuch.[10] Die Diskussion hat jedoch an Schärfe verloren, seitdem viele Sondergesetze in das BGB integriert wurden und der Gesetzgeber die Figur des Sonderprivatrechts ausdrücklich abgelehnt hat.[11]

---

9 Überblick bei v. Hippel, Verbraucherschutz S. 5 ff.

10 Dafür Canaris AcP 200 (2000), 273, 360; Schellhammer, Schuldrecht Rn. 1862; Roth JZ 2001, 475; Hommelhoff, Verbraucherschutz im System des deutschen und europäischen Privatrechts S. 4; zurückhaltend Bülow, Verbraucherprivatrecht Rn. 18.; kritisch Lieb AcP 183 (1983), 327, 348 ff.; Dreher JZ 1997, 167, 177; Esser/Schmidt I 1 S. 20; Medicus AT Rn. 15a; Bork AT Rn. 16; vgl. AK-Damm Einl. AT Rn. 6; ausführlich Drexl, Die wirtschaftliche Selbstbestimmung des Verbrauchers S. 71 ff.

11 RegE zum SMG BT-Drucks. 14/6040 S. 91.

Obwohl inzwischen allgemein anerkannt ist, daß ein Bedürfnis für den Schutz des Verbrauchers besteht,[12] sind die dogmatische Begründung und die genauen Voraussetzungen, unter denen der Verbraucher besonders schutzbedürftig sein soll, immer noch ungeklärt.[13] Bislang ist es nicht gelungen, eine anerkannte und griffige Formel für die Konstellationen zu entwerfen, in denen ein gesetzgeberisches Eingreifen zum Schutz der Verbraucher angezeigt ist.[14]

Im Schuldvertragsrecht wird der Grund für Verbraucherschutz überwiegend[15] in einer gestörten Vertragsparität gesehen, die typischerweise aufgrund einer Ungleichgewichtslage[16] zwischen dem Verbraucher als „Amateur" und dem Unternehmer als „Profi"[17] bestehe.[18] Der Verbraucher sei dem Unternehmer „strukturell unterlegen"[19] es bestehe eine „typische Gefällelage"[20], insbesondere im Hinblick auf Wissen und (Fach-) Kompetenz.[21]

Diese Ungleichgewichtslage führe dazu, daß zwischen den Vertragsparteien keine annähernd gleiche Verhandlungsstärke bestehe.[22] Nur bei gleicher Verhandlungsstärke der Parteien könne aber davon ausgegangen werden, daß ein Vertrag nach dem Grundsatz „volenti non fit inu-

---

12 Kemper, Verbraucherschutzinstrumente S. 30; Dauner-Lieb S. 17, 22; v. Westphalen DB 1981, 61; vgl. selbst Zöllner AcP 196 (1996), 1, 34.

13 Drexl, Die wirtschaftliche Selbstbestimmung des Verbrauchers S. 36.

14 Überblick über den Meinungsstand bei Zöllner AcP 196 (1996), 1, 15 ff. (krit.).

15 Vgl. Limbach JuS 1985, 10, 12.

16 Zur Geschichte diese Begriffes vgl. Zöllner AcP 196 (1996), 1, 16 ff.

17 Vgl. E. Schmidt, Schuldverhältnis Rn. 18.

18 Kemper, Verbraucherschutzinstrumente S. 32; v. Hippel, Verbraucherschutz S. 1 f.; Haoming Xu, Zur Geschichte und zum Wesen des modernen Verbraucherschutzrechts S. 80; Bülow, Verbraucherkreditrecht Rn. 21; Bülow/Artz, Verbraucherprivatrecht S. 3; Bülow/Artz NJW 2000, 2049; MüKo – Kramer Vor § 145 Rn. 6; Kittner, Schuldrecht Rn. 867; Larenz/Wolf, AT § 42 Rn. 25; Bork, AT Rn. 1739; E. Schmidt, Schuldverhältnis Rn. 19; BVerfG 1994, 37, 38; Hommelhoff, Verbraucherschutz im System des deutschen und europäischen Privatrechts S. 5; Grundmann JZ 2000, 1133, 1137, Hönn JuS 1990, 953, 954 ff.; Bülow FS Söllner (2000) S. 189 f.; grundlegend Hönn, Kompensation gestörter Vertragsparität S. 256 ff.; a. A. Adomeit NJW 1994, 2467, 2468.

19 BVerfG NJW 1994, 37, 38; Dauner-Lieb, Verbraucherschutz S. 63 f.; Larenz/Wolf, AT § 42 Rn. 25; Soergel – Wolf Vor § 145 Rn. 35, 38; Bülow/Artz, Verbraucherprivatrecht S. 2; Kemper, Verbraucherschutzinstrumente S. 32; 1; Fleischer ZEuP 2000, 772, 774; Esser/Schmidt SchR I 1 S. 19.

20 E. Schmidt, Schuldverhältnis Rn. 18.

21 E. Schmidt, Schuldverhältnis Rn. 20.

22 Bamberger/Roth – Eckert § 145 Rn. 9; MüKo – Kramer Vor § 145 Rn. 3; BVerfG NJW 1994, 37, 38.

ria“[23] aufgrund des gegenseitigen Aushandelns eine materielle Richtigkeitsgewähr in sich trage, so daß die Verhandlungsergebnisse nicht korrekturbedürftig seien.[24] Sei die Verhandlungsstärke der Parteien hingegen ungleich, stelle die Vertragsabschlußfreiheit keinen Garant für die (materielle) Vertragsgerechtigkeit mehr dar, weil es nicht jeder der Parteien ohne Freiheit von Zwang möglich sei, ihre Interessen angemessen durchzusetzen und in einem gegenseitigen Abwägen der Vor- und Nachteile einen Interessenausgleich zustande zu bringen.[25] Vielmehr werde die unterlegene Partei durch die überlegene Partei (zumindest auch) fremdbestimmt.[26] Es gelte die Selbstbestimmung[27] zu sichern, d. h. die Chance, Ziel und Mittel wirtschaftlichen Handelns selbst zu bestimmen.[28] Die Selbstbestimmung der Vertragsparteien sei aber Grundvoraussetzung der Privatautonomie, d. h. der Möglichkeit, seine Rechtsverhältnisse nach eigenem Willen im Rahmen der Rechtsordnung zu regeln[29].[30] Die Verbraucherschutzvorschriften dienten dementsprechend nur dazu, dem Ungleichgewicht entgegenzuwirken und eine annähernd gleiche Verhandlungsstärke wiederherzustellen.[31]

Dieser - hier nur grob skizzierte - Legitimationsansatz wird in zahlreichen Ausdifferenzierungen vertreten,[32] so daß teilweise etwa auf das Merkmal der Ungleichgewichtslage verzichtet und nur auf Aspekte der Entscheidungsfreiheit abgestellt[33] oder ein Marktversagen als zusätzliches Merkmal gefordert wird.[34] Insbesondere wird von den Vertretern eines eher sozialen Zivilrechtsverständnisses besonders hervorgehoben, daß es beim Verbraucherschutz um den „Schutz des Schwächeren als

---

23 Lat.: Dem Wollenden geschieht kein Unrecht.

24 Grundlegend Schmidt-Rimpler AcP 147 (1947), 130 ff.

25 Vgl. Larenz/Wolf, AT § 42 Rn. 1; Erman - Hefermehl[10] Vor § 145 Rn. 26; Palandt - Heinrichs Einf v § 145 Rn. 7.

26 BVerfG NJW 1994, 37, 38; Bülow/Artz, Verbraucherprivatrecht S. 2; Larenz/Wolf, AT § 42 Rn. 2; vgl. v. Westphalen MDR 1994, 5 und 7.

27 Zum Problem der Unbestimmtheit des Begriffes der „Selbstbestimmung“ siehe Drexl, Die wirtschaftliche Selbstbestimmung des Verbrauchers S. 290

28 Drexl, Die wirtschaftliche Selbstbestimmung des Verbrauchers S. 7.

29 Vgl. Flume, Das Rechtsgeschäft S. 5; Palandt - Heinrichs Überbl v § 104 Abschnitt 3 Rn. 1.

30 Erman - Hefermehl[10] Vor § 145 Rn. 26; MüKo - Kramer Vor § 145 Rn. 2.

31 E. Schmidt, Schuldverhältnis Rn. 20.

32 Siehe etwa die Darstellung bei Drexl, Die wirtschaftliche Selbstbestimmung des Verbrauchers S. 35 ff.

33 Überblick bei Zöllner AcP 196 (1996), 1, 20 ff.

34 So Alexander, Vertrag und unlauterer Wettbewerb S. 43.

Ziel jeder Rechtsordnung"[35] gehe, wohingegen es den Vertretern eines eher liberalen Zivilrechtsverständnisses stärker darauf ankommt, durch marktkomplementäre Maßnahmen eine ökonomisch rationale Entscheidung des Verbrauchers zu ermöglichen (eine eindeutige Zuordnung der jeweiligen Vertreter in ein welfaristisches oder liberales „Lager" ist meist nicht möglich[36]).[37]

Das Bundesverfassungsgericht[38] und ihm folgend ein Teil der Literatur[39] betonen drüber hinaus, daß den Staat in typisierbaren Fallgestaltungen, die eine strukturelle Unterlegenheit des einen Vertragsteils erkennen lassen, eine objektive Schutzpflicht für die so beeinträchtigte Privatautonomie, die aus der allgemeinen Handlungsfreiheit gem. Art. 2 I GG fließe, treffe. Dies folge ferner aus dem Sozialstaatsprinzip (Art. 20 I, 28 I GG).[40]

Zusammenfassend läßt sich also festhalten, daß nach diesem Denkmodell eine strukturelle und typische Ungleichgewichtslage zwischen Unternehmer und Verbraucher zu einer Beeinträchtigung der Entscheidungsfreiheit und damit zu einer Beeinträchtigung der Privatautonomie führt, die ein gesetzgeberisches Handeln erforderlich macht.

II) Kritik am herkömmlichen Begründungsmuster

Dieser Ansatz und insbesondere die Rechtsprechung des Bundesverfassungsgerichts sind auf scharfe Kritik gestoßen.[41] Das Merkmal der „Ungleichgewichtslage" sei - vor allem zur Rechtfertigung einer Inhaltskontrolle des Vertrages - sowohl vertragstheoretisch als auch praktisch inakzeptabel, weil dieses Merkmal nicht hinreichend konkretisierbar sei und von zu vielen Faktoren abhänge.[42] Es sei unklar, unter welchen Voraussetzungen ein Ungleichgewicht angenommen werden kann, durch

---

35 Medicus JuS 1996, 761; vgl. ders. BR Rn. 324; vgl. ausführlich Weitenauer, Der Schutz des Schwächeren im Zivilrecht (1975) und v. Hippel, Der Schutz des Schwächeren (1982).

36 Limbach JuS 1985, 10, 11.

37 Überblick bei Kind, Grenzen des Verbraucherschutzes S. 41 ff.; vgl. auch Drexl, Die wirtschaftliche Selbstbestimmung des Verbrauchers S. 25 ff.

38 BVerfG NJW 1994, 37, 38.

39 Larenz/Wolf, AT § 41 Rn. 1.; MüKo - Kramer Vor § 145 Rn. 6; Soergel - Wolf Vor § 145 Rn. 43 ff.; Micklitz/Tonner - Micklitz, Vertriebsrecht § 312 Rn. 2; Palandt - Heinrichs Einf v § 145 Rn. 7 und 13; Erman - Hefermehl[10] Vor § 145 Rn. 16; Kittner, Schuldrecht Rn. 867 i. V. m. Rn. 106 ff.

40 BVerfG NJW 1994, 37, 38.

41 Vgl. insb. Zöllner AcP 196 (1996), 1.

42 Coester-Waltjen AcP 190 (1990), 1, 23; Wackerbarth AcP 200 (2000), 45, 52 f.; Zöllner AcP 196 (1996), 1, 22 und 27 ff.

was ein Ungleichgewicht verursacht wird, welcher Grad an Ungleichgewichtigkeit noch hinnehmbar ist und welche Kriterien über das Maß und das Instrument eines Ausgleichs ausschlaggebend sein sollen.[43] Diese Unbestimmtheit führe im übrigen dazu, daß eine Ungleichgewichtslage zwischen den Vertragsparteien praktisch jedem Vertrag innewohne.[44]

III) Tendenzen des Gesetzgebers

Der Gesetzgeber geht indessen - freilich ohne zu vertragstheoretischen Fragen Stellung zu beziehen - offenbar davon aus, daß zwischen Unternehmer und Abnehmer eine typische Ungleichgewichtslage bestehen kann.[45] Bereits bei Erlaß des VVG im Jahr 1908 ging man davon aus, daß „bei dem Versicherungsvertrag [...] der Versicherte im allgemeinen der schwächere Teil ist", insbesondere, daß der Versicherte allgemein an Geschäftserfahrung regelmäßig nachsteht und er nicht imstande ist, vom Gesetz abweichenden Vertragsbedingungen „rechtzeitig zu begegnen".[46] Auch sollte § 11 AuslInvetsmG von 1969 deutsche Kapitalanleger wegen einer ungleichen Verhandlungsposition zwischen Unternehmer und Kunde infolge des Einsatzes verkaufspsychologisch geschulter Vertreter schützen.[47]

Im Regierungsentwurf zum Verbraucherkreditgesetz[48] wird ausgeführt, daß der Verbraucher Gefahr laufe, die mit der Kreditaufnahme verbundenen Risiken nicht ausreichend beurteilen zu können, und vor Bedingungen, die ihn in nicht gerechtfertigter Weise benachteiligten, geschützt werden müsse. Der Gesetzgeber geht hier also davon aus, daß eine Unterlegenheit des Verbrauchers im Hinblick auf Wissen („informationelle Unterlegenheit") unangemessen benachteiligende Klauseln ermöglicht.

Weiter heißt es im Abgeordnetenentwurf zum Haustürwiderrufsgesetz[49], daß der Verbraucher in der spezifischen Haustürsituation in seiner Entscheidungsfreiheit meist überfordert sei, weil er die Angebote weder ausreichend prüfen noch sich den Vertragsschluß hinreichend überlegen konnte. Entgegen dem in der Literatur vorgetragenen Argument, daß ein Verbraucher in einer „take it or leave it"- Situation das Geschäft norma-

---

43 Drexl, Die wirtschaftliche Selbstbestimmung des Verbrauchers S. 39; vgl. auch S. 208 f.

44 Wackerbarth AcP 200 (2000), 45, 53 f.; vgl. Alexander, Vertrag und unlauterer Wettbewerb S. 43.

45 Vgl. Bamberger/Roth – Eckert § 145 Rn. 11 (ohne nähere Prüfung).

46 Mot. zum VVG S. 63; vgl. Roth JZ 2001, 475, 476.

47 BT-Drucks. 5/3494 S. 23.

48 BT-Drucks. 11/5462 S. 11.

49 BT-Drucks. 10/584 S. 4.

lerweise ablehnen könne[50], wird ihm dies in der spezifischen Haustürsituation ausdrücklich nicht zugetraut, weil er sich gegen einen aufdringlichen Vertreter nicht immer durchsetzen könne.[51]

Der Gesetzgeber skizziert hier typische Unterlegenheitssituationen, in denen er eine besondere Schutzbedürftigkeit des Verbrauchers annimmt. Dabei stellt er sogar ausdrücklich auf Defizite bei der Selbstbestimmung (Entscheidungsfreiheit) ab, macht ein Eingreifen aber von typisierten, situationsgezogenen Umständen abhängig.

Besonders deutlich wird das gesetzgeberische Verständnis in der Begründung des Regierungsentwurfs zum AGB-Gesetz. Dort heißt es: „Das vorrangige rechtspolitische Ziel dieses Gesetzentwurfs liegt darin, bei der Verwendung von AGB im rechtsgeschäftlichen Wirtschaftsverkehr dem Prinzip des angemessenen Ausgleichs der beiderseitigen Interessen Geltung zu verschaffen, das nach den Grundvorstellungen des Bürgerlichen Gesetzbuches die Vertragsfreiheit legitimiert; denn deren Funktion besteht darin, durch freies Aushandeln von Verträgen zwischen freien und zur rechtsgeschäftlichen Selbstbestimmung fähigen Partnern Vertragsgerechtigkeit zu schaffen. Der Gesetzentwurf beabsichtigt demzufolge nichts anderes als die durch eine ungehemmte Entwicklung im Bereich der AGB gestörte Funktion des Vertragsrechts wiederherzustellen."[52] Der Gesetzgeber geht hier vom Wegfall der Richtigkeitsgewähr des Vertrages und damit einer gestörten Vertragsparität aus, die der gesetzgeberischen Korrektur bedarf.[53] Zwar beziehen sich die Vorschriften des AGB-Rechts nicht allein auf Verbraucher, jedoch wird den Verbrauchern seit Einführung des § 24a AGBG a. F. (heute § 310 I/III BGB) eine verstärkte Inhaltskontrolle gewährt, so daß das AGB-Recht als Teil des Verbraucherschutzes zu begreifen ist.[54] Damit hat der Gesetzgeber ausdrücklich die gestörte Vertragsparität als Begründungsmodell für den Verbraucher schützende Vorschriften herangezogen.

Dieses Bild wird durch europarechtliche Vorgaben abgerundet. In der durch § 24a AGBG a. F. (heute § 310 BGB) umgesetzten Richtlinie 93/13/EWG vom 5. April 1993 über mißbräuchliche Klauseln in Verbraucherverträgen („Klausel-RL")[55] ist nämlich von einem „Machtmißbrauch des Verkäufers oder Dienstleistungserbringers"[56] die Rede,

---

[50] Zöllner AcP 196 (1996), 1, 31.

[51] BT-Drucks. 10/584 S. 4.

[52] BT-Drucks. 7/3919 S. 13.

[53] Vgl. Limbach JuS 1985, 10, 12.

[54] Larenz, SchR II/1 § 42 Rn. 54; Ulmer/Brandner/Hensen - Ulmer Einl. Rn. 28, insb. Fn. 62.

[55] ABl. EG L 95/29.

[56] RL 93/13/EWG vom 21.4.1993, ABl. EG L 95/29 Erwägungsgrund 9.

was eine Überlegenheit des Unternehmers (Macht) impliziert.[57] Auch ist nach der RL zu berücksichtigen, „welches Kräfteverhältnis zwischen den Verhandlungspositionen der Parteien bestand".[58] Dies legt es nahe, von einer gestörten Vertragsparität aufgrund einer Ungleichgewichtslage zwischen Verbraucher und Unternehmer auszugehen.

Der Gesetzgeber hat die Diskussion über die Rechtfertigung des Verbraucherschutzes also ohne Stellungnahme zu möglichen Problemen praktisch überrannt und geht des Weg eines situationsbezogenen - und damit nicht allein konstitutiven - Verbraucherschutzrechts zur Sicherung der Selbstbestimmung des Verbrauchers, d. h. nicht nur der formalen, sondern der materiellen Privatautonomie.[59]

Für den Gegenstand dieser Untersuchung sind letztlich jedoch nicht die vertragstheoretischen Grundlagen für Verbraucherschutzvorschriften, sondern die tatsächlichen Gründe für die Schutzbedürftigkeit des Verbrauchers von zentraler Bedeutung, so daß eine weitergehende Klärung dieser Fragen hier nicht erforderlich ist.

B) Die tatsächliche Schutzbedürftigkeit des Verbrauchers

Darüber, daß der Verbraucher in tatsächlicher Hinsicht schutzbedürftig ist, besteht weitgehend Einigkeit,[60] wenngleich der erforderliche Umfang des Schutzes durchaus kontrovers beurteilt wird.[61]

Bei der Ermittlung der Gründe für die Schutzbedürftigkeit des Verbrauchers ist zunächst zu berücksichtigen, daß der Verbraucherschutz nicht bei beruflichen Tätigkeiten greift (vgl. §§ 13, 14 BGB). Aus diesem Grunde können für die Schutzbedürftigkeit nur solche Faktoren maßgeblich sein, die zu Gefahren für den Verbraucher führen und denen ein Unternehmer besser begegnen kann oder bei denen es dem Unternehmer zumindest eher zuzumuten ist, dies zu tun.

Entscheidend ist also nicht allein die Frage, inwiefern der jeweilige Unternehmer dem Verbraucher als Vertragspartner voraus ist, sondern auch, warum der Verbraucher im Vergleich zu den unternehmerisch agierenden Kunden schutzbedürftiger sein soll. Nur so läßt sich erklären, warum der Gesetzgeber einerseits Geschäfte im Rahmen beruflicher

---

57 Vgl. Wackerbath AcP 200 (2000), 45, 52.

58 RL 93/13/EWG vom 21.4.1993, ABl. EG L 95/29 Erwägungsgrund 15.

59 Vgl. zu diesem Ansatz Drexl, Die wirtschaftliche Selbstbestimmung des Verbrauchers S. 9 und 287.

60 Kemper, Verbraucherschutzinstrumente S. 30; Dauner-Lieb, Verbraucherschutz S. 16 f.; Van den Bergh, Wer schützt die europäischen Verbraucher vor dem Brüsseler Verbraucherschutz? S. 84.

61 Vgl. Adomeit NJW 2004, 579, 581 f. (krit.).

Tätigkeiten vom Schutz ausnimmt (so prinzipiell schon das Abzahlungsgesetz von 1896, das in § 8 AbzG eingetragene Kaufleute vom Anwendungsbereich ausnahm)[62] und warum andererseits bestimmte Schutzvorschriften für Verbraucher wie für Unternehmer gleichermaßen gelten (z. B. § 312c BGB und mit der Ausnahme des § 310 BGB auch das AGB-Recht).

Üblicherweise wird bei der besonderen Schutzbedürftigkeit des Verbrauchers zwischen informationellen und wirtschaftlichen Defiziten differenziert.[63]

I) Informationelle Defizite

1) Die besondere Schwierigkeit der Informationsbeschaffung für den Verbraucher

Dem Verbraucher fehlen oft die vertragsrelevanten Informationen, die erforderlich sind, um die eigenen Interessen sachgerecht wahrzunehmen.[64] Überwiegend wird hier von „informationeller Unterlegenheit" gesprochen (vgl. o.[65]). Von einem Unternehmer kann viel eher erwartet werden, sich bestimmte Informationen zu beschaffen (sog. „screening"[66]), weil er als Profi dazu bessere Möglichkeiten hat. So kann er etwa unter wirtschaftlichen Gesichtspunkten viel eher professionelle Hilfe in Anspruch nehmen, weil er die Kosten der Informationsbeschaffung (in Form höherer Stückkosten) leichter auf eine Vielzahl von Geschäftsvorgängen verteilen kann. Die Kosten für die Informationsbeschaffung seitens eines Verbrauchers werden hingegen vielfach prohibitiv hoch sein, weil diese Kosten im Regelfall nur für ein einziges Geschäft anfallen.[67]

2) Fehlende Marktübersicht; mangelnde Kenntnis wirtschaftlicher Grundtatbestände

Insbesondere die immer größer werdende Produktvielfalt und die mangelnde Fachkenntnis bzgl. der immer komplizierter werdenden Produkte, die auf einem zunehmend internationaleren Markt angebotenen werden, führen dazu, daß dem Verbraucher oft das entscheidende Wissen in Hinblick auf Qualität, Preis und Risiken der angebotenen Leistung

---

62 Vgl. Canaris AcP 200, (2000), 273, 360.

63 Kemper, Verbraucherschutzinstrumente S. 35/36.

64 Larenz/Wolf, AT § 42 Rn. 8; vgl. Kemper, Verbraucherschutzinstrumente S. 36.

65 Zum Begriff der Unterlegenheit vgl. o. S. 5 ff.

66 Fritsch/Wein/Ewers, Marktversagen und Wirtschaftspolitik S. 297.

67 Vgl. Grundmann NJW 2000, 14, 17.

fehlt.[68] Man denke nur an die Vielfalt der Angebote auf dem Versicherungsmarkt nach der Deregulierung im Jahr 1994.[69]

Hinzu kommt, daß bei den modernen Vertriebsformen (Selbstbedienung, Katalog-/Internetversand) vielfach kaum oder sogar keine Beratung stattfindet.[70] Der Mangel an Markt- und Preisübersicht führt u. U. dazu, daß dem Verbraucher eine solide Vergleichsbasis fehlt, so daß seine Entscheidung eher vom Zufall denn von einem eigenständigen Urteil über die Preiswürdigkeit der Leistung abhängt.[71] Verschärft wird dieses Problem dadurch, daß der Verbraucher - anders als ein Unternehmer - kaum mit wirtschaftlichen Grundtatbeständen vertraut ist und etwa bei komplexen Leistungen fälschlicherweise geneigt sein wird davon auszugehen, daß das teuerste Angebot auch das beste ist.[72]

3) Manipulierbarkeit der Verbraucherentscheidung; fehlende Weitsicht; Gefahr übereilter Vertragsschlüsse

Die Ratio der Verbraucherentscheidung wird weiter dadurch beeinträchtigt, daß der Verbraucher sich erstaunlich leicht durch Werbung beeinflussen läßt, die naturgemäß nicht nur der sachlichen Information gewidmet ist,[73] sondern stets ein „überredendes" Element enthält[74] und zum Kauf von Produkten verleitet, für die der Konsument ohne Werbung kein „Bedürfnis" gehabt hätte.[75] Nicht zuletzt ist zu bedenken, daß ein Unternehmer - möglicherweise sogar infolge besonderer psychologischer Schulung[76] - über besonderes Verhandlungsgeschick und raffinierte Verkaufsmethoden[77] verfügt, denen der Durchschnittsverbraucher nichts entgegenzusetzen hat, so daß er sich Produkte „aufschwatzen" läßt. Der Verbraucher ist der Redegewandtheit des Unternehmers nicht immer gewachsen, so daß z. B. bei Haustürgeschäften viele Verbraucher

---

68 V. Hippel, Verbraucherschutz S. 2; Haoming Xu, Zur Geschichte und zum Wesen des modernen Verbraucherschutzrechts S. 80; Esser/Schmidt I 1 S. 19.

69 Fleischer ZEuP 2000, 772, 775.

70 V. Hippel, Verbraucherschutz S. 2; Haoming Xu, Zur Geschichte und zum Wesen des modernen Verbraucherschutzrechts S. 80; Esser/Schmidt I 1 S. 19.

71 Vgl. Kemper, Verbraucherschutzinstrumente S. 43.

72 Kemper, Verbraucherschutzinstrumente S. 44 ff.

73 V. Hippel, Verbraucherschutz S. 2.

74 Van den Bergh/Lehmann GRUR Int. 1992, 588, 592.

75 Kemper, Verbraucherschutzinstrumente S. 53 ff.

76 Vgl. Abgeordnetenentwurf zum HWiG, BT-Drucks. 10/584 S. 4.

77 Boente/Riehm Jura 2002, 222.

nur deshalb einen Vertrag schließen, um einen lästigen Vertreter loszuwerden.[78]

Die psychische Manipulierbarkeit des Verbrauchers, gepaart mit fehlender Markt- und Preisübersicht, kann in besonderem Maße die Gefahr eines übereilten Vertragsschlusses bergen.[79] Von einem Unternehmer hingegen kann viel eher erwartet werden, daß er den besonderen Reizen der Werbung widersteht und in der Lage ist, seine Entscheidung nur nach wirtschaftlichen Kriterien zu fällen. Er ist aus kaufmännischer Sicht stets gehalten, Kosten und Nutzen gegeneinander abwägen und sich im Wirtschaftsleben auch gegen „zähe" Verhandlungspartner durchzusetzen.

4) Mangelnde Weitsicht

Weiter kann es dem Verbraucher - etwa bei längerfristigen Zahlungsverpflichtungen - an der hinreichenden Weitsicht und Kenntnis wirtschaftlicher Grundtatbestände für die erforderliche Finanzplanung fehlen. Schon das AbzG von 1896 wollte dem Umstand begegnen, daß Nichtkaufleute (vgl. § 8 AbzG) bei einem Abzahlungsgeschäft der Versuchung „heute kaufen, morgen zahlen" (zu) schnell erliegen.

5) Mangelnde Kenntnis rechtlicher Grundtatbestände

Weiter ergibt sich eine Schutzbedürftigkeit des Verbrauchers daraus, daß dieser mit rechtlichen Grundtatbeständen nicht so vertraut ist wie ein Unternehmer. Letzterem ist zumindest viel eher zuzumuten, professionellen Rechtsrat zu suchen, weil sich dieser für einen Unternehmer eher rechnet als für einen Verbraucher, der ein Geschäft der fraglichen Art möglicherweise nur selten abschließt (vgl. o.[80]). Der Verbraucher kennt die Möglichkeiten, die er gegen den Unternehmer hat, meist nicht hinreichend und begeht Fehler. Beispielsweise liest er vertrauensselig das „Kleingedruckte" nicht hinreichend oder versäumt es, Beweise für mündliche Abreden zu schaffen.[81] Darüber hinaus ist er oft „prozeßscheu", weil er die Erfolgsaussichten einer Klage nicht einschätzen kann und dementsprechend mögliche Kosten fürchtet.[82] Finanzschwache Verbraucher können bereits durch den nach § 12 GKG für die Zustellung einer Klage erforderlichen Kostenvorschuß oder durch die für die Prüfung möglicher Ansprüche entstehenden Anwaltskosten von einer Klage abhalten werden, zumal den wenigsten die Möglichkeiten der Prozeß-

---

78 Abgeordnetenentwurf zum HWiG, BT-Drucks. 10/584 S. 4.

79 Vgl. Schellhammer, Schuldrecht Rn. 1874; Boente/Riehm Jura 2002, 222.

80 Vgl. o. S. 12.

81 Kemper, Verbraucherschutzinstrumente S. 47 ff.

82 Kemper, Verbraucherschutzinstrumente S. 56 ff.

kostenhilfe in ausreichendem Maße bekannt sind. Der Konsument sieht deswegen von einer Durchsetzung der ihm gegen einen Unternehmer zustehenden Rechte oftmals ab und erleidet daher nur infolge seines Unwissens einen Schaden. Ein Unternehmer ist es hingegen viel eher gewohnt, seine Rechte durchzusetzen.

Der Verbraucher weist daher Defizite im Hinblick auf technische Kompetenz, wirtschaftliches und juristisches Know-how sowie Verhandlungsgeschick und Redegewandtheit auf,[83] die zu nicht gerechtfertigten Vermögenseinbußen führen können.

II) Wirtschaftliche Defizite

Ein weiterer Faktor ist die wachsende Marktmacht von Unternehmern am zusehends globalen Markt.[84] Meist ist der Unternehmer auf den Vertragsabschluß mit einem einzelnen Verbraucher nicht angewiesen, weil dessen Nachfragemacht als Einzelperson nur gering ist. Er wird auf einen Vertragsschluß mit einem Verbraucher daher viel eher verzichten als auf ein lukrativeres Geschäft mit einem Unternehmer. Der Konsument hingegen kann von dem einzelnen Anbieter stärker abhängig sein, z. B. weil es nur wenige Anbieter am relevanten Markt gibt. Verschärft wird dieses Problem noch, wenn der Unternehmer weiß, daß sich seine Konkurrenten ebenso verhalten wie er.[85] Dies ermöglicht es dem Unternehmer, etwa Vertragsbedingungen stärker nach seinen Vorstellungen zu gestalten, weil der Verbraucher keine Ausweichmöglichkeit hat. Darüber hinaus trifft den Unternehmer mit der zunehmenden Anonymität der Geschäfte die Gefahr der Abwanderung des Konsumenten bei einem zweiten Geschäft gleicher Art weniger, so daß ein opportunistisches Verhalten wahrscheinlicher wird.[86] Der regulierende Faktor der Kundenzufriedenheit versagt.

Überwiegend wird in diesen Konstellationen von „wirtschaftlicher Unterlegenheit" des Verbrauchers gesprochen.[87]

III) Einwände gegen die Gründe für Verbraucherschutz

Allen Gründen für Verbraucherschutz ist gemein, daß sie sich auf „die Verbraucher" beziehen, ohne zu differenzieren, ob der jeweilige Verbraucher überhaupt schutzbedürftig oder seinem Verhandlungspart-

---

83 E. Schmidt, Schuldverhältnis Rn. 19.

84 Vgl. v. Hippel, Verbraucherschutz S. 1.

85 Kemper, Verbraucherschutzinstrumente S. 61; vgl. schon Larenz, SchR BT II[2] (1957) zur Unterwerfung unter AGB beim Abzahlungskauf.

86 Grundmann JZ 2000, 1133, 1140; Fleischer ZEuP 2000, 772, 775.

87 Kemper, Verbraucherschutzinstrumente S. 35 f. und 56.

ner etwa im Hinblick auf Verhandlungsgeschick oder Wissen vielleicht sogar voraus war (vgl. §§ 13, 14 BGB).[88] Insofern „hinken“ die Begründungen aufgrund ihrer Pauschalität.

Auch ist keineswegs zwingend, daß z. B. ein unerfahrener Kleinunternehmer nicht aus den gleichen Gründen und im ähnlichen Maße schutzbedürftig ist wie ein Verbraucher. Dem ist allerdings entgegenzuhalten, daß es diesem eher zumutbar ist, seine Defizite abzustellen und sich z. B. zu informieren.

Nur schwer einzusehen ist jedoch, daß dieselbe natürliche Person ebenso ein erfahrener Geschäftsmann wie ein schutzbedürftiger Verbraucher sein können soll. So kann ein eingetragener Kaufmann im einen Moment selbst so risikoreiche Rechtsgeschäfte wie eine Bürgschaft telefonisch abschließen (§ 350 HGB) oder Bestellungen im Fernabsatz tätigen, hat jedoch wenige Minuten später, wenn er bei der telefonischen Bestellannahme eines Versandhauses auch nur ein Freizeithemd bestellt, ein Widerrufsrecht gem. §§ 312d, 355 BGB.

Denkbar wäre daher eine einzelfallbezogene Untersuchung im Hinblick auf die Schutzbedürftigkeit der Vertragsschließenden. Dies würde jedoch darauf hinauslaufen, die Wirksamkeit eines Rechtsgeschäfts von der anhand wirtschaftstheoretischer Erwägungen zu bestimmenden Verwirklichung wirtschaftlicher Selbstbestimmung abhängig zu machen.[89] Das wäre nicht nur äußerst aufwendig und damit unpraktikabel, sondern würde auch zu nicht mehr hinnehmbarer Rechtsunsicherheit für beide Vertragsparteien führen.[90] Die wirtschaftliche Selbstbestimmung als rechtliches Konzept wäre viel zu unbestimmt.[91] Der § 145 BGB und damit der Grundsatz „pacta sunt servanda“ würde bei Verbrauchergeschäften praktisch ausgehebelt und damit letztlich auch privatautonomes Handeln in Frage gestellt. Aus diesem Grunde ist es legitim, auf „den Verbraucher“ abzustellen.

2. Abschnitt Umsetzung des Verbraucherschutzes

A) Instrumente des Verbraucherschutzes

Den o. g. Defiziten des Verbrauchers kann seitens des Gesetzgebers auf vielfache Weise begegnet werden.[92] Neben zahlreichen öffentlich-

---

88 Vgl. Medicus JuS 1996, 761, 767.

89 Drexl, Die wirtschaftliche Selbstbestimmung des Verbrauchers S. 8.

90 Medicus, BR Rn. 324.

91 Drexl, Die wirtschaftliche Selbstbestimmung des Verbrauchers S. 8.

92 Ausführlich Kemper Verbraucherschutzinstrumente S. 151 ff.; v. Hippel, Verbraucherschutz (1986).

rechtlichen Vorschriften (z. B. Marktzutrittsregelungen) finden sich insbesondere im Zivilrecht immer mehr Vorschriften, die dem Verbraucherschutz dienen.[93]

Klassische Instrumente des Verbraucherschutzes reichen von im Vorfeld eines Vertragsschlusses greifenden Informationspflichten als geringstem Eingriff (z. B. § 312c I 1 BGB; PAngV) über Formvorschriften (z. B. § 492 I 1 BGB), Beweisregeln für den Streitfall (z. B. § 476 BGB), Widerrufs- bzw. Rücktrittsrechten (z. B. § 355 I 1 BGB; § 8 V 1 VVG) sowie der Inhaltskontrolle der vertraglichen Vereinbarungen als stärkstem Eingriff (z. B. durch AGB-Recht[94]) bis hin zu den speziellen Haftungsvorschriften des ProdHG und einem besonderem Gerichtsstand für Haustürgeschäfte (§ 29c I 1 ZPO, vgl. schon § 6a I AbzG von 1969). Selbst im Sonderprivatrecht für Kaufleute findet sich inzwischen eine Spezialvorschrift für Verbraucher (§ 414 III HGB). Wettbewerbsrechtlich stehen die Irreführungsverbote aus §§ 4 Nr. 1, 3. Alt. und 5 UWG im Vordergrund, die allerdings auch gegenüber Unternehmern gelten.

B) Entwicklung des Verbraucherschutzes (Überblick)

I) Entwicklung im deutschen Recht

Der Verbraucherschutz hat im deutschen Zivilrecht erst in den letzten rund 30 Jahren an besonderer Bedeutung gewonnen, wobei etwa in den letzten 10-15 Jahren ein bemerkenswert breites Feld von Schutzvorschriften geschaffen worden ist. Die Bundesregierung hatte am 18.10.1971 einen ersten „Bericht zur Verbraucherpolitik“[95] vorgelegt, der eine öffentliche Diskussion in Gang bringen sollte. Diesem Bericht folgte am 20.10.1975 ein zweiter Bericht zur Verbraucherschutzpolitik[96], in dem die Bundesregierung ihr verbraucherschutzpolitisches Programm festschrieb.

Erste Ansätze zum Schutz der Konsumenten finden sich jedoch bereits vor Inkrafttreten des BGB. So gilt das Abzahlungsgesetz vom 16.5.1894, welches vor unbillig harten Vertragsbedingungen bei Abzahlungsgeschäften (insb. bzgl. der Folgen eines nur geringfügigen Zahlungsrückstandes) schützen sollte, als erstes Verbraucherschutzgesetz.[97] Dieses Gesetz war nur anwendbar, wenn der Empfänger der Ware nicht als Kaufmann ins Handelsregister eingetragen war (§ 8 AbzG).

---

93 Krit. dazu Adomeit NJW 2004, 579, 581 ff.

94 Zum ABG-Recht als Verbraucherschutzrecht vgl. o. S. 10.

95 BT-Drucks. 6/2724.

96 BT-Drucks. 7/4181.

97 Medicus JuS 1996, 761, 766

Mit Ausnahme des Abzahlungsgesetzes konnte ein Schutz des Konsumenten zunächst jedoch nur über die allgemeinen Vorschriften der §§ 123, 138 und 242 BGB gewährt werden. Beispielsweise maß das Reichsgericht[98] vorformulierte Geschäftsbedingungen an § 138 BGB, was vom BGH[99] zunächst fortgeführt und später zugunsten einer stärkeren Kontrolle am Maßstab des § 242 BGB[100] aufgegeben wurde.

Der Gesetzgeber hatte sich zunächst dafür entscheiden, daß das allgemeine Zivilrecht von Sondervorschriften möglichst frei bleiben sollte, so daß schon die Regelungen zum Abzahlungskauf - auch bei Inkrafttreten des BGB - bewußt in einem Sondergesetz belassen wurden.[101] Dementsprechend folgten dem AbzG zahlreiche Verbraucherschutzvorschriften außerhalb des BGB; z. B.: das Maklergesetz von 1972 (MaklerG), das Miethöhegesetz (MHG) von 1974, das Gesetz zur Regelung der Allgemeinen Geschäftsbedingungen (AGBG)[102] von 1976, das Gesetz zum Schutz der Teilnehmer am Fernunterricht (FernUSG) von 1976, das Reisevertragsgesetz (ReiseVertrG) von 1979, das Haustürwiderrufsgesetz (HWiG) von 1986, das Produkthaftungsgesetz (ProdHG) von 1989, in Ablösung des AbzG das Verbraucherkreditgesetz (VerbrKrG) von 1990, das Teilzeitwohnrechtsgesetz (TzWrG) von 1996 und das Fernabsatzgesetz (FernAbsG) von 2000.

Inzwischen wird der Schutzbereich der Verbraucherschutzvorschriften allerdings nicht mehr über den Kaufmannsbegriff, sondern über den Begriff des „Verbrauchers" und den Gegenbegriff des „Unternehmers" eingegrenzt. Seit dem Jahr 2000 finden sich in Umsetzung von EU-Recht[103] entsprechende Definitionen für das bürgerliche Recht in den §§ 13, 14 BGB.

---

98 RGZ 103, 82, 84 - Spedition; RGZ 99, 107, 108 - Speditionsvertrag.

99 BGHZ 22, 90 - Finanzierung eines Abzahlungsgeschäftes; siehe dazu Erman - Rohloff Vor § 305 - § 310 BGB Rn. 6.

100 BGHZ 60, 243, 245 - Maklerprovision für Folgegeschäft.

101 Vgl. Benöhr ZHR 138 (174) 492, 502; Kühlkamp, Japanisches und deutsches Verbraucherprivatrecht (2004) S. 30.

102 Zum Charakter des AGBG als Verbraucherschutzgesetz vgl. o. S. 10.

103 RL 87/102/EWG des Rates vom 20.12.1985 betreffend den Verbraucherschutz im Falle von außerhalb von Geschäftsräumen geschlossenen Verträgen (ABl. L 372 S. 31);

RL 87/102/EWG des Rates zur Angleichung der Rechts- und Verwaltungsvorschriften der Mitgliedsstaaten über den Verbraucherkredit (ABl. L 42 S. 48) geändert durch die RL 87/102/EWG zur Angleichung der Rechts- und Verwaltungsvorschriften der Mitgliedsstaaten über den Verbraucherkredit (ABl. L 101 S. 17);

RL 93/13/EWG des Rates vom 5.4.1993 über mißbräuchliche Klauseln in Verbraucherverträgen (ABl. L 95 S. 29);

In einer Gegenbewegung zum ursprünglichen Modell der Regelung des Verbraucherschutzes in Sondergesetzen wurden die zentralen Vorschriften des Verbrauchervertragsrechts (HWiG, FernAbsG, TzWrG, AGBG, VerbrKrG) mit dem Schuldrechtsmodernisierungsgesetz zum 1.1.2002 in den durch die Schuldrechtsreform frei gewordenen Raum im 2. Buch des BGB „verschoben“[104] und auch inhaltlich modifiziert. Die wichtigsten Verbraucherschutzvorschriften des Schuldvertragsrechts stehen entsprechend ihrer zunehmenden Bedeutung damit nun - für Verbraucher und Unternehmer transparent - auch räumlich an zentralerer Stelle.[105]

Hervorzuheben ist, daß der Gedanke des Verbraucherschutzes auch in das Kaufrecht Eingang gefunden hat, weil diesem mit der Schuldrechtsreform von 2002 der Leitgedanke des Verbrauchsgüterkaufs zugrunde gelegt worden ist.[106] Der Gesetzgeber geht inzwischen davon aus, daß der „Verbrauchervertrag, das heißt der Vertrag zwischen einem Unternehmer und einem Verbraucher, [...] die typische Erscheinungsform des schuldrechtlichen Vertrags, und der Verbraucherschutz [...] ein schuldrechtsimmanenter allgemeiner Schutzgedanke [ist], der - mitgeprägt durch das Gemeinschaftsrecht - bereits seit längerem Eingang in das Bürgerliche Gesetzbuch gefunden hat.“[107] Der Gesetzgeber meint, der Verbraucherschutz sei Teil des allgemeinen Privatrechts, weil jeder Bürger zugleich Verbraucher und jeder Verbraucher zugleich Bürger sei.[108] Verbraucherschutz müsse daher im für jeden Bürger geltenden bürgerlichen Recht, nicht jedoch in Sondergesetzen geregelt werden.[109] Der Trend geht also deutlich hin zur Kodifikation des Verbraucherschutzes im allgemeinen Zivilrecht. Damit ist implizit auch die Schaffung eines eigenen Verbraucherschutzgesetzbuches, wie es etwa in Frankreich („code de la consommation“ von 1993) und in Österreich (Konsumentenschutzgesetz von 1979) existiert, abgelehnt worden.

RL 97/7EG des Europäischen Parlaments und des Rates von 20.5.1997 über den Verbraucherschutz bei Vertragsabschlüssen im Fernabsatz (ABl. L 144 S, 19);

RL 1999/44/EG des Europäischen Parlaments und des Rates vom 25.5.1999 zu bestimmten Aspekten des Verbrauchsgüterkaufs und der Garantien für Verbrauchsgüter (ABl. L 171 S. 12).

104 Zum Pro und Contra einer Einbeziehung der Verbraucherschutzgesetze in das BGB vgl. Roth JZ 2001, 475, 486 ff.

105 Vgl. RegE zum SMG BT-Drucks. 14/6040 S. 91 f.

106 Schubel JuS 2002, 313; vgl. BT-Drucks 14/6049 S. 91; HK BGB - Saenger Vor §§ 433-480 Rn. 2; vgl. MüKo - Westermann Vor § 433 Rn. 5.

107 RegE zum SMG BT-Drucks. 14/6040 S. 91.

108 RegE zum SMG BT-Drucks. 14/6040 S. 91.

109 RegE zum SMG BT-Drucks. 14/6040 S. 91.

Insgesamt hat der Verbraucherschutz nicht zuletzt durch die Fülle von Regelungen erheblich an Bedeutung gewonnen. Das zunehmende politische Gewicht des Verbraucherschutzes zeigt sich symptomatisch daran, daß es inzwischen sogar ein eigenes Verbraucherschutzministerium gibt. Diese Begrifflichkeit darf jedoch nicht drüber hinwegtäuschen, daß sich dieses Ministerium primär mit Fragen der Landwirtschaft und des Lebensmittelrechts, keineswegs aber mit dem zivilrechtlichen Verbraucherschutz beschäftigt.

II) Europäische Einflüsse

Die zunehmende Fokussierung des Gesetzgebers auf den Verbraucherschutz wird maßgeblich von europarechtlichen Vorgaben beeinflußt.[110]

Auch auf europäischer Ebene hatte es jedoch zunächst (nur) unverbindliche Absichtserklärungen[111] des Rates zum Verbraucherschutz gegeben: ein erstes „Programm zum Schutz und zur Unterrichtung der Verbraucher"[112] im Jahr 1975 sowie ein zweites Verbraucherschutzprogramm[113] im Jahr 1981. Diese Programme konstatieren fünf fundamentale Rechte des Verbrauchers: Das Recht auf Schutz der Gesundheit und Sicherheit, das Recht auf Wiedergutmachung erlittenen Schadens, das Recht auf Unterrichtung und Bildung sowie das Recht auf Vertretung (Recht, gehört zu werden).[114] Die Römischen Verträge schweigen jedoch zum Thema Verbraucherschutz, so daß man eine verbindliche Erwähnung eines Rechts auf Verbraucherschutz zunächst ebenso vergeblich suchte, wie eine ausdrückliche Kompetenzzuweisung für diesen Bereich. Ursprünglich wurde daher für den Verbraucherschutz auf die allgemeinen Kompetenzen zur Rechtsangleichung und Verwirklichung des Binnenmarktes aus Art. 100 und 100a EGV (heute Art. 94, 95 EG) zurückgegriffen, wobei allerdings angezweifelt wurde, ob unter diese Topi auch der Verbraucherschutz fällt.[115]

Seit Maastricht im Jahr 1992 stützt die Europäische Gemeinschaft ihr Handeln im Bereich des Verbraucherschutzes auf den eigens eingefügten Art. 129a EGV (heute: Art. 153 EG)[116], wonach die Europäische Gemein-

---

[110] Vgl. Ausführlich Reich/Micklitz, Europäisches Verbraucherrecht (2003); Überblick bei Grundmann NJW 2000, 14.

[111] Kind, Grenzen des Verbraucherschutzes durch Information S. 54.

[112] ABl. C 92/1 vom 25.4.1975.

[113] ABl. C 133/1 vom 3.6.1981.

[114] Dauses/Sturm ZfRV 1996, 133, 134; Reich/Micklitz, Europäisches Verbraucherrecht No. 1.3.

[115] Vgl. Reich/Micklitz, Europäisches Verbraucherrecht No. 1.5 ff.; Reich ZEuP 1994, 381, 383 f.

[116] Näher hierzu Micklitz/Reich EuZW 1992, 593.

schaft „zur Förderung der Interessen der Verbraucher und zur Gewährung eines hohen Verbraucherschutzniveaus [...] einen Beitrag [...]zum Schutz der wirtschaftlichen Interessen der Verbraucher sowie zur Förderung ihres Rechts auf Information [...] leistet" (Siehe auch Art. 3 I lit. t EG (ex-Artikel 3 EGV) und Art. 95 III (ex-Artikel 100a)). Auch bei dieser Norm ist jedoch streitig, ob es sich um eine Kompetenzzuweisung handelt.[117] Diese Frage kann in dem hier erörterten Zusammenhang jedoch offenbleiben, weil die Wirksamkeit des nationalen Rechts hiervon nicht direkt berührt wird.[118]

So hat der Verbraucherschutz - insbesondere seit der Einheitlichen Europäischen Akte (EEA) von 1987, welche den Beginn des gemeinsamen Binnenmarktes markiert - an immer größerer Bedeutung gewonnen. Der Verbraucher wird als integraler Bestandteil des Binnenmarktkonzepts angesehen, da er mit seinem grenzüberschreitenden Konsum eine wichtige Aufgabe am Markt wahrnimmt.[119] Die Wahlfreiheit des Verbrauchers, d. h. die Möglichkeit der freien Rechtswahl innerhalb der EU[120], läßt sich nur dann verwirklichen, wenn die erforderlichen Rahmenbedingungen geschaffen werden, also wenn der Verbraucher keine Nachteile durch unterschiedliche Rechtssysteme, Bräuche[121] etc. erleidet.[122] Inzwischen hat sich der Verbraucherschutz mit Art. 153 EG von unverbindlichen Absichtserklärungen und Mitteln zur Realisierung des Binnenmarktes hin zum eigens normierten eigenständigen Politik- und Rechtsbereich entwickelt.[123]

Auf Grundlage der genannten Normen (Art. 100, 100a EGV, 153 EG) sind zahlreiche Richtlinien[124] erlassen worden, welche die nationalen

---

117 Roth JZ 01, 475, 477 f. insb. Fn. 36; Schwarze, EU-Kommentar Art. 153 Rn. 14.

118 Vgl. Roth JZ 01, 475, 479.

119 Micklitz VuR 2003, 2, 5.

120 Kind, Grenzen des Verbraucherschutzes S. 59.

121 Vgl. Dauses/Strom ZfRV 1996, 133, 140.

122 Reich ZEuP 1994, 381, 387; Kind, Grenzen des Verbraucherschutzes durch Information S. 59; vgl. Micklitz VuR 2003, 2, 5; vgl. Reich/Micklitz, Europäisches Verbraucherrecht No. 1.5.

123 Reich ZEuP 1994, 381; Kind, Grenzen der Verbraucherschutzes durch Information S. 51/52.

124 Z.B. RL 85/577/EWG vom 31.12.1985 (Haustürwiderruf), ABl. EG L 172/31;

RL 87/102/EWG (Verbraucherkredit) vom 12.2.1987, ABl. EG L 42/48;

RL 90/314/EWG vom 23.6.1990 (Pauschalreisen), ABl. EG L 158/59;

RL 93/13/EWG vom 21.4.1993 (mißbräuchliche Vertragsklauseln), ABl. EG L 95/29;

RL 94/47/EG vom 29.10.1994 (Time-sharing) ABl. EG L 280/83;

Gesetzgeber gem. Art. 249 III EG i. V. m. Art. 10 EG in nationales Recht umzusetzen hatten. Das Gros der bereits angesprochenen Verbraucherschutzvorschriften des Zivilrechts stellt daher eine Umsetzung von Richtlinien dar, so z. B. in den Bereichen der Produkthaftung (ProdHG[125]), der Haustürgeschäfte (§ 312 BGB; zuvor HWiG[126]), des Mißbrauchs von AGB in Verbraucherverträgen (§§ 305 ff. BGB, insb. § 310 BGB; zuvor AGBG[127]), der Pauschalreisen (§ 651a ff. BGB[128]), der Vertragsabschlüsse im Fernabsatz (§ 312b ff. BGB; zuvor FernAbsG[129]), des Verbraucherkreditrechts (§§ 491 ff. BGB; zuvor VerbrKrG[130]) und des Time-sharing (§§ 481 ff. BGB; zuvor TzWrG[131]), sowie des Wettbewerbsrechts im Hinblick auf irreführende und vergleichende Werbung (§§ 5, 6 UWG[132]) oder unzumutbare Belästigung (§ 7 UWG[133]).

Auch wurde die Schuldrechtsreform von 2002 maßgeblich durch Richtlinien zum Verbraucherschutz angestoßen, weil sie der Umsetzung der Verbrauchsgüterkaufrichtlinie[134] und der e-commerce-Richtlinie[135] dien-

---

RL 97/7/EG vom 4.6.1997 (Fernabsatz) ABl. EG L 144/19;

RL 98/27/EG vom 11.6.1998 (Unterlassungsklagen) ABl. EG L 178/99;

RL 99/44/EG vom 17.7.1999 (Verbrauchsgüterkauf) ABl. EG L 171/12;

RL 2002/65/EG vom 9.10.2002 (Fernabsatz und Finanzdienstleistungen) ABl. EG L 271/16.

125 Umsetzung der RL 85/374/EWG vom 25.7.1985, ABl. EG L 210/29 („Produktshaftungs-RL").

126 Umsetzung der RL 85/577/EWG vom 31.12.1985, ABl. EG L 372/31 („Haustürwiderrufs-RL").

127 Umsetzung der RL 93/13/EWG vom 21.4.1993, ABl. EG L 95/29 („Klausel-RL").

128 Umsetzung der RL 90/314/EWG vom 23.6.1990, ABl. EG L 158/59.

129 Umsetzung der RL 97/7/EG vom 4.6.1997, ABl. EG L 144/19 („Fernabsatz-RL").

130 Umsetzung der RL 87/102/EWG vom 12.2.1987 („Verbraucherkredit-RL"), ABl. EG L 42/48; zuletzt geändert durch RL 98/7/EWG vom 16.2.1998, ABl. EG L 101/17.

131 Umsetzung der RL 94/47/EG vom. 26.10.1994, ABl. EG L 280/82 („Timesharing-RL").

132 Umsetzung der RL 84/450/EWG vom 10.9.1984 (irreführende Werbung), ABl. EG L 250/17 (abgelöst durch RL 2006/114/EG) und der RL 97/55/EG vom 6.10.1997 zur Änderung der RL 84/459 EWG zwecks Einbeziehung der vergleichenden Werbung, ABl. EG L 290/18.

133 Umsetzung der RL 2002/58/EG vom 12.7.2002, ABl. EG L 201/37 („Datenschutz-RL").

134 RL 1999/44/EG vom 25. Mai 1999, ABl. EG L 171/12 („Verbrauchsgüterkaufrichtlinie").

135 RL 2000/31/EG vom 8. Juni 2000, ABl. EG L 178/1(„e-commerce-Richtlinie").

te.[136] Mithin ist der europarechtliche Einfluß auf das nationale Verbraucherschutzrecht mehr als beachtlich.

Dennoch folgte die bisherige Richtliniengebung keineswegs einer Systematik, sondern war eher anlaßbezogen,[137] so daß ein „unübersichtlicher ‚Flickenteppich' von Sonderregelungen"[138] entstanden ist.

C) Die Information als zentraler Aspekt des Verbraucherschutzes

I) Verbraucherschutzinstrumente, die der Information dienen

Ein nicht unerheblicher Teil der vertrags- und wettbewerbsrechtlichen Verbraucherschutzvorschriften dient zumindest mittelbar der Information des Verbrauchers. So führt – neben ausdrücklichen Informationspflichten (z. B. § 312c BGB) – auch ein Schriftformerfordernis zur Information,[139] weil dem Verbraucher der Vertragsinhalt noch einmal deutlich vor Augen geführt wird und weil dem geschriebenen Wort oft mehr Bedeutung zugemessen wird als dem gesprochenen. Eine bereits gegebene Information wird damit also nicht nur fixiert, sondern quasi noch einmal „intensiviert". Weiter muß die (schriftliche) Fixierung eines Verbrauchervertrages für seine Wirksamkeit teilweise einige bestimmte Angaben enthalten (z. B. § 494 BGB).

Insbesondere dienen aber die Widerrufs- und Rücktrittsmöglichkeiten auch dazu, die informationellen Defizite des Verbrauchers zu beseitigen. Sie räumen dem Verbraucher eine erneute Überlegungsfrist ein, in der er sich – allerdings eigenständig – die Informationen beschaffen und überdenken kann, die er vielleicht schon besser vor Vertragsschluß gehabt hätte.[140] Sie dienen mittelbar der Information zur Verbesserung der Entscheidungsgrundlage, denn der Verbraucher kann nun faktisch zweimal das Für und Wider des Vertrages abwägen: Bei Vertragsschluß und bei der Frage, ob er von seinem Widerrufsrecht Gebrauch macht.

Damit tragen alle wichtigen schuldvertraglichen Bereiche des Verbraucherschutzes Informationselemente in sich, weil sie sich der genannten Verbraucherschutzinstrumente bedienen. Die Inhaltskontrolle z. B. gem.

---

136 Vgl. BT-Drucks. 14/6040 S. 1.

137 Roth JZ 2001, 475, 479; Arndt, Europarecht S. 196; Hommelhoff, Verbraucherschutz S. 4 f.; Fleischer ZEuP 2000, 772, 793 (im Hinblick auf Informationspflichten); vgl. Hommelhoff AcP 192 (1992), 71, 94.

138 Arndt, Europarecht S. 196.

139 Vgl. Soergel – Wolf Vor § 145 Rn. 38.

140 Vgl. Roth JZ 01, 475, 481; RegE zum VerbrKrG BT-Drucks. 11/5462 S. 19 (zum Verbraucherdarlehen); Bamberger/Roth – Möller/Wendenhorst § 492 Rn. 1 (zum Verbraucherdarlehen); Bamberger/Roth – Schmidt-Räntsch § 312c Rn. 3 (zum Fernabsatz).

§§ 305 ff. BGB hingegen greift erst dort, wo sich der Verbraucher oft der Information verschließt und das meist schwer verständliche „Kleingedruckte“ nicht liest.

Mithin ist die Information das zentrale Verbraucherschutzinstrument oder, wie teilweise formuliert wird, „das zentrale Grundrecht des Verbrauchers“[141].

II) Sinn, Zweck und Vorteile des Verbraucherschutzes durch Information

1) Information und Wettbewerb

a) Vorvertragliche Informationspflichten

Vorvertragliche Informationspflichten dienen nicht nur dazu, die Entscheidungsgrundlage des Verbrauchers zu verbessern[142] und eine Chancengleichheit im Sinne einer Chancengerechtigkeit zwischen Unternehmer und Verbraucher herzustellen,[143] sondern ihnen kommt auch wettbewerbsfördernde und wettbewerbssichernde Wirkung zu. Die gesetzlichen Informationspflichten greifen im Sinne der sog. neuen Institutionenökonomik das Problem sog. „asymmetrischer Information“ auf. Von asymmetrischer Information spricht man, wenn der Informationsstand von Vertragsparteien in der Weise asymmetrisch ist, daß eine Partei mehr als die andere über transaktionsrelevante Faktoren weiß, d. h. einen geschäftsbezogenen Wissenvorsprung hat.[144] Aus wirtschaftswissenschaftlicher Sicht ergeben sich bei asymmetrisch verteilten Informationen insbesondere drei Problemkreise: „hidden charakteristics“, „moral hazard“ und „hold up“ bzw. „hidden intention“.

b) „hidden characteristics“ und „adverse Auslese“

(1) Qualitätsunkenntnis und deren Grad

Das Problem der „hidden characteristics“, d. h. der Qualitätsunkenntnis auf Seiten eines der Marktakteure, kann eine sog. „adverse Auslese“, also ein Marktversagen aufgrund asymmetrischer Information zur Folge haben. Derartige Informationsasymmetrien infolge von Qualitätsun-

---

141 Reich, Bürgerrechte in der EU S. 272; vgl. Rösler, Europäisches Konsumentenvertragsrecht S. 157.

142 RegE Fernabsatzgesetz BT-Drucks. 14/2658 S. 38; Fleischer ZEuP 2000, 772, 777.

143 Vgl. Rösler, Europäisches Konsumentenvertragsrecht S. 157.

144 Vgl. Richter/Furubotn, Neue Institutionenökonomik S. 100; Göbel, Neue Institutionenökonomik S. 100.

kenntnis spielen insbesondere bei den sog. „Erfahrungsgütern" und den sog. „Such- und Vertrauensgütern" eine Rolle. Die Wirtschaftswissenschaften differenzieren in Fortführung einer von Nelson[145] entwickelten Unterscheidung zwischen neoklassisch homogenen Gütern, Such- bzw. Inspektionsgütern, Erfahrungsgütern sowie Vertrauens- bzw. Glaubensgütern.

Bei den *neoklassisch-homogenen Gütern* besteht keine Informationsasymmetrie. Beide Marktseiten sind über die Eigenschaften des betreffenden Produktes vollständig informiert, beispielsweise weil es sich um Güter standardisierter Qualität handelt.[146] Bei den *Such- bzw. Inspektionsgütern* besteht eine gering ausgeprägte Informationsasymmetrie, denn die Qualität läßt sich vor Vertragsschluß vollständig und mit vergleichsweise niedrigen Kosten feststellen.[147] So kann beim Kauf von Tischen und Stühlen die Qualität schlicht durch Inaugenscheinnahme und Probesitzen gut beurteilt werden.[148] Anders verhält es sich bei den *Erfahrungsgütern*. Hier kann die Qualität nicht mit verhältnismäßigem Aufwand vor, sondern erst nach Vertragsschluß überprüft werden. Erst der Konsum ermöglicht eine Überprüfung.[149] Die Qualität von Speisen und Getränken in einem Restaurant etwa kann letztlich nur durch Probieren bestimmt werden.[150] Es besteht eine Informationsasymmetrie mittleren Grades. Am stärksten ausgeprägt ist die Informationsasymmetrie bei den sog. *Vertrauens- bzw. Glaubensgütern*. Hier läßt sich die Qualität gar nicht oder oder allenfalls dann feststellen, wenn bereits eine gewisse Menge des betreffenden Gutes konsumiert ist. Der Kunde ist auf persönliches Vertrauen zum Anbieter angewiesen.[151] So ist für den Konsumenten kaum feststellbar, ob ein bestimmtes Medikament Einfluß auf den Heilungsprozeß hatte oder ob die Heilung aufgrund anderer Faktoren (z. B. Geschick des Arztes) eingetreten oder auch gerade nicht eingetreten ist.[152]

Die Grenzen zwischen diesen verschiedenen Klassifizierungen sind nicht exakt bestimmbar.[153] Denkbar ist etwa, daß Erfahrungsgüter schon dadurch in Suchgüter überführt werden können, wenn sich der Käufer aufgrund von Garantien oder Gewährleistungsansprüchen keine Sorge

---

145 Nelson, 78 J. Pol. Econ. 311 (311).

146 Fritsch/Wein/Ewers, Marktversagen und Wirtschaftspolitik S. 285.

147 Fritsch/Wein/Ewers, Marktversagen und Wirtschaftspolitik S. 285; Drexl, Die wirtschaftliche Selbstbestimmung des Verbrauchers S. 195.

148 Fritsch/Wein/Ewers, Marktversagen und Wirtschaftspolitik S. 285.

149 Drexl, Die wirtschaftliche Selbstbestimmung des Verbrauchers S. 195.

150 Fritsch/Wein/Ewers, Marktversagen und Wirtschaftspolitik S. 285.

151 Drexl, Die wirtschaftliche Selbstbestimmung des Verbrauchers S. 195.

152 Fritsch/Wein/Ewers, Marktversagen und Wirtschaftspolitik S. 286.

153 Fleischer, Informationsasymmetrie und Vertragsrecht S. 119.

zu machen braucht, daß ihm wesentliche Informationen vorenthalten werden.[154]

(2) Das Aklerlofsche „Zitronen-Problem"

Das Problem des Marktversagens aufgrund von Informationsasymmetrien ist erstmals von Geoge A. Akerlof in seinem berühmt geworden Aufsatz über das „Zitronenproblem"[155] beleuchtet worden. Als Beispiel wählt Akerlof den Gebrauchtwagenmarkt, also einen Markt für Erfahrungsgüter. Auf dem Gebrauchtwagenmarkt werden qualitativ gute, aber auch schlechte Fahrzeuge gehandelt (bei der guten Qualität spricht man in Amerika von „peaches", bei qualitativ schlechten Gebrauchtwagen hingegen von „lemons"). Es liegt eine asymmetrische Informationsverteilung mittleren Grades vor. Der Nachfrager kann die ihm jeweils angebotene Qualität vor Vertragsschluß nicht erkennen und somit seine Zahlungsbereitschaft nicht an der Qualität des offerierten Fahrzeuges ausrichten.[156] Er kann allenfalls die Durchschnittsqualität der insgesamt angebotenen Fahrzeuge bestimmen.[157] Diese Unkenntnis des Verbrauchers von der Qualität angebotener Leistungen führt dazu, daß dieser unabhängig von der tatsächlichen Qualität nur den angemessenen Preis für eine Durchschnittsqualität zahlen wird.[158] Dies zwingt die Anbieter höherwertiger Qualitäten dazu, ihre Qualität anzupassen und niedrigere Qualität auf den Markt zu bringen.[159] Dies wiederum wird die Abnehmer dazu veranlassen, nur noch den angemessenen Preis für die nun niedrigere Durchschnittsqualität zu zahlen.[160] So kann es dann in einer Art Abwärtsspirale dazu kommen, daß die Qualität der angebotenen Leistung immer weiter heruntergeschraubt wird, bis nur noch die niedrigste Qualität hergestellt wird und der Markt für höherwertige Produkte zusammenbricht, obwohl Anbieter und Nachfrager dafür vorhanden sind (sog. „adverse Auslese").[161] Dieses Phänomen kann auch umgekehrt bei

---

154 Fleischer, Informationsasymmetrie und Vertragsrecht S. 121.

155 Aklerlof, 84 Q. J. Econ. 488 (1970) „The market for ‚lemons': quality uncertency and the market mechanism".

156 Fleischer, Informationsasymmetrie im Vertragsrecht S. 121 f.

157 Fleischer, Informationsasymmetrie im Vertragsrecht S. 122.

158 Fritsch/Wein/Ewers, Marktversagen und Wirtschaftspolitik S. 282; Fleischer, Informationsasymmetrie im Vertragsrecht S. 122.

159 Fleischer, Informationsasymmetrie im Vertragsrecht S. 122; Fritsch/Wein/Ewers, Marktversagen und Wirtschaftspolitik S. 283; Berg/Cassel/Hartwig in Kompendium der Wirtschaftstheorie und Wirtschaftspolitik S. 276.

160 Fritsch/Wein/Ewers, Marktversagen und Wirtschaftspolitik S. 283; Van den Bergh/Lehmann GRUR Int. 1992, 588, 591.

161 Berg/Cassel/Hartwig in Kompendium der Wirtschaftstheorie und Wirtschaftspolitik S. 276 f.; Fritsch/Wein/Ewers, Marktversagen und Wirtschaftspolitik

Informationsasymmetrien zu Lasten des Anbieters auftreten (z. B. zu Lasten von Versicherern oder Kreditgebern, welche die Risiken auf Seiten der Nachfrager nicht kennen und daher ihr Angebot am durchschnittlichen Risiko ausrichten).[162] Auf Märkten mit ausgeprägten Informationsasymmetrien kommt es somit zur Abwanderung enttäuschter Marktakteure.[163] Information ist zwingende Voraussetzung für das Funktionieren des Marktes.[164]

c) „moral hazard" und „hidden intention"

In ähnlicher Weise können nutzensteigernde Transaktionen aufgrund der Probleme des sog. „moral hazard" und der „hidden intention" verhindert werden. Beim Problem des sog. moral hazard (moralisches Risiko) besteht eine Informationsasymmetrie dahingehend, daß sich eine Marktseite bei Vetragsschluß der Situation ausgesetzt sieht, daß die andere Marktseite nach Vertragsschluß transaktionsrelevante Fakten zu Lasten des Tranaktionspartners verändern kann, ohne daß dies für die erstgenannte erkennbar ist.[165] So gehen Versicherungsnehmer nach Abschluß eines Versicherungsvertrages oft sorgloser mit dem versicherten Gegenstand um als vorher.

Beim Problem der verborgenen Absichten („hidden intentions" bzw. „hold up"[166]) liegt die Informationsasymmetrie in der bei Vertragsschluß nicht abschätzbaren Gefahr, daß die Gegenseite ihre wahren Absichten verborgen hält und nach Vertragsschluß ein opportunistisches Verhalten an den Tag legt, was der Geschäftspartner nicht mehr verhindern kann. Beispielsweise kann ein sog. „Agent" ausnutzen, daß der sog. „Prinzipal" nach transaktionsspezifischen Investitionen wirtschaftlich an ihn gebunden ist und die vertraglichen Regelungen unangemessen extensiv zu seinen Gunsten auslegen, um etwa die Leistung zu verweigern.[167]

S. 283; vgl. auch Van den Bergh, Wer Schützt die europäischen Verbraucher vor dem Brüsseler Verbraucherschutz? S. 81; Van den Bergh/Lehmann GRUR Int. 1992, 588, 591.

162 Göbel, Neue Institutionenökonomik S. 101; Berg/Cassel/Hartwig, Kompendium der Wirtschaftstheorie und Wirtschaftspolitik S. 276; vgl. Fleischer, Informationsasymmetrie im Vertragsrecht S. 122; vgl. Richter/Furubotn; Neue Institutionenökonomik S. 260 f.

163 Fleischer ZEuP 2000, 772, 778.

164 Aus volkswirtschaftlicher Sicht hierzu Fritsch/Wein/Ewers, Marktversagen und Wirtschaftspolitik S. 279 ff.

165 Fleischer, Informationsasymmetrie im Vertragsrecht S. 141.

166 Wörtlich: Raubüberfall.

167 Fritsch/Wein/Ewers, Marktversagen und Wirtschaftspolitik S. 296.

d) Ein Lösungsansatz: Die Principal-Agent-Theorie

Der Problematik asymmetrischer Information widmen sich verschiedene wirtschaftswissenschaftliche Theorien, wobei hier auf den Principal-Agent-Ansatz als Ausprägung der neuen Instiutionenökonimik eingegangen werden soll. Die Principal-Agent-Theorie befaßt sich mit der Frage, ob bei asymmetrisch verteilter Information zwischen einem Geschäftsherrn („principal") und dem Beauftragen („agent") erwartet werden kann, daß der Agent genauso handelt, wie es der Prinzipal von ihm erwartet. Hier stellen sich vergleichbare Probleme ungleicher Informationsverteilung, nämlich des moralischen Risikos, der verborgenen Eigenschaften und der verborgenen Absichten. Die Prinzipal-Agent-Theorie stellt dabei einen allgemeinen analytischen Rahmen für die mit asymmetrisch verteilten Informationen einhergehenden Probleme dar und arbeitet verschiedene Ansätze heraus, welche helfen, die vorvertraglichen Informationsasymmetrien zu überwinden.[168]

Naheliegender Lösungsansatz ist das sog. „screening", d. h. die Informationsbeschaffung durch den schlechter Informierten (den Prinzipal) selbst, wobei auch die Einschaltung spezialisierter Dritter möglich ist. Beispielsweise kann der potentielle Erwerber eines Gebrauchtwagens das Fahrzeug vor dem Kauf in einer Fachwerkstatt überprüfen lassen.[169] Entsprechend den üblichen wirtschaftlichen Gesetzen wird der Prinzipal die Information jedoch nur so lange nachfragen, wie der erwartete zusätzliche Nutzen der so erlangten Information die zusätzlichen Kosten nicht übersteigt.[170] Auch ist zu bedenken, daß gerade die Unkenntnis dazu führen kann, daß der betreffende nicht die richtigen Fragen stellen kann. Einer Einschaltung Dritter sind insbesondere bei Alltagsgeschäften Grenzen gesetzt, wenn diese kein ausreichendes Entgelt für die Informationsbeschaffung erhalten, etwa weil Verbraucher die (vermeintlich richtigen und zutreffenden) Informationen untereinander kostenlos weitergeben.[171] Weiter darf die begrenzte Rationalität[172] der Nachfrager nicht vergessen werden. Vielfach wird eine Nachfrage schon aus Bequemlichkeit unterlassen. Ferner hilft eine vorherige Inspektion auf Märkten mit Erfahrungsgütern oft nur begrenzt weiter;[173] bei Vertrauens- bzw. Glaubensgütern ist ein Screening per definitionem gar kaum möglich.

---

168 Fritsch/Wein/Ewers, Marktversagen und Wirtschaftspolitik S. 291.

169 Fleischer, Informationsasymmetrie im Vertragsrecht S. 124.

170 Fritsch/Wein/Ewers, Marktversagen und Wirtschaftspolitik S. 298; vgl. zur Transaktionskostenökonomik Fleischer, Informationsasymmetrie im Vertragsrecht S. 134 ff.

171 Fritsch/Wein/Ewers, Marktversagen und Wirtschaftspolitik S. 298 f.

172 Vgl. hierzu Fleischer, Informationsasymmetrie im Vertragsrecht S. 112 und 133

173 Fleischer, Informationsasymmetrie im Vertragsrecht S. 124 und 121.

Ein weiterer Lösungsansatz ist daher das sog. „signaling", d. h. die für beide Seiten nutzensteigernde Informationsübertragung und -bereitstellung durch den besser Informierten.[174] Dies kann auf verschiedene Art und Weise geschehen. Denkbar ist beispielsweise der Aufbau von Reputation, etwa in Form günstiger Einführungspreise für ein Produkt, damit der Abnehmer die hohe Qualität erkennt und bei wiederholtem Kauf bereit ist, den angemessen hohen Preis zu zahlen.[175] Auch die Einräumung von - über das gesetzliche Gewährleistungsrecht hinausgehenden - Garantieversprechen ist ein geeignetes Mittel, denn sie signalisiert hohe Qualität. Im hier interessierenden Zusammenhang mit der Institution Recht im Sinne der Institutionenökonomik sind besonders gesetzliche Informationspflichten als wirksames Mittel zur Reduzierung von Informationsasymmetrien zu nennen.

Für Probleme der hidden intention und moral hazard helfen ein rechtlicher Rahmen, z. B. mit Verpflichten zu Garantien, ein entsprechendes Haftungsrecht etc. oder eine Harmoniersung der Interessen etwa durch eine Ertragsbeteiligung.

Am „Zitronenproblem" zeigt sich, daß der Leistungswettbewerb, auf dem das marktwirtschaftliche System beruht, voraussetzt, daß die Verbraucher die angebotenen Leistungen annähernd richtig bewerten können. Nur bei ausreichender Information vermögen sie marktgerechte Entscheidungen zu treffen.[176] Es wird Informationsasymmetrien entgegengewirkt, die zu schwerwiegenden Fehlallokationen bis hin zum Marktversagen führen können.[177] Insbesondere wird mit Information der Gefahr übereilter (fehlerhafter) Vertragsschlüsse begegnet. Je besser die Information ist, desto eher nähert man sich dem Idealbild der vollständigen Konkurrenz und damit dem größtmöglichen Wettbewerb.

Der Verbraucher hat auch und gerade ein Interesse an einem ausgeprägten Wettbewerb, da dieser die Zahl und Qualität der Angebote sowie der Innovationen steigert und gleichzeitig günstige Preise fördert.[178] Insgesamt können die Geschehensabläufe durch Information effizienter, wettbewerbsorientierter und transparenter gestaltet werden, womit Fehlinvestitionen verhindert bzw. Mittelallokationen optimiert werden, was zu einer Wohlfahrtssteigerung führt.[179]

---

174 Fritsch/Wein/Ewers, Marktversagen und Wirtschaftspolitik S. 299.

175 Fritsch/Wein/Ewers, Marktversagen und Wirtschaftspolitik S. 299 f.

176 V. Hippel, Verbraucherschutz S. 37.

177 Fleischer, Informationsasymmetrie und Vertragsrecht S. 131.

178 V. Hippel, Verbraucherschutz S. 27.

179 Rösler, Europäisches Konsumentenvertragsrecht S. 157.

e) Informationspflichten bei und vor Vertragsschluß

Ähnliche Aspekte gelten für Informationspflichten, die erst bei oder nach Vertragsschluß erfüllt werden müssen (z. B. § 312c II BGB). Hier wird zwar nicht die Entscheidungsgrundlage des Verbrauchers verbessert, jedoch wird ihm die Durchsetzung seiner Rechte (z. B. Widerrufs- oder Gewährleistungsrechte) erleichtert. Damit wird den oben[180] angesprochenen Defiziten des Verbrauchers im Hinblick auf die Unkenntnis rechtlicher Grundlagen und damit letztlich auch der Prozeßscheu des Verbrauchers entgegengewirkt. Dies hat zur Folge, daß der Verbraucher den Vertrag in der Form abwickelt, wie dies für ihn wirtschaftlich sinnvoll ist. Besonders deutlich wird dies bei der Belehrung über Widerrufsmöglichkeiten (vgl. § 355 I 2 BGB), weil dem Verbraucher hier praktisch eine neue Überlegungsfrist für den Vertragsschluß eingeräumt wird. Erkennt der Verbraucher vor Ablauf einer Widerrufsfrist, daß er dem an der Haustür erworbenen Produkt ein anderes vorzieht, so übt er sein Widerrufsrecht nach § 312 I 1 i. V. m. § 355 BGB aus Gründen aus, die im Wettbewerb liegen und nicht von der zufälligen Kenntnis seiner Rechte abhängen. Auch bei nachvertraglichen Informationspflichten ist daher eine wettbewerbsfördernde Wirkung möglich.

Informationspflichten bezüglich anderer Rechte - insbesondere der Gewährleistungspflichten - führen weiter dazu, daß diese an Effizienz gewinnen und die ihnen innewohnende „abschreckende Wirkung" gesteigert wird, weil der Unternehmer mit der verstärkten Geltendmachung dieser Rechte rechnen muß.

2) Information als mildestes Mittel des Verbraucherschutzes

Ein weiterer Vorteil der Information als Schutzinstrument liegt darin, daß es nicht in den Inhalt des Vertrages eingreift, sondern dem Grundsatz des pacta sunt servanda und insbesondere auch der Privatautonomie größtmöglichen Raum läßt. Dem Verbraucher wird nicht die Möglichkeit genommen, sich bewußt auf für ihn augenscheinlich nachteilige Vereinbarungen einzulassen, weil er sich hiervon auf anderer Ebene Vorteile verspricht. Umgekehrt kann er nicht wissentlich (möglicherweise sogar nur zum Schein) auf nachteilige Regelungen eingehen, um sich anschließend in einer Art „April-April-Effekt"[181] auf die Unwirksamkeit dieser Klauseln zu berufen. Es wird die Mündigkeit des Verbrauchers gefördert und einer Mentalität der Sorglosigkeit vorgebeugt.

Auch wahrt der Vorrang von Informationspflichten das verbraucherschutzrechtliche Verhältnismäßigkeitsprinzip.[182]

---

180 Vgl. o. S. 14 ff.

181 Zöllner FS 100 Jahre GmbHG (1992) S. 85, 116; ders. AcP 196 (1996), 1, 31.

182 Drexl, Die wirtschaftliche Selbstbestimmung des Verbrauchers S. 450.

3) Information zur Förderung neuer Vertriebsformen

Weiter werden Informationspflichten eingesetzt, um das Vertrauen der Kunden in neue Handelsformen und damit den Absatz über diese zu stärken (so im elektronischen Geschäftsverkehr; § 312e BGB).[183] Ein ähnlicher Effekt geht im Fernabsatzrecht von § 312c I Nr. 1 i. V. m. § 1 I Nr. 3 BGB-InfoV aus, wonach der Unternehmer dem Verbraucher die wesentlichen Merkmale seiner Leistung mitteilen muß, weil der Verbraucher diese vor Vertragsschluß nicht in Augenschein nehmen kann.[184]

III) Zunahme der Informationspflichten infolge europarechtlicher Vorgaben

Die Ursachen für die Zunahme gerade der Informationspflichten liegen vielfach darin, daß die genannten Vorteile des Schutzes durch Information die Europäische Gemeinschaft dazu bewogen haben, Verbraucherschutz vornehmlich als das Recht des Verbrauchers auf Information (vgl. Art. 153 I EG) zu begreifen.[185]

So formulierte die Kommission in einem ihrer Aktionspläne: „Information ist die entscheidende Voraussetzung dafür, daß der Verbraucher sich die Vorteile des Binnenmarktes zunutze macht"[186] und weiter heißt es etwa in Erwägungsgrund 1 der Richtlinie 98/6/EG vom 16.2.1998[187] über den Schutz der Verbraucher bei der Angabe der Preise der ihnen angebotenen Erzeugnisse, daß ein transparenter Markt und korrekte Information sowohl den Verbraucherschutz als auch einen gesunden Wettbewerb zwischen den Unternehmen und zwischen Erzeugnissen fördern.

Die Information des Verbrauchers wird als wesentlicher Faktor für die Verwirklichung des Binnenmarktes angesehen, denn (nur) der informierte Verbraucher kann die Produkte nachfragen, die seinen Bedürfnissen am ehesten entsprechen.[188] Auch kann die Wahlfreiheit des Verbrauchers nur dann reibungslos funktionieren, wenn er hinreichend informiert ist und daher keine rechtlichen „Überraschungen" befürchten

---

183 Erwägungsgründe 2 und 7 der RL 2000/31/EG des Europäischen Parlaments und des Rates vom 8. Juni 2000, ABl. L 178/1, 2 („e-commerce-RL"); Boente/Riehm Jura 2002, 222, 225; Erman - Saenger § 312e Rn. 1; Bamberger/Roth - Schmidt-Räntsch § 312e Rn. 1.

184 Vgl. Erwägungsgründe 3, 11, 14 der RL 97/7/EG des Europäischen Parlaments und des Rates vom 20.Mai 1997, ABl. L 144/19 („Fernabsatz-RL").

185 Reich/Micklitz, Europäisches Verbraucherrecht No. 1.10.

186 Kommission, Verbraucherpolitik, Zweiter dreijähriger Aktionsplan 1993-1995 - Der Binnenmarkt im Dienst der europäischen Verbraucher, KOM (93) 378 endg., S. 19.

187 ABl. EG L 080/27 vom 18.3.1998.

188 Roth JZ 2001, 475, 480; vgl. Grundmann JZ 2000, 1133, 1137.

muß (vgl. o.[189]).[190] Einem Marktversagen durch Informationsdefizite[191] wird damit entgegengewirkt und der Verbraucher wird praktisch für die Zwecke des Wettbewerbs und damit des Binnenmarktes instrumentalisiert.[192] Nur der informierte Verbraucher kann seine vertraglichen Rechte und Pflichten zuverlässig feststellen und die Vertrags- und Leistungsangebote aus mehreren Mitgliedsstaaten miteinander vergleichen.[193] Information hat also wettbewerbsfördernde Wirkung[194], wovon der Binnenmarkt profitiert.[195]

Ein weiterer Grund dafür, daß auf europäischer Ebene Informationspflichten bevorzugt werden, liegt in der Rechtsprechung der EuGH. Nach der Cassis-de-Dijon-Rechtsprechung[196] ist aufgrund des Verhältnismäßigkeitsgrundsatzes der Grundfreiheiten die Schaffung einer Informationspflicht einer inhaltlichen Regelung vorzuziehen, sofern eine Informationspflicht den Zielen des nationalen Gesetzgebers genügt.[197] Der EuGH erläutert in einer anderen Entscheidung, „daß das Gemeinschaftsrecht eines der grundlegenden Erfordernisse des Verbraucherschutzes in der Unterrichtung der Verbraucher sieht".[198] Auch die Kommission räumt der Information inzwischen ausdrücklich Vorrang vor anderen Schutzmaßnahmen ein.[199] Die Informationspflichten ziehen sich daher wie ein roter Faden durch die Richtlinien[200] und sind das Mittel erster Wahl im europäischen Verbraucherschutzrecht. Nicht zufällig führt Art. 153 I EG das Recht auf Information als erstes Verbraucherrecht

---

189 Vgl. o. S. 14.

190 Reich ZEuP 1994, 381, 387; Kind, Grenzen des Verbraucherschutzes durch Information S. 59; vgl. Micklitz VuR 2003, 2, 5; vgl. Reich/Micklitz, Europäisches Verbraucherrecht No. 1.5.

191 Hierzu aus volkswirtschaftlicher Sicht ausführlich Fritsch/Wein/Ewers, Marktversagen und Wirtschaftspolitik S. 279 ff.

192 Roth JZ 2001, 475, 480; Grundmann NJW 2000, 14, 17; ders. JZ 2001, 1113, 1137; Rösler, Europäisches Konsumentenvertragsrecht S. 157; Micklitz/Keßler WRP 2003, 919, 922.

193 Nasall JZ 1995, 689, 692.

194 Fleischer ZEuP 2000, 772, 777/778.

195 Rösler, Europäisches Konsumentenvertragsrecht S. 157.

196 EuGH GRUR Int. 1991, 468, 472 Tz. 13 – Cassis de Dijon.

197 Grundmann NJW 2000, 14, 18; ders. JZ 2001, 1133, 1138; Roth JZ 2001, 475, 480; Harte-Bavendamm/Henning-Bodewig – Glöckner Einl. B Rn. 115.

198 EuGH GRUR Int. 1990, 955, 956 Tz. 18 – GB-INNO-BM.

199 Kommission, Mitteilung über verbraucherpolitische Aktivitäten 1996-1998, KOM (95) 519 End. S. 3, 5 f.

200 Nasall JZ 1995, 689, 692.

auf.[201] Diese Konzentration auf Information anstelle materieller Regelung wird als „Informationsmodell" oder „Informationsparadigma" bezeichnet.[202] Das Informationsmodell geht davon aus, daß wirtschaftlicher Wettbewerb einen Markt gewährleistet, der sich an den Interessen des Verbrauchers orientiert, und daß der Verbraucher in der Lage ist, seine Marktchancen zu nutzen, und legt damit das Leitbild der Konsumentensouveränität zugrunde.[203] Das Recht hat hiernach dort einzugreifen, wo Wettbewerb als verbraucherschützende Grundeinrichtung wegen eines Mangels an Information versagt.[204]

Der Information wird dabei ein erhebliches Potential zugetraut. So wurde etwa die Deregulierung des Versicherungsrechts im Jahr 1994 in der Überzeugung durchgeführt, daß Informationspflichten die Versicherungsnehmer so weit schützen, daß auf eine materielle Versicherungsaufsicht in der bis dahin etablierten Form verzichtet werden kann.[205]

Europa hat sich also vom homo oeconomicus passivus verabschiedet und nimmt nun an, daß der aktive Verbraucher durch Information ausreichend geschützt werden kann.[206] Dies impliziert, daß der Verbraucher die Informationen ausreichend wahrnimmt und verarbeitet, um zu einem für ihn optimalen Entschluß zu kommen. Der Verbraucher ist aus europarechtlicher Sicht also in der Weise verständig, aufmerksam und selbständig, daß er den Wettbewerb zu seinem Vorteil nutzen kann.

Das Informationsmodell stellt einen liberalen Verbraucherschutzansatz mit marktkomplementären Mitteln dar[207] und erteilt den in der Literatur immer wieder andiskutierten „sozialen" Verbraucherschutzmodellen[208] zumindest im Grundsatz eine Absage.

---

201 Rösler, Europäisches Konsumentenvertragsrecht S. 142.

202 Klauer, Die Europäisierung des Privatrechts S. 435; Keßler/Micklitz, Die Harmonisierung des Lauterkeitsrechts S. 17; Kind, Grenzen des Verbraucherschutzes durch Information S. 49; Fleischer ZEuP 2000, 773, 781; Fezer - Fezer E Rn. 97 f. und 104; Fezer - Steinbeck § 4-1 Rn. 16; Harte-Bavendamm/Henning-Bodewig - Glöckner Einl. B Rn. 115; Reich VuR 1999, 1, 6; vgl. Reich/Micklitz, Europäisches Verbraucherrecht No. 1.5.

203 Drexl, Die wirtschaftliche Selbstbestimmung des Verbrauchers S. 26.

204 Drexl, Die wirtschaftliche Selbstbestimmung des Verbrauchers S. 27.

205 Vgl. Erwägungsgrund 23 der dritten RL Lebensversicherung 92/96/EWG, ABl. EG 1992, L 360/1.

206 Vgl. Reich ZEuP 1994, 381, 382.

207 Kind, Grenzen des Verbraucherschutzes durch Information S. 49.

208 Vgl. die Darstellung bei Drexl, Die wirtschaftliche Selbstbestimmung des Verbrauchers S. 29 ff.

IV) Grenzen der Information als Schutzinstrument

Die Information ist trotz ihrer Vorteile jedoch keineswegs eine „Wunderwaffe“ des Verbraucherschutzes. Insbesondere durch die begrenzte Aufnahmefähigkeit der Verbraucher bestehen Schranken.[209]

Vor allem darf nicht vergessen werden, daß Verbraucherschutz durch Information von der Prämisse ausgeht, daß der Verbraucher die Informationen auch angemessen bewerten, verarbeiten und die Ergebnisse als homo oeconomicus nutzen kann.[210] Aus diesem Grunde wird die Effektivität des Schutzes durch Information überhaupt bezweifelt.[211] Zudem läßt es Aufnahme- und Verarbeitungskapazität des Kurzzeitgedächtnisses lediglich zu, 5-7 (Schlüssel-) Informationen zu einem bestimmten Produkt (sog. chunks) zu speichern.[212] Ein Übermaß an Information kann daher eher zu Verwirrung denn zu Aufklärung führen, womit die auf Sicherung der Entscheidungsgrundlage gerichtete Information in ihr Gegenteil verkehrt wird, weil der Verbraucher nur noch impulsiv entscheiden kann.[213] Aus wirtschaftswissenschaftlicher Sicht formuliert weist Information einen abnehmenden Grenznutzen auf.[214] Erstrebenswert ist also ein Optimum, nicht aber ein Maximum an Information.[215] Teilweise wird daher angesichts der Zunahme von Informationspflichten abwertend von „inflationärer Verwendung“[216] oder „Informationseuphorie“[217] gesprochen.

Besonders plastisch wird das Problem der Informationsüberflutung bei der Verwendung von AGB. Diese sind gerade dadurch gekennzeichnet, daß der Verbraucher in der Fülle und Komplexität der ihm mit dem „Kleingedruckten“ an die Hand gegebenen (rechtlichen) Informationen

---

209 Vgl. Hoppmann WuW 1983, 776, 777.

210 Hoppmann WuW 1983, 776, 777.

211 Insb. Simitis, Verbraucherschutz - Schlagwort oder Rechtsprinzip? S. 97 ff., insb. 109 ff.; vgl. auch Rösler, Europäisches Konsumentenvertragsrecht S. 151 ff.

212 Rösler, Europäisches Konsumentenvertragsrecht S. 153; vgl. Fezer - Peifer § 5 Rn. 48.

213 Fezer - Peifer § 5 Rn. 71; Roth JZ 1999, 529, 533; Van den Bergh, Wer schützt die europäischen Verbraucher vor dem Brüsseler Verbraucherschutz? S. 85; Limmer, Vertragsgerechtigkeit notarieller Urkunden und europäischer Verbraucherschutz S. 30 f.; Micklitz/Keßler WRP 2003, 919, 922; Micklitz/Keßler GRUR Int. 2002, 885, 890; Hoppmann WuW 1983, 776, 777; Fleischer, Informationsasymmetrien und Vertragsrecht S. 115 f.

214 Fleischer, Informationsasymmetrie und Vertragsrecht S. 115.

215 Fleischer, Informationsasymmetrie und Vertragsrecht S. 116.

216 Roth JZ 1999, 529, 533.

217 Van den Bergh, Wer schützt die europäischen Verbraucher vor den Brüsseler Verbraucherschutz? S. 84.

geradezu ertrinkt. Auch ist es unter praktischen Gesichtspunkten eher abwegig, daß AGB immer eingehend studiert oder gar gemeinsam mit dem Vertragspartner modifiziert werden können (vgl. o. zu den wirtschaftlichen Defiziten des Verbrauchers[218]). Hier wird deutlich, daß Information nicht alle Probleme lösen kann. Nur eine Inhaltskontrolle kann hier abhelfen.

Eng verknüpft mit dem Problem der Überinformation ist das Problem der Transparenz. Information kann nur dann angemessen wahrgenommen und verarbeitet werden, wenn diese in ausreichend durchschaubarer Form dargeboten wird. Effektive Information ist durch Transparenz bedingt. Dies ist etwa für das AGB-Recht inzwischen in § 307 I 2 BGB ausdrücklich, aber auch in vielen anderen Vorschriften (z. B. § 12 I BGB-InfoV) normiert. Wird eine Information in nicht ausreichend klarer Form gegeben, wird man daher zumindest über eine Auslegung der betreffenden Informationspflicht nach der ratio legis Transparenz fordern können, weil die Pflicht sonst leer liefe.

Auch ist zu fragen, ob nicht der Markt selbst - um der Kundenzufriedenheit willen - vorhandene Informationsasymmetrien ausräumen wird. Kauft der Verbraucher etwa ein bestimmtes Produkt erfahrungsgemäß mehrfach, so hat der Unternehmer die Möglichkeit, sog. „Goodwill" aufzubauen, womit die Gefahr opportunistischen Verhaltens (vgl. o.[219]) sinkt.[220]

Nicht zuletzt bedarf der Erwähnung, daß die zusätzlichen Kosten für die Information als Kosten für die angebotene Leistung letztlich auf den Verbraucher abgewälzt werden. Dies ist unter wirtschaftlichen Gesichtspunkten nur dann sinnvoll, wenn die zusätzlichen Kosten nicht höher sind als der zusätzliche Nutzen (Grenzkosten nicht höher als Grenznutzen). Auf jeden Fall sollten die Kosten für die Information durch den Unternehmer nicht höher liegen als die Kosten der Informationsbeschaffung durch den Verbraucher. Vielmehr ist es auch Aufgabe der Vorschriften, die Informationskosten möglichst niedrig zu halten.[221]

Auch wäre es ein Irrtum anzunehmen, daß die Verbraucherentscheidung auch bei umfassender Information stets rational wäre. Einerseits spielen für eine Kaufentscheidung nämlich in nicht unerheblichem Maße emotionale Aspekte eine Rolle, was sich insbesondere die Werbung oft zunutze macht, um überhaupt einen Zugang zum potentiellen Kunden zu gewinnen.[222] Besonders deutlich wird dies auf den Märkten für Mode,

---

218 Vgl. o. S. 15 ff.

219 Vgl. o. S. 15 f.

220 Van den Bergh/Lehmann GRUR Int. 1992, 588, 592.

221 Van den Bergh/Lehmann GRUR Int. 1992, 588, 593.

222 Hoppmann WuW 1983, 776, 778; dazu Kantzenbach WuW 1984, 297.

Kunst oder Musik, bei denen die Verbraucherentscheidung maßgeblich vom Geschmack des Konsumenten abhängt und durch zusätzliche Information keineswegs rationaler wird.

Andererseits kann der Verbraucher auch bei vollständiger Information in besonderen Situationen aufgrund der verbrauchertypischen Defizite (vgl. o.[223]) schutzbedürftig sein, weshalb beispielsweise das Widerrufsrecht nach §§ 312 I, 355 I BGB auch dem umfassend informierten Verbraucher zusteht.[224] Hiermit einher geht die ökonomische Erkenntnis, wirklichkeitsnah von einer begrenzten Rationalität[225] des Verbrauchers auszugehen.[226]

3. Abschnitt Informationspflichten im deutschen Recht

A) Notwendigkeit der Darstellung vertragsrechtlicher Informationspflichten

Um eine Bewertung der lauterkeitsrechtlichen Informationspflichten vorzunehmen, muß untersucht werden, ob und inwiefern sich diese in ein zivilrechtliches System verbraucherschützender Information einfügen.

Dies wird nur dann erkennbar, wenn die Informationspflichten der beiden zentralen Gesetze des Wettbewerbs- und Vertragsrechts (UWG und BGB) gemeinsam beleuchtet werden, denn beide Gesetze streben zusehends Verbraucherschutz durch Information an, so daß sich die Frage stellt, welche Schlüsse sich aus möglichen Gemeinsamkeiten, den Unterschieden und einem Ineinandergreifen der beiden Rechtsgebiete für den Verbraucherschutz ziehen lassen, sowie ob und welche bestehenden Wertungen beachtet und übernommen werden müssen.

B) Vorvertragliche Informationspflichten

I) Allgemeines

Im deutschen Zivilrecht gibt es erst seit der zunehmenden gemeinschaftsrechtlichen Harmonisierung verstärkt ausdrückliche Informationspflichten.

---

223 Vgl. o. S. 11 ff.

224 Drexl, Die wirtschaftliche Selbstbestimmung des Verbrauchers S. 28.

225 Vgl. zum Modell begrenzter Rationalität Fleischer, Informationsasymmetrie im Vertragsrecht S. 112 und 133.

226 Drexl, Die wirtschaftliche Selbstbestimmung des Verbrauchers S. 200.

Eine Ausnahme bildet hier das Abzahlungsgesetz, das zwar zunächst auf eine reine Inhaltskontrolle beschränkt war, jedoch seit der Einführung des § 1a AbzG im Jahr 1969 eine Information des Verbrauchers (genauer: des „Nicht-Kaufmanns"; vgl. § 8 AbzG) vorsah. Ein (mittelbar der Information dienendes; vgl. o.[227]) Widerrufsrecht wurde im Jahr 1974 (§§ 1b, c AbzG) eingefügt.

Inzwischen finden sich jedoch vermehrt ausdrückliche verbraucherspezifische Informationspflichten im BGB. Eine Vielzahl dieser Informationspflichten ist aus Gründen der besseren Lesbarkeit des Gesetzes nicht in den betreffenden Vorschriften des BGB selbst, sondern in der vom Bundesministerium der Justiz auf Grundlage der Art. 238-242 und 245 EGBGB erlassenen „Verordnung über die Informations- und Nachweispflichten nach bürgerlichem Recht" (BGB-InfoV) konkretisierend geregelt.[228] Hier werden derart umfassende Informationspflichten festgelegt, daß im Anhang zur BGB-InfoV z. T. mehrseitige Gestaltungshinweise gegeben werden müssen.

Einige Informationspflichten greifen nicht bei Geschäften, die unterhalb einer Art „Bagatellschwelle" liegen, unter der eine Schutzbedürftigkeit des Verbrauchers nicht angenommen wird, oder wenn eine Anwendung der Verbraucherschutzvorschriften insgesamt unpraktikabel erscheint (z. B. keine Anwendung des § 312 I BGB beim Haustürgeschäft bei Leistungen bis 40 Euro, die sofort erbracht werden; § 312 III Nr. 2 BGB; vgl. auch § 312 III Nr. 1, 3 BGB; § 312b III Nr. 5-7 BGB; § 312c III 1 BGB; § 312e II 1 BGB; § 491 II BGB).

---

227 Vgl. o. S. 23 f.

228 RegE zum SMG BT-Drucks. 14/6040 S. 168; siehe schon RegE eines Gesetzes zur Durchführung der Richtlinie des Rates vom 13. Juni 1990 über Pauschalreisen BT-Drucks. 12/5354 S. 10.

II) Informationspflichten aufgrund allgemeiner Vorschriften

1) Herleitung von Informationspflichten über die culpa in contrahendo

Die Rechtsprechung hat in bestimmten (Ausnahme-) Konstellationen schon vor Einführung gesetzlicher Informationspflichten insbesondere über die Figur der culpa in contrahendo (§§ 280 I i. V. m. § 241 II i. V. m. 311 II BGB) vorvertragliche Informationspflichten gegenüber Vertragspartnern angenommen. Eine solche Informationspflicht soll bestehen, wenn der andere Teil nach den im Geschäftsverkehr herrschenden Anschauungen redlicherweise eine Aufklärung erwarten darf, etwa weil die aufzuklärende Vertragspartei bestimmte Umstände, die für das Zustandekommen oder die Durchführung des Vertrags entscheidend sind, nicht kennt.[229] Eine allgemeine Aufklärungspflicht bestehe jedoch nicht, weil eine Partei wegen des natürlichen Interessengegensatzes der Vertragspartien nicht dazu gezwungen werden könne, der anderen praktisch ihr Geschäftsrisiko abzunehmen. Maßgeblich seien insofern die Umstände des Einzelfalles entsprechend dem jeweiligen Inhalt des Schuldverhältnisses sowie Art und Gegenstand des Geschäftes. Insbesondere sei auch der Informations- und Wissenstand, d. h. besondere Unerfahrenheit oder ein Wissensvorsprung einer Partei zu berücksichtigen. Die Rechtsprechung stellt hier also – wie bei der Rechtfertigung des Verbraucherschutzes (vgl. o.[230]) – auf ein informationelles Ungleichgewicht der Vertragsparteien ab.

Stellenweise hat der BGH[231] bei der Begründung von Informationspflichten auch ausdrücklich auf die besondere Aufklärungs- und Schutzbedürftigkeit des Verbrauchers hingewiesen.[232] So muß z. B. der Kreditgeber den Verbraucher unaufgefordert darüber aufklären, inwieweit besondere Kreditformen Nachteile und Risiken gegenüber den üblichen Ratenkrediten beinhalten[233] oder inwieweit besondere Risiken bei der Kombination eines Verbraucherdarlehens und einer Kapitallebensversicherung bestehen.[234]

Die Rechtsfolge eines solchen (schuldhaften) Aufklärungspflichtverstoßes ist Schadensersatz gem. §§ 249 ff. BGB. Hat der Verbraucher also einen für ihn nachteiligen Vertrag abgeschlossen, den er bei der gebote-

---

229 Vgl. Larenz, SchR AT S. 111.

230 Vgl. o. S. 5 ff.

231 BGH WM 1991, 181, 197.

232 Vgl. auch RegE zum SMG BT-Drucks. 14/6040 S. 92.

233 BGH WM 1991, 181, 197.

234 BGH WM 1990, 918, 920; BGH WM 1989, 665, 666.

nen Information nicht abgeschlossen hätte, kann er nach der Rechtsprechung die Rückgängigmachung des Vertrages verlangen.

Dieser Ansatz ist in der Literatur[235] jedoch kritisiert worden, weil eine Vertragsaufhebung so bereits bei fahrlässigem Unterlassen möglich sei. Dies stehe im Widerspruch zu § 123 BGB, der arglistiges, d. h. vorsätzliches Handeln voraussetze. Auch werde mit der (längeren) Verjährungsfrist für den Anspruch aus c.i.c. die Anfechtungsfrist des § 124 BGB umgangen. Teilweise wird daher auch erwogen, die Verjährungsfrist hier der des § 124 BGB anzupassen.[236]

2) Sonstige allgemeine Vorschriften

Weitere allgemeine Vorschriften, welche der (besonderen) Unterlegenheit eines der Vertragspartner Rechnung tragen, sind der § 138 (insb. Wucher gem. § 138 II BGB) sowie § 123 BGB und § 242 BGB.[237] Diese Vorschriften tragen einer wirtschaftlichen und informationellen Unterlegenheit des Vertragspartners Rechnung, wobei sie nur einen vom Verbraucherschutz unabhängigen Minimalschutz des Vertragsrechts darstellen.

III) Belehrung über das Widerrufsrecht aus § 355 BGB

Im Recht der Haustürgeschäfte (§ 312 BGB), des Fernabsatzes (§ 312d BGB), des Teilzeitwohnrechts (§ 485 I BGB), des Verbraucherdarlehens (§ 495 I BGB), des Zahlungsaufschubs und der sonstigen Finanzierungshilfe (§ 499 I i. V. m. § 495 I BGB), der Ratenlieferungsverträge (§ 505 I BGB) sowie des Fernunterrichts (§ 4 I 1 FernUSG) steht dem Verbraucher ein Widerrufsrecht i. S. d. § 355 I BGB zu. Wie bereits angesprochen,[238] dient ein solches Widerrufsrecht mittelbar der Information, weil sich der Verbraucher während des Laufs der Widerrufsfrist weitere Informationen beschaffen und den Vertragsschluß überdenken kann.[239] Dieser Mechanismus funktioniert jedoch nur dann, wenn der Verbraucher auch

---

235 Medicus JuS 1965, 209, 211 ff.; ders. SchR AT Rn. 109; a. A. Larenz; SchR AT S. 111.

236 MüKo – Kramer § 123 Rn. 35; vgl. Medicus SchR AT Rn. 109; a. A. Fikentscher, Schuldrecht § 20 VI Rn. 80.

237 Larenz/Wolf, AT § 42 Rn. 16 ff.

238 Vgl. o. S. 23 f.

239 Vgl. Roth JZ 01, 475, 481; RegE zum VerbrKrG BT-Drucks. 11/5462 S. 19 (zum Verbraucherdarlehen); Bamberger/Roth – Möller/Wendenhorst § 492 Rn. 1 (zum Verbraucherdarlehen); MüKo – Ulmer § 492 Rn. 1 (zum Verbraucherdarlehen); HK BGB – Ebert § 492 Rn. 1 (zum Verbraucherdarlehen); Bamberger/Roth – Schmidt-Räntsch § 312c Rn. 3 (zum Fernabsatz).

von seinem Widerrufsrecht weiß und so die Zeit bis zum Ablauf der Frist entsprechend nutzen kann.

Der Gesetzgeber erreicht dies, indem er in § 355 III 3 BGB anordnet, daß die Widerrufsfrist nicht vor einer ordnungsgemäßen Belehrung über das Widerrufsrecht zu laufen beginnt. Der Vertrag kann also jederzeit widerrufen werden, wenn nicht ordnungsgemäß belehrt worden ist. Der Unternehmer muß ein entsprechendes Versäumnis also mit ständiger, „normierter Rechtsunsicherheit" bezahlen, was ihn zur Erteilung der Information zwingen wird. Seine Rechte werden von der Information indirekt abhängig gemacht, weil der Verbraucher diese mittels Widerruf in ein Rückabwicklungsschuldverhältnis (§§ 357 I i. V. m. 346 ff. BGB) umwandeln und damit das Geschäft zunichte machen kann.

Eine direkte Abhängigkeit der Rechte des Unternehmers von der Information besteht bei der Rückabwicklung nach Widerruf im Rahmen der Wertersatzpflicht für einen etwaigen Ingebrauchnahmeschaden an der von ihm gelieferten Ware. Gem. § 346 II Nr. 3 BGB i. V. m. § 357 I BGB muß ein Ingebrauchnahmeschaden im Falle der Ausübung eines gesetzlichen Rücktrittsrechts grundsätzlich nur dann ersetzt werden, wenn dieser Schaden wegen der Außerachtlassung der eigenüblichen Sorgfalt entstanden ist. Diese Regelung hält der Gesetzgeber beim Widerruf eines Verbrauchergeschäfts nicht für interessengerecht, weil der Ingebrauchnahmeschaden erheblich sein könne (z. B. Wertverlust durch Erstzulassung eines Pkw ca. 20 %), den Unternehmer treffe jedoch - anders als beim gesetzlichen Rücktrittsrecht - keinerlei Verschulden am Widerruf.[240] Vielmehr könne er diesen gar nicht vermeiden.[241] Gem. § 357 III 3 BGB genügt daher beim Widerruf i. S. d. § 355 I BGB grundsätzlich schon objektive Fahrlässigkeit des Verbrauchers, um eine Wertersatzpflicht zu begründen. Dieses Recht steht dem Unternehmer aber nur dann zu, wenn er den Verbraucher über dieses besondere Haftungsrisiko und Möglichkeiten, die Wertminderung zu verhindern, aufgeklärt hat.[242]

Auch dies führt letztlich zur Information über das Widerrufsrecht und damit zur Sicherung der Entscheidungsgrundlage. Die Belehrung über die modifizierten Rückgewährvorschriften ist nämlich denklogisch kaum ohne eine Belehrung über das Widerrufsrecht möglich. Die Belehrung über das Widerrufsrecht ist daher schuldrechtlich „doppelt abgesichert".

---

[240] RegE zum SMG BT-Drucks. 14/6040 S. 199.

[241] RegE zum SMG BT-Drucks. 14/6040 S. 199.

[242] Vgl. RegE zum SMG BT-Drucks. 14/6940 S. 200.

IV) Fernabsatzrecht (§§ 312c f. BGB)

Umfangreiche ausdrücklich normierte Informationspflichten gibt es im Recht der Fernabsatzgeschäfte.[243] Als wichtigster Grund für diese Pflichten wird angeführt, daß sich der Verbraucher wesentliche vertragsrelevante Informationen nicht selber beschaffen kann, weil der Vertragsgegenstand physisch nicht präsent ist.[244] Er kann diesen nicht in Augenschein nehmen und sich vom Verkaufspersonal erklären lassen.[245] Es besteht daher ein erhöhter Informationsbedarf, von dessen Befriedigung die Rationalität der Entscheidung des Verbrauchers abhängt. Die Verwendung von Fernkommunikationsmitteln soll nicht zu einer Verringerung der dem Verbraucher vermittelten Information führen.[246]

Weiterer besteht bei telefonischem Kontakt in besonderem Maße die Gefahr einer Überrumpelung[247], weil die Kommunikation über Fernkommunikationsmittel besonders schnell und flüchtig[248] ist.

Über den reinen Verbraucherschutz hinaus soll mit § 312c BGB der Vertrieb im Fernabsatz und damit der Binnenmarkt gefördert werden.[249]

Die in § 312c BGB vorgeschriebenen Informationspflichten lassen sich chronologisch in eine vorvertragliche und in eine vertragliche Phase gliedern.[250]

Im vorvertraglichen Bereich besteht eine besondere Informationspflicht im Falle telefonischer Kontaktaufnahme und eine allgemeine Pflicht, die für sämtliche Arten des Kontakts im Fernabsatz gilt.

Bei telefonischer Vertragsanbahnung muß der Unternehmer gem. § 312c I 2 BGB schon zu Beginn des Gespräches ausdrücklich seine Identität und den geschäftlichen Zweck des Gesprächs angeben. Weil bei dieser Art der Kontaktaufnahme die Gefahr einer Überrumpelung und der Verschleierung besonders groß erscheint, soll dem Verbraucher die Mög-

---

243 Ausführlich hierzu Rünz, Verbraucherschutz im Fernabsatz (2004).

244 Fuchs ZIP 2000, 1272, 1274 (zum FernAbsG); Bamberger/Roth - Schmidt-Räntsch § 312c Rn. 2; Rünz, Verbraucherschutz im Fernabsatz S. 39; vgl. Boente/Riehm Jura 2002, 222; vgl. Erwägungsgrund 14 der RL 97/7/EG (Fernabsatz-RL).

245 Bamberger/Roth - Schmidt-Räntsch § 312c Rn. 2; Rünz, Verbraucherschutz im Fernabsatz S. 39; Fuchs ZIP 2000, 1272, 1274 (zum FernAbsG); Bülow/Artz, Verbraucherprivatrecht S. 63; vgl. Boente/Riehm Jura 2002, 222.

246 Erwägungsgrund 11 der RL 97/7/EG (Fernabsatz-RL)

247 MüKo - Wendenhorst § 312c Rn. 2; Fuchs ZIP 2000, 1272, 1274.

248 Fuchs ZIP 2000, 1272 (zum FernabsG); vgl. Köhler NJW 1998, 185, 186.

249 Vgl. Bamberger/Roth - Schmidt-Räntsch § 312c Rn. 4; Erwägungsgrund 1 und 3 der RL 97/7/EG (Fernabsatz-RL).

250 Bamberger/Roth - Schmidt-Räntsch § 312c Rn. 3; Erman - Saenger § 312c Rn. 1.

lichkeit gegeben werden, frühzeitig zu entscheiden, ob er das Gespräch fortsetzen möchte.[251] Hiermit wird der lauterkeitsrechtliche Schutz nach § 7 UWG erweitert und gefestigt.

Unabhängig von der Art der Kontaktaufnahme muß der Verbraucher stets gem. § 312c I BGB i. V. m. § 1 I BGB-InfoV vor Vertragsschluß über die „Einzelheiten des Vertrages" nach § 1 I BGB-InfoV (§ 312c I Nr.1 BGB) und den „geschäftlichen Zweck des Vertrages[252]" (§ 312c I Nr. 2 BGB) informiert werden. Die Entscheidungsgrundlage des Verbrauchers wird dabei dadurch gesichert, daß der Unternehmer gem. § 1 I Nr. 3 BGB-InfoV über die „wesentlichen Merkmale der Ware oder Dienstleistung", über die Modalitäten der Vertragsdurchführung (§ 1 I Nr. 5, 8 BGB-InfoV) sowie den Preis (§ 1 I Nr. 6 BGB-InfoV) und ggf. zusätzlich anfallende Kosten (§ 1 I Nr. 6, 7, 9 BGB-InfoV) vor Vertragsschluß zu informieren hat.[253] Der Verbraucher erhält also die Basisinformationen für den Vertragsschluß.

Eine Sanktion dieser vorvertraglichen Pflichten aus § 312c I BGB ist nicht ausdrücklich vorgesehen. Selbst das Fehlen der Widerrufsbelehrung i. S. d. § 312c I BGB ist in diesem Stadium des Vertrages unerheblich, weil auf dieses Recht ohnehin noch in Textform hingewiesen werden muß (vgl. § 312d II und § 355 II BGB), § 312c I BGB jedoch keine Form anordnet.

Das Fehlen einiger anderer Informationen löst nur Rechtsfolgen nach allgemeinen Vorschriften aus, die vom Fernabsatz völlig unabhängig sind. So konstatiert etwa § 1 I Nr. 5 BGB-InfoV letztlich nur eine Pflicht zum Hinweis auf die AGB, die sich bereits aus § 305 II BGB ergibt.[254] Das Fehlen der Preisangabe nach § 1 I Nr. 6 BGB-InfoV führt dazu, daß schon in Ermangelung einer Einigung über die essentialia negotii kein Vertrag vorliegt.

Werden andere Informationspflichten verletzt, ist allenfalls ein Anspruch aus culpa in contrahendo (§§ 280 I, 241 II, 311 II BGB) denkbar, wobei dem Verbraucher jedoch im Regelfall durch den Vertragsschluß kein Schaden entsteht, weil er den Vertrag widerrufen kann.

---

251 Erwägungsgrund 12 der RL 97/7/EG (Fernabsatz-RL); Lütcke, Fernabsatzrecht § 312c Rn. 74; Erman - Saenger § 312c Rn. 26; Zur Frage der teleologischen Reduktion in Fällen, in denen sich der Verbraucher an den Unternehmer wendet, Palandt[62] - Heinrichs § 312c Rn. 5; MüKo - Wendenhorst § 312c Rn. 15; a. A. Micklitz/Tonner - Micklitz § 312c Rn. 17; wohl nun auch Palandt - Grüneberg § 312c Rn. 6.

252 Anmerkung: Da es sich um eine vorvertragliche Pflicht handelt, ist mit „Vertrag" der geschäftliche Kontakt gemeint.

253 Vgl. RegE zum FernAbsG BT-Drucks. 14/2658 S. 38; Boente/Riehm Jura 2002, 222, 224.

254 Boente/Riehm Jura 2002, 222, 228.

Bei gezielten Verstößen gegen die Informationspflicht ist allerdings eine Verbandsklage auf Unterlassung nach § 2 UKlaG zu erwägen. Weiter ist an wettbewerbsrechtliche Konsequenzen wegen Verstoßes gegen § 4 Nr. 11 UWG zu denken.

Vertragsrechtlich bestehen somit keine praktisch relevanten Rechtsfolgen. Weiter soll der Verbraucher mit diesen Informationspflichten, auch ohne daß es zu konkreten Vertragsverhandlungen gekommen ist, in die Lage versetzt werden, aufgeklärt und informiert über den Vertragsschluß zu entscheiden.[255] Hieraus wird geschlossen, daß die Norm lauterkeitsrechtlichen Charakter hat.[256] Gegen den lauterkeitsrechtlichen Charakter des Fernabsatzrechte ist die Überlegung vorgebracht worden, daß der Gesetzgeber mit der Statuierung einer aktiven Pflicht zur Information den Boden des Lauterkeitsrechts verlassen und eine eindimensionale zivilrechtliche Informationsverpflichtung geschaffen habe.[257] Hierin liege ein wesentlicher Unterschied zur Vorgängernorm § 2 FernAbsG a. F., die von „Anbahnung und Abschluß" von Fernabsatzverträgen sprach.[258] Gegen einen rein vertragsrechtlichen Charakter der Norm spricht jedoch, daß sich keine relevanten vertragsrechtlichen Rechtsfolgen bei Verstößen ergeben. Insbesondere die Pflicht, den Verbraucher bei einem Telefonanruf über den geschäftlichen Zweck und die Identität des Unternehmers zu informieren, rückt die Norm in Bereiche des Lauterkeitsrechts (vgl. Verbot getarnter Werbung, § 4 Nr. 3 UWG und der unzumutbaren Belästigung, § 7 UWG). Für den Vertrag selbst ist eine derartige Information im übrigen ohne jeden Belang. Auch darf nicht vergessen werden, daß praktisch jede Handlung eines Unternehmers vor Vortragsschluß auf den Abschluß des Vertrages gerichtet sein wird und somit werbenden Charakter hat. Letztlich ausschlaggebend ist aber, daß der Gesetzgeber mit der Neufassung des Fernabsatzrechts den bei § 2 Fernabsatzgesetz anerkannten und durch die zugrundeliegende europarechtliche Richtlinie vorgegebenen lauterkeitsrechtlichen Charakter nicht ändern wollte.[259] Weiter scheint es kaum abgrenzbar, wann eine vorvertragliche Informationspflicht nur vertragsrechtlichen und wann zumindest mittelbaren lauterkeitsrechtlichen Schutz bewirkt. Schließlich gibt der Gesetzgeber hier vor, in welcher Weise der Unternehmer sich in der werbenden Phase der Vertragsan-

---

255 Bülow/Artz, Verbraucherprivatrecht S. 71.

256 Erman – Saenger § 312c Rn. 2; Bülow/Artz, Verbraucherprivatrecht S. 71; vgl. Härting, FernAbsG § 2 (a. F.) Rn. 14; ders. MDR 2002, 61 (zu § 2 FernAbsG a. F.); Lütcke, Fernabsatzrecht § 312c Rn. 6; vgl. Keßler/Micklitz GRUR Int. 2002, 885, 891 (zum Gemeinschaftsrecht).

257 Micklitz/Tonner – Micklitz, Vertriebsrecht § 312c Rn. 12 ff.

258 Micklitz/Tonner – Micklitz, Vertriebsrecht § 312c Rn. 14.

259 So auch Micklitz/Tonner – Micklitz, Vertriebsrecht § 312c Rn. 14 ff.

bahnung im Fernabsatz zu verhalten hat. § 312c I BGB trägt daher lauterkeitsrechtliche Züge.

Ergänzt werden die vorvertraglichen Pflichten dadurch, daß dem Verbraucher in einem zweiten Schritt gem. § 312c II BGB i. V. m. § 1 II BGB-InfoV die bereits erwähnten Informationen (sofern bislang erst mündlich geschehen) und zusätzlich die Informationen nach § 1 III BGB-InfoV in Textform (§ 126b BGB) zu geben sind, damit ihm diese dauerhaft zur Verfügung stehen. So kann sich der Verbraucher den maßgeblichen Inhalt des Vertrages auch dann noch vor Augen führen und seine Rechte optimal ausüben, wenn ihm manche Einzelheit etwa infolge der manchmal mehrwöchigen Dauer von Vertragsschluß bis zur Zahlung nicht mehr vollständig präsent ist.[260] Hintergrund für die Erweiterung der Informationspflichten im vertraglichen Bereich ist, daß aus Zeit-, Kosten- und technischen Gründen nicht immer alle Informationen im vorhinein (z. B. am Telefon) gegeben werden können, obwohl ein Vertragsschluß mit der erforderlichen Angabe der essentialia negotii möglich war.[261]

Bei den vertraglichen Informationspflichten genügt es jedoch, daß die Informationen spätestens bis zur „vollständigen Erfüllung des Vertrages", d. h. bis zur Erbringung der Hauptleistung durch den Unternehmer,[262] übermittelt werden, so daß die Entscheidungsgrundlage nur noch mittelbar über das Widerrufsrecht gestützt wird.

Ein Versäumnis bei der Belehrung über das Widerrufsrecht wird hier ebenfalls damit sanktioniert, daß die Widerrufsfrist nicht anläuft (§ 355 II BGB). Weitergehend wird mit dem gleichen Mittel die Gewährung der anderen Informationen nach § 1 BGB-InfoV gesichert (§ 312d II BGB). Die Informationspflicht nach Abs. II dient damit weniger der Lauterkeit des Wettbewerbs, sondern eher dem Schutz des einzelnen Verbrauchers.[263]

Hervorzuheben ist, daß die Informationspflichten nach § 1 III BGB-InfoV äußert umfangreich sind, so daß letztlich offenbleibt, ob der Verbraucher diese Informationen tatsächlich aufnehmen und ausreichend verarbeiten kann oder doch – wie dies schon bei AGB der Fall ist – professionellen Rat einholen muß. Die Pflichten nach § 1 III BGB-InfoV gehen nämlich stellenweise noch über die AGB hinaus. Gem. § 1 III Nr. 1 BGB-InfoV muß der Unternehmer faktisch ein kleines Lehrbuchkapitel zum Wider-

---

260 Rünz, Verbraucherschutz im Fernabsatz S. 39.

261 Bamberger/Roth – Schmidt-Räntsch § 312c Rn. 8.

262 Micklitz/Tonner – Micklitz, Vertriebsrecht § 312c I Rn. 33.

263 Erman – Saenger § 312c Rn. 2.

rufsrecht i. S. d. §§ 355 ff. BGB schreiben.[264] Weiter muß gem. § 1 III Nr. 2 BGB-InfoV zumindest auf die von den gesetzlichen Bestimmungen abweichenden Gewährleistungsbestimmungen eingegangen werden,[265] d. h. es müssen wesentliche Teile der AGB wiedergegeben werden. Dies alles muß auch noch in einer „hervorgehobenen und deutlich gestalteten Form" (§ 1 III 1. HS. BGB-InfoV) geschehen. Wie dies angesichts der Zahl an zu erfüllenden Pflichten erfolgen soll, bleibt unklar. Es ist zu befürchten, daß die für den Vertragsschluß zentralen Informationen (insb. die essentialia negotii) nur noch einen Bruchteil des dem Verbraucher an die Hand gegebenen Regelwerks ausmachen. Dies ist stellenweise als „Informations-Kollaps"[266] kritisiert worden. Auch stellen Zahl und Komplexität der Pflichten nicht unerhebliche Anforderungen an den Unternehmer, so daß der Gesetzgeber ihm in Anlage 1 zur BGB-InfoV ein Muster mit umfassenden Gestaltungshinweisen zur Verfügung stellt. Letztlich müssen Informationspflichten dieser Art sich jedoch immer auf dem schmalen Grad zwischen zu viel und zu wenig Information bewegen, so daß sie sich immer Kritik ausgesetzt sehen werden.

V) Elektronischer Geschäftsverkehr (§ 312e BGB)

Auch für den elektronischen Geschäftsverkehr bestehen gem. § 312e I BGB besondere Informationspflichten. Diese gelten jedoch auch bei Geschäften zwischen Unternehmern (neudeutsch im „Business-to-Business-Bereich" oder B2B-Bereich), so daß die Norm nicht zum spezifischen Verbraucherschutzrecht gehört. Dennoch kann diese Norm hier nicht unerörtert bleiben, weil die meisten Geschäfte im elektronischen Geschäftsverkehr Fernabsatzgeschäfte sind[267] und § 312e III BGB für diese Fälle eine Sonderregelung bezüglich der Widerrufsfrist bei Verbraucherverträgen enthält. Auch besteht mit § 312e II 2 BGB eine Sonderregelung für Verbraucher hinsichtlich der Abdingbarkeit der Informationspflichten.

Die Zielrichtung des § 312e BGB geht - anders als bei § 312c BGB - nicht dahin, die Entscheidungsgrundlage des Verbrauchers hinsichtlich des Vertragsgegenstandes zu verbessern. Vielmehr sollen die Rahmenbedingungen für den elektronischen Geschäftsverkehr geschaffen[268], d. h. Rechtssicherheit aufgebaut und damit das Vertrauen der Kunden in

---

264 Boente/Riehm Jura 2002, 222, 225; vgl. Bülow/Artz, Verbraucherprivatrecht S. 73 f.

265 Umfang str., vgl. Bamberger/Roth - Schmidt-Räntsch § 1 BGB-InfoV Rn. 26.

266 Boente/Riehm Jura 2002, 222, 230.

267 RegE zum SMG BT-Drucks. 14/6040 S. 172; Boente/Riehm Jura 2002, 222, 226; vgl. Lorenz JuS 2000, 833, 838; Riehm Jura 2000, 505, 509 f.

268 RegE zum SMG BT-Drucks. 14/6040 S. 169; Erwägungsgrund 8 der RL 2000/31/EG („e-commerce-RL")

diese neuen Vertriebswege gestärkt werden.[269] Dies soll zu einer Förderung des elektronischen Geschäftsverkehrs führen. Es geht also primär um die Verwirklichung des europäischen Binnenmarktes[270], der allerdings auch dem Verbraucher zugute kommt (vgl. o.[271]).

Zusätzlich nennt die zugrundeliegende Richtlinie als Ziel auch die Erreichung eines hohen Verbraucherschutzniveaus durch Informationspflichten, welche die RL 97/7/EG („Fernabsatz-RL") ergänzen.[272]

Die im Bereich des elektronischen Geschäftsverkehrs gem. § 312e I Nr. 1-4 BGB i. V. m. § 3 BGB-InfoV zu gebenden Informationen betreffen ihrem Zweck gemäß nicht den Leistungsgegenstand, sondern die technischen Modalitäten des Vertragsschlusses. Es handelt sich nicht nur um reine Informationspflichten zur Beseitigung informationeller Defizite, sondern auch um vertragliche Bestätigungs-, Abruf-, Ausgestaltungs- und Rechtsberatungspflichten.[273] Hiermit soll verhindert werden, daß der Verbraucher einen Vertrag im elektronischen Geschäftsverkehr irrtümlich abschließt, weil er nur über unzureichende Kenntnisse von der verwendeten Technik verfügt.[274] Die Gefahr fehlerhafter Dateneingabe ist erheblich, zumal der e-commerce von großer Schnelligkeit und Flüchtigkeit ist.[275] Es soll Transparenz geschaffen und den Risiken, die sich aus der fehlenden Verkörperung übermittelter Erklärungen und Informationen ergeben, begegnet werden.[276] Nur wenn sich der Verbraucher sicher auf dem Parkett des e-commerce bewegen kann, wird er von dessen grenzüberschreitenden Möglichkeiten Gebrauch machen und damit den Binnenmarkt fördern.

Darüber hinaus bietet § 312e BGB einen Schutz vor übereilten Vertragsschlüssen, weil dem Verbraucher gem. § 312e I Nr. 1 BGB die Möglichkeit gegeben werden muß, seine Erklärungen vor Abgabe nochmals inhaltlich zu überprüfen und gegebenenfalls zu korrigieren.[277]

Es sei an dieser Stelle aber nochmals darauf hingewiesen, daß § 312e BGB nur den technischen Besonderheiten des Vertragsschlusses im elektronischen Geschäftsverkehr begegnen will, nicht jedoch – wie dies

---

269 Erwägungsgrund 7 der RL 2000/31/EG („e-commerce-RL").

270 Vgl. Erwägungsgründe 1-6 der RL 2000/31/EG („e-commerce-RL").

271 Vgl. o. S. 32.

272 Erwägungsgrund 11.

273 Micklitz/Tonner – Micklitz, Vertriebsrecht § 312e Rn. 48.

274 Boente/Riehm Jura 2002, 222.

275 Rünz, Verbraucherschutz im Fernabsatz S. 40.

276 Bamberger/Roth – Masuch § 312e Rn. 1.

277 Bamberger/Roth – Masuch § 312e Rn. 1.

beim Verbraucherschutz vielfach proklamiert wird (vgl. o.[278]) - auf die Unterlegenheit einer Vertragspartei reagiert. Gleichzeitig wird an dieser Vorschrift deutlich, wie eng der Schutz des Konsumenten und die Verwirklichung des Binnenmarktes miteinander verzahnt sind.

Ein Verstoß gegen § 312e BGB führt gegenüber Verbrauchern dazu, daß die Widerrufsfrist des § 355 I 2 BGB gem. § 312e III 2 BGB nicht anläuft. Eine Pflichtverletzung gegenüber Unternehmern zieht keinerlei ausdrücklich normierte und vertragrechtlich relevante Rechtsfolgen nach sich. Es gelten die allgemeinen Bestimmungen des Schuldrechts.[279] Dabei ist nach Informationen, die Einfluß auf die Willensbildung des Kunden haben können (z. B. Verletzung der Pflicht zur Ermöglichung der Überprüfung der Eingaben aus § 312e I Nr. 1 BGB) und solchen, die hierauf keinen Einfluß haben (z. B. Pflicht zur Angabe der für den Vertragsschluß zur Verfügung stehenden Sprachen aus § 3 Nr. 4 BGB-InfoV), zu differenzieren.[280] Kann eine Information Einfluß auf die Willensbildung haben, ist bei Verletzung dieser Pflicht an eine Anfechtung unter Ausschluß des § 122 BGB[281] oder an einen Anspruch aus culpa in contrahendo (§§ 280 I i. V. m. § 241 II i. V. m. 311 II BGB) mit der möglichen Folge einer Vertragsaufhebung zu denken.[282] Eine Nichtigkeit des Vertrages nach § 134 BGB hat der Gesetzgeber ausdrücklich abgelehnt.[283]

Daneben kommt ein Unterlassungsanspruch aus § 2 I Nr. 2 UKlaG[284] und ein Wettbewerbsverstoß gem. § 4 Nr. 11 UWG[285] in Betracht. Vertragsrechtliche Folgen ergeben sich also nur dann, wenn gegen eine Informationspflicht verstoßen wird, die auf die Willensbildung des Kunden Einfluß haben kann. Dies ist jedoch nicht bei allen Pflichten der Fall (z. B. § 3 Nr. 3 und 4 BGB-InfoV). Auch § 312e BGB trägt daher - wie § 312c BGB - lauterkeitsrechtliche Züge,[286] weil er Informationspflichten statuiert, die einem Unternehmer Pflichten für die werbende Phase vor Vertragsschluß aufgeben, jedoch keine vertragsrechtlichen Wirkungen haben.

---

278 Vgl. o. S. 5 ff.

279 RegE zum SMG BT-Drucks 14/6040 S. 173; schon zum Entwurf Grigoleit WM 2001, 597 ff.

280 Grigoleit WM 2001, 597, 599; Micklitz/Tonner - Micklitz, Vertriebsrecht § 312e Rn. 49; vgl. Bamberger/Roth - Masuch § 312e Rn. 33.

281 RegE zum SMG BT-Drucks. 14/6040 S. 173.

282 RegE zum SMG BT-Drucks. 14/6040 S. 173.

283 RegE zum SMG BT-Drucks. 14/6040 S. 173.

284 RegE zum SMG BT-Drucks. 14/6040 S. 173.

285 RegE zum SMG BT-Drucks. 14/6040 S. 174 (zu § 1 UWG a. F.).

286 Vgl. Micklitz/Keßler GRUR Int. 2002, 885, 891 (zum Gemeinschaftsrecht).

VI) Teilzeit-Wohnrechtsverträge (§§ 481 ff. BGB)

Im Teilzeitwohnrecht gibt es ebenfalls umfassende vorvertragliche und vertragliche Informationspflichten, und zwar in Form einer Prospektpflicht (§ 482 BGB[287]) und in Form von Pflichtangaben im Vertragsdokument selbst (§ 484 I Satz 1, 5 BGB), von welchem dem Verbraucher gem. § 484 II 1 BGB eine Abschrift auszuhändigen ist. Hierbei ist jeweils die Sprachregelung des § 483 I BGB zu beachten (vgl. für den Prospekt § 485 III BGB). Diese soll sicherstellen, daß der Verbraucher beim Erwerb eines Teilzeitwohnrechts, welches meist an einem ausländischen Objekt eingeräumt wird, nicht einer möglichen Sprachbarriere zum Opfer fällt und dann faktisch doch ohne Information dasteht.[288]

Der Unternehmer hat dem Verbraucher ohne Aufforderung einen Prospekt mit den in § 482 II BGB i. V. m. § 2 BGB-InfoV geregelten Angaben bereits dann auszuhändigen, wenn dieser ein allgemeines Geschäftsinteresse erkennen läßt.[289]

Diese Informationspflichten sollen (Markt-) Transparenz schaffen[290] und den Verbraucher in die Lage versetzten, fundiert über den Erwerb des Teilzeitwohnrechts entscheiden zu können.[291] Daher sind - unter Beachtung der Sprachregelung des § 483 I BGB (vgl. § 485 III) - gem. § 482 II BGB i. V. m. § 2 BGB-InfoV insbesondere solche Informationen zu erteilen, die das Vertragsobjekt, die Rechte, welche der Verbraucher erwerben kann, und die Nebenkosten möglichst genau beschreiben. So kann der Verbraucher zuverlässig erkennen, auf welche Weise und in welchem Umfang ihm ein Nutzungsrecht eingeräumt werden soll, d. h. welche der möglichen Ausgestaltungen[292] des Time-sharing angeboten wird und welche Kosten damit verbunden sind. Irreführende, unvollständige oder nichtssagende Angaben - die zuvor nicht unerhebliche Probleme bereitet hatten[293] - werden unterbunden.[294]

---

287 §§ 481 ff. BGB, welche das TzWrG ablösen, dienen der Umsetzung der Richtlinie 94/47/EG des Europäischen Parlaments und des Rates vom 26. Oktober 1994 zum Schutz der Erwerber im Hinblick auf bestimmte Aspekte von Verträgen über den Erwerb von Teilzeitnutzungsrechten an Immobilien (Time-sharing-Richtlinie), ABl. 1994 L 280/83.

288 Vgl. Palandt - Putzo § 483 Rn. 1; Bamberger/Roth - Eckert § 483 Rn. 1.

289 Erman - Saenger § 482 Rn. 2.

290 Vgl. RegE zum TzWrG BT-Drucks. 13/4185 S. 8.

291 Bamberger/Roth - Ekert § 482 Rn. 1; Erman - Saenger § 482 Rn. 1.

292 Vgl. überblickartige Darstellungen im RegE zum TzWrG BT-Drucks. 13/4185 S. 9; Oetker/Maultzsch, Vertragliche Schuldverhältnisse S. 201 f.; MüKo - Franzen § 481 Rn. 5; Palandt - Putzo § 481 Rn. 2.

293 RegE zum TzWrG BT-Drucks 13/4185 S. 8 f.

294 Erwägungsgrund 7 der RL 97/47/EG (Time-sharing-RL).

Entschließt sich der Verbraucher dann zum Vertragsschluß, so erhält er die bereits im Prospekt gegebenen Informationen im Vertragsdokument und dessen Abschrift ein weiteres Mal, wobei zusätzlich noch die Angaben nach § 2 III BGB-InfoV zu machen sind. Wegen des Schriftformerfordernisses werden dem Verbraucher die Informationen bei Vertragsschluß noch einmal warnend vor Augen geführt.

Damit werden die zentralen Informationen also doppelt übermittelt (vorvertraglich und vertraglich).

Die Pflicht zur wahrheitsgemäßen vorvertraglichen Information wird in mehrfacher Weise abgesichert.

Zunächst muß noch im Vorfeld der Pflicht zur Aushändigung des Prospekts gem. § 482 IV BGB in jeder Werbung für Teilzeitwohnrechtsverträge darauf hingewiesen werden, daß ein Prospekt i. S. d. § 482 III BGB erhältlich ist und wo dieser angefordert werden kann. Offenbar (Gesetzesbegründung und Richtlinie schweigen hiezu vollständig) soll hier dem Fall vorgebeugt werden, daß der Prospekt entgegen § 482 II BGB später „vergessen" wird. Dies führt zu der bemerkenswerten Konstruktion, daß der Verbraucher darüber informiert wird, daß er informiert werden soll.

Ist der Prospekt ordnungsgemäß erteilt worden, so kann der Vertrag von den im Prospekt enthaltenen Angaben gem. § 482 III BGB nur dann abweichen, wenn dies infolge von Umständen erforderlich wird, auf welche der Unternehmer keinen Einfluß hatte. Diese Bindung an den Prospekt soll diesen nach dem ausdrücklichen Willen des Gesetzgebers jedoch nicht zu einer „vertragskonstitutiven Willenserklärung" aufwerten, sondern hat allein wettbewerbsrechtliche Bedeutung, so daß der Prospekt eine invitatio ad offerendum bleibt.[295] Dies korrespondiert mit dem Ziel der Regelungen über das Teilzeitwohnrecht, welche vor irreführendem Werbematerial schützen sollen.[296] Die §§ 481 ff. BGB treffen damit eine Regelung im genuin wettbewerbsrechtlichen Bereich, nämlich im Bereich des Schutzes vor irreführender Werbung. § 482 IV BGB stellt sogar ausdrücklich auf den Begriff der Werbung ab und schreibt vor, daß in dieser darauf hinzuweisen ist, daß ein Prospekt erhältlich ist und wo dieser angefordert werden kann.

Auch das Teilzeitwohnrecht trägt damit nicht nur vertrags- sondern auch lauterkeitsrechtliche Züge, indem es ein Sonderrecht für die Werbung im Time-sharing-Bereich aufstellt.

Vertragsrechtlich wird ein Versäumnis bei der Prospektpflicht gem. § 485 III BGB dadurch sanktioniert, daß sich die Widerrufsfrist des § 355

---

295 RegE zum TzWrG BT-Drucks. 13/4185 S. 10; Hildenbrand/Kappus/Mäsch – Kappus § 2 Rn. 15.

296 RegE zum TzWrG BT-Drucks. 13/4185 S. 8.

I 2 BGB auf einen Monat verlängert. Nach h. M. genügt hierfür jeder Verstoß gegen § 482 II BGB i. V. m. § 2 BGB-InfoV (Schluß de maiore ad minus - wenn schon bei gänzlichem Fehlen geheilt wird, so erst recht bei fahrlässig lückenhaften Angaben[297]).[298] Damit wird dem Verbraucher zusätzlich Zeit gegeben, um das Fehlen von Informationen zu bemerken, sich die fehlenden Informationen zu beschaffen und den Vertragsschluß entsprechend zu überdenken.

Weiter ist auch hier ein Anspruch des Verbrauchers aus c.i.c. (§§ 280 I i. V. m. § 241 II i. V. m. § 311 III BGB) möglich,[299] wobei es wegen des Widerrufsrechts aber regelmäßig an einem Schaden fehlen wird oder aber zumindest ein Mitverschulden des Verbrauchers (Nichtausübung des Widerrufsrechts) überwiegen wird. Bei Pflichtangaben, die nur Nebensächlichkeiten betreffen, wird die Pflichtverletzung im Regelfall für den Vertragsabschluß schon nicht kausal sein.[300]

Auch die vertraglichen Informationspflichten werden über das Widerrufsrecht sanktioniert. Enthält der Vertrag nicht, wie von § 484 I 5 BGB gefordert, die gleichen Angaben wie der Prospekt, so beginnt die Widerrufsfrist gem. § 485 IV BGB erst dann zu laufen, wenn der Verbraucher die fehlende Information erhalten hat. Zu beachten ist dabei, daß in einem solchen Fall der Vertrag also nicht zwingend wegen Verstoßes gegen das Schriftformerfordernis aus § 484 I 1 BGB gem. § 125 Satz 1 BGB nichtig ist. Dies soll nach dem ausdrücklichen Willen des Gesetzgebers nur beim Fehlen wesentlicher Vertragsbestandteile der Fall sein.[301]

Eine zusätzliche Absicherung des Widerrufsrechts und damit auch der Information (vgl. o.[302]) wird durch ein Anzahlungsverbot vor Ablauf der Widerrufsfrist gem. § 486 Satz 1 BGB gewährleistet. So soll verhindert werden, daß der Verbraucher von einem Widerruf nur deshalb absieht, weil er damit rechnet, sein Geld erst nach einem (im Ausland zu führenden) Prozeß zurückzubekommen.[303] Bei einem Verstoß gegen diese Pflicht kann der Verbraucher sein Geld nach einhelliger Ansicht zurück-

---

297 Hildenbrand/Kappus/Mäsch - Kappus § 2 Rn. 5 (zum TzWrG).

298 HK BGB - Staudinger § 485 Rn. 4; Hildenbrand/Kappus/Mäsch - Kappus § 2 Rn. 5 (zum TzWrG); Staudinger - Martinek § 5 TzWrG Rn. 22; Martinek NJW 1997, 1396 (zum TzWrG); a. A. MüKo - Franzen § 482 Rn. 14; a. A. Palandt - Putzo § 485 Rn. 6 (nimmt ohne Begründung wohl eine Analogie zu Abs. IV an).

299 Oetker/Maultzsch, Vertragliche Schuldverhältnisse S. 203.

300 HK BGB - Staudinger § 485 Rn. 19; vgl. Kind, Grenzen des Verbraucherschutzes durch Information S. 335.

301 RegE zum TzWrG BT-Drucks. 13/4185 S. 11.

302 Vgl. o. S. 23 f.

303 Palandt - Putzo § 486 Rn. 1; Bülow/Artz, Verbraucherprivatrecht S. 135; Hildenbrand/Kappus/Mäsch - Hildenbrand § 7 Rn. 2.

verlangen, wobei die Rechtsgrundlage hierfür unklar ist.[304] Zumindest haftet der Unternehmer gem. §§ 311 II i. V. m. § 281 BGB[305] oder aus § 280 I BGB[306] oder aus § 823 II BGB[307] und kann sich im übrigen wegen § 819 II BGB nicht auf § 818 III BGB berufen.[308] Zu bedenken ist auch, daß diese Regelung nur dann volle Wirkung entfaltet, wenn der Verbraucher diese auch kennt und sich so darauf berufen kann.

Als Sanktion für die Verletzung von Informationspflichten kommen weiter eine Unterlassungsklage gem. § 2 UKlaG und eine Ahndung als Verstoß gegen §§ 4 Nr. 11 und 5 II 2 UWG in Frage.

Die Informationspflichten sind ausgesprochen umfangsreich. Sie gehen so weit, daß der Normalfall der Nachfrageobliegenheit seitens des Verbrauchers geradezu umgedreht wird. Der Unternehmer hat dem Verbraucher sämtliche vertragsrelevanten Informationen auf dem Silbertablett schon im vorhinein zu servieren. Je nach Angebot müssen bereits im Prospekt ca. 40 verschiedene Punkte angesprochen werden: angefangen beim Namen des Unternehmers (§ 2 I Nr. 1 BGB-InfoV) über die Beschreibung des Objekts (§ 2 BGB-InfoV) bis hin zu den Nutzungsbedingungen für den gemeinschaftlich genutzten Swimmingpool (§ 2 I Nr. 7 BGB-InfoV). Im Vertrag selbst sind dann noch zusätzlich (vgl. § 485 I 5 BGB) zu den nochmals ausführlich zu machenden Prospektangaben die Informationen nach § 2 III BGB-InfoV zu erteilen. Diese Regelungsflut führt dazu, daß der Sinn der Information über manchen Punkt offenbleibt. Unklar ist etwa, warum es der Schutz des Verbrauchers erfordern soll, daß dieser bereits bei einem noch undifferenzierten Geschäftsinteresse - also weit im Vorfeld des Vertragsschlusses - über das Widerrufsrecht aus § 355 I BGB informiert werden muß. Diese Angabe mag allenfalls den Willen des Verbrauchers, sich mit dem Angebot zu befassen, fördern. Damit wird vor dem Hintergrund eines möglichen Widerrufs allerdings eine Mentalität der Sorglosigkeit gefördert, was dem Verbraucher eher schadet denn nützt. Für den Schutz des Verbrauchers ist die Kenntnis von der Widerrufsmöglichkeit jedenfalls erst bei Vertragsschluß von Bedeutung.

Insbesondere ist aber kritisiert worden, daß der Verbraucher mit Informationen derart überflutet wird, daß er eher unbedeutende Informationen (z. B. das Widerrufsrecht) von den bedeutenden nicht zu trennen

---

304 Bülow/Artz, Verbraucherprivatrecht S. 135.

305 MüKo - Franzen Anh. § 482 Rn. 44; Bamberger/Roth - Eckert § 486 Rn. 7; HK BGB - Staudinger § 486 Rn. 6; Palandt - Putzo § 486 Rn. 7.

306 Oetker/Maultsch, Vertragliche Schuldverhältnisse S. 203.

307 OLG Frankfurt a. M. NJW 1999, 296; Bamberger/Roth - Eckert § 486 Rn. 7; HK BGB - Staudinger § 486 Rn. 6; Palandt - Putzo § 486 Rn. 7.

308 MüKo - Franzen § 486 Rn. 15; HK BGB - Staudinger § 486 Rn. 6.

vermag und daher den Überblick verliert.[309] Der Kunde, der sich seitenweise durch die „Grundsätze der Instandhaltung und Instandsetzung sowie Verwaltung und Betriebsführung der Immobilie“ (§ 2 I Nr. 8 BGB-InfoV) quälen muß, gibt möglicherweise auf, bevor er zu den „wirklichen Pferdefüßen“ kommt.[310]

Auch wird durch die Fülle der Informationen die angestrebte Vergleichbarkeit mit Angeboten der Konkurrenz eher erschwert denn erleichtert. Ein Verbraucher wird zunächst nur die grundlegenden Eckwerte der Angebote vergleichen, um eine Vorauswahl zu treffen. Es ist daher zu früh, die Informationspflicht in diesem Umfang bereits bei einem allgemeinen Geschäftsinteresse des Verbrauchers greifen zu lassen. Ein Konsument, der noch gar nicht weiß, ob überhaupt der betreffende Anbieter in Frage kommt, wird wohl kaum vergleichen.

Auch wird in Detailfragen eine wirkliche Vergleichbarkeit nicht immer gegeben sein, weil hier kleine Vorteile (etwa großzügigere Nutzungszeiten des Swimmingpools) oft mit kleinen Nachteilen in anderen, nicht vergleichbaren Bereichen (etwa häufigere Pflicht zur Reinigung) einhergehen, so daß eine rationale Bewertung anhand wirklich meßbarer Kriterien nicht mehr möglich ist und ein „echter“ Vergleich mit anderen Angeboten ausscheidet.

Andererseits ist zu bedenken, daß die vorvertragliche Information ihr Ziel, eine rationale Entscheidung des Verbrauchers zu fördern, deshalb nicht erreicht, weil nicht geregelt ist, wann dieser die Informationen vor Vertragsschluß zu erhalten hat. Nach dem Wortlaut der Vorschrift ist es ausreichend, wenn er die Informationen nur kurz oder sogar unmittelbar zuvor erhält, so daß er den Vertragsschluß tatsächlich nicht in Ruhe überdenken kann.[311] Gerade wenn man die oft aggressiven Absatzmethoden bedenkt (z. B. Vorgabe, daß nur noch sehr wenige Anteile zu haben seien, so daß schnelles Handeln angezeigt sei), ist dies problematisch. Teilweise wird daher verlangt, daß zwischen Übergabe des Prospekts und Vertragsschluß ein angemessener Zeitraum (sog. „cooling-of-Periode“[312]) liegen müsse.[313]

---

309 Vgl. Mäsch EuZW 1995, 8, 11.

310 Mäsch EuZW 1995, 8, 11.

311 Mäsch EuZW 1995, 8, 12.

312 Staudinger - Martinek § 2 TzWrG Rn. 12; Mäsch EuZW 1995, 8, 12; MüKo - Franzen § 482 Rn. 4.

313 Palandt - Putzo § 482 Rn. 4; Staudinger - Martinek § 2 TzWrG Rn. 12; Tonner, Das Recht des Time-sharing an Ferienimmobilien Rn. 187 (zu § 2 TzWrG a. F.); a. A. MüKo - Franzen § 482 Rn. 4.

VII) Verbraucherkreditrecht (§§ 491 ff. BGB)

1) Allgemeines

Ein weiterer Bereich, in dem gesetzlich ausdrücklich normierte Informationspflichten bestehen, ist das Verbraucherkreditrecht,[314] d. h. das Recht der Verbraucherdarlehensverträge (§§ 491 ff BGB), der Finanzierungshilfen (§ 499 BGB), der Finanzierungsleasingverträge (§ 500 BGB) und der Teilzahlungsgeschäfte (§§ 501 ff. BGB).

Die zentrale Norm des Verbraucherkreditrechts findet sich mit § 492 BGB im Recht des Verbraucherdarlehens.

2) Verbraucherdarlehensverträge (§§ 491 ff. BGB)

Anders als z. B. im Fernabsatz und e-commerce ist der Informationspflichtenkatalog bei Verbraucherdarlehensverträgen mit § 492 BGB nicht mit der Integration des Verbraucherkreditrechts in das BGB im Rahmen der Schuldrechtsreform in die BGB-InfoV ausgelagert worden. Der Gesetzgeber war der Ansicht, daß sich so die Nichtigkeitsregelung des § 6 VerbrKrG a. F. (jetzt § 494 BGB) nicht hätte adäquat gestalten lassen.[315]

Die Informationspflicht besteht im Verbraucherdarlehensrecht erst bei Vertragsschluß. Gem. § 492 I 5 BGB hat die vom Verbraucher zu unterzeichnende Vertragserklärung verschiedene Angaben über die wesentlichen vertragsrelevanten Faktoren, d. h. die Leistung, die Vertragsbedingungen und insbesondere die finanzielle Tragweite des Darlehens, zu enthalten. Von den Vertragserklärungen und damit auch von den Informationen ist dem Verbraucher gem. § 492 III BGB eine Abschrift zu erteilen.

Der Gesetzgeber verfolgt hiermit hauptsächlich drei Ziele.[316] Zunächst soll eine sachgerechte Vertragsentscheidung des Verbrauchers auf der Basis gesicherter Informationen über die Vertragsbedingungen und die gesamte Kostenbelastung gewährleistet werden.[317] Der Darlehensnehmer soll vor etwaigen Gefahren, die sich aus einer Verschleierung der Darlehenskonditionen oder aus Unklarheit über die Höhe der Gesamtbelastung ergeben,[318] ebenso geschützt werden wie vor allgemeinen Bedingungen, die ihn in nicht gerechtfertigter Weise benachteiligen.[319] Insbesondere soll dem Verbraucher die gesamte Kostenbelastung plas-

---

314 Zur Terminologie siehe Staudinger – Kessal-Wulf § 491 Rn. 1.

315 RegE zum SMG BT-Drucks. 14/6040 S. 255.

316 Staudinger – Kessal-Wulf § 482 Rn. 1.

317 RegE zum VerbrKrG BT-Drucks. 11/5462 S. 12 und 19.

318 RegE zum VerbrKrG BT-Drucks. 11/5462 S. 19.

319 RegE zum VerbrKrG BT-Drucks. 11/5462 S. 11; MüKo – Ulmer § 491 Rn. 1.

tisch und in mit anderen Angeboten vergleichbaren Parametern vor Augen geführt werden.[320] Diese Aufgabe kommt besonders den Regeln über die Angabe des effektiven Jahreszinses (§§ 492 I Nr. 2, II BGB) zu.[321]

Zweitens soll mit § 492 I 5 BGB – ergänzt durch § 6 PAngV – eine Transparenz der Kreditkonditionen geschaffen werden, so daß der Verbraucher auf solider Grundlage mit anderen Angeboten vergleichen kann. Dies kommt nicht nur dem Verbraucher entgegen, sondern fördert auch den Wettbewerb zwischen den Anbietern. Hier zeigt sich deutlich die doppelte Zielsetzung der Verbraucherkreditrichtlinie, die der zahlreicher europarechtlicher Vorgaben entspricht: Förderung des Leistungswettbewerbs durch Erleichterung des Leistungsvergleichs und Verbraucherschutz durch Information.[322]

Drittens dient das Schriftform- und Informationserfordernis dem Übereilungsschutz. Dem Verbraucher werden alle vertragsrelevanten Informationen bei Vertragsschluß noch einmal warnend vor Augen geführt. Zusätzlich wird der Übereilungsschutz durch das Widerrufsrecht gem. § 495 I i. V. m. § 355 BGB im Zusammenspiel mit der Schriftform (§ 492 I 1 BGB) und der Pflicht zur Gewährung einer Abschrift gem. § 492 III BGB verstärkt.[323] Der Verbraucher kann so nach Vertragsschluß anhand der schriftlich vorliegenden Informationen noch einmal in Ruhe überdenken, ob er überhaupt Bedarf und die Mittel für ein derartiges Darlehen hat, oder er kann Vergleichsangebote einholen.

Abgerundet wird der Schutz dadurch, daß die gerade genannten Vorschriften gem. § 492 IV BGB in Abweichung vom Grundsatz des § 167 II BGB grundsätzlich auch für die Vollmacht zum Abschluß eines Verbraucherdarlehensvertrages gelten.

Fehlt eine der in § 492 I 5 Nr. 1-6 BGB vorgeschriebenen Informationen im Vertrag, so wird dies gem. § 494 I BGB mit der Nichtigkeit des Darlehensvertrages sanktioniert. Fehlen die gem. § 492 I 5 Nr. 7 BGB erforderlichen Angaben über zu bestellende Sicherheiten, können letztere gem. § 494 II 5 grundsätzlich nicht gefordert werden.

Diese sehr scharfen Sanktionen werden dadurch abgemildert, daß der Formmangel gem. § 494 II BGB geheilt wird, wenn der Verbraucher das Darlehen ausgezahlt bekommt oder in Anspruch nimmt. Diese Heilung hat der Unternehmer jedoch mit einer verbrauchergünstigen inhaltlichen Modifikation des Vertrages zu bezahlen, weil die Vertragsbestandteile, hinsichtlich derer der Darlehensgeber seine Pflicht verletzt hat, nicht Vertragsbestandteil werden oder aber auf gesetzliche Regelvorgaben

---

320 RegE zum VerbrKrG BT-Drucks. 11/5462 S. 12.

321 RegE zum VerbrKrG BT-Drucks. 11/5462 S. 12.

322 Bamberger/Roth – Möller/Wendenhorst § 492 Rn. 2.

323 Vgl. MüKo – Ulmer § 492 Rn. 1.

zurückgeführt werden. Letztlich erfolgt eine Mischung aus Heilung und Inhaltskontrolle. Der Gesetzgeber wollte hiermit einen Kompromiß schaffen, der dem Interesse des Darlehensnehmers an der Auszahlung des Kapitals und dem Interesse des Darlehensgebers am Erhalt von Zinsen und sonstigen Kreditkosten angemessen Rechnung tragen soll.[324]

Stellt der Unternehmer dem Verbraucher nicht gem. § 492 III BGB eine Abschrift der Vertragserklärungen zur Verfügung, läuft gem. § 355 II 3 BGB die Widerrufsfrist nicht an.[325]

Das strenge schuldrechtliche Sanktionensystem beim Verbraucherdarlehensvertrag kann jedoch nicht darüber hinwegtäuschen, daß auch die Vorschriften über das Verbraucherdarlehen lauterkeitsrechtliche Ziele verfolgen. Besonders an der Pflicht zur Angabe des effektiven Jahreszinses und zusätzlich des Nominalzinses wird deutlich, daß ein Leistungsvergleich mit anderen Angeboten ermöglicht werden soll. Aus schuldrechtlicher Sicht wäre die Angabe des Nettodarlehensbetrages und des vom Darlehensnehmer zur Tilgung zu leistenden Gesamtbetrages - wie von § 492 I Nr. 1 und 2 BGB vorgesehen - nämlich ausreichend. Die weitergehenden Angaben dienen einzig der Markttransparenz. Die Vorschriften über den Verbraucherdarlehensvertrag, welche einen Leistungsvergleich ermöglichen sollen, können daher auch über §§ 4 Nr. 11 und 5 II 2 UWG sanktioniert werden.

Der Umfang der Informationspflichten ist auch im Verbraucherdarlehensrecht kritisiert worden. Dem einzelnen Darlehensnehmer sei es ohne Hinzuziehung fachkundigen Rates kaum mehr möglich, im einzelnen nachzuvollziehen, ob der Darlehensgeber bei Abschluß des Verbraucherdarlehensvertrages ihm gegenüber die Vorgaben des Gesetzes erfüllt und seinem Bedürfnis nach umfassender Aufklärung über die darlehensrelevanten Umstände angemessen Rechnung getragen habe.[326] Ein Gesetz könne aber erst dann einen wirkungsvollen Verbraucherschutz gewährleisten, wenn es nicht nur Transparenz fordere, sondern selbst hinreichend transparent sei.[327] Dem ist zumindest insoweit zuzustimmen, als kaum ein Verbraucher etwa die komplexe Formel zur Errechnung des effektiven Jahreszinses beherrschen dürfte (vgl. Anhang zu § 6 PAngV) und die Angabe überprüfen kann. Es ist jedoch zu bedenken, daß das Gesetz nur die vertragsrelevanten Informationen, die ein im geschäftlichen Bereich bewanderter Kunde ohnehin fordern würde, vor-

---

324 RegE zum VerbrKrG BT-Drucks. 11/5462 S. 21.

325 Palandt - Putzo § 492 Rn. 18; a. A. Staudinger - Kessal-Wulf § 494 Rn. 2 (ohne Begründung).

326 Staudinger - Kessal-Wulf § 492 Rn. 1.

327 Staudinger - Kessal-Wulf § 492 Rn. 1.

schreibt und im übrigen nur die bisherige Praxis in ein Gesetz gießt.[328] Auch ist bei derart komplexen Vertragsgegenständen der Transparenz immer eine Grenze durch die beschränkten Fachkenntnisse des Verbrauchers gesetzt.

3) Finanzierungshilfen (§ 499 BGB) und Teilzahlungsgeschäfte (§§ 501 ff. BGB)

Aufbauend auf die Grundnormen der §§ 491 ff. BGB finden sich auch in anderen Bereichen des Verbraucherkreditrechts Informationspflichten.

Bei den Finanzierungshilfen (Zahlungsaufschub und sonstige Finanzierungshilfe) i. S. d. § 499 I BGB gilt gem. § 499 I BGB das Schriftformerfordernis des § 492 I Satz 1-4 BGB und es findet - mit der Ausnahme des § 499 III 1 i. V. m. § 491 II, III BGB - der Informationspflichtenkatalog des § 492 II BGB in der durch § 499 III 2 BGB für Finanzierungshilfen angepaßten Form Anwendung. Auch für die Rechtsfolgen verweist § 499 I BGB auf die Vorschriften des Verbraucherdarlehensrechts (insb. § 494 für Formmängel und das Widerrufsrecht nach § 495 BGB).

Stärkere Modifikationen bestehen bei den Teilzahlungsgeschäften (§ 501 ff. BGB). Zwar ist auch hier gem. § 501 Satz 1 BGB die Schriftform nach § 492 I Satz 1-4 BGB zu beachten und es gilt auch das Widerrufsrecht nach § 495 I i. V. m. § 355 I BGB, jedoch existiert hier ein eigener Informationspflichtenkatalog in § 502 I BGB. Dabei lehnt sich § 502 I BGB so stark an § 492 I 5 BGB an,[329] daß hier nur die Regelung des § 492 BGB einschließlich der Rechtsfolgen (§ 502 III BGB) den Besonderheiten des Teilzahlungsgeschäftes entsprechend modifiziert wird.[330] Auch der Normzweck deckt sich mit dem des § 492 I 5 BGB.[331] Insofern gilt das oben[332] Gesagte.

VIII) Verbrauchsgüterkauf

Auch im Recht des Verbrauchsgüterkaufs finden sich Informationspflichten. Gem. § 477 BGB muß eine Garantieerklärung gegenüber Verbrauchern nicht nur klar und verständlich abgefaßt sein, sondern auch Informationen über Inhalt und Bedingungen der Garantie (§ 477 I 2 Nr. 2 BGB) und darüber, daß etwaige gesetzliche Gewährleistungsrechte nicht eingeschränkt werden (§ 477 I 2 Nr. 1 BGB), enthalten. Das Gesetz

---

[328] Vgl. RegE zum VerbrKrG BT-Drucks. 11/5462 S. 19.

[329] MüKo - Habersack § 501 Rn. 1.

[330] HK BGB - Ebert § 502 Rn. 1.

[331] MüKo - Habersack § 501 Rn. 1.

[332] S. o. S. 53 ff.

fordert also Transparenz und Information. Die (transparente) Informationen kann der Verbraucher gem. § 477 II BGB in Schriftform verlangen.

Zweck der Vorschrift ist insbesondere der Schutz des Verbrauchers vor Irreführung über die ihm zustehenden Rechte, denn der Begriff „Garantie" wird oft mißverständlich verwendet.[333] Weiter soll sich der Konsument über seine Rechte aus der Garantie im klaren sein, weil er von diesen nur so effektiv Gebrauch machen kann.[334]

Die Rechtsfolgen eines Verstoßes gegen diese Pflichten sind nur insoweit geregelt, daß ein solcher gem. § 477 III BGB keine Auswirkungen auf die Wirksamkeit der Garantieverpflichtung hat. Schuldrechtlich kommt ein Anspruch aus § 280 I BGB in Betracht, wenn der Verbraucher seine Rechte infolge unterbliebener Information nicht (rechtzeitig) gelten macht.[335] Bei vorvertraglicher Pflichtverletzung ist auch an Ansprüche aus c.i.c. (§§ 280 I, 241 II, 311 II BGB)[336] oder einen Rücktritt nach § 324 BGB zu denken.[337]

Nach dem ausdrücklichen Willen des Gesetzgebers soll eine Mißachtung des § 477 BGB jedoch lauterkeitsrechtliche Folgen haben.[338]

Der Gesetzgeber betont, daß eine Garantie ein nicht unerhebliches Werbeargument darstelle, so daß mißverständliche Garantiebedingungen eine irreführende Werbung i. S. d. § 5 UWG darstellen können.[339] Insbesondere ist daran zu denken, daß eine Irreführung durch ein Unterlassen der Aufklärung über die Garantie erfolgen kann, wenn dadurch beim Verbraucher falsche Vorstellungen über den Inhalt der Garantie hervorgerufen werden.[340] Weiter dient § 477 BGB nach dem ausdrücklichen Willen des Gesetzgebers auch (sekundär) dem Schutz des Wettbewerbs, so daß ein Verstoß gegen die Informationspflicht unter dem Geschichtspunkt des Rechtsbruchs i. S. d. § 1 UWG a. F. wettbewerbswidrig sein könne.[341] Nach dem reformiertem UWG kann ein Verstoß gegen § 477 BGB daher wegen Rechtsbruchs gem. § 4 Nr. 11 UWG unlauter sein. Der Gesetzgeber bedient sich zur Absicherung dieser bürgerlich-rechtlichen

---

333 RegE zum SMG BT-Drucks. 14/6040 S. 81 und 246; Erwägungsgrund 3 der RL 87/102/EWG (Verbraucherkredit-RL).

334 RegE zum SMG BT-Drucks. 14/6040 S. 81 und 246.

335 MüKo – S. Lorenz § 477 Rn. 12.

336 RegE zum SMG BT-Drucks. 14/6040 S. 247; MüKo – S. Lorenz § 477 Rn. 12 ff.; vgl. HK BGB – Saenger § 477 Rn. 4; Palandt – Putzo § 477 Rn. 14.

337 MüKo – S. Lorenz § 477 Rn. 12 ff.

338 RegE zum SMG BT-Drucks. 14/6040 S. 247.

339 RegE zum SMG BT-Drucks. 14/6040 S. 247 (zu § 3 UWG a. F.).

340 Fezer – Peifer § 5 Rn. 388.

341 RegE zum SMG BT-Drucks. 14/6040 S. 247 (zu § 1 UWG a. F.).

Informationspflicht somit ausdrücklich des lauterkeitsrechtlichen Instrumentariums zum Schutz der Verbraucher. § 477 BGB trägt als spezielles Werberecht ebenfalls lauterkeitsrechtliche Züge.[342]

Als weitere Konsequenz eines Verstoßes gegen § 477 BGB kommt ein Vorgehen nach § 2 UKlaG in Betracht.[343]

IX) Pauschalreisen (§§ 651a ff. BGB)

Im Recht der Pauschalreisen zählen umfangreiche Informationspflichten zu den Hauptpflichten (h. M.)[344] des Reiseveranstalters. Der Anwendungsbereich der §§ 651a ff. BGB erfaßt seinem Wortlaut nach allerdings auch Unternehmer, so daß etwa auch ein Versicherer geschützt wird, der Pauschalreisen als Prämie für seine besten Vertreter bucht. Der überwiegende Teil der Pauschalreiseverträge wird jedoch mit Verbrauchern § 13 BGB abgeschlossen, da Urlaub und Erholung üblicherweise privaten Zwecken dienen.

Nach § 651a III 1 BGB hat der Veranstalter dem Reisenden eine Reisebestätigung auszuhändigen, welche gem. § 651a III 2 BGB die Informationen nach § 6 BGB-InfoV enthalten muß. Diese Pflicht wird durch weitere Pflichten gem. §§ 4 bis 11 BGB-InfoV erweitert und ergänzt. Im vorvertraglichen Bereich sind an einen dem potentiellen Reisenden ausgehändigten Prospekt die Anforderungen nach § 651a III 2 BGB i. V. m. § 4 BGB-InfoV zu stellen. Ein solcher Prospekt hat bestimmte, für den Vertragsschluß wesentliche Angaben klar, genau und ohne Irreführung (vgl. Art. 238 I Nr. 1a EGBGB)[345] zu enthalten. Anders als beim Teilzeitwohnrecht (vgl. o.[346]) ist der Veranstalter jedoch nicht verpflichtet, dem potentiellen Kunden einen Prospekt auszuhändigen.[347]

In einem nächsten Schritt muß der Kunde vor Vertragsschluß gem. § 5 BGB-InfoV über Paß- und Visumerfordernisse sowie gesundheitspolizeiliche Formalitäten des Reiselandes informiert werden. Der Kunde erhält

---

[342] Vgl. Lettl, Der lauterkeitsrechtliche Schutz S. 62 (zum durch § 477 BGB umgesetzten Art. 6 II der Verbrauchsgüterkaufrichtlinie 1999/44/EG).

[343] RegE zum SMG BT-Drucks. 14/6040 S. 247; siehe auch MüKo – S. Lorenz § 477 Rn. 16 zum Problem der Anwendbarkeit des UKlaG bei Garantiebedingungen in AGB.

[344] Staudinger – Eckert Anh. zu § 651a Vorbem zur BGB-InfoV Rn. 6; MüKo – Tonner § 651a Rn. 70, 74 und § 651f Rn. 5, 9; Bamberger/Roth – Geib § 651a Rn. 32; Oetker/Maultsch, Vertragliche Schuldverhältnisse S. 514; HK BGB – Ebert § 651 a Rn. 11; a. A. Tempel NJW 1996, 1625, 1626 f.

[345] Staudinger – J. Eckert Anh zu § 651a: Vorbem zur BGB-InfoV Rn. 1; MüKo – Tonner § 651a Rn. 71.

[346] Vgl. o. S. 48 ff.

[347] Staudinger – J. Eckert Anh zu § 651a: Vorbem zur BGB-InfoV Rn. 1.

somit vor Vertragsschluß die Informationen, die er für eine rationale Entscheidung benötigt.

Nach Vertragsschluß hat der Veranstalter dem Reisenden dann die Reisebestätigung auszuhändigen, welche gem. § 651a I 1 BGB i. V. m. § 6 II BGB-InfoV bestimmte Informationen enthalten muß, die den Reisenden in die Lage versetzen, seine Rechte ordnungsgemäß wahrzunehmen,[348] und noch einmal die wichtigsten Punkte des Reisevertrages zusammenfassen (Ort, Datum etc.).

In einem letzten Schritt ist der Kunde vor Antritt der Reise gem. § 8 I BGB-InfoV über die endgültigen Modalitäten der Reise, wie Abfahrt- und Ankunftszeiten sowie Name und Anschrift einer Stelle, die dem Reisenden bei Schwierigkeiten Hilfe leisten kann, zu informieren. Die nachvertraglichen Verpflichtungen zielen also auf das Erreichen des Vertragszwecks,[349] wohingegen die vorvertraglichen Pflichten helfen, eine rationale Entscheidung des Reisenden sichern.

Weitere Informationspflichten können sich unter dem Gesichtspunkt der positiven Forderungsverletzung (§ 280 I BGB) oder der Mängelgewährleistung ergeben.[350]

Ein ausdrücklich normiertes Sanktionensystem fehlt auch hier, so daß auf allgemeine schuldrechtliche Vorschriften zurückzugreifen ist. Es kommen daher Ansprüche aus c.i.c. (§§ 280 I, 241 II, 311 II BGB) oder § 651f I BGB in Betracht.[351] Diese werden jedoch selten sein, da es meist an einem Schaden fehlen wird.[352]

Von besonderer Bedeutung ist daher auch hier das lauterkeitsrechtliche Instrumentarium. Je nach Art der verletzten Pflicht kann eine irreführende Werbung i. S. d. § 5 UWG oder auch eine Wettbewerbswidrigkeit infolge Rechtsbruchs (§ 4 Nr. 11 UWG) vorliegen.[353] Für den vorvertraglichen Bereich ergibt sich dies schon daraus, daß die Pflichten nach den §§ 4 und 5 BGB-InfoV das Verhalten gegenüber dem Kunden in der Werbephase regeln. Bei einem Verstoß gegen die vertraglichen Informationspflichten der §§ 6 und 8 BGB-InfoV kommt insbesondere ein Rechtsbruch i. S. d. § 4 Nr. 11 UWG in Frage, wenn es sich bei diesen

---

348 Oetker/Maultsch, Vertragliche Schuldverhältnisse S. 514.

349 Oetker/Maultsch, Vertragliche Schuldverhältnisse S. 514.

350 BGH NJW 2002, 3700, 3701 (Hinweispflicht des Reiseveranstalters bei drohendem Hurrikan); OLG Frankfurt RRa 2003, 110, 112; MüKo - Tonner § 651f Rn. 6 und § 651 Rn. 16; Staudinger - J. Eckert § 651j Rn. 20.

351 MüKo - Tonner BGB-InfoV Vor § 4 Rn. 21; Staudinger - J. Eckert Anh. zu § 651a: Vorbem. zur BGB-InfoV Rn. 6.

352 MüKo - Tonner BGB-InfoV Vor § 4 Rn. 21.

353 MüKo - Tonner BGB-InfoV Vor § 4 Rn. 14 und 24; Staudinger - J. Eckert Anh. zu § 651a: Vorbem. zur BGB-InfoV Rn. 7 (zum Rechtsbruch nach UWG a. F.).

Normen um gesetzliche Vorschriften handelt, die „auch dazu bestimmt sind, im Interesse der Marktteilnehmer das Marktverhalten zu regeln" (§ 4 Nr. 11 UWG).

Marktverhalten ist jede Tätigkeit auf einem Markt, die unmittelbar oder mittelbar der Förderung des Absatzes oder Bezugs von Waren oder Dienstleistungen dient[354] und nicht rein unternehmensintern bleibt, wie z. B. die Herstellung (vgl. auch § 2 I Nr. 1 UWG zur Wettbewerbshandlung und Nr. 2 zum Marktteilnehmer). Die §§ 6 und 8 BGB-InfoV beziehen sich jedoch auf eine Phase, in welcher bereits ein Vertrag abgeschlossen ist, so daß sich die vertraglichen Pflichten möglicherweise in der bloßen Durchführung eines Rechtsgeschäfts erschöpfen. Dann läge kein Handeln im Wettbewerb vor. Gerade beim Reisevertrag ist die Vertragsdurchführung aber zumindest auch auf Förderung des Absatzes gerichtet, weil hiervon in besonderem Maße die Kundenzufriedenheit und damit die Erhaltung des Kundenstammes abhängt. Maßnahmen zur Erhaltung des Kundenstammes sind aber Wettbewerbshandlungen.[355] Weiter bleibt die Vertragsdurchführung keineswegs ein unternehmensinterner Faktor.

Auch dienen die vertraglichen Informationspflichten dazu, daß der Kunde seine Rechte ordnungsgemäß geltend machen kann, so daß der Veranstalter Vorteile im Wettbewerb hat, wenn er dies unterbindet. Die Vertragsdurchführung ist hier also auch Verhalten am Markt, so daß die §§ 6 und 8 BGB-InfoV zumindest auch dazu bestimmt sind, das Marktverhalten zu regeln. Dies geschieht auch im Interesse der Marktteilnehmer (§ 2 I Nr. 1 UWG), nämlich der Verbraucher und der sonstigen Kunden.

Parallel zum Lauterkeitsrecht ist ein Vorgehen nach § 2 UKlaG möglich.[356]

X) Geschäftsbesorgungsvertrag (§ 675a BGB)

Eine weitere individuelle Informationspflicht,[357] die nicht nur gegenüber Verbrauchern gilt, findet sich im Auftragsrecht. Gem. § 675a I 1 BGB hat ein Unternehmer, der zur Geschäftsbesorgung öffentlich bestellt ist oder

---

354 Hefermehl/Köhler/Bornkamm – Köhler § 4 Rn. 11.34; ders. GRUR 2004, 381, 383; Fezer – Götting § 4-11 Rn. 51.

355 BGH GRUR 1986, 615, 618 – Reimportierte Kraftfahrzeuge; BGH GRUR 1970, 465, 467 – Prämixe; BGH GRUR 1959, 488, 489 – Konsumgenossenschaften (alle zum UWG a. F.); Fezer – Fezer § 2 Rn. 33; Hefermehl/Köhler/Bornkamm – Köhler § 2 Rn. 23; Harte-Bavendamm/Henning-Bodewig – Keller § 2 Rn. 33.

356 Staudinger – J. Eckert Anh. zu § 651a: § 4 BGB-InfoV; MüKo – Tonner BGB-InfoV Vor § 4 Rn. 14.

357 Erman – v. Westphalen § 675a Rn. 1.

sich hierzu öffentlich erboten hat (vgl. auch § 663 BGB), für Standardgeschäfte dem (auch nur potentiellen)[358] Kunden unentgeltlich Informationen über Entgelte und Auslagen der Geschäftsbesorgung schriftlich zur Verfügung zu stellen, wobei unter schriftlich nach der ratio legis nicht die strenge Schriftform § 126 BGB zu verstehen ist.[359] Für Kreditinstitute gelten im Rahmen der Durchführung von Überweisungen die zusätzlichen Informationspflichten nach § 675a I 2 BGB i. V. m. § 12 BGB-InfoV. Anlaß für diese Vorschrift war die Überweisungsrichtlinie[360] mit ihrem Ziel, Transparenz und Effizienz bei der Ausführung grenzüberschreitender Zahlungen zu fördern.[361] Der Gesetzgeber ist allerdings über die Umsetzung der Richtlinie hinausgegangen, indem er eine generelle Informationspflicht für die o. g. Geschäftsbesorgungsverträge geschaffen hat. Hier bestehe ein Bedürfnis nach den entsprechenden Informationen, ebenso wie bei Kreditinstituten.[362]

Der Unternehmer hat den Auftraggeber gem. § 675a I 1 BGB umfassende zu informieren, was letzterem einerseits ermöglicht, die zu erbringende Gegenleistung im vorhinein zu bestimmen und andererseits, einen Marktvergleich vorzunehmen.[363] Auch hier zeigen sich also lauterkeitsrechtliche Züge, weil die Vorschrift u. a. dazu dient, Markttransparenz zu schaffen.

Hieraus ergibt sich auch ohne ausdrückliche Normierung, daß der Informationspflicht vor Vertragsschluß nachzukommen ist.[364] Der Regierungsentwurf spricht (eher beiläufig) von „Vorabinformationspflicht".[365] § 12 I Nr. 2 BGB-InfoV fordert darüber hinaus eine Information nach Ausführung der Überweisung. Vorvertraglich ist gem. § 12 I Nr. 1 BGB-InfoV über die Modalitäten der Leistungserbringung und nachvertraglich über die Parameter der tatsächlich erfolgten Leistung zu informieren.

Nicht geregelt und auch rund sechs Jahre nach Inkrafttreten des Gesetzes nicht abschließend geklärt sind die Folgen eines Verstoßes gegen eine Pflicht aus § 675a I BGB (i. V. m. § 12 BGB-InfoV). Bislang hatte sich die Rechtsprechung mit einem solchen Problem noch nicht zu beschäftigen. Einigkeit besteht nur insoweit, als ein Pflichtverstoß nicht die Nich-

358 Größmann/van Look WM Sonderbeilage Nr. 1/2000, 16.

359 MüKo – Heermann § 675a Rn. 9; Palandt – Sprau § 675a Rn. 6; Erman – v. Westphalen § 675a Rn. 6.

360 RL Nr. 97/5/EG vom 27.1.1997; ABl. Nr. L 43/25.

361 Vgl. Bamberger/Roth – Czub § 675a Rn. 1.

362 RegE zum Überweisungsgesetz BT-Drucks. 14/745 S. 15.

363 Erman – v. Westphalen § 675a Rn. 5; MüKo – Heermann § 675a Rn. 7.

364 Größmann/van Look WM Sonderbeilage Nr. 1/2000, 16.

365 RegE zum Überweisungsgesetz BT-Drucks. 14/745 S. 15.

tigkeit des Vertrages zur Folge hat. Überwiegend wird ein Anspruch aus c.i.c. (§§ 280 I, 241 II, 311 II BGB) ins Feld geführt, der dazu führen kann, daß der Kunde so zu stellen ist, als ob er den Vertrag nicht abgeschlossen hätte.[366] Ein solcher Anspruch wird jedoch meist an der Kausalität der Pflichtverletzung für den Schaden, zumindest aber am Schaden selbst scheitern.[367] Auch wird § 675a BGB als Schutzgesetz i. S. d. § 823 II BGB begriffen.[368]

Teilweise wird - ohne nähere Spezifikation - darauf hingewiesen, ein Verstoß gegen § 675a BGB (i. V. m. § 12 BGB-InfoV) sei wettbewerbswidrig.[369] Dabei wird zum Teil unter Berufung auf den BGH[370] auf einen Verstoß gegen die PAngV abgestellt.[371] Die angeführten Urteile des BGH gehen jedoch nicht auf § 675a BGB, sondern nur allgemein (grundlegend) auf die PAngV ein. Nach anderer Ansicht ist ein Verstoß gegen das Preisangabenrecht abzulehnen.[372] Dies ergebe sich aus der Aufnahme der Informationspflichten als individuelle Informationspflicht in das BGB sowie aus der Gesetzesbegründung.[373] Dem ist jedoch entgegenzuhalten, daß der Informationspflicht, welche Preisangaben betrifft (§ 675a I 1 BGB), etwa durch einen Aushang genüge getan werden kann[374] und daß die Gesetzesbegründung gerade von unterschiedlichen Regelungszwecken und Inhalten der Pflichten nach PAngV und § 675a I 1 BGB spricht.[375] Aus diesem Grund ist davon auszugehen, daß bei einem Verstoß gegen § 675a I 1 BGB ein Verstoß gegen § 5 PAngV parallel möglich ist, woraus sich eine Wettbewerbswidrigkeit gem. § 4 Nr. 11 UWG erge-

---

366 MüKo - Heermann § 675a Rn. 14; Palandt - Sprau § 675a Rn. 9; Erman - v. Westphalen § 675a Rn. 13; Größmann/van Look WM Sonderbeilage Nr. 1/2000, 17 (zum Standardgeschäft) und 18 (zur Überweisung); a. A.: Möllers/Leisch JZ 2000, 1085, 1086 (§ 305 BGB analog); Bamberger/Roth - Czub § 675a Rn. 4 (nur noch Vergütung nach günstigstem Angebot am Markt geschuldet).

367 Größmann/van Look WM Sonderbeilage NR. 1/2000, 17; MüKo - Heermann § 765a Rn. 14; Erman - v. Westphalen § 675a Rn. 13.

368 Palandt - Sprau § 675a Rn. 9; MüKo - Heermann § 675a Rn. 14.

369 Erman - v. Westphalen § 675a Rn. 15 (zu § 1 UWG a. F.); MüKo - Herrmann § 675a Rn. 14 (wohl noch zu § 1 UWG a. F.).

370 BGH GRUR 2003, 971 - Telefonischer Auskunftsdienst; BGH GRUR 2004, 435 - FrühlingsgeFlüge.

371 MüKo - Herrmann § 675a Rn. 14, insb. Fn. 31; ablehnend Bamberger/Roth - Czub § 675a Rn. 4.

372 Bamberger/Roth - Czub § 675a Rn. 4.

373 Bamberger/Roth - Czub § 675a Rn. 4.

374 Palandt - Sprau § 675a Rn. 6; Erman - v. Westphalen § 675a Rn. 6; MüKo - Heermann § 675a Rn. 10.

375 RegE zum Überweisungsgesetz BT-Drucks. 14/745 S. 15.

ben kann[376]. Eine Wettbewerbswidrigkeit unter dem Gesichtspunkt des Preisangabenrechts ist also möglich, wenngleich auch nicht zwingend.

Anders liegt es bei einem Verstoß gegen § 12 BGB-InfoV, weil hier keine Angaben über Preise gefordert werden.

Eine Wettbewerbswidrigkeit kommt jedoch auch aus anderen Gründen als einem Verstoß gegen die PAngV, insbesondere unter den Aspekten des Rechtsbruchs (§ 4 Nr. 11 UWG) und der irreführenden Werbung (§ 5 UWG), in Frage.

An irreführende Werbung ist zu denken, weil die Pflicht im vorvertraglichen Bereich und damit in der Werbephase greift. Eine Irreführung kann sich etwa aus einer unklaren Formulierung der Information ergeben, weil die Informationen klar und verständlich abgefaßt sein müssen (so ausdrücklich auch § 12 I BGB-InfoV). Weiter stellt § 675a BGB eine gesetzliche Aufklärungspflicht dar, so daß eine Irreführung durch Verschweigen (§ 5 II 2 UWG) möglich ist. Eine Irreführung hat jedoch begriffsnotwendig zur Voraussetzung, daß sich die angesprochenen Verkehrskreise eine Fehlvorstellung über den aufklärungspflichtigen Umstand bilden.[377] Gerade dies ist hier problematisch, weil sich die betroffenen Personen möglicherweise gar keine Gedanken über den betreffenden Umstand machen.

Ein Rechtsbruch i. S. d. § 4 Nr. 11 UWG könnte vorliegen, wenn § 675a BGB und § 12 BGB-InfoV i. S. d. § 4 Nr. 11 UWG zumindest auch dazu bestimmt sind, das Marktverhalten im Interesse der Marktteilnehmer zu regeln. Für die vorvertraglichen Pflichten trifft dies schon deshalb zu, weil sie zum Schutz der Kunden, welche Marktteilnehmer i. S. d. § 2 I Nr. 2 UWG sind, Regeln aufstellen, die bei der Akquirierung neuer Kunden zu beachten sind. Anders ist dies bei den nachvertraglichen Pflichten nach § 12 I Nr. 1 BGB-InfoV. Hier müssen dem Kunden nur Informationen über die bereits ausgeführte Überweisung gegeben werden. Dabei geht es weder um die Anwerbung von Kunden noch um den Erhalt des Kundenstammes oder um Pflichten, die sicherstellen sollen, daß der Kunde seine Pflichten gegenüber dem Unternehmer richtig ausüben kann. Vielmehr betreffen diese die reine Vertragsdurchführung und regeln daher nicht das Marktverhalten der Bank. Damit stellt ein Verstoß gegen § 12 I Nr. 2 BGB keinen Verstoß gegen eine Marktverhaltensregel dar. Die pauschale Feststellung, daß ein Verstoß gegen Pflichten aus § 675a BGB i. V. m. § 12 BGB-InfoV wettbewerbswidrig sei, muß daher eingeschränkt werden.

---

376 BGH GRUR 2003, 971, 972 – Telefonischer Auskunftsdienst (allg. zur PAngV); Hefermehl/Köhler/Bornkamm – Köhler § 4 Rn. 11.142 (allg. zur PAngV); Fezer – Götting § 4-11 Rn. 91 (allg. zur PAngV).

377 Fezer – Peifer Rn. 388.

Festzuhalten ist, daß dem Lauterkeitsrecht auch hier eine zentrale Rolle in der Durchsetzung der Informationspflichten zukommt, zumal die Anwendung des schuldrechtlichen Instrumentariums zur Durchsetzung des § 675a BGB (i. V. m. § 12 BGB-InfoV) noch nicht ausgereift ist.

Anzumerken bleibt, daß hier zusätzlich die Möglichkeit der Anrufung einer Schlichtungsstelle gem. § 14 UKlaG besteht.

XI) Weitere Informationspflichten

Neben andern Vorschriften des BGB, aus denen sich unmittelbar (z. B. § 286 III 1 BGB) oder auch nur mittelbar (z. B. Gewährleistungsrecht) Informationspflichten ableiten lassen, finden sich auch außerhalb des BGB eine Vielzahl von speziellen Informationspflichten, deren Aufzählung diesen Rahmen sprengen würde. Viele der Informationspflichten gelten gegenüber Verbrauchern ebenso wie gegenüber Unternehmern. Zu nennen ist hier beispielsweise das Versicherungsrecht mit den §§ 10, 10a VAG i. V. m. Abschnitt D der Anlage zum VAG, das Recht des Fernunterrichts mit § 3 II FernUSG, der Wertpapierhandel mit § 31 II Nr. 2 WpHG und der Verbraucherschutzvorschrift des § 37d WpHG oder die Informationspflichten nach § 41 BörsG, § 59 I Nr. 7 BörsG, § 5 III 2 HeimG, § 7 TDG, § 10 MDStV, § 4 I 1 TDDSG und nicht zuletzt auch das Firmenrecht (§ 37a HGB, §§ 125a, 177a HGB, § 7 IV PartGG, §§ 35 I 1, 35a GmbHG, § 80 AktG).

Weiter bestehen umfangreiche wettbewerbsrechtliche Informationspflichten in Form von Produktkennzeichnungspflichten (insb. bei Lebensmitteln)[378] und in Form der Preisangabenverordnung (PAngV).

C) Zwischenergebnis

1) Verzahnung von schuldrechtlichen Informationspflichten mit dem Lauterkeitsrecht

Die Informationspflichten haben sich von den Anfängen im allgemeinen Schuldrecht (§§ 123, 242, 138 und c.i.c.) zu einer kaum noch aufzuzählenden Vielzahl von Informationspflichten zu Gunsten des Verbrauchers entwickelt. Bedingt ist die Zunahme des Verbraucherschutzes in Form von Informationspflichten durch das europarechtliche „Informationsmodell", d.h. den Vorrang der Information vor der Inhaltskontrolle als Schutzinstrument (vgl. o.[379]).

Informationspflichten bauen bestehende Marktintransparenzen ab, wobei ihnen in Wechselwirkung mit der verbraucherschützenden Wirkung

---

[378] Überblick bei Hefermehl/Köhler/Bornkamm - Köhler § 4 Rn. 11.156 ff.

[379] Vgl. o. S. 30.

durch Abbau von Informationsdefiziten auch wettbewerbsfördernde Wirkung zukommt (vgl. o.[380]).

Das Schuldrecht verläßt allerdings mit vielen Informationspflichten den Boden der individuell-konkreten Regelung, d.h. der Regelung von Rechten und Pflichten zwischen konkreten Parteien, welche an eine bestimmte Markttransaktion gebunden sind. Etliche der (vorvertraglichen) Informationspflichten des Schuldrechts sind nämlich rein lauterkeitsrechtlicher Natur oder tragen zumindest lauterkeitsrechtliche Züge. Eine Prospektpflicht bei nur allgemeinem Geschäftsinteresse (§ 482 I BGB) und eine Pflicht zur Hinweis auf den Prospekt in der Werbung (§ 482 IV BGB) greifen etwa noch vor Vertragsverhandlungen und damit in einem Stadium, in dem normalerweise allenfalls gem. § 311 II Nr. 2, 3 BGB i. V. m. § 241 II BGB Rücksichtnahme- und Nichtschädigungspflichten bestehen[381]. Bei Reklame[382] ist (meist) nicht einmal dies der Fall. Derartige Regeln lösen sich von der grundsätzlich relativen Betrachtungsweise des Schuldrechts, das sich auf Rechtsverhältnisse, „in dem sich zwei oder mehrere [bestimmte] Personen als einander zu bestimmten Leistungen berechtigt und verpflichtet gegenüberstehen“[383], bezieht.

Eine Vorschrift wie die des § 312c I 2 BGB, wonach bei telefonischer Vertragsanbahnung zu Beginn des Telefongesprächs auf den geschäftlichen Zweck des Anrufs hinzuweisen ist, könne praktisch ohne Änderungen etwa als § 7 IV in das UWG aufgenommen werden. Ähnliches gilt für die rein lauterkeitsrechtliche Vorschrift des § 482 IV BGB, welche ein spezielles Werberecht darstellt. Auch zahlreiche andere Vorschriften tragen zumindest lauterkeitsrechtliche Züge (vgl. o.[384]). Der Satz, daß „das Schuldrecht (im objektiven Sinne) [...] die Sonderverbindungen zwischen einzelnen bestimmen Rechtsgenossen, kraft deren der Berechtigte (Gläubiger) vom Verpflichteten (Schuldner) ein bestimmtes Verhalten (Leistung) zur Befriedigung eines Schutzwürdigen Interesses fordern kann, [regelt]“[385], trifft also nicht mehr auf alle Vorschriften des 2. Buches des BGB uneingeschränkt zu. Das europarechtliche Informationsmodell hat zur Folge, daß die schuldrechtlichen Verbraucherschutzvorschriften nicht mehr allein ein individuelles Haftungsrecht (so noch die Informationspflichten über die c.i.c.) darstellen, sondern hin zu einem präventiven

---

380 Vgl. o. S. 24 und 25.

381 Vgl. Palandt - Putzo § 482 Rn. 1.

382 Zum Begriff der „Werbung“ vgl. noch unten S. 218 ff.

383 Larenz, SchR AT S. 6.

384 Vgl. o. S. 36 (§ 312c BGB), 40 (§ 312e BGB), 42 (§§ 481 ff.), 48 (§ 492 BGB), 50 (§ 477 BGB), 54 (§ 675a BGB).

385 Enneccerus/Lehmann, Das Recht der Schuldverhältnisse S. 1.

Schutz tendieren.[386] Das Schuldrecht übernimmt damit nicht mehr nur die restitutive Aufgabe des Haftungsrechts, sondern überschneidet sich mit dem präventiven Charakter des Lauterkeitsrechts. Die Funktion der (Werbe-)Regelungen aus dem Schuldrecht ist - wenn schon nicht rein lauterkeitsrechtlich (vgl. o.) - doppelter Natur. Sie wollen nicht nur das Marktverhalten steuern, sondern gleichzeitig auch den ersten Kontakt im vorvertraglichen Bereich regeln.[387] Die bürgerlich-rechtlichen Vorschriften werden untrennbar mit dem Lauterkeitsrecht zu einem ineinandergreifenden Schutzsystem verwoben. Es ergibt sich ein dem „nationalen Denken bislang fremdes Konzept eines vertraglichen Kontinuums, welches bei den [...] Anforderungen an die Werbung ansetzt und erst bei nachvertraglichen Regeln endet"[388], und ein Gesamtsystems des Marktverhaltensrechts bildet. Dies zeigt sich auch daran, daß die vorvertraglichen Informationspflichten im Fernabsatz und im Reiserecht und die Pflichten gegenüber Unternehmern im e-commerce faktisch nur über das UWG (§ 4 Nr. 11 und § 5 UWG) und das UKlaG sanktioniert werden. Schuldrechtliche Sanktionen sind hier nur in Einzelfällen möglich (vgl. o.[389]). Ein Anspruch auf Beseitigung und Unterlassung nach § 8 I UWG steht nur den nach § 8 III UWG Anspruchsberechtigten und ein Anspruch auf Unterlassung nach § 2 I 1 UKlaG nur den Anspruchsberechtigten nach § 2 II UKlaG zu.

Umgekehrt werden mit § 434 I 3 BGB Erwartungen, welche der Kunde aufgrund von Werbeaussagen, also nicht aufgrund von individuellen, schuldrechtlichen Zusagen hat, aus Gründen des Verbraucherschutzes[390] schuldrechtlich „sanktioniert". Hier wird also der lauterkeitsrechtliche Irreführungsschutz schuldrechtlich verstärkt und ergänzt.[391]

Weiter beziehen sich einige der Richtlinien mit vertragsrechtlichem Bezug auf die „Grundsätze der Lauterkeit bei Handelsgeschäften"[392] oder auf Irreführungen[393].[394] Auch die europarechtlichen Vorgaben deuten

---

386 Vgl. Fezer - Peifer § 5 Rn. 37; Micklitz/Keßler GRUR Int. 2002, 885, 890 (letztere zum Gemeinschaftsrecht).

387 Micklitz/Keßler WRP 2003, 919, 931.

388 Micklitz/Keßler GRUR Int. 2002, 885, 890 (zum Gemeinschaftsrecht).

389 Vgl. o. S. 41 (Fernabsatz), S. 45 (e-commerce), S. 58 (Pauschalreisen).

390 § 434 I 3 BGB dient der Umsetzung der Verbrauchsgüterkaufrichtlinie 1999/44/EG, welche dem Verbraucherschutz dient.

391 Vgl. Lettl, Der lauterkeitsrechtliche Schutz S. 63.

392 Art. 4 II RL 97/7/EG (Fernabsatz); Erwägungsgrund 29 der RL 2000/31/EG (e-commerce) Art. 3 der RL 87/102 EG.

393 Erwägungsgrund 7 der RL 94/47/EG (Time-sharing); Erwägungsgrund 21 der RL 1999/44/EG (Verbrauchsgüterkauf); Erwägungsgrund 8 und Art. 3 I der RL 90/314/EWG (Pauschalreise).

also auf eine zunehmende Verzahnung des Schuldrechts mit dem Lauterkeitsrecht hin. Mithin sind die Rechtsgebiete inzwischen so weit miteinander verbunden, daß sich eine strikte Trennung in Schuldrecht und Lauterkeitsrecht nicht mehr durchhalten läßt.

Aus diesem Grunde können die Informationspflichten aus dem Lauterkeitsrecht und dem Schuldrecht nicht isoliert betrachtet werden.[395] Vielmehr ergibt sich zusammen mit dem Schuldrecht ein immer dichter gewobenes Netz an Informationspflichten gleicher Zielrichtung.

Fraglich ist, ob und inwiefern den ausdrücklichen bürgerlich-rechtlichen Informationspflichten übergeordnete Wertungen zugrunde liegen, die sich auch auf das Lauterkeitsrecht übertragen lassen und bei dessen Auslegung zu berücksichtigen sind. Die Informationspflichten folgen nämlich keiner ausdrücklich niedergelegten festen Systematik. Bislang beschränkt man sich auf spezielle Informationsgebote im Einzelfall. Aufgrund der europarechtlichen Vorgaben werden allerdings die folgenden grundlegenden Aspekte deutlich: der grundsätzliche Vorrang der Information als Verbraucherschutzinstrument („Informationsmodell"), die Absicht der Wettbewerbsförderung - insbesondere der Förderung des Binnenmarktes - durch Information und die Annahme einer „Informationsmündigkeit" des Verbrauchers, d. h. die Annahme, daß der Verbraucher in der Lage ist, ihm angebotene Informationen im ausreichenden Maße wahrzunehmen und angemessen zu verarbeiten, so daß durch Information ein weitgehender Verbraucherschutz und damit einhergehend eine wettbewerbsfördernde Markttransparenz erreicht werden kann.

Ein allgemeines, generalklauselartiges Informationsgebot im Schuld- oder Lauterkeitsrecht fehlt bislang (mit Ausnahme vielleicht der c.i.c.; §§ 241 II, 311 II, 280 I BGB). Einen Schritt weiter geht inzwischen jedoch die Richtlinie über unlautere Geschäftspraktiken,[396] die in Art. 7 Nr. 1 festlegt, daß eine Geschäftspraxis als irreführend gilt, „wenn sie im konkreten Fall unter Berücksichtigung aller tatsächlichen Umstände [...] wesentliche Informationen vorenthält, die der durchschnittliche Verbraucher je nach den Umständen benötigt, um eine informierte geschäftliche Entscheidung zu treffen, und die somit einen Durchschnittsverbraucher zu einer geschäftlichen Entscheidung veranlaßt, oder zu veranlassen geeignet ist, die er sonst nicht getroffen hätte."

---

394 Ähnlich Lettl, Der lauterkeitsrechtliche Schutz S. 63.

395 Vgl. Micklitz/Keßler GRUR Int. 2002, 885, 891 (zum Gemeinschaftsrecht); Micklitz/Keßler WRP 2003, 919, 930 (zum Gemeinschaftsrecht).

396 RL 2005/29/EG vom 11.5.2005.

2) Mangel an konsequenter Sanktionierung von (vorvertraglichen) Pflichtverletzungen

Problematisch und symptomatisch für das Fehlen einer Systematik der Informationspflichten ist besonders die Sanktionierung von Verstößen gegen Informationspflichten. Ein einheitliches schuldrechtliches Sanktionensystem fehlt nämlich und die Sanktionen wirken zum Teil eher zufällig.

Es finden sich weder in den Gesetzesmaterialien noch in den europarechtlichen Richtlinien Begründungen, warum mache vorvertragliche Informationspflichtverletzungen schuldrechtlich, andere hingegen nur lauterkeitsrechtlich sanktioniert werden. Beispielsweise werden die vorvertraglichen Pflichten im Fernabsatz- und im Reiserecht und die Pflichten gegenüber Unternehmern im e-commerce faktisch überhaupt nicht schuldrechtlich, sondern nur über das Lauterkeitsrecht und über das UKlaG sanktioniert (vgl. o.[397]). Dies bedeutet zum einen, daß aufgrund der Bagatellschwelle des § 3 UWG keineswegs jeder Verstoß einen lauterkeitsrechtlichen Anspruch nach sich zieht und zum anderen, daß der Kunde gegen einen Verstoß nicht selber vorgehen kann (vgl. o.[398]).

Anders als bei vielen Verstößen gegen das UWG sind die Verstöße hier vielfach nur zwischen Kunde und Unternehmer erkennbar (z. B. keine Angabe des geschäftlichen Zwecks am Telefon, § 312c I 2 BGB) und werden den Anspruchsberechtigten meist verborgen bleiben, weil der Verbraucher diese kaum „anzeigen" wird. Erste Voraussetzung hierfür wäre nämlich, daß der Verbraucher um die genauen Modalitäten eines möglichen Vorgehens gegen den Wettbewerbsverstoß weiß. Hiervon ist beim Verbraucher jedenfalls für den Regelfall schon deshalb nicht auszugehen, weil er sogar über seine eigenen Rechte aufgeklärt werden muß und daher über das Wettbewerbsrecht erst recht keine ausreichenden Informationen haben wird. Als zweite Voraussetzung müßte der Kunde ein unmittelbares Interesse an einer entsprechenden Mitteilung haben. Ein solches ist meist jedoch zu verneinen, weil ihm das lauterkeitsrechtliche Instrumentarium ebenso wie ein Vorgehen nach UKlaG im Nachhinein keinerlei Vorteile bringt. Auch erleidet der Verbraucher durch die Pflichtverletzung meist keinen Schaden (vgl. o.[399]), so daß er nicht um jeden Preis gegen den Unternehmer vorgehen wollen wird. Vielmehr wird er vor diesem Schritt zurückschrecken, weil er nicht als „Denunziant" dastehen möchte.

Die Klagebefugten müssen also gezielt nach Verstößen suchen, so daß eine Verfolgung auf Einzelfälle beschränkt bleibt. Dies mag bei Fragen

---

397 Vgl. o. S. 41 (Fernabsatz), S. 45 (e-commerce), S. 58 (Pauschalreisen).

398 Vgl. o. S. 66.

399 Vgl. o. S. 41 (Fernabsatz), S. 45 (Teilzeitwohnrecht), S. 58 (Pauschalreisen), S. 60 (Geschäftsbesorgungsvertrag).

des Konkurrentenschutzes dadurch gerechtfertigt sein, daß sich ein betroffener Konkurrent bei einem nicht unerheblichen Verstoß zur Wehr setzen wird. Beim Verbraucherschutz und Schutz der sonstigen Marktteilnehmer gibt es jedoch wettbewerbsrechtlich nicht „den" betroffenen Verbraucher oder Marktteilnehmer, der sich zur Wehr setzen kann, sondern nur allgemein das Interesse der Verbraucher und sonstigen Marktteilnehmer, welches die Verbände wahrnehmen. Der Sanktionenapparat wird also überwiegend nur aufgrund von Stichproben in Gang gesetzt werden.

Zu bedenken ist allerdings, daß eine Verletzung von Verbraucher- und Marktteilnehmerinteressen zugleich (zumindest temporär) einen Vorteil gegenüber dem rechtstreuen Konkurrenten mit sich bringen kann. Daher ist denkbar, daß auch ein Konkurrent sich gegen die Verletzung der Informationspflichten zur Wehr setzt. Viele der vorvertraglichen Informationspflichten bestehen jedoch bei Vertragsschluß erneut und bringen nur einen vergleichsweise geringen Vorsprung im Wettbewerb. Ein erheblicher Teil der Pflichtverletzungen wird daher ohne Sanktion bleiben.

Auch wenn man dies als bewußtes[400] Spezifikum des Lauterkeitsrechts ansehen könnte, fällt weiter auf, daß eine Verletzung der vorvertraglichen Pflichten auch im schuldrechtlichen Bereich sehr unterschiedlich behandelt wird.

Einmal führt ein Fehlen vorvertraglicher Informationen zu einer Verlängerung der Widerrufsfrist (§§ 485 III i. V. m. § 355 I 2 BGB), ein anderes mal wird die Widerrufsfrist überhaupt nicht in Gang gesetzt (§ 312e III BGB).

Die Gründe hierfür sind unklar. Warum sollten beispielsweise die vorvertraglichen Pflichten nach § 312c I BGB, welche die Entscheidungsgrundlage des Verbrauchers sichern, von geringerer Bedeutung sein als die Pflichten gegenüber einem Verbraucher nach § 312e I BGB, die in erste Linie nur der Schaffung von Vertrauen in eine Vertriebsform dienen? Die erstgenannten Pflichten werden nämlich nur über das Lauterkeitsrecht sanktioniert, wohingegen bei letztgenannter Pflicht zusätzlich die Widerrufsfrist des § 355 I 2 BGB gem. § 312e III 2 BGB nicht anläuft.

Konsequenter wäre es, alle vorvertraglichen Informationspflichten im Verhältnis zu ihrer Bedeutung für den Verbraucherschutz schuldrechtlich zu sanktionieren. Dies wäre ein effektiverer Schutz. Bislang sind jedenfalls nicht alle angesprochenen vorvertraglichen Pflichten aus dem BGB gemäß ihrer Bedeutung für den Verbraucherschutz ausreichend sanktioniert. Dies schränkt ihre Wirksamkeit ein.

---

400 Vgl. die Überlegungen im RegE zum UWG BT-Drucks 15/1487 S. 22.

3) Gebotener Umfang der Information

Ein anderer Punkt, der bei der Effizienz der Pflichten zu beachten ist, ist der Umgang mit der Fülle an Information, die schnell zu einer Informationsüberlastung führen kann, welche sich kontraproduktiv auswirkt.[401] Verbraucherschutz kann durchaus auch so verstanden werden, daß der Verbraucher auch gegen ein Übermaß an Information geschützt werden muß. Ein Übermaß führt nämlich dazu, daß der Verbraucher die Information nicht mehr ausreichend wahrnehmen und verarbeiten kann. Letztlich steht er dann kaum besser da als ohne Information.[402]

Es sollte daher erst dann zur Informationspflicht gegriffen werden, wenn Information erforderlich ist und verarbeitet werden kann. Wird der Verbraucher schon weit vor Vertragsschluß mit sämtlichen vertragsrelevanten Informationen geradezu erschlagen, ist es ihm angesichts zahlreicher Details nur noch schwer möglich, notwendige Informationen herauszufiltern und anhand dieser wirklichen Basisinformationen frühzeitig zu entscheiden, ob ein Geschäft der betreffenden Art für ihn überhaupt in Frage kommt. Er verschwendet dann möglicherweise Energie auf Angebote, die von vornherein nicht seinen Vorstellungen entsprechen.

Ähnliche Phänomene sind aus der Werbung bekannt. Werbung, die aus reiner Information besteht, wird oft aufgrund der Reiz- und Informationsüberflutung nicht oder nicht in ausreichendem Maße wahrgenommen, so daß emotionale („suggestive") Elemente benutzt werden, um die kognitive Aufnahme, Speicherung und Verarbeitung der Informationen zu ermöglichen.[403] Aus vergleichbaren Gründen ist es schwer, die Wahrnehmung des Informationsadressaten im Kommunikationsalltag zu aktivieren, wenn er sofort mit einer Vielzahl von Angaben konfrontiert wird.

Information ist nur dann ein wirksames Verbraucherschutzinstrument, wenn sie „dosiert und geordnet dargeboten wird"[404]. Es darf das Maß dessen, was verarbeitet werden kann, nicht überschritten werden und es dürfen zentrale Angaben nicht in einer Flut aus (nebensächlichen) Informationen untergehen.

Wenn, dann sollte in Stufen in der Art informiert werden, daß die Zahl der Informationen von Stufe zu Stufe (z. B. Werbestufe - allgemeines Geschäftsinteresse - Anbahnung eines konkreten Vertrages - Vertragsschluß - nachvertragliche Pflichten) detaillierter wird, weil das Informationsbedürfnis des Verbrauchers von Stufe zu Stufe bis zum

---

401 Vgl. o. S. 34 f.

402 Vgl. Micklitz/Keßler WRP 2003, 919, 922.

403 Vgl. Hoppmann WuW 1983, 776, 777.

404 Kemper, Verbraucherschutzinstrumente S. 218.

Vertragsschluß höher wird.[405] Nach Vertragsschluß besteht nur in einem geringeren Umfang ein Informationsbedürfnis, z. B. im Hinblick auf die konkrete Benutzung des erworbenen Produkts (Produktinstruktion) und die Geltendmachung möglicher (Gewährleistungs-) Ansprüche gegen den Unternehmer. Es ist daher nicht sinnvoll, den Verbraucher - wie z. B. im Time-sharing - schon bei einem allgemeinen Geschäftsinteresse mit sämtlichen denkbaren Informationen zu überfrachten, weil in diesem Stadium das Informationsinteresse noch gar nicht entsprechend hoch ist. Der Wert der Information hängt nicht von der Quantität, sondern der Qualität ab.[406] Mit dem Instrument der Information sollte daher zugunsten seiner Effektivität feinfühliger umgegangen werden.

Unklar bleibt auch, warum viele vertragliche Informationspflichten sich selbst auf die essentialia negotii erstrecken. Dies ist weder materiell noch zur Klarstellung erforderlich und führt damit in erster Linie zu einem unübersichtlichen Gesetzestext. Offen bleibt auch angesichts der o. g. Defizite des Verbrauchers, warum vielfach Informationen - etwa über die Eigenschaften des im Fernabsatz gekauften Produkts - gegeben werden müssen, die der normale Verbraucher ohnehin nachfragen wird. Keines der angesprochenen „Verbraucherdefizite" macht dies erforderlich. Der Verbraucher, der eine Nachfrage über die wesentlichen Eigenschaften eines Produktes unterläßt, kauft grundsätzlich bewußt „die Katze im Sack". Ebenso könnte er ein Produkt auch in einem Ladenlokal ungeprüft erwerben, denn hier besteht keinerlei Beratungs- oder Erklärungspflicht, so daß der Kunde insbesondere bei verpackten Produkten im anonymen Massenverkehr meist auf Eigeninitiative zur Informationsbeschaffung angewiesen ist. Einzig bei besonderen Risiken, welche der Verbraucher selbst nicht erkennen kann (z. B. bei Finanzdienstleistungen), erscheint eine solche Pflicht zwingend.

Weiter ist zu bedenken, daß zu viele Informationspflichten sich schon deshalb negativ auswirken, weil es schwierig wird, diese alle zu kennen und einzuhalten. Eine Überreglementierung schafft damit für den Unternehmer und Verbraucher Rechtsunsicherheit, weil beide Parteien sich über ihre Rechte und Pflichten im unklaren sind. Unklarheiten über das Bestehen der Regeln stellen nach Ansicht des europäischen Parlamentes und des Rates aber ein Hemmnis für Unternehmen wie Verbraucher dar.[407]

---

405 Ähnlich Kemper, Verbraucherschutzinstrumente S. 177.

406 Micklitz/Keßler WRP 2003, 919, 922.

407 Erwägungsgrund 4 der Richtlinie 2005/29/EG des Europäischen Parlamentes und des Rates über unlautere Geschäftspraktiken vom 11. 5. 2005.

4) Auswirkungen der Kosten der Information und Mängel in der Begründung der Informationspflichten

Ein weiterer Punkt, welcher sich auf die Effektivität der Informationspflichten auswirken kann, sind die mit der Informationserteilung verbundenen Kosten.

Grundsätzlich kann zwar der Unternehmer die erforderlichen Informationen am günstigsten beschaffen, weil es um seine eigenen Leistungen geht. Dies entspricht dem Postulat der ökonomischen Vertragsrechtstheorie, jeweils derjenigen Partei die Risiken aufzubürden, welche sie im allgemeinen mit den geringsten Kosten beseitigen oder minimieren kann (cheapest-cost-avoider).[408] Jedoch sind auch diese Informationen meist nicht kostenlos.

Insbesondere sind die gesetzlichen Informationspflichten aber so mannigfach und teils so unübersichtlich, daß die bloße Lektüre des Gesetzes keineswegs ausreicht, um zu wissen, was beispielsweise bei einem nebenbei betriebenen Internetversand beachtet werden muß. Schon hier hilft nur professionelle Beratung mit der Folge entsprechender Kosten. Als Beispiel sei hier auf die Regelung des § 14 IV BGB-InfoV und das Muster für eine Widerrufsbelehrung nach Anlage 2 zu § 14 I und III BGB-InfoV hingewiesen. Hiernach ist in einer Belehrung über ein Widerrufsrecht i. S. d. § 355 I BGB die ladungsfähige Anschrift des Unternehmers anzugeben, dem gegenüber der Widerruf erklärt werden kann. Eine Widerrufsbelehrung ist daher schon dann mangelhaft, wenn beispielsweise nur ein Postfach angegeben wird[409] oder der Hinweis auf die Vertretung der GmbH durch den Geschäftsführer fehlt. Kaum ein kleinerer oder mittlerer Unternehmer dürfte jedoch wissen, wie eine ladungsfähige Anschrift aussieht. Selbst in einigen Standardkommentaren zur ZPO findet sich im Stichwortverzeichnis unter „ladungsfähiger Anschrift" nichts.[410] Es ist praktisch vorprogrammiert, daß hier ohne Einholung (kostenpflichtigen) professionellen Rates Fehler passieren. Aufgrund dieser Fehler fallen dann erneut Kosten für die Rechtsverteidigung gegen mögliche Ansprüche des Vertragspartners und die Rückabwicklung eines widerrufenen Vertrages an. Während größere Unternehmen diese Kosten möglicherweise zumindest teilweise noch abfangen können, müssen diese von mittleren und kleineren Unternehmen als Kosten der angebotenen Leistung vollständig in spürbarer Höhe an den Kunden weitergeben werden.[411] Dies ist für den Verbraucher nicht nur unmittelbar nachteilig, sondern führt bei mittleren und kleinen Unternehmen zu einer Einbuße an Konkurrenzfähigkeit, was wiederum

---

408 Fleischer, Informationsasymmetrie und Vertragsrecht S. 149.

409 OLG Karlsruhe NJW 2005, 3430, 3431.

410 Siehe etwa Baumbach/Lauterbach ZPO; Zöller ZPO; Thomas/Putzo ZPO.

411 Oppermann/Müller GRUR 2005, 280, 288.

zu einer Wettbewerbsverringerung führt. Die mit der Information angestrebte Wettbewerbsförderung tritt in der Summe - zum Nachteil des Verbrauchers - nicht ein.

Allzu hohe Informationskosten können sich deshalb faktisch wettbewerbsvermindernd auswirken, weil sie dazu führen, daß die Produktkosten nicht mehr allein durch Angebot und Nachfrage bestimmt, sondern künstlich erhöht werden. In der Literatur ist sogar darauf hingewiesen worden, daß es im Extremfall denkbar sei, daß der Verbraucher sich das betreffende Produkt gar nicht mehr leisten könne, weil es infolge der kostenaufwendigen Information zu teuer geworden sei.[412] Ob diese Gefahr tatsächlich besteht, mag hier dahinstehen, jedenfalls ist Verbraucherschutz auch der Schutz vor überhöhten Preisen. Ähnliches klingt bei der Kommission der Europäischen Gemeinschaften an, wenn sie ein „möglichst hohes Verbraucherschutzniveau [...] bei geringstmöglichem Kostenaufwand für die Wirtschaft"[413] fordert, wobei allerdings außer Betracht bleibt, daß Kosten für die Wirtschaft letztlich immer auch Kosten für das betreffende Produkt und damit für die Verbraucher sind. Bislang gibt es jedoch keine gesicherten Erkenntnisse darüber, daß die bisherigen Informationspflichten sich hier in einer Kosten-Nutzen-Relation meßbar nachteilig für den Verbraucher ausgewirkt haben.

Jede Informationspflicht, die zur Sicherung der Verbraucherentscheidung oder sonstigen Förderung des Wettbewerbs nicht erforderlich ist, ist jedoch überflüssig und verstößt gegen das für alle Beteiligten sinnvolle ökonomische Postulat der Transaktionskostenminimierung.[414] Sie führt prinzipiell zu überhöhten Preisen und damit letztlich zu einer wirtschaftlichen Schädigung des Verbrauchers. Auch behindert sie als überflüssige Reglementierung unnötig den Wettbewerb, was im Widerspruch zum Interesse des Verbrauchers an einem freien Wettbewerb (vgl. o.[415]) steht.

Aus diesen Gründen sollte bei der Schaffung von Informationspflichten sorgfältig auf deren Notwendigkeit geachtet werden. Auch hier sei noch einmal das bereits angesprochene Beispiel des § 14 BGB-InfoV angeführt. Hier ist völlig unklar, warum die anzugebende Anschrift ladungsfähig sein muß. Zwar mag dies für die Durchsetzung möglicher Ansprüche praktisch sein, für eine Ausübung des Widerrufsrechts ist die Ladungsfähigkeit der angegebenen Anschrift jedoch völlig unbedeutend. Daher

---

412 Beater, Verbraucherschutz und Schutzzweckdenken S. 126.

413 Grünbuch der Kommission zum Verbraucherschutz in der Europäischen Union S. 4.

414 Vgl. Fleischer, Informationsasymmetrie und Vertragsrecht S. 175.

415 Vgl. o. S. 29 f.

hat auch der BGH vor Inkrafttreten des § 14 BGB-InfoV ausgeführt, daß es für den vom Gesetz bezwecken Verbraucherschutz vollkommen genüge, wenn dem Verbraucher ermöglicht wird, seinen Widerruf auf den Postweg zu bringen.[416] Wohl unter dem Eindruck dieses Urteils hat der Verordnungsgeber dann § 14 BGB-InfoV geschaffen.[417]

Weiter ist auffällig, daß die meisten europarechtlichen Richtlinien in den Erwägungsgründen kaum über Lippenbekenntnisse wie „hohes Verbraucherschutzniveau"[418] hinauskommen und den nationalen Gesetzgeber damit ohne hinreichende Begründung zur Umsetzung zwingen. Einzelheiten hinsichtlich der verschiedenen Pflichten sucht man vergebens. Schon zur Vereinfachung einer Auslegung des Gesetzes sollte daher sorgfältiger im Detail begründet werden.

D) Verbraucherschutz durch Information im Wettbewerbsrecht

I) Entwicklung des Verbraucherschutzgedankens im Lauterkeitsrecht

Auch im Lauterkeitsrecht wird vermehrt ein Verbraucherschutz durch Information, ja sogar - im Einklang mit dem Informationsmodell - ein Paradigmenwechsel weg vom generellen Verbot hin zur Information diskutiert.[419] Dies geht mit den Bestrebungen auf europäischer Ebene einher, wo zuletzt mit Art. 7 der Richtlinie 2005/29/EG[420] über unlautere Geschäftspraktiken vom 11.5.2005 nun ausdrücklich bestimmte Informationspflichten zum Schutz des Verbrauchers[421] statuiert worden sind. Diese sind binnen 24 Monaten nach Veröffentlichung im Amtsblatt der Europäischen Union in nationales Recht umzusetzen.

So selbstverständlich, wie diese Richtlinie den Verbraucherschutz als Teil des Wettbewerbsrechts ansieht, ist der Verbraucherschutz als

---

416 BGH VuR 2002, 339, 340 = NJW 2002, 2391, 2392 f.

417 Schirmbacher, Anm. zu BGH VuR 2002, 339, 341.

418 Krit. zu dieser offenbar nur politischen Formulierung auch Drexl, Die wirtschaftliche Selbstbestimmung des Verbrauchers S. 438 ff.

419 Vgl. RegE zum UWG BT-Drucks. 15/1487 S. 19/20; Fezer - Fezer E Rn. 104 ff.; Fezer WRP 2003, 127, 142 (mit Gesetzesvorschlag); Keßler/Micklitz, Die Harmonisierung des Lauterkeitsrechts S. 67 ff.; Beater, Verbraucherschutz und Schutzzweckdenken S. 155.

420 Richtlinie 2005/29/EG des Europäischen Parlamentes und des Rates über unlautere Geschäftspraktiken zwischen Unternehmen und Verbrauchern vom 11. Mai 2005.

421 Erwägungsgrund 1 und Art. 1 der RL 2005/29/EG.

Schutzzweck des (deutschen) Wettbewerbsrechts jedoch zunächst keineswegs anerkannt worden.[422]

Weit überwiegend wird davon ausgegangen, daß das UWG von 1909 und sein Vorläufer von 1896 als rein deliktisches Konkurrentenschutzgesetz konzipiert waren und den Verbraucherschutz nur als Reflex des Konkurrentenschutzes ansahen.[423] Auch wenn dies mit Blick auf die Beratungen im Rahmen der Entstehung des UWG von 1896 und der Gesetzesbegründung nicht gänzlich unumstritten ist,[424] hat zumindest das Reichsgericht zunächst nur den Konkurrentenschutz als Gesetzeszweck anerkannt, wenn es formuliert, daß das UWG das Ziel habe, „nur den *einzelnen Gewerbetreibenden selbst* in seiner Privatrechtssphäre gegen Beeinträchtigungen seiner Erwerbstätigkeit durch unlautere Wettbewerbshandlungen zu schützen".[425] Besonders deutlich wird der - zumindest vorwiegend - deliktische Charakter des UWG an der Generalklausel von 1909, welche lediglich die Voraussetzungen der deliktischen Vorschrift des § 826 BGB absenkte und damit den Konkurrentenschutz erweiterte. Man ging davon aus, daß ziviles Unrecht notwendig die Verletzung eines subjektiven Rechts (des Persönlichkeitsrechts[426] oder des Unternehmensrechts[427]) voraussetze.[428] Anzumerken ist, daß ein Schutzzweckdenken im heutigen Sinne zu dieser Zeit ohnehin nicht bekannt war.

---

422 Abl. etwa Becher, Wettbewerbsrecht (1928) Vorbem. 8 vor § 1 (mit kurzer Rechtsprechungsanalyse).

423 Hefermehl/Köhler/Bornkamm - Köhler § 1 Rn. 1; Fezer - Fezer § 1 Rn. 8; Fezer, Gutachten S. 24; GK - Schünemann Einl. C 4; Beater, Verbraucherschutz und Schutzzweckdenken S. 9; Beater, UnlWb § 13 Rn. 9; Schricker GRUR Int. 1970, 32, 33 Fn. 12 (alle unter Verweis auf die Gesetzesbegründung); Eppe WRP 2005, 808, 810; vgl. auch Lettl, UnlWb Rn. 16 und RegE zum UWG BT-Drucks. 15/1487 S. 15 re. Sp.

424 Von Verbraucherschutz als Schutzzweck des UWG 1896 gehen aus: Pastor GRUR 1969, 571, 574; Kisseler GRUR 1995, 73, 73/74 (unter Verweis auf die Gesetzesbegründung); HK WettbR - Kippel E 1 Rn. 23 und E 2 Rn. 4: „historischer Irrtum"; Emmerich, UnlWb § 1 II 3, S. 5; umfassend v. Stechow, Das Gesetz gegen den unlauteren Wettbewerb vom 26. Mai 1896 (2002) insb. S. 173, 177 f., 189 f., 192.

425 RG GRUR 1911, 276 - Firmenrecht (Hervorhebung im Original).

426 Insb. Kohler, Der unlautere Wettbewerb (1914) S. 17 ff.; Rosentahl[5], Reichsgesetz gegen den unlauteren Wettbewerb (1922) S. 26 (bis einschließlich 9. Auflage, 1969, dann: Gesetz gegen den unlauteren Wettbewerb); Lobe I (1901) S. 145 ff.; Lobe GRUR 1910, 3, 5 ff.

427 Baumbach, Kommentar zum Wettbewerbsrecht (1919) S. 125 ff.; Baumbach JW 1930, 1643, 1645 f.; Callmann, Der unlautere Wettbewerb (1929) S. 23 ff.

428 Vgl. Fezer - Fezer § 1 Rn. 10; Eppe WRP 2005, 808, 810; ausführlichere Darstellung des Meinungsstandes bei Baumbach/Hefermehl[22] Einl. Rn. 44 ff. und GK - Schünemann Einl. C 9 ff.

Ab den 1930er Jahren gewann die Auffassung an Bedeutung, daß das UWG auch das Allgemeininteresse[429] am (lauteren) Wettbewerb und den Wettbewerb als Institution schütze.[430] Es bestehe ein „Interesse des Volksganzen an einer gesunden und sauberen Ordnung des Wirtschaftslebens", denn die Lauterkeit sei „nicht Selbstzweck, sondern Mittel zur Sicherung der Existenzgrundlagen des Volkes".[431] Es gehe auch um die Interessen der Abnehmer.[432] Dies fand in der Rechtsprechung des Reichsgerichts[433] insoweit seinen Niederschlag, als für einen Verstoß gegen das UWG nicht mehr zwingend ein Eingriff in ein Individualinteresse eines Mitbewerbers vorausgesetzt wurde, sondern ein Verstoß gegen objektive Verhaltensnormen genügte („Lehre vom Interessenschutz").[434] Hiermit war die Tür vom individualschützenden Deliktsrecht zur sog. „sozialrechtlichen Ausrichtung"[435] des UWG, aber auch zum Verständnis einer „marktbezogenen Unlauterkeit"[436] und damit zum Marktverhaltensrecht geöffnet.

Eine breitere Diskussion speziell über den Schutz des Abnehmerkreises der Verbraucher setzte erst später ein. Zwar hatte schon Eugen Ulmer auf den Schutz des „Publikums" als Teil der Allgemeinheit hingewiesen[437] und auch das Reichsgericht hat beispielsweise formuliert, daß die §§ 1, 3 UWG a. F. „sowohl der Reinhaltung der Verkehrs im Interesse des Publikums, wie auch dem Schutze der Mitbewerber dienen sollen".[438] Dies geschah jedoch eher beiläufig und solche Wendungen hatten – von nicht verallgemeinerungsfähigen Ausnahmen abgesehen[439] – keine

---

429 Hierzu GK - Schünemann Einl. C 19.

430 Insb. E. Ulmer GRUR 1937, 769, 772 f.; Hefermehl in FS Nipperdey (1955) S. 283 ff.; vgl. Fezer, Gutachten S. 26; detaillierter Beater, Verbraucherschutz und Schutzzweckdenken S. 9 ff.; Eppe WRP 2005, 808, 810.

431 E. Ulmer GRUR 1937, 769, 772.

432 E. Ulmer GRUR 1937, 769, 772.

433 RGZ 120, 47, 49 – Markenverband; RGZ 128, 330, 343 – Rundfunknachricht; RGZ 145, 396, 400 – Bestattungswerbung; RG GRUR 1936, 810, 812 – Diamantine (letzteres zieht erstmalig materiellrechtliche Konsequenzen).

434 Insb. Hefermehl in FS Nipperdey (1955) S. 283 ff.; vgl. Fezer, Gutachten S. 26.

435 Vgl. Hefermehl/Köhler/Bornkamm – Köhler § 1 Rn. 1; Fezer – Fezer § 1 Rn. 13; HK WettbR – Kippel/Brämer § 1 Rn. 2; Harte-Bavendamm/Henning-Bodewig – Schümemann § 1 Rn. 4; GK – Schünemann Einl. C 7; Eppe WRP 2005, 808, 810; krit. zur Figur des sozialrechtlichen Einschlages Samwer GRUR 1969, 326 ff.

436 Begriff geprägt von Raiser GRUR Int. 1973, 443 ff.

437 E. Ulmer GRUR 1937, 769, 772.

438 RG MuW 1930, 230, 231 – Amerikanisches Erbrecht.

439 Siehe RG MuW 1931, 376, 378 – Abonnementvertrag; dazu Beater, Verbraucherschutz und Schutzzweckdenken S. 13 und Beater, UnlWb § 13 Rn. 11.

wegweisenden inhaltlichen Konsequenzen.[440] Viele Fallkonstellationen lassen sich mit dem Instrumentarium des Mitbewerberschutzes und des Schutzes der Allgemeinheit bzw. des Wettbewerbs als Institution hinreichend handhaben.[441] Allerdings hat das Reichsgericht[442] den Verbraucherschutz mittelbar anerkannt, wenn es die Verwirkung wettbewerbsrechtlicher Ansprüche ablehnt, sofern durch das beanstandete Verhalten noch das Publikum getäuscht wird.[443]

Den Durchbruch in der Anerkennung erreichte der Verbraucherschutzgedanke spätestens mit der positivrechtlichen Bestätigung durch die Schaffung eines Klagerechts der Verbraucherverbände[444] im Jahr 1965[445] sowie später durch die Irreführungsrichtlinie (84/450/EWG), welche explizit[446] den Verbraucherschutz als Ziel nennt.[447] Auch in der Rechtsprechung des BGH findet sich nach der Einführung des Klagerechts der Verbraucherverbände eine ausdrückliche Bezugnahme auf den Schutz des Verbrauchers,[448] so daß sich der Gedanke des Verbraucherschutzes von dem des Schutzes der Allgemeinheit emanzipieren konnte.

Schon vor der Reform von 2004 war daher in der Rechtsprechung des BGH[449] und des BVerfG[450] sowie auch in der Literatur[451] nahezu allge-

---

440 Beater, Verbraucherschutz und Schutzzweckdenken S. 13 f.; Beater, UnlWb § 13 Rn. 10.

441 Vgl. Beater, Verbraucherschutz und Schutzzweckdenken S. 13.

442 RG GRUR 1933, 782, 786 - Spezialbefehl; GRUR 1939, 806, 808 - AAG; GRUR 1943, 341, 343 - Standard (letzteres zum Warenzeichenrecht); siehe auch BGH GRUR 1997, 537 - Lifting-Creme.

443 Beater, Verbraucherschutz und Schutzzweckdenken S. 14.

444 Ursprünglich § 13 Ia UWG a. F. (1965), dann § 13 II Nr. 3 UWG a. F. (2000), heute § 8 III Nr. 3 UWG.

445 Drexl, Die wirtschaftliche Selbstbestimmung des Verbrauchrs S. 21; Beater, Verbraucherschutz und Schutzzweckdenken S. 14; vgl. Schricker GRUR Int. 1970, 32, 33/34; vgl. Emmerich, UnlWb § 3 III, S. 28.

446 Siehe Art. 1 und Erwägungsgründe 2, 3 der RL 84/450/EWG (abgelöst durch RL 2006/114/EG; vgl. nunmehr Erwägungsgründe 3, 4).

447 Hefermehl/Köhler/Bornkamm - Köhler § 1 Rn. 2.

448 Z. B. BGH GRUR 1973, 206, 207 - Skibindungen.

449 BGH GRUR 1973, 206, 207 - Skibindungen; BGH GRUR 1996, 793, 794 f. - Fertiglesebrillen; BGH GRUR 2001, 1181, 1182 - Telefonwerbung für Blindenwaren (alle zum Verbraucherschutz); BGH GRUR 1994, 126, 127 - Folgeverträge; BGH GRUR 1999, 1028, 1029 - Hormonpräparate; BGH GRUR 2000, 1076, 1078 - Abgasemissionen; BGH GRUR 2000, 237, 238 - Giftnotrufbox; BGH GRUR 2001, 1178 - Gewinn-Zertifikat; BGH GRUR 2002, 360, 362 - H.I.V.-Positive II; BGH GRUR 2002, 825, 826 - Elektroarbeiten (alle zum Schutz der Mitbewerber und der Allgemeinheit).

mein anerkannt, daß das Wettbewerbsrecht die Interessen der Mitbewerber, Verbraucher und übrigen Marktbeteiligten sowie der Allgemeinheit schützt (sog. „Schutzzwecktrias").

II) Normierung des Verbraucherschutzes im reformierten UWG

Mit der UWG-Reform im Jahr 2004 wurde diese sog. Schutzzwecktrias im Gesetz verankert und findet sich nun - moderner Gesetzgebungstechnik entsprechend - in der das UWG einleitenden Schutzzweckbestimmung des § 1 UWG. Dort heißt es, daß das UWG den „Schutz der Mitbewerber, der Verbraucherinnen und Verbraucher sowie der sonstigen Marktteilnehmer vor unlauterem Wettbewerb" bezwecke und „zugleich das Interesse der Allgemeinheit an einem unverfälschten Wettbewerb" schütze. Damit findet der Verbraucherschutz erstmalig ausdrückliche Erwähnung im Gesetz, was der Gesetzgeber als einen materiellen Schwerpunkt der Reform von 2004 begriffen hat.[452] Diese Aussage wird jedoch dadurch relativiert, daß der Gesetzgeber nur die bereits in der Rechtsprechung anerkannte Schutzzwecktrias fixieren wollte.[453] Ein Paradigmenwechsel hin zum Verbraucherschutzgesetz, wie dies in der Literatur[454] gesehen worden ist, ist mit der Schutzzweckklausel also nicht erfolgt.

Die verschiedenen Schutzzwecke sollen gleichberechtigt nebeneinanderstehen.[455] Hieraus folgt, daß man den Verbraucherschutz nicht mehr nur als bloße Reflexwirkung des Lauterkeitsrechts begreifen kann, sondern, daß ihm eine zentrale Stellung zukommt.[456] Gleichzeitig wird deutlich, daß das UWG kein reines Verbraucherschutzgesetz ist. Vielmehr liegt ein integriertes Modell des Verbraucherschutzes vor.

Kollidieren verschiedene der geschützten Interessen miteinander, so ist deren Verhältnis zueinander anhand einer Güter- und Interessenabwä-

---

450 BVerfG GRUR 2002, 455 – Tier- und Artenschutz: „Diese Schutzgutbestimmung [...] ist verfassungsrechtlich nicht zu beanstanden".

451 Baumbach/Hefermehl[22] Einl UWG Rn. 55; Beater, UnlWb § 10 Rn. 11, § 13 Rn. 1; Harte-Bavendamm/Henning-Bodewig – Schünemann § 1 Rn. 3, 4; Hefermehl/Köhler/Bornkamm – Köhler § 1 Rn. 1; Fezer – Fezer § 1 Rn. 14; Lettl UnlWb Rn. 16.

452 RegE zum UWG BT-Drucks. 15/1487 S. 12/13.

453 RegE zum UWG BT-Drucks. 15/1487 S. 15 re. Sp.

454 Engels/Salomon WRP 2004, 32.

455 RegE zum UWG BR- Drucks. 15/1487 S. 15 re. Sp.

456 Lettl, UnlWb Rn. 16.

gung im konkreten Fall unter Berücksichtigung der Wertungen des Gesetzes zu bestimmen.[457]

Die Festschreibung der Schutzzwecke im Gesetz hat zur Folge, daß diese nun bindend und bei der (teleologischen) Auslegung des Gesetzes zu berücksichtigen sind. Der Verbraucherschutz durchzieht das UWG also als übergeordnete Wertung. Auch findet der Schutz der Verbraucher in verschiedenen Unlauterkeitstatbeständen ausdrückliche Erwähnung (§ 4 Nr. 1, 2, 6; § 7 Nr. 2) und andere Vorschriften werden praktisch nur oder zumindest vorwiegend gegenüber Verbrauchern relevant (§ 4 Nr. 3, 5 UWG). Dies stellt noch einmal die besondere Bedeutung des Verbraucherschutzes im Lauterkeitsrecht heraus.

Bemerkenswert an der gesetzgeberischen Fassung ist, daß § 1 UWG zwar ausdrücklich „Verbraucherinnen" und „Verbraucher" nennt, jedoch in allen weiteren Vorschriften nur noch von „Verbraucher" die Rede ist (§ 3; § 4 Nr. 1, 2, 6; § 7 Nr. 2 UWG). Hinsichtlich der Mitbewerber beschränkt sich das Gesetz von vornherein auf die maskuline Form.[458] Die Gesetzesbegründung schweigt zu diesen sprachlichen „Feinheiten" leider vollständig. Die Gründe für diese Fassung sollen auf einer Kabinettssitzung erörtert worden sein.[459] Auf die weitere Nennung der Verbraucherinnen in allen betreffenden Vorschriften sei verzichtet worden, weil die diesbezügliche Klarstellung in § 1 UWG ausreiche und so die Lesbarkeit des Gesetzes nicht unnötig erschwert werde.[460] Die Marktteilnehmerinnen seien nicht gesondert erwähnt worden, weil die übrigen Marktteilnehmer - im Gegensatz zum Verbraucher - auch juristische Personen seien könnten.[461]

Während der Verzicht auf die durchgehende Verwendung der maskulinen und femininen Form mehr als nachvollziehbar ist, ist die Argumentation bezüglich der Marktteilnehmer nicht überzeugend. Einerseits wird die eingetragene Kauffrau übergangen und im übrigen sind die Gesellschaften einschließlich der juristischen Personen weit überwiegend feminin[462] (die GbR, die OHG, die KG, die GmbH, die AG, die PartGG; jedoch der VVaG).

In meinen Augen kann auf die zusätzliche feminine Form gänzlich verzichtet werden. Nicht nur, daß deren (wie hier inkonsequente) Verwen-

---

457 Fezer - Fezer § 1 Rn. 14; Hefermehl/Köhler/Bornkamm - Köhler § 1 Rn. 42; Lettl, UnlWb Rn. 69.

458 Krit. auch Boesche, WettbR Rn. 1; Fezer - Fezer § 1 Fußnote 2; Harte-Bavendamm/Henning-Bodewig - Schünemann § 1 Fußnote 10.

459 Fezer - Fezer § 1 Fußnote 2 (ohne Nachweise).

460 Fezer - Fezer § 1 Fußnote 2 (ohne Nachweise).

461 Fezer - Fezer § 1 Fußnote 2 (ohne Nachweise).

462 Vgl. Fezer - Fezer § 1 Fußnote 2: „liebenswerte Groteske".

dung zu Auslegungsschwierigkeiten führen kann, sie ist auch nicht erforderlich. Es wird lediglich klargestellt, daß eine ohnehin unter allen denkbaren Gesichtspunkten unzulässige Auslegung des Gesetzes (Art. 3 II Satz 1 GG) nicht möglich ist. Das rechtlich Selbstverständliche zu regeln, ist jedoch überflüssig und bedarf daher auch keiner die Lesbarkeit des Gesetzes erschwerenden Regelung. Rein politische Stellungnahmen - und mögen sie noch so begrüßenswert sein - haben im Gesetz nichts verloren, da sie ohne jede rechtliche Bedeutung sind.

Festzuhalten ist, daß sich sowohl aus der Nennung der Verbraucherinnen in § 1 Satz 1 UWG als auch daraus, daß diese in anderen Vorschriften nicht gesondert genannt werden, ebensowenig Konsequenzen ergeben, wie daraus, daß die Mitbewerberinnen nicht explizit angeführt werden.

III) Das Schutzsubjekt: Der Begriff des Verbrauchers im UWG

1) Entsprechende Anwendbarkeit des § 13 BGB

Der Begriff des Verbrauchers ist im UWG selbst nicht definiert. § 2 II UWG erklärt die Verbraucherdefinition des § 13 BGB[463] jedoch für entsprechend anwendbar. Verbraucher i. S. d. § 13 BGB ist „jede natürliche Person, die ein Rechtsgeschäft zu einem Zweck abschließt, der weder ihrer gewerblichen noch ihrer beruflichen Tätigkeit zugerechnet werden kann".

2) Abschluß eines Rechtsgeschäfts?

Nach dem Wortlaut des § 13 BGB ist nur Verbraucher, wer tatsächlich ein Rechtsgeschäft abschließt. Bei näherer Betrachtung stellt sich heraus, daß diese Definition ungenau ist. So gibt es etwa auch vorvertraglich geltende schuldrechtliche Normen des Verbraucherschutzes, die ausdrücklich dann gelten, wenn gerade kein Vertrag zustande kommt (z. B. §§ 241a, 661a BGB).[464] Im Lauterkeitsrecht wird schon an Tatbeständen wie § 7 II UWG deutlich, daß sich die Unlauterkeit einer Wettbewerbshandlung speziell gegenüber Verbrauchern auch ohne Abschluß eines Rechtsgeschäfts ergeben kann. Entscheidend ist also, ob ein potentielles Rechtsgeschäft mit der Person, gegenüber der eine Wettbewerbshandlung vorgenommen wird, deren gewerblichen oder selbständigen beruflichen Tätigkeit zugerechnet werden kann.[465] Die Anordnung der entsprechenden Anwendung von § 13 BGB ist daher so zu verstehen, daß

---

463 Überblick hierzu bei K. Schmidt JuS 2006, 1.

464 Krit. daher Palandt - Heinrichs § 13 Rn. 5; vgl. Erman - Saenger § 13 Rn. 22.

465 Lettl GRUR 2004, 449, 451; ders. UnlWb Rn. 34; Hefermehl/Köhler/Bornkamm - § 2 Rn. 76; Harte-Bavendamm/Henning-Bodewig - Keller § 2 Abs. II Rn. 7.

Verbraucher im Sinne des UWG ist, wer als Partner eines Rechtsgeschäfts in Betracht kommt, das privaten Zwecken (insb. Konsum) zuzurechnen ist. Dies geht auch mit den europarechtlichen Vorgaben einher, denn nach Art. 2 lit. a der RL 2005/29/EG über unlautere Geschäftspraktiken ist „Verbraucher jede natürliche Person, die im Geschäftsverkehr im Sinne dieser Richtlinie zu Zwecken handelt, die nicht ihrer gewerblichen, handwerklichen oder beruflichen Tätigkeit zugerechnet werden können".

3) Zweckrichtung des potentiellen Vertrages

a) Bestimmung anhand objektiver Kriterien

Ein privater Zweck ist in negativer Abgrenzung vom unternehmerischen Zweck nur dann gegeben, wenn dieser weder einer gewerblichen noch selbständigen beruflichen Tätigkeit zuzurechnen ist.

Der Verbraucherbegriff könnte also insofern ein subjektives Element enthalten, als für die Zweckrichtung der innere Wille der Person, gegenüber welcher die Wettbewerbshandlung erfolgt, maßgeblich sein könnte. Dies wird für das Schuldrecht[466] jedoch ebenso wie für das Lauterkeitsrecht[467] abgelehnt (sog. „objektiver Verbraucherbegriff"[468]).

Eine subjektive Bestimmung kann im Wettbewerbsrecht schon deshalb nicht vorgenommen werden, weil es bei vielen beworbenen Produkten noch der Entscheidung der umworbenen Person obliegt, ob diese das betreffende Produkt privat erweben möchte. Der Zweck des potentiellen Rechtsgeschäfts ist daher anhand objektiver Momente zu bestimmen (Privatadresse, Brauchbarkeit des beworbenen Produkts für private Zwecke, Werbeanruf außerhalb üblicher Geschäftszeiten etc.). Beispielsweise wird ein Rechtsanwalt allein aufgrund der angebotenen Leistung auch dann als Verbraucher beworben, wenn diesem telefonisch eine Tarifoptimierung seiner privaten Krankenversicherung angeboten wird und der Werbende die Telefonnummer des Rechtsanwalts einem Branchenverzeichnis entnommen hat.[469] Gesundheitsvorsorge durch eine private Krankenversicherung ist nämlich als Deckung des privaten Bedarfs anzusehen.[470]

---

466 Bamberger/Roth - Schmidt-Räntsch § 13 Rn. 14; Palandt - Heinrichs § 13 Rn. 4; MüKo - Micklitz § 13 Rn. 30.

467 Fezer - Fezer § 2 Rn. 155; Hefermehl/Köhler/Bornkamm - Köhler § 2 Rn. 80.

468 Hefermehl/Köhler/Bornkamm - Köhler § 2 Rn. 80.

469 LG Münster WRP 2005, 639 - Telefonwerbung für Versicherungsberatung.

470 LG Münster WRP 2005, 639 - Telefonwerbung für Versicherungsberatung.

Ob die Tätigkeit, für welche das potentielle Rechtsgeschäft durchgeführt werden soll, einer gewerblichen oder selbständigen beruflichen Tätigkeit zugerechnet werden kann, muß infolge des hier vertretenen objektiven Unlauterkeitsbegriffs (dazu noch u.[471]) ohnehin objektiv bestimmt werden. Welchem Geschäftszweck ein potentieller Vertragsschluß dient, ist somit anhand objektiver Kriterien aufgrund einer Typisierung des Verbraucherhandelns unter Berücksichtigung der Verkehrsauffassung zu beurteilen.[472]

Dies hat zur Folge, daß es – einhergehend mit dem vom Gesetz bezweckten Verbraucherschutz – nicht darauf ankommt, ob derjenige, der die zu beurteilende Wettbewerbshandlung vorgenommen hat, die Umstände, welche die Verbrauchereigenschaft ausmachen, kannte. Umgekehrt kann es nicht maßgeblich sein, ob jemand sich als Verbraucher bzw. Unternehmer geriert, obwohl er dies tatsächlich nicht ist.[473] Gibt sich allerdings ein Verbraucher bewußt als Unternehmer aus, ist zu fragen, ob er in der konkreten Situation objektiv als Unternehmer in Erscheinung getreten ist und ob er tatsächlich noch schutzbedürftig ist, d. h. ob nicht ein Fall des § 8 IV UWG vorliegt.

Soll ein Rechtsgeschäft sowohl unternehmerischen als auch privaten Zwecken dienen (dual use), wird im Schuldrecht für die Frage, ob die handelnde Person Verbraucher ist, teilweise darauf abgestellt, welche Benutzung des Produktes überwiegt.[474] Dem muß im Hinblick auf die Schutzbedürftigkeit des Verbrauchers zugestimmt werden. Nur wenn jemand überwiegend zu gewerblichen Zwecken handelt, werden seine Überlegungen auch vorwiegend unternehmerisch geprägt sein. In einer solchen Konstellation wäre es daher ebensowenig gerechtfertigt, eine volle Schutzbedürftigkeit des Handelnden anzunehmen, wie es gerechtfertigt wäre, dem überwiegend aus Motiven eines Verbrauchers heraus Handelndem den Schutz zu versagen. Stellenweise wird dabei vorgeschlagen – zumindest mit Blick auf § 310 III BGB (§ 24a AGBG a. F.) –, in analoger Anwendung von § 344 HGB einen unternehmerischen Zweck beim Handeln eines Unternehmers zu vermuten.[475] Ansonsten müsse der Verbraucher darlegen und beweisen, daß ein Unternehmer, der im Randbereich seiner unternehmerischen Tätigkeit gehandelt hat, bei Ver-

---

471 Vgl. u. S. 237 ff.

472 Fezer – Fezer § 2 Rn. 155.

473 Vgl. Hefermehl/Köhler/Bornkamm – Köhler § 2 Rn. 80.

474 Erman – Saenger § 13 Rn. 17; Palandt – Heinrichs § 13 Rn. 4; Pfeiffer NJW 1999, 169, 173; a. A. Bamberger/Roth – Schmidt-Räntsch § 13 Rn. 14 (bei auch unternehmerischem Zweck stets Unternehmer); a. A. v. Westphalen BB 1996, 2101 (bei auch privatem Zweck stets Verbraucher).

475 Bamberger/Roth – Schmidt-Räntsch § 13 Rn. 14; Jauernig – Jauernig § 13 Rn. 3.

wendung von AGB als Unternehmer tätig war.[476] Für das Wettbewerbsrecht ergibt sich dieses Ergebnis auch ohne Heranziehung des § 344 HGB, weil der Anspruchsberechtigte nach allgemeinen Regeln die anspruchsbegründenden Tatsachen und damit auch die Verbrauchereigenschaft des Beworbenen im Prozeß darlegen und beweisen muß. Der in der Literatur[477] vorgeschlagenen Beweislastumkehr für die Verbrauchereigenschaft bzgl. des potentiellen Rechtsgeschäfts kann nicht zugestimmt werden, weil für den Kläger aufgrund der objektiven Bestimmung des Verbraucherbegriffs keine unzumutbare Beweisnot besteht.

b) Weder Gewerbe noch selbständige berufliche Tätigkeit

Verbraucher ist zum einen, wer ein Gewerbe betreibt. Ein Gewerbe betreibt, wer eine nach außen in Erscheinung tretende, selbständige, auf eine gewisse Dauer angelegte, planmäßige Tätigkeit, die kein freier Beruf ist, ausübt. Dabei ist für § 1 I HGB umstritten, ob die Tätigkeit auch mit Gewinnerzielungsabsicht betrieben werden und erlaubt sein muß. Diese beiden Aspekt können für das Lauterkeitsrecht keine Rolle spielen, denn die Interessen des Verbrauchers werden unabhängig von einer Gewinnerzielungsabsicht und sonstigen Verboten beeinträchtigt.

Der Begriff der Unternehmers ist jedoch weiter als derjenige des Gewerbes, denn er umfaßt auch selbständige berufliche Tätigkeiten. Insbesondere der Freiberufler ist daher Unternehmer. Zu beachten ist jedoch, daß nur eine selbständige berufliche Tätigkeit erfaßt wird. Ein Arbeitnehmer ist daher nach dem ausdrücklichen Wortlaut des § 13 BGB auch dann Verbraucher, wenn er etwas für seine berufliche Tätigkeit anschafft (z. B. Berufskleidung). Bislang nicht abschließend geklärt ist aber, ob der Arbeitnehmer auch in Bezug auf einen (potentiellen) Arbeitsvertrag als Verbraucher anzusehen ist. Während das BAG[478] den Arbeitnehmer als Verbraucher i. S. d. § 310 III BGB gesehen hat, wird dies im Wettbewerbsrecht angezweifelt.[479] Wettbewerbsrechtlich relevante Fallgestaltungen ergeben sich hier aber insbesondere hinsichtlich der telefonischen Abwerbung von Arbeitnehmern, wohingegen sich hinsichtlich der wettbewerbsrechtlichen Informationspflichten keine Besonderheiten ergeben. Diese Frage soll daher hier nicht vertieft werden.

Interessanter ist hingegen die Frage, ob auch Existenzgründer schon als Unternehmer oder noch als Verbraucher anzusehen sind. Während Teile der Rechtsprechung[480] und Literatur[481] dies verneinen, haben sowohl

---

476 Bamberger/Roth - Schmidt-Räntsch § 13 Rn. 14.

477 Fezer - Fezer § 2 Rn. 164.

478 BAG NJW 2005, 3305.

479 Hefermehl/Köhler/Bornkamm - Köhler § 2 Rn. 82.

480 OLG München NJW-RR 2004, 913, 914.

EuGH[482] als auch BGH[483] entscheiden, daß es nur auf die Zweckrichtung des Handelns ankomme, so daß auch der Existenzgründer hinsichtlich der zur Aufnahme der gewerblichen bzw. selbständigen beruflichen Tätigkeit als Unternehmer anzusehen ist. Auch ergebe sich im Umkehrschluß aus § 507 BGB, welcher Existenzgründer hinsichtlich des Verbraucherkreditrechts bei einer Nettordarlehenssumme bis zu 50.000,- Euro Verbrauchern gleichstellt, daß diese keine Verbraucher sind, denn sonst bedürfte es dieser Regelung nicht.[484]

Hiergegen ist vorgebracht worden, daß es bedenklich sei, aus einer nach Erlaß der §§ 13, 14 BGB verabschiedeten speziellen Regelung des Verbraucherdarlehensrechts Rückschlüsse auf allgemeine Regeln zu ziehen. Auch stelle § 14 BGB - anders als § 507 BGB - gerade nicht auf die Aufnahme, sondern auf die Ausübung einer gewerblichen bzw. selbständigen beruflichen Tätigkeit ab.[485] Weiter fehle es dem Existenzgründer noch am erforderlichen Know-how, denn wer etwa einen Franchise-Vertrag abschließe, erwerbe das notwendige Wissen erst nach Abschluß des Vertrages.[486]

Es ist jedoch zu bedenken, daß von einer - auch später verabschiedeten - speziellen Regelung durchaus auf das Verständnis des Gesetzgebers von einer allgemeinen Regelung geschlossen werden kann. Würde der Gesetzgeber beim Begriff des Unternehmers zwischen Aufnahme und Ausübung der Tätigkeit unterscheiden, hätte es der Anordnung in § 507 BGB nicht bedurft. Er hätte dann die Anwendbarkeit des Verbraucherdarlehensrechts auf Existenzgründer nicht gesondert angeordnet, sondern eine Formulierung gewählt, welche den Anwendungsbereich einschränkt. Auch hier wäre eine Formulierung als Ausnahmetatbestand möglich gewesen, welche dem Darlehensgeber die Beweislast für die Höhe des Darlehens aufbürdet (z. B. „... findet keine Anwendung, wenn der Nettordarlehensbetrag 50.000 Euro übersteigt... “). Insbesondere ist ein Existenzgründer aber nicht im gleichem Maße schutzbedürftig wie ein Verbraucher. Zwar mag ihm noch das notwenige Know-how fehlen, es ist dem Existenzgründer jedoch im gleichen Maße wie einem erfahrenen Kaufmann zuzumuten, daß er sich die erforderlichen Informationen beschafft. Er agiert nicht aus seiner häuslichen Sphäre heraus, sondern muß bei jedem von ihm zur Existenzgründung abgeschlossenen Ge-

---

481 MüKo - Micklitz § 13 Rn. 18; Palandt - Heinrichs § 13 Rn. 3.

482 EuGH WM 1997, 1549.

483 BGH NJW 2005, 1273, 1274.

484 BGH NJW 2005, 1273, 1274; Bamberger/Roth - Schmidt-Räntsch § 13 Rn. 18; Erman - Saenger § 13 Rn. 16; K. Schmidt JuS 2006, 1, 6.

485 Prasse MDR 2005, 961, 963.

486 Prasse MDR 2005, 961, 963.

schäft ebenso in unternehmerischen Strukturen denken wie ab dem Tag der Aufnahme seines Gewerbes bzw. seiner selbständigen beruflichen Tätigkeit.[487] Der Existenzgründer ist daher als Unternehmer anzusehen.

IV) Das Schutzobjekt: Die geschützten Verbraucherinteressen

Was genau unter „Verbraucherschutz" im UWG zu verstehen ist, wie dieser gerechtfertigt wird und damit auch welche Ziele die Schutzzweckbestimmung verfolgt, ist im Gesetz - anders als (teilweise) in Art. 153 EG - nicht näher festgeschrieben. Der Gesetzgeber nennt in § 1 UWG (i. V. m. § 2 II UWG) nur das Schutzsubjekt (Verbraucher), nicht aber das Schutzgut (Schutzobjekt). Die durch das UWG geschützten Interessen (Schutzgüter) lassen sich aber an den jeweiligen Tatbeständen ablesen.[488] Eine Schutzbedürftigkeit des Verbrauchers am Markt ergibt sich hier überwiegend aber aus den gleichen Gründen wie im Schuldvertragsrecht (vgl. o.[489]), zumal sich ein Großteil des schuldvertraglichen Schutzes auf den vorvertraglichen Bereich und damit auf Bereiche des Lauterkeitsrechts erstreckt.

Allerdings schützt das Wettbewerbsrecht auch über die Gründe, die im Vertragsrecht angeführt werden, hinaus. Das Verbot der Belästigung, insbesondere der unerwünschten Telefon-, E-Mail- und vergleichbaren Werbung nach § 7 Nr. 2, 3 UWG, ist etwa darauf gerichtet, die Privatsphäre des Verbrauchers zu schützen[490] und sein Recht auf negative Informationsfreiheit (Art. 5 I GG) zu sichern.[491] § 7 UWG überschneidet sich daher eher mit dem deliktsrechtlichen denn mit dem vertragsrechtlichen Bereich.[492] In Extremfällen kann § 7 UWG sogar dem Schutz der Gesundheit der Verbraucher dienen.[493] Weiter werden Eigentum und Besitz des Verbrauchers geschützt, weil sich der Unternehmer der vom Verbraucher bereitgehaltenen und bezahlten Einrichtungen bedient und diese blockiert.[494] Ferner wird das Vermögen des Verbrauchers geschützt, weil dem Verbraucher durch diese Form der Werbung - etwa für das „Leeren" des elektronischen Briefkastens - Kosten entstehen, die

---

487 OLG Düsseldorf NJW-RR 2004, 3192, 3193.

488 Vgl. Lettl, UnlWb Rn. 18.

489 Vgl. o. S. 12 ff.

490 RegE zum UWG BT-Drucks 15/1487 S. 21 re. Sp.

491 Hefermehl/Köhler/Bornkamm - Köhler § 7 Rn. 49.

492 Vgl. RegE zum UWG BT-Drucks. 15/1487 S. 21 li. Sp. zum Unterlassungsanspruch nach §§ 823 I und 1004 BGB.

493 Lettl GRUR 2004, 449, 453; Lettl UnlWb Rn. 43; Hefermehl/Köhler/Bornkamm - Köhler § 1 Rn. 17.

494 Lettl GRUR 2004, 449, 453; Lettl UnlWb Rn. 43; Hefermehl/Köhler/Bornkamm - Köhler § 7 Rn. 49.

sich angesichts eines möglichen Nachahmungseffekts summieren können.[495] Werbung soll nicht auf Kosten des Empfängers erfolgen, weil dieser für Entgegennahme, Prüfung und ggf. Beseitigung Zeit und Geld aufwenden muß.[496] Daneben birgt unerwünschte Werbung die Gefahr, daß der Verbraucher aus einer mit dem überraschenden Moment der Werbung verbunden Überrumpelungssituation heraus oder um den unerwünschten und damit aufdringlichen Werbenden loszuwerden, ein Geschäft tätigt.[497] Damit dient § 7 UWG in gewissem Umfange auch dem Schutz der rationalen Entscheidung des Verbrauchers. Schon an § 7 UWG läßt sich daher ablesen, daß das UWG Privatsphäre, Freiheit, Eigentum, Besitz, sonstiges Vermögen, Gesundheit und die rationale Entscheidung des Verbrauchers schützt.

Im Vordergrund des wettbewerbsrechtlichen Verbraucherschutzes steht jedoch der Schutz der Rationalität der Entscheidung.[498] So beziehen sich § 4 Nr. 1 und § 5 II 2 UWG sogar im Wortlaut ausdrücklich auf die „Entscheidungsfreiheit" bzw. die „Entscheidung". Der Schutz der Rationalität der Entscheidung läßt sich dabei in den Schutz des Entscheidungsprozesses, d. h. der Entscheidungsfreiheit im engeren Sinne der Willensentschließungsfreiheit, und in die Gewährleistung der Entscheidungsgrundlage, d. h. der Gewährung richtiger und pflichtgemäßer Information[499]einteilen.[500] Der Verbraucher soll aufgrund freien Willensentschlusses und auf zutreffender Grundlage entscheiden können.[501]

Die Willensentschließungsfreiheit wird insbesondere durch das Verbot der Druckausübung, der Beeinflussung in menschenverachtender Weise und sonstigen unangemessen unsachlichen Einflusses (§ 4 Nr. 1 UWG), wie z. B. psychischen Kaufzwanges und Überrumpelung, und das Verbot der Ausnutzung von Angst und Zwangslagen besonders schutzwürdiger Verbraucher (§ 4 Nr. 2 UWG) gewährleistet.

Von zentralem Gewicht ist die Sicherung der Entscheidungsgrundlage, wobei an erster Stelle die (allgemeinen) Verbote der Täuschung und Irreführung aus § 4 Nr. 1, 3. Alt. UWG und § 5 UWG stehen. Daneben gibt es ergänzend Transparenzgebote und spezielle Verbote, die typi-

---

495 BGH GRUR 2004, 517, 518 f. – E-Mail-Werbung; BGH GRUR 1996, 208,209 – Telefaxwerbung.

496 Hefermehl/Köhler/Bornkamm – Köhler § 7 Rn. 7.

497 Hefermehl/Köhler/Bornkamm – Köhler § 7 Rn. 1, 8; Lettl, UnlWb Rn. 527.

498 RegE zum UWG BT-Drucks. 15/1487 S. 13 re. Sp.

499 Hefermehl/Köhler/Bornkamm – Köhler § 1 Rn. 14.

500 Alexander, Vertrag und unlauterer Wettbewerb S. 35; Hefermehl/Köhler/Bornkamm – Köhler § 1 Rn. 13 ff.; HK WettbR – Kippel/Brämer § 1 Rn. 13; Lettl GRUR 2004, 449, 452; vgl. Lettl, UnlWb Rn. 42.

501 Lettl GRUR 2004, 449, 452.

schen Fehlannahmen von Verbrauchern (und sonstigen Marktteilnehmern) vorbeugen sollen. So darf gem. § 4 Nr. 3 UWG der Werbecharakter einer Wettbewerbshandlung nicht verschleiert werden, damit der Beworbene die kommerziellen Absichten des Handelnden erkennt und die erhaltenen (naturgemäß nicht immer nur sachlichen) Informationen entsprechend kritisch beurteilen kann.[502] Ebenso sind bei Verkaufsförderungsmaßnahmen sowie Preisausschreiben und Gewinnspielen gem. § 4 Nr. 4, 5 UWG die Bedingungen für die Inanspruchnahme bzw. Teilnahme klar und eindeutig anzugeben, weil diese dem Kunden besondere Anreize geben und damit Einfluß auf die Nachfrageentscheidung haben.[503]

Das Verbot des § 4 Nr. 6 UWG, die Teilnahme von Verbrauchern an Preisausschreiben und Gewinnspielen vom Erwerb einer Ware oder Inanspruchnahme einer Leistung abhängig zu machen, trägt dem Umstand Rechnung, daß der Verbraucher durch ein Ausnutzen der Spiellust unsachlich beeinflußt und sein Urteil „getrübt"[504] werden kann, weil er möglicherweise seine Nachfrageentscheidung nicht rational nach Qualität und Preiswürdigkeit fällt.[505] Auch die Verbote der Herabsetzung von Mitbewerbern (§ 4 Nr. 7 UWG) und der Anschwärzung (§ 4 Nr. 8 UWG) sichern (zumindest als Reflex) die rationale Entscheidung, weil sie sich gegen unsachliche und unwahre Äußerungen richten, die Einfluß auf die Entscheidung des Verbrauchers haben können.[506] Ähnliches gilt für § 6 UWG, der sich gegen vergleichende Werbung richtet, welche unsachlich ist (§ 6 II Nr. 1, 2 UWG) oder zu entscheidungsrelevanten Fehlvorstellungen des Kunden über die verglichenen Leistungen führen kann (§ 6 II Nr. 3-6 UWG).[507] Auch das Nachahmungsverbot des § 4 Nr. 9a UWG will entscheidungsrelevante Fehlvorstellungen der Kunden vermeiden.[508]

Ein besonders großer Teil der Regeln des UWG enthält also Irreführungs- und Täuschungsverbote sowie Transparenzgebote (und damit auch Informationspflichten) und dient damit der Sicherung einer rationalen Entscheidung des Verbrauchers.

---

502 Vgl. Hefermehl/Köhler/Bornkamm - Köhler § 4 Rn. 3.2.

503 RegE zum UWG BT-Drucks. 15/1487 S. 17 re. Sp. (zu § 4 Nr. 4 UWG) und S. 18 li. Sp. (zu § 4 Nr. 5 UWG); Hefermehl/Köhler/Bornkamm - Köhler § 4 Rn. 4.2 (zu § 4 Nr. 4 UWG) und § 4 Rn. 5.2 (zu § 4 Nr. 5 UWG).

504 RegE zum UWG BT-Drucks. 15/1487 S. 18 li. Sp.

505 RegE zum UWG BT-Drucks. 15/1487 S. 18 li. Sp.; Hefermehl/Köhler/Bornkamm - Köhler § 4 Rn. 6.2.

506 Henning-Bodewig in FS Tilmann S. 157; Beater, Verbraucherschutz und Schutzzweckdenken S. 170 (zu §§ 3, 14, 15 UWG a. F.).

507 Vgl. Hefermehl/Köhler/Bornkamm - Köhler § 6 Rn. 8.

508 Vgl. Hefermehl/Köhler/Bornkamm - Köhler § 4 Rn. 9.2.

V) Der Verbraucherschutz in der Schutzzwecktrias

1) Ineinandergreifen vom Schutz des Verbrauchers und Schutz des Wettbewerbs

a) Sicherung und Förderung des Allgemeininteresses am unverfälschten Wettbewerb

Der Verbraucherschutz durch Information im UWG darf nicht isoliert, sondern nur in seinen Wechselwirkungen mit den anderen Schutzzwecken betrachtet werden.

Nach der Schutzzweckklausel des § 1 UWG bedeutet Verbraucherschutz beispielsweise zugleich Schutz des Interesses der Allgemeinheit an einem unverfälschten Wettbewerb (vgl. § 1 Satz 2 UWG „zugleich“[509]). Dieser Schutz des Allgemeininteresses an einem unverfälschten Wettbewerb spiegelt sich auch in einer Gesamtschau der geschützten Interessen[510] (vgl. nur die Fallgruppe der allgemeinen Marktstörung) sowie der Klagebefugnis wider und war schon zum alten Recht weitestgehend anerkannt.[511]

Verbraucherschutz und Schutz des (unverfälschten) Wettbewerbs sind schon insofern miteinander verknüpft, als der Verbraucher ein wesentlicher Faktor für die Sicherung des freien Wettbewerbs ist. Dem Verbraucher kommt die zentrale Rolle der Leistungskontrolle der Marktgegenseite zu. Er ist Schiedsrichter des Wettbewerbs, weil er mit seiner Konsumentscheidung über die unternehmerische Leistung der Anbieter richtet und das bessere vom schlechteren Angebot trennt. Der Verbraucher ist der Brennpunkt der wettbewerblichen Auslese. Der Schutz der Konsumentensouveränität - insbesondere durch Sicherung der Markttransparenz - ist daher unabdingbare Voraussetzung für die Gewährleistung des freien Spiels der Kräfte auf dem Markt. Verbraucherschutz durch Information bedeutet also gleichzeitig Wettbewerbssicherung und damit auch Mitbewerberschutz.

Der Zusammenhang von lauterkeitsrechtlichem Verbraucherschutz, Wettbewerb und Wettbewerbsförderung durch Information liegt vor allem den europarechtlichen Vorgaben zugrunde, wonach der informierte Verbraucher als Werkzeug für die Vollendung des Binnenmarkts eingesetzt wird (vgl. o.[512]). Wie im Schuldrecht dienen auch die wettbewerbsrechtlichen EG-Richtlinien, welche durch nationale Verbraucher-

---

509 Vgl. Emmerich, UnlWb § 5 III 3, S. 82; einschränkend Fezer - Fezer § 1 Rn. 41.

510 Hönn, Klausurenkurs Rn. 56.

511 Hefermehl/Köhler/Bornkamm - Köhler § 1 Rn. 37; Baumbach/Hefermehl[22] Einl. Rn. 51 (zur a. F.).

512 Vgl. o. S. 32.

schutzvorschriften umgesetzt worden sind, in erster Linie dem „Errichten und Funktionieren des gemeinsamen Marktes" und bedienen sich als Instrument zu dessen Verwirklichung vorrangig der Information (Informationsmodell). Dies gilt besonders für die Richtlinie über irreführende und vergleichende Werbung,[513] welche mit § 5 UWG sogar teilweise wörtlich übernommen worden ist[514].

Das UWG bleibt damit nicht auf Sicherung der Lauterkeit des Wettbewerbs beschränkt, sondern seine Regelungen bewirken auch eine Wettbewerbsförderung. Dies gelingt nicht allein durch eine Rechtsvereinheitlichung auf europäischer Ebene, sondern durch das Ineinandergreifen von Verbraucherschutz und Verwirklichung des Binnenmarktes durch Information. Insofern gewinnt die Verwirklichung des Binnenmarktes durch das verbraucherschützende Informationsmodell mittelbar über den Verbraucherschutz nach § 1 Satz 1 UWG auch im Lauterkeitsrecht an Bedeutung.

Das UWG überschneidet sich aufgrund seiner wettbewerbssichernden Wirkung also mit dem Zweck des GWB,[515] in welchem die Sicherung des freien Wettbewerbs seinen Ausdruck gefunden hat.[516] Freiheit und Lauterkeit des Wettbewerbs sind „korrelative Postulate"[517] und untrennbar miteinander verwoben. Eine Brücke zum Schuldrecht ergibt sich hier daraus, daß die Lauterkeit des Wettbewerbs Funktionsvoraussetzung für das Privatrecht, nämlich die Privatautonomie ist. Nur der lauter (d. h. insbesondere frei von Täuschung und unsachlichem Einfluß) umworbene Kunde, kann seine Entscheidung selbstbestimmt frei treffen. Verbraucherschutz durch Wettbewerbsrecht ist daher die notwendige Vorstufe des vertragsrechtlichen Verbraucherschutzes. Hier wird der Rahmen für den schuldrechtlichen Schutz geschaffen, denn die Prinzipien der formalen Privatautomonie und der Freiheit des Wettbewerbs stehen als konstitutive Elemente der wirtschaftlichen Selbstbestimmung in einem sich gegenseitig bedingenden Verhältnis.[518] Umgekehrt ist freier Wettbewerb nur möglich, wenn Privatautonomie besteht, weil Abschluß- und Inhaltsfreiheit Voraussetzung für das Ausstechen von Konkurrenten ist. Als

---

513 Erwägungsgrund 1 der RL 84/450/EWG über irreführende und vergleichende Werbung (geändert durch 97/55/EG; abgelöst durch RL 2006/114/EG, dort Erwägungsgrund 2).

514 Vgl. BT-Drucks. 15/1487 S. 19 re. Sp.

515 Anmerkung: In diesem Zusammenhang geht es nur um die wettbewerbssichernde, nicht um eine möglicherweise wettbewerbsbeschränkende Wirkung des UWG. Hier ergeben sich also keine Konflikte mit den Wertungen des GWB.

516 Vgl. Emmerich, UnlWb § 5 III 3, S. 82.

517 Hefermehl/Köhler/Bornkamm – Köhler Einl. Rn. 6.11.

518 Dexl, Die wirtschaftliche Selbstbestimmung des Verbrauchers S. 9 und 554.

Beispiel sei auf den Zustand am Versicherungsmarkt vor der Deregulierung im Jahr 1994 hingewiesen.

Zivilrechtlicher Verbraucherschutz ergibt sich also - trotz unterschiedlicher Zielrichtungen - aus dem Funktionszusammenhang einer Gesamtordnung des wirtschaftlichen Wettbewerbs, die durch das Recht gegen Wettbewerbsbeschränkungen, das Lauterkeitsrecht und das Schuldrecht (ergänzt durch prozeßrechtliche Sondervorschriften, z. B. § 29c ZPO) geschaffen wird. Das Verbraucherrecht ist somit in wesentlichen Teilen in das Recht der Wirtschaftsordnung integriert.

b) Verbraucherschutz durch Sicherung des Allgemeininteresses an einem unverfälschten Wettbewerb

Umgekehrt sind das Allgemeininteresse am unverfälschten Wettbewerb und der Verbraucherschutz allein deshalb untrennbar miteinander verbunden, weil eine strikte Trennung des Allgemeininteresses und des Verbraucherinteresses schon rein praktisch nicht möglich ist. Der Verbraucher ist im Regelfall Nutznießer eines unverfälschten Wettbewerbs, weil Marktstörungen sich zu seinem Nachteil auswirken (vgl. o.[519]).[520] Intensiver Wettbewerb hingegen fordert zu einer Leistung heraus, welche dem Verbraucher zugute kommt.

Auch hat sich der Schutzzweck des Verbraucherschutzes aus dem Gedanken des Schutzes der Allgemeinheit entwickelt (vgl. o.[521]). Wettbewerb wird sich nur in seltenen Fällen gegen den Verbraucher richten, z. B. wenn ein Verdrängungswettbewerb und damit eine Verkleinerung des Angebots droht. Hier muß - wie etwa durch die Buchpreisbindung - regulierend eingegriffen werden (der lokale Buchhändler müßte sich sonst auf das gängige Programm beschränken, um hinreichende Verkaufszahlen zu erreichen).

c) Schlußfolgerungen

Der freie und lautere Wettbewerb sowie der Verbraucherschutz sind keineswegs Gegensätze, sondern stehen in einer intensiven Wechselbeziehung zueinander. Beide Postulate vervollständigen sich gegenseitig. Es besteht daher allein infolge der Sicherung des Wettbewerbs durch das Lauterkeitsrecht ein originärer Verbraucherschutz.

---

519 Vgl. o. S. 24.

520 Vgl. Henning-Bodewig in FS Tilmann S. 157; Lettl GRUR 2004, 449; Köhler/Lettl WRP 2003, 1019, 1033.

521 Vgl. o. S. 76 ff.

Der Wettbewerb ist das mildeste und gesamtwirtschaftlich positivste Instrument des Verbraucherschutzes. Wettbewerbsförderung sollte daher Vorrang vor anderen Schutzinstrumenten haben.

Einen Schutz des Verbrauchers vor Auswüchsen im Marktgeschehen und „schwarzen Schafen" kann der Wettbewerb natürlich keinesfalls ersetzen. Der Wettbewerb ist - entgegen dem Eindruck, den manche Vorgabe aus Brüssel vermitteln mag - kein Wundermittel zum Schutz des Verbrauchers. Dies gilt besonders im Hinblick auf Vorteile, welche sich der Verbraucher erhofft, die der Markt jedoch nicht hergibt (vgl. o. zur Buchpreisbindung[522]).

Als weitere Konsequenz hieraus muß bei der Auslegung des Wettbewerbsrechts darauf geachtet werden, daß der Wettbewerb und dessen Ausrucksformen nicht unnötig eingeschränkt werden, weil dies dem Verbraucher zum Nachteil gereichen würde.[523]

d) Ineinandergreifen vom Schutz des Verbrauchers und Schutz der Wettbewerber

Aus der besonderen Rolle des Verbrauchers als Schiedsrichter des Wettbewerbs (vgl. o.[524]) und der wettbewerbsfördernden Wirkung des Verbraucherschutzes ergibt sich, daß der Verbraucherschutz zugleich den Mitbewerbern dient. Kann der Verbraucher seine Schiedsrichterfunktion ungestört (also etwa frei von Täuschung etc.) ausüben, so kann sich der Anbieter mit der besseren Leistung nach den Gesetzen des Marktes durchsetzen. Sein Urteil ist dann nur das Urteil über die unternehmerische Leistung. Die Sicherung der Funktionsfähigkeit des Marktes durch Verbraucherschutz und Schutz der Mitbewerber stehen daher ebenfalls in Wechselwirkung. Dies gilt in besonderem Maße für die durch den Schutz vor Irreführungen zu sichernde Markttransparenz.[525]

Umgekehrt dient der Schutz der Mitbewerber mit der Möglichkeit der Konkurrentenklage dem Verbraucherschutz. Der Mitbewerber ist wegen seines unmittelbaren geschäftlichen Interesses und umfassender Kenntnis der Marktverhältnisse zugleich guter Sachwalter der Verbraucherinteressen.[526]

---

522 Vgl. o. S. 90.

523 Vgl. Beater; Verbraucherschutz und Schutzzweckdenken S. 155.

524 Vgl. o. S. 88.

525 Fezer - Peifer § 5 Rn. 43.

526 Drexl, Die wirtschaftliche Selbstbestimmung des Verbrauchers S. 299 (zum UWG a. F.).

2) Zwischenergebnis

Die verschiedenen Schutzzwecke des UWG lassen sich nicht sauber trennen, sondern stehen miteinander in vielfältigen Wechselwirkungen, so daß sie sich gegenseitig stützen und ergänzen. Keineswegs bilden die Interessen der Mitbewerber (Konkurrentenschutz), der Allgemeinheit und der Verbraucher einen Interessengegensatz. Es besteht eine Interessenkonformität der Schutzzwecke.[527]

Aus diesem Grunde ist es nicht zu begrüßen, daß sich die Richtlinie 2005/29/EG über unlautere Geschäftspraktiken[528] gem. Art. 3 Nr. 1 nur auf das Verhältnis Unternehmer-Verbraucher (B2C) bezieht. Hier sollte grundsätzlich eine Gesamtbetrachtung erfolgen und nur in begründeten Einzelfällen ein besonderer Schutz gewährt werden.

In der Interessenkonformität der Schutzzwecke im Lauterkeitsrecht liegt gleichzeitig der fundamentale Unterschied zum Schuldrecht. Während im Schuldrecht die Vertragsparteien entgegengesetzte Interessen verfolgen und auch nachvertragliche Pflichten bestehen, ist das Lauterkeitsrecht im Interesse aller Beteiligten auf die Sicherung der Schiedsrichterrolle des Verbrauchers fokussiert, welche grundsätzlich mit dem Vertragsschluß erlischt.[529]

VI) Instrumente des lauterkeitsrechtlichen Verbraucherschutzes

1) Verbot und Informationspflicht

Das klassische Instrument des Wettbewerbsrechts ist das Verbot (vgl. nur die Generalklausel des § 3 UWG, auf welche die §§ 4-7 UWG verweisen). Auch und gerade im UWG hat jedoch das „Informationsmodell" Einzug gehalten, so daß §§ 4 Nr. 4, 5 UWG nicht etwas verbieten, sondern dem Werbenden Informationspflichten auferlegen, wenngleich der Wortlaut des Gesetzes an der klassischen Verbotsformulierung („unlauter [...] handelt [...], wer") festhält. Inhaltlich wird jedoch nichts anderes als eine Informationspflicht über das Verbot des Verschweigens der Information konstruiert.

Ein allgemeines Informationsgebot für entscheidungsrelevante Umstände hat bislang keinen Eingang in das Gesetz gefunden. Angesichts der immer mehr zunehmenden Informationspflichten im Schuldrecht und der europarechtlichen Vorgaben schwimmt der Gesetzgeber damit gegen einen sich immer mehr abzeichnenden Trend hin zur Information zwecks Verbesserung des Markttransparenz. Diese zeigt sich nicht zu-

---

527 Harte-Bavendamm/Henning-Bodewig – Schünemann § 1 Rn. 41; Fezer – Fezer § 1 Rn. 19.

528 Zum Umsetzungsbedarf vgl. u. S. 368 ff.

529 Vgl. Alexander, Vertrag und unlauterer Wettbewerb S. 51.

letzt an der Informationspflicht des Art. 7 der RL 2005/29/EG über unlautere Geschäftspraktiken. Diese war bei Verabschiedung des UWG 2004 bereits in Vorbereitung. Der Gesetzgeber hat sich jedoch angesichts der Unwägbarkeiten des Brüsseler Vorhabens[530] und vermutlich auch wegen der nur kurzen Zeit zwischen Richtlinienvorschlag und Regierungsentwurf des UWG (2 Monate) bewußt gegen eine vorauseilende Umsetzung des Richtlinienvorschlages der Kommission vom 18.6.2003[531] entschieden.

2) Informationspflichten im UWG

Das UWG kennt - ebenso wie das bürgerliche Recht - einige ausdrückliche Informationspflichten zur Sicherung der Entscheidungsgrundlage für bestimmte Situationen (vgl. insb. § 4 Nr. 4, 5 UWG). Darüber hinaus gibt es einige Vorschriften, welche typischen Fehlvorstellungen des Verbrauchers vorbeugen (vgl. o.[532]; § 4 Nr. 7, 8 UWG; § 6 UWG; § 4 Nr. 9a UWG), ferner mittelbare Informationspflichten (z. B. § 4 Nr. 3 UWG) sowie das Verbot der Täuschung in Form der konkurrentenbezogenen Falschinformation[533] (§ 4 Nr. 8 UWG). Diese Normen sollen hier nicht näher behandelt werden.

Von besonderer allgemeiner Bedeutung sind nämlich die mittelbaren Pflichten zur Information, welche sich aus den (kleinen) Generalklauseln (§ 4 Nr. 1, 3. Alt. und § 5 II 2 UWG) ergeben. Diese verbieten eine Täuschung bzw. Irreführung des Kunden und gebieten damit umgekehrt eine Information, wenn in einer Wettbewerbshandlung oder Werbung sonst eine Täuschung bzw. Irreführung zu sehen wäre.

Eine Trennung zwischen Gebot (Informationspflicht) und Verbot (Verbot der Täuschung) läßt sich hier nicht durchhalten. So ist für einen Verstoß gegen § 5 II 2 UWG einerseits eine Irreführung durch Werbung, andererseits aber ein Unterlassen erforderlich. Die Irreführung setzt notwendig eine Werbung und damit ein positives Tun voraus, wohingegen sich der eigentliche Verstoß in einem Unterlassen erschöpft. Es ist handelt sich daher faktisch um Gebote in Form mittelbarer Informationspflichten.

---

530 RegE zum UWG BT-Drucks. 15/1487 S. 12 li. Sp.

531 KOM (2003) 356 (endg.).

532 Vgl. o. S. 86 f.

533 Beater; Verbraucherschutz und Schutzzweckdenken S. 170 (zu §§ 3, 14, 15, UWG a. F.).

3) Das Verhältnis von vertraglichem und lauterkeitsrechtlichem Verbraucherschutz

Trotz der zunehmenden Durchsetzung der schuldrechtlichen Normen mit Hilfe des Lauterkeitsrechts (vgl. o.[534]) und einer Überschneidung der Schutzzwecke haben das Schuldrecht und das Lauterkeitsrecht unterschiedliche Blickwinkel. Während das Schuldrecht das individuell-konkrete Verhältnis der Parteien regelt, betrifft das UWG als Marktverhaltensrecht[535] das wettbewerbliche, generell-abstrakte Verhältnis zwischen Verbraucher und Unternehmer durch Statuierung von Unternehmerpflichten (vgl. o.[536]). Das Schuldrecht ist auf individuellen und das Wettbewerbsrecht auf kollektiven Schutz der Verbraucher angelegt. So konstatiert das UWG zwar Pflichten des Unternehmers gegenüber Verbrauchern, jedoch keine konkreten Rechte des Verbrauchers in Form eines Anspruchs i. S. d. § 194 I BGB. Ansprüche können nur die Anspruchsberechtigten i. S. d. § 8 UWG geltend machen (dazu noch u.[537]). Auch geht der Schutzweck des UWG mit dem Schutz der Mitbewerber und der Allgemeinheit über denjenigen des Schuldrechts hinaus. Schuldrecht und Wettbewerbsrecht regeln also unterschiedliche Interessenkonflikte.

Die Abgrenzung von Schuldrecht (insb. vom allgemeinem Deliktsrecht) und Lauterkeitsrecht erfolgt über das Merkmal der Wettbewerbshandlung i. S. d. § 2 I Nr. 1 UWG.[538] Die Eröffnung des Anwendungsbereichs des Vertragsrechts bestimmt sich hingegen grundsätzlich nach § 311 II BGB, wobei diese Grenze durch einige lauterkeitsrechtliche Normen im Katalog der schuldrechtlichen Vorschriften verschwimmt. Auch das Rechtsfolgeninstrumentarium ist infolge der unterschiedlichen Schutzzwecke von UWG und BGB unterschiedlich. Mithin haben schuldrechtlicher und lauterkeitsrechtlicher Verbraucherschutz grundsätzlich nur teilkongruente Schutzzwecke sowie andere Voraussetzungen und andere Rechtsfolgen. Die beiden Rechtsbereiche stehen also nicht im Verhältnis der Spezialität zueinander, sondern ergänzen sich in paralleler Anwendbarkeit. Entgegen einer in der Rechtsprechung[539] vertretenen Auffassung verbietet es sich aus diesem Grunde, einen lauterkeitsrechtlichen Schutz mit der Begründung zu verneinen, daß sich über das

---

534 Vgl. o. S. 65 ff.

535 RegE zum UWG BT-Drucks. 15/1487 S. 15 re. Sp. (zu § 1 UWG).

536 Vgl. o. S. 89.

537 Vgl. u. S. 99 ff.

538 Alexander, Vertrag und unlauterer Wettbewerb S. 56 ff. und 278 (zur alten Rechtslage); Lettl, UnlWb Rn. 72; Hefermehl/Köhler/Bornkamm - Köhler § 2 Rn. 3.

539 OLG Oldenburg GRUR-RR 2004, 209, 210 – Mittelmeerkreuzfahrt.

Schuldrecht ein hinreichender Schutz des Verbrauchers gewähren läßt. Dies widerspräche der kompetitiven Ausrichtung des UWG ebenso, wie es der individuell konkreten Ausrichtung des Schuldrechts entgegenliefe, auf den Schutz nach UWG zu verweisen.[540]

Auch ist es nicht widersprüchlich, wenn das Vertragsrecht und das Lauterkeitsrecht zu unterschiedlichen Bewertungen desselben Sachverhaltes kommen.

Allerdings können wegen der teilweisen Schutzzweckparallelität der Rechtsgebiete bestimmte Wertungen auf das jeweils andere Rechtsgebiet übertragen werden. So ist besonders die Sicherung der freien Entscheidung für beide Rechtsgebiete zentrales Anliegen. Nur die freie Verbraucherentscheidung birgt die Gewähr für die materielle Richtigkeit des Vertrages sowie für die Marktentscheidung nach den Gesetzen des Wettbewerbs gemäß der „Schiedsrichterfunktion“ des Verbrauchers. Es besteht daher eine Parallele im Schutz des Entscheidungsprozesses und der Entscheidungsgrundlage. Auch ist beiden Rechtsgebieten das Informationsmodell gemein.

VII) Die besondere Bedeutung der Information für den Verbraucherschutz im Wettbewerbsrecht

1) Wettbewerb als Kommunikationsprozeß

Der Zusammenhang von Verbraucherschutz und Schutz des Wettbewerbs ist im Hinblick auf das Schutzinstrument der Information deshalb von besonderem Interesse, weil sich Wettbewerb und damit der Verbraucherschutz gerade durch Information fördern lassen (vgl. o.[541]). Das Wettbewerbsrecht ist also der Ort schlechthin, um ideale Rahmenbedingungen für den Verbraucher und die Entfaltung des Wettbewerbs durch Information zu schaffen.

Information schafft die Voraussetzungen für ein souveränes Konsumentenverhalten und wirkt sich damit positiv auf den Wettbewerb nach Leistung und damit auf ein effizientes Güter- und Dienstleistungsangebot aus. Information hat gesamtwirtschaftlich positive Effekte für sämtliche Beteiligten: den Verbraucher, den Unternehmer und die Allgemeinheit. Information (z. B. durch Werbung) ist Mittel des Leistungswettbewerbs.[542] Dies wird besonders deutlich, wenn man sich die ökonomische Funktionsweise des wettbewerblichen Prozesses vor Augen führt. Dieser erschöpft sich nämlich nicht in einer Transaktion von Waren oder sonstigen Leistungen. Betrachtet man den Wettbewerb

---

540 Vgl. Eppe WRP 2005, 808, 812; vgl. Steinbeck GRUR 2005, 15, 18 Fußnote 41 a. E.

541 Vgl. o. S. 24 und 65.

542 Fezer - Peifer § 5 Rn. 43.

aus einer prozessualen Sichtweise (prozessual im Sinne der zeitlichen Abfolge), so zeigt sich, daß sich der Prozeß des Wettbewerbs im wesentlichen als Austausch von Informationen, d. h. Kommunikation, darstellt.[543] Fehlt die Information seitens der Konkurrenten oder der Marktgegenseite, so scheidet ein „Sich-um-die-Wette-Bewerben" im Sinne eines Gegeneinander schon begrifflich aus[544], weil es am Wissen um die Konkurrenzsituation fehlt.[545] Kommunikation zwischen Angebots- und Nachfragerseite ist zwingende Voraussetzung des Wettbewerbs, weil nur so das erforderliche Wissen über die Beschaffenheit des Angebots und des Bedarfs erlangt wird.[546] Der Wettbewerb stellt sich somit als „institutionalisierter Kommunikationsprozeß"[547] dar. Die Informationsströme werden zur „invisible hand"[548] des autonomen Steuerungsprozesses des Wettbewerbs.[549] Voraussetzung für einen funktionsfähigen und möglichst agilen Wettbewerb ist also eine hohe Markttransparenz, d. h. ein hoher Informationsstand. Dies liegt – mehr oder weniger unausgesprochen – dem Informationsmodell und den europarechtlichen Vorgaben zugrunde (vgl. nur das Recht auf Information nach Art. 153 EG). Hinter dem Informationsmodell „versteckt" sich also nicht zuletzt Verbraucherschutz durch Wettbewerb, was zeigt, wie eng schuld- und lauterkeitsrechtlicher Verbraucherschutz durch Information ineinandergreifen.

Das darf jedoch keinesfalls so mißverstanden werden, daß der im Schrifttum[550] geforderte Paradigmenwechsel weg vom Verbot und hin zur Information bereits erfolgt wäre. Einen solchen hat der Gesetzgeber bei der Reform von 2004 vielmehr ausdrücklich abgelehnt.[551] Das UWG trägt jedoch – besonders aufgrund der europarechtlichen Vorgaben – über

---

543 Keßler/Micklitz, Die Harmonisierung des Lauterkeitsrechts S. 18; Micklitz/Keßler WRP 2003, 919, 921; Keßler WRP 1990, 72, 74.

544 Keßler WRP 1990, 72, 74.

545 Keßler/Micklitz, Die Harmonisierung des Lauterkeitsrechts S. 18.

546 Micklitz/Keßler WRP 2003, 919, 921.

547 Micklitz/Keßler WRP 2003, 919, 921.

548 A. Smith, Wealth of Nations, 1776, deutsch von Recktenwald, Wohlstand der Nationen S. 371.

549 Keßler WRP 1990, 72, 74; Micklitz/Keßler, Die Harmonisierung des Lauterkeitsrechts S. 19; Anmerkung: Hiermit soll keine Aussage in Bezug auf die in der Wissenschaft diskutierten Wettbewerbskonzepte – insb. das des „workable competition" und das „Freiheitskonzept" – getroffen werden. Einen kurzen Überblick über die diskutierten Wettbewerbkonzeptionen liefern Hefermehl/Köhler/Bornkamm – Köhler Einl. Rn. 1.11 und Fezer – Fezer E Rn. 68 ff.

550 Fezer – Fezer E Rn. 104 ff.; Fezer WRP 2003, 127, 142; Keßler/Micklitz, Die Harmonisierung des Lauterkeitsrechts S. 67 ff.; Beater, Verbraucherschutz und Schutzzweckdenken S. 155.

551 Vgl. RegE zum UWG BT-Drucks. 15/1487 S. 20 li. Sp.

seine Wurzeln als Sonderdeliktsrecht[552] hinaus - erste Züge eines Rechts der Marktkommunikation. Nicht zuletzt die Richtlinie 2005/29/EG über unlautere Geschäftspraktiken zeigt bereits jetzt neue Impulse in diese Richtung, welche auch in deutsches Recht umzusetzen sind. Das Lauterkeitsrecht löst sich - ebenso wie das Vertragsrecht - von einem Verständnis sozialrechtlicher Verhaltensstandards[553] (vgl. o.[554]) und bewegt sich hin zu einer kompetitiven Ausrichtung und damit einhergehend zum Konzept des mündigen Verbrauchers als Souverän des Marktes.

2) Umsetzung im UWG

Erste Aufgabe eines Lauterkeitsrechts ist es daher, einen lauteren Informationsprozeß zu gewährleisten, wobei die Anforderungen mit dem zunehmenden Ausbau des Binnenmarktes wachsen. Je größer der Markt, desto größer ist die Zahl der Angebote und desto größer ist der Wettbewerb und desto größer ist damit auch das Informationsbedürfnis.

Zentraler Aspekt des Lauterkeitsrechts ist daher der Wahrheitsgrundsatz,[555] welcher sich vornehmlich in den Verboten der Täuschung (§ 4 Nr. 1, 3. Alt. UWG) und der Irreführung (§ 5 UWG) widerspiegelt. Informationspflichten ergeben sich - mit Ausnahme der speziellen Informationspflichten für Situationen, in denen der Gesetzgeber einen erhöhen Informationsbedarf gesehen hat (§§ 4 Nr. 4, 5 UWG)[556] - im UWG hauptsächlich aus diesen Verboten.

Dabei wird gerade an § 5 II 2 UWG deutlich, daß viele schuldrechtliche (Informations-)Vorschriften und das Lauterkeitsrecht insofern die gleiche Schutzrichtung haben, als die Sicherung der Entscheidungsgrundlage der Marktgegenseite durch eine Pflicht zur Angabe vertragswesentlicher (= entscheidungsrelevanter) Informationen gesichert wird. § 5 II 2 UWG stellt auf diese ausdrücklich ab. Ähnlich verbietet § 4 Nr. 1, 3. Alt. UWG eine Täuschung durch das Verschweigen von Tatsachen, wenn dies einen unangemessenen unsachlichen Einfluß auf die Entscheidungsfreiheit darstellt.

---

552 Köhler GRUR 2003, 265, 267.

553 Vgl. etwa Hefermehl/Köhler/Bornkamm - Köhler § 1 Rn. 1; Fezer - Fezer § 1 Rn. 13; HK WettbR - Kippel/Brämer § 1 Rn. 2; Harte-Bavendamm/Henning-Bodewig - Schünemann § 1 Rn. 4; GK - Schünemann Einl. C 7; Eppe WRP 2005, 808, 810; krit. zur Figur des sozialrechtlichen Einschlages Samwer GRUR 1969, 326 ff.

554 Vgl. o. S. 76.

555 Fezer - Peifer § 5 Rn. 1.

556 RegE zum UWG BT-Drucks. 15/1487 S. 20 li. Sp.

3) Unterschiede zum schuldrechtlichen Verbraucherschutz

Gleichzeitig wird an diesen Vorschriften auch der entscheidende grundsätzliche Unterschied zwischen Lauterkeitsrecht und den Informationspflichten des Schuldrechts deutlich: Das UWG verbietet nur Falschinformation und statuiert damit nur eine mittelbare Pflicht zur Information. Damit wird nur verhindert, daß durch unlauteres Verhalten zusätzliche Marktintransparenz geschaffen wird. Hingegen zielt das Gros der vertragsrechtlichen Informationspflichten darauf, von vornherein bestehende Marktintransparenzen abzubauen, d. h. die Markttransparenz zu erhöhen und nicht lediglich die Schaffung von Intransparenz zu verhindern. Es bleibt aus lauterkeitsrechtlicher Sicht also grundsätzlich dabei, daß der Verbraucher selbst gehalten ist, sich einen Marktüberblick zu verschaffen. Vertragsrechtlich würde man sagen, daß ihn eine „Informationsbeschaffungsobliegenheit" trifft. Hieraus resultiert ein recht begrenzter Schutzumfang, der im Vergleich zu den schuldrechtlichen Pflichten nur einen Minimalschutz darstellt.[557] Die o. g.[558] Defizite des Verbrauchers im wettbewerblichen Austauschprozeß, welche Verbraucherschutz rechtfertigen (vgl. o.[559] zum Schlagwort der „strukturellen Unterlegenheit" des Verbrauchers), werden nicht behoben, weil Defizite im Wissen des Verbrauchers nicht abgebaut werden, sondern lediglich verhindert wird, daß diese verschlimmert oder täuschungsgleich ausgenutzt werden. Dies ist in der Literatur ebenso als unbefriedigend kritisiert worden[560] wie die nur abstrakte Wirkungsweise des Lauterkeitsrechts.[561] (Zu der damit einhergehenden Forderung nach einem Vertragslösungsrecht des Verbrauchers vgl. noch u.[562]).

Ein weiterer Unterschied zwischen Schuld- und Lauterkeitsrecht ergibt sich daraus, daß die schuldrechtlichen Informationspflichten (insb. solche aus c.i.c.) vielfach vom individuell erkennbaren Beratungsbedarf abhängen, wohingegen das Lauterkeitsrecht abstrakt an das Publikum anknüpft. Dieser Unterschied wird durch die (zumindest teilweise) abstrakt-generellen Informationspflichten im BGB und UWG jedoch verwischt.[563]

Auch kennt das Schuldrecht im Rahmen der Bestimmung einer Aufklärungspflicht nur in Teilen – nämlich im Rahmen der Aufklärungspflich-

---

557 Vgl. Kemper, Verbraucherschutzinstrumente S. 176.

558 Vgl. o. S. 11 ff.

559 Vgl. o. S. 6 ff.

560 Keßler/Micklitz, Die Harmonisierung des Lauterkeitsrechts S. 68; Kemper, Verbraucherschutzinstrumente S. 176.

561 Kemper, Verbraucherschutzinstrumente S. 184.

562 Vgl. S. 100 und 105.

563 Vgl. u. S. 94 ff.

ten aus c.i.c. - eine Interessenabwägung, wie sie im Lauterkeitsrecht bei § 5 II 2 UWG vorzunehmen ist[564] und über die Generalklausel des § 3 UWG auch in andere Tatbestände hereingelesen werden könnte.

4) Zwischenergebnis

Als Zwischenergebnis ist festzuhalten, daß die Information das zentrale Element des Lauterkeitsrechts ist, weil sich der Wettbewerb als institutionalisierter Kommunikationsprozeß darstellt. Die Sicherung der zutreffenden Information des Verbrauchers dient, bedingt durch Wechselwirkungen, gleichermaßen dem Verbraucher- und Konkurrentenschutz wie - im Einklang mit europarechtlichen Vorgaben - der Förderung des Wettbewerbs. Information als wettbewerbsimmanentes Instrument ist das mildeste und zugleich gesamtwirtschaftlich positivste Mittel des Verbraucherschutzes.

5) Sanktionsinstrumentarium

a) Keine schuldrechtlichen Sanktionen kraft §§ 8 ff. UWG

Nach traditioneller - wenngleich schon länger umstrittener[565] - Auffassung stehen dem Verbraucher allein wegen einer Verletzung von Vorschriften des UWG keine eigenen Rechte zu. Bis zur Reform von 2004 hatte der Verbraucher allerdings nach § 13a UWG a. F. ein Rücktrittsrecht bei strafbaren unwahren und irreführenden Werbeangaben. Nachdem dieses ersatzlos gestrichen wurde, weil es in der Praxis keine Relevanz erlangt hatte,[566] billigt das UWG selbst dem Verbraucher mit den §§ 8 ff. nun keinerlei eigene Rechte mehr zu.

b) Ansprüche nach BGB?

(1) Ansatz der Gesetzesbegründung

Nachdem das UWG selbst den Verbrauchern keine Ansprüche zugesteht, kommen wegen der Verletzung von Vorschriften des UWG grundsätzlich nur Ansprüche auf Grundlage der Vorschriften des BGB in Frage. Schon vor der Reform von 2004 wurde eine Anspruchsberechtigung der Verbraucher in zweierlei Hinsicht diskutiert. Einerseits ist daran zu denken, ob dem Verbraucher nicht ein individueller Schadensersatzan-

---

564 Vgl. zur Interessenabwägung noch u. S. 150 ff. und 243 sowie S. 308, 324 ff. und 347.

565 Vgl. etwa Sack NJW 1975, 1303, 1305 ff.

566 RegE zum UWG BT-Drucks. 15/1487 S. 14 re. Sp.; zust. Piper/Ohly - Ohly Einl. Rn. 68; schon vor der Reform von 2004 Köhler GRUR 2003, 265, 266; Köhler/Piper - Köhler § 13a Rn. 1.

spruch aus § 823 II BGB i. V. m. dem UWG oder - noch weitergehend - in teleologischer Erweiterung des § 9 UWG[567] direkt kraft UWG zustehen kann. Andererseits wurde im Rahmen der Reformbestrebungen vor 2004 lebhaft erörtert, ob dem Verbraucher nicht ein neu zu schaffendes, verschuldensunabhängiges Vertragslösungsrecht einzuräumen ist, das neben etwaige Rechte des Verbrauchers aus dem BGB treten sollte.[568]

Der Gesetzgeber hat im Rahmen der Reform von 2004 beide Ansätze in der Begründung zum Regierungsentwurf verworfen. Eines Vertragslösungsrechtes bedürfe es nicht, weil der Verbraucher schuldrechtlich und durch das von der Rechtsprechung entwickelte Durchführungsverbot[569] ausreichend geschützt sei.[570] Es seien derzeit keine Konstellationen erkennbar, in welchen ein Verbraucher gegen sein schutzwürdiges Interesse an der Erfüllung eines unlauter zustande gekommenen Vertrages festgehalten würde.[571]

Im Hinblick auf Schadensersatz seien die Vorschriften UWG abschließend, weshalb für eine Anwendung des § 823 II BGB - mit Ausnahme von Verstößen gegen die Strafvorschriften der §§ 16-19 UWG - kein Raum bleibe.[572] Der abschließende Charakter des UWG sei dem hohen Schutzniveau geschuldet.[573] Die Anerkennung individueller Rechte der Verbraucher berge angesichts dieses hohen Schutzniveaus die Gefahr unbegründeter Klagen durch Verbraucher und damit eines Standortnachteils durch die damit verbundene wirtschaftliche Belastung.[574]

Dies entspricht im Ergebnis der bisherigen Ablehnung einer Anwendung des § 823 II BGB durch die Prüfzeichen-Entscheidung des BGH,[575]

---

567 Hierfür Fezer - Koos § 9 Rn. 3.

568 Hierfür dezidiert Fezer WRP 2003, 127; in diese Richtung auch Sack BB 2003, 1073, 1078 f.; Keßler/Micklitz, Verbraucherschutz im Lauterkeitsrecht der EU-Mitgliedstaaten und E. Müller, EU-Harmonisierung des Wettbewerbsrechts - Chancen und Risiken aus Sicht der Verbraucher, jeweils auf der Konferenz des vzbv am 31.10.2002 in Berlin, abrufbar unter http://www.vzbv.de/mediapics/1036052857Statements_UWG_Tagung_10_2002.pdf.

569 BGH GRUR 1994, 126 - Folgeverträge I.

570 RegE zum UWG BT-Drucks. 15/1487 S. 14 f.

571 RegE zum UWG BT-Drucks. 15/1487 S. 14 re. Sp.

572 RegE zum UWG BT-Drucks. 15/1487 S. 22 li. Sp.

573 RegE zum UWG BT-Drucks. 15/1487 S. 22 li. Sp.

574 RegE zum UWG BT-Drucks. 15/1487 S. 22 li. Sp.; krit. Keßler WRP 2005, 264, 272; krit. mit Blick auf die abweichende Rechtslage nach Schweizerischem UWG Lehmann in FS Schricker (2005) S. 80; kritisch mit Blick auf das österreichische Recht und schweizerische Recht Sack in FS Ullmann (2006) S. 844.

575 BGH GRUR 1975, 150 f. - Prüfzeichen (zu § 13 UWG a. F.).

der das Sanktionsinstrumentarium des UWG a. F. im Hinblick auf Verstöße gegen selbiges für abschließend gehalten hat.

Diese gesetzgeberischen Entscheidungen sind nicht ohne Kritik geblieben, wobei primär drei Argumentationsstränge nachzuzeichnen sind. Erstens wird mit dem Schutzzweck des UWG argumentiert[576] und zweitens darauf hingewiesen, die Begründung im Regierungsentwurf sei nicht tragfähig.[577] Drittens wird die Frage aufgeworfen, ob das Schuldrecht nicht Schutzlücken aufweise.[578]

(2) Schutzzweck des UWG und Gesetzesbegründung

(a) Ansätze der Literatur

Schon zum alten UWG wurde vertreten, der Verbraucher könne individuelle Ansprüche gem. § 823 II BGB i. V. m. UWG geltend machen, weil nicht nur die Verbraucher in ihrer Gesamtheit, sondern auch der einzelne Verbraucher durch die §§ 1, 3 UWG a. F. geschützt würden.[579] Diese Auffassung hat mit der ausdrücklichen Anerkennung des Verbraucherschutzes durch § 1 UWG i. F. d. von 2004 neuen Aufwind erhalten. Eine Vielzahl von Stimmen in der Literatur geht davon aus, eine teleologische Auslegung vor dem Hintergrund des mit der Reform ausdrücklich angestrebten[580] gleichberechtigten Schutzes von Mitbewerbern und Verbrauchern ergebe, daß die Vorschriften des UWG als Schutzgesetze i. S. d. § 823 II BGB zu interpretieren seien.[581] Unerheblich sei insoweit, daß die Regierungsbegründung Ansprüche nach § 823 II BGB ausdrücklich ablehne, denn dies habe im Gesetz keinen ausreichenden Niederschlag

---

576 Säcker WRP 2004, 1199, 1219 f.; Sack GRUR 2004, 625, 629 f.; Keßler WRP 2005, 264, 273; Sack BB 2003, 1073, 1079 f.; Augenhofer WRP 2006, 169, 176; Wimmer-Leonhardt GRUR 2004, 12, 20; Fezer – Koos § 9 Rn. 3; Sack NJW 1975, 1303, 1305 ff.; Schricker GRUR 1974, 579, 580 f.; Lehman FS Schricker S. 80 f.; Sack FS Ullmann (2006) S. 844; Emmerich, UnlWb § 14 VIII 2 b) S. 295.

577 Augenhofer WRP 2006, 169, 176; Keßler WRP 2005, 264, 273; Sack GRUR 2004, 625, 630; Säcker WRP 2004, 1199, 1219; Sack FS Ullmann (2006) S. 844; Lehmann in FS Schricker (2005) S. 80.

578 Augenhofer WRP 2006, 169, 176 (§ 823 II BGB); Fezer WRP 2003, 127 ff. (zum Vertragslösungsrecht).

579 Sack NJW 1975, 1303, 1305 ff.; Schricker GRUR 1974, 579, 580 f.

580 RegE zum UWG BT-Drucks. 15/1487 S. 16 li. Sp.

581 Säcker WRP 2004, 1199, 1219 f.; Sack GRUR 2004, 625, 629 f.; Keßler WRP 2005, 264, 273; Sack BB 2003, 1073, 1079 f.; Augenhofer WRP 2006, 169, 176; Wimmer-Leonhardt GRUR 2004, 12, 20; Fezer – Koos § 9 Rn. 3; Lehman FS Schricker S. 80 f.; Sack FS Ullmann (2006) S. 844; Emmerich, UnlWb § 14 VIII 2 b) S. 295.

gefunden.[582] Wenn die Begründung in sich widersprüchlich einerseits einen mit den Mitbewerbern gleichwertigen Schutz proklamiere und diesen an anderer Stelle verneine, habe die Auslegung nach dem Wortlaut und nach dem Sinn und Zweck des Gesetzes im o. g. Sinne Vorrang vor der Heranziehung der Gesetzesmaterialien.[583] Insbesondere sei auch die gesetzgeberische Begründung für einen Ausschluß von Verbraucheransprüchen aus § 823 II BGB nicht tragfähig. Im europäischen Vergleich könne keineswegs von einem besonders hohen Schutzniveau gesprochen werden,[584] zumal die UWG-Reform ausdrücklich (auch) eine Liberalisierung angestrebt habe.[585] Eine Welle unberechtigter Klagen sei nicht zu befürchten, denn schon länger bestehende vergleichbare Regelungen im Ausland hätten keine derartigen Auswirkungen gezeitigt.[586] Weiter könne § 9 UWG nicht mit der Regierungsbegründung als abschließende Sonderregelung aufgefaßt werden, denn es handele sich bei der Regelung des § 9 UWG um eine Erweiterung der deliktischen Anspruchsberechtigung auf außerhalb des direkten Schutzbereichs der verletzten Norm liegende Konkurrenten.[587] Auch sei § 9 UWG schon deshalb nicht abschließend, weil bei Verstößen gegen die §§ 16-19 UWG auch mit der Regierungsbegründung Ansprüche aus § 823 II BGB in Frage kämen und weil ohnehin weitere zivilrechtliche Ansprüche (c.i.c., §§ 823 I i. V. m. § 1004 BGB analog) in Frage kämen.[588] Auch nütze dem Verbraucher das hohe Verbraucherschutzniveau nichts, wenn er dieses nicht durchsetzen könne.[589]

(b) Stellungnahme

Der Kritik im Schrifttum ist zuzugestehen, daß die Regierungsbegründung nicht vollauf überzeugt. So bleibt offen, warum eine Klagewelle bei wettbewerbsrechtlichen Individualansprüchen zu befürchten sei, die bei den – wie die Regierungsbegründung im gleichen Atemzug meint – ausreichend vorhandenen schuldrechtlichen Individualansprüchen aus-

---

582 Emmerich, UnlWb § 14 VIII 2 b) S. 295; Augenhofer WRP 2006, 169, 176; Keßler WRP 2005, 264, 273.

583 Augenhofer WRP 2006, 169, 176; Keßler WRP 2005, 264, 273.

584 Sack GRUR 2004, 625, 630.

585 Augenhofer WRP 2006, 169, 1219 unter Verweis auf RegE zum UWG BT-Drucks. 15/1497 S. 12 und 15; Augenhofer WRP 2006, 169, 176.

586 Sack FS Ullmann (2006) S. 844 (zum österreichischen und schweizerischen Recht); Lehmann in FS Schricker (2005) S. 80 (zum schweizerischen Recht)

587 Säcker WRP 2004, 1199, 1219.

588 Sack FS Ullmann (2006) S. 844.

589 Sack GRUR 2004, 625, 630; Augenhofer WRP 2006, 169, 176.

bleiben soll.[590] Allein die Bedeutungslosigkeit des § 13a UWG a. F. weist nicht auf eine sehr maßvolle Durchsetzung wettbewerbsrechtlicher Individualansprüche durch die Verbraucher hin, weil § 13a UWG a. F. an vergleichsweise strenge Voraussetzungen geknüpft war.[591]

Ungeachtet dessen sind die Vorschriften des UWG nach allgemeinen Regeln nur dann Schutzgesetze i. S. d. § 823 II BGB, wenn sie nicht nur dem Schutz der Allgemeinheit dienen sollen, sondern auch darauf gerichtet sind, gerade Einzelpersonen oder Personengruppen gegen die Verletzung ihrer individuellen Rechtsgüter zu schützen.[592] Maßgeblich ist dabei nur die Intention des Gesetzgebers. Es kommt nicht auf die Wirkung, sondern auf Inhalt und Zweck des Gesetzes sowie darauf an, ob der Gesetzgeber bei Erlaß des Gesetzes gerade einen Rechtsschutz, wie er wegen der behaupteten Verletzung in Anspruch genommen wird, zugunsten von Einzelpersonen oder bestimmten Personenkreisen gewollt oder doch mit gewollt hat.[593] Das Schutzsubjekt muß also nicht zwingend auch Anspruchssubjekt sein.[594] Hiernach muß mit der in der Literatur vertretenen Ansicht unter Überwindung der ausdrücklichen Absage der Gesetzesbegründung an derartige Individualansprüche aus der Schutzzeckbestimmung des § 1 UWG auf den Schutzzweckcharakter der UWG-Vorschriften geschlossen werden können.

Ob die Prämisse zutreffend ist, die mit der Reform von 2004 eingeführte Schutzzweckbestimmung des § 1 UWG erfordere es nun zwingend, die Vorschriften des UWG als Schutzgesetz i. S. d. § 823 II BGB anzusehen oder gar § 9 UWG analog auf Verbraucher anzuwenden, ist jedoch zweifelhaft. Die Schutzzwecktrias ist nämlich keineswegs neu, sondern lediglich erstmals ausdrücklich normiert worden.[595] Auch die Ausführungen in der Regierungsbegründung, es solle ein „Modell eines gleichberechtigten Schutzes der Mitbewerber, der Verbraucher und der Allgemeinheit“[596] geschaffen werden, lassen keinen dahingehenden zwingenden Schluß zu. Der Gesetzgeber erläutert nämlich an anderer Stelle, er habe mit § 1 UWG lediglich die Schutzzecktrias, wie sie bislang in der Rechtsprechung anerkannt war, fixieren und gerade keine Erweiterung herbeiführen wollen.[597] Unter gleichberechtigtem Schutz kann daher auch ver-

---

590 Oppermann/Müller GRUR 2005, 280, 285; a. A. MüKo UWG – Fritzsche § 9 Rn. 48.

591 Anders jedoch Oppermann/Müller GRUR 2005, 280, 285.

592 BGH NJW 2004, 1949; BGH NJW 2004, 356, 357.

593 St. Rspr. BGH NJW 2004, 1949; BGH NJW 2004, 356, 357.

594 Oppermann/Müller GRUR 2005, 280, 285.

595 Vgl. o. S. 76 ff.

596 RegE zum UWG BT-Drucks. 15/1487 S. 16 li. Sp.; vgl. auch S. 1.

597 RegE zum UWG BT-Drucks 15/1487 S. 15 re. Sp.

standen werden, daß der Verbraucherschutz durch das UWG nicht bloßer Rechtsreflex sein soll. Auch zwingt die Formulierung des § 1 UWG, der allgemein von Verbraucherinnen und Verbrauchern spricht, nicht dazu anzunehmen, das UWG bezwecke wie das BGB konkret-individuellen Verbraucherschutz und nicht lediglich einen abstrakt-generellen Schutz der Verbraucher in ihrer Gesamtheit. Die Schutzzweckbestimmung selbst trifft nämlich keine Aussage darüber, auf welche Art und Weise der Verbraucherschutz - mit Individualansprüchen oder nicht - durchgesetzt werden soll.[598] Besonders gilt zu bedenken, daß das UWG seiner Entwicklung nach abstrakt-generelles Marktverhaltensrecht ist (vgl. o.[599]). So fordert § 3 UWG eine nicht nur unerhebliche Beeinträchtigung des Wettbewerbs (Erheblichkeitsschwelle), bei der es ausweislich der Regierungsbegründung[600] auf Faktoren wie die Anzahl der betroffenen Marktteilnehmer und die Wiederholungsgefahr ankommen soll. Beide Gedanken sind dem Schadensersatzrecht fremd. Daß das UWG nicht jede konkret-individuelle Handlung eines Marktteilnehmers dem Wettbewerbsrecht unterstellen will zeigt auch, daß gem. § 1 Satz 2 UWG *zugleich* mit dem Schutz von Mitbewerbern, Verbrauchern und sonstigen Marktteilnehmern das Allgemeininteresse an einem unverfälschten Wettbewerb geschützt werden soll.[601] Das UWG ist daher marktfunktional auszulegen. Es dient dem Verbraucherschutz, indem es die wirtschaftlichen Voraussetzungen der Selbstbestimmung des Verbrauchers sichert.[602] Anders als bei den speziellen schuldrechtlichen Verbraucherschutzvorschriften geht es dem Wettbewerbsrecht nicht um eine konkrete Situation des Vertrags- bzw. Wettbewerbsversagens, sondern das UWG gilt zugunsten eines jeden Marktteilnehmers.[603] Die vom konkret-individuellen Schuldrecht abweichende Schutzrichtung des UWG wird auch an verschiedenen präventiv wirkenden Tatbeständen deutlich. So ist für eine Irreführung i. S. d. § 5 UWG keine tatsächliche Irreführung erforderlich, sondern der Tatbestand ist bereits bei Handlungen erfüllt, welche geeignet sind, in die Irre zu führen (vgl. noch u.[604]). Andere Tatbestände - wie etwa § 4 Nr. 4 UWG - sind ihrer Natur nach abstrakte Gefährdungsdelikte und greifen schon deshalb unabhängig von einer tatsächlichen Beeinträchtigung der Verbraucher (vgl. noch u.[605]). Die Tatbestände des UWG sind nach ihrer

---

598 Hefermehl/Köhler/Bornkamm - Köhler § 8 Rn. 3.4.

599 Vgl. o. S. 76.

600 RegE zum UWG BT-Drucks. 15/1487 S. 17 li. Sp.

601 Vgl. zur Bagatellklausel noch u. S. 352.

602 Vgl. Drexl, Die wirtschaftliche Selbstbestimmung des Verbrauchers S. 9.

603 Drexl, Die wirtschaftliche Selbstbestimmung des Verbrauchers S. 547.

604 Vgl. u. S. 247.

605 Vgl. u. S. 205.

Merkmalsstruktur nicht darauf ausgerichtet, die Werbewirkung auf eine individuelle, konkret identifizierbare Person festzustellen.[606]

Die vom Schuldrecht abweichende Schutzrichtung rechtfertigt, im Sanktionensystem zwischen dem Schutz der Verbraucher (Vertikalverhältnis) und dem Schutz der Mitbewerber (Horizontalverhältnis) zu differenzieren, denn es geht beim Schutz der Mitbewerber darum, die Beeinträchtigung der Wettbewerbschancen zu bekämpfen.[607] Das ist sachlich gerechtfertigt, weil die Unternehmer Träger des Wettbewerbs sind und es um die Erhaltung ihrer Wettbewerbsfähigkeit geht, wohingegen es bei den Verbrauchern vornehmlich um den Schutz vor Beeinträchtigungen ihrer rechtsgeschäftlichen Entscheidungsfreiheit und ihrer Berufs- und Privatsphäre geht.[608] Dies spricht dafür, daß das UWG den Verbrauchern (nur) einen über das BGB hinausreichenden zusätzlichen Kollektivschutz gewähren will.[609] Diese Auffassung wird durch eine historische Auslegung gestützt. Ansprüche von Verbrauchern sind nämlich immer wieder diskutiert[610] und mit der Streichung von § 13a UWG a. F. bewußt abgeschafft worden. Auch ist zweifelhaft, ob die Auffassung der Regierungsbegründung im Gesetz keinerlei Anklang findet. § 9 UWG ist gerade vor dem Hintergrund der Gesetzesbegründung dafür offen, so gelesen zu werden, daß *nur* die Mitbewerber einen Schadensersatzanspruch haben sollen. Allein aus der Schutzzweckbestimmung des § 1 UWG kann somit nicht auf eine Schutzgesetzeigenschaft der UWG-Vorschriften geschlossen werden.

(3) Schutzlücken?

(a) Überblick

Mehr Beachtung verdient daher, ob das Schuldrecht Schutzlücken aufweist, welche durch wettbewerbsrechtlich motivierte Individualansprüche - Anwendung des § 823 II BGB oder de lege ferenda durch ein Vertragslösungsrecht - zu schließen sind.[611] Das Schuldrecht bietet dabei ein breites und ausdifferenziertes Instrumentarium.

---

606 Harte-Bavendamm/Henning-Bodewig - Ahrens Einl. F Rn. 149.

607 Hefermehl/Köhler/Bornkamm - Köhler § 1 Rn. 34.

608 Hefermehl/Köhler/Bornkamm - Köhler § 1 Rn. 34.

609 Hefermehl/Köhler/Bornkamm - Köhler § 8 Rn. 3.4.

610 Fraktionsentwurf der CDU/CSU (und weiterer Abgeordneter) vom 22.03.1978; RegE vom 19.09.1978 BT-Drucks. 8/ 2145; RegE vom 01.06.1982 BT-Drucks. 9/1707; Fraktionsentwurf von CDU/CSU und FDP vom 29.01.1986; vgl. Harte/Henning - Ahrens Einl. F Rn. 149.

611 Schutzlücken sehen: Fezer WRP 2003, 127 ff.; Sack BB 2003, 1073, 1078; Augenhofer WRP 2006, 169, 176.

Soweit es um Eingriffe in die (außervertragliche) Rechtssphäre von Verbrauchern, beispielsweise durch unerwünschte Werbung, geht, greifen § 823 I BGB und ggf. § 1004 BGB analog.[612]

Wird der Verbraucher infolge einer unlauteren Wettbewerbshandlung zu einem Vertragsschluß motiviert, ist an verschiedene vertragsrechtliche Instrumente zu denken.[613] Ein Vertrag mit Minderjährigen etwa ist gem. §§ 104, 105, 106 BGB nichtig bzw. schwebend unwirksam (§ 108 BGB), wobei bei einer Rückabwicklung die Saldotheorie[614] zum Schutz des Minderjährigen keine Anwendung findet.

Kaum Schutz bieten die §§ 134, 138 BGB. Diese greifen nämlich nur dann, wenn der betreffende Vertrag seinem Inhalt nach gegen ein Gesetz bzw. die guten Sitten verstößt. Allein die Umstände des Zustandekommens genügen im Regelfall nicht, sofern sich das wettwerbliche Unrecht nicht gerade im Vertrag perpetuiert und manifestiert, d. h. wenn gerade im Vollzug des Vertrages ein Verstoß gegen das Gesetz oder die guten Sitten zu sehen ist.[615] Dies ist bei Verstoß gegen wettbewerbsrechtliche Vorschriften regelmäßig nicht der Fall.

Sendet ein Unternehmer einem Verbraucher unbestellt Waren zu, so sieht sich der Verbraucher gem. § 241a I BGB keinerlei Ansprüchen ausgesetzt, selbst wenn sein Verhalten als Vertragsannahme nach § 151 BGB zu werten sein könnte (z. B. Ingebrauchnahme).

Insbesondere bietet das BGB verschiedene Möglichkeiten, sich von einem zustande gekommenen Vertrag zu lösen. Hat sich der Verbraucher über eine verkehrswesentliche Eigenschaft des erworbenen Produktes geirrt, kann er den Vertrag gem. § 119 II BGB anfechten, wobei der Verbraucher dann gem. § 122 BGB dem Unternehmer zum Ersatz des Vertrauensschadens verpflichtet ist. Zu beachten ist, daß diese Möglichkeit nicht im Anwendungsbereich des Gewährleistungsrechts gilt, weil sonst dessen spezielle Regelungen ausgehöhlt würden. Keinen Ersatz muß der Verbraucher hingegen leisten, wenn er gem. § 123 BGB wegen arglistiger Täuschung anficht. Dies betrifft insbesondere Fälle irreführender Werbung. Voraussetzung ist allerdings die Arglist. Diese liegt immer schon dann vor, wenn der Verkäufer die Unrichtigkeit seiner Angaben zumindest für möglich hält oder aber Angaben ins Blaue hinein macht.[616] Wird die Täuschung von einem Dritten – etwa einem irre-

---

612 MüKo UWG – Fritzsche § 9 Rn. 49; Hefermehl/Köhler/Bornkamm – Köhler § 9 Rn. 1.10.

613 Ausführlich zu den Auswirkungen unlauteren Wettbewerbs auf den Vertrag: Alexander, Vertrag und unlauterer Wettbewerb (2002).

614 Vgl. BGHZ 1, 75, 81.

615 Vgl. Palandt – Heinrichs § 134 Rn. 12 und § 138 Rn. 20.

616 Palandt – Heinrichs § 123 Rn. 11.

führend werbenden Hersteller - verübt, muß der Verkäufer sich diese nur zurechnen lassen, wenn er die Täuschung kannte oder kennen mußte (§ 123 II BGB).

Ferner steht dem Verbraucher bei Haustürgeschäften, Fernabsatzgeschäften, Teilzeitwohnrechtsverträgen, Verbraucherdarlehensverträgen und Fernunterrichtsverträgen das Rücktrittsrecht gem. § 355 BGB ohne weitere Voraussetzungen zu. Dieses ist jedoch - eine ordnungsgemäße Belehrung vorausgesetzt - fristgebunden (§§ 355 II, III BGB).

Führt eine Irreführung dazu, daß die Beschaffenheit der erworbenen Leistung von der vor Vertragsschluß versprochenen Art und Güte abweicht, so hat der Verbraucher neben dem Hauptleistungsanspruch auf mangelfreie Leistung Mängelgewährleistungsrechte (§§ 434 ff., 536 ff., 633 ff., 651c ff. BGB). Hier kommen neben Nacherfüllung insbesondere Minderung und nach Fristsetzung Rücktritt und bei Verschulden des Unternehmers auch Schadensersatz in Betracht. Gem. § 434 I 3 BGB sind bei Bestimmung der Soll-Beschaffenheit einer Kaufsache dabei nicht nur Äußerungen des Verkäufers, sondern auch öffentliche Äußerungen des Herstellers bzw. dessen Gehilfen zu berücksichtigen, sofern der Verkäufer nicht nachweist, daß er diese Äußerungen weder kannte noch kennen mußte oder diese aber vor Vertragsschluß berichtigt hat. Aus irreführender Werbung resultiert daher regelmäßig ein Mangel i. S. d. § 434 I BGB, denn der Verkäufer kann von Werbung für seine Produkte üblicherweise in zumutbarer Weise Kenntnis nehmen.

Bei einer Verletzung (vor-) vertraglicher Nebenpflichten kommen Ansprüche aus §§ 280 I, III, 241 II, 31 II BGB (vormals c.i.c.) in Betracht, die über § 249 I BGB auch eine Auflösung des unter unlauteren Bedingungen geschlossenen Vertrages zur Folge haben können. Voraussetzung ist neben einem Kontakt zum Verbraucher i. S. d. § 311 II BGB, ein (gem. § 280 I 2 BGB vermutetes) Verschulden des Unternehmers und ein Schaden auf Seiten des Verbrauchers. In diesem Zusammenhang sei auf die nach der Rspr. bestehende Möglichkeit eines normativen Schadens hingewiesen.[617] Als Nebenpflichtverletzungen kommen insbesondere Irreführungen oder ein sonstiger sachwidriger Einfluß auf den Verbraucher in Frage,[618] aber auch die Verletzung einer nach Treu und Glauben gebotenen Aufklärungspflicht.

Eine Sonderregelung für Gewinnspielaktionen findet sich mit § 661a BGB. Erhält ein Verbraucher eine Gewinnzusage oder eine vergleichbare Mitteilung, welche den Eindruck erweckt, der Verbraucher habe einen Preis gewonnen, so hat er einen Erfüllungsanspruch auf Leistung des Preises. Bleibt diese Leistung aus, kann der Verbraucher nach allgemei-

---

617 Vgl. BGHZ 98, 212, 217.

618 Köhler GRUR 2003, 265, 268.

nen Regeln bei erfolgloser Fristsetzung vom Vertrag zurücktreten (§ 323 I BGB) und den Ersatz eines etwaigen Schadens verlangen (§ 281 I BGB). Eine Irreführung dahingehend, es sei ein Preis gewonnen, wird also mit einem entsprechenden Erfüllungsanspruch sanktioniert.

Dieses schuldrechtliche Sanktionsinstrumentarium wird teilweise für nicht ausreichend erachtet, was mit der Forderung nach einem wettbewerbsrechtlichen Vertragsauflösungsrecht und/oder nach individuellen Ansprüchen der Verbraucher verbunden wird.[619] Insbesondere werden in Bereichen des Direktmarketing, der Gewinnspielaktionen, der Werbung für private Schuldenregulierung, den Vertrieb von Schlankheitsmitteln, Werbung mit irreführenden Preisangaben, 0190-Nummern, sowie irreführender Werbung bei mit einem Warenbezug verbundenen Nebenverdienst Lücken gesehen.

(b) Fallgruppe Direktmarketing

Im Bereich des (unlauteren) Direktmarketings (unerbetene Telefonanrufe, Faxwerbung, E-Mailwerbung, Hausbesuche etc.) wird eingewandt, die in diesem Zusammenhang häufig einschlägigen Widerrufsrechte gem. § 312 BGB bei Haustürgeschäften und gem. § 312d BGB bei Fernabsatzgeschäften, gem. § 485 BGB bei Teilzeit-Wohnrechts-Verträgen oder gem. § 495 BGB bei Verbraucherdarlehensgeschäften seien nicht ausreichend.[620] Derartige Vertriebmethoden würden oft bei besonders riskanten Geschäften eingesetzt. Einerseits bestehe eine Schutzlücke, wenn § 312d BGB deshalb nicht anzuwenden sei, weil der Verbraucher infolge der unerwünschten Werbung in den Geschäftsräumen des Unternehmers zu einem Vertragsabschluß veranlaßt worden sei.[621] Andererseits seien die Widerrufsrechte i. S. d. § 355 I 2 BGB fristgebunden. Zwar werde bei fehlerhafter Widerrufsbelehrung gem. § 355 III BGB keine Widerrufsfrist in Gang gesetzt, dies berühre jedoch nicht die Schutzbedürftigkeit des Verbrauchers hinsichtlich der Notwendigkeit einer Vertragsauflösung bei Wettbewerbsverstößen.[622] Es sei eine Sanktionsfolge des deliktischen Wettbewerbsrechts bei Wettbewerbsstörungen erforderlich, welche über den bürgerlich-rechtlichen Inter-partes-Verbraucherschutz hinausgehe.[623] Der Verbraucher sei aus wettbewerbsrechtlicher Sicht schutzbedürftig.[624]

---

619 Fezer WRP 2003, 127 ff.; Augenhofer WRP 2006, 169, 176; Sack WRP 2003, 1073, 1078 ff.

620 Fezer WRP 2003, 127, 130 und 132.

621 Fezer WRP 2003, 127, 130.

622 Fezer WRP 2003, 127, 130.

623 Fezer WRP 2003, 127, 130.

624 Fezer WRP 2003, 127, 130.

Diese Argumentation ist widersprüchlich. Wenn das Wettbewerbsrecht gerade keinen Inter-partes-Verbraucherschutz bezweckt, ist es auch nicht zwingend seine Aufgabe, inter partes einzugreifen. Auch besteht in Fällen, in denen es erst in Geschäftsräumen des Unternehmers zu einem Vertragsschluß kommt kein Bedürfnis für weitergehende individuelle Ansprüche des Verbrauchers, weil sich die mit der Situation des Direktmarketings verbundenen Gefahren hier nicht mehr hinreichend auf den Vertragsschluß auswirken.[625] Es würde die Wertung des Vertragsrechts umgangen, in derartigen Situationen keine besondere Gefahr für die materielle Richtigkeitsgewähr des Vertrages zu sehen und ein Widerrufsrecht nach § 355 I BGB abzulehnen. Auch ist vor dem Hintergrund der wettbewerbsrechtlichen Schutzbedürftigkeit des Verbrauchers zu fragen, ob dieser in concreto wegen einer Belästigung schutzbedürftig ist, wenn er die betreffende Werbung so ansprechend findet, daß er sogar die Geschäftsräume des Unternehmers aufsucht. Liegt hingegen eine Situation vor, in welcher ein Widerrufsrecht besteht, würde so durch die Hintertür die Widerrufsfrist des § 355 I 2 BGB umgangen. Entsteht dem Verbraucher durch den Vertragsschluß selbst ein Schaden, hätte er diesen durch Ausübung des Widerrufsrechts verhindern können (Gedanke des § 254 BGB).

(c) Fallgruppe Gewinnspielaktionen

Weiteres Problemfeld sind nach einer in der Literatur vertretenen Ansicht Gewinnspielaktionen.[626] Folge vermeintlicher Gewinnmitteilungen sei häufig der Abschluß eines Vertrages durch den in die Gewinnspielaktion einbezogenen Verbraucher in dessen Privaträumen oder in den Geschäftsräumen des Unternehmers.[627] § 661a BGB biete in diesen Konstellationen keinen adäquaten Schutz, weil die Versender von Gewinnspielzusagen vielfach ihren Sitz im Ausland hätten.[628] Schließe der Verbraucher infolge einer irreführenden Gewinnmitteilung einen weiteren Vertrag ab, sei eine Lösung von diesem Vertrag über § 123 BGB problematisch, weil der Verbraucher den Zusammenhang von Täuschung und Vertragsschluß beweisen müsse.[629] Zwar komme dem Verbraucher diesbezüglich der Anscheinsbeweis zugute, es bestehe jedoch eine erhebliche Beweisnot, wenn nicht nach allgemeiner Lebenserfahrung ein inne-

---

625 Köhler GRUR 2003, 265, 269.

626 Fezer WRP 2003, 127, 133 ff.

627 Fezer WRP 2003, 127, 133.

628 Fezer WRP 2003, 127, 133.

629 Fezer WRP 2003, 127, 134.

rer Zusammenhang zu vermuten sei.[630] Auch sei der Nachweis der Arglist in der Praxis schwer zu führen.[631]

Dem ist entgegenzuhalten, daß die Beweisschwierigkeiten hinsichtlich der Arglist schon dann nicht bestehen, wenn der Verbraucher das entsprechende Werbematerial vorlegt.[632] Dies müßte er bei der Geltendmachung eines wettbewerbsrechtlichen Individualspruchs ebenfalls tun. Legt er das Material vor, ist auch von Arglist auszugehen, da der Werbende seine Werbung kennt, somit vorsätzlich handelt und sich Werbung eines ausländischen Werbenden zurechnen lassen muß.[633] Auch ist daran zu denken, ob die Rechtsprechung dem Verbraucher bei einer besondern Beweisnot nicht Beweiserleichterungen zukommen lassen wird.[634] Bezüglich des Schutzes durch ein Widerrufsrecht i. S. d. § 355 I BGB gilt das oben Gesagte.

(d) Fallgruppe private Schuldenregulierung

Ebenfalls als problematisch wird Werbung im Bereich der privaten Schuldenregulierung angesehen, wenn diese über die Effektivität der Regulierungsmaßnahme irreführt.[635] Hier bestehe besonderer Handlungsbedarf, weil solche Werbung sich an besonders schutzbedürftige Personen wende, die sich in einer besonderen Ausnahmesituation und regelmäßig in einer finanziellen Notlage befänden und darüber hinaus in der Gestaltung ihrer wirtschaftlichen Verhältnisse unerfahren seien.[636] Eine Anfechtung des unter unlauteren Bedingungen zustande gekommenen Schuldenregulierungsvertrages durch den Verbraucher gem. § 123 BGB scheitere regelmäßig daran, daß der Unternehmer seine Angaben vor Vertragsschluß richtigstelle.[637] Gleiches gelte für eine mögliche Aufklärungspflicht, die über das Instrument der c.i.c. (§§ 280 I, 241 II, 311 II BGB) sonst zur Vertragsaufhebung führen könne.[638] Hier sei darüber hinaus zu bedenken, daß sich Beweisschwierigkeiten des Verbrauchers bzgl. Aufklärungspflichtverletzung und Kausalität der Aufklärungspflichtverletzung bei Vertragsschluß ergeben könnten.[639] Auch sei im

---

630 Fezer WRP 2003, 127, 134.

631 Fezer WRP 2003, 127, 134.

632 Köhler GRUR 2003, 265, 269.

633 Vgl. Köhler GRUR 2003, 265, 269.

634 Köhler GRUR 2003, 265, 269.

635 Fezer WRP 2003, 127, 135.

636 Fezer WRP 2003, 127, 135.

637 Fezer WRP 2003, 127, 136.

638 Fezer WRP 2003, 127, 136.

639 Fezer WRP 2003, 127, 136.

Hinblick auf die c.i.c. zweifelhaft, ob mit „ähnlichen geschäftlichen Kontakten" i. S. d. § 311 II Nr. 3 BGB auch Werbeaussagen im Vorfeld von Vertragsverhandlungen gemeint seien, oder ob ein Anspruch aus §§ 280, 241 II, 311 II BGB schon hier scheitere.

Diesen Argumenten ist entgegenzuhalten, daß der Verbraucher nicht mehr schutzbedürftig ist, wenn falsche Angaben vor Vertragsschluß richtiggestellt werden, da er alle für den Vertragsschluß wesentlichen Informationen vor Vertragsschluß hatte.[640] Zwar mag aufgrund der Anlockwirkung der Werbung eine Irreführung i. S. d. § 5 UWG vorliegen, diese wirkt sich auf den Inhalt des geschlossen Vertrages und damit auf dessen materielle Richtigkeit inter partes jedoch nicht aus. Dies spiegelt sich auch in § 434 I 3 BGB wider.[641] Hiernach ist die Beschaffenheit einer Kaufsache nicht unter Berücksichtigung einer (irreführenden) Werbung zu bestimmen, wenn die werbliche Äußerung im Zeitpunkt des Vertragsschlusses in gleichwertiger Weise berichtigt worden war. Auch die Problematik der Beweisschwierigkeiten wird sich nicht in der prognostizierten Schärfe stellen. Die Irreführung würde der Verbraucher auch bei wettbewerbsrechtlichen Individualansprüchen darlegen und ggf. beweisen müssen. An Beweiserleichtungen ist etwa insoweit zu denken, als der Unternehmer bei substantiiertem Vortrag des Verbrauchers zur Vorlage seiner Werbung verpflichtet sein könnte. Ein Kausalzusammenhang von Irreführung und Vertragsschluß könnte vermutet werden. Ohne Belang ist auch die Frage, ob bereits die Werbung einen geschäftlichen Kontakt i. S. d. § 311 II BGB darstellt, weil sich im Fall eines Vertragsschlusses die rechtsgeschäftlichen Beziehungen ohnehin entsprechend verdichtet haben.

(e) Fallgruppe Werbung für Schlankheitsmittel

Bei der irreführenden Werbung für Schlankheitsmittel, welche ungeachtet der besonderen körperlichen und individuellen körperlichen und psychischen Gegebenheiten der betreffenden Person eine Gewichtsreduzierung garantiert, werden ebenfalls Schutzlücken gesehen. Das Mangelgewährleistungsrecht und die Anfechtungsmöglichkeit nach § 123 BGB versagten immer schon dann, wenn die irreführenden Angaben noch vor Vertragsschluß richtiggestellt würden.[642] Zudem könnten sich Beweisschwierigkeiten hinsichtlich der Arglist des Verkäufers, der nicht der Webende ist und einer vorvertraglichen Richtigstellung ergeben.[643]

---

640 Köhler GRUR 2003, 265, 269.

641 Köhler GRUR 2005, 265, 269.

642 Fezer WRP 2003, 127, 137 f.

643 Fezer WRP 2003, 127, 137 f.

In einer solchen Konstellation trägt jedoch gem. § 434 I 3 BGB der Verkäufer die Beweislast für eine Richtigstellung (vgl. Wortlaut „es sei denn"), weshalb der Verbraucher schon über das Kaufrecht geschützt ist.[644]

Auch bei einer Irreführung über den geforderten Preis ist der Verbraucher - anders als z. T. in der Literatur gesehen - ausreichend durch das bestehende Schuldrecht geschützt. So kann eine Vertragsauslegung ergeben, daß das betreffende Geschäft zum irreführend niedrigen Preis mit dem Verbraucher zustande gekommen ist. Versucht der Unternehmer den Preis mittels AGB zu seinen Gunsten zu gestalten (etwa durch den Zusatz „zzgl. MwSt."), so unterliegen diese Klauseln der Kontrolle nach §§ 305 ff. BGB und werden schon dann nicht Vertragsbestandteil, wenn der Durchschnittskunde sie nicht ausreichend wahrnimmt.[645] Kommt ein Vertrag mit einem dem Verbraucher nachteiligen Inhalt zustande, steht ihm das Anfechtungsrecht nach § 123 I BGB, aber auch ein Schadensersatzanspruch aus c.i.c. (§§ 280, 241 II, 311 II BGB) zu.[646]

(f) Fallgruppe Mehrwertdienste

Problematisiert worden ist auch eine Schutzlücke bei wettbewerbswidrigem (irreführendem) Einsatz von sog. 0190-Nummern (Mehrwertdienste). Hauptproblem ist hier, daß zwei Vertragsverhältnisse zu unterscheiden sind. Auf der einen Seite dasjenige mit dem (deutschen) Netzbetreiber und auf der anderen Seite dasjenige mit dem (oft im Ausland ansässigen) Dienstanbieter.

Das Problem, daß der Dienstanbieter im Ausland schwer zu erreichen ist, läßt sich durch wettbewerbsrechtliche Individualansprüche gegen den Netzbetreiber jedoch nicht lösen. Regelmäßig verhält sich nämlich nicht dieser, sondern der Diensteanbieter wettbewerbswidrig.[647] Richtiger Ansatzpunkt für dieses Problem ist - neben dem Telekommunikationsrecht - das Vertragsrecht. Es ist eine Vertragsverletzung des Netzbetreibers mit der Folge von Ansprüchen nach § 280 I, 241 II BGB denkbar, wenn dieser von dem wettbewerbswidrigen Verhalten eines Diensteanbieters weiß und hiergegen nichts unternimmt.

(g) Fallgruppe Werbung mit Nebenverdienstmöglichkeiten

Als weiteres Problemfeld ist die Werbung für Nebenverdienstmöglichkeiten gesehen worden, in der verschwiegen wird, daß der Angebotene

---

644 Köhler GRUR 2003, 265, 269.

645 Köhler GRUR 2003, 265, 269.

646 Köhler GRUR 2003, 265, 269.

647 Köhler GRUR 2003, 265, 270.

Nebenverdienst mit dem entgeltlichen Bezug von Waren (Informationsmaterial) oder der entgeltlichen Teilnahme an Schulungsveranstaltungen verbunden ist. Hier könne der Verbraucher nicht nach § 119 II BGB zusammen mit der Übernahme der Nebentätigkeit abgeschlossenen entgeltlichen Vertrag anfechten, weil allein die Annahme, die vertragliche Leistung sei kostenlos, kein Eigenschaftsirrtum sei.[648] Bei einer Anfechtung gem. § 123 I BGB sehe sich der Verbraucher Beweisschwierigkeiten insbesondere hinsichtlich der Kausalität der Täuschung für den Vertragsschluß ausgesetzt.[649] Das Sachmängelgewährleistungsrecht schütze in dieser Konstellation nicht, sofern die entgeltlich erworbene Leistung mangelfrei sei.[650]

Dennoch steht der Verbraucher nicht schutzlos da. Kommt man bei einer Auslegung der Erklärung des Verbraucher zu dem Ergebnis, daß ein entgeltlicher Vertrag besteht und war der Verbraucher der Überzeugung, der abgeschlossene entgeltliche Vertrag sei unentgeltlich gewesen, befindet er sich in einem Inhaltsirrtum i. S. d. § 119 I BGB.[651] Eine Erklärung des Inhalts „entgeltlich" wollte der Verbraucher nicht abgeben. Dem ließe sich entgegenhalten, daß dieses Anfechtungsrecht für den Verbraucher mit der Pflicht zum Ersatz eines etwaigen Vertrauensschadens auf Seiten des Unternehmers gem. § 122 I BGB verbunden wäre. Es ist jedoch zu bedenken, daß die Ersatzpflicht gem. § 122 II BGB immer schon ausgeschlossen ist, wenn der Anfechtungsgegner die Anfechtbarkeit kannte oder infolge Fahrlässigkeit nicht kannte (kennen mußte). In der hier diskutierten Konstellation hat der Unternehmer die Ursache für die Anfechtbarkeit mit seiner irreführenden Werbung selbst gesetzt, weshalb ihm im Regelfall der Anspruch nach § 122 II BGB zu versagen sein wird.[652] Dies gilt besonders, weil der Unternehmer dafür, daß er die Anfechtbarkeit nicht kennen mußte, die Beweislast trägt.[653] Weiter stellt es eine Nebenpflichtverletzung i. S. d. §§ 280 I, 241 II, 311 II BGB dar, wenn der Unternehmer (zumindest fahrlässig) den Eindruck der Unentgeltlichkeit hervorruft und den Verbraucher so in die Falle des Erklärungsirrtums laufen läßt.[654] Wenn die Werbung irreführend war, ist es gem. § 280 I 2 BGB am Unternehmer zu beweisen, daß diese Irreführung nicht schuldhaft war. Auch hier besteht somit keine Schutzlücke.

---

648 Fezer WRP 2003, 127, 141.

649 Fezer WRP 2003, 127, 141.

650 Fezer WRP 2003, 127, 141.

651 Köhler GRUR 2003, 265, 270.

652 Vgl. Augenhofer WRP 2006, 169, 176.

653 Palandt -Heinrichs § 122 Rn. 7.

654 Köhler GRUR 2003, 265, 270.

(h) Fallgruppe irreführende Werbung für sonstige Konsumgüter

Außerhalb des Kaufrechts hat der Gesetzgeber auf eine dem § 434 I 3 BGB vergleichbare Regelung, nach welcher öffentliche Äußerungen von Herstellern bei der Bestimmung der Mangelhaftigkeit der vertraglichen Leistung zu berücksichtigen sind, verzichtet. In solchen Konstellationen ist jedoch daran zu denken, ob nicht eine stillschweigende Beschaffenheitsvereinbarung vorliegen kann[655] oder ob die Werbung nicht sonst zu einer entsprechenden berechtigten Erwartung hinsichtlich der Beschaffenheit der Leistung führen kann. Auch stehen dem Verbraucher die Anfechtungsrechte gem. §§ 119, 123 BGB und das Recht auf Vertragsaufhebung gem. §§ 280, 241 II, 31 II, 249 BGB bei fahrlässig irreführenden Werbeangaben zu.[656] Es ist eine Nebenpflichtverletzung, wenn der Unternehmer falsche, aber in der unternehmerischen Sphäre wurzelnde, berechtigte Erwartungen hinsichtlich des Vertragsgegenstandes schafft oder ausnutzt.

Eine Schutzbedürftigkeit des Verbrauchers kann sich auch hinsichtlich vergeblicher Aufwendungen ergeben, wenn dieser aufgrund einer wettbewerbswidrigen Werbung vergebliche Kosten für eine (gescheiterte) Vertragsanbahnung hatte. Als Anspruchsgrundlage kommen hier §§ 280 I, 241 II, 311 II BGB (vormals c.i.c.) in Betracht. Dies setzt einen „ähnlichen geschäftlichen Kontakt" i. S. d. § 311 II Nr. 3 BGB voraus. Zweifelhaft ist, ob eine solche rechtliche Sonderverbindung schon allein aufgrund einer öffentlichen Werbung besteht.[657] Die Werbung eröffnet dem Unternehmer nicht in gleicher Weise, wie etwa Vertragsverhandlungen oder ein Betreten des Geschäftslokals die Möglichkeit eines Einwirkens auf Rechtsgüter des Verbrauchers. Die durch die Werbung geschaffene Vertrauensbasis ist - schon weil sie typischerweise nicht vollständig informiert - geringer. Auch wäre der Unternehmer einem unkalkulierbaren Haftungsrisiko ausgesetzt, wenn er jedem Verbraucher die Kosten der Anfahrt ersetzen müßte, weil er hinsichtlich der Vorratsmenge eines Produktes wettbewerbswidrig geworben hat.[658] Die in der Lit.[659] vertretene Gegenauffassung übersieht, daß der „ähnliche geschäftliche Kontakt" i. S. d. § 311 II Nr. 3 BGB mit den Kontakten i. S. d. § 311 II Nr. 1 und 2 BGB vergleichbar - ähnlich - sein muß. Auch das Argument, der Unternehmer könne sein Haftungsrisiko dadurch minimieren, indem er lauter wirbt, überzeugt nicht vollauf, denn der Kreis der Beworbenen ist kaum

---

655 Palandt - Sprau § 633 Rn. 2; Köhler GRUR 2003, 265, 270.

656 Köhler GRUR 2003, 265, 270.

657 Abl. Köhler GRUR 2003, 265, 271; dafür Augenhofer WRP 2006, 169, 175.

658 Köhler GRUR 2003, 265, 271.

659 Augenhofer WRP 2006, 169, 175.

überschaubar und geht weit über die Konstellationen des § 311 II Nr. 1, 2 BGB hinaus. Mithin ist der Verbraucher erst schutzwürdig und über § 311 II Nr. 3 BGB geschützt, wenn eine stärkere Vertrauensbasis (z. B. Einzelwerbung) geschaffen wurde.

(i) Fallgruppe Culpa in contrahendo zum Schutz der Entscheidungsfreiheit

Stellenweise wird in der Literatur eine Schutzlücke in Fällen gesehen, in denen der Verbraucher rechnerisch keinen Schaden erleidet, weil der unter unlauteren Bedingungen erworbene Gegenstand sein Geld wert ist.[660] Weil die UGP-Richtlinie die Entscheidungsfreiheit schütze, sei auch die vorvertragliche Willensbildung zu schützen.[661]

Wenn der Verbraucher jedoch keinen - auch keinen normativen - Schaden erleidet, liegt jedoch keine inter partes Vertragsstörung vor. Es sind nicht die individuellen Verbraucherinteressen, sondern die Interessen der Verbraucher als kollektives Schutzsubjekt des Wettbewerbsrechts betroffen. Ein Schutzlücke im Hinblick auf wettbewerbsrechtlich Individualansprüche besteht nicht.

(j) Fallgruppe Irreführung durch Unterlassen bzw. Vorenthalten von Information

Nach Art. 7 UGP-RL dürfen dem Verbraucher keine wesentlichen Informationen vorenthalten werden, die er nach den Umständen benötigt, um eine informierte geschäftliche Entscheidung zu treffen. Hieraus wird geschlossen, auch diese Form des Schutzes der wirtschaftlichen Entscheidungsfreiheit müsse durch einen wettbewerbsrechtlich motivierten Schadensersatzanspruch des Verbrauchers flankiert werden.[662] Hier biete sich - wolle man das Instrument der c.i.c. nicht erweitern - eine Haftung gem. § 823 II BGB an.[663]

Stellt man jedoch in Rechnung, daß auch die Irreführung durch Unterlassen i. S. d. Art. 7 UGP-RL einen echten Irrtum voraussetzt, steht der Weg zur Anwendung der c.i.c. ohne Umwege offen. Es stellt eine Nebenpflichtverletzung dar, wenn ein Unternehmer schuldhaft eine kaufentscheidungsrelevante Fehlvorstellung beim Verbraucher hervorruft.

---

660 Augenhofer WRP 2006, 169, 175.

661 Augenhofer WRP 2006, 169, 175.

662 Augenhofer WRP 2006, 169, 175 f.

663 Augenhofer WRP 2006, 169, 176.

(4) Zwischenergebnis

Das BGB bietet dem Verbraucher ausreichenden Schutz. Insbesondere kann über die Anfechtung und die c.i.c. ein ausreichender Schutz gewährt werden. Notfalls können dem Verbraucher Beweiserleichterungen gewährt werden, wenn sonst eine unzumutbare Beweisnot besteht. An ein etwa erforderliches Verschulden des Unternehmers sind keine zu hohen Anforderungen zu stellen, weil dieser die Werbung für seine Produkte entweder kennt oder aber kennen muß. Es bestehen keine Schutzlücken, aufgrund derer Bedarf für wettbewerbsrechtlich motivierte Individualansprüche besteht. Aus diesem Grunde ist es auch nicht erforderlich, vom Willen des Gesetzgebers, weder ein Vertragslösungsrecht zu schaffen noch die Vorschriften des UWG als Schutzgesetz i. S. d. § 823 II BGB anzusehen, abzuweichen.

Ferner bestünde bei wettbewerbsrechtlich motivierten Individualansprüchen das Problem der Anspruchskonkurrenz zu schuldrechtlichen Ansprüchen. Aufgrund des sehr weiten Begriffes der Wettbewerbshandlung i. S. d. § 2 Nr. 1 UWG und der Werbung i. S. d. § 5 UWG würde das Vertragsrecht in weiten Teilen durch das Wettbewerbsrecht überlagert und die schuldrechtlichen Vertragslösungsrechte und deren Voraussetzungen würden ausgehöhlt. So könnten etwa die Fristenregelung der §§ 355 I, II BGB oder 124 BGB unterlaufen werden. Gleiches gilt für die Verjährungsfristen. Während beispielsweise im Gewährleistungsrecht Schadensersatzansprüche gem. § 438 BGB in einem Zeitraum von zwei bis dreißig Jahren verjähren, verjährt ein Anspruch aus § 823 II BGB gem. § 195 BGB in drei Jahren. Auch würde die differenzierte Schadensersatzregelung des Kaufgewährleistungsrechts umgangen. So stellt § 434 I 3 BGB genau bestimmte Voraussetzungen dafür auf, wie Werbung in die Feststellung eines Mangels einbezogen werden kann.[664] Auch die Voraussetzung des § 437 Nr. 3 BGB, wonach Schadensersatz nur dann verlangt werden kann, wenn der primär gegebene Nacherfüllungsanspruch nicht durchsetzbar ist (Fristsetzung!), würde unterlaufen.[665] Weiter könnte bei einer Anspruchserweiterung, wie in der Literatur vorgeschlagen, nicht ausgeschlossen werden, daß in einer Vielzahl von Prozessen zwischen Verbrauchern und Unternehmern zumindest hilfsweise die Wettbewerbwidrigkeit eingewandt wird, um den Versuch zu unternehmen, sich von einem ungeliebten Vertrag zu lösen.[666]

Wettbewerbsrechtlich motivierte Individualansprüche von Verbrauchern sind – sei es durch einer Anwendung des § 823 II BGB, sei es de lege ferenda durch ein verschuldensunabhängiges Vertragslösungsrecht – somit nach wie vor mit der Regierungsbegründung zum UWG abzuleh-

---

664 Köhler GRUR 2003, 265, 270.

665 Köhler/Hefermehl/Bornkamm – Köhler § 9 Rn. 1.10.

666 Vgl. MüKo UWG – Fritzsche § 9 Rn. 48, der eine Mißbrauchsgefahr sieht.

nen. Der Verbraucher bleibt in seinem individuellen Vertragsverhältnis auf das BGB verwiesen. Mithin stößt zwar das BGB ins Wettbewerbsrecht vor (vgl. o.[667]), jedoch nicht das Wettbewerbsrecht ins Schuldrecht.

c) Anspruchsberechtigung der Verbraucherverbände

(1) Besonderheiten der Durchsetzung von Verbraucherinteressen durch die Verbände

Eine Anspruchsberechtigung steht aber den sog. „qualifizierten Einrichtungen" zum Schutz von Verbraucherinteressen i. S. d. § 8 III Nr. 3 UWG zu, welche den unlauter Handelnden gem. § 8 I UWG auf Unterlassung bzw. Beseitigung in Anspruch nehmen können. Der Verbraucher soll seinen Fürsprecher also in diesen Verbraucherverbänden finden, welche die Verbraucherinteressen kollektiv wahrnehmen.

Das UWG schützt nicht „den Verbraucher" als Einzelperson, sondern „die Verbraucher". Es gewährt trotz der neuen Schutzzweckbestimmung des § 1 Satz 1 UWG Kollektiv-, nicht aber Individualschutz des Verbrauchers. Damit geht auch die Ansicht des Gesetzgebers,[668] daß die Normen des UWG keine Schutzgesetze i. S. d. § 823 II BGB sind, einher. Ein solches Schutzgesetz liegt nämlich nur dann vor, wenn eine Norm (auch neben dem Schutz der Allgemeinheit) den Schutz individueller Rechtsgüter bezweckt.[669] Weiter ist zu bedenken, daß der lauterkeitsrechtliche Schutz schon materiell nur dann greift, wenn die fragliche Handlung des Unternehmers geeignet ist, den Wettbewerb nicht nur unerheblich zu beeinträchtigen (Bagatellklausel des § 3 UWG). Nicht jede Verletzung der Interessen eines (einzelnen) Verbrauchers zieht also die Wettbewerbswidrigkeit nach sich. Erst wenn sich hinreichende Auswirkungen der Schädigung des Verbrauchers auf den Wettbewerb ergeben, greift das UWG ein. Hieran wird besonders deutlich, daß das Wettbewerbsrecht der Breitenwirkung von Wettbewerbshandlungen (insb. Werbung) Rechnung trägt, wohingegen das Schuldrecht nur auf das konkrete Verhältnis der Vertragsparteien fixiert ist.[670] Meist wird erst eine Mehrzahl von Personen, gegenüber denen eine Wettbewerbshandlung vorgenommen wird, für eine Wettbewerbswidrigkeit erforderlich sein.

Das Vorgehen der Verbände ist aber auch für den Verbraucher vorteilhaft, weil er nicht selbst das Prozeßrisiko eines wettbewerbsrechtlichen

---

667 Vgl. o. S. 65 ff.

668 RegE zum UWG BT-Drucks. 15/1487 S. 22 li. Sp.

669 BGHZ 116, 7, 13; vgl. Palandt - Sprau § 823 Rn. 57; HK BGB - Staudinger § 823 Rn. 147.

670 Vgl. Alexander, Vertrag und unlauterer Wettbewerb S. 53.

Prozesses tragen muß, sondern sich an die Verbände wenden kann.[671] Auch hat er an der Geltendmachung eines Anspruchs auf Unterlassung oder Beseitigung kein Interesse, da er das konkrete Rechtsgeschäft mit dem betreffenden Unternehmer schon geschlossen hat und sich am einfachsten dadurch schützen wird, daß er bei diesem unlauter handelnden Unternehmer nicht mehr kauft.

Der individualrechtliche Schutz des Verbrauchers nach BGB wird somit über die wettbewerbsrechtliche Klagebefugnis der Verbände - in Parallele zum Vorgehen nach UKlaG, bei welchem ebenfalls nicht die Verbraucher selbst, sondern die Verbraucherverbände i. S. d. § 3 I Nr. 1 UKlaG befugt sind - durch einen sondergesetzlichen Kollektivschutz verstärkt.[672]

(2) Anspruchsberechtigung nach § 8 III Nr. 3 UWG nur bei Verletzung von Verbraucherinteressen?

Fraglich ist, ob sich aus dem Sinn und Zweck der Verbandsklagebefugnis ergibt, daß eine solche nur dann bestehen darf, wenn auch Interessen der Verbraucher berührt sind. Der Vorläufer des § 8 III Nr. 3 UWG (§ 13 II Nr. 3 UWG a. F.) enthielt die Einschränkung, daß der Wettbewerb nicht nur unerheblich zum Nachteil der Verbraucher eingeschränkt sein müsse. Daß eine Beeinträchtigung des Wettbewerbs nur dann wettbewerbsrechtlich relevant ist, wenn sie nicht nur unerheblich ist, ergibt sich im reformierten UWG aus der Bagatellklausel des § 3 UWG. Fraglich ist aber, ob die Anspruchsberechtigung der Verbraucherverbände weiterhin eine Beeinträchtigung des Wettbewerbs speziell zum Nachteil der Verbraucher voraussetzt oder ob die Verbraucherverbände auch dann tätig werden können, wenn ausschließlich Mitbewerberinteressen betroffen sind.

Teilweise wird vertreten, daß nach dem Sinn und Zweck des § 8 III Nr. 3 UWG, welcher die Verbraucher zu schütze, eine Beeinträchtigung von Verbraucherinteressen weiterhin Voraussetzung sei.[673] Würden keine Verbraucherinteressen verletzt, bestehe kein Interesse an einer Klage und auch der Satzungszweck der Verbände stehe einer solchen entgegen.[674]

---

671 Hefermehl/Köhler/Bornkamm - Köhler § 8 Rn. 3.4.

672 Hefermehl/Köhler/Bornkamm - Köhler § 8 Rn. 3.4.

673 Lettl GRUR 2004, 449, 460; Lettl, UnlWb Rn. 645.

674 Lettl GRUR 2004, 449, 460; Lettl, UnlWb Rn. 645; vgl. auch Hefermehl/Köhler/Bornkamm - Köhler § 8 Rn. 3.52 (abl.).

Teilweise wird aber auch mit Blick auf den neuen Wortlaut und die Entstehungsgeschichte des Gesetzes das Erfordernis einer Beeinträchtigung des Wettbewerbs zum Nachteil der Verbraucher abgelehnt.[675]

Allein, daß § 8 III Nr. 3 UWG die Beeinträchtigung von Verbraucherinteressen nicht mehr nennt, führt jedoch nicht dazu, daß ein ungeschriebenes Merkmal, welches sich aus Sinn und Zweck der Vorschrift ergibt, ausgeschlossen wird. Das Wortlautargument allein ist daher nicht überzeugend. Mehr Beachtung verdient aber die Entstehungsgeschichte der Norm. In der Begründung zum Regierungsentwurf wird zur Streichung der betreffenden Voraussetzung ausgeführt, daß diese entfallen könne, weil in solchen Konstellationen „von vornherein kein Interesse an einer Klage" bestehe.[676] Mißbräuchen könne über § 8 IV UWG begegnet werden.[677] Hiergegen führt der Bundesrat in seiner Stellungnahme an, daß ein Klagerecht der Verbraucherverbände über die Interessen der Verbraucher hinaus zuweit gehe und systemwidrig sei.[678] Der Verweis auf die Mißbrauchsklausel des § 8 IV UWG gehe fehl, weil diese Vorschrift ohne Änderungen gegenüber der alten Rechtslage übernommen werde.[679] Die Gegenäußerung der Bundesregierung verweist hingegen erneut darauf, daß mit § 8 IV UWG Mißbräuchen hinreichend begegnet werden könne, zumal für die Beschränkung der Klagebefugnis kein Anlaß bestehe, „weil die Verbraucherverbände in der Vergangenheit sehr maßvoll von der Klagebefugnis Gebrauch gemacht haben".[680]

Bedenkt man, daß sich aus § 8 IV UWG keine Änderungen im Vergleich zur alten Rechtslage ergeben, wird klar, daß das Erfordernis der Beeinträchtigung von Verbraucherinteressen nicht aus materiellen Gründen abgeschafft worden ist. Vielmehr hat sich der Gesetzgeber von der geringen Praxisrelevanz der Frage leiten lassen oder - wie der Bundesrat formuliert - auf die „Hoffnung"[681] gesetzt, daß derartige Klagen nicht vorkommen, weil sie für die Verbände nicht interessant sind. Die Gesetzesmaterialien geben jedoch keinen Hinweis darauf, daß eine Klagebefugnis auch ohne Verletzung von Verbraucherinteressen bestehen soll. Vielmehr heißt es in der Begründung selbst, daß für eine solche Klagebefugnis kein Interesse besteht.[682] Einzig die praktische Notwendigkeit

---

675 Fezer - Büscher § 8 Rn. 218; Hefermehl/Köhler/Bornkamm - Köhler § 8 Rn. 3.52; vgl. auch Boesche, WettbR Rn. 66.

676 RegE zum UWG BT-Drucks. 15/1487 S. 23 li. Sp.

677 RegE zum UWG BT-Drucks. 15/1487 S. 23 li. Sp.

678 Stellungnahme des BuRates zum RegE UWG BT-Drucks. 15/1487 S. 33 re. Sp.

679 Stellungnahme des BuRates zum RegE UWG BT-Drucks. 15/1487 S. 33 re. Sp.

680 Gegenäußerung der BuReg BT-Drucks. 15/1487 S. 42 re. Sp.

681 Stellungnahme des BuRates zum RegE UWG BT-Drucks. 15/1487 S. 33 re. Sp.

682 RegE zum UWG BT-Drucks. 15/1487 S. 23 li. Sp.

einer ausdrücklichen Beschränkung ist bezweifelt worden. Die Entstehungsgeschichte der Norm spricht daher nicht gegen ein ungeschriebenes Merkmal nach Sinn und Zweck der Vorschrift. Wenn der Regierungsentwurf formuliert, daß „kein Interesse" an einer Klage bestehe, wenn keine Verbraucherinteressen betroffen seien,[683] gesteht er ein, daß in solchen Konstellationen kein Bedürfnis für einen Rechtschutz gegeben ist. Der Sinn und Zweck der Norm steht einer Anspruchsberechtigung somit weiterhin entgegen. Der Mitbewerber ist ausreichend über die Anspruchsberechtigungen nach § 8 III Nr. 1 und 2 UWG geschützt. Die Verbände sind nur klagebefugt, wenn auch Interessen der Verbraucher betroffen sind.

Anzumerken ist allerdings, daß dies meist der Fall sein wird, weil sich Interessen der Verbraucher und Mitbewerber kaum trennen lassen (vgl. o.[684]). Teilweise wird es sogar (ohne nähere Begründung) als ausreichend erachtet, daß zumindest auch schützenswerte Belange der Allgemeinheit betroffen werden.[685] Dem ist insoweit beizupflichten, als sich das Interesse der Allgemeinheit an einem unverfälschten Wettbewerb vielfach mit dem Interesse der Verbraucher (vgl. § 1 Satz 2 UWG „zugleich"; vgl. o.[686]) überschneidet. Aus diesem Grunde darf die Schwelle, ab welcher Verbraucherinteressen als verletzt anzusehen sind, nicht zu hoch angesetzt werden. Die Frage der Wesentlichkeit dieser Belange ist dann eine materielle (§ 3 UWG).

d) Schadensersatz und Gewinnabschöpfung

Die Verbände können jedoch nicht - wie die Mitbewerber - den Schadensersatzanspruch nach § 9 Satz 1 UWG geltend machen. Schließlich ist ihnen kein Schaden entstanden. Die Verbraucher selbst müssen nach bürgerlichem Recht gegen den Unternehmer vorgehen. Oftmals wird der Verbraucher aus verschiedenen Gründen (insb. bei nur geringen Schäden) hiervon jedoch absehen. Dies hat den Gesetzgeber zu einem Novum im deutschen Lauterkeitsrecht veranlaßt. Vor dem Hintergrund, daß sich unlauterer Wettbewerb nicht lohnen dürfe,[687] steht den Verbänden der Gewinnabschöpfungsanspruch nach § 10 UWG[688] zu, welcher

---

683 RegE zum UWG BT-Drucks. 15/1487 S. 23 li. Sp.

684 Vgl. o. S. 91.

685 Vgl. Harte-Bavendamm/Henning-Bodewig - Bergmann § 8 Rn. 260.

686 Vgl. o. S. 88 ff.

687 Vgl. Lettl, UnlWb Rn. 671.

688 Hierzu Wimmer-Leonhardt GRUR 2004, 12 = JurPC Web-Dok. 219/2003; Sack WRP 2003, 549 (insb. S. 552 zur Verfassungsmäßigkeit der Norm) und ders. BB 2003, 1073, 1080 f. (beide zum Referentenentwurf); Stadler/Micklitz WRP 2003, 559 (zum Referentenentwurf).

die sog. Streuschäden erfassen soll. Streuschäden entstehen in solchen Fallkonstellationen, in denen zwar eine größere Zahl von Abnehmern (Verbraucher oder sonstige Marktteilnehmer) geschädigt wird, der jeweilige Schaden jedoch nur gering ist, so daß die Betroffenen meist von einer Rechtsverfolgung absehen werden.[689] In diesen Fällen können die Verbände die Herausgabe des durch die Wettbewerbswidrigkeit erzielten Mehrerlöses an den Bundeshaushalt verlangen, womit eine abschreckende Wirkung erzeugt und die Effektivität der Durchsetzung des Lauterkeitsrechts erhöht werden soll.[690] Inwiefern dies tatsächlich erreicht wird, muß die Praxis zeigen. Es sind jedenfalls bereits im Vorfeld Zweifel an der Effektivität der Norm angemeldet worden, weil der abgeschöpfte Mehrerlös ausschließlich dem Bundeshaushalt zugute kommt und den Verbänden angesichts des Prozeßrisikos kein ausreichender Anreiz zum Tätigwerden gegeben wird.[691]

Nicht zu vergessen ist, daß die Verbraucher mittelbar auch über die Ansprüche der Mitbewerber geschützt werden, weil eine Verletzung von Verbraucherinteressen oft auch eine Verletzung der Interessen der Mitbewerber (z. B. bei irreführender Werbung) begründet (vgl. o.[692]).

e) Zwischenergebnis

Als Zwischenergebnis ist festzuhalten, daß dem Verbraucher keine spezifisch wettbewerbsrechtlichen Ansprüche zustehen und daß das Lauterkeitsrecht zwar individuelle Interessen der Verbraucher (z. B. allg. Persönlichkeitsrecht, Vermögen etc.) schützt, diese allerdings nur kollektiv. Deshalb ist unter dem Schutz der Verbraucher i. S. d. § 1 Satz 1 UWG der Schutz der Allgemeinheit der Verbraucher zu verstehen. Dies wird durch § 1 Satz 2 UWG gestützt, welcher darauf hinweist, daß „zugleich" das Interesse der Allgemeinheit an einem unverfälschten Wettbewerb geschützt wird, wobei hier unter „Allgemeinheit" sämtliche am Wettbewerb irgendwie Beteiligte zu verstehen sind (alle Anbieter und Nachfrager).

Die mit dem kollektiven Schutz verbundene Lösung von der konkreten Situation bedeutet aber auch, daß das Lauterkeitsrecht den Schutz des Verbrauchers nicht - wie das Vertragsrecht - konkret individuell, sondern generell abstrakt regelt. Es ist daher nicht repressiv im Sinne eines Haftungsrechts (dem Verbraucher stehen keine Ansprüche zu, § 8

---

689 RegE zum UWG BT-Drucks. 15/1487 S. 23 re. Sp.

690 RegE zum UWG BT-Drucks. 15/1487 S. 23 re. Sp.

691 Wimmer-Leonhardt GRUR 2004, 12, 19 = JurPC Web-Dok. 219/2003 Abs. 17; Fezer - von Braunmühl § 10 Rn. 146 ff.; Stadler/Micklitz WRP 2003, 559, 562: „schöner bunter Papiertiger" (zum Referentenentwurf).

692 Vgl. o. S. 91.

UWG), sondern präventiv.[693] Es ist Marktverhaltensrecht und greift damit zeitlich vor dem Vertragsrecht und somit über dieses hinaus.[694] Eine konkrete Markttransaktion ist für die Anwendbarkeit des Lauterkeitsrechts nicht erforderlich.[695] Als präventive Marktverhaltenskontrolle kann es jedoch nur Rahmenbedingungen für das Verhältnis Unternehmer-Verbraucher schaffen.[696]

VIII) Exkurs: Schutz des Verbrauchers vor Information?

1) Verbot von Information nur aus zwingenden Gründen

Nicht unerörtert bleiben darf in diesem Zusammenhang die Frage, ob sich (zutreffende) Information - etwa bei Informationsüberlastung - auch negativ auf den Verbraucher auswirken kann und ob dieser möglicherweise vor Information geschützt werden muß.

Wichtige Konsequenz aus den Vorzügen der Information und den Wechselwirkungen des Schutzes der Verbraucher, des Wettbewerbs und der Mitbewerber (vgl. o.[697]) ist, daß zutreffende Information (insb. Werbung) nur aus zwingenden Gründen untersagt werden darf. So haben informationsökonomische Untersuchungen ergeben, daß Werbung ein wichtiges Instrument zur Senkung der Informationskosten ist[698] und damit dem Verbraucherschutz sogar dienen kann. Werbeverbote hingegen stehen im prinzipiellen Widerspruch zum Informationsinteresse des Verbrauchers und der Werbefreiheit.[699] Je informativer Werbung ist, desto stärker sollte sie geschützt sein.[700] Dies war Hauptgrund für die Zulassung vergleichender Werbung.[701] Die positiven Effekte der Information sind daher vor allem bei der Auslegung der Generalklauseln (z. B. im Rahmen einer Interessenabwägung) zu berücksichtigen.

---

693 Fezer - Peifer § 5 Rn. 37.

694 Köhler GRUR 2003, 265, 267.

695 Fezer - Peifer § 5 Rn. 37.

696 Kemper, Verbraucherschutzinstrumente S. 185.

697 Vgl. o. S. 85 ff.

698 Van den Bergh/Lehmann GRUR Int. 1992, 558, 596.

699 Beater, Verbraucherschutz und Schutzzweckdenken S. 162.

700 Beater, Verbraucherschutz und Schutzzweckdenken S. 169.

701 Vgl. Erwägungsgrund 2 der RL 97/55/EG vom 6.10.1997 zur Änderung der Richtlinie 84/450/EWG über irreführende Werbung zwecks Einbeziehung der vergleichenden Werbung, ABl. L 290/18.

2) Denkbare Fallgruppen

Ein Schutz des Verbrauchers vor zutreffenden Informationen könnte aber in Erwägung zu ziehen sein, wenn diese ihn überfordern.[702] Zu denken ist hier etwa an die Werbung mit Informationen, die in besonderem Maße Angst erzeugen und so die Entscheidung des Verbrauchers zu einer fremdbestimmten machen, z. B. das gezielte Schüren von Angst mit (zutreffenden) Informationen über Gefahren und Ausbreitung einer Infektionskrankheit mit dem Ziel, den Medikamentenabsatz zu fördern.[703] Einer solchen Konstellation trägt § 4 Nr. 2 UWG[704] Rechnung, der Wettbewerbshandlungen, welche die Angst von Verbrauchern auszunutzen, für wettbewerbswidrig erklärt. Der Schwerpunkt der Regelung liegt allerdings nicht in der Herbeiführung der Ausnahmesituation und damit einer Einflußnahme auf die Willensbildung des Verbraucher durch Information, sondern im Ausnutzen eines Angstzustandes. Insofern können sich hier Überschneidungen zum ebenfalls die Entscheidungsfreiheit in Zwangslagen schützenden § 4 Nr. 1, 1. und 3. Alt. UWG ergeben.[705]

Ähnliche Überlegungen können auf dem Gebiet der sog. „gefühlsbetonten Werbung" eine Rolle spielen.[706] Ein Verbot gefühlsbetonter Werbung läßt sich schon angesichts der Werbefreiheit und des Informationsinteresses des Verbrauchers jedoch nur rechtfertigten, wenn durch diese die rationale Entscheidung des Verbrauchers vollkommen in den Hintergrund tritt, was beim Durchschnittsverbraucher jedoch kaum der Fall sein dürfte (vgl. auch § 4 Nr. 2 UWG).[707]

Diskutiert worden ist auch, den Verbraucher vor Information zu schützen, die der Diskriminierung dienen.[708] Dieser Fragenkreis berührt das Verbot menschenverachtender Wettbewerbshandlungen, welche geeignet sind, die Entscheidungsfreiheit zu beeinträchtigen (§ 4 Nr. 1, 2. Alt.

---

702 Vgl. Beater, UnlWb § 16 Rn. 18; Beater, Verbraucherschutz und Schutzzweckdenken S. 162.

703 Vgl. BGH GRUR 1986, 902 – Angstwerbung; Beater, Verbraucherschutz und Schutzzweckdenken S. 163.

704 Dazu Scherer WRP 2004, 1426.

705 Vgl. Boesche, WettbR Rn. 326.

706 Überblick hierzu bei Lettl, UnlWb Rn. 225 ff.

707 Beater, Verbraucherschutz und Schutzzweckdenken S. 165; vgl. Lettl, UnlWb Rn. 232; krit. zur Beurteilung der gefühlsbetonten Werbung durch die Rspr. auch Drexl, Die wirtschaftliche Selbstbestimmung des Verbrauchers S. 555 ff.

708 RG GRUR 1930, 191 – Adressier-Maschinen (zur Diskriminierung von Ausländern); RG GRUR 1936, 645 – Rechenschaftsbericht I; BGH GRUR 1995, 592, 594 – Busengrapscher (zur Diskriminierung von Frauen); BGH GRUR 1995, 600 – H.I.V.-Postive I; BGH GRUR 2002, 360; siehe dazu BVerfG GRUR 2001, 170 – Schockwerbung und GRUR 2003, 442 – Benetton-Werbung II.

UWG). Eine relevante Beeinträchtigung der Entscheidungsfreiheit durch Diskriminierung ist jedoch nur schwer vorstellbar, weil eine Diskriminierung nur Motiv für und noch eher gegen einen Vertragsschluß ist, nicht jedoch die Möglichkeit der Willensbildung beeinflußt.[709] Eine Entscheidung nach allgemeinen Moralvorstellungen ist mit dem Zweck des UWG, die wirtschaftliche Selbstbestimmung des Verbrauchers zu schützen, nicht vereinbar.[710] Das UWG bietet hier keine Handhabe.

Ein Schutz des Verbrauchers vor (zutreffender) Information wird daher nur in Ausnahmefällen in Frage kommen.

Möglicherweise ist jedoch auch die Art und Weise der Erlangung der verwendeten Information zu berücksichtigen. An eine solche Konstellation knüpft das strafbarbewehrte Verbot des Beschaffens von Geschäfts- und Betriebsgeheimnissen nach § 17 II UWG an. Die Erlangung selbst hat jedoch keinen Einfluß auf die Entscheidungsfindung des Verbrauchers, an den die unredlich erlangte Information zu Werbezwecken weitergegeben wird. Wettbewerbswidrig ist daher allenfalls die Erlangung der Information, nicht aber deren Verwendung. Denkbar ist daher, daß ein Unternehmer, der Einbruchssicherungen für Haustüren vertreibt, ohne Einwilligung in Einbrechermanier die Haustür seines Kunden öffnet und das Haus betritt, um diesen eindrucksvoll auf Sicherheitsmängel hinzuweisen. Hier dürfte die Erlangung der Information zwar gem. § 3 UWG wegen des begangenen Hausfriedensbruchs (§ 123 I 1. Alt. StGB) unlauter sein, die Verwendung der so erlangen Information über die Sicherheitslücken hingegen nicht. Diese trägt sogar noch zur Rationalität der Entscheidung bei. (Zu denken ist aber - je nach den Umständen des Einzelfalles - an eine Überrumpelung, die nach § 4 Nr. 1, 3. Alt. UWG unlauter sein kann.)

Einzig ein Schutz vor Informationsüberlastung (vgl. o.[711]) ist denkbar. Weil das UWG dem Schutz der Entscheidungsgrundlage dienen soll, könnte es unlauter sein, den Verbraucher derart in Informationen zu ertränken, daß eine rationale Entscheidung nicht möglich ist. Unproblematisch wäre dieser Fall, wenn sich aus der Fülle und der Darstellung der Information eine Irreführung ergibt. Dieser könnte mit § 5 UWG begegnet werden. Allein die Menge an Information wird hierzu aber kaum führen, weil der Verbraucher bemerkt, daß er nicht alle Informationen aufnehmen und verarbeiten kann. Er wird gerade nicht in die Irre geführt. Zu denken ist aber an einen unangemessen unsachlichen Einfluß (§ 4 Nr. 1 UWG) durch Informationsüberlastung, weil dem Verbraucher die Möglichkeit genommen wird, sich ein Urteil auf der

---

709 Lettl, UnlWb Rn. 231.

710 Vgl. Drexl, Die wirtschaftliche Selbstbestimmung des Verbrauchers S. 567 (zum UWG a. F.).

711 Vgl. o. S. 34 f und 70 ff.

Basis der für ihn wesentlichen Informationen zu bilden. Ein wettbewerbswidriger, unangemessen unsachlicher Einfluß i. S. d. § 4 Nr. 1 UWG liegt jedoch nur vor, wenn die fragliche Wettbewerbshandlung geeignet ist, die Entscheidungsfreiheit des Verbrauchers zu beeinträchtigen. Zwar ist hierzu nicht die gänzliche Aufhebung der Entscheidungsfreiheit erforderlich, der Verbraucher muß jedoch unfrei entscheiden, d. h. die Rationalität der Entscheidung muß wesentlich beeinträchtigt sein. Dies ist hier jedoch nicht der Fall, weil der Verbraucher erkennen kann, daß er sich in der Fülle an Informationen nicht ohne weiteres zurechtfindet. Läßt sich der Verbraucher hiervon nicht beeindrucken, kauft er bewußt „die Katze im Sack". Jede andere Bewertung stünde im Widerspruch zur Annahme der Konsumentensouveränität und zum (europarechtlichen) Verbraucherbild. Traut man dem Verbraucher zu, eine Vielzahl von Information wahrzunehmen und zu verarbeiten, muß man ihm auch zutrauen zu erkennen, wann er dies nicht mehr kann. Die Informationsüberflutung ist bei wertender Betrachtung daher nicht anders zu beurteilen als das Verschweigen von Informationen. Hier können nur Teile der Information wahrgenommen werden. Ein Verschweigen von Informationen führt jedoch nur bei Bestehen einer Aufklärungspflicht zur Wettbewerbswidrigkeit. Eine solche ist hier aber schon deshalb zu verneinen, weil die „Lückenhaftigkeit" der Information erkennbar und der Verbraucher nicht schutzbedürftig ist. Aus einer Informationsüberlastung allein ergibt sich daher keine Wettbewerbswidrigkeit. Erst wenn weitere Umstände hinzutreten, wie z. B. Zeitdruck, die Gestaltung der Information etc., kann die Informationsüberflutung als einer von mehreren Faktoren ins Gewicht fallen.

Teil 3 Lauterkeitsrechtliche Informationspflichten in der Rechtsprechung

1. Abschnitt Normanknüpfung

A) Irreführung durch Verschweigen i. S. d. § 3 UWG a. F.

I) Entwicklung des Irreführungsverbotes

Lauterkeitsrechtliche Informationspflichten waren - obwohl nicht ausdrücklich normiert - bereits lange vor der UWG-Reform in der Rechtsprechung und Literatur vornehmlich unter dem Aspekt der Irreführung durch Verschweigen bei grober Unvollständigkeit einer Werbung anerkannt, obwohl auch hierfür keine ausdrückliche Normanknüpfung bestand. Schon das Reichsgericht[712] hatte einen Fall zu beurteilen, indem der Kläger ein Verschweigen gerügt hatte und knüpfte dabei an das Irreführungsverbot an. Die wichtigsten Erkenntnisse sind jedoch erst durch die BGH-Rechtsprechung insbesondere der letzten Jahre gewonnen worden. Maßgebliche Norm ist das Verbot der irreführenden Werbung nach § 3 UWG a. F., die sog. „kleine Generalklausel", welche irreführende Angaben im geschäftlichen Verkehr untersagte. Rechtsprechung zu § 5 II 2 UWG n. F. ist bislang nur sehr vereinzelt[713] ergangen.

Ein Irreführungsverbot hatte es bereits in § 1 UWG[714] vom 27.5.1896 gegeben und fand sich nahezu unverändert auch in § 3 UWG[715] vom

---

[712] RGZ 96, 242, 244 - Sammelausgabe; siehe auch RG GRUR 1939, 978 - Werbekaufmann.

[713] KG GRUR-RR 2005, 204 - Schulrucksack.

[714] § 1 UWG 1896 (RGBl. 1896 S. 145) lautete: „Wer in öffentlichen Bekanntmachungen oder in Mitteilungen, welche für einen größeren Kreis von Personen bestimmt sind, über geschäftliche Verhältnisse, insbesondere über die Beschaffenheit, die Herstellungsart oder die Preisbemessung von Waren oder gewerblichen Leistungen, über die Art des Bezuges oder die Bezugsquelle von Waren, über den Besitz von Auszeichnungen, über den Anlaß oder den Zweck des Verkaufs unrichtige Angaben tatsächlicher Art macht, welche geeignet sind, den Anschein eines besonders günstigen Angebots hervorzurufen, kann auf Unterlassung der unrichtigen Angaben in Anspruch genommen werden."

[715] § 3 UWG i. F. d. von 1909 (RGBl. 1909 S. 499) lautete: „Wer in öffentlichen Bekanntmachungen oder Mitteilungen, die für einen größeren Kreis von Personen bestimmt sind, über geschäftliche Verhältnisse, insbesondere über die Beschaffenheit, *den Ursprung*, die Herstellungsart oder die Preisbemessung von Waren oder gewerblichen Leistungen, über die Art des Bezuges oder die Bezugsquelle von Waren, über den Besitz von Auszeichnungen, über den Anlaß oder den

7.6.1909, welcher im Jahr 1969 reformiert[716] wurde. Die Reform des Jahres 1969 hat den Irreführungstatbestand zwar im Kern bestehen lassen, dennoch ist die Kenntnis der Änderungen bei der Lektüre einiger grundlegender älterer Entscheidungen hilfreich.

Wichtigste Neuerung war, daß § 3 UWG sich nun nicht mehr allein auf öffentliche Werbung, d. h. Werbung gegenüber einem größeren Adressatenkreis, sondern auch auf die Einzelwerbung erstreckte. Damit wurde beispielsweise auch das individuelle Verkaufsgespräch erfaßt. In der Rechtsprechung zur Irreführung durch Verschweigen ist diese Änderung jedoch nicht relevant geworden.

Weiter wurde der Begriff der „unwahren Angabe" gegen den der „irreführenden Angabe" ersetzt, womit klargestellt wurde, daß sich die Irreführung nicht nach der subjektiven Vorstellung des Werbenden, sondern allein nach der Auffassung der angesprochenen Verkehrskreise bestimmt.[717]

Die weiteren Änderungen im Wortlaut hatten nur geringe oder nur klarstellende Auswirkungen.[718] Insbesondere ist es ohne größere Auswirkungen geblieben, daß nicht mehr ausdrücklich das Hervorrufen des Anscheins eines besonders günstigen Angebots erforderlich war, denn der BGH hat betont, daß auch nach Wegfall dieses Erfordernisses eine „irreführende Angabe" nur dann vorliege, wenn die zur Erweckung von Irrtümern geeignete Werbeangabe auch geeignet sei, die angesprochenen Verkehrskreise in ihren wirtschaftlichen Entschließungen zu beein-

---

Zweck des Verkaufs *oder über die Menge der Vorräte* unrichtige Angaben macht, die dazu geeignet sind, den Anschein eines besonders günstigen Angebots hervorzurufen, kann auf Unterlassung der unrichtigen Angaben in Anspruch genommen werden." (Hervorhebung der Änderungen im Vergleich zum UWG 1896 vom Verf.)

716 § 3 UWG i. F. d. von 1969 lautete: „Wer *im geschäftlichen Verkehr zu Zwecken des Wettbewerbs* über geschäftliche Verhältnisse, insbesondere über die Beschaffenheit, den Ursprung, die Herstellungsart oder die Preisbemessung *einzelner* Waren oder gewerblicher Leistungen oder des gesamten Angebots, *über Preislisten,* über die Art des Bezugs oder die Bezugsquelle von Waren, über den Besitz von Auszeichnungen, über den Anlaß oder den Zweck des Verkaufs oder über die Menge der Vorräte *irreführende* Angaben macht, kann auf Unterlassung der Angaben in Anspruch genommen werden." (Hervorhebung der Änderungen im Vergleich zum UWG 1909 vom Verf.)

717 Fezer – Peifer § 5 Rn. 6; Baumbach/Hefermehl[22] § 3 Rn. 21; Hefermehl/Köhler/Bornkamm – Bornkamm § 5 Rn. 1.3.

718 Harte-Bavendamm/Henning-Bodewig – Dreyer § 5 Rn. 1; Fezer – Peifer § 5 Rn. 7; vgl. Hefermehl/Köhler/Bornkamm – Bornkamm § 5 Rn. 1.3 („keine sachliche Bedeutung").

flussen, was regelmäßig voraussetzte, daß Vorteile in Aussicht gestellt würden.[719]

Allerdings setzten sich zahlreiche Entscheidungen vor der ersten BGH-Entscheidung zur reformierten Fassung (vom 7.7.1972 (I ZR 96/71) - Skibindungen)[720] mit der Frage des Anscheins eines günstigen Angebots (in eher weiter Auslegung) auseinander, wobei sich die Wettbewerbswidrigkeit einer unrichtigen Angabe aber auch ohne Vorliegen dieses Merkmals aus der Generalklausel des § 1 UWG a. F. ergeben können sollte.[721]

Im Jahr 2000 wurde der Anwendungsbereich des § 3 UWG dann in Umsetzung der RL 97/55/EG[722] durch einen zusätzlichen Satz 2[723] auf die vergleichende Werbung ausgedehnt.[724]

Eine Informationspflicht bestand damit nach BGH grundsätzlich nur unter den Voraussetzungen einer Irreführung i. S. d. § 3 UWG a. F. Um das Verständnis der im Folgenden angesprochenen Entscheidungen zu erleichtern, soll an dieser Stelle ein kurzer Überblick über die Voraussetzungen des § 3 UWG a. F. gegeben werden.

II) Überblick über die Voraussetzungen der Irreführung durch Verschweigen nach Rechtsprechung des BGH

1) Handeln im geschäftlichen Verkehr zu Zwecken des Wettbewerbs

Für eine wettbewerbsrechtlich relevante Irreführung war gem. § 3 UWG a. F. (seit 1969) zunächst ein Handeln im geschäftlichen Verkehr zu Zwecken des Wettbewerbs erforderlich. Ein Handeln im geschäftlichen Verkehr stellte nach dem BGH jede Tätigkeit dar, die irgendwie der Förderung eines beliebigen Geschäftszwecks diente, der auch ein fremder sein konnte.[725] Ein Handeln zu Zwecken des Wettbewerbs (Wettbewerbs-

---

719 BGH GRUR 1970, 467, 468 – Vertragswerkstatt, Anm. Heydt.

720 GRUR 1973, 206, Anm. Krieger.

721 BGH GRUR 1957, 491, 493 – Wellaform, Anm. Droste.

722 RL 97/55/EG vom 6.10.1997 zur Änderung der RL 84/459 EWG zwecks Einbeziehung der vergleichenden Werbung, ABl. EG L 290/18.

723 § 3 wurde um folgenden Satz 2 ergänzt: „Angaben über geschäftliche Verhältnisse im Sinne des Satzes 1 sind auch Angaben im Rahmen vergleichender Werbung."

724 Zur Vereinfachung wird in der weiteren Darstellung verallgemeinernd auf „§ 3 UWG a. F." verwiesen, sofern eine genauere Aufschlüsselung der jeweiligen Fassung nicht erforderlich ist.

725 BGH GRUR 1977, 51, 52 – Auto-Analyzer; BGH GRUR 1956, 216, 217 – Bad Ems; Baumbach/Hefermehl[22] § 3 Rn. 5.

handlung) lag nach dem BGH vor, wenn eine Handlung objektiv geeignet war, den eigenen oder fremden Wettbewerb zu fördern und subjektiv eine entsprechende Absicht des Handelnden vorlag.[726] Dieses Merkmal entspricht der Wettbewerbshandlung des heutigen § 2 I Nr. 1 UWG.

2) Irreführende Angabe über geschäftliche Verhältnisse

a) Angabe

Weiter setzte eine Irreführung durch Unterlassen - ebenso wie eine Irreführung durch aktives Tun - eine irreführende Angabe über geschäftliche Verhältnisse voraus. Eine „Angabe" sei dabei - wie der BGH sagt - jede nachprüfbare Aussage, d. h. nur eine Tatsache, nicht aber ein Werturteil.[727] Eine ebensolche muß bei der Irreführung durch Unterlassen - naturgemäß - verschwiegen werden. Im Regelfall sind die aktiv gemachten Angaben also unvollständig.

Eine Besonderheit bei der Irreführung durch Verschweigen ist dabei, daß nach der Rechtsprechung die Angabe vom beworbenen Produkt selbst durch dessen Aufmachung und Beschaffenheit ausgehen kann (vgl. näher unten[728]).[729]

b) Geschäftliche Verhältnisse

Unter geschäftlichen Verhältnissen sind nach dem BGH alle Umstände zu verstehen, die eine gewerbliche Tätigkeit im Wettbewerb zu fördern vermögen.[730]

---

726 GRUR 1992, 707 - Erdgassteuer; GRUR 1964, 308, 209 - Fernsehinterview; BGH GRUR 1960, 384, 386 - Mampe Halb und Halb; BGHZ 3, 270, 277 - Constanze I; Baumbach/Hefermehl[22] Einl. Rn. 214; Kling/Thomas - Kling § 1 Rn. 165.

727 BGH GRUR 1975, 141, 142 - Unschlagbar; BGH GRUR 1973, 594, 595 - Ski-Sicherheitsbindung; BGH GRUR 1965, 355, 366 - Lavamat II; BGH GRUR 1963, 482, 483 f. - Hollywood Duftschaumbad.

728 Vgl. u. S. 147 f.

729 BGH GRUR 1971, 313, 314 - Bocksbeutelflasche (siehe hierzu EuGH GRUR Int. 1984, 291 - Bocksbeutel); OLG Düsseldorf GRUR 1975, 146 - Kunststoffolie.

730 BGH GRUR 1964, 33, 36 - Bodenbeläge.

c) Irrtum

(1) Eignung zum Hervorrufen einer Fehlvorstellung

(a) Keine konkrete Fehlvorstellung

Das Verschweigen sollte nach der Rechtsprechung des BGH schon dann eine Irreführung i. S. d. § 3 UWG a. F. darstellen, wenn nur die Gefahr einer Fehlvorstellung des Beworbenen bestand (Eignung zur Irreführung). Gefahr einer Fehlvorstellung heiße - wie der BGH ausführt -, daß keine konkrete Fehlvorstellung vorliegen müsse.[731]

(b) Verbraucherleitbild

Für die Beurteilung der Frage, wann die Gefahr einer Fehlvorstellung besteht, ist ausschlaggebend, wie die von der Angabe angesprochenen Verbraucher diese verstehen. In einem ersten Schritt sind nach der Rechtsprechung daher die **angesprochenen Verkehrskreise** zu ermitteln.[732] In einem zweiten Schritt ist dann festzustellen, wie die angesprochenen Verkehrskreise die Angabe verstehen.

Die Verkehrsauffassung hängt maßgeblich davon ab, welches Wahrnehmungsvermögen und welche Urteilskraft man dem Verkehr zuspricht, wobei der BGH stets davon ausgegangen ist, daß Fachkreise sich mit einer Werbung kritischer auseinandersetzen als Verbraucher.[733]

Der **EuGH** stellt bei der Beurteilung von Irreführungen auf einen **durchschnittlich informierten, aufmerksamen und verständigen Durchschnittsverbraucher** ab.[734]

---

731 BGH GRUR 1995, 612, 615 - Sauerstoff-Mehrschritt-Therapie (zum HWG); BGH GRUR 1991, 852, 854 - Aquavit; KG VuR 1999, 209, 211 - Grundwerk und Nachlieferung; jedoch mißverständlich, da gegen den Wortlaut der Irreführungsrichtlinie EuGH WRP 1999, 233 - Nissan.

732 St. Rechtsprechung etwa BGH GRUR 2005, 442 - Direkt ab Werk; BGH GRUR 1996, 367 - Umweltfreundliches Bauen; BGH GRUR 1991, 550 - Zaunlasur; BGH GRUR 1991, 546, 547 - ... aus Altpapier; BGH NJW 1989, 711, 712 - Umweltengel; BGH GRUR 1988, 459, 460 - Teilzahlungsankündigung; BGH GRUR 1985, 450, 451 - Benzinverbrauch; BGH GRUR 1982, 437 - Test Gut; BGH GRUR 1970, 467, 468 - Vertragswerkstatt, Anm. Heydt; BGH GRUR 1969, 280, 281 - Scotch Whisky, Anm. Knopp.

733 BGH GRUR 1966, 445, 448 - Glutamal, zust. Anm. Ulrich Krieger.

734 EuGH GRUR 2003, 533, 536 Tz. 55 - Pippig Augenoptik/Hartlauer; EuGH NJW 2002, 425, 427 Tz. 52 - Toshiba/Katun; EuGH GRUR 1999, 723, 726 Tz. 29 - Windsurfing Chiemsee; EuGH GRUR Int. 1999, 345, 348 Tz. 36 - Sektkellerei Kessler; EuGH GRUR Int. 1998, 795, 797 Tz. 31 und 37 - Gut Springheide (grundlegend).

Der **BGH** ist hingegen ursprünglich – jedenfalls bei Produkten des täglichen Bedarfs – von einem **flüchtigen und unkritischen Durchschnittsverbraucher** ausgegangen.[735] Allerdings hat die Rechtsprechung auch hier bereits darauf abgestellt, daß die kritische Auseinandersetzung des Verbrauchers mit einer Werbung bei Produkten des nicht täglichen Bedarfs, die der Verbraucher ohnehin erst nach einiger Überlegung und nachdem er sich informiert hat, erwirbt, höher ist.[736]

Der BGH hat sein Verbraucherleitbild inzwischen dem gemeinschaftsrechtlichen angepaßt. Er stellt in einer im Vergleich zur Formulierung des EuGH leicht abgewandelten Form auf den **durchschnittlich informierten, situationsadäquat aufmerksamen und verständigen Durchschnittsverbraucher** ab.[737] Die Begriffe „flüchtig" und „verständig" schlössen sich – wie der BGH darlegt – dabei nicht aus, denn beispielsweise könne das erste Durchblättern einer Zeitungsbeilage zwar flüchtig, aber dennoch „mit Verstand" erfolgen.[738] § 3 UWG a. F. schütze auch den flüchtigen Verbraucher, wenn es sich um eine Werbung handele, die der durchschnittlich informierte, aufmerksame und verständige Verbraucher üblicherweise mit diesem Grad der Aufmerksamkeit wahrnehme.[739]

Für eine Irreführung der Verbraucher ist nach dem BGH daher entscheidend, ob eine Angabe geeignet ist, den durchschnittlich informierten, situationsadäquat aufmerksamen und verständigen Durchschnittsverbraucher zu einer mit der Wirklichkeit nicht in Einklang stehenden Auffassung vom Inhalt der Angabe zu veranlassen.

---

735 BGH GRUR 1990, 604, 605 – Dr. S.-Arzneimittel; BGH GRUR 1970, 425, 426 – Melitta-Kaffee; BGH GRUR 1969, 415, 416 – Kaffeerösterei; BGH GRUR 1957, 128 – Steinhäger; aus der Literatur: GK – Lindacher § 3 Rn. 150.

736 BGH GRUR 1999, 760, 761 – Auslaufmodelle II; BGH GRUR 1999, 757, 758 – Auslaufmodelle I; BGH GRUR 1987, 682, 683 – Konkursvermerk; OLG Düsseldorf GRUR 1975, 146, 147 – Kunststoffolie.

737 BGH GRUR 2004, 249, 251 – Umgekehrte Versteigerung im Internet; BGH GRUR 2004, 244, 245 – Marktführerschaft; BGH GRUR 2004, 162, 163 – Mindestverzinsung; BGH GRUR 2003, 626, 627 – Umgekehrte Versteigerung II; BGH GRUR 2003, 361, 362 – Sparvorwahl; BGH GRUR 2002, 715 und 716 – Sparvorwahl; BGH GRUR 2002, 550, 552 – Elternbriefe; BGH WM 2001, 1962, 1964 – Domain-Namen; BGH NJW 2001, 3193, 3195 – Anwalts- und Steuerkanzlei; BGH NJW 2001, 153, 154 – Möbel-Umtauschrecht; BGH GRUR 2000, 820, 821 – Space Fidelity Peep-Show; BGH GRUR 2000, 629, 621 – Orient-Teppichmuster (grundlegend).

738 BGH GRUR 2000, 629, 621 – Orient-Teppichmuster.

739 BGH GRUR 2002, 715 und 716 – Sparvorwahl.

(c) Irreführungsquote

Die Irreführung nur einiger weniger der angesprochenen Verbraucher genügt nach BGH grundsätzlich nicht, um eine Irreführung anzunehmen. In älteren Entscheidungen wird formuliert, daß bei einem nicht unerheblichen Teil der angesprochenen Verkehrskreise eine Irreführungsgefahr bestehen müsse.[740] Hierbei sind 10-15 % grundsätzlich für ausreichend gehalten worden.[741] Allerdings war die Rechtsprechung stark einzelfallorientiert und legte sich nicht auf feste Prozentsätze fest. So sollte etwa bei Werbung mit objektiv richtigen Angaben - also auch bei der Irreführung durch Verschweigen - eine höhere Quote erforderlich sein.[742] Strengeren Anforderungen unterlag hingegen umweltbezogene und gesundheitsbezogene Werbung.[743]

Der BGH hat auch nach dem Wechsel zum modernen Verbraucherleitbild noch Ausführungen zur Irreführungsquote gemacht und nicht etwa ausdrücklich darauf abgestellt, daß es nur „den einen" durchschnittlich informierten, situationsadäquat aufmerksamen und verständigen Durchschnittsverbraucher gebe, so daß eine Irreführung nur dann vorliege, wenn jeder Durchschnittsverbraucher irregeführt werde.[744] Vielmehr könnten - wie der BGH ausführt - auch die durchschnittlich informierten, situationsadäquat aufmerksamen und verständigen Durchschnittsverbraucher eine Werbeaussage unterschiedlich auffassen. Es genüge nunmehr allerdings nicht, daß nur etwa 15-20 % der angesprochenen Durchschnittsverbraucher irregeführt würden.[745] Ob dies aber bedeutet, daß auch weiterhin zwingend die Quote der tatsächlich irregeführten Verbraucher zu bestimmen ist oder ob die Ausführungen des BGH mit einer rein normativen Feststellung der Auffassung der Beworbenen im Einklang stehen, ist unterschiedlich beurteilt worden (dazu noch unten[746]).[747]

---

740 Z.B. BGH GRUR 1991, 546, 547 - … aus Altpapier; BGH GRUR 1982, 437 f. - Test Gut.

741 BGH GRUR 1992, 66, 68 - Königl.-Bayrische Weiße (15 %); BGH MDR 1981, 118 - Lübecker Marzipan (13,7 %); BGH GRUR 1979, 716, 718 - Kontinent Möbel, Anm. Michels (10 %); OLG Braunschweig MDR 1992, 1003, 1004 - Buchführungshelfer (10-15 %).

742 BGH GRUR 1996, 985, 986 - PVC-frei; BGH WRP 1993, 239 - sofortige Beziehbarkeit; BGH GRUR 1992, 70, 72 - 40 % weniger Fett; BGH GRUR 1991, 852, 855 - Aquavit; BGH GRUR 1991, 552, 554 - TÜV-Prüfzeichen; BGH GRUR 1987; 171, 172 - Schlußverkaufswerbung.

743 BGH GRUR 1996, 985, 986 - PVC-frei.

744 BGH GRUR 2004, 162, 163 - Mindestverzinsung; krit. Sack WRP 2004, 521, 527.

745 BGH GRUR 2004, 162, 163 - Mindestverzinsung.

746 Vgl. u. S. 283 ff.

(2) Aufklärungspflicht

Nicht jede durch ein Verschweigen von Tatsachen hervorgerufene Gefahr einer Fehlvorstellung ist jedoch wettbewerbsrechtlich als Irreführung zu beurteilen. Eine Irreführung durch Verschweigen liegt nur dann vor, wenn eine Aufklärungspflicht besteht.[748] Die Aufklärungspflicht ist das zentrale Element der Irreführung durch Verschweigen. Ob eine Aufklärungspflicht besteht, ist - sofern sich eine solche nicht schon aus Gesetz, Vertrag oder vorangegangenem Tun ergibt - nach den Umständen des Einzelfalles anhand der Bedeutung der verschwiegenen Tatsache für den Vertragsschluß und einer Abwägung mit den Interessen des Werbenden zu bestimmen (näher hierzu sogleich).

d) Relevanz

Der aufklärungspflichtige Irrtum ist nur dann als Irreführung i. S. d. UWG zu behandeln, wenn er geeignet ist, die Entscheidung des Verbrauchers zum Vertragsschluß zu beeinflussen (Relevanz). Bei der Irreführung durch Unterlassen überschneidet sich dieser Prüfungspunkt jedoch mit der Aufklärungspflicht, weil bei deren Ermittlung oft auch zu fragen ist, ob der verschwiegene Umstand für den Vertragsschluß von Bedeutung ist (vgl. o.[749]). Für den Vertragsschluß sind insbesondere preisbildende Faktoren relevant. Bei einem Irrtum über preisbildende Faktoren ist mit dem BGH die Relevanz stets zu bejahen.[750] Eine ausdrückliche Prüfung der wettbewerbsrechtlichen Relevanz entfällt daher in vielen Entscheidungen.

---

747 Etwa einerseits Ulbrich WRP 2005, 940, 941; andererseits etwa Groeschke/Kiethe WRP 2001, 230, 231; Gloy/Loschelder - Helm § 52 Rn. 26.

748 BGH GRUR 2000, 616, 618 - Auslaufmodelle III; BGH GRUR 2000, 76, 77 - Shareware-Version; BGH GRUR 1999, 1125, 1126 - EG-Neuwagen II; BGH GRUR 1999, 1122, 1123 - EG-Neuwagen I; BGH GRUR 1999, 760, 761 - Auslaufmodelle II; BGH GRUR 1999, 757, 758 - Auslaufmodelle I; BGH GRUR 1996, 793, 795 - Fertiglesebrillen; BGH GRUR 1994, 228, 229 - Importwerbung; BGH GRUR 1990, 1024, 1025 - Lohnsteuerhilfeverein IV; BGH GRUR 1989, 682 - Konkursvermerk; BGH GRUR 1988, 823, 824 - Entfernung von Kontrollnummern I; BGH GRUR 1985, 450, 451 - Benzinverbrauch; BGH GRUR 1982, 374, 375 - Ski-Auslaufmodelle; BGH GRUR 1973, 206, 207 - Skibindungen, Anm. Ulrich Krieger; BGH GRUR 1964, 269, 271 - Grobdesin, zust. Anm. Heydt; BGH GRUR 1958, 30, 31 - Außenleuchte; BGH GRUR 1952, 416, 417 - Dauerdose; OLG Hamm GRUR 1983, 593, 594 - Marken-Jeans; KG GRUR 1991, 690, 691 - Modem ohne Postzulassung; OLG Stuttgart WRP 1994, 902, 905 - Werbung für Auslaufmodelle; OLG Köln GRUR-RR 2003, 118 - i-mode; OLG Düsseldorf GRUR-RR 2004, 25, 26 - Schlüsselnotdienst.

749 Vgl. o. S. 133.

750 BGH GRUR 2000, 616, 618 - Auslaufmodelle III; BGH GRUR 1999, 760, 761 - Auslaufmodelle II.

3) Subjektiver Tatbestand?

In der Literatur[751] ist weiter problematisiert worden, ob § 3 UWG a. F. insofern einen subjektiven Tatbestand aufweist, als der Handelnde in Kenntnis der Tatumstände, welche die Wettbewerbswidrigkeit begründen, handeln muß. Die Rechtsprechung hat sich zu dieser kaum praxisrelevanten Frage bislang nicht äußern müssen und hat - anders als bei der Generalklausel des § 1 UWG a. F.[752] - keine subjektiven Erfordernisse aufgestellt.

B) Informationspflicht gem. § 1 UWG a. F.

Die Rechtsprechung hat ferner eine Informationspflicht wegen Verstoßes gegen die wettbewerbsrechtliche Generalklausel des § 1 UWG a. F.[753] (heute § 3 UWG) unter zwei Aspekten angenommen.

Erster Aspekt ist ein Verstoß gegen gesetzliche Kennzeichnungspflichten, der nach der Rechtsprechung als Vorsprung durch Rechtsbruch wettbewerbswidrig sein konnte (Fallgruppe, die unter § 1 UWG a. F. subsumiert wurde;[754] heute § 4 Nr. 11 UWG).[755]

Im Einzelfall ist weiter ein Verstoß gegen § 1 UWG a. F. unter dem Gesichtspunkt der Belästigung angenommen worden.[756] Ein Möbelhändler hatte in Zeitungsanzeigen für die Vermietung von Wohnungen an Brautpaare geworben, ohne darauf hinzuweisen, daß ein Mietvertrag nur zustande kommt, wenn das Brautpaar Möbel im Wert von mehreren tausend DM bei diesem Möbelhändler kauft.[757] Das OLG Stuttgart führt

---

[751] Köhler/Piper § 3 Rn. 88; auch zu § 3 UWG n. F. HK - Plaß § 3 Rn. 49; krit. Kling/Thomas - Kling § 1 Rn. 180 und § 3 Rn. 652 Fn. 23 (zu § 3 UWG a. F.).

[752] BGH GRUR 1991, 914, 915 - Kastanienmuster; BGH GRUR 1969, 292, 294 - Buntstreifensatin II; BGH GRUR 1964, 146, 150 - Genossenschaftliche Rückvergütung, zust. Anm. Seydel; BGH GRUR 1962, 42, 44 - Sonderveranstaltung II, Anm. Heydt; BGH GRUR 1960, 200, 201 - Abitz II; BGH GRUR 1957, 355, 357 - Spalttabletten; BGH GRUR 1955, 411, 414 - Zahl 55; BGH GRUR 1954, 274, 275 - Goldwell; BGH GRUR 1953, 290, 292 - Fernsprechnummer.

[753] § 1 UWG a. F. lautete: „Wer im geschäftlichen Verkehre zu Zwecken des Wettbewerbs Handlungen vornimmt, die gegen die guten Sitten verstoßen, kann auf Unterlassung und Schadensersatz in Anspruch genommen werden."

[754] Vgl. hierzu Baumbach/Hefermehl[22] § 1 Rn. 608 ff.

[755] BGH GRUR 2002, 709, 710 - Entfernung der Herstellernummer III; BGH GRUR 1987, 816, 818 - Widerrufsbelehrung bei Teilzahlungskauf; BGH GRUR 1983, 651, 652 f. - Feingoldgehalt, krit. Anm. Chambosse; BGH GRUR 1971, 132 - Spezial-Zucker; BGH GRUR 1964, 269, 271 f. - Grobdesin; BGH GRUR 1962, 97, 99 - Tafelwasser, zust. Anm. Droste; BGH GRUR 1958, 492, 493 - Eispralinen, Anm. R. Moser v. Filseck; LG Bonn VuR 2002, 257, 259 - Loseblatt Stil & Etikette.

[756] OLG Stuttgart GRUR 1972, 658 - Möbelwerbung.

[757] OLG Stuttgart GRUR 1972, 658 - Möbelwerbung.

hierzu aus, ergebe sich eine i. S. d. § 1 UWG a. F. unlautere Belästigung, weil ein Gewerbetreibender zur Steigerung seines Umsatzes Verbraucher, die sich für die von ihm angebotenen Waren gar nicht interessierten, durch irreführende Werbung zu Kosten verursachenden Handlungen veranlasse.[758] Diese Kosten bestünden in der für die Verbraucher völlig nutzlosen Kontaktaufnahme mit dem Unternehmer.[759]

Neben der Irreführung durch Unterlassen und dem Verbot des Rechtsbruchs hat diese Herleitung von Informationspflichten jedoch kaum eine praktische Bedeutung.

2. Abschnitt Einzelheiten zur Aufklärungspflicht

A) Bedeutung der Aufklärungspflicht

Hauptfall der wettbewerbsrechtlichen Informationspflichten war im alten UWG die Irreführung durch Verschweigen. Die Rechtsprechung forderte für einen Verstoß gegen das Irreführungsverbot durch Verschweigen eine Aufklärungspflicht ähnlich der strafrechtlichen Garantenpflicht.[760] Das Schweigen an sich ist also auch hier - wie im Vertragsrecht - grundsätzlich ein rechtliches nullum und gewinnt nur unter besonderen Umständen an Bedeutung.

Gleichzeitig verdeutlicht das Erfordernis der Aufklärungspflicht, daß die Rechtsprechung von einem **Unterlassungsdelikt** ausgeht, so daß von einer Irreführung durch Unterlassen gesprochen werden kann, die üblicherweise in dem Verschweigen einer nachteiligen Eigenschaft liegt.

B) Keine allgemeine Aufklärungspflicht

Eine **allgemeine Aufklärungspflicht** im Gewand des Irreführungsverbotes mit der Folge eines generellen Informationsgebots wird von der Rechtsprechung strikt abgelehnt, weil der Verkehr nicht ohne weiteres die Offenlegung aller, auch der weniger vorteilhaften Eigenschaften einer Ware oder Leistung erwarte, sondern bei einer Werbung damit rechne, daß diese auch dazu diene, gerade die positiven Seiten des Angebots zu beleuchten.[761] Eine allgemeine Informationspflicht sei mit der

---

758 OLG Stuttgart GRUR 1972, 658 - Möbelwerbung.

759 OLG Stuttgart GRUR 1972, 658 - Möbelwerbung.

760 Grundlegend BGH GRUR 1951, 416, 417 - Dauerdose; vgl. RG GRUR 1939, 978, 979 - Werbekaufmann.

761 BGH GRUR 2000, 616, 618 - Auslaufmodelle III; BGH GRUR 1999, 1125, 1126 - EG-Neuwagen II; BGH GRUR 1999, 122, 1123 - EG-Neuwagen I; BGH GRUR 1999, 760, 761 - Auslaufmodelle II; BGH GRUR 1965, 368, 372 - Kaffee C, Anm. Hoepffner; OLG Köln GRUR-RR 2003, 118 - i-mode; vgl. BGH GRUR 1964, 269,

Natur der Werbung unvereinbar, denn sie nehme der Werbung ihre Schlagkraft.[762] § 3 UWG a. F. diene einzig dem Schutz vor Irreführung, keineswegs aber der Durchsetzung einer möglichst weitgehenden Verbraucheraufklärung,[763] sei also grundsätzlich nur ein Irreführungsverbot, nicht aber ein Informationsgebot.[764] Aus diesen Gründen soll beispielsweise der Hersteller eines besonders bekömmlichen Kaffees nicht darauf hinweisen müssen, daß bislang völlig ungeklärt ist, wie diese bekömmliche Wirkung durch das Herstellungsverfahren erreicht wird.[765]

C) Ursprung der Aufklärungspflichten

I) Grundsätzliches

Die Rechtsprechung hat im Rahmen des § 3 UWG a. F. eine Aufklärungspflicht unter vier Aspekten anerkannt.

Zum einen wird immer wieder betont, daß eine Aufklärungspflicht zwar nicht schlechthin bestehe, sich aber aus **Gesetz, Vertrag oder vorangegangenem Tun** ergeben könne (so auch der Regierungsentwurf zum UWG 2004 in Bezug auf § 5 UWG n. F.[766]).[767]

Zum anderen wird eine Aufklärungspflicht ferner auch in Fällen angenommen, in denen das Publikum bei Unterbleiben eines Hinweises in einem **wesentlichen Punkt, der die Kaufentscheidung zu beeinflussen geeignet ist**, getäuscht würde, wobei die Offenbarungspflicht nur so weit gehe, wie dies **zum Schutz des Verbrauchers und Berücksichtigung auch der Interessen des Werbenden unerläßlich** ist.[768] Dabei sei

---

271 - Grobdesin; BGH GRUR 1957, 491, 493 - Wellaform, Anm. Droste; BGH GRUR 1951, 416, 418 - Dauerdose; RG GRUR 1939, 978, 979 - Werbekaufmann.

762 BGH GRUR 1957, 491, 493 - Wellaform, Anm. Droste.

763 BGH GRUR 1985, 450, 451 - Benzinverbrauch.

764 BGH GRUR 1996, 985, 987 - PVC-frei; BGH GRUR 1996, 367, 368 - Umweltfreundliches Bauen.

765 BGH GRUR 1965, 368, 372 - Kaffee C, Anm. Hoepffner.

766 RegE zum UWG BT-Drucks. 15/1487 S. 19 re. Sp.

767 BGH GRUR 2000, 616, 618 - Auslaufmodelle III; BGH GRUR 1999, 1125, 1126 - EG-Neuwagen II; BGH GRUR 1999, 1122, 1123 - EG-Neuwagen I; BGH GRUR 1999, 760, 761 - Auslaufmodelle II; BGH GRUR 1999, 757, 758 - Auslaufmodelle I; BGH GRUR 1982, 374, 375 - Ski- Auslaufmodelle; OLG Köln GRUR-RR 2003, 118 - i-mode; OLG Hamm GRUR 1983, 593, 594 - Marken-Jeans.

768 BGH GRUR 2000, 616, 618 und 619 - Auslaufmodelle III; BGH GRUR 1999, 1125, 1126 - EG-Neuwagen II; BGH GRUR 1999, 1122, 1123 - EG-Neuwagen I; BGH GRUR 1999, 760, 761 - Auslaufmodelle II; BGH GRUR 1999, 757, 758 - Auslaufmodelle I; BGH GRUR 1989, 682, 683 - Konkursvermerk (grundlegend); OLG

maßgeblich, ob nach der Verkehrserwartung eine Aufklärungspflicht über den fraglichen Umstand bestehe.[769]

Allerdings hält sich die Rechtsprechung nicht immer streng an diese Formel, sondern spricht beispielsweise schlicht davon, daß eine Werbung, „wenn nicht eindeutig und unübersehbar darauf hingewiesen wird, daß [...]" irreführend sei.[770] Auch in diesen Fällen besteht eine Aufklärungspflicht, ohne daß deren Ursprung in der gerade genannten Form bestimmt worden wäre. Hier verschwimmen oft die Grenzen zwischen Irreführung durch aktives Tun und Unterlassen, zumal die Rechtsprechung hierzu keinerlei Abgrenzungskriterien entwickelt hat und ohne Begründung mal Tun und mal Unterlassen annimmt.

II) Aufklärungspflichten aus Gesetz, Vertrag, vorangegangenem Tun

1) Aufklärungspflicht aus Gesetz

Zwar hat die Rechtsprechung wiederholt formelartig hervorgehoben, daß eine Aufklärungspflicht nicht schlechthin bestehe, sich aber aus Gesetz, Vertrag oder vorangegangenem Tun ergeben könne,[771] was unter diesen Fallgruppen genau zu verstehen ist, hat sie jedoch nicht näher spezifiziert. Vielmehr wurde diese Formel nur als (letztlich nicht entscheidungsrelevanter) Einleitungssatz für eine Prüfung, ob eine Aufklärungspflicht wegen Vertragswesentlichkeit eines verschwiegenen Umstandes besteht, benutzt, sie diente lediglich als Feststellung, daß im konkreten Fall gerade keine Aufklärungspflicht aus Gesetz, Vertrag oder vorangegangenem Tun besteht.

Es finden sich in der Rechtsprechung aber auch Fälle, in denen Aufklärungspflichten aus Gesetz angenommen worden sind.

Köln GRUR-RR 2003, 118 - i-mode; vgl. BGH GRUR 1985, 450, 451 - Benzinverbrauch; OLG Hamm GRUR 1983, 593, 594 - Marken-Jeans (letztere alle ohne ausdrücklichen Verbraucherbezug).

[769] BGH GRUR 2000, 616, 618 - Auslaufmodelle III; BGH GRUR 1999, 760, 761 - Auslaufmodelle II; BGH GRUR 1999, 757 (Leitsatz) und 758 - Auslaufmodelle I; BGH WRP 1993, 239 - Sofortige Beziehbarkeit; BGH GRUR 1982, 374, 375 - Ski-Auslaufmodelle; vgl. BGH GRUR 1964, 269, 271 - Grobdesin: „[...] eine solche Aufklärungspflicht kann sich aus der Bedeutung ergeben, die der verschwiegenen Tatsache nach Auffassung des Publikums zugemessen wird; [...]"; OLG Düsseldorf GRUR 1975, 146, 147 - Kunststoffolie.

[770] BGH GRUR 1983, 651 (Leitsatz 2) - Feingoldgehalt, krit. Anm. Chambosse.

[771] BGH GRUR 2000, 616, 618 - Auslaufmodelle III; BGH GRUR 1999, 1125, 1126 - EG-Neuwagen II; BGH GRUR 1999, 1122, 1123 - EG-Neuwagen I; BGH GRUR 1999, 760, 761 - Auslaufmodelle II; BGH GRUR 1999, 757, 758 - Auslaufmodelle I; BGH GRUR 1982, 374, 375 - Ski- Auslaufmodelle; OLG Köln GRUR-RR 2003, 118 - i-mode; OLG Hamm GRUR 1983, 593, 594 - Marken-Jeans.

Zum einen ist bei einem Verstoß gegen außerwettbewerbsrechtliche Aufklärungs- oder Kennzeichnungspflichten unter dem Gesichtspunkt des Vorsprungs durch Rechtsbruch oder des Ausnutzens von Rechtsunkenntnis des Verbrauchers eine Wettbewerbswidrigkeit nach § 1 UWG a. F. für möglich gehalten worden.[772]

Zum anderen hat der BGH aus außerwettbewerbsrechtlichen Aufklärungs- und Kennzeichnungspflichten eine Aufklärungspflicht auch im Rahmen des Irreführungsverbotes nach § 3 UWG a. F. angenommen, wenn die nach der Rechtsprechung erforderlichen Voraussetzungen für einen Rechtsbruch nicht vorlagen.[773] Der BGH hat dabei betont, daß eine Wechselwirkung zwischen der positivrechtlichen Kennzeichnungspflicht und der Verkehrserwartung, daß eine entsprechende Kennzeichnung erfolge, bestehe.[774] So soll eine Ware, die bei ordnungsgemäßer Anwendung zwar nicht giftig (d. h. schon in geringen Mengen gesundheitsschädlich) ist, jedoch nach den einschlägigen Vorschriften für entsprechende Stoffe als giftig gekennzeichnet werden muß, auch unter dem Gesichtspunkt einer wettbewerbsrechtlich relevanten Irreführung kennzeichnungspflichtig sein, weil der Verkehr aus der Kennzeichnungspflicht entsprechende Rückschlüsse auf das Produkt ziehe und eine dementsprechende Verkehrserwartung bestehe.[775]

Die Tatbestände des Rechtsbruchs und der Irreführung überlappen hier also. Selbstverständlich reicht ein Verstoß gegen eine gesetzliche Kennzeichnungs- oder sonstige Informationspflicht allein für einen Verstoß gegen § 3 UWG a. F. nicht aus, wenn dieser Verstoß keine Irreführung zur Folge hat.[776]

2) Aufklärungspflicht aus Vertrag

Unter welchen Voraussetzungen eine Aufklärungspflicht aus Vertrag bestehen kann, hat die Rechtsprechung bislang nicht entscheiden müssen. Vielmehr ist eine Aufklärungspflicht aus Vertrag bislang nicht einmal auch nur angeprüft worden. Einzig hat der BGH allerdings betont,

---

772 BGH GRUR 2002, 709, 710 – Entfernung der Herstellernummer III; BGH GRUR 1987, 816, 818 – Widerrufsbelehrung bei Teilzahlungskauf; BGH GRUR 1983, 651, 652 f. – Feingoldgehalt, krit. Anm. Chambosse; BGH GRUR 1971, 132 – Spezial-Zucker; BGH GRUR 1964, 269, 271 f. – Grobdesin; BGH GRUR 1962, 97, 99 – Tafelwasser, zust. Anm. Droste; BGH GRUR 1958, 492, 493 – Eispralinen, Anm. R. Moser v. Filseck; LG Bonn VuR 2002, 257, 259 – Loseblatt Stil & Etikette.

773 BGH GRUR 1964, 269, 272 – Grobdesin.

774 BGH GRUR 1964, 269, 272 – Grobdesin; BGH GRUR 1958, 32, 33 – Haferschleim.

775 BGH GRUR 1964, 269, 272 – Grobdesin; BGH GRUR 1958, 32, 33 – Haferschleim: „durch die gesetzliche Kennzeichnungsvorschrift gesteuerte und geformte Verkehrsauffassung".

776 Vgl. BGH GRUR 1964, 269, 272 – Grobdesin.

daß eine individualvertragliche Pflicht zur Aufklärung (etwa aus Kaufvertrag) nicht mit der Aufklärungspflicht i. S. d. § 3 UWG a. F. gleichzusetzen sei.[777]

Bislang hat die Rechtsprechung also lediglich ohne Begründung die Feststellung getroffen, daß eine Aufklärungspflicht aus Vertrag möglich sei.

3) Aufklärungspflichten aus vorangegangenem Tun

a) Allgemeines

In einigen Entscheidungen hat der BGH bei der Herleitung einer Aufklärungspflicht an ein vorangegangenes Tun anknüpft. Allerdings wird auch hier nicht darauf hingewiesen, ob es sich um eine der Fallgruppen „Gesetz, Vertrag, vorangegangenes Tun“ handeln soll.

Es geht dabei insbesondere um Fälle, in denen eine ursprünglich zulässige Werbung aufgrund tatsächlicher Veränderungen falsch bzw. irreführend geworden ist und um Fälle, in denen der irreführende Charakter einer früheren Werbung so fortwirkt, daß dies für die Beurteilung einer aktuellen Werbung maßgeblich sein soll.

b) Unrichtig gewordene Angaben

Für das Vorliegen einer Irreführung ist es nach der Rechtsprechung unerheblich, ob eine falsche (bzw. irreführende) Angabe von vornherein vorlag oder ob die Werbeaussage erst im Laufe der Zeit unrichtig geworden ist, z. B. weil die Eigenschaften des beworbenen Produkts zum Schlechteren verändert worden sind.[778] Hier könne sich - so wird argumentiert - eine Pflicht zur Information über die geänderten Produkteigenschaften ergeben, sofern eine Werbung für das Produkt unrichtig geworden sei, fortwirke und die weggefallene (positive) Produkteigenschaft vom Verkehr als wesentlich angesehen werde.[779]

Von entscheidender (zusätzlicher) Bedeutung ist in dieser Konstellation also die Fortwirkung der vor der Produktveränderung gemachten Angaben. Diese soll vorliegen können, wenn in einem Katalog eine später weggefallene, positive Eigenschaft sehr plakativ angepriesen worden sei und der Katalog nicht regelmäßig durch einen neuen ersetzt, sondern in

---

777 BGH GRUR 1989, 682 - Konkursvermerk.

778 BGH GRUR 1958, 30, 31 - Außenleuchte.

779 BGH GRUR 1958, 30, 31 - Außenleuchte.

Manier eines Vertreterhandbuchs im Loseblattverfahren aktualisiert werde.[780]

c) Aufklärungspflicht wegen früherer irreführender Werbung

Hiermit verwandt sind Fälle, in denen die Rechtsprechung annimmt, eine vorangegangene irreführende Werbeaussage könne eine neuere, für sich genommen zulässige Werbung irreführend machen. Dies soll der Fall sein, wenn die frühere Werbung fortwirke und zu einer Wettbewerbswidrigkeit führe, solange und soweit[781] sich die neue (an sich zulässige) Werbung nicht hinreichend von der alten (irreführenden) unterscheide[782]

In solchen Fällen könne eine **zusätzliche Aufklärung** notwendig sein, die **ohne vorangegangenes Tun (frühere irreführende Werbung) nicht erforderlich** wäre.[783] Allerdings sei im Einzelfall zu prüfen, welche Maßnahmen geeignet seien, um sich von der früheren Werbung hinreichend zu distanzieren, wobei Maßnahmen von der bloßen Berichtigung des durch die frühere Angabe bzw. der früheren Bezeichnung entstandenen Eindrucks bis hin zur völligen Veränderung der Aufmachung des Produkts in Frage kommen.[784] Diese Fallgruppe beschränkt sich daher nicht allein auf aufklärende Zusätze, sondern greift über diese hinaus.

Die Rechtsprechung argumentiert, eine Fortwirkung der vorherigen (irreführenden) Werbung liege vor, wenn der Verkehr aufgrund seiner Erinnerung an diese zu einer mit der Wirklichkeit nicht in Einklang stehenden Auffassung vom Inhalt der neuen Werbung gelange.[785] Dabei sei zu berücksichtigen, daß der Verkehr schwer erkennbare Abwandlungen einer Werbung nicht sorgfältig registriere und ihnen keine (ausreichende) gedankliche Aufmerksamkeit widme.[786]

---

780 BGH GRUR 1958, 30, 31 – Außenleuchte.

781 BGH GRUR 1964, 686, 689 – Glockenpackung II, zust. Anm. Droste.

782 BGH GRUR 1962, 97, 99 f. – Tafelwasser, zust. Anm. Droste; BGH GRUR 1965, 368, 372 – Kaffee C, Anm. Hoepffner; BGH GRUR 1964, 686, 689 – Glockenpackung II, zust. Anm. Droste; BGH GRUR 1959, 360, 363 – Elektrotechnik (zu § 16 I UWG a. F.), Anm. Dietrich Reimer; BGH GRUR 1958, 86, 88 f. – Ei-fein, Anm. Heydt; BGH GRUR 1957, 348, 349 – Klasen-Möbel.

783 BGH GRUR 1958, 86, 89 – Ei-Fein. Anm. Heydt; BGH GRUR 1957, 348, 349 – Klasen-Möbel.

784 BGH GRUR 1964, 686, 689 – Glockenpackung II, zust. Anm. Droste.

785 BGH GRUR 1982, 685, 686 – Ungarische Salami II; BGH GRUR 1965, 368, 372 – Kaffee C, Anm. Hoepffner; BGH GRUR 1964, 686, 689 – Glockenpackung II, zust. Anm. Droste.

786 BGH GRUR 1971, 256, 257 – Plym-Gin, Anm. Gross.

Für die Feststellung der Fortwirkung sei nicht nur zu fragen, ob der Werbende ausreichend Abstand von der früheren Werbung genommen habe, sondern auch, wie stark sich die frühere Werbung bei einem rechtserheblichen Teil des Publikums eingeprägt habe.[787] Als Faktoren für die Beurteilung dieser Frage hat der BGH auf den Umsatz mit dem betreffenden Produkt gemessen am gesamten Unternehmensumsatz, auf den Zeitraum des Inverkehrbringens des Produktes, auf die Menge der in Verkehr gebrachten Produkte gemessen am deutschlandweiten Verbrauch und auf das Maß an Reklame für das jeweilige Produkt abgestellt.[788] Der BGH meint, eine Gesamtschau dieser Parameter könne im Einzelfall ergeben, daß keine Fortwirkung vorliege.[789]

Beispielsweise ist es nach der Rechtsprechung unzulässig, wenn ein Möbelhändler mit der Bezeichnung „Klasen-Möbel Fabrik und Lager" über die Bezugsquelle seiner Ware irregeführt hat, weil nur einen Bruchteil der verkauften Möbel aus eigener Produktion stammt, und er nunmehr ohne zusätzlichen aufklärenden Hinweis mit der Bezeichnung „Klasen-Möbel" wirbt.[790]

Ebenso sei es unzulässig, wenn ein Unternehmer mit der Bezeichnung „Ei-fein" irreführend für eine Eigelbmargarine geworben habe, die nicht genügend Ei enthalte, und nunmehr mit der an sich nicht irreführenden Bezeichnung „Ei-wie-fein" bei nur geringfügiger Änderung der Aufmachung ohne ausreichend auffälligen aufklärenden Hinweis werbe.[791]

III) Aufklärungspflicht wegen Vertragswesentlichkeit des verschwiegenen Umstandes

1) Allgemeines

Eine Aufklärungspflicht kann sich nach der Rechtsprechung aber nicht nur aus Gesetz, Vertrag oder vorangegangenem Tun, sondern insbesondere aus der Bedeutung der verschwiegenen Tatsache für den Vertragsschluß ergeben.[792] Die Aufklärungspflicht diesen Ursprungs ist mit Abstand die Bedeutendste in der Judikatur.

---

787 BGH GRUR 1971, 256, 257 – Plym-Gin, Anm. Gross.

788 BGH GRUR 1971, 256, 257 – Plym-Gin, Anm. Gross.

789 BGH GRUR 1971, 256, 257 – Plym-Gin, Anm. Gross.

790 BGH GRUR 1957, 348, 349 – Klasen-Möbel.

791 BGH GRUR 1958, 86, 88 f. – Ei-fein, Anm. Heydt.

792 BGH GRUR 2000, 616, 618 – Auslaufmodelle III; BGH GRUR 1999, 1125, 1126 – EG-Neuwagen II; BGH GRUR 1999, 1122, 1123 – EG-Neuwagen I; BGH GRUR 1999, 760, 761 – Auslaufmodelle II; BGH GRUR 1999, 757, 758 – Auslaufmodelle I; BGH GRUR 1994, 228, 229 – Importwerbung; BGH GRUR 1988, 823,824 – Entfernung von Kontrollnummern I; BGH GRUR 1989, 682 – Konkursvermerk; BGH

Der BGH formuliert, daß eine Aufklärungspflicht vorliege, wenn das Publikum bei Unterbleiben des Hinweises **in einem wesentlichen Punkt, der den Kaufentschluß zu beeinflussen geeignet sei**, getäuscht werde.[793] Eine Verpflichtung, *negative* Eigenschaften des eigenen Angebots unter dem Gesichtspunkt des § 3 UWG offenzulegen, bestehe aber **nur insoweit, als dies zum Schutz der Verbraucher auch unter Berücksichtigung der berechtigten Interessen des Werbenden unerläßlich** sei.[794] Es sollen also die wirtschaftlichen Entschlüsse, d. h. im Regelfall der Kaufentschluß der Beworbenen geschützt werden.[795]

2) Wesentlichkeit des Umstandes für den Kaufentschluß; Verkehrserwartung

Wichtigste Voraussetzung für die Aufklärungspflicht ist, daß es ist sich um einen wesentlichen Punkt handelt, der die Kaufentscheidung zu beeinflussen geeignet ist.

GRUR 1985, 450, 451 - Benzinverbrauch; BGH GRUR 1982, 374, 375 - Ski-Auslaufmodelle; BGH GRUR 1973, 206, 207 - Skibindungen, Anm. Ulrich Krieger; OLG Düsseldorf GRUR-RR 2004, 25, 26 - Schlüsselnotdienst; OLG Köln GRUR-RR 2003, 118 - i-mode; OLG Stuttgart WRP 1994, 902, 905 - Werbung für Auslaufmodelle; KG GRUR 1991, 690, 691 - Modem ohne Postzulassung; OLG Hamm GRUR 1983, 593, 594 - Marken-Jeans.

793 BGH GRUR 2000, 616, 618 und 619 - Auslaufmodelle III; BGH GRUR 1999, 1125, 1126 - EG-Neuwagen II; BGH GRUR 1999, 1122, 1123 - EG-Neuwagen I; BGH GRUR 1999, 760, 761 - Auslaufmodelle II; BGH GRUR 1999, 757, 758 - Auslaufmodelle I; BGH WRP 1993, 239 - sofortige Beziehbarkeit; BGH GRUR 1996, 793, 795 - Fertiglesebrillen; BGH GRUR 1987, 45, 47 - Sommerpreiswerbung; BGH GRUR 1989, 682, 683 - Konkursvermerk; BGH GRUR 1985, 450, 451 - Benzinverbrauch; BGH GRUR 1982, 374, 375 - Ski-Auslaufmodelle; OLG Köln GRUR-RR 2003, 118 - i-mode; vgl. OLG Hamm GRUR 1983, 593, 594 - Marken-Jeans.

794 BGH GRUR 2000, 616, 618 und 619 - Auslaufmodelle III; BGH GRUR 1999, 1125, 1126 - EG-Neuwagen II; BGH GRUR 1999, 1122, 1123 - EG-Neuwagen I; BGH GRUR 1999, 760, 761 - Auslaufmodelle II; BGH GRUR 1999, 757, 758 - Auslaufmodelle I; BGH GRUR 1989, 682, 683 - Konkursvermerk (grundlegend); OLG Köln GRUR-RR 2003, 118 - i-mode; vgl. BGH GRUR 1985, 450, 451 - Benzinverbrauch; OLG Hamm GRUR 1983, 593, 594 - Marken-Jeans (letztere alle ohne ausdrücklichen Verbraucherbezug).

795 BGH GRUR 2000, 616, 618 - Auslaufmodelle III; BGH GRUR 1999, 1125, 1126 - EG-Neuwagen II; BGH GRUR 1999, 1122, 1123 - EG-Neuwagen I; BGH GRUR 1999, 760, 761 - Auslaufmodelle II; BGH GRUR 1999, 757, 758 - Auslaufmodelle I; BGH GRUR 1994, 228, 229 - Importwerbung; BGH GRUR 1988, 823,824 - Entfernung von Kontrollnummern I; BGH GRUR 1989, 682 - Konkursvermerk; BGH GRUR 1985, 450, 451 - Benzinverbrauch; BGH GRUR 1982, 374, 375 - Ski-Auslaufmodelle; BGH GRUR 1973, 206, 207 - Skibindungen, Anm. Ulrich Krieger; OLG Düsseldorf GRUR-RR 2004, 25, 26 - Schlüsselnotdienst; OLG Köln GRUR-RR 2003, 118 - i-mode; OLG Stuttgart WRP 1994, 902, 905 - Werbung für Auslaufmodelle; KG GRUR 1991, 690, 691 - Modem ohne Postzulassung; OLG Hamm GRUR 1983, 593, 594 - Marken-Jeans.

Eine Aufklärungspflicht besteht daher nur, wenn der verschwiegene Punkt überhaupt geeignet war, den Beworbenen zum Kauf des Produktes zu bewegen.

Der BGH führt aus, keine Irreführung liege vor, wenn zwar etwas verschwiegen werde, so daß ein falscher Eindruck (Irrtum) entstehe, der Kunde jedoch bei Kenntnis des verschwiegenen Umstandes das Produkt nicht anders beurteile und keine andere Kaufentscheidung getroffen hätte.[796] Dabei sei aber nicht erforderlich, daß es tatsächlich zu einem Geschäftsabschluß gekommen sei, sondern es genüge, daß sich der Verbraucher mit der Werbung oder dem sonstigen Angebot des Unternehmers näher befaßt hätte, als er dies ohne die Irreführung getan hätte.[797]

Werbe ein Unternehmer gegenüber Verbrauchern aber beispielsweise damit, daß seine Skibindungen vom Weltcupsieger gefahren würden, müsse nicht darauf hinweisen werden, daß diese Bindungen aus Sicherheitsgründen mit einer normalen, nicht hingegen mit einer Rennfeder ausgestattet seien, weil die Bindung für den Normalskiläufer sonst ungeeignet wäre.[798] Der Rennskiläufer werde dies ohnehin wissen und der Normalfahrer hätte die Bindung auch in Kenntnis dieses Umstandes gekauft, ja hätte möglicherweise sogar auf der für ihn sichereren Feder bestanden.[799]

Unklar ist allerdings, welche Bedeutung das Merkmal der „Wesentlichkeit“ des verschwiegenen Umstandes in der Rechtsprechung hat.

Zunächst legte die Formulierung des BGH[800] nahe, daß mit dem Merkmal der Wesentlichkeit der verschwiegenen Tatsache der Ausnahmecharakter der Irreführung durch Unterlassen betont und eine Aufklärungspflicht nur bei Tatsachen von besonderer Entscheidungsrelevanz angenommen werden sollte. Ein Teil der Literatur liest hingegen aus der neueren Rechtsprechung des BGH, daß dieser keine Einschränkungen (mehr) mache und jede Entscheidungsrelevanz des verschwiegenen Umstandes für eine Aufklärungspflicht genügen lasse.[801] In der Tat sagt der BGH in späteren Entscheidungen, daß eine verschwiegene Tatsache dann wesentlich sei, wenn sie den Kaufentschluß zu beeinflussen geeig-

---

796 BGH GRUR 1972, 206, 207 – Skibindungen.

797 BGH GRUR 1995, 610, 611 – Neues Informationssystem; BGH GRUR 1989, 855, 856 – Teilzahlungskauf II; RGZ 96, 242, 244 – Sammelausgabe; OLG Stuttgart GRUR 1972, 658, 659 – Möbelwerbung.

798 BGH GRUR 1972, 206, 207 – Skibindungen.

799 BGH GRUR 1972, 206, 207 – Skibindungen.

800 BGH GRUR 1958, 30, 31 – Außenleuchte; BGH GRUR 1964, 269, 271 – Grobdesin.

801 GK – Lindacher § 3 Rn. 183 (ohne Zitate aus der Rechtsprechung).

net ist.[802] Inzwischen formuliert er allerdings, daß eine Aufklärungspflicht bestehe, wenn „das Publikum bei Unterbleiben des Hinweises in einem wesentlichen Punkt, der die Kaufentscheidung zu beeinflussen geeignet ist, getäuscht“[803] werde, was nahelegen könnte, daß Wesentlichkeit und Kaufentscheidungsrelevanz kumulativ zu fordern sind. Jedoch verweist der BGH dabei auf die zuvor genannten älteren Entscheidungen,[804] welche Wesentlichkeit und Entscheidungsrelevanz gleichsetzen. Andererseits gilt es zu bedenken, daß der BGH inzwischen eine Aufklärungspflicht nur dann bejaht, wenn dies zum Schutz der Verbraucher auch unter Berücksichtigung der berechtigten Interessen des Werbenden unerläßlich ist,[805] und weiter betont, daß der Verkehr nicht ohne weiteres die Offenlegung aller, insbesondere auch der weniger vorteilhaften Eigenschaften einer Ware oder Leistung erwarte.[806] Dies spricht dafür, daß der BGH nicht jede Beeinflussung des Kaufentschlusses ausreichen lassen will, sondern daß es sich um eine wesentliche Eigenschaft handeln muß. Allerdings ist zuzugestehen, daß das Merkmal der „Wesentlichkeit“ der verschwiegenen Tatsache der Rechtsprechung bislang praktisch nur dazu gedient hat festzustellen, ob der verschwiegene Umstand für die Verbraucherentscheidung relevant ist, wobei die Wesentlichkeit des verschwiegenen Umstandes nach der Erwartung der

---

802 BGH GRUR 1989, 682 - Konkursvermerk; BGH GRUR 1988, 823, 824 - Entfernung von Kontrollnummern I; BGH GRUR 1985, 450, 451 - Benzinverbrauch; BGH GRUR 1982, 437, 438 - Test Gut; BGH GRUR 1982, 374, 375 - Ski-Auslaufmodelle.

803 BGH GRUR 1999, 1125, 1126 - EG-Neuwagen II; BGH GRUR 1999, 1122, 1123 - EG-Neuwagen I; BGH GRUR 1999, 760, 761 - Auslaufmodelle II; BGH GRUR 1999, 757, 758 - Auslaufmodelle I.

804 BGH GRUR 1989, 682 - Konkursvermerk; BGH GRUR 1988, 823, 824 - Entfernung von Kontrollnummern I; BGH GRUR 1985, 450, 451 - Benzinverbrauch; BGH GRUR 1982, 437, 438 - Test Gut; BGH GRUR 1982, 374, 375 - Ski-Auslaufmodelle.

805 BGH GRUR 2000, 616, 618 und 619 - Auslaufmodelle III; BGH GRUR 1999, 1125, 1126 - EG-Neuwagen II; BGH GRUR 1999, 1122, 1123 - EG-Neuwagen I; BGH GRUR 1999, 760, 761 - Auslaufmodelle II; BGH GRUR 1999, 757, 758 - Auslaufmodelle I; BGH GRUR 1989, 682, 683 - Konkursvermerk (grundlegend); OLG Köln GRUR-RR 2003, 118 - i-mode; vgl. BGH GRUR 1985, 450, 451 - Benzinverbrauch; OLG Hamm GRUR 1983, 593, 594 - Marken-Jeans (letztere alle ohne ausdrücklichen Verbraucherbezug).

806 BGH GRUR 2000, 616, 618 - Auslaufmodelle III; BGH GRUR 1999, 1125, 1126 - EG-Neuwagen II; BGH GRUR 1999, 122, 1123 - EG-Neuwagen I; BGH GRUR 1999, 760, 761 - Auslaufmodelle II; BGH GRUR 1965, 368, 372 - Kaffe C, Anm. Hoepffner; OLG Köln GRUR-RR 2003, 118 - i-mode; vgl. BGH GRUR 1964, 269, 271 - Grobdesin; BGH GRUR 1957, 491, 493 - Wellaform, Anm. Droste; BGH GRUR 1951, 416, 418 - Dauerdose; RG GRUR 1939, 978, 979 - Werbekaufmann.

angesprochenen Verkehrskreise (**Verkehrserwartung**) beurteilt wird.[807] Eine exakte Einordnung der Ansicht der Rechtsprechung ist daher nicht möglich.

Festzuhalten ist, daß die Verkehrserwartung als ausschlaggebender Faktor gesehen wurde, wobei diese sich aufgrund des **Gesamteindrucks** von der jeweiligen Werbung bilde.[808] Dies hat zur Folge, daß der BGH das Vorliegen einer Aufklärungspflicht nicht generell, sondern nur unter Berücksichtigung aller Umstände des jeweiligen Einzelfalles ermittelt.[809]

Auf eine entsprechende Verkehrserwartung - so meint er - deute hin, wenn der fragliche Hinweis auf die negative Eigenschaft im Wettbewerb üblich sei.[810] Dabei sei nicht erforderlich, daß andere Unternehmen durchweg oder auch nur weitgehend auf diesen Umstand hinwiesen, denn es genüge für eine entsprechende Verkehrserwartung, daß dem Verbraucher immer wieder entsprechende Hinweise begegneten.[811] Hingegen sei es für die Verbrauchererwartung - und zwar auch unter dem Gesichtspunkt der möglichen Rechtsunsicherheit - nicht erheblich, ob ein entsprechender Handelsbrauch bestehe, denn die Sitten unter Kauf-

---

807 BGH GRUR 2000, 616, 618 - Auslaufmodelle III; BGH GRUR 1999, 760, 761 - Auslaufmodelle II; BGH GRUR 1999, 757 (Leitsatz) und 758 - Auslaufmodelle I; BGH WRP 1993, 239 - Sofortige Beziehbarkeit; BGH GRUR 1982, 374, 375 - Ski-Auslaufmodelle; vgl. BGH GRUR 1964, 269, 271 - Grobdesin: „[...] eine solche Aufklärungspflicht kann sich aus der Bedeutung ergeben, die der verschwiegenen Tatsache nach Auffassung des Publikums zugemessen wird; [...]"; OLG Düsseldorf GRUR 1975, 146, 147 - Kunststoffolie.

808 BGH GRUR 1986, 548, 549 - Dachsteinwerbung; BGH GRUR 1983, 655, 656 - Kofferschaden, zust. Anm. Jörg Schulze zur Wiesche; BGH GRUR 1971, 256, 257 - Plym-Gin, Anm. Groß; BGH GRUR 1967, 596, 599 - Kuppelmuffenverbindung; BGH GRUR 1958, 86, 88 f. - Ei-fein, Anm. Heydt; BGH GRUR 1952, 416 (Leitsatz) und 417 - Dauerdose.

809 Vgl. BGH GRUR 2000, 616, 618 - Auslaufmodelle III; BGH GRUR 1999, 757, 758 - Auslaufmodelle I; vgl. BGH GRUR 1999, 760, 763 - Auslaufmodelle II; BGH GRUR 1989, 682, 683 - Konkursvermerk; OLG Stuttgart WRP 1994, 902, 905 - Werbung für Auslaufmodelle; vgl. OLG Düsseldorf GRUR 1987, 450, 451 - Auslaufmodelle.

810 BGH GRUR 2000, 616, 618 - Auslaufmodelle III; BGH GRUR 1999, 760, 761 - Auslaufmodelle II; BGH GRUR 1999, 757, 759 - Auslaufmodelle I; BGH GRUR 1982, 374, 376 - Ski-Auslaufmodelle; KG GRUR-RR 2005, 204 - Schulrucksack; OLG Stuttgart NJWE-WettbR 2000, 107 - 01805; vgl. OLG Düsseldorf GRUR 1975, 146, 147 - Kunststoffolie; zust. Loewenheim GRUR 1980, 14, 16; GK - Lindacher § 3 Rn. 189 f. und 193.

811 BGH GRUR 1999, 757, 759 - Auslaufmodelle I; BGH GRUR 1985, 450, 451 - Benzinverbrauch; BGH GRUR 1982, 374, 375 - Ski-Auslaufmodelle.

leuten hätten nicht automatisch Einfluß auf die Vorstellung der Verbraucher.[812]

Letztlich fragt der BGH damit in einer Art „wettbewerbsrechtlichem Treu- und Glauben-Prinzip", ob die angesprochenen Verkehrskreise eine Aufklärung über den entsprechenden Umstand erwarten dürfen.

Allerdings seien hier die Vorstellungen und Erwartungen des Verkehrs selbst dann maßgeblich, wenn diese falsch und für ihn wirtschaftlich nachteilig seien.[813] Eine Irreführung sei selbst dann möglich, wenn der Verbraucher bei Unterbleiben eines aufklärenden Hinweises ein qualitativ besseres Produkt erwerbe (etwa weil er so ein Auslaufmodell kauft, welches von einem schlechteren Nachfolgemodell abgelöst worden ist).[814]

Nach Verkehrsauffassung wesentliche Umstände, welche die Kaufentscheidung zu beeinflussen geeignet seien, seien insbesondere preisbildende Umstände,[815] wie z. B. Wert und Preiswürdigkeit, Folgekosten sowie Möglichkeiten bei Service und Reparatur.[816]

Auch ist anerkannt, daß technische Merkmale[817] und Ausstattung[818], Qualität[819] sowie die äußere Gestaltung[820] wesentlich sein können (zu den Einzelfällen später[821]).[822]

---

812 BGH GRUR 1967, 30, 32 – Rum-Verschnitt, zust. Anm. Droste; anders noch RGZ 139, 363, 375 – Pilsener Bier; RGZ 137, 282, 287 – Steinhäger.

813 BGH GRUR 1999, 757, 759 – Auslaufmodelle I; OLG Düsseldorf GRUR 1975, 146, 147 – Kunststoffolie.

814 BGH GRUR 1999, 757, 759 – Auslaufmodelle I; OLG Düsseldorf GRUR 1975, 146, 147 – Kunststoffolie.

815 BGH GRUR 2000, 616, 618 – Auslaufmodelle III; BGH GRUR 1999, 760, 761 – Auslaufmodelle II; OLG Köln GRUR-RR 2003, 118 – i-mode; OLG Stuttgart WRP 1994, 902, 905 – Werbung für Auslaufmodelle; OLG Koblenz WRP 1994, 896, 897 – Auslaufmodelle/Haushaltsgroßgeräte.

816 BGH GRUR 1989, 682, 683 – Konkursvermerk; BGH GRUR 1988, 823, 824 – Entfernung von Kontrollnummern I.

817 Z.B. BGH GRUR 2000, 616, 618 – Auslaufmodelle III; BGH GRUR 1985, 450, 451 – Benzinverbrauch.

818 Z.B. BGH GRUR 1999, 1125, 1127 – EG-Neuwagen II.

819 Z.B. BGH GRUR 1983, 651, 653 – Feingoldgehalt, krit. Anm. Chambosse; BGH GRUR 1977, 494, 496 – DERMATEX.

820 Z.B. KG GRUR-RR 2005, 204, 205 – Schulrucksack; OLG Hamm GRUR 1983, 593, 594 – Marken-Jeans.

821 Vgl. u. S. 154 ff.

822 OLG Hamm GRUR 1983, 593, 594 – Marken-Jeans.

Umfaßt seien nicht nur solche „Eigenschaften“ der Ware, die ursächlich mit ihrer stofflichen Beschaffenheit zusammenhingen oder sich auf die Verwendung oder den Geschmack der Ware bezögen, sondern alle Angaben tatsächlicher Art (nicht reine Werturteile), die geeignet seien, die Waren in den Augen der angesprochenen Verkehrskreise in einem günstigen Licht erscheinen zu lassen.[823]

Nicht erforderlich sei allerdings, daß die angesprochenen Verkehrskreise konkret einem Irrtum über einen bestimmten Umstand unterlägen und eine genaue Erwartung hätten.[824] Es genüge, daß beim Verkehr eine unbestimmte oder auch unsichere (positive) Vorstellung hervorgerufen werde.[825] Auch unbestimmte Vorstellungen, die im geschäftlichen Verkehr nicht selten vorkämen, könnten erhebliche Bedeutung im Wettbewerb haben.[826]

Die (unrichtige) Vorstellung des Verkehres müsse weiter nicht zwingend durch eine „Angabe“ im Wortsinne durch den Unternehmer hervorgerufen werden, denn auch das beworbene Produkt könne durch Aussehen und Aufmachung beim Verkehr eine falsche Vorstellung erwecken, so daß die irreführende „Angabe“ i. S. d. § 3 UWG a. F. vom Produkt selbst ausgehen könne.[827] Eine Aufklärungspflicht bestehe in solchen Fällen, wenn die angesprochenen Verkehrskreise nicht damit rechneten, daß das Produkt abweichende Eigenschaften habe und dies auch nicht selber überprüfen könnten.[828] Es sei daher unlauter, Möbel mit einer täuschend echten Holzfurniernachbildung aus Kunststoff zu verkaufen, ohne einen Hinweis an den Möbeln dahingehend anzubringen, daß kein Holz verwandt worden sei.[829]

Es bleibt anzumerken, daß in der Rechtsprechung bei der Frage der Wesentlichkeit eines verschwiegenen Umstandes auch auf Feststellungen zum früheren Warenzeichenrecht zurückgegriffen worden ist.[830] Der BGH nahm das Verschweigen einer verkehrswesentlichen Eigenschaft eines Produktes an, weil eine Veränderung des Produktes nach Inverkehrbringen durch den Zeicheninhaber dazu führe, daß die in den Au-

---

823 BGH GRUR 1969, 280, 281 – Scotch Whisky, Anm. Knopp.

824 BGH GRUR 1969, 280, 281 – Scotch Whisky, Anm. Knopp.

825 BGH GRUR 1969, 280, 281 – Scotch Whisky, Anm. Knopp; BGH GRUR 1967, 30, 32 – Rum-Verschnitt, zust. Anm. Droste.

826 BGH GRUR 1969, 280, 281 – Scotch Whisky, Anm. Knopp.

827 BGH GRUR 1971, 313, 314 – Bocksbeutelflasche (siehe hierzu EuGH GRUR Int. 1984, 291 – Bocksbeutel); OLG Düsseldorf GRUR 1975, 146 – Kunststoffolie.

828 OLG Düsseldorf GRUR 1975, 146, 147 – Kunststoffolie.

829 OLG Düsseldorf GRUR 1975, 146, 147 – Kunststoffolie.

830 BGH GRUR 1982, 115, 118 (unter Verweis auf Prüfung nach Warenzeichenrecht auf S. 117) – Öffnungshinweis.

gen des Verkehrs von dem Warenzeichen ausgehende Gewähr für die Herkunft aus seinem Geschäftsbetrieb und die damit verbundene Beschaffenheit und Güte keine Grundlage mehr finde (in einem solchen Fall liege ein unerlaubtes Versehen mit dem Warenzeichen i. S. d. § 15 WZG vor[831]).[832]

3) Weitere Faktoren

In der Rechtsprechung sind neben der Verkehrserwartung einige weitere Faktoren für die Bestimmung einer Aufklärungspflicht herangezogen worden.

So sei die **Möglichkeit des Kunden, sich die Informationen – z. B. durch Nachfrage beim Unternehmer – zu beschaffen**, zu berücksichtigen.[833] Bei einer Reisegepäckversicherung, die unmittelbar vor Abflug per Zahlkarte o. ä. am Flughafen abgeschlossen werde, seien daher strengere Maßstäbe anzulegen als bei Angeboten zum Abschluß eines Versicherungsvertrages, über welche der potentielle Versicherungsnehmer in Ruhe nachdenken und Rückfragen stellen könne.[834]

Ferner berücksichtigt die Rechtsprechung die Frage, von welcher Bedeutung das beworbene Produkt für den Kunden ist, d. h. ob es sich um Produkte des täglichen Bedarfs oder um Güter handelt, bei denen der Verbraucher die Kaufentscheidung erst nach einiger Überlegung und nachdem er sich über das betreffende Produkt informiert hat, trifft.[835] Damit differenziert die Rechtsprechung jedenfalls im Ansatz zwischen Erfahrungs-, Such- und Vertrauensgütern (zu dieser Einteilung noch unten[836]).[837]

Wenn die Rechtsprechung auf den Gesamteindruck[838] der Werbung zur Beurteilung der Irreführung abstellt, bedeutet dies auch, daß an eine

---

831 BGH GRUR 1988, 213, 214 – Griffband.

832 BGH GRUR 1982, 115, 118 (unter Verweis auf Prüfung nach Warenzeichenrecht auf S. 117) – Öffnungshinweis.

833 BGH GRUR 1983, 654, 655/656 – Kofferschaden.

834 BGH GRUR 1983, 654, 656 – Kofferschaden.

835 Vgl. BGH GRUR 2000, 616, 618 – Auslaufmodelle III; BGH GRUR 1999, 760, 761 – Auslaufmodelle II; BGH GRUR 1987, 682, 683 – Konkursvermerk; OLG Düsseldorf GRUR 1975, 146, 147 – Kunststoffolie.

836 Vgl. u. S. 274 ff.

837 Zu dieser Einteilung Lettl GRUR 2004, 449, 454; Beater, UnlWb § 15 Rn. 27 ff.

838 BGH GRUR 1986, 548, 549 – Dachsteinwerbung; BGH GRUR 1983, 655, 656 – Kofferschaden, zust. Anm. Jörg Schulze zur Wiesche; BGH GRUR 1971, 256, 257 – Plym-Gin, Anm. Groß; BGH GRUR 1967, 596, 599 – Kuppelmuffenverbindung; BGH GRUR 1958, 86, 88 f. – Ei-fein, Anm. Heydt; BGH GRUR 1952, 416 (Leitsatz) und 417 – Dauerdose.

Werbung hinsichtlich ihrer Vollständigkeit desto geringere Anforderungen zu stellen sind, je allgemeiner die Werbung gehalten ist.[839] Je detaillierter eine Leistung hingegen beschrieben ist, desto eher ist von der Vollständigkeit dieser Beschreibung auszugehen, so daß eine Aufklärungspflicht für weitere Umstände angenommen werden kann.[840]

4) Keine Aufklärungspflicht bei Selbstverständlichkeiten

Die Rechtsprechung betont ausdrücklich, daß **keine Aufklärungspflicht bei Selbstverständlichkeiten**, mit welchen die angesprochenen Verkehrskreise redlicherweise rechnen müssen, bestehe.[841] Beispielsweise müsse nicht gesondert darauf hingewiesen werden, daß ein besonders beworbenes Ratenzahlungsverfahren bei Kunden mit zweifelhafter Bonität nicht durchgeführt werde.[842]

Die Werbung mit Selbstverständlichkeiten könne sogar irreführend und damit unlauter sein. Wer in der Werbung Selbstverständlichkeiten herausstelle, verstoße trotz objektiver Richtigkeit der Angaben gegen § 3 UWG a. F., sofern dem Publikum nicht bekannt sei, daß es sich bei der betonten Eigenschaft um einen **gesetzlich vorgeschriebenen oder zum Wesen der Ware gehörenden Umstand** handele, weil das Publikum den Anlaß der besonderen Hervorhebung darin sehe, daß mit der Werbung ein Vorzug gegenüber anderen Erzeugnissen gleicher Gattung und den Angeboten von Mitbewerbern hervorgehoben werden solle.[843]

Die schlagwortartige Hervorhebung, daß eine Spirituose 48 Vol. % Weingeist enthalte, sei daher irreführend, weil Weingeist (Äthylalkohol) wesensmäßiger Bestandteil aller Spirituosen sei.[844] Ebenso sei es unzulässig, ein Brot damit zu bewerben, daß nicht mit chemisch behandeltem Mehl gebacken werde, wenn alle anderen Wettbewerber ebenfalls auf chemisch behandeltes Mehl verzichteten.[845] Ein Autohändler dürfe nicht mit dem Werbespruch „4 Monate Preisschutz" werben, um darauf hinzuweisen, daß er den angegebenen Preis über die Lieferzeit eines bestellten Pkw nicht erhöhe, weil eine Werbung mit einer abweichenden Preisangabe gem. § 1 V 1 PAngV – unbeschadet der Möglichkeit einer

---

839 Vgl. BGH GRUR 1983, 654, 655 – Kofferschaden, zust. Anm. Schulze zur Wiesche S. 657.

840 Vgl. BGH GRUR 1983, 654, 655 f. – Kofferschaden, zust. Anm. Schulze zur Wiesche S. 657.

841 BGH GRUR 1988, 459, 460 – Teilzahlungsankündigung.

842 BGH GRUR 1988, 459, 460 – Teilzahlungsankündigung.

843 BGH GRUR 1981, 206 – 4 Monate Preisschutz.

844 BGH GRUR 1973, 481, 483 – Weingeist, Anm. Utescher.

845 BGH GRUR 1956, 550, 553 – Tiefenfurter Bauernbrot.

entsprechenden Individualvereinbarung (z. B. Tagespreis) - bei Lieferzeiten von weniger als 4 Monaten ohnehin untersagt sei.[846]

Ferner soll es wettbewerbswidrig sein, wenn ein Apotheker die (gem. § 17 II ApoBetrO zulässige) Zustellung von Arzneimitteln durch Boten gesondert bewirbt, weil dies angesichts des scharfen Dienstleistungswettbewerbs inzwischen zu dem Angebot einer jeden Apotheke zähle.[847] Auch die Bewerbung eines tierärztlichen Notdienstes mit dem Zusatz „ganztägig zu erreichen" soll irreführend sein, weil ein Notdienst nur bei Erreichbarkeit außerhalb der Öffnungszeiten sinnvoll sei.[848]

In diesem - freilich minimalen - Sinne gewährt die Rechtsprechung also auch Schutz vor Verwirrung durch (zutreffende) Information, welche der Verbraucher nicht verarbeiten kann. Von einem Schutz vor Informationsüberlastung (hierzu vgl. o.[849]) ist dies jedoch weit entfernt.

5) Interessenabwägung

Auch wenn eine entsprechende Verkehrserwartung besteht, kann im Einzelfall dennoch eine Aufklärungspflicht ausgeschlossen sein, weil nach dem BGH eine Aufklärungspflicht nicht ohne Berücksichtigung der Interessen des Werbenden ermittelt werden kann.[850] Seine wettbewerbsrechtliche Aufklärungspflicht - so meint der BGH - beziehe sich nicht auf jede Einzelheit der geschäftlichen Verhältnisse, sondern die Pflicht zur Offenbarung negativer Eigenschaften gehe nur soweit, wie dies zum Schutz des Verbrauchers auch unter Berücksichtigung der berechtigten Interessen des Werbenden unerläßlich sei.[851] Ob, in welcher Form und in welchem Unfang eine Aufklärung zu erfolgen habe, sei also unter Berücksichtigung der Umstände des Einzelfalles in einer **Abwägung des Interesses des Werbenden**, eine seiner geschäftlichen Entwicklung abträgliche Werbung zu vermeiden, **mit den Interessen des Beworbenen**

---

[846] BGH GRUR 1981, 206, 207 – 4 Monate Preisschutz.

[847] LG Würzburg NJOZ 2003, 3531, 3533 - Beratungen für Bachblüten und Zustellservice.

[848] OLG Hamm GRUR-RR 2006, 105 - Notdienst von Tierärzten.

[849] Vgl. o. S. 34, 76 ff., 124 f.

[850] BGH GRUR 1999, 1125, 1127 - EG-Neuwagen II; vgl. schon RG GRUR 1939, 978, 980 - Werbekaufmann.

[851] BGH GRUR 2000, 616, 618 und 619 - Auslaufmodelle III; BGH GRUR 1999, 1125, 1126 - EG-Neuwagen II; BGH GRUR 1999, 1122, 1123 - EG-Neuwagen I; BGH GRUR 1999, 760, 761 - Auslaufmodelle II; BGH GRUR 1999, 757, 758 - Auslaufmodelle I; BGH GRUR 1989, 682, 683 - Konkursvermerk (grundlegend); OLG Köln GRUR-RR 2003, 118 - i-mode; vgl. BGH GRUR 1985, 450, 451 - Benzinverbrauch; OLG Hamm GRUR 1983, 593, 594 - Marken-Jeans (letztere alle ohne ausdrücklichen Verbraucherbezug).

zu ermitteln.[852] Insoweit weiche auch § 5 II UWG n. F. nicht von § 3 UWG ab.[853]

So sei für das Bestehen (und den Umfang) einer Aufklärungspflicht im Rahmen dieser Interessenabwägung auch auf das jeweilige **Medium der Werbung** abzustellen, so daß beispielsweise dem in einer Zeitungsanzeige Werbenden weniger Pflichten zumutbar seien als dem in einem Verkaufsgespräch Werbenden.[854] Nicht in jeder Produktwerbung, in welcher Produkte im allgemeinen nur schlagwortartig vorgestellt würden, müsse daher eine entsprechende Aufklärung erfolgen.[855] So könne es beispielsweise bei nur geringen Abweichungen der Leistung von der Verbraucherwartung genügen, daß eine Aufklärung nicht schon in Zeitungsanzeigen erfolgt.[856] In anderen Fällen ist hingegen eine Aufklärung erst im Ladenlokal - durch Besichtigung der Ware oder im Verkaufsgespräch - für nicht ausreichend erachtet worden, weil von der (unvollständigen) Werbung eine unzulässige Anlockwirkung ausgehe, die dazu führe, daß sich der Kunde mit dem Angebot des Unternehmers näher befasse, als er dies bei sofortiger Aufklärung getan hätte.[857]

Auch soll zu berücksichtigen sein, welcher technische Aufwand dem Werbenden durch die Anbringung eines aufklärenden Hinweises entsteht.[858]

In Fällen, in denen Pkw aus dem europäischen Ausland mit einer Serienausstattung, die von der in Deutschland üblichen abwich, oder mit verkürzter Garantiefrist importiert worden sind, hat der BGH aufgrund der Rechtsprechung des EuGH[859] der **Schaffung des Binnenmarktes** auch mit Blick auf die Warenverkehrsfreiheit nach Art. 28 EG (Ex-Art. 30 EGV) bei der Beurteilung der Irreführungsgefahr im Rahmen der **Inte-**

---

852 BGH GRUR 1989, 682, 683 - Konkursvermerk; vgl. BGH GRUR 1999, 1125, 1127 - EG-Neuwagen II.

853 KG GRUR-RR 2005, 204 - Schulrucksack.

854 BGH GRUR 1999, 1125, 1126 - EG-Neuwagen II; BGH GRUR 1989, 682, 683 - Konkursvermerk.

855 BGH GRUR 1999, 1125, 1127 - EG-Neuwagen II.

856 BGH GRUR 1989, 682, 683 - Konkursvermerk.

857 BGH GRUR 1962, 310, 312/313 - Gründerbildnis; BGH GRUR 1955, 251, 252 - Silberal; OLG Hamm GRUR 1983, 593, 594 - Marken-Jeans; OLG München WRP 1977, 279, 280 - Preis total; OLG Düsseldorf GRUR 1977, 261 - Alfa Romeo; OLG Stuttgart GRUR 1972, 658, 659 - Möbelwerbung; a. A. OLG Düsseldorf WRP 1976, 474 - Werbung für Markenski mit überjährigen Modellen.

858 OLG Düsseldorf GRUR 1975, 146, 147 - Kunststoffolie.

859 EuGH WRP 1993, 233 - Nissan.

ressenabwägung Rechnung getragen.[860] Parallel- und Reimporte innerhalb der Europäischen Union genössen – so führt der BGH aus – einen „gewissen gemeinschaftsrechtlichen Schutz", denn sie könnten die Entwicklung des Warenaustauschs begünstigen und den Wettbewerb verstärken, weil sie einer Abschottung der nationalen Märkte entgegenwirkten.[861] Dies gelte auch, weil unterschiedliche Serienausstattungen eingesetzt werden könnten, um eine künstliche Marktabschottung zu erreichen.[862] Der BGH läßt dabei die Frage offen, ob das von ihm im konkreten Fall ausgesprochene Verbot als zur mengenmäßigen Einfuhrbeschränkung wirkungsgleiche Maßnahme unter Art. 28 EG (Ex-Art. 30 EGV) fällt oder ob es sich nur um eine bloße Regelung der Verkaufsmodalität handelt, denn auch im erstgenannten Falle sei das Verbot durch zwingende Gründe des Verbraucherschutzes gerechtfertigt.[863] Die im Rahmen der bei § 3 UWG a. F. erforderlichen Interessenabwägung ermittelten Interessen seien zwingende Gründe des Verbraucherschutzes und des Schutzes der Lauterkeit des Handelsverkehres, welche das Verbot zu rechtfertigen vermögen.[864]

Offenbar geht der BGH hierbei davon aus, daß der freie Warenverkehr hauptsächlich auf der Seite der Interessen des Unternehmers zu Buche schlägt. Das dem nicht zuzustimmen ist, weil der Binnenmarkt auch dem Verbraucher dient, ergibt sich bereits aus zahlreichen europarechtlichen Vorgaben zum Verbraucherschutz (vgl. o.[865]).

Noch weitergehend will das OLG Stuttgart[866] die Waren- und Dienstleistungsfreiheit im Rahmen der Interessenabwägung auch dann berücksichtigen, wenn kein europarechtlicher Sachverhalt vorliegt, sondern Fahrzeuge japanischer Hersteller aus den USA importiert werden. Es führt aus, das EU-Recht gelte zwar nur für den Handel zwischen den Mitgliedstaaten, es empfehle sich aber – ganz abgesehen von den Anforderungen des Art. 3 GG –, die Vorschriften des EU-Rechts bei der Anwendung des deutschen Wettbewerbsrechts auch dann anzuwenden, wenn es um die Einfuhr von Produkten aus Nichtmitgliedstaaten gehe,

---

860 BGH GRUR 1999, 1125, 1126 und 1127 – EG-Neuwagen II; BGH GRUR 1999, 1122, 1124 – EG-Neuwagen I.

861 BGH GRUR 1999, 1125, 1126 – EG-Neuwagen II; BGH GRUR 1999, 1122, 1124 – EG-Neuwagen I jeweils unter Verweis auf EuGH WRP 1993, 233 f. – Nissan.

862 BGH GRUR 1999, 1125, 1127 – EG-Neuwagen II.

863 BGH GRUR 1999, 1125, 1126 – EG-Neuwagen II; BGH GRUR 1999, 1122, 1124 – EG-Neuwagen I.

864 BGH GRUR 1999, 1125, 1126 – EG-Neuwagen II: BGH GRUR 1999, 1122, 1124 – EG-Neuwagen I.

865 Vgl. o. S. 32.

866 OLG Stuttgart NJW-RR 1994, 552, 554 – Anzeigenwerbung für aus den USA eingeführte Pkw.

damit kein Zwei-Klassen-Wettbewerbsrecht entstehe.[867] Bedenkt man, daß die unterschiedliche Behandlung ähnlicher Sachverhalte in der Natur des räumlich begrenzten Anwendungsbereichs von Rechtsnormen liegt, erscheint diese Begründung jedoch sehr bedenklich.

D) Beispiele aus der Rechtsprechung

I) Darstellung

Die Rechtsprechung zum Problemkreis der Irreführung durch Unterlassen ist äußerst umfangreich, so daß die folgende Darstellung nicht als vollständig betrachtet werden darf. Dies gilt schon deshalb, weil die Rechtsprechung nicht abgrenzt, ob ein Fall der Irreführung durch Verschweigen oder ein Fall der Täuschung durch aktives Tun vorliegt, bei welchem eine Aufklärung die Irreführung hätte vermeiden können. So erscheinen die Grenzen zwischen Tun und Unterlassen in der Rechtsprechung fließend. Eine griffige Formel für eine Abgrenzung fehlt bislang. Dargestellt werden daher auch Fälle, in denen die Rechtsprechung eine Pflicht zur Information und Transparenz auch ohne Hinweis auf ein Unterlassen angenommen hat, etwa weil die Mehrdeutigkeit einer Angabe durch Aufklärung beseitigt werden konnte. Gerade bei mehrdeutigen Angaben fällt eine Abgrenzung zur Irreführung durch Unterlassen schwer, so daß die Irreführung durch Unterlassen in der Literatur[868] teilweise sogar als ein Unterfall der mehrdeutigen Angaben betrachtet worden ist.

Die Darstellung versucht die Rechtsprechung in Fallgruppen nach der Art der verschwiegenen Tatsache und des mit dem Verschweigen verletzten Interesses zu ordnen. Eine eindeutige Einordnung der Fälle nach verletzten Erwartungen und geschützten Interessen ist allerdings nicht immer möglich, weil sich vielfach Überschneidungen ergeben. Verfehlt ein angebotener Pkw etwa die Erwartungen des Verbrauchers hinsichtlich der Sicherheitsausstattung (Airbags etc.), werden nicht nur seine Erwartungen hinsichtlich der Produktsicherheit, sondern auch hinsichtlich der Preiswürdigkeit des Fahrzeuges enttäuscht. Teilweise wird einzelnen Fallgruppen, in denen mehrere Interessen verletzt werden, daher ein eigener Gliederungspunkt gegeben.

---

867 OLG Stuttgart NJW-RR 1994, 552, 554 - Anzeigenwerbung für aus den USA eingeführte Pkw.

868 Tilmann GRUR 1976, 544, 555.

II) Produkt-/Leistungseigenschaften

1) Qualitätsunterschiede bei Vertrieb unter gleicher Bezeichnung bzw. gleichem Warenzeichen/Marke

Die Rechtsprechung hat angenommen, daß die **Erwartungen des Verkehrs hinsichtlich der Produkteigenschaften**, welche dieser aufgrund des vom Unternehmer **(redlicherweise) verwendeten Warenzeichens** (seit 1995: Marke) hat, wettbewerbsrechtlich schützenswert sein können.

Sie führt aus, daß es dem Inhaber eines Warenzeichens zwar grundsätzlich freistehe, unter dessen Benutzung Waren verschiedener Qualitätsstufen zu vertreiben,[869] denn das Warenzeichen habe keine Garantiefunktion, d. h. es verbürge nicht zwingend die gleichbleibende Beschaffenheit der bezeichneten Ware,[870] es könne aber eine wettbewerbsrechtliche Verpflichtung, auf eine Änderung der vertriebenen Qualität hinzuweisen, bestehen.[871] Dies sei der Fall, wenn der Verkehr mit dem Warenzeichen die Vorstellung verbinde, daß unter dieser Bezeichnung eine bestimmte, als wesentlich erachtete Beschaffenheit und Qualität vertrieben werde, so daß diese Erwartung enttäuscht werde.[872] Hiernach muß der Inhaber des Zeichens also über die Qualitätsveränderung hinweisen, wenn er das Zeichen weiter verwenden will. Diese Grundsätze gelten nach dem BGH auch für die Verwendung von **Verbandszeichen**.[873] Maßgeblich seien hier allerdings - so meint der BGH - nicht die Anforderungen des Verbandes, sondern die tatsächliche Vorstellung des Publikums (vgl. o. zur Bedeutung der Verkehrserwartung[874]).[875]

Der BGH führt aus, es sei daher wettbewerbswidrig, als besonders wärmedämmend bekannte und beworbene Baustoffe unter dem gleichen Verbandszeichen auch mit geringer Wärmedämmung, als sie das Standard-Produkt aufweist, zu vertrieben, wenn ein Hinweis auf die schlechteren Dämmeigenschaften unterbleibe.[876]

---

869 BGH GRUR 1973, 468, 471 - Cinzano, Anm. Heydt; BGH GRUR 1967, 100, 104 - Edeka-Schloßexport; BGH GRUR 1966, 45 - Markenbenzin.

870 BGH GRUR 1973, 468, 471 - Cinzano, Anm. Heydt.

871 BGH GRUR 1984, 737, 738 - Ziegelfertigstürze; OLG Hamburg WRP 1992, 395 - Davidoff.

872 BGH GRUR 1984, 737, 738 - Ziegelfertigstürze; OLG Hamburg WRP 1992, 395 - Davidoff.

873 BGH GRUR 1984, 737, 738 - Ziegelfertigstürze.

874 Vgl. o. S. 144.

875 BGH GRUR 1984, 737, 738 - Ziegelfertigstürze.

876 BGH GRUR 1984, 737, 738 - Ziegelfertigstürze.

Ebenso sei es eine aufklärungspflichtige Produktveränderung, wenn der Hersteller **Zigarren** unter einer Bezeichnung, mit welcher der Verkehr einen guten Ruf verbinde, vertreibe und diese nicht mehr aus kräftig schmeckendem kubanischen Tabak, sondern aus weicher schmeckendem Tabak aus der Dominikanischen Republik fertigen läßt.[877]

Bei **Wermutwein**, der unter einer bekannten Bezeichnung verkauft werde, sei es für den Verkehr von Bedeutung, ob es sich um italienische „Originalware" oder um das Erzeugnis einer Tochtergesellschaft oder eines Lizenznehmers handele.[878] Schmecke das Produkt der ausländischen Tochtergesellschaft bzw. des ausländischen Lizenznehmers anders, genüge es, auf der Flasche einen Hinweis „Spanischer" bzw. „Französischer Wermut" anzubringen.[879] Dabei sei es primär Pflicht des Herstellers, bei Irreführungsgefahr auf die für die Verbrauchererwartung relevanten Unterschiede solcher Waren hinzuweisen, die er unter einer gemeinsamen Marke vertreibe.[880] Dagegen treffe in einem solchen Fall den Importeur bzw. den Dritten, der eine solche Ware im Inland vertreibe, die Pflicht zur Aufklärung regelmäßig jedenfalls dann erst in zweiter Linie, wenn der Hersteller jederzeit mit Importen rechnen müsse.[881]

2) Qualitätsunterschiede bei Einhaltung der Kennzeichnungsvorschriften

In der Rechtsprechung ist eine Irreführung auch dann angenommen worden, wenn eine verwendete Bezeichnung zwar den gesetzlichen Kennzeichnungsvorschriften entspricht, der Verkehr jedoch aufgrund dieser Kennzeichnung zu einer irrigen Auffassung über die Produkteigenschaften des Angebots kommt.[882] Sie meint, die Verwendung einer der gesetzlichen Kennzeichnungspflicht entsprechenden Bezeichnung sei nicht ohne weiteres schon deshalb irreführend, weil der Verkehr die Bezeichnung in einem anderen als in dem gesetzlich festgelegten oder zulässigen Sinne verstehe.[883]

Verbinde der Verkehr aber mit der zulässigen Bezeichnung eine bestimmte Qualität oder sei er unter dieser Bezeichnung an bestimmte Qualitätsabstufungen gewöhnt – z. B. daran, daß Gold nur in den drei

---

877 OLG Hamburg WRP 1992, 395 – Davidoff.

878 BGH GRUR 1973, 468, 471 – Cinzano, Anm. Heydt.

879 BGH GRUR 1973, 468, 471 – Cinzano, Anm. Heydt.

880 BGH GRUR 1973, 468, 472 – Cinzano, Anm. Heydt.

881 BGH GRUR 1973, 468, 472 – Cinzano, Anm. Heydt.

882 BGH GRUR 1983, 651, 653 – Feingoldgehalt, krit. Anm. Chambosse; BGH GRUR 1958, 492, 496 – Eispralinen, Anm. R. Moser v. Filseck.

883 BGH GRUR 1983, 651, 653 – Feingoldgehalt, krit. Anm. Chambosse.

Legierungsqualitäten „333", „585" und „750" angeboten werde –, könne auch eine objektiv richtige und den spezialgesetzlichen Kennzeichnungsvorschriften entsprechende Angabe (z. B. Legierungsqualität „166") zur Irreführung geeignet sein.[884] Der Verkehr erwarte nämlich die ihm bekannte (Mindest-)Qualität, so daß eine über die grundsätzlich zulässige Angabe hinausgehende Aufklärung erforderlich sei.[885]

3) Herstellungsverfahren/Zusammensetzung des Produkts

Die Art und Weise der Herstellung eines Produkts ist nach dem BGH für die Kaufentscheidung grundsätzlich nicht von Bedeutung, sofern die Beschaffenheit und die Qualität des Produktes den Erwartungen entsprechen.[886]

Ebenso interessiere sich der Verkehr – wie der BGH meint – bei einem chemischen Produkt grundsätzlich nicht primär für dessen chemische Zusammensetzung, sondern für das Resultat der Anwendung.[887]

Hier ist jedoch zu beachten, daß etwa im Rahmen umweltbezogener Werbung auch die Umweltfreundlichkeit des Herstellungsverfahrens von Bedeutung für den Kaufentschluß sein kann (näher zur umweltbezogenen Werbung noch u.[888]).

4) Herkunft des Produktes

Nach § 5 II Nr. 1 UWG n. F. und § 3 UWG a. F. („Ursprung") kann auch die betriebliche und geographische Herkunft eines Produkts entscheidender Faktor einer Irreführung sein. Allein die Fehlvorstellung über die betriebliche Herkunft eines Produktes ist nach dem BGH aber nicht ausreichend, um i. S. d. § 3 UWG a. F. irrezuführen, denn es genüge hierfür – wie der BGH sagt – beispielsweise nicht, daß eine auf einen anderen ausländischen Hersteller hinweisende Warenbezeichnung durch einen inländischen Lizenznehmer verwendet werde.[889] Hier sei der Vorrang

---

884 BGH GRUR 1983, 651, 653 – Feingoldgehalt, krit. Anm. Chambosse; BGH GRUR 1958, 492, 496 – Eispralinen, Anm. R. Moser v. Filseck.

885 BGH GRUR 1983, 651, 653 – Feingoldgehalt, krit. Anm. Chambosse; BGH GRUR 1958, 492, 496 – Eispralinen, Anm. R. Moser v. Filseck.

886 BGH GRUR 1958, 32, 34 – Haferschleim.

887 BGH GRUR 1966, 445, 447 und 449 – Glutamal, zust. Anm. Ulrich Krieger.

888 S. u. S. 161 ff.

889 BGH GRUR 1997, 754 – grau/magenta; BGH GRUR 1966, 267, 270 – White Horse sowie BGH GRUR 1965, 676, 677 – Nevada-Skibindungen (zu § 3 UWG 1909; zust. auch für § 3 UWG 1969/2000 Baumbach/Hefermehl[22] § 3 Rn. 261; für § 5 UWG n. F. nach Sinn und Zweck Hefermehl/Köhler/Bornkamm – Bornkamm § 5 Rn. 4.210).

des Individualschutzes durch Kennzeichenrecht zu beachten.[890] Eine Irreführung mit der Folge einer Pflicht zur Aufklärung über die Herkunft ergebe sich jedoch, wenn der Verkehr mit der Warenbezeichnung – über die Identifizierung der Ware hinaus – bestimmte Gütevorstellungen verbinde, welche das beworbene Produkt nicht aufweist („qualifizierte betriebliche Herkunftsangabe"),[891] denn hier werde auch das Allgemeininteresse verletzt.[892]

Ähnlich verhält es sich beim Gebrauch von Firmen- oder Warenbezeichnungen, die für sich allein betrachtet (fälschlich) auf eine ausländische Herkunft oder sonstige Verbindungen ins Ausland hinweisen (z. B. Scotch Whiskey[893]; „English Lavender" für Seife[894]; „Liberté" oder „Bonmont" für deutschen Sekt[895]). Diese Bezeichnungen sind nach dem BGH dann mit § 3 UWG a. F. vereinbar, wenn durch geeignete entlokalisierende Zusätze dafür Sorge getragen wird, daß eine Irreführung vermieden wird.[896]

Der BGH vertritt die Ansicht, an die Eignung solcher Zusätze seien dabei besonders hohe Anforderungen zu stellen, wenn direkte, bekannte und mit besonderen Gütevorstellungen verbundene Herkunftsbezeichnungen entlokalisiert werden sollen, wobei es auf die Umstände des Einzelfalles ankomme.[897] Lägen keine Verbindungen zum Ausland vor, müsse ein Irrtum sowohl über die Eigenschaft als ausländische Originalware als auch über sonstige Beziehungen zum Ausland ausgeschlossen werden.[898] Bestünden hingegen zumindest produktionstechnische oder sonstige für die Wertschätzung der Ware erhebliche Beziehungen zum Ausland, wie das bei Mutter-/Tochtergesellschaften, Lizenzfertigungen etc. der Fall sei, seien entlokalisierende Zusätze (z. B. „Deutsches Erzeugnis") schon

---

890 BGH GRUR 2002, 622, 623 – shell.de.

891 BGH GRUR 1965, 676, 677 – Nevada-Skibindungen.

892 BGH GRUR 1997, 754 – grau/magenta; BGH GRUR 1966, 267, 270 – White Horse, Anm. Heydt; BGH GRUR 1956, 187, 188 – English Lavender.

893 BGH GRUR 1969, 280 – Scotch Whiskey, Anm. Knopp.

894 BGH GRUR 1956, 187 – English Lavender.

895 BGH GRUR 1971, 31 – Deutscher Sekt, Anm. Storch

896 BGH GRUR 1971, 255, 258 – Plym-Gin, zust. Anm. Gross; BGH GRUR 1971, 31, 33 f. – Deutscher Sekt, Anm. Storch; BGH GRUR 1963, 589, 591 – Lady-Rose; BGH GRUR 1958, 185, 187 –Wyeth, Anm. Bußmann; BGH GRUR 1956, 187, 188 – English Lavender.

897 BGH GRUR 1971, 255, 258 – Plym-Gin, zust. Anm. Gross; BGH GRUR 1956, 187, 188 – English Lavender.

898 BGH GRUR 1971, 255, 258 – Plym-Gin, zust. Anm. Gross.

dann ausreichend, wenn dies den irrigen Eindruck ausschließe, es handele sich um im Ausland gefertigte und importierte Ware.[899]

5) Risikoausschlüsse bei Versicherungsverträgen

Zu den am kompliziertesten zu beschreibenden Leistungen, die dem Verbraucher regelmäßig begegnen, zählen die in **Versicherungsverträgen** durch **Leistungsbeschreibungen und Risikoausschlüsse** festgeschriebenen Leistungen der Versicherer. Hier besteht mit dem VAG und VVG ein umfassendes Regelwerk, welches auch dem Schutz und der Information des Verbrauchers dient (vgl. o.[900]). Auch hier können sich nach dem BGH aber zusätzliche wettbewerbsrechtliche Aufklärungspflichten ergeben.

Der BGH führt aus, es bestehe keine allgemeine Rechtspflicht des Versicherers, auf einzelne Risikoausschlüsse in den allgemeinen Versicherungsbedingungen hinzuweisen, weil der Kunde mit Risikoausschlüssen rechnen und sich hierüber grundsätzlich selber (durch Lektüre der AVB oder Rückfrage) informieren müsse.[901] Es genüge also grundsätzlich ein Hinweis darauf, daß nur im Rahmen der AVB gehaftet werde.[902] Dies gelte auch bei Werbeaussagen eines Versicherers.[903] Eine Irreführung könne sich jedoch im Einzelfall ergeben, wenn eine Werbung durch die Leistungsbeschreibung und den Hinweis auf einige wesentliche, nicht jedoch alle Risikoausschlüsse den Eindruck der Vollständigkeit der angegebenen Risikoausschlüsse hervorrufe.[904]

Handele es sich bei der betreffenden Werbung um einen Prospekt für eine Reisegepäckversicherung, die unmittelbar vor Reiseantritt z. B. am Flughafen mittels Zahlkarte o. ä. abgeschlossen werden könne, sei auch zu berücksichtigen, daß der Versicherungsnehmer wegen des damit verbundenen Aufwandes oder aus Zeitnot beim Versicherer keine Einzelheiten nachfragen könne.[905] Der Prospekt müsse deshalb so abgefaßt sein, daß der Versicherungsnehmer, der sich auf die im Prospekt angegebenen Risikoausschlüsse verlasse, nicht durch Haftungsausschlüsse in den AVB überrascht und so getäuscht werde.[906]

---

899 BGH GRUR 1971, 255, 258 – Plym-Gin, zust. Anm. Gross.

900 Vgl. o. S. 9, 17.

901 BGH GRUR 1983, 654, 655 – Kofferschaden.

902 BGH GRUR 1983, 654, 655 – Kofferschaden.

903 BGH GRUR 1983, 654, 655 – Kofferschaden.

904 BGH GRUR 1983, 654, 656 – Kofferschaden.

905 BGH GRUR 1983, 654, 656 – Kofferschaden.

906 BGH GRUR 1983, 654, 656 – Kofferschaden.

6) Werbung mit DIN-Werten

Auch in der Angabe von DIN-Werten liegt eine Produktbeschreibung. Bei dieser ist daran zu denken, dass in einer unvollständigen Wiedergabe eine Irreführung durch Unterlassen zu sehen sein kann. Der BGH hatte einen Fall, in dem ein Pkw mit **DIN-Verbrauchswerten** beworben worden war, unter drei Aspekten zu untersuchen: In der beanstandeten Werbung war nicht darauf hingewiesen worden, daß DIN-Werte nicht den in der Praxis erzielbaren Werten entsprechen, weiter war nur der DIN-Wert bei einer einzigen Geschwindigkeit angegeben worden und schließlich wurde nicht darauf hingewiesen, daß das beworbene Fahrzeug Superbenzin benötigte.[907]

Nicht irreführend ist es nach dem BGH, mit dem DIN-Verbrauch zu werben, ohne darauf hinzuweisen, daß der nach DIN ermittelte Verbrauchswert ein idealtypischer ist und in der Praxis nicht erreicht werden kann.[908] Die angesprochenen Verkehrskreise gingen - wie der BGH meint - bei Angaben nach DIN nicht davon aus, daß es sich um tatsächliche Verbrauchswerte handele.[909]

Ebenso sei es keine Irreführung, wenn bei einem Fahrzeug, für welches DIN-Werte für verschiedene Geschwindigkeiten vorlägen (z. B. Stadtverkehr, Überland und Autobahn; 50 km/h, 90 km/h, 120 km/h), in einer Werbung nur einer dieser DIN-Werte und nicht das gesamte DIN-Schema angegeben werde, denn die Angabe aller DIN-Werte habe nicht zur Folge, daß das beworbene Fahrzeug von den angesprochenen Verkehrskreisen anders bewertet werde.[910] Unerheblich sei dabei, daß das Ziel der mit der DIN-Norm bezweckten Aufklärung der Kunden bei Angabe nur eines DIN-Wertes nicht erreicht werde.[911] § 3 UWG a. F. diene nämlich nur dem Schutz vor Irreführung, nicht aber einer möglichst umfangreichen Verbraucheraufklärung.[912]

Anzugeben sei hingegen, ob das beworbene Fahrzeug statt Normal-Superbenzin benötige, weil ein nicht unerheblicher Teil der Verkehrskreise nicht über ausreichende eigene Sachkenntnis verfüge und an entsprechende Hinweise gewöhnt sei und weil der erforderliche Kraftstoff wegen der unterschiedlichen Preise für Normal- und Superbenzin im

---

907 BGH GRUR 1985, 450 ff. – Benzinverbrauch.

908 BGH GRUR 1985, 450, 451 – Benzinverbrauch.

909 BGH GRUR 1985, 450, 451 – Benzinverbrauch.

910 BGH GRUR 1985, 450, 451 – Benzinverbrauch.

911 BGH GRUR 1985, 450, 451 – Benzinverbrauch.

912 BGH GRUR 1985, 450, 451 – Benzinverbrauch.

Hinblick auf die Wirtschaftlichkeit des Fahrzeuges einen wesentlichen Faktor darstelle.[913]

7) Testergebnisse

Eine Irreführung des Verkehrs über die Qualität eines beworbenen Produkts kann nach dem BGH auch durch die Verwendung eines ordnungsgemäß verliehenen **Testsiegels**[914] erfolgen.[915] Der BGH meint, es sei irreführend, mit dem Testprädikat „gut" der Stiftung Warentest zu werben, ohne die Ergebnisse für andere Produkte mitzuteilen, wenn das beworbene Produkt mit dieser Bewertung im Test nur unterdurchschnittlich abgeschlossen habe.[916] Die angesprochenen Verkehrskreise entnähmen einer Werbung mit dem Testurteil „gut" nämlich, daß das betreffende Produkt zur Spitzengruppe der getesteten Erzeugnisse zählt, weil die Testnote „sehr gut" in vielen Tests kein einziges Mal vergeben werde.[917] Ein nicht unerheblicher Teil der angesprochenen Verkehrskreise gehe davon aus, daß sie bei einem Gerät der Spitzengruppe einen im Vergleich zu den anderen Angeboten günstigen Kauf tätigten, so daß die Vorstellung von der Spitzengruppenstellung für die Kaufentscheidung relevant sei.[918] Es bestehe daher eine Aufklärungspflicht im Hinblick auf solche Umstände, die für eine zutreffende Beurteilung der Testnote von Bedeutung seien.[919] Keine Irreführung liege hingegen vor, wenn ohne Hinweis auf die übrigen Testergebnisse mit dem Prädikat „gut" geworben werde und das beworbene Gerät im Test über dem Notendurchschnitt liege.[920]

Ebenso sei es nicht per se unzulässig, mit nur einer Einzelnote aus einem Test, der sich aus mehreren Noten zusammensetze, zu werben, wenn hierdurch nicht der unzutreffende Eindruck hervorgerufen werde, das getestete Produkt habe insgesamt überdurchschnittlich abgeschnitten.[921] Dem stehe nicht entgegen, daß eine Werbung nur mit einem Teilergebnis nicht den Empfehlungen der Stiftung Warentest entspreche.[922] Zulässig sei es daher, bei der Werbung für eine Kaffeemaschine nur das Testurteil

---

913 BGH GRUR 1985, 450, 451/452 – Benzinverbrauch.

914 Allgemein zur Werbung mit Testergebnissen Kollmann GRUR 2004, 6.

915 BGH GRUR 1982, 437 – Test Gut.

916 BGH GRUR 1982, 437 – Test Gut.

917 BGH GRUR 1982, 437 – Test Gut.

918 BGH GRUR 1982, 437 f. – Test Gut.

919 BGH GRUR 1982, 437, 438 – Test Gut.

920 BGH GRUR 1982, 437, 438 – Test Gut.

921 OLG Celle GRUR-RR 2005, 286 – Sehr gut für Kaffeearoma.

922 OLG Celle GRUR-RR 2005, 286 – Sehr gut für Kaffeearoma.

„sehr gut für Kaffeearoma" anzugeben und schlechtere Teilnoten zu verschweigen, wenn das getestete Gerät zu den besten im Test zähle und das Kaffeearoma das bei Errechnung der Gesamtnote wichtigste Kriterium darstelle.[923]

Demgegenüber sei es unzulässig, für einen Lohnsteuerhilfeverein unter Angabe einer Testnote zu werben, wenn nur ein Bruchteil der vom Verein unterhaltenen Beratungsstellen getestet worden sei.[924] Die Noten für die einzelnen Beratungsstellen ließen nämlich keine Rückschlüsse auf den gesamten Lohnsteuerhilfeverein zu.[925]

8) Unverbindliche Preisempfehlung bei Sondermodellen

In der Rechtsprechung ist auch die Eigenschaft des beworbenen Artikels als **Sondermodell** als aufklärungspflichtiger Umstand angesehen worden. Werbe ein Unternehmer - so sagt sie - unter Angabe der **unverbindlichen Preisempfehlung** für einen Elektrorasierer, der ein Sondermodell und daher nicht in der allgemeinen Produktinformation des Herstellers aufgeführt sei, müsse er den Verbraucher über die Eigenschaft als Sondermodell aufklären, weil dieser die Preisempfehlung nicht überprüfen könne.[926] Nicht ausreichend sei, daß dem Verbraucher nach Vertragsschluß eine entsprechende Produktinformation ausgehändigt werde.[927]

9) Umweltbezogene Werbeaussagen

Mehrfach hat die Rechtsprechung Fälle behandelt, in denen mit Belangen des Umweltschutzes geworben worden ist. Danach hat der Verkehr zunehmend ein Umweltbewußtsein entwickelt und bevorzugt daher Produkte, auf deren besondere Umweltverträglichkeit hingewiesen wird.[928]

Der BGH führt dazu aus, daß umweltbezogene Werbeaussagen - auch im Interesse der Förderer des Umweltschutzes und der Information der Verbraucher - grundsätzlich zulässig seien.[929] Mit Rücksicht auf die star-

---

923 OLG Celle GRUR-RR 2005, 286 - Sehr gut für Kaffeearoma.

924 BGH GRUR 2005, 877, 879 f. - Werbung mit Testergebnis.

925 BGH GRUR 2005, 877, 879 f. - Werbung mit Testergebnis.

926 LG Kassel WRP 2004, 651, 652 - Sondermodell.

927 LG Kassel WRP 2004, 651, 652 - Sondermodell.

928 BGH GRUR 1994, 828, 829 - Unipor-Ziegel; BGH GRUR 1991, 550, 551 - Zaunlasur; BGH GRUR 1991, 546, 547 -... aus Altpapier; BGH NJW 1989, 711, 712 - Umweltengel.

929 BGH GRUR 1996, 367 - Umweltfreundliches Bauen; BGH GRUR 1997, 666, 668 - Umweltfreundliche Reinigungsmittel.

ke emotionale Werbekraft derartiger Werbeaussagen sowie im Hinblick auf die Komplexität von Fragen des Umweltschutzes und des meist nur geringen sachlichen (Fach-) Wissensstandes des von der Werbung angesprochenen breiten Publikums und der daraus resultierenden erhöhten Irreführungsgefahr, unterliege aber eine solche Werbung strengen Anforderungen und weitgehenden Aufklärungspflichten.[930]

Es bestünden ferner weitegehende Unklarheiten insbesondere über Bedeutung und Inhalt der verwendeten Begriffe und Zeichen (z. B. Prädikate und Auszeichnungen für Umweltfreundlichkeit).[931] Allerdings wird auch hier betont, daß § 3 UWG a. F. nur ein Irreführungsverbot, jedoch kein Informationsgebot beinhalte.[932]

Werde aber etwa der Hinweis „umweltfreundlich" verwendet, so meint der BGH, sei zur Vermeidung einer Irreführung grundsätzlich die konkrete Benennung der einzelnen Umweltvorzüge erforderlich, weil dieser Begriff im Verständnis der Verbraucher keinen eindeutig und klar umrissenen Inhalt habe.[933] Ohne aufklärende Hinweise bestehe in besonderem Maße die Gefahr, daß bei den angesprochenen Verkehrskreisen irrige Vorstellungen über die Beschaffenheit der angebotenen Ware hervorgerufen würden und sie dadurch in ihrer Kaufentscheidung beeinflußt würden.[934] Wirbt ein Unternehmer etwa mit dem (ordnungsgemäß vergebenen) „Umweltengel", so müsse er schon in der Blickfangwerbung drauf hinweisen, warum dieser „Umweltengel" für das betreffende Produkt verliehen worden sei.[935] Nicht ausreichend sei hingegen, mögliche Einschränkungen bei der Umweltfreundlichkeit mit nicht genauer, sondern unvollständig eingeschränkter Aussage „umweltfreundlich, weil ..." kenntlich zu machen, solange nicht auf den die Umweltfreundlichkeit ausmachenden Umstand hingewiesen werde (ausreichend daher etwa „umweltfreundlich weil aus 100% Altpapier").[936] Ausreichend sei aber in einer Zeitschrift unter der Seitenüber-

---

930 BGH GRUR 1996, 985, 986 – PVC-frei; BGH GRUR 1996, 367 – Umweltfreundliches Bauen; BGH GRUR 1991, 550 – Zaunlasur; BGH GRUR 1991, 546, 547 – ... aus Altpapier; BGH NJW 1989, 711, 712 – Umweltengel.

931 BGH GRUR 1991, 546, 547 – ... aus Altpapier; BGH GRUR 1991, 550, 551 – Zaunlasur.

932 BGH GRUR 1996, 367, 368 – Umweltfreundliches Bauen.

933 BGH GRUR 1996, 367 – Umweltfreundliches Bauen; BGH NJW 1989, 711, 712 – Umweltengel.

934 BGH NJW 1989, 711, 712 – Umweltengel.

935 BGH NJW 1989, 711, 712 – Umweltengel.

936 BGH NJW 1989, 711, 712 – Umweltengel.

überschrift „Umweltfreundliches Bauen" zu werben, wenn sodann in mehreren Abschnitten auf Einzelheiten eingegangen wird.[937]

Allerdings will der BGH diese Aufklärungspflichten nicht schlechthin und uneingeschränkt für jede umweltbezogene Werbung beanspruchen, sondern hält diese in erster Linie bei Verwendung von Schlagworten wie „umweltfreundlich", „umweltschonend", „bio-" oder „öko-" für erforderlich.[938] Bei nur indirekten negativen Beschaffenheitsangeben (z. B. „PVC-frei") - so meint der BGH - fehle es an der starken Suggestivkraft der o. g. Schlagworte und es werde nicht die positive Wirkung eines Produktes verallgemeinert, sondern lediglich eine negative Eigenschaft ausgeschlossen.[939] Hier könne nicht davon ausgegangen werden, daß von der Werbung eine mit der Gesundheitswerbung vergleichbare Gefährdung für die Gesundheit als schützeswertes Gut ausgehe, die es dort rechtfertige, die Beachtlichkeitsschwelle der Irreführung im unteren Bereich anzusiedeln.[940] Die Bewerbung eines erkennbar in Kunststoff verpackten Produktes als „PVC-frei" löse daher keine Pflicht zur Aufklärung über die stattdessen verwendeten Kunststoffe und der von diesen ausgehenden Umweltgefahren aus, sofern diese nicht den PVC-spezifischen Gefahren (krebserregende Wirkung etc.) ähnelten.[941] Die relevanten Verbraucherkreise würden hier erkennen, daß Kunststoff verwendet werde und erlägen keinem Irrtum darüber, daß die Herstellung und Entsorgung von Kunststoff stets mit Umweltbelastungen verbunden sei.[942] Aus den gleichen Gründen ist auch eine Pflicht zum Hinweis auf die unvermeidbaren Eingriffe in die Natur bei der Rohstoffgewinnung zur Herstellung von Tonziegeln, die mit dem Slogan „für eine bessere Welt" beworben werden, verneint worden, obwohl der Verkehr diesen Slogan als Hinweis auf Umweltfreundlichkeit verstehe.[943] Allerdings läßt der BGH ausdrücklich offen, ob diese Grundsätze für alle Hinweise auf eine (nur) relative Umweltverträglichkeit gelten,[944] so daß es letztlich bei einer einzelfallbezogenen Gewichtung des Einflusses der beworbenen Umweltschutzaspekte auf die Entscheidung des Verbrauchers bleibt.

---

937 BGH GRUR 1996, 367, 368 – Umweltfreundliches Bauen.

938 BGH GRUR 1996, 985, 986 – PVC-frei.

939 BGH GRUR 1996, 985, 986 – PVC-frei.

940 BGH GRUR 1996, 985, 986 – PVC-frei.

941 BGH GRUR 1996, 985, 986 – PVC-frei.

942 BGH GRUR 1996, 985, 987 – PVC-frei.

943 BGH GRUR 1996, 985, 986 – PVC-frei (in Erläuterung von BGH GRUR 1994, 828, 829 - Unipor-Ziegel).

944 BGH GRUR 1996, 985, 986 – PVC-frei.

Irreführend ist es aber nach dem OLG Köln, ein Produkt mit dem Namen „Universal-Kaltreiniger“ als „umweltschonend, weil abwasserentlastend“ zu bewerben, wenn in der Werbung nicht gleichzeitig darauf hingewiesen wird, daß das Produkt nur dann abwasserentlastend ist, wenn eine Ölabscheideranlage benutzt und dafür Sorge getragen wird, daß nicht gleichzeitig emulgierend wirkende tensidhaltige Abwässer in den Ölabscheider gelangen.[945] Ein Hinweis, welcher erst auf dem Produkt selbst gegeben wird, genügt danach nicht.[946]

Ebenso ist es irreführend, mit einem ordnungsgemäß verliehenen Umweltzeichen und dem Slogan „Hygiene-Krepp aus Altpapier ist umweltfreundlich, denn die Verwendung von Altpapier schont unsere Baumbestände“ zu werben, ohne hinreichend deutlich darauf hinzuweisen, daß das so beworbene Toilettenpapier nur aus 80 % Altpapier besteht.[947] Ein nicht unerheblicher Teil der angesprochenen Verkehrskreise gehe nämlich – wie der BGH meint – davon aus, daß das Produkt aus 100% Altpapier bestehe und wisse nicht, daß das betreffende Umweltzeichen bereits ab einem Anteil von 51% Altpapier vergeben werde.[948]

Auch gehe der Verkehr davon aus, daß eine neues, mit einem Umweltsiegel versehenes Produkt den aktuellen Anforderungen für die Verleihung dieses Umweltsiegels entspreche.[949]

Keine Irreführung ergebe sich aber allein daraus, daß ein als umweltfreundlich beworbenes Produkt nicht absolut umweltverträglich sei, denn dem Verkehr sei bekannt, daß Herstellung, Verwendung oder Entsorgung zwingend mit für die Umwelt nachteiligen Prozessen verbunden seien, so daß eine Aufklärung hierüber auch nicht erforderlich sei.[950]

Weiter sei bei umweltbezogener Werbung zu beachten, daß diese nur dann als irreführend i. S. d. § 3 UWG a. F. anzusehen sein könne, wenn die betreffende Werbeaussage nicht allein als allgemeiner Appell ohne informativen Gehalt zu verstehen sei, sondern nur dann, wenn ihr eine einer objektiven Nachprüfung zugängliche Angabe mit einer konkreten Information entnommen werden könne (vgl. o. zu „Angabe“ i. S. d. § 3 UWG a. F.[951]).[952]

---

945 OLG Köln GRUR 1988, 630, 631 – Universal-Kaltreiniger.

946 OLG Köln GRUR 1988, 630, 631 – Universal-Kaltreiniger.

947 BGH GRUR 1991, 546, 547 – … aus Altpapier.

948 BGH GRUR 1991, 546, 547 – … aus Altpapier.

949 LG Hamburg NJOZ 2006, 528 – schnell biologisch abbaubar.

950 BGH GRUR 1997, 666, 667 – Umweltfreundliche Reinigungsmittel; BGH GRUR 1996, 367, 368 – Umweltfreundliches Bauen; BGH GRUR 1994, 828, 829 – Unipor-Ziegel; BGH NJW 1989, 711, 712 – Umweltengel.

951 Vgl. o. S. 129.

Werde ein Umweltzeichen nach neutraler Prüfung und Zahlung einer Bearbeitungsgebühr vergeben, so dürfe (unter Angabe des Grundes, vgl. o.[953]) damit geworben werden, daß das Produkt mit diesem Umweltzeichen „ausgezeichnet" worden sei, solange die Zahlung nur den Charakter einer Gebühr habe.[954]

Zu erwähnen ist weiter, daß eine Unlauterkeit umweltbezogener Werbung von der Rechtsprechung nicht nur unter dem Blickwinkel der Irreführung, sondern auch unter dem Gesichtspunkt der gefühlsbetonten Werbung nach § 1 UWG a. F. erwogen worden ist.[955]

10) Werbung mit Begriffen, welche ein undifferenziertes Bild beim Verbraucher hervorrufen; Gesundheitswerbung

Ähnlich wie bei der umweltbezogenen Werbung hat die Rechtsprechung auch auf anderen Gebieten eine Irreführung durch die Verwendung eines Begriffes, mit welchem der Verkehr keine klaren Vorstellungen über das beworbene Produkt verbindet, für möglich gehalten.[956]

Während der BGH bei umweltbezogener Werbung betont, daß bei der Verwendung des undifferenzierten Begriffes „umweltfreundlich" ohne nähere aufklärende Hinweise in besonderem Maße die Gefahr bestehe, daß bei den angesprochenen Verkehrskreisen irrige Vorstellungen hervorgerufen würden, so daß zur Vermeidung einer Irreführung grundsätzlich die konkrete Benennung des jeweiligen Umweltvorzugs erforderlich sei,[957] hat er sich in einer älteren Entscheidung[958] zur Gesundheitswerbung der Beweislast bedient. Verwende ein Unternehmer Begriffe – so führt der BGH aus –, die beim Verbraucher nur unklare Vorstellungen über das beworbene Produkt auslösten, treffe ihn die Beweislast dafür, daß der Verkehr nicht irregeführt werde.[959] Insbesondere auf dem Gebiet des Gesundheitswesens liege es im Interesse der

---

952 BGH GRUR 1997, 666, 668 – Umweltfreundliche Reinigungsmittel.

953 Vgl. o. S. 162.

954 BGH GRUR 1991, 550, 551 f. – Zaunlasur.

955 BGH GRUR 1997, 666, 668 – Umweltfreundliche Reinigungsmittel; BGH GRUR 1994, 828, 829 – Unipor-Ziegel; BGH GRUR 1991, 542, 543 – Biowerbung mit Fahrpreiserstattung, Anm. Ebert-Weidenfeller.

956 BGH GRUR 1969, 546, 548 – med, Anm. v. Falck (zur Meinungsbefragung bei § 3 UWG a. F.).

957 BGH GRUR 1996, 367 – Umweltfreundliches Bauen; BGH NJW 1989, 711, 712 – Umweltengel.

958 BGH GRUR 1969, 546, 548 – med, Anm. v. Falck (zur Meinungsbefragung bei § 3 UWG a. F.).

959 BGH GRUR 1969, 546, 548 – med, Anm. v. Falck (zur Meinungsbefragung bei § 3 UWG a. F.).

Allgemeinheit, daß Begriffe nicht verwässert und gefährliche Unklarheiten geschaffen würden.[960] Die Gesundheit sei nach allgemeiner Auffassung ein besonders wertvolles und schutzwürdiges Gut, so daß Werbung mit Gesundheitsaspekten besonders effektiv sei.[961] Solche Werbung unterliege daher strengen Anforderungen.[962] Eine Übertragbarkeit der Grundsätze zur umweltbezogenen Werbung liege daher nahe.[963] Zu beachten ist allerdings auch hier, daß der BGH ausdrücklich auf die Gesundheit als besonders schützeswertes Gut abstellt und auch bei der umweltbezogenen Werbung auf die Vergleichbarkeit zur Gesundheitswerbung hinweist, so daß sich die hierzu entwickelten Grundsätze nicht schlechthin und uneingeschränkt auf andere Fälle übertragen lassen.[964]

Festzuhalten ist aber, daß auch unklare Begriffe nach dem BGH (zumindest faktisch) eine Aufklärungspflicht auslösen können.

11) Werbung mit fachlich umstrittenen Thesen

In ähnlicher Weise ist der BGH bei der Werbung mit fachlich umstrittenen Thesen vorgegangen. Er führt aus, daß einen Wettbewerber, der mit einer fachlich umstrittenen Behauptung werbe, indem er sich eine der vertretbaren Ansichten zu eigen mache, ohne gleichzeitig die abweichende Ansicht zu erwähnen, dann wegen des Verschweigens des Meinungsstreits der Vorwurf der Irreführung treffe, wenn er nicht die Wahrheit seiner Werbung beweisen könne, denn er übernehme mit der einseitigen Stellungnahme die Gewähr für objektive Richtigkeit der getroffenen Aussage.[965] Trage der Kläger im Prozeß das Fehlen einer wissenschaftlichen Grundlage der Äußerung vor, sei es Aufgabe des Werbenden (Beklagten), die Absicherung seiner Werbeaussage zu beweisen.[966]

Dem Wahrheitsgrundsatz ist hiernach also nicht allein mit der Vertretbarkeit einer fachlich umstrittenen Webeaussage genüge getan, so daß

---

960 BGH GRUR 1969, 546, 548 – med, Anm. v. Falck (zur Meinungsbefragung bei § 3 UWG a. F.).

961 BGH GRUR 1967, 592, 593 – Gesunder Genuß (ohne Irreführungsbezug), Anm. Lehmpfuhl.

962 BGH GRUR 1967, 592, 593 – Gesunder Genuß (ohne Irreführungsbezug), Anm. Lehmpfuhl.

963 Vgl. BGH GRUR 1996, 985, 986 – PVC-frei; BGH GRUR 1991, 546, 547 – … aus Altpapier; BGH NJW 1989, 711, 712 – Umweltengel.

964 Vgl. BGH GRUR 1996, 985, 986 – PVC-frei.

965 BGH GRUR 1991, 848, 849 – Rheumalind II; BGH GRUR 1958, 485, 486 – Odol, zust. Anm. Droste; OLG Frankfurt a. M. GRUR-RR 2005, 394 – Bluttest.

966 OLG Frankfurt a. M. GRUR-RR 2005, 394 – Bluttest.

auch hier faktisch eine Aufklärungspflicht über das Bestehen des fachlichen Streits besteht.

III) Importierte Kraftfahrzeuge

1) Nachteile beim Kraftfahrzeugimport

Mehrfach hatte die Rechtsprechung über Aufklärungspflichten, welche sich beim Verkauf von nicht für den deutschen Markt produzierten Kraftfahrzeugen (sog. Re- oder Parallelimporte vom „grauen Markt") ergeben können, zu entscheiden.

Die Rechtsprechung argumentiert, daß allein über den Umstand, daß ein Kraftfahrzeug aus dem Ausland importiert worden sei, nicht aufgeklärt werden müsse, denn es spiele für den Kaufentschluß keine Rolle, ob ein Fahrzeug für den deutschen Markt produziert worden sei.[967] Auch die Tatsache, daß ein reimportiertes Fahrzeug bereits eine ausländische Tageszulassung aufweise, sei für sich genommen kein aufklärungspflichtiger Umstand, weil diese die Neuwageneigenschaft nach Verkehrsauffassung unberührt lasse.[968]

Eine Aufklärungspflicht könne sich aber aus den (re-)importbedingten Nachteilen ergeben, nämlich aus Einschränkungen bei der Garantie[969] (vgl. dazu auch o.[970]), bei den Ausstattungsmerkmalen[971], bei Service-/Folgeleistungen[972] und aus Problemen bei der Ersatzteilversorgung[973]. Eine Aufklärungspflicht bestehe also nur dann, wenn das betreffende Fahrzeug nicht in allen für den interessierten Verkehr wesentlichen Punkten dem deutschem Standard entspricht.[974] Beim Import von Kraftfahrzeugen treffen also regelmäßig mehrere Fallgruppen zusammen, so daß die Einfuhr von Kraftfahrzeugen hier aus Gründen der Übersichtlichkeit als eigenständige Fallgruppe behandelt wird.

---

967 BGH GRUR 1994, 228, 229 - Importwerbung; a. A. noch KG WRP 1984, 406, 407 - Im Ausland erstausgelieferter Kraftwagen.

968 BGH GRUR 1986, 615, 617 - Reimportierte Kraftfahrzeuge.

969 BGH GRUR 1999, 1125 - EG-Neuwagen II; BGH GRUR 1999, 1122 - EG - Neuwagen I; BGH GRUR 1986, 615, 617 - Reimportierte Kraftfahrzeuge.

970 Vgl. o. S. 57.

971 BGH GRUR 1999, 1125 - EG-Neuwagen II.

972 KG GRUR 1984, 406, 407 - Im Ausland erstausgelieferter Kraftwagen.

973 OLG Stuttgart NJW-RR 1994, 552, 554 - Anzeigenwerbung für aus den USA eingeführte Pkw; KG GRUR 1984, 406, 407 - Im Ausland erstausgelieferter Kraftwagen.

974 BGH GRUR 1994, 228, 229 - Importwerbung.

2) Einschränkungen bei der Garantie

Beim Import von Kraftfahrzeugen können sich aufgrund der Bestimmungen des Herstellers Einschränkungen bei der Herstellergarantie ergeben. Eine solche Einschränkung der - neben dem Kaufgewährleistungsrecht bestehenden - Herstellergarantie hält die Rechtsprechung grundsätzlich für einen aufklärungspflichtigen Umstand.[975] Sie meint, Einschränkungen bei der Herstellergarantie würden auch durch eine Händlergarantie nicht ausgeglichen, weil der Käufer bei der Herstellergarantie seine Ansprüche bei allen vom Hersteller dafür benannten Werkstätten im In- und Ausland geltend machen könne und nicht dadurch beeinträchtigt werde, daß der Verkäufer seinen Betrieb aufgebe oder insolvent werde.[976]

Der Verkehr erwarte auch bei einem als „EG-Neuwagen" beworbenen Fahrzeug grundsätzlich eine uneingeschränkte **Herstellergarantie**.[977] Dies gelte selbst dann, wenn das Fahrzeug von einem Händler angeboten werde, der für den Verkehr erkennbar nicht in die Vertriebsorganisation eines Herstellers eingebunden sei, so daß naheliege, daß ein Teil des Verkehres von Besonderheiten bei der Herstellergarantie ausgehe.[978] Es sei dem Werbenden auch unter Berücksichtigung seiner Interessen grundsätzlich zumutbar, bereits in der Zeitungswerbung auf eine Garantieverkürzung hinzuweisen, denn es handele sich um einen erheblichen Nachteil.[979] Allerdings sei bei reimportierten Fahrzeugen zu berücksichtigen, daß der außerhalb des Vertriebssystems eines Herstellers stehende Parallelimporteur durchweg darauf angewiesen sei, Fahrzeuge anzubieten, die bereits eine „Tageszulassung" im Ausland aufwiesen und bei denen daher die Werksgarantie - wenn auch nur um wenige Tage - verkürzt sei, so daß den Importeur eine Verpflichtung, bereits in der Zeitungswerbung jede auch noch so geringe Verkürzung der Werksgarantie anzugeben, besonders hart träfe.[980] Auch sei zu berücksichtigen, daß Reimporte innerhalb der Europäischen Union einen gewissen gemeinschaftsrechtlichen Schutz genössen und daß diese einer Abschottung der nationalen Märkte entgegenwirkten und den Wettbewerb verstärkten (vgl. o.[981]).[982]

---

975 BGH GRUR 1999, 1125, 1126 - EG-Neuwagen II; BGH GRUR 1999, 1122, 1123 - EG-Neuwagen I.

976 BGH GRUR 1986, 615, 617/618 - Reimportierte Kraftfahrzeuge.

977 BGH GRUR 1999, 1122, 1123 - EG-Neuwagen I.

978 BGH GRUR 1999, 1122, 1123 - EG-Neuwagen I.

979 BGH GRUR 1999, 1122, 1123 - EG-Neuwagen I.

980 BGH GRUR 1999, 1125, 1126 - EG-Neuwagen II; BGH GRUR 1999, 1122, 1124 - EG-Neuwagen I.

981 Vgl. o. S. 151 ff.

Eine Abwägung der Interessen des Parallelimporteurs mit denen der Verbraucher und Mitbewerber ergebe daher, daß bei einer Zeitungswerbung erst dann auf die Verkürzung der Garantiezeit hingewiesen werden müsse, wenn diese **mehr als zwei Wochen** betrage.[983]

3) Einschränkungen bei der Ausstattung

Ähnlich sieht der BGH die Rechtslage bei einer wegen des Imports - im Vergleich zu für den deutschen Markt bestimmten Fahrzeugen - geringerwertigen Ausstattung von beworbenen Fahrzeugen.[984] Der BGH meint, hier gehe der Verkehr davon aus, daß das angebotene Fahrzeug dieselbe Ausstattung aufweise, wie die vom Hersteller für den deutschen Markt vorgesehenen Fahrzeuge, wobei sich die Verkehrserwartung nicht auf bestimmte Ausstattungsmerkmale beziehe.[985] Es müsse also grundsätzlich über das Fehlen von Ausstattungsmerkmalen im Vergleich zum für den deutschen Markt bestimmten Fahrzeugen aufgeklärt werden, sofern es sich um kaufentscheidende Ausstattungsmerkmale handele, wie dies etwa bei einem **Beifahrerairbag** (wegen des gesteigerten Sicherheitsbedürfnisses der Autofahrer) und einer **geteilten Rücksitzbank** (wegen des hierfür üblicherweise verlangten Aufpreises) der Fall sei.[986]

Während der BGH ursprünglich davon ausgegangen war, daß stets unübersehbar darauf hingewiesen werden müsse, daß ein importiertes Kraftfahrzeug in wesentlichen Ausstattungsmerkmalen von den für den deutschen Markt hergestellten Pkw abweiche,[987] nimmt er in einer neueren Entscheidung an, daß auch hier eine Interessenabwägung ergebe, daß in der Zeitungswerbung keine uneingeschränkte Aufklärungspflicht bezüglich der geringerwertigen Ausstattung bestehe.[988] Er betont, daß im Einklang mit der Rechtsprechung des EuGH[989] die Bedeutung der Parallelimporte für die Schaffung des Binnenmarktes berücksichtigt werden müsse.[990] Hier sei auch daran zu denken, daß willkürliche Produktdiffe-

---

982 BGH GRUR 1999, 1125, 1126 - EG-Neuwagen II; BGH GRUR 1999, 1122, 1123 - EG-Neuwagen I.

983 BGH GRUR 1999, 1122, 1124 - EG-Neuwagen I; vgl. BGH GRUR 1999, 1125, 1126 - EG-Neuwagen II.

984 BGH GRUR 1999, 1125, 1127 - EG-Neuwagen II.

985 BGH GRUR 1999, 1125, 1127 - EG-Neuwagen II.

986 Vgl. BGH GRUR 1999, 1125, 1127 - EG-Neuwagen II.

987 BGH GRUR 1994, 228, 229 - Importwerbung; BGH GRUR 1992, 171, 172 - vorgetäuschter Vermittlungsauftrag.

988 BGH GRUR 1999, 1125, 1127 - EG-Neuwagen II.

989 EuGH WRP 1993, 223 - Nissan.

990 BGH GRUR 1999, 1125, 1127 - EG-Neuwagen II.

renzierungen der Hersteller als Mittel der künstlichen Marktabschottung eingesetzt werden könnten und daß eine Aufklärungspflicht bereits in der Zeitungswerbung einem derartigen Bestreben Vorschub leisten könne.[991] Grundsätzlich sei es daher ausreichend, wenn der Unternehmer die Fahrzeuge in der Anzeigenwerbung **als EG-Neuwagen bezeichne** und so auf mögliche Besonderheiten bei der Ausstattung hinweise.[992] Weitere Aufklärung könne dann im Verkaufsgespräch erfolgen.[993] Etwas anderes gelte nur, wenn dem Fahrzeug wesentliche Ausstattungsmerkmale fehlten, von denen der Verkehr als selbstverständlich annehme, daß sie im Lieferumfang enthalten seien.[994]

Ähnlich hatte zuvor das OLG Stuttgart[995] in einem Fall entschieden, in dem japanische Pkw aus den USA eingeführt worden waren. Er meint, hier genüge es darauf hinzuweisen, daß es sich um die US-Version eines Fahrzeugmodells handele, sofern dieses nicht in wesentlichen Ausstattungsmerkmalen geringerwertig sei, wobei etwa das Fehlen einer zweiten Nebelschlußleuchte sowie des Reserveradschlosses, nicht einklappbare Außenspiegel und eine andere Nummernschildaufhängung keine wesentlichen Ausstattungsmerkmale seien.[996] Auch müsse nicht auf alle Abweichungen bei der Garantie hingewiesen werden, weil der durchschnittliche Käufer ohnehin keine konkreten Vorstellungen vom Inhalt der Garantieleistungen habe.[997]

Angesichts der neueren BGH-Rechtsprechung, welche bei Ausstattungsmerkmalen nicht auf die konkreten Vorstellungen des Verkehrs abstellt, sondern davon ausgeht, daß der Verkehr die Ausstattung der für den deutschen Markt gelieferten Fahrzeuge erwarte,[998] ist diese Aussage jedoch zu überdenken. Allerdings ist dem OLG Stuttgart zuzustimmen, wenn es ausführt, daß der Verbraucher ohnehin nicht erwarte, daß Fahrzeuge, die für den US-Markt bestimmt seien, eine mit den für

---

991 BGH GRUR 1999, 1125, 1127 – EG-Neuwagen II.

992 BGH GRUR 1999, 1125, 1127 – EG-Neuwagen II.

993 BGH GRUR 1999, 1125, 1127 – EG-Neuwagen II.

994 BGH GRUR 1999, 1125, 1128 – EG-Neuwagen II.

995 OLG Stuttgart NJW-RR 1994, 552 – Anzeigenwerbung für aus den USA eingeführte Pkw.

996 OLG Stuttgart NJW-RR 1994, 552, 553 ff. – Anzeigenwerbung für aus den USA eingeführte Pkw.

997 OLG Stuttgart NJW-RR 1994, 552, 554 – Anzeigenwerbung für aus den USA eingeführte Pkw.

998 BGH GRUR 1999, 1125, 1127 – EG-Neuwagen II.

den deutschen Markt bestimmten Fahrzeugen identische Garantie auswiesen.[999]

4) Einschränkungen bei der Ersatzteilbeschaffung

Als denkbar ist in der Rechtsprechung ebenfalls eine Hinweispflicht auf mögliche Probleme in der Ersatzteilbeschaffung angesehen worden, sofern derartige Schwierigkeiten häufiger auftreten.[1000]

5) Einschränkungen bei der Versicherungsleistung

Der BGH hat es in einer älteren Entscheidung für nicht ausgeschlossen gehalten, daß ein Verkäufer auf Nachteile, welche aufgrund der ausländischen Tageszulassung eines reimportierten Fahrzeuges auf einen anderen Eigentümer bei der Fahrzeugversicherung entstehen können, hinweisen muß.[1001] Bei dieser Entscheidung ist allerdings zu berücksichtigen, daß sie vor der Deregulierung des Versicherungsvertragsrechts im Jahr 1994 und damit zu Zeiten ergangen ist, als die Allgemeinen Bedingungen für die Kraftfahrtversicherung (AKB) für alle Versicherer verbindlich aufsichtsbehördlich festgeschrieben wurden. Dies ist nun nicht mehr der Fall. Jeder Versicherer kann seine AKB unternehmensindividuell festlegen, so daß der Händler gar nicht wissen kann, ob der vom Verbraucher gewählte Versicherer bestimmte Einschränkungen aufgrund des Reimports macht. Vielmehr ist hier der Händler dem Verbraucher informationell unterlegen, denn der Verbraucher ist Versicherungsnehmer. Denkbar wäre allenfalls ein Hinweis darauf, daß Einschränkungen aufgrund der vorherigen Zulassung eines Fahrzeuges üblich sind (etwa weil sie in den Muster-AKB des GdV bestünden, was jedoch nicht der Fall ist; vgl. § 13 AKB 04).

---

999 OLG Stuttgart NJW-RR 1994, 552, 554 – Anzeigenwerbung für aus den USA eingeführte Pkw.

1000 OLG Stuttgart NJW-RR 1994, 552, 554 – Anzeigenwerbung für aus den USA eingeführte Pkw; KG WRP 1984, 406, 407 – Im Ausland erstausgelieferter Kraftwagen; vgl. zur Ersatzteilbeschaffung als kaufentscheidungsrelevant auch BGH GRUR 2000, 616, 618 – Auslaufmodelle III; OLG Koblenz WRP 1994, 896, 897 – Auslaufmodelle/Haushaltsgroßgeräte.

1001 BGH GRUR 1986, 615, 617 – Reimportierte Kraftfahrzeuge.

6) Einschränkungen bei Service-/Folgeleistungen

Weiter hat die Rechtsprechung auch importbedingte Abstriche beim Service als aufklärungspflichtig angesehen.[1002] Sie meint, ein Kraftfahrzeughändler müsse darauf hinweisen, wenn die vom Hersteller zugesagte erste Gratisinspektion wegen des Imports von den Vertragswerkstätten in Deutschland nur gegen Berechnung ausgeführt werde und der Käufer den von ihm auszulegenden Betrag erst später vom Importeur erstattet bekomme.[1003]

IV) Sonstige „Mängel" des Produktes

1) Nicht mehr produzierte Ware; Auslaufmodelle

a) Definition des Auslaufmodells

Die Rechtsprechung hat sich immer wieder mit der Frage beschäftigen müssen, ob ein Unternehmer den Verbraucher darüber aufklären muß, daß das von ihm beworbene Produkt ein Auslaufmodell ist.

Ein Auslaufmodell liegt nach der Rechtsprechung vor, wenn das betreffende Gerät vom Hersteller **nicht mehr produziert** *und* **nicht mehr im Sortiment** geführt *oder* von ihm selbst **als Auslaufmodell bezeichnet** wird.[1004]

Der BGH führt dazu aus, die Bezeichnung des Gerätes als Auslaufmodell durch den Hersteller müsse nicht ausdrücklich erfolgen, sondern dies könne sich auch aus den Gesamtumständen ergeben.[1005] So habe der Hersteller ein Gerät auch dann erkennbar zum Auslaufmodell erklärt, wenn er dieses zwar weiterhin ausliefere, dessen Produktion aber eingestellt und es in seinem Katalog durch ein Nachfolgemodell ersetzt habe.[1006] Die weitere Auslieferung stehe dem nicht entgegen, weil der Hersteller das alte Gerät eben „auslaufen" lasse.[1007]

1002 KG WRP 1984, 406 – Im Ausland erstausgelieferter Kraftwagen.

1003 KG WRP 1984, 406, 407 – Im Ausland erstausgelieferter Kraftwagen.

1004 BGH GRUR 2000, 616, 618 – Auslaufmodelle III; BGH GRUR 1999, 760, 761 – Auslaufmodelle II; BGH GRUR 1999, 757, 758 – Auslaufmodelle I; OLG Köln NJOZ 2003, 1903, 1904 – Auslaufmodell.

1005 BGH GRUR 2000, 616, 618 – Auslaufmodelle III.

1006 BGH GRUR 2000, 616, 618 – Auslaufmodelle III.

1007 BGH GRUR 2000, 616, 618 – Auslaufmodelle III.

b) Faktoren für die Hinweispflicht auf die Auslaufmodelleigenschaft

(1) Allgemeines

Eine Verkehrserwartung und damit verbunden die Pflicht, auf die Eigenschaft eines Produktes als Auslaufmodell hinzuweisen, besteht nach der Rechtsprechung nicht schlechthin. Sie meint, es gebe eine Fülle von Waren, bei denen der Verkehr sich keine besonderen Gedanken darüber mache, ob die angebotene Ware aktuell vom Hersteller noch in der angebotenen Form hergestellt und vertrieben werde.[1008] Die Frage lasse sich daher nicht generell, sondern allenfalls nach Warengruppen beantworten.[1009]

Maßgeblich sei auch hier insbesondere, ob ein entsprechender **Hinweis üblich** sei.[1010]

Weiter fragt die Rechtsprechung, welche Vorteile, die mit dem Erwerb des aktuellsten Modells verbunden sind, im Geschäftsverkehr eine entsprechende Hinweiserwartung nahelegen. Dabei soll maßgeblich sein, ob ein Modellwechsel erfolgt, d. h. ob ein Nachfolgemodell hergestellt wird, oder ob die Produktion des betreffenden Gerätes ohne Nachfolger ausläuft.[1011]

(2) Es wird ein Nachfolgemodell produziert

(a) Modische Veränderungen

Wird ein Nachfolgemodell hergestellt, stellt die Rechtsprechung darauf ab, ob und inwiefern der Verkehr von dem Nachfolgemodell für ihn positive und preisbildende Neuerungen erwarte, wobei neben dem Aussehen der Ware technische Neuerungen eine Rolle spielen können.

Ist die modische Aktualität eines Artikels für das Publikum von Bedeutung, kann eine Veränderung des Aussehens Einfluß auf den Kaufentschluß des Verbrauchers haben, so daß eine Aufklärungspflicht an-

---

1008 BGH GRUR 1999, 757, 758 – Auslaufmodelle I.

1009 BGH GRUR 2000, 616, 618 – Auslaufmodelle III; BGH GRUR 1999, 757, 758 – Auslaufmodelle I.

1010 BGH GRUR 2000, 616, 618 – Auslaufmodelle III; BGH GRUR 1999, 760, 761 – Auslaufmodelle II; BGH GRUR 1999, 757, 759 – Auslaufmodelle I; BGH GRUR 1982, 374, 376 – Ski-Auslaufmodelle; KG GRUR-RR 2005, 204 – Schulrucksack; OLG München WRP 1979, 270 – Auslaufmodelle von Skiern; OLG München WRP 1977, 279, 280 – Werbung für Markenski mit Auslaufmodellen; vgl. OLG Düsseldorf GRUR 1975, 146, 147 – Kunststoffolie.

1011 BGH GRUR 2000, 616, 619 – Auslaufmodelle III.

zunehmen ist.[1012] Häufig ist nämlich für junge Käuferschichten das Vorhandensein bestimmter modischer Attribute oder ein neuer Schnitt eines Kleidungsstückes von ausschlaggebender Bedeutung.[1013]

(b) Technische Änderungen

Von besonderer Bedeutung ist für die Rechtsprechung die Frage, ob der Verbraucher davon ausgeht, daß mit dem Modellwechsel **technische Verbesserungen** vorgenommen werden und ob er ein Interesse daran hat, nicht ein alsbald veraltetes Gerät zu erwerben.[1014] Ein vergleichsweise hoher Preis[1015] und eine Langlebigkeit[1016] des erworbenen Produkts deuteten auf die Erwartung, ein Gerät auf dem neuesten technischen Stand zu erwerben, ebenso hin wie die Bedeutung, die der Verbraucher möglichen Problemen bei der Ersatzteilbeschaffung[1017] für ältere Geräte zumesse.

Die Rechtsprechung meint, bei der Bestimmung der Verkehrserwartung falle auch ins Gewicht, ob es sich nur um Produkte des täglichen Bedarfs (dann eher keine Aufklärungspflicht) oder um Produkte handele, bei denen der Verbraucher seine Kaufentscheidung im Regelfall erst nach einiger Überlegung und nachdem er sich über das betreffende Produkt informiert habe, fälle (dann eher Aufklärungspflicht).[1018] Maßgeblich sei dabei nur die jeweilige Modellreihe des Herstellers, nicht aber die Gattung des jeweiligen Produktes.[1019] Werde etwa ein Fernsehgerät in der Modellreihe eines Herstellers gegen ein Gerät mit größerer Bildröhre

---

1012 KG GRUR-RR 2005, 204, 205 – Schulrucksack; OLG Hamm GRUR 1983, 593, 594 – Marken-Jeans; OLG München WRP 1979, 893, 894 – Markenskier zu Sommerpreisen; OLG München WRP 1977, 279, 280 – Preis total.

1013 OLG Hamm GRUR 1983, 593, 594 – Marken-Jeans.

1014 BGH GRUR 2000, 616, 618 – Auslaufmodelle III; OLG Bamberg WRP 1978, 212 – Auslaufmodelle von Markenskibindungen.

1015 BGH GRUR 2000, 616, 618 – Auslaufmodelle III; OLG Koblenz WRP 1994, 896, 897 – Auslaufmodelle/Haushaltsgroßgeräte.

1016 BGH GRUR 2000, 616, 618 – Auslaufmodelle III; OLG Koblenz WRP 1994, 896, 897 – Auslaufmodelle/Haushaltsgroßgeräte.

1017 BGH GRUR 2000, 616, 618 – Auslaufmodelle III; OLG Koblenz WRP 1994, 896, 897 – Auslaufmodelle/Haushaltsgroßgeräte.

1018 BGH GRUR 2000, 616, 618 – Auslaufmodelle III; BGH GRUR 1999, 760, 761 – Auslaufmodelle II; siehe auch (nicht zu Auslaufmodellen): BGH GRUR 1987, 682, 683 – Konkursvermerk; OLG Düsseldorf GRUR 1975, 146, 147 – Kunststoffolie.

1019 OLG Hamm WRP 1989, 529, 531 – Werbung für ein Auslaufmodell.

ausgetauscht, so sei unerheblich, ob andere Hersteller weiterhin Bildröhren geringerer Größe verwendeten.[1020]

Nicht entscheidend sei, ob *tatsächlich* **technische Veränderungen** beim Modellwechsel erfolgten, da es allein auf die – nicht zuletzt durch die Werbung geprägte – Auffassung des Verkehrs ankomme.[1021] Maßgeblich seien daher nur die an den Modellwechsel geknüpften Vorstellungen des Verkehrs.[1022]

Aus diesem Grund liege auch kein hinweispflichtiges Auslaufmodell vor, wenn der Hersteller zwar Veränderungen am Produkt vornehme, jedoch **keinen Modellwechsel vollziehe** und diese Änderungen **für den Verbraucher nicht erkennbar** würden.[1023] Es fehle hier an der durch einen Modellwechsel ausgelösten Vorstellung des Verkehrs, daß die Neuerung auch eine Verbesserung bringe.[1024] Ein Modellwechsel könne dadurch erkennbar werden, daß das Produkt selbst gekennzeichnet werde, daß Informationsmaterial in relevantem Umfang bereitgestellt werde, daß die Presse maßgeblich berichte oder dadurch, daß das Produkt in seinem Aussehen hinreichend verändert werde.[1025]

So soll es bei **Schulrucksäcken**, welche halbjährlich in Aussehen und kleineren Ausstattungsdetails ohne ausdrücklichen Modellwechsel durch den Hersteller geändert werden, nicht erforderlich sein, darauf hinzuweisen, daß es ein (geändertes) neueres Modell gebe, denn dem Verkehr sei der Produktwechsel nicht geläufig und er könne die modischen Änderungen auch nicht selber ohne Hinweis erkennen.[1026] Auch gehe der Verbraucher – so das Kammergericht – weder von einem wesentlichen technischen Fortschritt auf diesem Gebiet aus, noch bestünden hier bestimmte Modetrends, denen er sich unterwerfe. Vielmehr suche er die Modelle nach persönlichem Geschmack und Ausstattung aus. Mithin werde der Modellwechsel für den Verkehr nicht erkennbar, so daß er auch keine Erwartungen hinsichtlich des Modellwechsels habe und daher auch keiner relevanten Fehlvorstellung unterliege.[1027]

1020 OLG Hamm WRP 1989, 529, 531 – Werbung für ein Auslaufmodell.

1021 BGH GRUR 1999, 757, 759 – Auslaufmodelle I.

1022 BGH GRUR 1999, 757, 759 – Auslaufmodelle I; KG GRUR-RR 2005, 204 – Schulrucksack.

1023 BGH GRUR 1999, 757, 759 – Auslaufmodelle I; KG GRUR-RR 2005, 204 – Schulrucksack.

1024 BGH GRUR 1999, 757, 759 – Auslaufmodelle I; KG GRUR-RR 2005, 204 – Schulrucksack.

1025 KG GRUR-RR 2005, 204 – Schulrucksack.

1026 KG GRUR-RR 2005, 204 – Schulrucksack.

1027 KG GRUR-RR 2005, 204 – Schulrucksack.

Umgekehrt sei beispielsweise bei Kraftfahrzeugen die Kenntnis vom Modellwechsel an sich wesentlich, was sich schon daran zeige, daß der Wiederverkaufswert für Fahrzeuge der auslaufenden Serie durch die Einführung eines neuen Modells sinke.[1028]

(3) Es wird kein Nachfolgemodell produziert

Nur zwischen den Zeilen liefert der BGH die Begründung, warum auch ohne Nachfolgemodell auf die Auslaufmodelleigenschaft hingewiesen werden muß. Wenn kein Nachfolgemodell aufgelegt wird, kann sich die Aufklärungspflicht naturgemäß nicht aus der Erwartung einer technischen Verbesserung ergeben. Der BGH stellt aber darauf ab, daß der Verbraucher unabhängig von tatsächlichen technischen Verbesserungen in der Auslaufmodelleigenschaft einen preisbildenden Umstand sehe, wenn es im Verkehr üblich sei, die entsprechende Ware zu vergünstigten Preisen anzubieten.[1029]

c) Keine Aufklärungspflicht bei üblichem Warenumschlag

Die Aufklärungspflicht, so führt der BGH aus, gehe jedoch nicht soweit, daß unverzüglich nach Einstellung der Produktion eines Gerätes alle noch im Handel befindlichen Modelle als Auslaufmodell bezeichnet werden müßten, weil dies der Verkehr vernünftigerweise nicht erwarte.[1030] Hiergegen spreche auch das berechtigte Interesse des Werbenden, noch aus dem aktuellen Sortiment erworbene Ware im normalen Warenumschlag abverkaufen zu können.[1031]

Vielmehr bestehe **keine Aufklärungspflicht**, wenn es um den Absatz von Geräten gehe, welche noch aus der laufenden Produktion erworben worden seien und die entweder **vor Erscheinen des Nachfolgemodells** oder - wenn kein Nachfolgemodell aufgelegt werde - **im Rahmen des üblichen Warenumschlags** abgesetzt würden.[1032]

Allerdings treffe den Unternehmer für die Voraussetzungen dieser Ausnahme die Beweislast, weil ihm ein Vortrag zu diesen in seinen Verant-

---

1028 OLG Köln WRP 1983, 112, 113 - fabrikneu.

1029 BGH GRUR 2000, 616, 618 - Auslaufmodelle III; BGH GRUR 1999, 760, 761 - Auslaufmodelle II; BGH GRUR 1999, 757, 759 - Auslaufmodelle I.

1030 BGH GRUR 2000, 616, 619 - Auslaufmodelle III; BGH GRUR 1999, 760, 761/762 - Auslaufmodelle II; BGH GRUR 1999, 757, 759 - Auslaufmodelle I.

1031 BGH GRUR 2000, 616, 619 - Auslaufmodelle III; BGH GRUR 1999, 760, 762 - Auslaufmodelle II; BGH GRUR 1999, 757, 759 - Auslaufmodelle I.

1032 BGH GRUR 2000, 616, 619 - Auslaufmodelle III; BGH GRUR 1999, 760, 761 - Auslaufmodelle II; BGH GRUR 1999, 757, 759 - Auslaufmodelle I.

wortungsbereich fallenden Umständen unschwer möglich sei.[1033] Der BGH trifft keine Aussage darüber, was unter „üblichem Warenumschlag" zu verstehen ist.

d) Grundsätzlich ausdrücklicher Hinweis erforderlich

Steht fest, daß die Auslaufmodelleigenschaft eine Aufklärungspflicht auslöst, so muß grundsätzlich ein ausdrücklicher und unmißverständlicher Hinweis erfolgen. Nicht ausreichend seien, meint der BGH, Hinweise wie „Einzelstücke", „Ausstellungsstücke" zu „stark reduzierten Preisen" und „tollen Sonderpreisen"[1034] oder „Restposten".[1035]

Auch sei der Slogan „Aufgepaßt - zugefaßt. Jetzt Sommerpreise nutzen" ungeeignet, um auf die Auslaufmodelleigenschaft von Skiern hinzuweisen, weil der Kunde davon ausgehe, daß die Ware nur saisonbedingt reduziert sei.[1036]

Ebenfalls soll es für eine Aufklärung über die Auslaufmodelleigenschaft von Skiern nicht ausreichen, im Sommer 1978 mit der Bezeichnung „Modell 77/78" zu werben, weil ein nicht ganz unerheblicher Teil der Verkehrskreise (Skianfänger; Gelegenheitsfahrer; Nicht-Skifahrer, die Skier für Dritte erwerben) hieraus nicht entnehmen könne, ob der Ski in der aktuellen Saison unverändert hergestellt werde und auch nicht wisse, daß bei Skiern für jede Saison zumindest eine Veränderung im Aussehen erfolgt.[1037]

Weiter könne nicht ohne weiteres davon ausgegangen werden, daß eine Preisreduzierung allein ein ausreichender Hinweis auf die Auslaufmodelleigenschaft ist.[1038]

Nach dem OLG Düsseldorf ist der Aufklärungsverpflichtung in der Werbung aber aufgrund besonderer Umstände des Einzelfalls genüge getan, wenn für den Verbraucher aufgrund der besonderen Anpreisung mit der Überschrift „radikal reduziert" eine größere Anzahl Waren unterschiedlichster Art in einer ganzseitigen Zeitungsanzeige zusammengefaßt wird und es sich um einen offensichtlich hochwertigen Sportschuh eines für qualitativ hochstehende und entsprechend kalkulierte Schuhe bekannten Herstellers handelt, der zu einem äußerst günstigen

---

1033 BGH GRUR 1999, 757 (Leitsatz 2) und 760 – Auslaufmodelle I.

1034 OLG Koblenz WRP 1994, 896, 897 – Auslaufmodelle/Haushaltsgroßge-räte.

1035 Vgl. OLG Köln NJOZ 2003, 1903, 1904 – Auslaufmodell; implizit BGH GRUR 1999, 760 ff. – Auslaufmodelle II.

1036 BGH GRUR 1987, 45, 47 – Sommerpreiswerbung, Anm. Klaka.

1037 OLG München WRP 1979, 893, 894 – Marken-Skier jetzt zu Sommerpreisen.

1038 BGH GRUR 1982, 374, 376 – Ski-Auslaufmodelle.

Preis weit unterhalb normaler Preisreduzierungen angeboten wird.[1039] In dieser Konstellation, so führt das OLG aus, sei für den Verbraucher offensichtlich, daß das Lager des anbietenden Unternehmers geleert werden solle, so daß er auch ohne ausdrücklichen Hinweis selbstverständlich damit rechne, daß die Verkaufsaktion Einzelstücke, Restposten und Auslaufmodelle bis hin zu den sog. „Ladenhütern" umfasse.[1040]

e) Einzelfälle

Eine Verpflichtung zum Hinweis auf die Auslaufmodelleigenschaft bestehe bei **Geräten der Unterhaltungselektronik**, wie z. B. Videorecorder, Camcorder und Autoradios.[1041] Hier sei, so meint der BGH, ein Hinweis – entsprechend einer Empfehlung des zuständigen Einzelhandelsverbandes – üblich[1042] und der Verbraucher erwarte zumindest auf längere Sicht technische Verbesserungen, so daß er das neuere Gerät tendenziell gegenüber dem älteren bevorzuge.[1043] Auch handele es sich nicht um Geräte des alltäglichen Bedarfs, die der Verbraucher spontan erwerbe, sondern um solche, die er in der Regel erst nach einiger Überlegung und nachdem er sich über das zu erwerbende Produkt informiert habe, erwerbe.[1044]

Allerdings könne die Frage der Aufklärungspflicht nicht generell für alle Geräte der Unterhaltungselektronik beantwortet werden und sie könne sich etwa bei einfachen Radiogeräten und Kassettenrecordern anders stellen.[1045] Komme jedoch das Nachfolgemodell eines Fernsehers mit einer größere Bildröhre auf den Markt, sei dies ein wesentlicher technischer Umstand, der eine Aufklärungspflicht auslöse.[1046]

Wie bei den Geräten der Unterhaltungselektronik nimmt der BGH auch bei **Haushaltsgroßgeräten** (Gefrierschränke, Gefriertruhen, Kühlschränke, Waschmaschinen, Wäschetrockner, Wäscheschleudern, Geschirrspüler, Elektroherde und Bügelmaschinen) eine Pflicht zur Aufklärung über

---

1039 OLG Düsseldorf GRUR 1987, 450, 451 – Auslaufmodelle.

1040 OLG Düsseldorf GRUR 1987, 450, 451 – Auslaufmodelle.

1041 BGH GRUR 1999, 760, 761 – Auslaufmodelle II (Camcorder); BGH GRUR 1999, 757, 758 – Auslaufmodelle I (Videorecorder und Autoradios).

1042 BGH GRUR 1999, 757, 758/759 – Auslaufmodelle I.

1043 BGH GRUR 1999, 760, 761 – Auslaufmodelle II; BGH GRUR 1999, 757, 758 – Auslaufmodelle I.

1044 BGH GRUR 1999, 757, 758 – Auslaufmodelle I.

1045 BGH GRUR 1999, 757, 759 – Auslaufmodelle I.

1046 OLG Hamm WRP 1989, 529, 531 – Werbung für ein Auslaufmodell.

die Auflaufmodelleigenschaft an, wobei der BGH jedoch über die Verkehrsüblichkeit eines aufklärenden Hinweises keine Aussage trifft.[1047]

Eine Aufklärungspflicht hat die Rechtsprechung auch bei **teueren Geräten der Kleinelektronik** (Marken-Elektrorasierer) gesehen.[1048]

Ebenso hält der BGH bei **Kraftfahrzeugen** und **Computern** einen Hinweis auf die Auslaufmodelleigenschaft für unerläßlich.[1049] Der Aufklärungspflicht bei Kraftfahrzeugen stehe dabei, so meint der BGH, auch nicht entgegen, daß ein seit mehreren Jahren auf dem Markt befindliches Fahrzeug nicht zu Unrecht in dem Ruf stehe, ausgereift zu sein.[1050]

Eine Verkehrserwartung, daß es sich bei einem beworbenen Pkw um einen solchen der aktuellen Modellreihe des Herstellers handelt, besteht nach der Rechtsprechung des BGH auch, wenn das **Fahrzeug mit Tageszulassung** angeboten wird, denn der Verbraucher gehe davon aus, daß die Tageszulassung erfolgt, um ein faktisch neues Fahrzeug zu einem niedrigeren Preis als ein nicht zuvor zugelassenes Fahrzeug anbieten zu können.[1051]

Der Umstand, daß von einer **Software** mehrere, z. T. veraltete Versionen am Markt sind, begründe, so meint das OLG Stuttgart, eine Verpflichtung, in der Werbung die Versions-Nummer anzugeben, nur dann, wenn eine alte Version angeboten werde.[1052] Daran ändere sich auch nichts dadurch, daß eine veraltete Version durch sog. Updates nachträglich in einen aktuellen Zustand versetzt werden könne, denn es liege nahe, daß ein nicht unerheblicher Teil der Interessenten von dieser technischen Möglichkeit keinen Gebrauch machen wolle, sondern Wert darauf lege, von Anfang an die aktuelle Version zu besitzen und nicht auf weitere Eingriffe angewiesen zu sein.[1053]

Bei **Skiern**[1054] und **Skibindungen**[1055] liegt unstreitig und im Einklang mit der aktuellen BGH-Rechtsprechung[1056] ein Auslaufmodell vor, wenn ein

---

[1047] BGH GRUR 2000, 616, 618 – Auslaufmodelle III.

[1048] LG Kassel WRP 2004, 651, 652 – Sondermodell.

[1049] BGH GRUR 1999, 757, 758 – Auslaufmodelle I.

[1050] OLG Köln WRP 1983, 112, 113 – fabrikneu.

[1051] OLG Köln NJWE-WettbR 1998, 221 – Ford Mondeo.

[1052] OLG Stuttgart NJWE-WettbR 1996, 223 – veraltete Standardsoftware.

[1053] OLG Stuttgart NJWE-WettbR 1996, 223 – veraltete Standardsoftware.

[1054] OLG Düsseldorf WRP 1976, 474, 476 – Werbung für Markenski mit überjährigen Modellen.

[1055] OLG Bamberg WRP 1978, 212 – Auslaufmodelle von Markenskibindungen.

[1056] BGH GRUR 2000, 616, 618 – Auslaufmodelle III; BGH GRUR 1999, 760, 761 – Auslaufmodelle II; BGH GRUR 1999, 757, 758 – Auslaufmodelle I.

technisch verändertes Nachfolgemodell auf den Markt kommt. Kontrovers ist von den Obergerichten jedoch beurteilt worden, ob allein eine Änderung des Aussehens des Skis kaufentscheidungsrelevant ist und daher eine Aufklärungspflicht auslöst.[1057] Der BGH[1058] hat hierzu bislang lediglich festgestellt, daß über diese Frage Beweis erhoben werden müsse. Diese Entscheidung ist jedoch durch die neuere Rechtsprechung[1059] zur Frage der Feststellung der Verkehrsauffassung überholt. In einer späteren Entscheidung wird jedenfalls eine Üblichkeit, Ski-Auslaufmodelle als solche zu kennzeichnen, als „nicht erfahrungswidrig" bezeichnet.[1060]

Von entscheidender Bedeutung ist nach der Rechtsprechung das Aussehen der Ware bei **modischer Markenbekleidung**, die insbesondere jüngere Kunden anspricht (Jeans), da nicht unerhebliche Teile gerade der jüngeren Käuferschichten bemüht seien, sich nach dem neuesten Modetrend auszurichten.[1061]

Keine Rolle soll die äußere Aufmachung hingegen bei Schulrucksäcken spielen, weil diese keinem Modetrend unterliegen, sondern nach Ausstattung, Marke, Preis und dem persönlichen Geschmack ausgesucht werden (vgl. o.[1062]).[1063]

1057 Dafür: OLG München WRP 1977, 279, 280 – Preis total; OLG München WRP 1979, 157 – Sommerpreise; OLG München WRP 1979, 893, 894 – Markenskier jetzt zu Sommerpreisen (alle drei unter Berufung auf die gerichtsbekannte Üblichkeit eines Hinweises); dagegen: OLG Düsseldorf WRP 1976, 474, 476 – Werbung für Markenski mit überjährigen Modellen; OLG Frankfurt/M. WRP 1977, 802, 803 – Werbung für Markenskier mit Auslaufmodellen (gegen Verkehrserwartung und Üblichkeit des Hinweises im Frankfurter Raum); vgl. OLG Bamberg WRP 1978, 212, 213 – Auslaufmodelle von Markenskibindungen: „[...] höchst unwahrscheinlich, daß bloße Änderungen der Bezeichnung, [...] des [...] Designs [...] den Kaufentschluß beeinflussen".

1058 BGH GRUR 1982, 374, 375 – Ski-Auslaufmodelle.

1059 BGH GRUR 2004, 244, 245 – Marktführerschaft (zu § 3 UWG a. F.); zur Feststellung der Verkehrsauffassung in der Rechtsprechung vgl. u. S. 256 ff.

1060 BGH GRUR 1987, 45, 47 – Sommerpreiswerbung.

1061 OLG Hamm GRUR 1983, 593, 594 – Marken-Jeans.

1062 Vgl. o. S. 35, 175.

1063 KG GRUR-RR 2005, 204, 205 – Schulrucksäcke.

2) Aufklärungspflicht wegen eingeschränkter Nutzungsmöglichkeit

a) Strafbare Verwendung der Ware

Eine Aufklärungspflicht kann sich nach der Rechtsprechung auch daraus ergeben, daß die Nutzungsmöglichkeit des Produktes nicht den Erwartungen des Verkehrs entspricht.

Eine eingeschränkte Nutzungsmöglichkeit oder gar ein Ausschluß der Nutzungsmöglichkeit der erworben Ware kann daraus folgen, daß deren ihrer Art nach bestimmungsgemäße **Verwendung** - ggf. nach einfachen technischen Veränderungen - ganz oder teilweise **strafbar** ist. In solchen Fällen ist nach der Rechtsprechung hierauf bereits in der Zeitungs- und Zeitschriftenwerbung unmißverständlich hinzuweisen, denn es bestehe ein schützenswertes Interesse des Verbrauchers an der Unterrichtung, wohingegen keine anerkennenswerten Belange des Werbenden gegen einen Hinweis in der Zeitschriften- und Zeitungswerbung sprächen.[1064] Danach muß etwa darauf hingewiesen werden, daß die Verwendung eines Funktelefons[1065] oder eines Modems[1066] im Inland eine Straftat darstellt, weil es an der (zur Entscheidungszeit noch vorgeschriebenen) Zulassung fehlt.

b) Abgelaufenes Mindesthaltbarkeitsdatum

Eine Aufklärungspflicht i. S. d. § 3 UWG a. F. besteht auch dann, wenn beim Kauf der Ware bereits das **Mindesthaltbarkeitsdatum** überschritten ist.[1067] Die Rechtsprechung meint, dies gelte auch dann, wenn die Ware tatsächlich frisch und nur das aufgedruckte Datum falsch ist.[1068] Der Aufdruck auf der Verpackung selbst genüge zur Aufklärung nicht, weil dieser Hinweis zu klein sei.[1069] Der Kunde kaufe einen Großteil der Ware, ohne zuvor das Haltbarkeitsdatum zu prüfen, sofern diese im normalen Sortiment angeboten werde.[1070]

1064 KG GRUR 1991, 690, 691 - Modem ohne Postzulassung; OLG München GRUR 1987, 181 - Funktelefon.

1065 OLG München GRUR 1987, 181 - Funktelefon.

1066 KG GRUR 1991, 690, 691 - Modem ohne Postzulassung.

1067 OLG Hamm WRP 1992, 396 - Haltbarkeitsdatum; OLG Köln GRUR 1988, 920 f. - Mindesthaltbarkeitsdatum.

1068 OLG Hamm WRP 1992, 396 - Haltbarkeitsdatum.

1069 OLG Köln GRUR 1988, 920 - Mindesthaltbarkeitsdatum.

1070 OLG Köln GRUR 1988, 920 - Mindesthaltbarkeitsdatum.

c) Sofortige Beziehbarkeit eines Altbaus

In **Immobilienanzeigen** für Altbauten muß hingegen nicht darauf hingewiesen werden, daß das Gebäude nicht sofort beziehbar ist, denn es bestehe keine entsprechende Verkehrserwartung.[1071] Die sofortige Beziehbarkeit ist bei Altbauten nämlich eher die Ausnahme denn die Regel.[1072]

3) Öffnen von Arzneimittelpackungen

Werden die **Verpackungen von Arzneimitteln**, welche der Unternehmer verkauft, auf dem Weg vom Hersteller zum Verbraucher noch einmal **geöffnet**, so ist nach Ansicht des BGH zu differenzieren.[1073]

Eine Aufklärungspflicht hinsichtlich der Öffnung bestehe aufgrund einer entsprechenden Verkehrserwartung immer dann, wenn die Öffnung ohne sachlichen Grund erfolge.[1074]

Anders sei die Öffnung zu beurteilen, wenn diese etwa bei reimportierten Arzneimitteln aus arzneimittelrechtlichen Gründen erfolge (z. B. um einen deutschsprachigen Beipackzettel beizufügen und einen Hinweis auf den Importeur auf der Tablettenfolie anzubringen) und das Behältnis, welches die Arzneimittel selbst enthalte, nicht beschädigt werde.[1075] Es bestehe kein Anhaltspunkt dafür, daß der Verbraucher unter diesen Umständen das Vertrauen in Güte und Beschaffenheit des Produktes verliere.[1076]

4) Entfernen von Hersteller-/Kontroll- bzw. Seriennummern

Im Entfernen einer Hersteller-/Kontroll- bzw. Seriennummer kann nach der Rechtsprechung ein aufklärungspflichtiger Umstand liegen, sofern der Verkehr vom Vorhandensein einer Nummer und gewissen, dem Käufer günstigen Funktionen einer solchen Nummer (etwa einer Herstellergarantie) ausgeht.[1077] Der BGH ist der Ansicht, daß das Fehlen der Nummer als solche jedoch keine Aufklärungspflicht begründe, weil die

---

1071 BGH WRP 1993, 239/240 – Sofortige Beziehbarkeit.

1072 BGH WRP 1993, 239/240 – Sofortige Beziehbarkeit.

1073 BGH GRUR 1982, 115, 118 (unter Verweis auf Prüfung nach Warenzeichenrecht auf S. 117) – Öffnungshinweis.

1074 BGH GRUR 1982, 115, 118 (unter Verweis auf Prüfung nach Warenzeichenrecht auf S. 117) – Öffnungshinweis.

1075 BGH GRUR 1982, 115, 118 (unter Verweis auf Prüfung nach Warenzeichenrecht auf S. 117) – Öffnungshinweis.

1076 BGH GRUR 1982, 115, 118 (unter Verweis auf Prüfung nach Warenzeichenrecht auf S. 117) – Öffnungshinweis.

1077 BGH GRUR 1989, 110, 113 – Synthesizer.

Nummer keine für den Kaufinteressenten wesentliche Information enthalte.[1078] Allerdings sei es bei Geräten der Unterhaltungselektronik „nicht erfahrungswidrig", daß ein nicht ganz unerheblicher Teil von Wiederverkäufern schon in Hinblick auf das Rechtsverhältnis zu ihren Abnehmern Wert auf das Vorhandensein einer Herstellernummer lege.[1079]

Zu berücksichtigen ist nach Rechtsprechung auch, daß mit der Entfernung der Nummer die Beschädigung der Ware einhergehen kann. Der BGH meint, der Verkauf jedenfalls exklusiver Kosmetika in einer Verpackung, die wegen der Entfernung der Herstellernummer beschädigt sei, sei ohne ausreichenden Hinweis auf die Beschädigung wettbewerbswidrig.[1080] Ein Hinweis auf die Entfernung der Nummer allein genüge hier nicht, weil dies bei nur unreflektierter Aufnahme keinen Rückschluß auf die Beschädigung zulasse.[1081]

Weiter ist eine Wettbewerbswidrigkeit aufgrund der Entfernung einer Herstellernummer unter dem Gesichtspunkt des Rechtsbruchs angenommen worden, wenn die Nummer zur Identifizierung des Herstellers vorgeschrieben war (z. B. nach KosmetikVO).[1082]

Ferner kann nach der Rechtsprechung im Entfernen von Kontrollnummern die Behinderung (heute § 4 Nr. 10 UWG n. F.) eines (schützenswerten) selektiven Vertriebssystems liegen, so daß sich eine Wettbewerbswidrigkeit i. S. d. § 1 UWG a. F. unter dem Gesichtspunkt der Mitbewerberbehinderung ergeben kann.[1083]

V) Schweigen über Nachteile bei Folgeleistungen oder -kosten

1) Einschränkungen bei der Garantie

In engem und teilweise untrennbaren Zusammenhang mit den Eigenschaften des Produktes selbst stehen die mit der Leistung versprochenen „Nebenleistungen", wie etwa die Garantie, so daß in der Rechtsprechung angenommen worden ist, daß auf Einschränkungen bei der Ga-

1078 BGH GRUR 1988, 823, 824 – Entfernung von Kontrollnummern I.

1079 BGH GRUR 1988, 461, 462 – Radio-Recorder.

1080 BGH GRUR 1992, 406, 408 – Beschädigte Verpackung; auch für „normale" Kosmetikprodukte: OLG KarlsruheWRP 1997, 867, 868 – Hinweis auf entfernte Codierung.

1081 OLG Hamm WRP 1997, 867, 868 – Hinweis auf entfernte Codierung.

1082 BGH GRUR 2002, 709, 710 – Entfernung der Herstellernummer III.

1083 BGH GRUR 2002, 709, 710 f. – Entfernung der Herstellernummer III; BGH GRUR 1999, 1109, 1112 – Entfernung der Herstellernummer.

rantie hinzuweisen sein kann, wenn der Verkehr eine uneingeschränkte Garantie erwartet.[1084]

Die Rechtsprechung meint, eine Pflicht darauf hinzuweisen, daß ein Produkt nur mit Händlergarantie, nicht aber mit (zusätzlicher) **Herstellergarantie** verkauft werde, bestehe daher nur, wenn die Herstellergarantie für die betreffenden Geräte typisch sei.[1085]

Etwa müsse ein Kfz-Händler schon in Zeitungsanzeigen darauf hinweisen, wenn den von ihm angebotenen Neuwagen die übliche Herstellergarantie fehle, weil er kein Vertragshändler sei, denn ein solcher Garantieausschluß sei ungewöhnlich.[1086] Eine spätere Aufklärung vor dem Kauf reiche nicht aus, weil die Werbung durch die Irreführung eine Anlockwirkung auslöse.[1087]

Bei teueren Geräten, bei denen sich der Kunde mit den Preisen näher befaßt, könne bereits der günstige Preis einen ausreichenden Hinweis darstellen.[1088]

Das Verschweigen von Einschränkungen bei der Garantie kann auch in den Fallgruppen „importierte Fahrzeuge[1089]" und der „Entfernung von Hersteller-/Kontroll- bzw. Seriennummern[1090]" von Bedeutung sein.

2) Verschweigen von zwingend anfallenden Folgekosten

Eine Aufklärungspflicht kann sich nach der Rechtsprechung auch daraus ergeben, daß eine angebotene Leistung nur dann genutzt werden kann, wenn der Verbraucher nicht nur das Entgelt für die betreffende Leistung erbringt, sondern wenn er hierfür auch noch zusätzliche Kosten aufwendet, die er zuvor nicht erkennen konnte.

Wirbt ein Unternehmer etwa für einen neuartigen Mobilfunkdienst unter Angabe einer Preisliste mit den für die einzelnen Leistungen verlangten Beträgen, muß er zusätzlich darauf hinweisen, daß sein neuartiger Dienst nur mit einem einzigen am Markt befindlichen Gerät möglich ist, welches ebenfalls neu auf dem Markt ist und einen dreistelligen Betrag kostet.[1091]

1084 OLG Düsseldorf GRUR 1976, 262, 263 – Alfa Romeo; KG WRP 1974, 418, 421 – „C"-Fotoapparate.

1085 KG WRP 1974, 418, 421 – „C"-Fotoapparate.

1086 OLG Düsseldorf GRUR 1976, 262, 263 – Alfa Romeo.

1087 OLG Düsseldorf GRUR 1976, 262, 263 – Alfa Romeo.

1088 KG WRP 1974, 418, 421 – „C"-Fotoapparate.

1089 Vgl. o. S. 176 ff.

1090 Vgl. o. S. 182.

1091 OLG Köln GRUR-RR 2003, 118 f. – i-mode.

Dazu führt das OLG Köln weiter aus, daß hierbei allerdings zu berücksichtigen sei, daß keine generelle Verpflichtung eines Mobilfunkanbieters bestehe, schon in der Werbung darauf hinzuweisen, daß der von ihm angebotene Dienst nur mit einem Mobiltelefon eines entsprechenden technischen Standards genutzt werden könne.[1092] Ähnlich wie Hardware und Software im Bereich computerbezogener Werbung stellten ein Mobilfunkdienst des Netzanbieters (Provider) und Mobiltelefone jeweils eigenständige Objekte des Wirtschaftsverkehrs dar, denn der Verkehr trenne die angebotene Mobilfunkleistung („Software") von dem zur Nutzung erforderlichen Telefon („Hardware") und sehe in dem Erfordernis eines Mobiltelefons keinen Kostenfaktor des beworbenen Mobilfunkdienstes.[1093] Vielmehr wisse der Verkehr, daß er sich darum kümmern müsse, ein entsprechend ausgestattetes Telefon mitzubringen.[1094]

Anders verhalte es sich aber, wenn das erforderliche Gerät zu einem Element des Angebots und zu einem in dieses zu integrierenden, nicht fakultativen Kostenfaktor werde, weil nur die wenigsten Kunden über ein entsprechendes, gerade erst für einen dreistelligen Betrag auf den Markt gekommenes Gerät verfügten.[1095] Die Anschaffung eines solchen Gerätes werde damit zu einem preisbildenden Umstand des Angebots über den Mobilfunkdienst.[1096] Hierüber müsse der Verbraucher aufgeklärt werden, denn der Verbraucher gehe davon aus, daß er mit einem aktuellen Gerät grundsätzlich über die notwendigen technischen Voraussetzungen verfüge und nicht erst eigens ein neues Gerät erwerben müsse.[1097]

Bei der erforderlichen Aufklärung sei zu beachten, daß gerade die im Mobilfunkbereich verbreiteten Anglizismen vom Verbraucher nicht immer hinreichend verstanden würden.[1098] Nicht ausreichend sei daher, mit dem Begriff „i-mode-Handset" oder mit „i-mode-fähiges Handy erforderlich" aufzuklären, da hieraus nicht hervorgehe, daß nur ein einziges am Markt befindliches und dazu noch teures Gerät „i-mode-fähig" sei.[1099] Auch eine Bebilderung der Werbung für den Mobilfunkdienst mit dem einzig erhältlichen i-mode-fähigen Telefon genüge nicht, weil diese Abbildungen vom Verkehr nur als beispielhafte werbliche Illustration

---

1092 OLG Köln GRUR-RR 2003, 118, 119 – i-mode.

1093 OLG Köln GRUR-RR 2003, 118, 119 – i-mode.

1094 OLG Köln GRUR-RR 2003, 118, 119 – i-mode.

1095 OLG Köln GRUR-RR 2003, 118, 119 – i-mode.

1096 OLG Köln GRUR-RR 2003, 118, 119 – i-mode.

1097 OLG Köln GRUR-RR 2003, 118, 119 – i-mode.

1098 OLG Köln GRUR-RR 2003, 118, 119 – i-mode.

1099 OLG Köln GRUR-RR 2003, 118, 119 – i-mode.

der anders optisch kaum darstellbaren Dienstleistung verstanden werde.[1100]

VI) Schweigen über Voraussetzungen der Inanspruchnahme der angebotenen Leistung

1) Unterlassen von Angaben über die Gegenleistung

Die Rechtsprechung hat es unter bestimmten Bedingungen als wettbewerbswidrig angesehen, die Vorzüge eines Angebots herauszustellen, ohne jedoch die hierfür erforderliche Gegenleistung anzugeben, weil so über wesentliche Faktoren pflichtwidrig nicht aufgeklärt werde.[1101] Zwar sei nicht davon auszugehen, daß der Kunde annimmt, Leistungen einfach geschenkt zu bekommen, jedoch werde er bei der Werbung für Zusatzleistungen etc. davon ausgehen, daß diese im Preis für andere Leistungen enthalten seien.[1102]

Werbe ein Unternehmer etwa in einem Prospekt, welches im Elektrofachhandel ausliege, mit dem Slogan „Schalten Sie um auf **Fernseh-Dauer-Garantie**" für eine „kostenlose" Reparatur von Fernsehgeräten, ohne in diesem Prospekt ausreichend deutlich zu machen, daß es sich tatsächlich um eine kostenpflichtige Reparaturversicherung handele, so sei dies auch deshalb irreführend, weil auf die erforderliche Gegenleistung nicht hingewiesen werde und der Beworbene annehmen könne, daß es sich um eine kostenlose Garantieleistung beim Kauf eines Neugerätes handele, ähnlich der im Pkw-Verkauf üblichen Garantien.[1103]

Während in dem gerade genannten Fall auch Aspekte der Irreführung durch aktives Tun eine Rolle spielen, hat die Rechtsprechung auch schon in der bloßen Nichtangabe des als Gegenleistung geforderten Entgelts eine Irreführung i. S. d. § 3 UWG a. F. gesehen. So sei ein Unternehmer, welcher in einer Zeitungswerbung blickfangmäßig mit einer **„0180-5"-Service-Telefonnummer** werbe, verpflichtet, darauf hinzuweisen, welche Tarife vom Anrufer hierfür zu zahlen seien.[1104] Auch der durchschnittlich informierte, aufmerksame und verständige Durchschnitts-Zeitungsleser wisse nicht, daß die Vorwahl „0180-5" die kostspieligste der mit „0180" beginnenden Nummern der Deutschen Telekom sei.[1105] Es

---

1100 OLG Köln GRUR-RR 2003, 118, 119 – i-mode.

1101 OLG München WRP 1989, 50, 53 – Reparatur auf Kosten Dritter.

1102 OLG München WRP 1989, 50, 53 – Reparatur auf Kosten Dritter.

1103 OLG München WRP 1989, 50, 53 – Reparatur auf Kosten Dritter.

1104 OLG Stuttgart NJWE-WettbR 2000, 107, 108 – 01805; OLG Frankfurt a. M. NJWE-WettbR 1997, 217, 218 – Telekom-Sondernummer.

1105 OLG Stuttgart NJWE-WettbR 2000, 107, 108 – 01805; OLG Frankfurt a. M. NJWE-WettbR 1997, 217, 218 – Telekom-Sondernummer.

bestehe sogar die Gefahr, daß der Verbraucher wegen der Ähnlichkeit dieser Nummer mit den kostenlosen, mit „0130“ und „0800“ beginnenden, sog. Free-call-Nummern der Fehlvorstellung unterliege, gratis anrufen zu können.[1106] Auch sei wegen eines entsprechenden Verhaltenskodexes für Telefonmehrwertdienste der „Freiwilligen Selbstkontrolle Telefonmehrwertdienste e. V.“ anzunehmen, daß üblicherweise über die Kosten informiert werde, so daß auch eine entsprechende Verkehrserwartung bestehe.[1107]

Ebenso müsse ein Anbieter von **Telefon-Sex**, wenn er sich nicht dem Vorwurf der Irreführung nach § 3 UWG a. F. ausgesetzt sehen wolle, zu Beginn eines Gespräches über die verlangten Preise zumindest dann vollständig und umfassend aufklären, wenn zusätzlich zum Zeitentgelt ein Mindestbetrag und eine nicht unerhebliche Bearbeitungsgebühr verlangt würden.[1108] Damit rechne „Mann“ auch angesichts der Vorwahlen 0190-(1 bis 8) nicht, weil diese keinen Hinweis auf das verlangte Pauschalmindestentgelt gäben.[1109] (Eine Wettbewerbswidrigkeit unter dem Gesichtspunkt des Rechtsbruchs wegen Verstoßes gegen § 1 PAngV sei hier allerdings zu verneinen, weil die Ausnahme des § 7 I Nr. 4 PAngV für mündliche Angebote greife.[1110])[1111]

Die Bewerbung einer **Loseblattsammlung** sei i. S. d. § 3 UWG a.F. irreführend, wenn ein nicht unerheblicher Teil der angesprochenen Verkehrskreise dem beigefügten Bestellformular weder entnehmen könne, daß die Bestellung des Grundwerks die Nachlieferungen einschließe, noch daß der Preis für die Nachlieferungen eines Jahres den Preis des als besonders günstig herausgestellten Grundwerks um ein Vielfaches übersteige.[1112]

Wirbt ein Unternehmer damit, daß er Fotoabzüge „ab 0,01 Euro“ pro 9 x 13 cm Bild erstellt, so muß er nach dem LG Hannover (hinreichend deutlich) angeben, daß dieses Angebot ausschließlich zusammen mit der zusätzlich zu bezahlenden Entwicklung des Films und nur für Erstabzüge gilt.[1113] Bei diesem Fall ist allerdings zu berücksichtigen, daß es sich

---

1106 OLG Stuttgart NJWE-WettbR 2000, 107, 108 - 01805; OLG Frankfurt a. M. NJWE-WettbR 1997, 217, 218 - Telekom-Sondernummer.

1107 OLG Stuttgart NJWE-WettbR 2000, 107, 108 - 01805.

1108 OLG Hamburg VuR 1999, 280, 281 - Telefon-Sex-Dienst.

1109 OLG Hamburg VuR 1999, 280, 281 - Telefon-Sex-Dienst.

1110 OLG Hamburg VuR 1999, 280, 281 - Telefon-Sex-Dienst.

1111 Zur Darstellung der Tarif- und Entgeltinformationen bei der Nutzung eines entgeltpflichtigen Mehrwertdienstes im Internet siehe KG GRUR-RR 2006, 103 - Entgeltinformation bei Mehrwertdiensten.

1112 KG VuR 1999, 209 - Grundwerk und Nachlieferung.

1113 LG Hannover WRP 2004, 1071 - Preis-Skandal.

weniger um ein Problem der Aufklärungspflicht handelt, weil sich der abgegebene Mindestpreis von 0,01 Euro pro Bild wegen der zusätzlich zu bezahlenden Entwicklung nicht erreichen läßt und weil das Angebot für Abzüge ohne Filmentwicklung nicht gilt.[1114]

Auch ist es wettbewerbswidrig, wenn der Werbende Vertragsformulare versendet, die so gestaltet sind, daß sie den Beworbenen im Unklaren über den Erklärungswert seiner Unterschrift lassen, so daß dieser nicht erkennen kann, in welcher konkreten Art und Weise er dem Angebot, lediglich kostenlose Leistungen in Anspruch zu nehmen, bei Rücksendung des Formulars konkret Ausdruck verleihen kann.[1115]

2) Sonstige Voraussetzungen der Inanspruchnahme der beworbenen Leistung

Neben dem Verschweigen von Kosten ist es in der Rechtsprechung auch als wettbewerbswidrig angesehen worden, andere Voraussetzungen für die Inanspruchnahme einer Leistung zu verschweigen. So müsse etwa ein Lohnsteuerhilfeverein, der in einer Tageszeitung mit dem Satz „Durchführung des Lohnsteuerjahresausgleichs bis zur Abgabe beim zust. Finanzamt“ wirbt, darauf hinweisen, daß die beworbene Leistung nur Mitgliedern des Vereins gewährt werde.[1116] Leistungen von Vereinen an Nichtmitglieder seien nämlich durchaus üblich (z. B. bei Automobilclubs) und die meisten Vereine veröffentlichten ihre Mitteilungen an die Mitglieder üblicherweise auch nicht in Tageszeitungen.[1117]

VII) Kopplungsangebote

1) Frühere Rechtsprechung

In der Rechtsprechung sind immer wieder Fälle der sog. Kopplungsangebote behandelt worden. Ein Kopplungsangebot liegt nach dem BGH vor, wenn mehrere Waren und/oder Dienstleistungen zu einem Gesamtpreis angeboten werden, wobei unerheblich sein soll, ob die gekoppelten Waren funktionell oder branchenüblich zusammengehören.[1118] Die ältere Rechtsprechung unterschied dabei zwischen offenen und verdeckten Kopplungsangeboten sowie Vorspannangeboten.

1114 Vgl. LG Hannover WRP 2004, 1071 – Preis-Skandal.

1115 OLG Hamburg GRUR-RR 2006, 105, 106 – Insertionsauftrag.

1116 BGH GRUR 1990, 1024, 1025 – Lohnsteuerhilfeverein IV.

1117 BGH GRUR 1990, 1024, 1025 – Lohnsteuerhilfeverein IV.

1118 BGH GRUR 2003, 538, 539 – Gesamtpreisangebot; krit. Hefermehl/Köhler/Bornkamm – Köhler § 4 Rn. 1.44.

Als Vorspannagebote wurden solche Angebote bezeichnet, bei denen neben einer marktüblich angebotenen Leistung (Hauptleistung) eine andere Leistung (Nebenleistung) angeboten wird, die nicht ohne die Hauptleistung abgegeben wird.[1119]

Ein offenes Kopplungsangebot liegt vor, wenn die Einzelpreise für die gekoppelten Waren oder Dienstleistungen angeben werden.[1120]

Ein verdecktes Kopplungsangebot liegt hingegen vor, wenn die Einzelpreise für die gekoppelten Waren oder Dienstleistungen nicht angegeben werden, der Kunde also nur einen Gesamtpreis erfährt.[1121]

Die Zulässigkeit derartiger Kopplugen wurde in der älteren Judikatur eher streng beurteilt, zumal Zugaben gemäß der im Jahr 2001 aufgehobenen ZugabeVO unzulässig waren (§ 1 ZugabeVO a. F.).

Verdeckte Kopplungsgeschäfte wurden insbesondere unter dem Aspekt der Erschwerung des Preisvergleichs für unzulässig gehalten, wenn der Verbraucher die Einzelpreise nicht in Erfahrung bringen konnte, denn der Kunde könne die Preiswürdigkeit der gekoppelten Waren so nicht einschätzen.[1122] Allerdings soll dem Verbraucher, der einem Preisvergleich vornehmen möchte, auch ein längeres Suchen nach Vergleichsobjekten zumutbar sein.[1123] Die Rechtsprechung stellte damit auf ein Informationsdefizit ab und konstatierte letztlich eine Informationspflicht in Form der Pflicht zur Angabe von Einzelpreisen, wenn der Verbraucher die Information nicht auf andere Weise erlangen konnte.

Weiter war nach der Rechtsprechung zu befürchten, daß der Verbraucher weiniger auf Qualität und Preiswürdigkeit der Hauptware achtete, sondern hauptsächlich darauf, wie er die gekoppelte Ware erhalten könne.[1124] Damit sollte der Entscheidungsprozeß geschützt werden (Fallgruppe „übertriebenes Anlocken“).[1125] Mit der gleichen Argumentation sind Vorspannangebote für unzulässig gehalten worden.[1126] Liberaler

---

1119 BGH NJW 1976, 51 - Vorspannangebote; BGH GRUR 1976, 637, 638 - Rustikale Brettchen, Anm. Malzer.

1120 Hefermehl/Köhler/Bornkamm - Köhler § 4 Rn. 1.48 (das offene Vorspannangebot wird von der Rechtsprechung nicht ausdrücklich definiert).

1121 BGH GRUR 1996, 363, 364 - Saustarke Angebote.

1122 BGH GRUR 1996, 363, 364 - Saustarke Angebote; BGH GRUR 1962, 415, 418 - Glockenpackung I.

1123 BGH GRUR 1996, 363, 364 - Saustarke Angebote; BGH GRUR 1994, 57, 58 - Geld-zurück-Garantie; BGH GRUR 1991, 468, 469 - Preisgarantie II.

1124 BGH GRUR 1974, 435, 436 - Geballtes Bunt; BGHZ 34, 264, 272 - Einpfennig-Süßwaren.

1125 Beater, UnlWb § 16 Rn. 60.

1126 BGH NJW-RR 2000, 117, 118 - Altkleider-Wertgutscheine; BGH NJW 1976, 51, 52 f. - Vorspannangebote.

wurden hingegen offene Kopplungsangebote behandelt. Bei der Kopplung von Waren, die zueinander zumindest eine gewisse Gebrauchsnähe aufweisen (eine Gebrauchseinheit bilden) und unter Angabe richtig kalkulierter Einzelpreise offeriert werden, ist eine Irreführung selbst dann verneint worden, wenn der Verbraucher die Ware fälschlicherweise für besonders preisgünstig gehalten hat.[1127]

Allerdings kann auch eine Preisverschleierung zur Irreführung i. S. d. § 3 UWG a. F. führen. So hat der BGH entschieden, daß bei Werbung für die besondere Preiswürdigkeit eines Teils eines Kopplungsangebots auch der Preis des anderen Angebotsteils genannt werden müsse, denn ansonsten werde der (unzutreffende) Eindruck der Preiswürdigkeit auch des gekoppelten Angebots erweckt.[1128]

2) Neuere Rechtsprechung

Nach Aufhebung der ZugabeVO und dem damit eingeleiteten Wandel des Verbraucherleitbildes hat der BGH die soeben skizzierte Rechtsprechung ausdrücklich aufgegeben und alle Arten von Kopplungsangeboten (einschließlich Zugaben) für grundsätzlich zulässig erachtet.[1129] Er meint, es bestehe nur noch eine Art **Mißbrauchskontrolle** nach § 3 UWG a. F. und § 1 PAngV sowie § 1 UWG a. F., wobei eine Differenzierung zwischen offenen und verdeckten Kopplungsangeboten sowie Vorspannangeboten nicht mehr erforderlich sei.[1130]

Eine grundsätzliche Informationspflicht bezüglich der Einzelpreise oder des tatsächlichen Werts der gekoppelten Leistungen bestehe weder aufgrund des Irreführungsverbotes, noch aufgrund der Generalklausel des § 1 UWG a. F.[1131] Die Möglichkeit, Güter und Dienstleistungen zu Gesamtangeboten zusammenzustellen und dementsprechend zu bewerben, gehöre zur Freiheit des Wettbewerbs und stehe dem Kaufmann frei.[1132]

Allerdings hält die Rechtsprechung die Unlauterkeit eines Kopplungsangebots unter drei Gesichtspunkten weiterhin für möglich: der (akti-

---

1127 BGH GRUR 1962, 415, 417 – Glockenpackung.

1128 BGH NJWE-WettbR 1999, 25, 27 – Kaufpreis nur 1,- DM.

1129 BGH GRUR 2003, 538, 539 – Gesamtpreisangebot; BGH GRUR 2003, 77, 78 – Fernwärme für Börnsen; BGH GRUR 2002, 976 (Leitsatz) und 977 f. – Kopplungsangebot I (grundlegend).

1130 BGH GRUR 2002, 979, 981 – Kopplungsangebot II; BGH GRUR 2002, 979, 981 – Kopplungsangebot I.

1131 BGH GRUR 2003, 538, 539 – Gesamtpreisangebot; BGH GRUR 2002, 979, 980 – Kopplungsangebot II; BGH GRUR 2002, 976, 978 – Kopplungsangebot I; vgl. BGH GRUR 2004, 259, 262/263 – Strom und Telefon II; BGH GRUR 2004, 255, 259 – Strom und Telefon I

1132 BGH GRUR 2003, 538, 539 – Gesamtpreisangebot.

ven) Täuschung über den Wert des Angebots, der unzureichenden Information und dem Ausschalten der Rationalität der Nachfrageentscheidung durch übertriebenes Anlocken mit Hilfe von Zugaben. Der BGH schützt also das Interesse des Verbrauchers an Transparenz und Information sowie an einer Sicherung der Rationalität der Nachfrageenentscheidung.[1133]

Dazu führt er aus, es sei den typischen, mit Kopplungsangeboten verbundenen Gefahren für den Verbraucher Rechnung zu tragen, so daß sich eine Pflicht zur Angabe des Wertes der Leistungen bzw. der Einzelpreise ergebe, wenn der Verbraucher sonst über den Wert des tatsächlichen Angebots, namentlich den Wert der angebotenen Zusatzleistung, getäuscht oder wenn er sonst unzureichend informiert werde.[1134] In diesen Fällen fordere das **Transparenzgebot** - in Anlehnung an § 7 III TDG - eine Aufklärung des Verbrauchers.[1135] Wann dieses Transparenzgebot aufgrund unzureichender Information des Verbrauchers jedoch greifen soll, hat die Rechtsprechung bislang nicht näher dargestellt. Sie verneint jedenfalls eine grundsätzliche Pflicht zur umfassenden Aufklärung, weil der verständige Verbraucher diese nicht erwarte.[1136]

Auch habe die Erschwerung eines Preisvergleichs bei der Bildung eines Gesamtpreises keine wettbewerbsrechtliche Bedeutung, denn § 1 UWG a. F. habe nicht den Zweck, über die besonderen Vorschriften zur Preisangabe hinaus Preisvergleiche zu erleichtern.[1137] Es sei vielmehr Sache des Verbrauchers selbst, anhand des Gesamtpreises Preisvergleiche anzustellen und sich Gedanken über die Preiswürdigkeit des Angebots zu machen.[1138] Eine gewisse Mühseligkeit des Preisvergleichs sei umso eher

---

1133 BGH GRUR 2002, 979, 981 - Kopplungsangebot II.

1134 BGH WRP 2004, 1359, 1360 - 500 DM-Gutschein für Autokauf; BGH GRUR 2004, 434, 344 - Playstation; BGH GRUR 2004, 259, 262 - Strom und Telefon II; BGH GRUR 2004, 255, 259 - Strom und Telefon I; BGH GRUR 2003, 77, 78 - Fernwärme für Börnsen; BGH GRUR 2002, 979, 980 - Kopplungsangebot II; BGH GRUR 2002, 976 (Leitsatz) und 978 - Kopplungsangebot I; enger (nur Täuschung) BGH GRUR 2003, 538, 539 - Gesamtpreisangebot.

1135 BGH GRUR 2002, 979, 981 - Kopplungsangebot II; BGH GRUR 2002, 976, 978 - Kopplungsangebot I.

1136 BGH GRUR 2003, 538, 539 - Gesamtpreisangebot.

1137 BGH GRUR 2003, 538, 539 - Gesamtpreisangebot; auch BGH GRUR 2004, 344, 345 - Treue-Punkte (zur Kopplung des Erwerbs einer Ware an den Erwerb von anderen Waren in einem bestimmten Wert).

1138 BGH GRUR 2004, 259, 263 - Strom und Telefon II; BGH GRUR 2004, 255, 259 - Strom und Telefon I; BGH GRUR 2003, 538, 539 - Gesamtpreisangebot; auch BGH GRUR 2004, 344, 345 - Treue-Punkte (zur Kopplung des Erwerbs einer Ware an den Erwerb von anderen Waren in einem bestimmten Wert).

hinzunehmen, desto intensiver sich der Verbraucher regelmäßig ohnehin mit dem Angebot beschäftigen werde.[1139]

Ähnlich wie beim unlauteren Verschweigen der Leistungspflicht (vgl. o.[1140]) betont der BGH aber, daß – in Anlehnung an § 1 V 2 PAngV a. F. (§ 1 VI 2 PAngV n. F.) – die Preise von Kopplungsangeboten einheitlich zu bewerben seien, so daß es insbesondere unzulässig sei, in der Werbung allein das Versprechen unentgeltlicher Teilleistungen oder den günstigen Preis einer Teilleistung herauszustellen, ohne gleichzeitig in klarer Zuordnung leicht erkennbar und deutlich lesbar auf das Entgelt hinzuweisen, das für den anderen Teil des Kopplungsangebots verlangt werde.[1141] Gegenüber dem herausgestellten Hinweis auf die günstige Teilleistung dürften die Angaben, aus denen sich die wirtschaftliche Belastung des Verbrauchers ergebe, nicht vollständig in den Hintergrund treten.[1142]

Weiter könne sich eine Unlauterkeit in Einzelfällen auch unter dem Gesichtspunkt des übertriebenen Anlockens ergeben, wenn ausnahmsweise die Rationalität der Nachfrageentscheidung des Verbrauchers vollkommen in den Hintergrund trete.[1143] Allerdings sei die von einem besonders günstigen Angebot ausgehende Anlockwirkung grundsätzlich gewollte Folge des Wettbewerbs.[1144]

Jedoch kann nach einer – zwar nach Aufhebung der ZugabeVO, aber vor der Änderung der Rechtsprechung des BGH ergangenen – obergerichtlichen Entscheidung mangelnde Produkttransparenz eine besondere Anlockwirkung hervorrufen.[1145] Werde einem Kunden beim Erwerb einer Küche gratis eine einwöchige „Traumreise in die Türkei“ mit 4-Stene-Hotel inklusive Flug, Frühstück und 3 Ausflügen versprochen, so gehe hiervon insbesondere deshalb eine übertriebene Anlockwirkung i. S. d. § 1 UWG a.F. aus, weil der Verbraucher den Wert dieser offensichtlich

---

1139 BGH GRUR 2004, 259, 263 – Strom und Telefon II; BGH GRUR 2004, 255, 259 – Strom und Telefon I.

1140 Vgl. o. S. 186 ff.

1141 BGH GRUR 2003, 890, 891 – Buchclub-Kopplungsangebot; BGH GRUR 2002, 979, 981 – Kopplungsangebot II; vgl. BGH GRUR 2003, 538, 539 – Gesamtpreisangebot.

1142 BGH GRUR 2002, 979, 981 – Kopplungsangebot II; BGH GRUR 2002, 976, 978 – Kopplungsangebot I.

1143 BGH WRP 2004, 1359, 1360 – 500 DM-Gutschein für Autokauf; BGH GRUR 2004, 255, 259 – Strom und Telefon I; BGH GRUR 2003, 890, 891 – Buchclub-Kopplungsangebot; BGH GRUR 2002, 979, 980 – Kopplungsangebot II; vgl. BGH GRUR 2003, 538, 539 – Gesamtpreisangebot.

1144 BGH GRUR 2004, 890, 891 – Buchclub-Kopplungsangebot; BGH GRUR 2004, 343 – Playstation.

1145 OLG Frankfurt WRP 2002, 109, 110 – Traumreise beim Kauf einer Küche.

wertvollen Leistung nicht bestimmen und keine Preisvergleiche durchführen könne.[1146] Angesichts der neueren Rechtsprechung des BGH ist jedoch gerade beim übertrieben Anlocken und der Ermöglichung von Preisvergleichen größte Zurückhaltung bei der Annahme von Informationspflichten an den Tag zu legen.

3) Einzelfälle

Unlauter soll es beispielsweise sein, einen Fernseher zusammen mit einem Stromlieferungsvertrag über 24 Monate Mindestlaufzeit mit dem blickfangmäßig herausgestellten Preis von 1 Euro mit Sternchenhinweis zu bewerben, wenn der Sternchenhinweis nicht in klarer Zuordnung zu einem gut lesbaren Hinweis führt, der nähere Angaben zu den Bedingungen des Stromlieferungsvertrages enthält.[1147] Weist der Sternchenhinweis nur auf ein senkrecht am Anzeigenrand befindliches Kästchen hin, welches keine näheren Erläuterungen erhält, genügt dies - auch weil dieser Hinweis nur gelesen werden kann, wenn die Anzeige um 90° gedreht wird - selbst dann nicht, wenn in einem weiteren Kasten, auf welches das Sternchen nicht verweist, nähere Angaben enthalten sind.[1148]

Ausreichend soll es hingegen sein, wenn in einer Zeitungsbeilage ein Computer mit Bildschirm nur zusammen mit einem Telefon- und Internetanschluß angeboten wird und auf die Kopplung mit farblich hervorgehobener Schrift nach der Typenbezeichnung der Geräte mit den Worten „... mit T-ISDN XXL (und DSL-) Anschluß ..." hingewiesen wird und in Fußnoten, welche auf eine Erläuterung auf einer der Folgeseiten verweisen, Angaben gemacht werden, die dem Verbraucher die anfallenden Kosten verdeutlichen.[1149] Der Verbraucher - meint das OLG Schleswig - könne einen Prospekt in Ruhe lesen und gehe selbstverständlich davon aus, daß ein Telefon- und Internetanschluß nicht kostenlos sei.[1150] Auch seien die Interessen des Werbenden zu berücksichtigen, so daß in den Fußnoten auf die Erläuterungen auf einer anderen Seite verwiesen werden dürfe, weil verständlich sei, daß bei einer Vielzahl von in einer Zeitungsbeilage angebotenen Produkten über die Fußnotenkennzeichnung eine gewisse „Sammelfunktion" erreicht werden solle.[1151]

1146 OLG Frankfurt WRP 2002, 109, 110 - Traumreise beim Kauf einer Küche; weitergehend auch zur neuen Rechtslage Hefermehl/Köhler/Bornkamm - Köhler § 4 Rn. 1.76.

1147 BGH GRUR 2002, 979, 982 - Kopplungsangebot II.

1148 BGH GRUR 2002, 979, 982 - Kopplungsangebot II.

1149 OLG Schleswig NJOZ 2003, 2944, 2946 - Werbung für Kopplungsangebot.

1150 OLG Schleswig NJOZ 2003, 2944, 2946 - Werbung für Kopplungsangebot.

1151 OLG Schleswig NJOZ 2003, 2944, 2947 - Werbung für Kopplungsangebot.

Zulässig soll es sein, einen Videorecorder zu einem blickfangmäßig herausgestellten (günstigen) Preis gekoppelt mit einem Stromlieferungsvertrag anzubieten, wenn ein am Blickfang teilhabender Sternchenhinweis auf ein Kästchen hinweist, das zwar in kleiner Schrift, jedoch in insgesamt ähnlicher Größe wie der Blickfang die Bedingungen für den Stromlieferungsvertrag enthält.[1152]

Ebenso ist das Angebot einer Pauschalreise für Skifahrer zu einem nicht aufgeschlüsselten Gesamtpreis für die Reiseleistung und die Skier einer angegebenen Marke zulässig.[1153]

Unzulässig ist es hingegen nach Ansicht des OLG Hamm, den Warenabsatz mit altruistischen Zielen (z. B. Beitrag zum Umweltschutz) zu koppeln, wenn für den Verbraucher nicht transparent ist, wie und in welchem Maße diese altruistischen Ziele gefördert werden.[1154] Werde etwa damit geworben, daß mit dem Erwerb eines Kasten Biers einer bestimmten Marke 1 m^2 Regenwald gerettet werde, sei dies wegen fehlender Transparenz gem. § 1 UWG a. F. unzulässig, weil der Beworbene nicht erfahre, was er für sein Geld bekomme und weil Art und Reichweite des versprochenen Schutzes der Spekulation überlassen bleibe.[1155]

VIII) Unklare Preisgegenüberstellungen

Das Gebot der Preistransparenz hat den BGH auch dazu bewogen zu fordern, daß bei Preisgegenüberstellungen in der Werbung eine klare Bezugsgröße angegeben werden muß. So sei es etwa unlauter, für Markenwaren mit der Preisgegenüberstellung „statt x Euro y Euro" zu werben, wenn nicht darauf hingewiesen werde, wonach sich der „statt-Preis" bestimme.[1156] Diese Informationspflicht begründet der BGH allerdings nicht mit einem Unterlassen trotz Aufklärungspflicht, sondern mit der Mehrdeutigkeit und Mißverständlichkeit der Bezugsgröße, da nicht klar sei, ob es sich um eine unverbindliche Preisempfehlung oder um einen zuvor verlangten Preis handele.[1157] Aus den gleichen Gründen dürfe auch nicht damit geworben werden, daß der verlangte Preis einem „regulären Preis",[1158] dem „Listenpreis", dem „Katalog-Preis" oder

---

1152 BGH GRUR 2002, 976, 978 f. – Kopplungsangebot I.

1153 BGH GRUR 2003, 538, 540 – Gesamtpreisangebot.

1154 OLG Hamm GRUR 2003, 975, 977 – Regenwald Projekt.

1155 OLG Hamm GRUR 2003, 975, 976 f. – Regenwald Projekt.

1156 BGH GRUR 1980, 306, 307 – Preisgegenüberstellung III, krit. Anm. Tilmann; BGH GRUR 1970, 609, 611 – regulärer Preis.

1157 BGH GRUR 1980, 306, 307 – Preisgegenüberstellung III, krit. Anm. Tilmann.

1158 BGH GRUR 1970, 609, 610 – regulärer Preis, zust. Anm. v. Falck.

„Brutto-Preis“[1159] oder dem Preis, den eine Test-Zeitschrift ermittelt habe,[1160] gegenübergestellt werde.

Anders verhalte es sich aber, wenn damit geworben werde, daß die geforderten Preise 20 % unter dem empfohlenen Richtpreis lägen, weil es sich hierbei um einen dem Wortlaut nach klaren und durch die Rechtsprechung auch rechtlich klar umrissenen Begriff handele.[1161] Selbst wenn ein nicht ganz unbeachtlicher Teil der Verbraucher trotz des eindeutigen Wortsinns zu dem Irrtum gelange, es handele sich um Festpreise, oder meine, die Mitbewerber verlangten den Richtpreis, sei dies hinzunehmen, da ein Interesse der Allgemeinheit an der Verwendung dieses Begriffs aus Gründen der Preisklarheit und einer Verbesserung der Marktübersicht bestehe und sich ein solcher Irrtum mit der korrekten Verwendung des Begriffs ausräumen lasse, so daß nur eine kurzfristige Irreführung eintrete.[1162]

IX) Eigenschaften des Werbenden

1) Arbeitnehmerüberlassung

Neben den Eigenschaften des Produktes selbst sind auch Eigenschaften des Werbenden für aufklärungspflichtig gehalten worden.

Das OLG Nürnberg hat entschieden, daß ein **Arbeitnehmerverleiher**, der bei einer **Stellenanzeige** für eine bestimmte Arbeitsstelle verschweige, daß er nur in seiner Eigenschaft als Verleiher handele, in die Irre führt.[1163] Es sei für den Arbeitssuchenden nämlich von ganz erheblicher Bedeutung, ob er sich bei einer Bewerbung auf eine Stellenanzeige demjenigen gegenübersehe, für den er an Ort und Stelle unmittelbar seine Arbeitsleistung erbringen solle.[1164]

2) Hinweis auf Insolvenz

Denkbar ist, daß der Insolvenzverwalter, der ein Unternehmern als werbendes Unternehmen fortführt, die Kunden auf die **eingetretene Insolvenz hinweisen** muß, weil mit dieser das Risiko der Abwicklung des

---

[1159] BGH GRUR 1965, 96, 97 – 20 % unter dem empfohlenen Richtpreis, zust. Anm. Seydel; vgl. BGH GRUR 1981, 654 – Testpreiswerbung.

[1160] BGH GRUR 1981, 654 f. – Testpreiswerbung.

[1161] BGH GRUR 1965, 96, 97 – 20 % unter dem empfohlenen Richtpreis, zust. Anm. Seydel.

[1162] BGH GRUR 1965, 96, 99 – 20 % unter dem empfohlenen Richtpreis, zust. Anm. Seydel.

[1163] OLG Nürnberg GRUR 1991, 390 – Facharbeiter-Suche.

[1164] OLG Nürnberg GRUR 1991, 390 – Facharbeiter-Suche.

Unternehmens verbunden ist, so daß der Vertragspartner beispielsweise für Folgeansprüche (Garantie, Service etc.) und Ersatzteilbeschaffung wegfallen kann. Eines solchen Hinweises auf die eingetretene Insolvenz und die Fortführung des Unternehmens durch den Insolvenzverwalter bedarf es nach der Rechtsprechung aber nur, soweit dies unter Berücksichtigung des berechtigten Interesses des Werbenden, eine seiner geschäftlichen Entwicklung abträgliche Werbung zu vermeiden, zum Schutz des Verbrauchers unerläßlich ist.[1165] Ob dies der Fall ist, ist durch Abwägung im konkreten Einzelfall zu ermitteln.[1166]

Eine generelle Verpflichtung, schon in der Anzeigenwerbung auf die Insolvenz hinzuweisen, bestehe daher, wie der BGH meint, - unabhängig davon, ob es sich bei den beworbenen Wirtschaftsgütern um solche des täglichen Bedarfs oder um langlebige Wirtschaftsgüter handele - nicht.[1167] Insbesondere bestehe eine solche Verpflichtung nicht, wenn vor einem Vertragsschluß ohnehin nähere Absprachen getroffen werden müßten, in denen eine Einzelaufklärung erfolge und Detailfragen, wie z. B. Service und Ersatzteilbeschaffung, besprochen würden.[1168] Das verbleibende Risiko, welches über die verantwortungsvolle Fortführung des Unternehmens durch den Insolvenzverwalter hinausgehe, nämlich ob und wie weit Ansprüche aus Gewährleistung aus den mit dem Insolvenzverwalter geschlossenen Verträgen zu realisieren seien, reiche über das Risiko aus Geschäftsabschlüssen mit werbenden Unternehmern nicht hinaus.[1169]

3) Verschweigen der Unternehmensidentität

Verschweigt ein Unternehmer seine Identität, so kann hierin nach der Rechtsprechung eine unlautere Wettbewerbshandlung liegen. Es sei elementarer Grundsatz wettbewerblichen Anstands, daß der Wettbewerbsteilnehmer sich offen zu seiner Identität bekenne und diese nicht verberge, damit sein Geschäftspartner erforderlichenfalls etwaige zivilrechtliche Ansprüche durchsetzen könne.[1170] Diese Konstellation wird heute von § 7 II Nr. 4 UWG n. F. erfaßt.

Nicht wettbewerbswidrig i. S. d. § 1 UWG a. F. soll es aber sein, wenn ein Unternehmer bei einer Internet-Versteigerung nur unter einem Pseudo-

---

1165 BGH GRUR 1989, 682, 683 - Konkursvermerk.

1166 BGH GRUR 1989, 682, 683 - Konkursvermerk.

1167 BGH GRUR 1989, 682, 683 - Konkursvermerk.

1168 BGH GRUR 1989, 682, 683 - Konkursvermerk.

1169 BGH GRUR 1989, 682, 683 - Konkursvermerk.

1170 OLG Düsseldorf GRUR-RR 2004, 24 - Schlüsselnotdienst; vgl. KG GewA 1991, 270, 271 (zum Verstoß gegen § 15a GewO i. V. m. § 1 UWG a.F.).

nym anbietet und seine Identität erst nach Vertragsschluß preisgibt.[1171] Dies wird damit begründet, daß hier zwar ein Verstoß gegen § 6 TDG vorliege, dieser führe jedoch nicht zu einem nennenswerten Vorsprung gegenüber Mitbewerbern, etwa weil er so in geringerem Umfang zivilrechtliche Konsequenzen befürchten müsse und daher günstiger anbieten könne.[1172] Auch sei sich der Käufer der zeitweiligen Anonymität des Verkäufers bewußt und könne zudem mit diesem per E-Mail in Kontakt treten und einen Kauf von der Preisgabe der Identität abhängig machen.[1173] Überträgt man diese Argumentation auf die neue Rechtslage, liegt zwar ein Verstoß gegen § 4 Nr. 11 UWG vor, es fehlt jedoch an einer nicht nur unerheblichen Beeinträchtigung des Wettbewerbs gem. § 3 UWG n. F. (Bagatellklausel), so daß kein Wettbewerbsverstoß vorliegt.[1174]

4) Eigenschaft als Vertragshändler

Der BGH hat es bei der Werbung für Neuwagen als aufklärungspflichtigen Umstand angesehen, daß der werbende Anbieter kein Vertragshändler bezüglich der von ihm angebotenen Neufahrzeuge sei, sondern seinerseits über Vertragshändler einkaufen müsse.[1175] Der Käufer eines Neufahrzeuges ziehe den direkten Kontakt zum Verkäufer schon wegen der späteren Betreuung dem Kontakt nur über einen Vermittler vor.[1176] Werbe eine freie Werkstatt mit dem Verkauf von Neuwagen, welche diese ihrerseits nur über Vertragshändler beziehen könne, müsse sie daher hierauf hinweisen.[1177]

5) Irreführende Firmierung

Auch mit einer Firmierung i. S. d. § 17 I HGB kann nach dem BGH eine wettbewerbsrechtliche Irreführung erfolgen.[1178] Im Hinblick auf ein Unterlassen sind hier Fälle in Erwägung zu ziehen, in denen ein Firmenname im Laufe der Zeit (etwa wegen Änderung der tatsächlichen Verhält-

---

1171 LG Braunschweig GRUR-RR 2005, 25, 27 – 1-A-Bree-Neuware.

1172 LG Braunschweig GRUR-RR 2005, 25, 27 – 1-A-Bree-Neuware; vgl. BGH MDR 1990, 129, 130 – Impressumspflicht.

1173 LG Braunschweig GRUR-RR 2005, 25, 27 – 1-A-Bree-Neuware.

1174 Vgl. allg. zum Vorsprungsgedanken nach neuem Recht Sack WRP 2004, 1307, 1314 f.

1175 BGH GRUR 1970, 467, 468 – Vertragswerkstatt.

1176 BGH GRUR 1970, 467, 468 – Vertragswerkstatt.

1177 BGH GRUR 1970, 467, 468 – Vertragswerkstatt.

1178 BGH GRUR 1965, 681 – de Paris; Anm. Hoepffner.

nisse) falsch geworden und nicht berichtigt worden ist.[1179] So soll es irreführend sein, in der Firma die Bezeichnung „gemeinnützig" zu führen, wenn diese Firmierung zwar nach vormals geltendem Recht der sog. DDR zulässig war, nach nunmehr gesamtdeutschem Recht aber nicht i. S. d. § 52 AO zulässig ist.[1180]

Hier muß allerdings angezweifelt werden, ob es sich wegen der Nichtberichtigung um ein Unterlassen handelt, weil die Firma aktiv weitergeführt und etwa im Schriftverkehr etc. verwendet wird (zur Abgrenzung von Tun und Unterlassen bei der Irreführung noch später[1181]).

X) Gesundheits- und Sicherheitsinteressen

1) Grundsätze der Bewerbung gefährlicher Produkte

Die Rechtsprechung hat auch zum Schutz des Verbrauchers vor Produktgefahren Aufklärungspflichten angenommen. Sie sagt dazu, es sei allerdings grundsätzlich nicht wettbewerbswidrig, ein **gefährliches Produkt** zu verkaufen, denn dies werde vom Schutzzweck des UWG nicht erfaßt.[1182]

Eine Wettbewerbswidrigkeit könne sich grundsätzlich nur aus der **Art und Weise ergeben, wie das Produkt vertrieben werde**.[1183] So könne eine Aufklärung erforderlich sein, wenn im Einzelfall die Präsentation der Ware oder die Informationen über das Produkt ansonsten den unzutreffenden Eindruck der Unbedenklichkeit hervorriefen oder über eine Gefahr zwar zutreffende, aber unvollständige Angaben gemacht würden.[1184] Ebenso sei eine aktive Verharmlosung von Gesundheitsgefahren wettbewerbswidrig.[1185] Allenfalls wenn eine Ware schlechterdings zu Gesundheitsschäden bei den Verbrauchern führe, könne per se eine Wettbewerbswidrigkeit angenommen werden.[1186]

Zur gesundheitsbezogenen Werbung vgl. o.[1187]

1179 BGH GRUR 2003, 448 – Gemeinnützige Wohnungsgesellschaft; siehe schon RG GRUR 1935, 825, 829 – Societät Möbeltischler; vgl. RG GRUR 1936, 659, 663 – Iduna.

1180 BGH GRUR 2003, 448, 449 f. – Gemeinnützige Wohnungsgesellschaft.

1181 Vgl. u. S. 310 ff.

1182 BGH GRUR 1996, 793, 795 – Fertiglesebrillen.

1183 BGH GRUR 1996, 793, 795 – Fertiglesebrillen.

1184 BGH GRUR 1996, 793, 794 f. – Fertiglesebrillen.

1185 Vgl. BGH MDR 1993, 522 – Mild-Abkommen.

1186 BGH GRUR 1996, 793, 794 f. – Fertiglesebrillen.

1187 Vgl. o. S. 165 f.

2) Fertiglesebrillen

Beispielsweise müsse, so meint die Rechtsprechung, nicht unter allen Umständen und in aller Ausführlichkeit auf die Gesundheitsgefahren hingewiesen werden, die von der Benutzung einer Fertiglesebrille ausgehen könnten, wenn diese dauerhaft gleich einer individuell angepaßten Brille verwendet werde.[1188] Werden solche Brillen aber in Selbstbedienungsgeschäften angeboten, komme eine Hinweispflicht auf diese Gefahren einer dauerhaften Nutzung in Betracht.[1189] Dabei sei es möglicherweise ausreichend, wenn auf den Verpackungen der Brillen darauf hingewiesen werde, daß es sich nur um Ersatz- und Zweitbrillen handelt, die keine dauerhafte Alternative zu einer individuell angepaßten Brille darstellten.[1190]

3) Sicherheitsrelevante Ausstattung eines Produkts

a) Fehlen sicherheitsrelevanter Ausstattung

Auch bei der Ausstattung des Produkts können Sicherheitsaspekte eine Rolle spielen. So muß etwa bei importierten Kraftfahrzeugen darauf hingewiesen werden, wenn eine wesentliche Sicherheitsausrüstung (z. B. Beifahrerairbag) nicht vorhanden ist, denn auch dies ist kaufentscheidungsrelevant.[1191]

Letztlich ist nach der Rechtsprechung also auch in dieser Konstellation nicht wegen der möglichen Gefahren selbst ein Hinweis erforderlich, sondern deshalb, weil der Verbraucher in der durch die Ausstattung bedingten Sicherheit des Produktes eines preisbildenden und damit aufklärungspflichtigen Umstand sieht.

b) Funktion sicherheitsrelevanter Ausstattung

Auch die Funktion bestimmter Sicherheitsmerkmale muß nach der Rechtsprechung im Einzelfall bereits in der Werbung umrissen werden. So soll etwa die Bewerbung eines Allradkraftfahrzeuges unter der Angabe, dieses habe „Hinterrad-ABS“, unzulässig sein, wenn nicht darauf hingewiesen wird, daß die Anti-Blockier-Funktion nicht bei zugeschaltetem Allradantrieb besteht und auch nicht in der Lage ist – anders als das

---

1188 BGH GRUR 1996, 793, 795 – Fertiglesebrillen.

1189 BGH GRUR 1996, 793, 795 – Fertiglesebrillen.

1190 BGH GRUR 1996, 793, 796 – Fertiglesebrillen.

1191 BGH GRUR 1999, 1125, 1127 – EG-Neuwagen II.

übliche, auf alle Räder wirkende ABS –, die Lenkbarkeit des Fahrzeuges bei einer Vollbremsung zu erhalten.[1192]

4) „ohne Fett"

Es soll nicht irreführend sein, Süßwaren mit dem Zusatz „ohne Fett" zu bewerben, ohne gleichzeitig auf erheblichen Zuckergehalt hinzuweisen. Dies wird damit begründet, daß die Angabe - anders als etwa die Angabe „ohne Kohlenhydrate" - nicht im Sinne von „macht nicht fett" zu verstehen sei, sondern eindeutig nur den Fettgehalt betreffe.[1193] Diese Bewerbung dieser positiven Eigenschaft löse schon deshalb keine Aufklärungspflicht aus, weil allgemein bekannt sei, daß Süßwaren in erheblichem Maße Zucker enthielten und weil sich der Verbraucher über die genaue Zusammensetzung des Produkts in der Zutatenliste informieren könne.[1194]

5) Sonderfall: Tabakwerbung

Weitergehende Anforderungen an eine Aufklärung stellt der BGH bei der Tabakwerbung.[1195] Hierbei ist allerdings zu berücksichtigen, daß es sich - auch nach Ansicht des BGH - um eine besondere Fallkonstellation handelt, die nicht verallgemeinerungsfähig ist.[1196]

Der BGH nimmt an, daß hier auf die vom Rauchen schlechterdings für jeden Raucher ausgehenden Gefahren hingewiesen werden müsse.[1197]

Zwar bestehe grundsätzlich keine Notwendigkeit dafür, über die Gefahren des Rauchens aufzuklären, da diese praktisch jedermann bekannt seien.[1198] Wegen der besonderen Bedeutung der menschlichen Gesundheit bestehe aber eine **allgemeine sittliche Verpflichtung,** durch einen deutlich sichtbaren und leicht lesbaren Warnhinweis **das Bewußtsein der Schädlichkeit des Rauchens wachzuhalten**, wie sie auch in der Verordnung über die Kennzeichnung von Tabakerzeugnissen über die Höchstmengen von Teer im Zigarettenrauch vom 29.10.1991 (TabkTHmVO) und der zugrundeliegenden EG-Richtlinie zu Ausdruck

---

1192 OLG Stuttgart NJW-RR 1994, 552, 554 – Anzeigenwerbung für aus den USA eingeführte Pkw.

1193 OLG Düsseldorf GRUR-RR 2006, 235, 236 – „ohne Fett".

1194 OLG Düsseldorf GRUR-RR 2006, 235, 236 – „ohne Fett".

1195 BGH GRUR 1994, 219, 220 – Warnhinweis.

1196 BGH GRUR 1996, 793, 795 – Fertiglesebrillen (unter Hinweis auf BGH GRUR 1994, 219, 220 – Warnhinweis).

1197 BGH GRUR 1994, 219, 220 – Warnhinweis.

1198 BGH GRUR 1994, 219, 220 – Warnhinweis.

komme.[1199] Der Begründung nach handelt es sich hier also weniger um einer Aufklärungs-, denn um eine Erinnerungspflicht.

XI) Grenzen der Aufklärung

In den bislang dargestellten Fällen konnte der irreführende Eindruck einer Werbung durch einen aufklärenden Zusatz verhindert werden. Der BGH urteilt, Aufklärung sei aber nicht immer ausreichendes Mittel, um einen irreführenden Eindruck zu beseitigen.[1200] Werde beispielsweise für ein Produkt ein Begriff verwendet, der vom Verkehr ausschließlich als Bezeichnung für ein bestimmtes Erzeugnis verstanden werde, so dürfe dieser Begriff auch bei einem aufklärenden Zusatz nicht für ein nur ähnliches Erzeugnis verwendet werden.[1201] So sei es unzulässig, ein kalorienreduziertes Süßungsmittel, welches nur zum Teil aus Zucker bestehe, als „Spezial-Zucker“ zu bezeichnen, weil der Verkehr unter „Zucker“ nur süß schmeckende vergärbare Kohlehydrate verschiedener chemischer Struktur (z. B. Rohr-, Rüben-, Milch-, Malz-, Trauben und sonstiger Fruchtzucker) verstehe.[1202]

XII) Vergleichende Werbung

Gem. § 5 III (§ 3 Satz 2 a. F.) UWG ist das Irreführungsverbot auch bei vergleichender Werbung anwendbar. Auch in der vergleichenden Werbung sind daher Aufklärungspflichten angenommen worden, z. B. daß der Werbende dem Verbraucher diejenigen wesentlichen Umstände mitzuteilen habe, aus denen er sich ein zutreffendes Gesamtbild machen kann.[1203]

Hierbei ist aber zu berücksichtigen, daß erst seit dem 1.9.2000 eine gesetzliche Regelung der irreführenden vergleichenden Werbung existiert (§ 2 und § 3 Satz 2 UWG a. F.; heute § 5 III und § 6 UWG). Diese besonderen Konstellationen der Irreführung überschneiden sich mit dem § 6 UWG n. F. (§ 2 UWG a. F.) – insbesondere dem Objektivitätserfordernis nach § 6 II Nr. 2 UWG – sowie bei vergleichender Werbung ohne erkennbaren Bezug auf Mitbewerber mit § 4 Nr. 10 UWG. Diese Normen sind nicht Thema dieser Arbeit und sollen hier daher nicht vertieft behandelt werden. Auch ist die Rechtsprechung vor dem Jahr 2000 unein-

---

1199 BGH GRUR 1994, 219, 220 – Warnhinweis.

1200 BGH GRUR 1972, 132, 134 – Spezial-Zucker.

1201 BGH GRUR 1972, 132, 134 – Spezial-Zucker.

1202 BGH GRUR 1972, 132, 134 – Spezial-Zucker.

1203 BGH GRUR 1967, 30, 31 – Rum-Verschnitt; BGH GRUR 1963, 371, 374 – Wäschestärkemittel.

heitlich und für die heutige Rechtslage nur begrenzt aussagekräftig.[1204] Weiter stellt die Rechtsprechung meist auf § 1 UWG und eine Herabsetzung von Mitbewerbern, nicht aber auf eine Irreführung ab.[1205]

Im Hinblick auf den Verbraucherschutz durch das Verbot der Irreführung durch Unterlassen soll hier nur hervorgehoben werden, daß ein Vergleich in der Werbung nach dem BGH nicht lückenhaft sein und dennoch den Eindruck der Vollständigkeit vermitteln darf.[1206]

Ein Sonderfall der vergleichen Werbung liegt bei der Werbung mit Testergebnissen vor (vgl. o.[1207]).

1204 Überblick zur verwirrenden Entwicklung in der Rechtsprechung Hefermehl/Köhler/Bornkamm - Köhler § 6 Rn. 2-5.

1205 Etwa BGH MDR 2000, 288, 289 - Generika-Werbung; BGH MDR 1986, 116 - Großer Werbeaufwand.

1206 BGH MDR 1997, 58 - Preistest; BGH GRUR 1988, 764, 767 - Krankenkassen-Fragebogen.

1207 Vgl. o. S. 166 f.

Teil 4 Anknüpfungspunkte für Informationspflichten im neuen UWG

1. Abschnitt Drei Säulen der Information im Lauterkeitsrecht

A) Darstellung

Wie die Analyse der bisherigen Rechtsprechung gezeigt hat, kann unter dem Schlagwort „Transparenzgebot" eine Vielzahl von Informationspflichten zusammengefaßt werden. Es gibt daher auch nicht nur ein lauterkeitsrechtliches Transparenzgebot, sondern mehrere lauterkeitsrechtliche Transparenzgebote, die letztlich nichts anderes als Aufklärungspflichten darstellen.

Diese finden sich im UWG implizit und nunmehr auch ausdrücklich in verschiedener Gestalt, wobei es denkbar ist, ein „Drei-Säulen-Modell" der Information nachzuzeichnen.

Zunächst sollen die drei denkbaren Säulen mit den möglichen Normanknüpfungen aufgezeigt werden, um dann, nachdem kurz auf Gemeinsamkeiten und Unterschiede eingegangen worden ist, das Verhältnis der verschiedenen Tatbestände zueinander und die konkrete Normanknüpfung für die einzelnen Säulen zu bestimmen. Hierbei ist zwischen ausdrücklichen Geboten der Information und Verboten, aus denen sich indirekt Informationspflichten ergeben können, zu differenzieren.[1208]

B) Erste Säule der Information

Erste Säule der Information sind die ausdrücklichen Informationsgebote, wobei hier genaugenommen von einer „Doppelsäule" gesprochen werden müßte. Ausdrückliche Informationspflichten finden sich nämlich im UWG selbst, z. B. in der Pflicht zur klaren und eindeutigen Angabe der Bedingungen, der Inanspruchnahme von Verkaufsförderungsmaßnahmen (§ 4 Nr. 4 UWG) und der Teilnahmebedingungen von Preisausschreiben und Gewinnspielen (§ 4 Nr. 5 UWG). Weiter können außerhalb des UWG ausdrücklich normierte Informationspflichten (Gebote) über die Sanktionierung durch den Rechtsbruchtatbestand (§ 4 Nr. 11 UWG) auch wettbewerbsrechtlich zur Information verpflichten.

1208 Steingass/Teworte WRP 2005, 676, 679.

C) Zweite Säule der Information

Zweite Säule der Information sind die indirekten Informationspflichten, d. h.die Verbote, aus denen sich mittelbar Informationspflichten ergeben können. Neben einigen speziellen Verboten (z. B. das Verbot „getarnter" Werbung gem. § 4 Nr. 3 UWG) sind für allgemeine Aufklärungspflichten zwei Normanknüpfungen denkbar.[1209]

Ebenso wie die Rechtsprechung zum alten Recht an das Irreführungsverbot angeknüpft hat, können sich auch nach dem neuen UWG aus dem Irreführungsverbot Informationspflichten ergeben, zumal in § 5 II 2 UWG das Verbot der Irreführung durch Verschweigen erstmals ausdrückliche Erwähnung im Gesetz findet.

Daneben ist das Verbot der Beeinträchtigung der Entscheidungsfreiheit des Verbrauchers durch unangemessen unsachlichen Einfluß (§ 4 Nr. 1, 3. Alt. UWG) zu nennen, denn unter „unangemessen unsachlichem Einfluß" ist nach dem ausdrücklichen Willen des Gesetzgebers auch eine Täuschung zu verstehen,[1210] so daß - ähnlich wie bei der irreführenden Werbung - an eine Täuschung durch Unterlassen und daraus resultierende Informationspflichten zu denken ist.

D) Dritte Säule der Information

In einem dritten Schritt ist daran zu denken, ob sich eine Pflicht zur Information über die ausdrücklichen Pflichten und das Verbot der Täuschung hinaus ergeben kann, wenn der Verbraucher einen gesteigerten Informationsbedarf hat. Der BGH hat im Rahmen seiner Rechtsprechung zu Kopplungsangeboten eine derartige Informationspflicht aus den §§ 1, 3 UWG a. F. für möglich gehalten, wenn der Verbraucher zwar nicht irregeführt (auch nicht durch Unterlassen), sondern „sonst unzureichend informiert" wird (vgl. o.[1211]).[1212] Diese Formulierung des BGH hatte allerdings keine Entscheidungsrelevanz, so daß eine Konkretisierung der Frage, wann eine Information unzureichend ist, ausgeblieben ist.

Als Normanknüpfungspunkt ist im reformierten UWG an das Verbot des (sonstigen) unangemessen unsachlichen Einflusses aus § 4 Nr. 1, 3. Alt. UWG zu denken. Allerdings wird in der Literatur auch erwogen,

---

1209 Lettl, UnlWb Rn. 180; ders. BB 2004, 1913, 1914; Steingass/Teworte WRP 2005, 676, 679.

1210 Gegenäußerung UWG BT-Drucks. 15/1487 S. 41 li. Sp.

1211 Vgl. o. S. 190.

1212 BGH GRUR 2004, 434, 344 – Playstation; BGH GRUR 2004, 259, 262 – Strom und Telefon II; BGH GRUR 2004, 255, 259 – Strom und Telefon I; BGH GRUR 2003, 77, 78 – Fernwärme für Börnsen; BGH GRUR 2002, 979, 980 – Kopplungsangebot II; BGH GRUR 2002, 976 (Leitsatz) und 978 – Kopplungsangebot I; enger (nur Täuschung) BGH GRUR 2003, 538, 539 – Gesamtpreisangebot.

eine derartige Informationspflicht in erweiternder Auslegung aus § 5 II 2 UWG herauszulesen, der im Hinblick auf unzureichende Information abschließend sei.[1213] Ob für diese Säule ein praktischer Anwendungsbereich besteht, soll hier jedoch noch offenbleiben (dazu noch u.[1214]).

E) Gemeinsamkeiten und Unterschiede der Säulen

Alle gerade genannten Tatbestände konkretisieren § 3 UWG. Dies hat zur Folge, daß sich eine Informationspflicht nur dann ergibt, wenn alle Voraussetzungen des § 3 UWG verwirklicht sind. Insbesondere ergibt sich eine Unlauterkeit nur dann, wenn der Verstoß gegen die Aufklärungspflicht geeignet ist, den Wettbewerb zum Nachteil der Mitbewerber, der Verbraucher oder der sonstigen Marktteilnehmer nicht nur unerheblich zu beeinträchtigen (Bagatellklausel). Allen Informationspflichten ist dabei gemein, daß sie die Rationalität der Entscheidung schützen sollen.

Bei den ausdrücklich normierten Informationspflichten (einschließlich der sich aus dem Rechtsbruchtatbestand ergebenden) ergibt sich eine Wettbewerbswidrigkeit immer schon dann, wenn gegen die betreffende Informationspflicht verstoßen worden ist und dies den Wettbewerb i. S. d. § 3 UWG beeinträchtigt. Hier ist es also nicht erforderlich festzustellen, ob und inwiefern tatsächlich die Rationalität der Entscheidung des Verbrauchers wegen des Verschweigens bestimmter Angaben beeinträchtigt ist. Der Gesetzgeber geht hier von einem besonders großen wettbewerbsrechtlich relevanten Informationsinteresse des Verbrauchers aus, so daß weder eine konkrete Fehlvorstellung (Irreführung) i. S. d. § 5 I UWG, noch ein konkreter unangemessen unsachlicher Einfluß i. S. d. § 4 Nr. 1, 3. Alt. UWG für einen Wettbewerbsverstoß Voraussetzung sind. Vielmehr genügt die vom Gesetzgeber aufgrund der besonderen Situation typischerweise angenommene abstrakte Gefahr einer Beeinträchtigung der Rationalität der Entscheidung durch Irreführung oder sonstige unsachliche Momente.[1215] Es handelt sich quasi um abstrakte Gefährdungstatbestände. In diesem Punkt gehen die ausdrücklichen Informationsgebote über die Tatbestände der §§ 4 Nr. 1, 3. Alt. und 5 II 2 UWG hinaus, welche die Funktion eines konkreten Gefährdungstatbestandes[1216] haben.

1213 Köhler GRUR 2003, 729, 733; Hefermehl/Köhler/Bornkamm - Köhler § 4 Rn. 1.67; Steingass/Teworte WRP 2005, 676, 680.

1214 Vgl. u. S. 365 ff.

1215 Steingass/Teworte WRP 2005, 676, 679.

1216 Fezer - Peifer § 5 Rn. 13.

2. Abschnitt Normanknüpfung für die drei Säulen: Verhältnis der Informationspflichten zueinander

A) Verhältnis der ausdrücklichen zu den impliziten Informationspflichten

Es ist zunächst zu klären, in welchem Verhältnis die verschiedenen Informationspflichten zueinander stehen, d. h. ob die §§ 4 Nr. 4 und 5 UWG eine abschließende Regelung darstellen oder ob in Fällen einer Fehlvorstellung des Verbrauchers parallel § 4 Nr. 1, 3. Alt. und § 5 UWG anwendbar sind.

Zwar wird diese Frage in der Praxis häufig offenbleiben können, weil sich bei Verwirklichung der §§ 4 Nr. 4 oder Nr. 5 UWG eine weitere Prüfung wegen einer entsprechenden Informationspflichtverletzung zur Feststellung der Ansprüche aus §§ 8 ff. UWG erübrigt, zu bedenken ist aber, daß sich ein aus dem zusätzlichen Verstoß gegen den §§ 4 Nr. 1, 3. Alt. UWG oder § 5 II 2 UWG ergebender erhöhter Unrechtsgehalt möglicherweise bei der Gewichtung des Wettbewerbsverstoßes im Rahmen der Prüfung der Bagatellklausel des § 3 UWG („nicht nur unerheblich [...] zu beeinträchtigen") auswirken kann.[1217]

Zum Verhältnis der Unlauterkeitstatbestände ist eingangs zu bedenken, daß diese sämtlich die Generalklausel des § 3 UWG konkretisieren (vgl. Wortlaut der §§ 4, 5: „Unlauter i. S. d. § 3 handelt [...]"). Die §§ 4 und 5 UWG sind lediglich konkretisierende Beispiele des Tatbestandsmerkmals der „Unlauterkeit" i. S. d. § 3 UWG, zumal ein Verhalten i. S. d. §§ 4, 5 UWG nur dann wettbewerbswidrig ist, wenn es gleichzeitig die Voraussetzungen des § 3 UWG erfüllt. Letztlich geht es daher um Rechtsnormen mit den gleichen Voraussetzungen (Unlauterkeit) und den gleichen Rechtsfolgen nach den §§ 8 ff. UWG und damit nur um unterschiedliche „Alternativen" desselben Tatbestandes,[1218] die aus Gründen der Übersichtlichkeit in verschiedenen Paragraphen geregelt sind. Im übrigen sind die Normen aber „unselbständig".

Allerdings sind die hinter den Beispielen des § 4 UWG und hinter § 5 UWG stehenden Wertungen des Gesetzgebers, ein Verhalten bei Verwirklichung des Beispielstatbestandes als unlauter anzusehen, ebenso so berücksichtigen, wie die Wertung, bestimmte Fälle nicht in den Katalog der §§ 4, 5 UWG aufzunehmen. Insoweit kommt den §§ 4 und 5 UWG – obwohl es sich nicht im eigenständige Tatbestände handelt – tatbestandsähnliche Wirkung zu.

1217 Vgl. Hefermehl/Köhler/Bornkamm – Köhler § 4 Rn. 4.

1218 Vgl. Hefermehl/Köhler/Bornkamm – Köhler § 4 Rn 4, Hefermehl/Köhler/Bornkamm – Bornkamm § 5 Rn. 1.5.

Hinsichtlich der ausdrücklichen Informationspflichten ist bereits festgestellt worden, daß diese über die indirekten Informationspflichten aus Verboten hinausgehen und bereits im Vorfeld von Täuschung und sonstigem unangemessenen unsachlichen Einfluß greifen. Umgekehrt liegt bei einer Täuschung über die Bedingungen der Inanspruchnahme von Verkaufsförderungsmaßnahmen i. S. d. § 4 Nr. 4 UWG oder die Teilnahmebedingungen i. S. d. § 4 Nr. 5 UWG stets eine Täuschung i. S. d. § 5 UWG und damit auch ein unangemessen unsachlicher Einfluß i. S. d. § 4 Nr. 1, 3. Alt. vor. Damit besteht ein Fall der Spezialität im logischen Sinne.[1219] Bei anderen Voraussetzungen führen die ausdrücklichen Informationspflichten aber zu derselben Rechtsfolge, nämlich der Unlauterkeit i. S. d. § 3 UWG. Aus diesem Grunde liegt kein Fall einer die Anwendbarkeit des § 4 Nr. 1 und § 5 UWG einschränkenden Spezialität vor, weil eine Anwendbarkeit dieser Paragraphen nicht durch den Sinn und Zweck der ausdrücklichen Informationspflichten gesperrt ist.[1220] Die ausdrücklichen Informationspflichten sind daher neben § 4 Nr. 1, 3. Alt. UWG und § 5 II 2 UWG anwendbar.

B) Verhältnis der Täuschungsverbote zueinander

Bei den impliziten Informationspflichten aus Verboten kommen zwei Normanknüpfungspunkte in Betracht: § 4 Nr. 1, 3. Alt. UWG und § 5 II 2 UWG, so daß zu klären ist, ob diese ohne Wertungswidersprüche und Konsequenzen für die Reichweite der Informationspflichten parallel anwendbar sind oder ob § 5 II 2 UWG den § 4 Nr. 1, 3. Alt. UWG als lex specialis bei Täuschungen im Rahmen von Werbung verdrängt. Das Verhältnis von § 4 Nr. 1, 3. Alt. UWG und § 5 UWG ist insoweit bislang ungeklärt.

Teilweise wird vertreten, daß § 5 UWG das Verbot des unangemessen unsachlichen Einflusses ebensowenig verdränge, wie das Verbot irreführender Werbung nach § 3 UWG a. F. nicht die Generalklausel des § 1 UWG a. F. verdängt habe.[1221] Es sei schon immer üblich gewesen, bestimmte Fallgestaltungen der Täuschung von Verbrauchern schwerpunktmäßig an der Generalklausel des § 1 UWG a. F. zu messen, was besonders nahegelegen habe, wenn neben der Täuschung noch andere Gesichtspunkte für die Bewertung als unlauter maßgeblich gewesen seien oder wenn die Voraussetzungen des § 3 UWG a. F. sich als problematisch erwiesen hätten.[1222]

1219 Vgl. Larenz, Methodenlehre S. 88.

1220 Vgl. Larenz, Methodenlehre S. 89.

1221 Emmerich, UnlWb § 12 III, S. 214.

1222 Emmerich, UnlWb § 12 III, S. 214.

Überwiegend wird § 5 UWG aber als gegenüber § 4 Nr. 1, 3. Alt. UWG vorrangig eingestuft und eine Erfassung von Täuschungen über letztgenannte Norm nur außerhalb des Anwendungsbereichs des § 5 UWG für möglich gehalten.[1223] Hierbei wird darauf verwiesen, daß speziellere Voraussetzungen des § 5 UWG nicht umgangen werden dürften.[1224]

Für die Frage des Verhältnisses der in Rede stehenden Normen zueinander ist zu bedenken, daß eine Irreführung nach der ratio legis des § 4 Nr. 1 UWG (Sicherung der Entscheidungsgrundlage des Verbrauchers) stets als unangemessen unsachlicher Einfluß i. S. d. § 4 Nr. 1, 3. Alt. UWG zu bewerten ist.[1225] § 5 UWG ist daher im logischen Sinne spezieller als § 4 Nr. 1, 3. Alt. UWG.[1226]

Fraglich ist aber, ob deshalb § 4 Nr. 1, 3. Alt. UWG im Anwendungsbereich des § 5 UWG auch verdrängt wird. Hiergegen könnte zunächst angeführt werden, daß es sich sowohl bei § 4 UWG als auch bei § 5 UWG nur um unselbständige Normen zur Konkretisierung von § 3 UWG und damit letztlich um denselben Tatbestand handelt. Nicht richtig ist es hingegen, in historischer Auslegung darauf zu verweisen, daß bereits die §§ 1 und 3 UWG a. F. parallel anwendbar gewesen seien,[1227] denn die §§ 1, 3 UWG a. F. waren gänzlich anders aufgebaut. So war § 3 UWG a. F. kein unselbständiger Tatbestand zur Ausfüllung der Generalklausel und setzte auch keine Sittenwidrigkeit (heute § 3 UWG n. F.: Unlauterkeit) wie § 1 UWG a. F., sondern lediglich irrführende Angaben über geschäftliche Verhältnisse voraus. § 5 UWG hingegen baut als unselbständiger Tatbestand auf § 3 UWG auf und konkretisiert lediglich das Merkmal der Unlauterkeit (§ 1 UWG a. F.: Sittenwidrigkeit). Eine Übertragbarkeit der alten Rechtslage bedarf daher anderer Argumente.

Für einen Vorrang des § 5 UWG im Rahmen von Werbung spricht zunächst aber – obwohl es sich um unselbständige Normen handelt – die Gegenäußerung der Bundesregierung zur Stellungsnahme des Bundesrates zum Regierungsentwurf zum UWG, wenn es dort heißt, daß „Täuschungsfälle *außerhalb der irreführenden Werbung* unter den Auffangtatbe-

---

1223 Harte-Bavendamm/Henning-Bodewig – Stuckel § 4 Nr. 1 Rn. 112; Fezer – Peifer § 5 Rn. 21; HK – Plaß § 4 Rn. 12; Lettl, UnlWb Rn. 157 und 406; Steingass/Teworte WRP 2005, 676, 680; vgl. zurückhaltender für eine „überwiegende" Erfassung der Täuschungsfälle durch § 5 UWG Fezer – Steinbeck § 4-1 Rn. 4; Fezer – Peifer § 5 Rn. 128; Ohly GRUR 2004, 889, 897, der § 4 UWG als eine Art „Flankenschutz" des Irreführungsverbotes bezeichnet.

1224 Harte-Bavendamm/Henning-Bodewig – Stuckel § 4 Nr. 1 Rn. 112; Fezer – Peifer § 5 Rn. 21; Steingass/Teworte WRP 2005, 677, 680.

1225 Steingass/Teworte WRP 2005, 677, 680; Fezer – Steinbeck § 4-1 Rn. 4; vgl. Gegenäußerung UWG BT-Drucks. 15/1487 S. 41 li. Sp.

1226 Vgl. Larenz, Methodenlehre S. 88.

1227 So Emmerich, UnlWb § 12 III, S. 214.

stand des sonstigen unangemessenen unsachlichen Einflusses subsumiert werden können".[1228] Der Gesetzgeber hat bewußt darauf verzichtet, in § 4 Nr. 1 UWG die Täuschung als Beispielsfall des sonstigen unangemessen unsachlichen Einflusses aufzunehmen, um Abgrenzungsschwierigkeiten zu dem aus seiner Sicht vorrangigen Verbot der irreführenden Werbung zu vermeiden.[1229] Ferner dient § 5 UWG zwar der Konkretisierung des § 3 UWG, ist aber nicht in der gleichen Form wie § 4 UWG als erläuternder Beispielskatalog angelegt. Vielmehr spricht der im Vergleich zu § 4 UWG weniger offene Wortlaut des § 5 UWG für einen abschließenden Charakter der Norm, denn es heißt dort nur „unlauter handelt, wer [...]", nicht aber „unlauter handelt *insbesondere*, wer [...]". Insoweit weicht das Gesetz auch von dem dem Regierungsentwurf zugrundeliegenden Vorschlag für eine UWG-Reform von Köhler/Bornkamm/Henning-Bodewig[1230] ab, welcher die irreführende Werbung in den allgemeinen Beispielskatalog integriert hatte (§ 4 Nr. 6 des Vorschlages[1231]). Auch stellt der Gesetzgeber tatbestandsgleich in § 5 UWG die wichtigsten Parameter der Irreführung auf (Abs. II–V; insb. Abs. IV und V), deren Wertungen nicht dadurch umgangen werden dürfen, daß Täuschungen über § 4 Nr. 1, 3. Alt. UWG sanktioniert werden.[1232] Insbesondere steht hinter § 5 UWG die Wertung, daß neben den ausdrücklichen Informationsgeboten grundsätzlich nur das Verbot der Irreführung durch Verschweigen zu Informationspflichten führen soll und daß eine Werbung keinem Vollständigkeitsanspruch unterliegt.[1233] Aus diesem Grunde kommt § 5 UWG eine tatbestandsähnliche Funktion zu, die es etwa ausschließt, eine entsprechende Informationspflicht im Rahmen von Werbung, z. B. über § 4 Nr. 1 UWG, zu begründen. Weiter ist zu bedenken, daß § 5 III UWG klarstellt, daß eine Werbung i. S. d. § 5 UWG auch vergleichende Werbung sein kann. Hinsichtlich vergleichender irreführender Werbung ist § 5 UWG jedoch abschließend, weil mit § 5 UWG die Irreführungsrichtlinie umgesetzt wird, welche in Art. 7 II a. F. (Art. 8 I n. F.) einen auf nationaler Ebene nicht erweiterungsfähigen Schutz festschreibt. Ist § 5 UWG für vergleichende irreführende Werbung abschließend, so muß dies auch für sonstige irreführende Werbungen gelten, da eine unterschiedliche Behandlung dieser Fälle nach Sinn und Zweck der Norm (Sicherung der Entscheidungsgrundlage des

---

1228 Gegenäußerung UWG BT-Drucks. 15/1487 S. 41 li. Sp. (Hervorhebungen vom Verf.).

1229 Gegenäußerung UWG BT-Drucks. 15/1487 S. 41 li. Sp.

1230 Köhler/Bornkamm/Henning-Bodewig WRP 2002, 1317.

1231 Köhler/Bornkamm/Henning-Bodewig WRP 2002, 1317, 1319.

1232 Vgl. Harte-Bavendamm/Henning-Bodewig – Stuckel § 4 Nr. 1 Rn. 112.

1233 Steingass/Teworte WRP 2005, 677, 680; vgl. Hefermehl/Köhler/Bornkamm – Köhler § 4 Rn. 1.39.

Verbrauchers) nicht möglich ist und auch keinerlei Anklang im Gesetz findet. Vielmehr schreibt § 5 III UWG gerade die Gleichstellung der Behandlung von Irreführungen im Rahmen vergleichender Werbung mit sonstigen Irreführungen fest.

Daher ist § 5 UWG in seinem Anwendungsbereich vorrangig und verdrängt § 4 Nr. 1, 3. Alt. UWG nach Sinn und Zweck des Irreführungsverbotes im Falle täuschender Werbung, weil ansonsten die Wertungen des § 5 UWG umgangen würden.

Aus § 4 Nr. 1, 3. Alt. UWG läßt sich folglich nur eine Informationspflicht ableiten, wenn § 5 UWG eine Lücke aufweist.[1234] Insbesondere ist § 4 Nr. 1, 3. Alt. UWG keine Auffangvorschrift für Irreführungen, die nicht den Durchschnittsverbraucher, sondern nur eine Minderheit des angesprochenen Personenkreises täuschen.[1235]

C) Anknüpfungspunkt für Informationspflichten über das Verbot der Täuschung hinaus

I) Dritte Säule der Information

In einem nächsten Schritt stellt sich dann die Frage, ob sich auch ein Anknüpfungspunkt für Informationspflichten außerhalb des Täuschungsverbotes bei lediglich unzureichender Information findet (dritte Säule der Information).

So hat etwa die Rechtsprechung zum alten Recht aus den §§ 1, 3 UWG a. F. ein Transparenzgebot (Informationspflicht) bei Kopplungsangeboten konstatiert, wenn der Verbraucher zwar nicht irregeführt werde (auch nicht durch Unterlassen), sondern sonst unzureichend informiert werde (vgl. o.[1236]).[1237] Auch ist eine übertriebene Anlockwirkung einer Werbung aufgrund der Intransparenz einer Werbung erwogen worden.[1238]

[1234] Harte-Bavendamm/Henning-Bodewig – Stuckel § 4 Nr. 1 Rn. 112.

[1235] HK WettbR – Plaß § 4 Rn. 13.

[1236] Vgl. o. S. 190 ff.

[1237] BGH GRUR 2004, 434, 344 – Playstation; BGH GRUR 2004, 259, 262 – Strom und Telefon II; BGH GRUR 2004, 255, 259 – Strom und Telefon I; BGH GRUR 2003, 77, 78 – Fernwärme für Börnsen; BGH GRUR 2002, 979, 980 – Kopplungsangebot II; BGH GRUR 2002, 976 (Leitsatz) und 978 – Kopplungsangebot I; enger (nur Täuschung) BGH GRUR 2003, 538, 539 – Gesamtpreisangebot.

[1238] BGH GRUR 2004, 255, 259 – Strom und Telefon I; BGH GRUR 2003, 890, 891 – Buchclub-Kopplungsangebot; BGH GRUR 2002, 979, 980 – Kopplungsangebot II; OLG Frankfurt WRP 2002, 109, 110 – Traumreise beim Kauf einer Küche; vgl. BGH GRUR 2003, 538, 539 – Gesamtpreisangebot.

Für eine solche Pflicht werden zwei Normanknüpfungen vorgeschlagen: Eine erweiterte Auslegung des § 5 II 2 UWG[1239] und das Verbot des sonstigen unangemessen unsachlichen Einflusses aus § 4 Nr. 1, 3. Alt. UWG.[1240]

II) Anknüpfung an § 5 II 2 UWG?

Teilweise wird in der Literatur vorgeschlagen, § 5 II 2 UWG im Hinblick auf ungeschriebene Informationspflichten als abschließend anzusehen, weil in der Regierungsbegründung[1241] zum UWG im Rahmen der Erläuterungen zu § 5 II 2 UWG abgelehnt worden sei, die Unternehmer mit über § 5 II 2 UWG hinausgehenden Informationspflichten zu belasten.[1242] Allerdings könnten aus § 5 II 2 UWG in erweiternder Auslegung auch Informationspflichten abgeleitet werden, die über das bisherige Verständnis des Täuschungsverbotes hinausgingen und bei unzureichender Information griffen.[1243]

Dies habe zur Folge, daß unter einer Irreführung nicht mehr nur das Hervorrufen oder Aufrechterhalten einer konkreten Fehlvorstellung des Verbrauchers, sondern auch das Im-Ungewissen-Lassen des Verbrauchers über wesentliche Bestandteile des Angebots anzusehen sei.[1244] Hiermit einher gehe auch die Gleichstellung von Irreführung und unzureichender Information im Vorschlag der Richtlinie über unlautere Geschäftspraktiken (inzwischen als verbindliche RL 2005/29/EG in Kraft) und in der Verordnung über Verkaufsförderung im Binnenmarkt.[1245]

Für eine entsprechende Informationspflicht aus § 5 UWG auch außerhalb der Täuschung könnte weiter sprechen, daß in der Regierungsbegründung[1246] zu § 5 II 2 UWG auf die Entscheidung „Kopplungsangebote I“[1247] verwiesen wird, welche das eingangs erwähnte Transparenzgebot aufstellt. Dabei ist allerdings zu beachten, daß auf diese Entscheidung im Zusammenhang mit der Irreführung durch Unterlassen, d. h. einer Täu-

---

1239 Köhler GRUR 2003, 729, 733; Hefermehl/Köhler/Bornkamm – Köhler § 4 Rn. 1.67.

1240 Fezer – Steinbeck § 4-1 Rn. 128.

1241 RegE zum UWG BT-Drucks. 15/1487 S. 20 li. Sp.

1242 Köhler GRUR 2003, 729, 733 und Fn. 71; zurückhaltender aber ders. in Hefermehl/Köhler/Bornkamm § 4 Rn. 1.67.

1243 Köhler GRUR 2003, 729, 733 und Fn. 71; zurückhaltender aber ders. in Hefermehl/Köhler/Bornkamm § 4 Rn. 1.67.

1244 Köhler GRUR 2003, 729, 733.

1245 Köhler GRUR 2003, 729, 733/734.

1246 RegE zum UWG BT-Drucks. 15/1487 S. 19 re. Sp.

1247 BGHZ 159, 84 = GRUR 2002, 976.

schung, verwiesen wird, die in diesem Urteil ebenfalls angesprochen wird. Das Transparenzgebot, d. h. das Verbot der Täuschung oder sonst unzureichender Information wird hier auch keineswegs allein aus dem Irreführungsverbot, sondern – ohne nähere Erläuterungen – aus §§ 1 und 3 UWG a. F. abgeleitet, wobei unklar bleibt, ob für das Verbot unzureichender Information an § 1 UWG a. F. oder an § 3 UWG a. F. oder aber an beide Normen kumulativ angeknüpft wird. Auch wird das betreffende Urteil zusammen mit einer Kommentarstelle[1248] genannt, welche keinerlei Bezug auf ein über das Täuschungsverbot hinausgehendes Transparenzgebot nimmt. Mithin läßt sich die Regierungsbegründung für ein über das Verbot der Täuschung hinausgehendes Transparenzgebot aus § 5 II 2 UWG nicht fruchtbar machen.

Vielmehr ist gegen eine Anknüpfung an § 5 II 2 UWG einzuwenden, daß hierbei der Begriff der Irreführung das Feld der Täuschung verlassen und damit so weit überdehnt würde, daß die Grenzen des Wortlauts überschritten würden.

Auch der Verweis auf die Richtlinie über unlautere Geschäftspraktiken, die damals noch Entwurf war, überzeugt nicht. Vielmehr hat der Gesetzgeber ausdrücklich herausgestellt, daß er dem damaligen Entwurf und damit der heutigen Richtlinie über unlautere Geschäftspraktiken mit § 4 Nr. 4 UWG Rechnung trägt,[1249] d. h. daß der weitergehende Irreführungsbegriff der Richtlinie dem UWG (noch) nicht zugrunde liegt. Auch zeigen die Neuerungen in dieser Richtlinie, daß das bisherige Recht (Art. 2 Nr. 2 RL 84/450/EWG) unter Täuschung keine lediglich unzureichende Information versteht.

Eine Informationspflicht, die über das Verbot der Täuschung hinausgeht, läßt sich aus § 5 II 2 UWG daher nicht ableiten.

III) Anknüpfung an § 4 Nr. 1, 3. Alt. UWG?

1) Informationspflichten außerhalb von Werbung

Eine über das Täuschungsverbot hinausgehende Pflicht zur Information kann aus § 4 Nr. 1, 3. Alt. UWG nur abgeleitet werden, wenn § 5 II 2 UWG nicht auch im Hinblick auf eine derartige Informationspflicht abschließend ist. Im letztgenannten Fall wäre eine solche Pflicht nach neuem Recht nicht möglich.

Für einen abschließenden Charakter des § 5 II 2 UWG spricht zwar, daß es in der Regierungsbegründung[1250] zum UWG heißt, die Unternehmer

---

[1248] Baumbach/Hefermehl[22] § 3 Rn. 48.

[1249] RegE zum UWG BT-Drucks. 15/1487 S. 20 li. Sp.

[1250] RegE zum UWG BT-Drucks. 15/1487 S. 20 li. Sp.

sollten nicht mit weitergehenden Informationspflichten belastet werden,[1251] jedoch ist diese Äußerung im Zusammenhang mit der Auseinandersetzung des Gesetzgebers mit dem im Vorfeld der UWG-Reform geforderten Paradigmenwechsel „weg vom Verbot hin zur Information"[1252] zu lesen. An dieser Stelle wird lediglich klargestellt, daß ein solcher Paradigmenwechsel nicht erfolgen soll.

Auch heißt es in der Regierungsbegründung zum UWG nur, daß eine über § 5 II 2 UWG hinausgehende Normierung von Informationspflichten *nicht erforderlich*[1253] erscheint, zumal über § 5 II 2 UWG und § 4 Nr. 11 UWG Informationspflichten bestünden.[1254] Allein, daß eine Normierung nicht für erforderlich gehalten wird, schließt jedoch nicht aus, daß eine entsprechende (nicht näher normierte) Pflicht bestehen kann. Zwar schließt diese Aussage aus, daß eine generelle Pflicht zu einer über die genannten Normen hinausgehenden Information besteht, sie trifft jedoch keine Aussage darüber, ob nicht in besonderen Einzelfällen auch aus § 4 Nr. 1, 3. Alt. UWG eine Informationspflicht abgeleitet werden kann.

Da sich somit ein abschließender Charakter des § 5 II 2 UWG für implizite Informationspflichten nicht begründen läßt, kann zumindest außerhalb von Werbung an § 4 Nr. 1, 3. Alt. UWG für eine über das Täuschungsverbot hinausreichende Informationspflicht angeknüpft werden.

2) Informationspflichten im Rahmen von Werbung

Fraglich ist weiter, ob sich aus § 4 Nr. 1, 3. Alt. UWG auch Informationspflichten im Rahmen von Werbung ergeben können, wenn keine Täuschung vorliegt. Hierfür könnte neben der terminologischen Annäherung an die Irreführungsrichtlinie sprechen, daß § 5 UWG wegen der Gleichbehandlung von irreführender vergleichender und sonstiger irreführender Werbung gem. § 5 III UWG die irreführende Werbung ebenso abschließend regelt wie § 6 UWG für die vergleichende Werbung gem. Art. 7 II a. F. (Art. 8 I n. F.) der Irreführungsrichtlinie abschließend ist (vgl. o.[1255]). Hieraus folgt ein abschließender Charakter des § 5 UWG aber nur hinsichtlich der Täuschung. Keineswegs ist § 5 UWG hinsichtlich der sonstigen Beurteilung von Werbung abschließend, wie sich schon aus den unzähligen Vorschriften des Werberechts ergibt. Auch würde sonst

---

1251 Köhler GRUR 2003, 729, 733 Fn. 71.

1252 Vgl. Fezer – Fezer E Rn. 104 ff.; Fezer WRP 2003, 127, 142 (Gesetzesvorschlag); Keßler/Micklitz, Die Harmonisierung des Lauterkeitsrechts S. 67 ff.; Beater, Verbraucherschutz und Schutzzweckdenken S. 155.

1253 RegE zum UWG BT-Drucks. 15/1487 S. 20 li. Sp., 1. Abs. (Hervorhebung vom Verf.).

1254 RegE zum UWG BT-Drucks. 15/1487 S. 20 li. Sp., 3. Abs.

1255 Vgl. o. S. 209.

der Anwendungsbereich des § 4 Nr. 1 UWG in unzulässiger Weise verkürzt, weil der Begriff Werbung weit zu definieren ist (dazu noch unten[1256]) und sonst kaum ein praktischer Anwendungsbereich bestünde.

Auch ist zu bedenken, daß § 4 Nr. 1 UWG nach dem ausdrücklichen Willen des Gesetzgebers Auffangcharakter für Täuschungen (und damit auch Informationspflichten) außerhalb von Werbung hat.[1257] Im Umkehrschluß mag der Gesetzgeber zwar davon ausgehen, daß § 5 UWG für Fälle der Täuschung im Rahmen von Werbung abschließend ist, dies trifft jedoch keine Aussage darüber, ob sich nicht über das Täuschungsverbot hinausgehende Informationspflichten aus einer anderen Norm ergeben können.

Auch gibt es keinerlei Hinweise darauf, daß der Gesetzgeber die ihm bekannte[1258] Rechtsprechung des BGH zu Informationspflichten bei Kopplungsangeboten beschneiden wollte, er sagt vielmehr nur, daß eine über § 4 Nr. 4 UWG hinausgehende Regelung nicht erforderlich erscheine.[1259] Eine solche Erforderlichkeit dürfte schon an der geringen Praxisrelevanz dieser Frage oder auch an der Existenz des § 4 Nr. 1, 3. Alt. UWG scheitern.

Mithin ist eine den § 4 Nr. 1, 3. Alt. UWG auch außerhalb von Täuschungshandlungen im Rahmen von Werbung verdrängende Spezialität des § 5 UWG nicht feststellbar. Eine Informationspflicht kann daher an § 4 Nr. 1, 3. Alt. UWG angeknüpft werden, wenn entweder keine Werbung vorliegt und/oder aber keine Täuschung erfolgt.

1256 Vgl. u. S. 220 ff.

1257 Gegenäußerung UWG BT-Drucks. 15/1487 S. 41 li. Sp.

1258 RegE zum UWG BT-Drucks. 15/1487 S. 19 re. Sp.

1259 RegE zum UWG BT-Drucks. 15/1487 S. 20 li. Sp.

Teil 5 Voraussetzungen einer Informationspflicht aus § 5 II 2 UWG

1. Abschnitt Überblick über das Irreführungsverbot des § 5 UWG

A) Gesetzesgeschichte

Den größten praktischen Anwendungsbereich unter den verschiedenen Quellen für implizite Informationspflichten hat das Verbot der Täuschung durch Verschweigen aus § 5 II 2 UWG. § 5 UWG ist die Nachfolgevorschrift des § 3 UWG[1260] a. F., der bis zum Inkrafttreten der UWG-Reform im Juli 2004 gültig war (zur Entwicklung dieser Norm vgl. o.[1261]). Während der Gesetzgeber zunächst auf eine Umsetzung der Irreführungsrichtlinie (RL 84/450/EWG[1262]) verzichtet hatte, weil man § 3 UWG a. F. als ausreichend ansah,[1263] weist § 5 UWG n. F. mit der fast wörtlichen Übernahme des Art. 3 der Irreführungsrichtlinie (vgl. § 5 II UWG) eine deutliche textliche Annäherung an diese Richtlinie auf, ohne daß der Gesetzgeber die Richtlinie ausdrücklich hätte umsetzen wollen.

§ 5 UWG sollte die zuvor bestehenden Regelungen zur irreführenden Werbung zusammenfassen (§§ 3 und 5 UWG a. F.) und diese um eine Regelung zur Preiswerbung (Abs. IV) und zu den sog. Lockvogelangeboten (Abs. V) erweitern.[1264] Gravierende Änderungen zur alten Rechtslage sollten mit der Neufassung des Irreführungsverbotes also nicht erfolgen und sind auch nicht erfolgt.[1265] Mit dem allgemeinen Verbot irreführender Werbung ist auch § 5 UWG generalklauselartig gefaßt, so daß wei-

---

1260 § 3 UWG i. F. d. vom 1.9.2000 (gültig bis 8.7.2004) lautete: „[1]Wer im geschäftlichen Verkehr zu Zwecken des Wettbewerbs über geschäftliche Verhältnisse, insbesondere über die Beschaffenheit, den Ursprung, die Herstellungsart oder die Preisbemessung einzelner Waren oder gewerblicher Leistungen oder des gesamten Angebots, über Preislisten, über die Art des Bezugs oder die Bezugsquelle von Waren, über den Besitz von Auszeichnungen, über den Anlaß oder den Zweck des Verkaufs oder über die Menge der Vorräte irreführende Angaben macht, kann auf Unterlassung der Angaben in Anspruch genommen werden. [2]Angaben über geschäftliche Verhältnisse im Sinne des Satzes 1 sind auch Angaben im Rahmen vergleichender Werbung".

1261 Vgl. o. S. 126 ff.

1262 Abgelöst durch die RL 2006/114/EG.

1263 Hefermehl/Köhler/Bornkamm – Bornkamm § 5 Rn. 1.16; vgl. Pressemitteilung des BJM vom 29.6. 1984, DB 1984, 1666, 1667.

1264 RegE zum UWG BT-Drucks. 15/1487 S. 14/15.

1265 Fezer – Peifer § 5 Rn. 9 und 11; Lettl, UnlWb Rn. 406.

terhin von einer „kleinen Generalklausel“ (neben der „großen Generalklausel“ des § 3 UWG) gesprochen werden kann.[1266]

Flankierend wird das Irreführungsverbot in besonderen Fällen weiterhin mit strafrechtlichen Sanktionen nach § 16 UWG n. F., der § 4 UWG a. F. ablöst, gestützt.

Eine Neuorientierung liegt allerdings in der Abschaffung der gesonderten Reglementierung von Insolvenzwarenverkäufen (§ 6 UWG a. F.), Hersteller- und Großhändlerwerbung gegenüber Verbrauchern (§ 6a UWG a. F.), Kaufscheinhandel (§ 6b UWG a. F.) und Sonderveranstaltungen (§§ 7 und 8 UWG a. F.).

Die §§ 6-6b UWG a. F. sollten den Verbraucher über das allgemeine Irreführungsverbot des § 3 UWG a. F. hinaus als abstrakte Gefährdungstatbestände, d. h. unabhängig von einer konkreten Fehlvorstellung, vor bestimmten Irreführungsgefahren im Hinblick auf einen besonders günstigen Preis schützen.[1267] Der Gesetzgeber hat diese Regelungen aufgrund des modernen Verbraucherleitbildes für überflüssig erachtet und ersatzlos gestrichen, da insoweit das allgemeine Irreführungsverbot ausreichenden Schutz gewähre.[1268]

Auch Sonderveranstaltungen (Schlußverkäufe, Räumungsverkäufe etc.) sind nunmehr nur noch - ebenso wie sonstige Rabattaktionen - am allgemeinen Irreführungsverbot zu messen.[1269] Hiermit sollte eine Liberalisierung des Wettbewerbs erreicht werden, wobei der Verbraucher durch das Irreführungsverbot und eine Erhöhung der Preistransparenz durch die neue Regelung des § 5 IV UWG für Werbung mit Preisherabsetzungen ausreichend geschützt sein soll.[1270]

B) Überblick über die Prüfungsschritte

Aus der Anknüpfung an § 3 UWG ergibt sich, daß § 5 UWG nur bei Vorliegen einer **Wettbewerbshandlung** i. S. d. § 2 I Nr. 1 UWG greift. Dieses Merkmal entspricht im wesentlichen dem Merkmal des „Handels im geschäftlichen Verkehr zu Zwecken des Wettbewerbs“, welches § 3 UWG a. F. vorsah.[1271]

Sodann ist zu prüfen, ob diese Wettbewerbshandlung infolge einer Irreführung **„unlauter“ i. S. d. § 3 UWG** ist, d. h. ob die das Merkmal der

---

[1266] Harte-Bavendamm/Henning-Bodewig -Dreyer § 5 Rn. 11; Fezer - Peifer § 5 Rn. 12.

[1267] Baumbach/Hefermehl[22] § 6 Rn. 1; § 6a Rn. 1 und 2; § 6b Rn. 1 und 3.

[1268] RegE zum UWG BT-Drucks. 15/1487 S. 15 re. Sp.

[1269] RegE zum UWG BT-Drucks. 15/1487 S. 14.

[1270] RegE zum UWG BT-Drucks. 15/1487 S. 14.

[1271] Hefermehl/Köhler/Bornkamm -Bornkamm § 5 Rn. 2.1.

Unlauterkeit konkretisierenden Voraussetzungen des § 5 UWG gegeben sind.

In einem ersten Schritt ist hierzu zu prüfen, ob eine „**Werbung**" vorliegt, so daß der Anwendungsbereich des § 5 UWG eröffnet ist.

Ist dies der Fall, so ist zu prüfen, ob die Angaben in der Werbung **irreführend** in dem Sinne sind, daß der Beworbene getäuscht wird. Hierzu ist in drei Schritten vorzugehen.[1272] Zunächst ist zu bestimmen, an welchen Personenkreis sich die Werbung richtet (Fachleute, jedermann, Verbraucher, versierte Verbraucher etc.), um dann zu prüfen, wie dieser Personenkreis die Werbung versteht. Dies hängt insbesondere davon ab, welche Aufnahme- und Urteilsfähigkeit man diesem Personenkreis in der Werbesituation zuspricht, also etwa davon, ob man von einer flüchtigen und unkritischen Aufnahme der Werbung oder von einer durchschnittlich informierten, aufmerksamen und angemessen verständigen Durchschnittsperson des angesprochenen Verkehrskreises ausgeht (Problem des Verbraucherleitbildes). In einem letzten Schritt ist dann zu prüfen, ob die so ermittelte Auffassung mit der Wirklichkeit übereinstimmt.

Kommen die angesprochenen Verkehrskreise zu einer Fehlvorstellung, weil in der Werbung etwas verschwiegen wird, so ist zu prüfen, ob eine **Aufklärungspflicht** bestand, was sich gem. § 5 II 2 UWG insbesondere nach der Bedeutung der verschwiegenen Tatsache für den Vertragsschluß nach der Verkehrsauffassung und der Eignung des Verschweigens zur Beeinflussung der Entscheidung richtet.

Unterliegen die angesprochenen Verkehrskreise einem Irrtum, liegt jedoch grundsätzlich nur dann eine wettbewerbsrechtlich relevante Irreführung vor, wenn der Irrtum geeignet ist, die Entscheidung des Verbrauchers zum Vertragsschluß zu beeinflussen (**Relevanz**). Ob diesem Merkmal nach Bejahung einer Aufklärungspflicht wegen Vertragswesentlichkeit des verschwiegenen Umstandes eine eigenständige Bedeutung zukommt, soll hier noch offenblieben. Ist die verschwiegene Tatsache für die Entscheidung der angesprochenen Verkehrskreise relevant, liegen die Voraussetzungen des die „Unlauterkeit" i. S. d. § 3 UWG konkretisierenden § 5 UWG vor.

Unzulässig ist die betreffende Wettbewerbshandlung gem. § 3 UWG aber nur, wenn sie auch geeignet ist, den Wettbewerb zum Nachteil der Mitbewerber, der Verbraucher oder der sonstigen Marktteilnehmer nicht nur unerheblich zu beeinträchtigen, d. h. wenn nicht lediglich eine Irreführung im Bagatellbereich vorliegt (**Bagatellklausel**).

[1272] Vgl. Lettl, UnlWb 412; ähnlich Hefermehl/Köhler/Bornkamm – Bornkamm § 5 Rn. 2.74.

Bei der Auslegung des Irreführungsverbotes ist zu beachten, daß die Richtlinie 29/2005/EG über unlautere Geschäftspraktiken (UGP-RL), solange diese noch nicht umgesetzt und deren Umsetzungsfrist noch nicht abgelaufen ist, (noch) nicht auf dem Wege einer vorauseilenden richtlinienkonformen Auslegung Eingang in das bestehende UWG finden sollte. Gegen eine vorauseilende richtlinienkomforme Auslegung spricht, daß die Richtlinie aufgrund verschiedener offener, interpretationsbedürftiger Begriffe schon aus Gründen der Rechtssicherheit einer Umsetzung durch den Gesetzgeber bedarf.[1273] Beispielsweise ist bislang unklar, welche Bedeutung Art. 7 Nr. 1 UGP neben Art. 7 Nr. 4a UGP-RL hat.[1274] Eine Berücksichtigung der UGP-RL zu diesem Zeitpunkt würde der noch ausstehenden gesetzgeberischen Entscheidung - insbesondere der Ausübung des Umsetzungsermessens - vorgreifen und sich damit als unzulässige Rechtsfortbildung darstellen.[1275]

2. Abschnitt Voraussetzungen der Irreführung durch Verschweigen

A) Werbung

I) Definition der Werbung

Eine Irreführung und damit auch eine Aufklärungspflicht gegenüber dem Verbraucher setzt gem. § 5 I UWG zunächst eine „Werbung" voraus. Was unter „Werbung" zu verstehen ist, wird weder vom Gesetz definiert noch in den Gesetzesmaterialien erläutert.

Allerdings knüpft das Gesetz, nachdem es nicht mehr auf „Angaben über geschäftliche Verhältnisse" (so noch § 3 UWG a. F.), sondern auf den Begriff der „Werbung" abstellt, terminologisch an die Irreführungsrichtlinie[1276] an, so daß in der Literatur bislang angenommen wird, daß der Begriff der Werbung richtlinienkonform auszulegen sei und die Definition der Werbung in der Irreführungsrichtlinie für das UWG übernommen werden müsse.[1277] Neben der terminologischen Nähe des

---

1273 Glöckner/Henning-Bodewig WRP 2005, 1311, 1320 f.

1274 Seichter WRP 2005, 1087, 1093.

1275 Götting, WettbR § 1 Rn. 89; vgl. allg. Koenig/Haratsch, Europarecht Rn. 283; Streinz, Europarecht Rn. 407 (str.).

1276 Bei Verabschiedung des UWG RL 84/450 EWG; nun abgelöst durch RL 2006/114/EG.

1277 Harte-Bavendamm/Henning-Bodewig - Dreyer § 5 Rn. 117; Fezer - Peifer § 5 Rn. 161; Hefermehl/Köhler/Bornkamm - Bornkamm § 5 Rn. 2.12; Emmerich, UnlWb § 14 IV 1, S. 269; Lettl, UnlWb Rn. 98; Boesche, WettbR Rn. 263 i. V. m. Rn. 198; Götting, WettbR § 8 Rn. 13.

§ 5 I UWG zur Irreführungsrichtlinie[1278] sei zu bedenken, daß die Irreführungsrichtlinie gem. Art. 7 I a. F. (Art. 8 I, 1. Unterabsatz n. F.) zwar einen strengeren Maßstab zuließe, jedoch sei aus rechtspolitischen Gründen eine Kluft zwischen Gemeinschaftsrecht und deutschem Wettbewerbsrecht zu vermeiden, zumal mit § 5 UWG auch die Irreführungsrichtlinie umgesetzt werden solle.[1279] Auch sei zu bedenken, daß gem. Art. 7 II a. F. (Art. 8 I, 2. Unterabsatz n. F.) der Irreführungsrichtlinie die Definition der Werbung für § 6 UWG verbindlich sei.[1280]

Zwar hat der Gesetzgeber mit § 5 UWG die Irreführungsrichtlinie nicht ausdrücklich umgesetzt, jedoch muß der deutsche Irreführungsschutz vor dem europäischen Hintergrund gesehen werden, weil er dem Gemeinschaftsrecht entsprechen muß. Aus diesem Grund ist der Literatur insoweit zuzustimmen, als die Definition der Werbung in der Richtlinie zumindest als Mindeststandard anzusehen ist.

Weitergehend ist zu bedenken, daß diese Definition für Fälle der vergleichenden Werbung bindend ist, was - über den in der Literatur[1281] angeführten § 6 UWG hinaus - auch für § 5 III Satz 1 UWG gilt. Es wäre wertungswidersprüchlich, das Merkmal der „Werbung" in Fällen eines irreführenden Vergleichs in der Werbung anders auszulegen als in Fällen der sonstigen irreführenden Werbung. Der Gesetzgeber hat mit § 5 III UWG klargestellt, daß die irreführende vergleichende Werbung mit der sonstigen irreführenden Werbung gleichgesetzt wird. Damit hat er die ihm nach Art. 7 II a. F. (Art. 8 I n. F.) der Irreführungsrichtlinie offenstehende Möglichkeit, strenge Regelungen für Fälle außerhalb vergleichender Werbung zu erlassen, erkennbar abgelehnt. Aus diesem Grunde gilt die Definition der Werbung in der Irreführungsrichtlinie nicht nur für vergleichende Werbung, sondern für alle Fälle der Werbung. Der Begriff der „Werbung" muß im gesamten UWG (§ 4 Nr. 3 UWG; § 4 Nr. 5 UWG; § 5 I, II UWG, § 6 I UWG, § 7 II UWG) gleich ausgelegt werden.

Nach Art. 2 Nr. 1 der Irreführungsrichtlinie ist Werbung „**jede Äußerung bei der Ausübung eines Handels, Gewerbes, Handwerks oder freien Berufs mit dem Ziel, den Absatz von Waren oder die Erbringung von Dienstleistungen einschließlich unbeweglicher Sachen, Rechte und Verpflichtungen zu fördern**".

Diese Definition wird auch von der Gesetzesbegründung gedeckt, in der es heißt, daß irreführende „Angaben über geschäftliche Verhältnisse, die

---

1278 Hierauf stellen Fezer - Peifer § 5 Rn. 161 und Harte-Bavendamm/Henning-Bodewig - Dreyer Rn. 117 ab.

1279 Lettl, UnlWb Rn. 98.

1280 Lettl, UnlWb Rn. 98.

1281 Lettl, UnlWb Rn. 98.

zu Wettbewerbszwecken im geschäftlichen Verkehr gemacht werden",[1282] mit dem Irreführungsverbot unterbunden werden sollen.

Der Begriff der Werbung ist dem der Wettbewerbshandlung i. S. d. § 2 I Nr. 1 UWG zwar sehr ähnlich, jedoch etwas enger. So liegt eine Wettbewerbshandlung auch dann vor, wenn es um eine Handlung außerhalb der „Ausübung eines Handels, Gewerbes, Handwerks oder freien Berufs" geht. Liegt eine Werbung vor, so liegt daher auch immer eine Wettbewerbshandlung vor.[1283] Aus diesem Grund ist es nicht zwingend, bei der Prüfung, ob ein unlauteres Handeln i. S. d. § 3 UWG wegen irreführender Werbung i. S. d. § 5 I UWG vorliegt, zunächst das Vorliegen einer Wettbewerbshandlung als allgemeines Tatbestandsmerkmal des § 3 UWG zu prüfen. Die Einkleidung des § 5 UWG in die Generalklausel des § 3 UWG ist daher primär im Hinblick auf die Bagatellklausel von Bedeutung.[1284]

II) Auslegung

1) Objektiver Tatbestand

a) Äußerung

(1) Allgemeines

Zentrales Merkmal der Werbung ist das der „Äußerung". Es besagt zunächst, daß etwas nach außen dringen muß, und grenzt damit reine Betriebsinterna (Verwaltung) vom Begriff der Werbung ab. Dieses Merkmal ist nach der Rechtsprechung des EuGH weit gefaßt und betrifft Äußerungen in jeglicher Form.[1285]

Angesichts des mit dem Irreführungsverbot bezweckten Schutzes der Entscheidungsgrundlage muß hierunter grundsätzlich alles fallen, was dem Verbraucher als „Material" zur Abwägung des Für und Wider eines Vertragsschlusses dienen kann, d. h. alles, was zur Bildung der (rationalen) Entscheidungsgrundlage des Verbrauchers beiträgt. Unerheblich ist daher, welches Mediums oder welcher Ausdrucksform etc. sich der Werbende bedient, ob er an den Verbraucher mit Wort, Schrift, Bild (vgl. § 5 III 2)[1286] oder Ton[1287] herantritt und ob er bestimmte Dinge ausdrück-

---

1282 RegE zum UWG BT-Drucks. 15/1487 S. 19 li. Sp.

1283 Lettl, UnlWb Rn. 98 und 411.

1284 Vgl. RegE zum UWG BT-Drucks. 15/1487 S. 19 re. Sp.

1285 EuGH NJW 2002, 425, 426 Tz. 31 – Toshiba/Katun.

1286 LG Köln GRUR 1954, 210, 211 – Kölner Dom Seife.

1287 BGH GRUR 1961, 544 – Hühnergegacker.

lich oder konkludent[1288] zum Ausdruck bringt (zur Frage, ob nur Äußerungen mit Tatsachenkern erfaßt werden, sogleich). Selbst in der Erscheinung des Produktes (Form, Aufmachung, Aussehen, Geruch etc.) ist angesichts der hiervon möglicherweise ausgehenden Irreführungsgefahren eine „Äußerung" des Herstellers bzw. Verkäufers zu sehen, da dieser auch über dieses „Medium" Informationen transportieren kann.[1289] Unerheblich ist daher auch, ob eine Äußerung nur eine Äußerung Dritter ist, die sich der Werbende zu Eigen macht (z. B. Testergebnisse).[1290]

Dieses weite Verständnis von Werbung kommt auch in § 5 III 2 UWG zum Ausdruck, der auch die bildliche Werbung und „sonstige Veranstaltungen, die darauf zielen oder geeignet sind, solche Angaben zu ersetzen" dem Irreführungsverbot unterstellt. Es soll also jede Äußerung mit Informationsgehalt überprüfbar sein. Angesichts des hier vertretenen weiten Verständnisses des Begriffs der „Äußerung" kommt § 5 III 2 UWG allerdings keine eigenständige Bedeutung zu.

(2) Einzelwerbung/Verkaufsgespräche

Ob es sich bei „Werbung" nur um öffentliche Werbung im herkömmlichen Sinne von Reklame handelt, die sich an eine Vielzahl von Personen richtet (Anzeigen, Prospekte, Plakate, Werbespots etc.), oder ob auch das individuelle Kundengespräch erfaßt wird (Einzelwerbung), war für die vergleichende Werbung schon zum alten Recht umstritten. Nachdem nun nicht mehr nur bei der vergleichenden Werbung (§ 6 UWG n. F.; § 2 UWG a. F.), sondern auch beim Irreführungsverbot an den Begriff der „Werbung" angeknüpft wird, stellt sich die gleiche Frage jetzt auch im Rahmen des § 5 UWG, da die Definition der „Werbung" hier nicht ohne Wertungswidersprüche anders als bei der vergleichenden Werbung ausfallen kann (vgl. o.[1291]).

Ob auch individuelle Verkaufsgespräche vergleichende „Werbung" sind, ist deshalb erörterungswürdig, weil nach dem Wortlaut der Irreführungsrichtlinie vergleichende Angaben, die sich z. B. nicht auf „typische" Eigenschaften i. S. d. Art. 3 a I lit. c der Irreführungsrichtlinie (vgl. § 6 II Nr. 2 UWG) beziehen, auch dann unzulässig sind, wenn der Kunde den Werbenden zu diesem Vergleich selber aufgefordert hat (sog. Aus-

---

1288 Harte-Bavendamm/Henning-Bodewig – Dreyer § 5 Rn. 133 f.; Fezer – Peifer § 5 Rn. 176 f.

1289 Vgl. BGH 1971, 313, 314 – Bocksbeutelflasche (vgl. dazu EuGH GRUR Int. 1984, 291); OLG Düsseldorf GRUR 1975, 145 – Kunststoffolie.

1290 BGH GRUR 1982, 437 – Test Gut; BGH GRUR 2002, 633, 635 – Hormonersatzpräparate; Hefermehl/Köhler/Bornkamm – Bornkamm § 5 Rn. 2.16.

1291 Vgl. o. S. 219.

kunftsvergleich). Dieses Ergebnis wird aufgrund des ausdrücklich geäußerten Verbraucherinteresses allgemein als nicht sachgerecht empfunden,[1292] so daß als Lösung teilweise vorgeschlagen wird, daß der Begriff der Werbung keine individuellen Verkaufsgespräche und damit auch keine Auskunftsvergleiche erfasse.[1293] Es wird argumentiert, die Delegation der Bundesrepublik Deutschland habe beim Rat der Europäischen Union im Jahr 1997 eine Protokollerklärung abgegeben, in der sie darauf hinweise, daß die Begriffsbestimmung in Art. 2 Nr. 1 der Irreführungsrichtlinie Verkaufsgespräche nicht erfasse.[1294]

Die ganz h. M. subsumiert jedoch auch individuelle Verkaufsgespräche unter den Begriff der Werbung, weil das Merkmal „jede Äußerung" mit dem EuGH[1295] weit auszulegen sei und Äußerungen in beliebiger Form erfasse.[1296]

In der Tat spricht der weite Wortlaut der Irreführungsrichtlinie dafür, auch Einzelgespräche unter den Begriff der Werbung zu fassen. Die Protokollerklärung der Delegation des Bundesrepublik Deutschland kann nicht als verbindlicher Auslegungsmaßstab herangezogen werden, denn die Auslegung der Richtlinie ist Sache des EuGH.[1297] Insbesondere spricht aber der Sinn und Zweck der Richtlinie für eine Erfassung von Einzelgesprächen, da in diesen nicht minder die Gefahr besteht, daß dem Verbraucher die Grundlage für eine sachliche Entscheidung durch irreführende Äußerungen entzogen wird. Eine derartige Einschränkung des Begriffs der Werbung würde wesentliche Bereiche des Kundenkontakts vom Irreführungsschutz ausnehmen, obwohl im Verkaufsgespräch sogar ein gesteigertes Interesse des Verbrauchers an einem hinreichenden Irreführungsschutz besteht. Dem gesprochenen Wort eines Aug' in Aug' gegenüberstehenden Verkäufers wird nämlich schon wegen des persönlichen Kontakts meist mehr Bedeutung geschenkt als der anonymen

---

1292 Eck/Ikas WRP 1999, 251, 265; Scherer WRP 2001, 89, 93; Tilmann GRUR 1997, 790, 796; Plassmann GRUR 1996, 377, 379; Harte-Bavendamm/Henning-Bodewig – Sack § 6 Rn. 39

1293 Bornkamm in Schwarze, Werbung und Werbeverbote S. 141; vgl. Ohly/Spence GRUR Int. 1999, 681, 683 insb. Fn. 123.

1294 Bornkamm in Schwarze, Werbung und Werbeverbote S. 141; die Erklärung der Delegation ist auszugsweise abgedruckt bei Eck/Ikas WRP 1999, 251, 265.

1295 EuGH NJW 2002, 425, 426 Tz. 31 – Toshiba/Katun.

1296 Harte-Bavendamm/Henning-Bodewig – Dreyer § 5 Rn. 143; Hefermehl/Köhler/Bornkamm – Bornkamm § 5 Rn. 2.9 und Rn. 2.16; Hefermehl/Köhler/Bornkamm – Köhler § 6 Rn. 28; Fezer – Peifer § 5 Rn. 175; Köhler/Lettl WRP 2003, 1019, 1022 Tz. 12; Lettl, Der lauterkeitsrechtliche Schutz S. 66; Lettl, UnlWb Rn. 99; vgl. Harte-Bavendamm/Henning-Bodewig – Sack § 6 Rn. 39.

1297 Vgl. allgemein Köhler GRUR Int. 1994, 396, 397.

öffentlichen Werbung, zumal der Verkäufer bemüht sein wird, den Eindruck eines seriösen Beratungsgesprächs nach bestem Wissen hervorzurufen. Das dem Verbraucher sonst bewußte manipulative Moment der Werbung tritt hier eher in den Hintergrund.

Auch ergibt sich für § 5 UWG die Erfassung von Einzelwerbung aus einer historischen Auslegung, weil der Gesetzgeber mit der Reform des Irreführungsverbotes im Jahr 1969 diesen Fall erfassen (vgl. o.[1298]) und den Irreführungsschutz mit der Reform von 2004 nicht beschneiden wollte.

Weiter findet sich ein systematisches Argument in der Strafvorschrift des § 16 I UWG, der auf öffentliche Werbung beschränkt ist. Diese Einschränkung wäre überflüssig, wenn sie sich in gleicher Form bereits aus dem Tatbestandsmerkmal der irreführenden Werbung ergäbe (vgl. Wortlaut: „Wer [...] irreführend wirbt, [...]".).

Dem Sonderfall des Auskunftsvergleichs kann darüber hinaus auch anders begegnet werden. Es könnte etwa angenommen werden, daß eine Eigenschaft dadurch „typisch" wird, daß der Verbraucher nach ihr fragt,[1299] weil er so zu erkennen gibt, daß es sich um eine für seinen Verwendungszweck typische Eigenschaft handelt,[1300] oder man könnte die Fälle des Auskunftsvergleichs im Wege der teleologischen Reduktion vom Anwendungsbereich der Richtlinie ausnehmen.[1301] Eine Einschränkung der Definition der „Werbung" ist aus diesem Grund also gar nicht erforderlich.

Mithin erfaßt der Begriff der Werbung auch das individuelle Verkaufsgespräch.

(3) Erfassung von Äußerungen über Tatsachenäußerungen hinaus?

Der Begriff der „Äußerung" könnte aber wie im alten Recht dadurch eingeschränkt sein, daß er nur Tatsachenbehauptungen oder Äußerungen erfaßt, die zumindest einen Tatsachenkern aufweisen. Zu § 3 UWG a. F. war nämlich anerkannt, daß unter „Angaben" nur objektivierbare Angaben, also Tatsachen bzw. Äußerungen mit Tatsachenkern, d. h. dem Beweis zugänglich Aussagen, zu verstehen waren.[1302] Werturteile, nichts-

---

1298 Vgl. o. S. 127.

1299 Tilmann GRUR 1997, 790, 796; Scherer WRP 2001, 89, 93; dahingehend auch Plassmann GRUR 1996, 377, 379, der sich für eine weite Auslegung des Begriffes der Typizität ausspricht.

1300 Scherer WRP 2001, 89, 93.

1301 Harte-Bavendamm/Henning-Bodewig – Sack § 6 Rn. 39.

1302 BGH GRUR 1963, 482, 483 – Hollywood Duftschaumbad; BGH GRUR 1965, 363, 364 – Fertigbrei; BGH GRUR 1965, 365, 366 – Lavamat II, Anm. Reimer; BGH sagende Anpreisungen[1303] und suggestive Appelle, die nur unbestimmte Vorstellungen auslösen, sollten nicht erfaßt werden.[1304]

Nachdem das Irreführungsverbot nun aber nicht mehr nur - wie § 3 UWG a. F. - an „Angaben über geschäftliche Verhältnisse", sondern an den Begriff der „Werbung" und damit an jede „Äußerung" im Rahmen geschäftlicher Tätigkeit mit der Absicht der Absatzförderung anknüpft, stellt sich die Frage, ob der Begriff der „Äußerung" weiter gefaßt ist als derjenige der „Angabe" und auch nicht nachprüfbare Äußerungen erfaßt.[1305]

Diese Frage betrifft nicht nur Werturteile, sondern ist insbesondere bei Fällen bloßer manipulativer oder suggestiver Werbetechniken von Interesse. So enthält Werbung oft die Anpreisung bestimmter immaterieller Werte, die man mit dem Produkt angeblich erwirbt, die mit dem Gebrauch tatsächlich jedoch nichts zu tun haben. Vielfach werden Jugendlichkeit, eine positive Lebens- und Erlebniswelt, Prestige, Schönheit etc. versprochen.[1306] Insbesondere bei Produkten, die kaum positive Eigenschaften besitzen, wird mit entsprechenden Mitteln geworben (z. B. Zigarettenwerbung). Auch sonstige positive Assoziationen werden mit verschiedenen Mitteln hervorgerufen; so macht das gutaussehende Mannequin glauben, daß das beworbene Kleidungsstück besonders schmücke, und der drahtige junge Mann in der Reklame vermittelt den Eindruck, daß der Schokoriegel, den er zu sich nimmt, seiner Figur nicht schaden werde.[1307] Möglicherweise sind nun auch solche Suggestivappelle am Irreführungsschutz zu messen, weil sie als „Äußerung" anzusehen sind.[1308]

Dies wird in der Literatur[1309] indes - wenngleich auch mit unterschiedlichen Begründungen - abgelehnt und es wird angenommen, daß der Irreführungsschutz auch weiterhin nur bei nachprüfbaren Angaben greift.

GRUR 1972, 142, 142 - Unschlagbar, Anm. Malzer; BGH GRUR 1973, 594, 595 - Ski-Sicherheitsbindung, Anm. v. Falck; Baumbach/Hefermehl[22] § 3 Rn. 12.

1303 BGH GRUR 1964, 33, 35 - Bodenbeläge.

1304 BGH GRUR 1965, 363, 364 - Fertigbrei; BGH GRUR 1965, 365, 366 - Lavamat II, Anm. Reimer.

1305 Götting, WettbR § 8 Rn. 13: „zentrale Frage".

1306 Götting, WettbR. § 8 Rn. 12; Fezer - Peifer § 5 Rn. 162.

1307 Beispiele von Hefermehl/Köhler/Bornkamm - Bornkamm § 5 Rn. 2.31.

1308 Vgl. Fezer - Peifer § 5 Rn. 162.

1309 Hefermehl/Köhler/Bornkamm - Bornkamm § 5 Rn. 2.24; Fezer - Peifer § 5 Rn. 21 und 161; Harte-Bavendamm/Henning-Bodewig - § 5 Rn. 119; Götting, WettbR § 8 Rn. 12 f.; Lettl, UnlWb Rn. 100; Lettl, Der lauterkeitsrechtliche Schutz S. 169; Emmerich, UnlWb § 14 IV 2, S. 270.

Hierfür spricht insbesondere das Argument, daß eine Irreführung denklogisch eine objektiv nachprüfbare Fehlvorstellung (also eine Fehlvorstellung über Tatsachen) seitens der beworbenen Verkehrskreise voraussetzt, denn ansonsten könnte ein Auseinanderfallen von Vorstellung und objektiver Wirklichkeit (Irrtum) nicht ermittelt werden.[1310]

Auch ist zu bedenken, daß sich aus den Gesetzesmaterialien keinerlei Hinweise darauf ergeben, daß hier neben der terminologischen Annäherung an die europarechtlichen Vorgaben auch eine materielle Änderung beabsichtigt war. Vielmehr heißt es in der Gesetzesbegründung eingangs zur Erläuterung der „kleinen Generalklausel" des § 5 I UWG nur, daß alle „Angaben, die [...] geeignet sind [...] irrezuführen", verboten seien.[1311]

Ferner sprechen das moderne Bild des Verbraucherschutzes und das Bild des mündigen Verbrauchers als Werkzeug zur Verwirklichung des Binnenmarktes dafür, den Irreführungsschutz auf Tatsachen zu beschränken, denn diese Auffassungen gehen davon aus, daß der Verbraucher in die Lage versetzt werden muß, das Für und Wider eines Vertragsschlusses rational abzuwägen, was ihm bei zutreffender Information grundsätzlich auch möglich ist. Dies heißt zwar nicht, daß sich der Verbraucher nicht von unterschwelligen, nicht näher verifizierten Vorstellungen über das Produkt beim Kauf leiten läßt, es bedeutet jedoch, daß ihm grundsätzlich zugebilligt wird, zwischen bloßer Anpreisung und Wertung, die tatsächlich keine Vorteile des Produktes herausstellen und keinen echten Informationsgehalt aufweisen, und wirklichen Vorteilen des Produktes abzuwägen, um dann nach Qualität und Preiswürdigkeit zu entscheiden.

Weiter spricht § 5 III UWG dafür, unter Werbung nur Angaben zu verstehen, denn § 5 III UWG stellt die vergleichende Werbung nur im Hinblick auf Angaben der sonstigen Werbung gleich. Irreführende vergleichende und sonstige irreführende Werbung müssen aber gleich behandelt werden (vgl. o.[1312]), so daß der Begriff der Werbung auch aus diesem Grunde nur auf „Angaben", d. h. Äußerungen, die zumindest einen Tatsachenkern aufweisen, beschränkt ist.

Mithin greift der Irreführungsschutz nur dann, wenn eine „Äußerung" ein Mindestmaß an Information und damit an Tatsachen enthält, welche der Verbraucher in den Abwägungsprozeß bei der Entscheidung einfließen lassen kann. Werbung ohne Informationsgehalt kann nicht irreföh-

---

1310 Emmerich, UnlWb § 14 IV 2, S. 270; Fezer – Peifer § 5 Rn. 21; vgl. Götting, WettbR § 8 Rn. 12; Köhler/Lettl WRP 2003, 1019, 1022 Tz. 12; wohl auch Hefermehl/Köhler/Bornkamm – Bornkamm § 5 Rn. 2.24 f., der darauf abstellt, daß irreführende Werbung stets irreführende Information sei.

1311 RegE zum UWG BT-Drucks. 15/1487 S. 19 li. Sp.

1312 Vgl. o. S. 219 und 221.

ren,[1313] so daß etwa reine Aufmerksamkeits„werbung", welche nur die Bekanntheit der Firma steigert, dem Irreführungsschutz nicht unterfällt (Ausnahme: Irreführung bzgl. der Firmierung).

Ob eine Äußerung einen hinreichenden Aussagegehalt, d. h. eine Tatsache bzw. eine Tatsachenkern enthält, muß nach Sinn und Zweck der Norm nach der Auffassung der mit der Äußerung angesprochenen Verkehrskreise bestimmt werden,[1314] weil deren Entscheidung mit dem Irreführungsverbot geschützt werden soll. Eine Äußerung ist daher auch dann als Tatsache zu behandeln, wenn der angesprochene Verkehr nur annimmt, daß diese dem Beweis zugänglich sei. Ansonsten wäre eine Irreführung über die Eigenschaften eines Produktes schon deshalb zu verneinen, weil ein naturwissenschaftlicher Beweis für diese Eigenschaften technisch nicht möglich ist. Dies ist weiter bei Äußerungen, welche künftige Geschehnisse betreffen, von Bedeutung. Künftige Geschehnisse werden nämlich nicht vom Begriff der Angaben erfaßt, weil diese (derzeit) dem Beweis nicht zugänglich sind.[1315] Behauptungen, die (noch) nicht dem Beweis zugänglich sind, sind jedoch schon dann Tatsachen und damit Werbung, wenn die angesprochenen Verkehrskreise diese für tatsächliche Angaben halten. Wirbt ein Unternehmer beispielsweise damit, daß eine Geldanlage einen bestimmten „Gewinn" abwerfen wird, mag dies derzeit (etwa bei Aktien oder Lebensversicherungen) nicht dem Beweis zugänglich sein, führt den Verbraucher aber in die Irre, wenn er nicht erkennt, daß es sich um eine naturgemäß unsichere Prognose handelt. Hier besteht kein sachlicher Grund, den Werbenden besserzustellen als denjenigen, der bei einem Sparvertrag mit einem falschen Zinssatz wirbt, denn dem Verbraucher wird auch hier die Grundlage für eine rationale Entscheidung entzogen und eine unsichere bzw. später sich als falsche herausstellende „untergeschoben".

Ein hinreichender Aussagegehalt liegt nur dann vor, wenn der angesprochene Verkehr unter Berücksichtigung der ihm bekannten Mechanismen der Werbung (z. B. Übertreibungen, symbolhafte Anpreisungen) einen zuverlässigen Schluß auf eine Tatsache aus der Werbung zieht. Symbolhafte Anpreisungen, suggestive Appelle und sonstige Erweckung positiver Assoziationen reichen hierfür im Regelfall nicht aus.[1316] In dem o. g. Beispiel der Werbung für einen Schokoriegel mit einem drahtigen jungen Mann muß also schon aus diesem Grunde nicht darüber aufge-

---

1313 Fezer – Peifer § 5 Rn. 164; Hefermehl/Köhler/Bornkamm – Bornkamm § 5 Rn. 2.25.

1314 Harte-Bavendamm/Henning-Bodewig – Dreyer § 5 Rn. 121; vgl. Hefermehl/Köhler/Bornkamm – Bornkamm § 5 Rn. 2.30.

1315 Fezer – Peifer § 5 Rn. 164.

1316 Hefermehl/Köhler/Bornkamm – Bornkamm § 5 Rn. 2.30.

klärt werden, daß der Genuß dieses Riegels sich „nachteilig" auf die Figur auswirken kann.

Allerdings ist zu bedenken, daß auch in suggestiver Werbung ein nachprüfbarer Aussagekern liegen kann, etwa wenn hierdurch Produktgefahren verharmlost werden, da dann eine nachprüfbare Aussage über die Produkteigenschaften wie Qualität und Preiswürdigkeit gemacht wird.

Aus dem Erfordernis einer Angabe, d. h. eines Mindestinformationsgehaltes der Werbung, wird auch deutlich, daß das bloße Schweigen keine Angabe darstellen kann, weil dieses keinen Informationsgehalt hat. Hieraus folgt, daß sich im Rahmen einer Irreführung durch Verschweigen begriffsnotwendig nur im Zusammenhang mit anderen Angaben eine tatsächliche „Angabe" ergeben kann. Aus diesem Grunde kann sich eine entsprechende Aufklärungspflicht nur im Zusammenspiel mit anderen „Angaben" in der Werbung ergeben.

(4) Verhältnis des Begriffs der „Äußerung" zum Begriff der „Angabe"

Auch im neuen UWG wird der Begriff der „Angabe" verwendet. So stellt § 5 II Nr. 1-3 UWG heraus, welche „Angaben" in der Werbung besonders zu berücksichtigen sind und § 5 III 2 UWG stellt bildliche Darstellungen und sonstige Veranstaltungen den Angaben gleich. Schon die Formulierung, daß „insbesondere" Angaben über Merkmale der Waren etc. zu berücksichtigen sind, zeigt, daß der Gesetzgeber die Angaben nur als einen Teil der Werbung betrachtet.[1317] Dies spricht zunächst dafür, daß der Begriff der „Angabe" enger ist als derjenige der „Äußerung" im Sinne der Werbung. Allerdings erfaßt der Begriff der „Äußerung" bei näherer Betrachtung nur Äußerungen mit Tatsachenkern und entspricht damit dem Begriff der „Angabe" i. S. d. § 3 UWG a. F. Im neuen UWG wird der Begriff der „Angabe" ebenso wie im alten UWG zur Konkretisierung des Irreführungstatbestandes verwendet, so daß die Begriffe deckungsgleich sind. Die unterschiedliche Terminologie in der Irreführungsrichtlinie („Äußerung") und dem UWG („Angabe") hat daher keine Auswirkungen.

(5) Zwischenergebnis

Die Definition der Werbung in Art. 2 Nr. 1 Irreführungsrichtlinie liegt dem Begriff der Werbung i. S. d. UWG zwar zugrunde, ist aber dahingehend zu erweitern, daß unter den Begriff der „Äußerung" nur solche Äußerungen fallen, die zumindest einen Tatsachenkern aufweisen.

[1317] Götting, WettbR § 8 Rn. 13.

Nach dem bisherigen Ergebnis ist Werbung daher *jede Äußerung bei der Ausübung eines Handels, Gewerbes, Handwerks oder freien Berufs, die* ***zumindest einen Tatsachenkern aufweist*** *und mit dem Ziel getan wird, den Absatz von Waren oder die Erbringung von Dienstleistungen einschließlich unbeweglicher Sachen, Rechte und Verpflichtungen zu fördern* (Ergänzung hervorgehoben).

b) Zusammenhang mit unternehmerischer Tätigkeit

(1) Funktionaler Zusammenhang

Nach der Definition der Werbung gemäß der Irreführungsrichtlinie muß die Äußerung „bei der Ausübung eines Handels, Gewerbes, Handwerks oder freien Berufs" (Art. 2 Nr. 1 der RL a. F.) erfolgen. Unter den Begriff der Werbung fallen also nur Äußerungen mit Unternehmensbezug, d. h. Äußerungen, die einer unternehmerischen Tätigkeit zurechenbar sind. Hieraus ergibt sich zunächst, daß Privatpersonen und die öffentliche Hand nicht Werbender sein können,[1318] wenn sie rein privat bzw. rein amtlich/hoheitlich handeln.

Die Voraussetzung „bei Ausübung" tritt an die Stelle des „Handelns im geschäftlichen Verkehr" aus § 3 UWG a. F.,[1319] worunter jede Tätigkeit, die irgendwie der Förderung eines beliebigen Geschäftszwecks dient, zu verstehen war.[1320]

Der englische Wortlaut der Richtlinie „[...] in connection with trade [...]" verdeutlicht, daß es dabei weniger um die Ausführung selbst als um den zurechenbaren Zusammenhang der Äußerung mit einer unternehmerischen Tätigkeit geht. Die Äußerung muß also in einem funktionalen Zusammenhang mit einer unternehmerischen Tätigkeit stehen.[1321]

Unternehmerische Tätigkeit sind gem. Art. 2 Nr. 1 der Irreführungsrichtlinie a. F. Handel, Gewerbe oder freier Beruf. Der Begriff ist damit weiter als derjenige der kaufmännischen Tätigkeit i. S. d. § 1 I HGB. Aus der Zielsetzung der Richtlinie, einer Verfälschung des Wettbewerbs am gemeinsamen Markt zum Nachteil der wirtschaftlichen Interessen der Verbraucher vorzubeugen,[1322] folgt, daß auch hier nur eine wettbewerbsfunktionale Betrachtung erfolgen kann. Erforderlich ist daher eine Tätigkeit am Markt, die auf Erzielung eines Entgelts gerichtet ist, denn nur bei

---

1318 Köhler/Lettl WRP 2003, 1019, 1022 Tz. 10 (zur Irreführungs-RL).

1319 Harte-Bavendamm/Henning-Bodewig – Dreyer § 5 Rn. 143.

1320 BGH GRUR 1956, 216, 217 – Bad Ems; Baumbach/Hefermehl[22] § 3 Rn. 5; Beater, UnlWb § 11 Rn. 5.

1321 Lettl, UnlWb Rn. 102; Hefermehl/Köhler/Bornkamm – Köhler § 6 Rn. 31.

1322 Vgl. Erwägungsgründe 2 und 3 der RL 84/450/EWG.

einer Entgeltforderung treffen die Verbraucher genuin wettbewerbsbezogene wirtschaftliche Entschlüsse.

Darüber hinaus wird gefordert, es müsse sich um eine selbständige, d. h. planmäßige Tätigkeit handeln, so daß eine einmalige Tätigkeit nicht ausreiche.[1323] Hiergegen könnte zunächst eingewandt werden, daß auch eine einmalige Tätigkeit geeignet ist, die wirtschaftlichen Entschlüsse des Verbrauchers zu beeinflussen. Allerdings ist zu berücksichtigen, daß jeder private Verkauf eines gebrauchten Artikels eine auf eine Entgelterzielung gerichtete Tätigkeit am Markt darstellt. Solche Fälle können schon deshalb nicht dem Wettbewerbsrecht unterstellt werden, weil dieses nicht konkret-individuell wirken, sondern abstrakt-generell Fälle mit einer gewissen Breitenwirkung erfassen soll. Zur Abgrenzung von privaten Angeboten ist es daher - in Parallele zum Handelsrecht - erforderlich, eine planmäßige, d. h. auf gewisse Dauer angelegte Tätigkeit zu fordern.

Eine Handlung „in Ausübung" einer unternehmerischen Tätigkeit liegt somit vor, wenn ein funktionaler Zusammenhang zu einer planmäßigen, auf Erzielung eines Entgelts gerichteten Tätigkeit am Markt besteht.

(2) Eigene und fremde unternehmerische Tätigkeit

Der Wortlaut der Richtlinie legt hier nahe, daß allein das eigene unternehmerische Handeln erfaßt werden soll („bei Ausübung"), denn ein Gewerbe etc. betreibt der Gewerbetreibende selbst. Eine solche Auslegung würde den Irreführungsschutz aber im Vergleich zur alten Rechtslage, bei der auch ein fremder unternehmerischer Zweck genügte,[1324] einschränken. Schon aufgrund des Sinns und Zwecks der Norm und weil es keine Hinweise darauf gibt, daß der Gesetzgeber den Irreführungsschutz hätte beschneiden wollen, muß eine solche Auslegung bezweifelt werden.

Offener als die deutsche Formulierung „in Ausübung" ist der Richtlinienwortlaut in der englischen bzw. französischen Fassung, wo es heißt „in connection with trade, business, [...]" bzw. „dans le cadre d'une activité commerciale, industrielle, [...]", was eher nahelegt, daß es nicht auf die Ausübung selbst, sondern auf den Zusammenhang mit der unternehmerischen Tätigkeit ankommt.[1325] Auch soll dieses Merkmal offenbar

---

1323 Hefermehl/Köhler/Bornkamm - Köhler § 6 Rn. 29; zurückhaltender Hefermehl/Köhler/Bornkamm - Bornkamm § 5 Rn. 2.20: „[...] reicht [...] im Allgemeinen nicht aus".

1324 Baumbach/Hefermehl[22] Einl. UWG Rn. 208 und § 3 Rn. 5.

1325 Vgl. Köhler/Lettl WRP 2003, 1019, 1022 Tz. 10; Hefermehl/Köhler/Bornkamm - Bornkamm § 5 Rn. 2.19; Hefermehl/Köhler/Bornkamm - Köhler § 6 Rn. 29; allg. zur Erforderlichkeit der Heranziehung anderer Sprachfassungen EuGH EuZW 1994, 343, 344 Tz. 17 - Konservenfabrik Lubella.

nur von rein privatem bzw. hoheitlichem Tätigwerden abgrenzen. Bedenkt man weiter, daß die Irreführungsrichtlinie einen möglichst umfangreichen Schutz vor irreführender Werbung erreichen will, liegt es nahe, jede Tätigkeit, die in funktionalem Zusammenhang mit einer unternehmerischen Tätigkeit steht, am Irreführungsverbot und nicht lediglich am allgemeinen Deliktsrecht zu messen.[1326] Offenbar geht auch der Gesetzgeber von dieser Interpretation aus, wenn er in § 8 II UWG statuiert, daß bei Verletzungshandlungen von Mitarbeitern oder Beauftragten auch Ansprüche gegen den Inhaber des Unternehmens bestehen.[1327] Normadressat sind daher nicht nur der Unternehmer selbst, sondern auch dessen Mitarbeiter oder sonstige Dritte, die der Unternehmer mit der Wahrung seiner Interessen betraut hat (z. B. Wirtschaftsverbände, die im geschäftlichen Verkehr zur Förderung des Wettbewerbs ihrer Mitglieder tätig werden[1328]), aber auch jeder geschäftlich tätige Dritte, der den Wettbewerb eines Unternehmens fördert, ohne damit von diesem Unternehmen betraut zu sein (z. B. Laienwerber, die regelmäßig gegen Provision arbeiten).[1329]

Ob im Grenzfall ein Zusammenhang mit einer unternehmerischen Tätigkeit besteht, sollte in Anlehnung an den Rechtsgedanken des § 344 I HGB vermutet werden, wenn der Unternehmer selbst handelt.

(3) Zwischenergebnis

Der Begriff der Werbung nach Art. 2 Nr. 1 der Irreführungsrichtlinie erfaßt jede Äußerung bei Ausübung einer unternehmerischen Tätigkeit. Die Äußerung muß also in funktionalem Zusammenhang mit der unternehmerischen Tätigkeit stehen, wobei nicht nur die eigene, sondern auch die fremde unternehmerische Tätigkeit erfaßt wird.

Nach dem bisherigen Ergebnis ergibt eine Auslegung der Irreführungsrichtlinie, daß Werbung *jede Äußerung ist, die* ***in funktionalem Zusammenhang*** *mit einem eigenen* ***oder fremden*** *Handel, Gewerbe, Handwerk oder freien Beruf steht,* <u>*zumindest einen Tatsachenkern*</u> *aufweist und mit dem Ziel getan wird, den Absatz von Waren oder die Erbringung von Dienstleistungen einschließlich unbeweglicher Sachen, Rechte und Verpflichtungen zu fördern* (Ergänzungen hervorgehoben).

1326 Vgl. Köhler/Lettl WRP 2003, 1019, 1022 Tz. 10.

1327 Hefermehl/Köhler/Bornkamm – Bornkamm § 5 Rn. 2.21; vgl. Hefermehl/Köhler/Bornkamm – Köhler § 6 Rn. 31.

1328 BGH GRUR 1973, 371 – Gesamtverband.

1329 Hefermehl/Köhler/Bornkamm – Bornkamm § 5 Rn. 2.19 ff.

c) Objektive Eignung zur Wettbewerbsförderung

(1) Eignung zur Absatzförderung

Als ungeschriebenes Tatbestandsmerkmal der Werbung ist weiterhin zu fordern, daß die fragliche Äußerung objektiv geeignet ist, den Absatz zu fördern.

Zwar ist hinsichtlich der Wendung „mit dem Ziel, den Absatz von Waren [...] zu fördern" umstritten, ob es sich um ein subjektives oder objektives Tatbestandsmerkmal handelt (dazu sogleich[1330]), unabhängig von dieser Frage ist jedoch eine Prüfung der objektiven Eignung der Äußerung zur Absatzförderung nach Sinn und Zweck des UWG erforderlich.

Das UWG schützt nämlich nur den unverfälschten Wettbewerb (§ 1 UWG) und § 3 UWG unterstellt eine Wettbewerbshandlung nur dann dem UWG, wenn diese geeignet ist, den Wettbewerb (nicht nur unerheblich) zu beeinträchtigen. Fehlt es schon an einer objektiven Eignung zur Absatzförderung, hat die Äußerung auch keine Auswirkungen auf den Wettbewerb, so daß auch keine wettbewerbsrechtlich relevante Werbung vorliegen kann. Eine etwaige subjektive Komponente kann hier keine Rolle spielen, da ein „reines Wünschen" ohne Einfluß auf den Wettbewerb und daher wettbewerbsrechtlich bedeutungslos ist.

Um einen möglichst umfassenden Schutz i. S. d. § 1 UWG zu erreichen, sollte die objektive Eignung dabei eher weit ausgelegt werden. Insbesondere darf nicht gefragt werden, ob diese Äußerung in der konkreten Situation geeignet ist, den Absatz zu fördern. Sonst könnte etwa eine Äußerung, die über den Preis irreführt, nicht am Verbot des § 5 UWG gemessen werden, wenn die Kunden z. B. infolge einer groß angelegten Werbekampagne der Konkurrenz meinen, die Ware bei dieser noch günstiger erwerben zu können. Es sollte daher darauf abgestellt werden, ob eine fragliche Äußerung grundsätzlich ihrer Art nach geeignet ist, den Absatz zu fördern, was zumindest dann der Fall ist, wenn es sich in irgendeiner Form um eine Information handelt, die in den wirtschaftlichen Entscheidungsprozeß des Verbrauchers einfließen kann.

Weitergehend ist zu bedenken, daß selbst reine Aufmerksamkeitswerbung, d. h. Werbung, die ohne Bezug auf ein Produkt zu nehmen, lediglich den Bekanntheitsgrad einer Firma fördert, absatzfördernd wirken kann.[1331] Zwar fällt eine reine Aufmerksamkeitswerbung mangels Informationsgehalt nicht unter den Irreführungsschutz, an diesem Beispiel wird jedoch deutlich, daß wegen der mannigfachen Wirkungsweisen

---

1330 Vgl. u. S. 234 ff.

1331 BGH GRUR 1997, 761, 763 – Politikerschelte; BGH GRUR 1995, 600, 601 – H.I.V.-Positive I; BGH GRUR 1995, 598, 599 – Ölverschmutzte Ente; BGH GRUR 1995, 595, 596 – Kinderarbeit (alle zur Wettbewerbshandlung nach § 1 UWG a. F.).

von Werbung diese auch dann als zur Absatzförderung geeignet angesehen werden muß, wenn sie vom Großteil der angesprochenen Verkehrskreise etwa als abstoßend empfunden wird, aber den Bekanntheitsgrad der Firma fördert.

(2) Eignung zur Nachfrageförderung?

Angesichts der gebotenen weiten Auslegung verwundert es, daß der Wortlaut der Regelung sich auf eine Förderung des Absatzes beschränkt und damit den Nachfragewettbewerb ausklammert. Vom Wortlaut nicht erfaßt werden daher etwa Fälle, in denen ein Autohändler seine Kunden mit einem Mindestpreis für einen Gebrauchtwagen anlockt, ohne korrekt auf die Bedingungen für den Erhalt dieses Mindestpreises hinzuweisen, oder in denen ein Antiquitätenhändler der Wahrheit zuwider behauptet, daß es sich bei dem Schrank, den er ankaufen möchte, um ein beliebiges und billiges Möbelstück handele, oder der Fall eines Wohnungsbauunternehmers, der seinen Kunden falsche Angaben über die Bebaubarkeit des Grundstückes, welches er bebauen soll, erteilt.[1332] Ein sachlicher Grund für eine unterschiedliche Behandlung dieser Fälle ist nicht ersichtlich.[1333] Vielmehr fällt der Verbraucher seine Entscheidung auch hier nicht nach den Gesetzen des Marktes, sondern auf einer falschen Entscheidungsgrundlage. Der Zweck der Richtlinie, einen möglichst umfassenden Irreführungsschutz zu erzielen, wird nicht erreicht. Offenbar hat der Richtliniengeber diese Fälle nicht bedacht.[1334]

Die grundsätzliche Gleichbehandlung von Absatz und Nachfrage im UWG kommt hingegen in der Definition der Wettbewerbshandlung in § 2 I Nr. 1 UWG zum Ausdruck, welche den Absatz ebenso wie die Nachfrage erfaßt. Es ist nur schwer vorstellbar, daß der Gesetzgeber einerseits Absatz- und Nachfragewettbewerb gleichermaßen vom UWG erfaßt wissen will, dann aber kommentarlos den Nachfragewettbewerb von einem der wichtigsten Bereiche des Lauterkeitsrechts ausschließt. Auch findet diese Einschränkung im Wortlaut des § 5 UWG keinen Niederschlag.[1335]

1332 Beispiele nach Hefermehl/Köhler/Bornkamm – Bornkamm § 5 Rn. 2.17.

1333 Fezer – Koos § 6 Rn. 49; Hefermehl/Köhler/Bornkamm – Bornkamm § 5 Rn. 2.16; Hefermehl/Köhler/Bornkamm – Köhler § 6 Rn. 30; Lettl, Der lauterkeitsrechtliche Schutz S. 67; Köhler/Lettl WRP 2003, 1019, 1023.

1334 Vgl. Erwägungsgrund 2 der RL 97/55/EG; Hefermehl/Köhler/Bornkamm – Köhler § 6 Rn. 30; vgl. Köhler/Lettl WRP 2003, 1019, 1023 Tz 13.

1335 Emmerich, UnlWb § 14 IV 1, S. 269.

Denkbar ist daher, die Definition der Werbung erweitert auszulegen,[1336] sofern sich die genannten Fälle tatsächlich nicht unter die Fälle der Absatzwerbung subsumieren lassen. Hier ist aber zu bedenken, daß ein Unternehmer seinen Nachfragewettbewerb im Regelfall auch mit dem Ziel, seinen Absatz zu fördern, betreibt. So ist er nur deshalb bemüht, günstig anzukaufen, um günstig und damit mit Wettbewerbsvorteil wieder anbieten zu können. Auch wird im obigen Beispiel der Kfz-Händler seine Kunden mit irreführenden Angeboten für den Altwagen auch deshalb anlocken, weil er hofft, daß die angelockten Verbraucher bei ihm ein neues Fahrzeug erwerben. Damit stellt sich dieser Fall bei wertender Betrachtung nicht anders dar, als wenn der Händler nur mit einem tatsächlich nicht gewährten Rabatt für den Kauf eines neuen Wagens o. ä. geworben hätte.

Zumindest soll aber eine Gewinnsteigerung erzielt werden, die wirtschaftlich einer Absatzsteigerung gleichkommt. Ein großer Teil der Fälle wird sich also auch unter den Begriff der Absatzförderung subsumieren lassen, wenn man hierfür eine mittelbare Absatzförderung ausreichen läßt. Dies ist nach Sinn und Zweck der Norm geboten.

Will man diesen Weg nicht gehen oder bestehen Zweifel, ob tatsächlich eine mittelbare Absatzförderung vorliegt, ist denkbar, die Definition der Werbung um den Nachfragewettbewerb zu ergänzen. Hiergegen ließe sich allerdings einwenden, daß die Irreführungsrichtlinie gem. Art. 7 II a. F. (Art. 8 I, 2. Unterabsatz n. F.) für die vergleichende irreführende Werbung abschließend ist und daß zur Vermeidung von Wertungswidersprüchen auch bei sonstiger Werbung kein anderer Maßstab gelten kann (vgl. o.[1337]). Auch wird in der Literatur eine Erweiterung der Definition der Werbung auf den Nachfragewettbewerb abgelehnt, weil keine planwidrige Regelungslücke bestehe, denn es könne nicht angenommen werden, daß eine generelle Erfassung der an den Anbieter gerichteten Angaben von Nachfragern durch die Richtlinie erfolgen solle.[1338] Dem ist aber entgegenzuhalten, daß der Richtliniengeber an den Fall des Nachfragewettbewerbs offensichtlich gar nicht gedacht hat, obwohl dieser nach Sinn und Zweck der Richtlinie hätte erfaßt werden müssen. So stehen in den Erwägungsgründen die Vorteile der vergleichenden Werbung für den Verbraucher bei Absatzgeschäften im Vordergrund, wohingegen der Nachfragewettbewerb keine Erwähnung findet.[1339] Hat der

---

[1336] Fezer - Koos § 6 Rn. 49; Hefermehl/Köhler/Bornkamm - Bornkamm § 5 Rn. 2.17; Hefermehl/Köhler/Bornkamm - Köhler § 6 Rn. 30; Lettl, Der lauterkeitsrechtliche Schutz S. 67; Köhler/Lettl WRP 2003, 1019, 1023.

[1337] Vgl. o. S. 219, 221 und 225.

[1338] Fezer - Koos § 6 Rn. 49; ohne diese Argumentation auch Schlosser WRP 2004, 145, 147.

[1339] Vgl. Erwägungsgrund 2 und 5 der RL 97/55/EG.

Richtliniengeber diesen Fall aber nicht gesehen, so hat er diesen auch nicht mit der Definition in Art. 2 Nr. 1 der Richtlinie abschließend regeln, d. h. ausschließen wollen. Daraus, daß der Nachfragewettbewerb in der Irreführungsrichtlinie keine Erwähnung findet, können keine Rückschlüsse gezogen werden. Vielmehr gebietet es der mit der Richtlinie und § 5 UWG bezweckte Schutz, auch Nachfragegeschäfte zu erfassen, so daß die hier bislang vorgestellte Definition der Werbung zu erweitern ist.

(3) Zwischenergebnis

Eine Auslegung der Irreführungsrichtlinie ergibt nach bisherigem Ergebnis, daß unter Werbung *jede Äußerung* zu verstehen ist, *die in funktionalem Zusammenhang mit einem eigenen oder fremden Handel, Gewerbe, Handwerk oder freien Beruf steht, zumindest einen Tatsachenkern aufweist und mit dem Ziel getätigt wird, den Absatz* ***oder Bezug*** *von Waren oder die Erbringung oder Nachfrage von Dienstleistungen einschließlich unbeweglicher Sachen, Rechte und Verpflichtungen zu fördern und hierzu* ***objektiv geeignet*** *ist* (Ergänzungen hervorgehoben).

2) Ziel der Absatz- (oder Bezugs-)Förderung

a) Problemstellung: Gründet der Begriff der Werbung auf subjektiven Merkmalen?

Nach Art. 2 Nr. 1 der Irreführungsrichtlinie liegt eine Werbung nur dann vor, wenn die betreffende Äußerung „mit dem Ziel", den Absatz zu fördern, getätigt wird. Möglicherweise ist es also von subjektiven Momenten abhängig, ob eine Werbung vorliegt.

Diese Frage stellt sich in gleicher Weise bei der „Wettbewerbshandlung" i. S. d. § 2 I Nr. 1 UWG, denn hier muß der Handelnde ebenfalls „mit dem Ziel" der Absatz- (oder Bezugs-)Förderung handeln. Ob dieses Merkmal der Wettbewerbshandlung unter Berücksichtigung subjektiver Momente oder rein objektiv zu bestimmen ist, wird in der Literatur[1340] unterschiedlich beurteilt.

Die Erörterung dieser Problematik im Rahmen des Begriffs der „Wettbewerbshandlung" läßt sich auf die Definition der Werbung übertragen, denn der Gesetzgeber hat mit § 2 I Nr. 1 UWG auf den Vorschlag für ein

---

1340 Für eine rein objektive Bestimmung: Fezer in FS Schricker (2005) S. 674 und 676; Fezer – Fezer § 2 Rn. 27 und 31 f., vgl. auch § 3 Rn. 81; Harte-Bavendamm/Henning-Bodewig – Keller § 2 Rn. 38 f.; Emmerich, UnlWb § IV III, S. 45; Götting, WettbR § 5 Rn. 11; für subjektive Merkmale: Hefermehl/Köhler/Bornkamm – Köhler § 2 Rn. 22; HK – Meckel § 2 Rn. 10; Gloy/Loschelder – Gloy § 11 Rn.7; Lettl, UnlWb Rn. 88 ff.; KG GRUR-RR 2005, 162 – Arzneimitteleigenschaften kraft Präsentation.

neues UWG von Köhler/Bornkamm/Henning-Bodewig[1341] zurückgegriffen,[1342] welcher diesbezüglich an den Begriff der „Werbung" anknüpft.[1343] Der Begriff der „Wettbewerbshandlung" ist daher an die Definition der Werbung i. S. d. Irreführungsrichtlinie angelehnt und um die Bezugsförderung erweitert worden.[1344] Dies kommt auch im Wortlaut der Definitionen deutlich zum Ausdruck.

b) Bisherige Rechtslage

Das bisherige Recht knüpfte hinsichtlich seines Anwendungsbereichs nicht an eine Äußerung mit dem Ziel der Absatzförderung, sondern an ein Handeln „zu Zwecken" des Wettbewerbs (sog. „Wettbewerbshandlung") an (vgl. insb. die §§ 1, 3 UWG a. F., aber auch die §§ 6b, 14, 17, 18, 20 UWG a. F.). Der damalige Begriff der „Wettbewerbshandlung" war also nicht - wie heute - gesondert definiert, sondern wurde in den einzelnen Tatbeständen in Form eines Handelns zu Zwecken des Wettbewerbs gefordert.

Nach herkömmlicher Auffassung zerfiel das Tatbestandsmerkmal des „Handelns im geschäftlichen Verkehr zu Zwecken des Wettbewerbs" in einen objektiven und einen subjektiven Teil.[1345]

Es war daher in einem ersten Schritt objektiv zu prüfen, ob das in Rede stehende Tun äußerlich geeignet war, den Absatz oder Bezug einer Person zu Lasten eines anderen Wettbewerbers zu fördern (konkretes Wettbewerbsverhältnis mit anderen Mitbewerbern).[1346]

In einem zweiten Schritt war dann festzustellen, ob das Handeln subjektiv von der Absicht getragen war, den eigenen oder fremden Wettbe-

---

1341 WRP 2002, 1317, 1318 (§ 2 Nr. 1 E) und Erläuterungen S. 1324 f.

1342 Hefermehl/Köhler/Bornkamm - Köhler § 2 Rn. 1 und 4.

1343 Köhler/Bornkamm/Henning-Bodewig WRP 2002, 1317, 1324.

1344 Ohne nähere Begründung auch Henning-Bodewig GRUR Int. 2004, 183, 185; Götting, WettbR § 5 Rn. 2; Hefermehl/Köhler/Bornkamm - Köhler § 2 Rn. 4; vgl. auch Lettl WRP 2004, 1079, 1097 Tz. 59: „[...] in subjektiver Hinsicht [...] Gleichlauf mit der Irreführungsrichtlinie [...]".

1345 St. Rechtsprechung BGH GRUR 2003, 257, 258 - Wertgutscheine für Asylbewerber; BGH GRUR 2002, 1093, 1094 - Kontostandsauskunft; BGH GRUR 2002, 987, 993 - Wir Schuldenmacher; GRUR 1997, 916, 918 - Kaffeebohne; BGH GRUR 1992, 707, 708 - Erdgassteuer; BGH GRUR 1989, 773, 774 - Mitarbeitervertretung; BGH GRUR 1986, 898, 899 - Frank der Tat, Anm. Tilmann; BGH GRUR 1986, 812, 813 - Gastrokritiker; BGH GRUR 1983, 379, 380 - Geldmafiosi; BGH GRUR 1981, 658, 660 - Preisvergleich, Anm. Schulze zur Wiesche; BGH GRUR 1952, 216, 217 - Bad Ems, Anm. Lindenmaier; BGH NJW 1952, 660, 661 - Constanze I; Baumbach/Hefermehl[22] Einl. UWG Rn. 215 (zum objektiven Teil der Def.) und 232 (zum subjektiven Teil); Beater, UnlWb § 11 Rn. 29.

1346 Siehe vorherige Fn.

werb zum Nachteil eines anderen Mitbewerbers zu fördern (Wettbewerbsabsicht).[1347]

Hintergrund dieses subjektiven Merkmals war, daß Handlungen, die etwa von rein verbraucherpolitischen, weltanschaulichen, publizistischen, sozialen, kirchlichen, wissenschaftlichen oder familiären Anliegen bestimmt waren, nicht unter wettbewerbsrechtlichen Gesichtspunkten kontrolliert werden sollten.[1348] Diese sollten nach allgemeinem Deliktsrecht (§§ 823 ff. BGB) beurteilt werden.[1349]

Die Wettbewerbsabsicht brauchte nicht alleiniger Beweggrund zu sein, sondern es wurde als ausreichend angesehen, daß diese nicht völlig hinter sonstigen Beweggründen zurücktrat.[1350] Eine Gewinnerzielungsabsicht war ebensowenig erforderlich[1351] wie die tatsächliche Förderung des eigenen Absatzes oder Bezuges.[1352]

Die Wettbewerbsabsicht wurde nach allgemeiner Lebenserfahrung grundsätzlich (widerleglich) vermutet, wenn eine Handlung objektiv geeignet war, den Absatz oder Bezug zu fördern.[1353] So sollte Kenntnis oder Bewußtsein der objektiven Wettbewerbsförderung für sich genommen zwar nicht ausreichen, diese sollte aber als Beweisanzeichen für das Vorliegen der Wettbewerbsabsicht dienen.[1354]

1347 Siehe vorherige Fn.

1348 Lettl, UnlWb Rn. 88; Hefermehl/Köhler/Bornkamm - Köhler § 2 Rn. 24.

1349 Beater, UnlWb § 11 Rn. 55; Hefermehl/Köhler/Bornkamm - Köhler § 2 Rn. 24.

1350 St. Rechtsprechung BGH GRUR 2003, 257, 258 - Wertgutscheine für Asylbewerber; BGH GRUR 2002, 1093, 1094 - Kontostandsauskunft; BGH GRUR 2002, 987, 993 - Wir Schuldenmacher; BGH GRUR 1997, 916, 918 - Kaffeebohne; BGH GRUR 1992, 707 - Erdgassteuer; BGH GRUR 1989, 773, 774 - Mitarbeitervertretung; BGH GRUR 1986, 898, 899 - Frank der Tat, Anm. Tilmann; BGH GRUR 1986, 812, 813 - Gastrokritiker; BGH GRUR 1981, 665, 666 - Knochenbrecherin; BGH GRUR 1981, 658, 660/661 - Preisvergleich, Anm. Schulze zur Wiesche; BGH NJW 1952, 660, 661 - Constanze I; Baumbach/Hefermehl[22] Einl. UWG Rn. 232; Beater, UnlWb § 11 Rn. 29.

1351 BGH GRUR 1993, 917, 919 - Abrechnungssoftware für Zahnärzte; BGH GRUR 1982, 425, 430 - Brillen-Selbstabgabestellen; BGH GRUR 1974, 733, 734 - Schilderverkauf.

1352 BGH GRUR 1956, 445, 446 - Assekuranz.

1353 BGH GRUR 2003, 800, 801 - Schachcomputerkatalog; BGH GRUR 2002, 1093, 1094 - Kontostandsauskunft; BGH GRUR 1997, 916, 918 - Kaffeebohne; BGH GRUR 1993, 761, 762 - Makler-Privatangebot; BGH GRUR 1990, 463, 464 - Firmenrufnummer; BGH GRUR 1962, 34, 36 - Torsano.

1354 St. Rechtsprechung BGH GRUR 2003, 257, 258 - Wertgutscheine für Asylbewerber; BGH GRUR 1989, 773, 774 - Mitarbeitervertretung; BGH GRUR 1986, 989, 899 - Frank der Tat, Anm. Tilmann; BGH GRUR 1983, 379, 381 - Geldmafiosi; BGH GRUR 1981, 658, 660 - Preisvergleich, Anm. Schulze zur Wiesche.

Diese Vermutungsregeln sollten jedoch keine Geltung beanspruchen, wenn besondere, grundrechtlich geschützte Bereiche betroffen waren. Insbesondere wenn im Bereich der Massenmedien die Presse- und Rundfunkfreiheit (Art. 5 I GG) betroffen war, sollte die Wettbewerbsabsicht nicht zu vermuten, sondern positiv festzustellen sein.[1355] Gleiches galt für Bereiche, in denen nach allgemeiner Lebenserfahrung eine Wettbewerbsabsicht häufig fehlt, wie etwa beim Handeln von Privatepersonen[1356], von Wissenschaftlern[1357], der öffentlichen Hand[1358] etc. Weiter wurde bei der Förderung fremden Wettbewerbs die Vermutungsregel nicht angewandt.[1359]

Schon im alten Recht wurde die Auffassung, daß eine subjektiv zu bestimmende Wettbewerbsabsicht zu prüfen sei, kritisiert.[1360] Ein solches Vorgehen berge die Gefahr schädlicher Sonderentwicklungen des Wettbewerbsrechts und provoziere wegen der unterschiedlichen Aufteilung gerichtlicher Zuständigkeiten widersprüchliche Urteile.[1361] Die Ausnahmestellung von Institutionen wie Presse, Kirche, Wissenschaft, Gewerkschaften etc. oder von gemein- bzw. verbraucherschutzorientiertem Handeln sei - unabhängig davon, ob eine grundgesetzlich abgesicherte Sonderstellung vorliege - im Rahmen einer Interessenabwägung bei Prüfung der einschlägigen Tatbestände des UWG zu berücksichtigen.[1362]

c) Neue Rechtslage

(1) Objektiver Ansatz

Ob sich die bisherige Rechtslage auf das reformierte UWG übertragen läßt, ist umstritten. Nach einer im Vordringen befindlichen Ansicht handelt es sich bei dem Merkmal „mit dem Ziel" der Absatzförderung um

---

1355 St. Rechtsprechung BGH GRUR 2002, 987, 993 - Wir Schuldenmacher; BGH GRUR 1997, 914, 915 - Die Besten II; BGH GRUR 1997, 912, 913 - Die Besten I; BGH GRUR 1995, 270, 272 - Dubioses Geschäftsgebaren; BGH GRUR 1986, 812, 813 - Gastrokritiker; BGH GRUR 1984, 461, 461 - Kundenboykott; BGH GRUR 1982, 234, 235 - Großbanken Restquoten.

1356 BGH GRUR 1964, 162, 163 - E-Orgeln.

1357 BGH GRUR 1962, 45, 49 - Betonzusatzmittel; BGH GRUR 1957, 360, 361 - Phylax-Apparate.

1358 BGH GRUR 1990, 463, 464 - Firmenrufnummer.

1359 BGH GRUR 1962, 45, 47 - Betonzusatzmittel; vgl. BGH GRUR 1996, 798, 799 f. - Lohnentwesungen.

1360 Etwa Beater, UnlWb § 11 Rn. 50 ff.; Emmerich, UnlWb[6] § 4 Nr. 5, S. 28 ff.

1361 Beater, UnlWb § 11 Rn. 59; vgl. Emmerich, UnlWb[6] § 4 Nr. 5, S. 30.

1362 Beater, UnlWb § 11 Rn. 61 f.

ein objektives Tatbestandsmerkmal.[1363] Das bisherige subjektive Verständnis der Wettbewerbsabsicht sei auf das reformierte UWG nicht übertragbar und sei für das Merkmal des Ziels der Absatzförderung abzulehnen.[1364] Das vorliegen einer Wettbewerbshandlung sei einzig nach den objektiven Umständen der konkreten Marktverhältnisse zu bestimmen.[1365]

Es gebe daher keinen subjektiven Tatbestand, sondern es genüge die objektive Finalität der Handlung[1366] bzw. die der Handlung objektiv innewohnende Tendenz, den Absatz oder Bezug zu fördern,[1367] es sei die nach außen tretende Zielrichtung des Handelnden maßgeblich.[1368] Auf die innere Motivation des Handelnden komme es nicht an.[1369]

Dies ergebe sich aus dem Verständnis des Unlauterkeitsbegriffs als Begriff einer marktbezogenen Unlauterkeit, welcher ein objektives Verständnis der Unlauterkeit zur Folge habe.[1370] In einem Lauterkeitsrecht im Sinne eines Marktverhaltensrechts der Unternehmen könne die subjektive Absicht eines Wettbewerbers für die wettbewerbsrechtlichen Sanktionen keine Rolle spielen.[1371] Mit der Reform des UWG im Jahr 2004 sei eine Objektivierung des Lauterkeitsrechts eingetreten, die insbesondere darin zum Ausdruck komme, daß der Gesetzgeber nun kein konkretes Wettbewerbsverhältnis zwischen Mitbewerbern für die Feststellung wettbewerbsrechtlichen Unrechts mehr fordere.[1372] Es könne nach dem Wegfall des Erfordernisses des konkreten Wettbewerbsverhältnisses nicht einfach am bislang (zusätzlich) geforderten subjektiven Element der Wettbewerbshandlung festgehalten werden, weil die Wettbewerbshandlung zuvor als Gesamttatbestand des Merkmals „Handeln zu

---

1363 Fezer in FS Schricker (2005) S. 674 und 676; Fezer – Fezer § 2 Rn. 27 und 31 f., vgl. auch § 3 Rn. 81; Harte-Bavendamm/Henning-Bodewig – Keller § 2 Rn. 38 f.; Emmerich, UnlWb § 4 III, S. 45; Götting, WettbR § 5 Rn. 11.

1364 Fezer in FS Schricker (2005) S. 674 und 676; Fezer – Fezer § 2 Rn. 27 und 31 f., vgl. auch § 3 Rn. 81; Harte-Bavendamm/Henning-Bodewig – Keller § 2 Rn. 38 f.; Emmerich, UnlWb § 4 III, S. 45; Götting, WettbR § 5 Rn. 11.

1365 Fezer – Fezer § 2 Rn. 31.

1366 Fezer – Fezer § 2 Rn. 32; dem folgend Götting, WettbR § 5 Rn. 11.

1367 Emmerich, UnlWb § 4 III, S. 45.

1368 Harte-Bavendamm/Henning-Bodewig – Keller § 2 Rn. 39.

1369 Harte-Bavendamm/Henning-Bodewig – Keller § 2 Rn. 39.

1370 Fezer in FS Schricker (2005) S. 676.

1371 Fezer in FS Schricker (2005) S. 676.

1372 Fezer – Fezer § 3 Rn. 81 f. (hierauf verweist § 2 Fn. 95 zu Rn. 32).

Zwecken des Wettbewerbs" gesehen worden sei, den der Reformgesetzgeber aber gerade habe aufheben wollen.[1373]

Dieser wesentliche Reformschritt mache es erforderlich, auch den Begriff der Wettbewerbshandlung rein objektiv zu verstehen.[1374] Ein Festhalten an einer Aufsplitterung in objektiven und subjektiven Tatbestand sei „ein Schlag ins Gesicht des Reformgesetzgebers".[1375]

Weiter sei zu bedenken, daß in der umgekehrten Situation, in welcher der Handelnde zwar die Absicht der Wettbewerbsförderung habe, die Handlung jedoch objektiv ungeeignet sei, sich auf den Wettbewerb auszuwirken, das UWG nicht eingreife (vgl. o.[1376]), so daß sich der Handelnde andersherum auch nicht darauf berufen könne, eine Wettbewerbsförderung nicht gewollt zu haben.[1377]

Der Wortlaut des § 2 I Nr. 1 UWG stehe einer objektiven Interpretation nicht entgegen.[1378] Vielmehr habe der Gesetzgeber den bisherigen Wortlaut „zu Zwecken" des Wettbewerbs aufgegeben und die objektivere Sprachregelung „mit dem Ziel" gewählt.[1379] Auch werde im Kartellrecht (§ 1 GWB und Art. 81 EGV) der Begriff des Zwecks grundsätzlich in einem objektiven Sinn interpretiert.[1380] Ähnliches gelte für den Erschöpfungsgrundsatz im Markenrecht.[1381]

Trotz des nun objektiven Ansatzes könne die Rechtsprechung zur Feststellung des subjektiven Merkmals „Handeln zu Zwecken des Wettbewerbs" aber insoweit berücksichtigt werden, als die entschiedenen Sachverhalte Anhaltspunkte dafür böten, ob eine Handlung objektiv geeignet sei, der Zielsetzung einer Förderung des Wettbewerbs zu dienen, und die objektive Anlage einer Wettbewerbshandlung zur Förderungseignung (objektive Finalität einer Wettbewerbshandlung) veranschaulichten.[1382] Dies gelte besonders für die Fälle rein privaten, amtlichen, weltanschaulichen, sozialen, kirchlichen, publizistischen und wissenschaftlichen Handelns, bei denen die Wettbewerbsabsicht anhand

---

1373 Fezer – Fezer § 3 Rn. 83.

1374 Fezer – Fezer § 3 Rn. 83.

1375 Fezer – Fezer § 3 Rn. 83.

1376 Vgl. o. S. 231 f.

1377 Harte-Bavendamm/Henning-Bodewig – Keller § 2 Rn. 39.

1378 Fezer in FS Schricker (2005) S. 676; Emmerich, UnlWb § 4 II und III, S. 45 (zum alten Recht) und 45/46.

1379 Fezer in FS Schricker (2005) S. 676.

1380 Emmerich, UnlWb § 4 III, S. 45.

1381 Fezer in FS Schricker (2005) S. 676 Fn. 11.

1382 Fezer – Fezer § 2 Rn. 34; Fezer in FS Schricker (2005) S. 677.

objektiver Umstände abgeleitet worden sei.[1383] Dabei sei zu berücksichtigen, daß die diesen spezifischen Tätigkeitsbereichen stets immanenten Auswirkungen auf den Wettbewerb allein nicht ausreichten, um das Ziel der Wettbewerbsförderung anzunehmen. Eine Wettbewerbshandlung liege hier erst dann vor, wenn die Auswirkungen auf den Wettbewerb den Funktionsbereich der speziellen Tätigkeit überschritten.[1384]

(2) Subjektiver Ansatz

Teilweise wird auch für das reformierte UWG angenommen, daß die Wettbewerbshandlung i. S. d. § 2 I Nr. 1 UWG in einen objektiven und einen subjektiven Tatbestand zerfalle, so daß auch weiterhin die Wettbewerbsabsicht - wie im alten Recht - subjektiv, jedoch mit Hilfe der Vermutungsregeln anhand objektiver Momente zu bestimmen sei.[1385] Allerdings wird hier lediglich die h. M. zur alten Rechtslage übernommen, ohne daß deren Übertragbarkeit kritisch reflektiert wird. Auch sind diese Stimmen in der Literatur und Rechtsprechung vor Veröffentlichung der im Vordringen befindlichen Gegenansicht erschienen, so daß eine Auseinandersetzung mit deren Inhalt nicht erfolgt ist.

(3) Stellungnahme

Für einen rein subjektiven Ansatz spricht zunächst der Wortlaut der Regelung „mit dem Ziel". Insoweit ergibt sich keine augenscheinliche Veränderung im Vergleich zum alten Recht, denn wer auf etwas zielt, bezweckt dies auch, d. h. er handelt „zu Zwecken", er hat eine entsprechende Absicht. Auch geben die Gesetzesmaterialien praktisch keine Anhaltspunkte dafür, daß eine Änderung beabsichtigt gewesen wäre. In der Regierungsbegründung wird lediglich darauf hingewiesen, daß kein konkretes Wettbewerbsverhältnis mehr Voraussetzung sein solle, so daß nun auch Unternehmer mit Monopolstellung erfaßt würden.[1386]

Die praktischen Auswirkungen dieses Streits werden sehr gering sein, da in der Praxis auch zum alten Recht bereits auf objektive Umstände zurückgegriffen wurde, um das subjektive Element der Wettbewerbsabsicht zu untersuchen. Letztlich hat diese Frage daher rein dogmatischen Charakter. Gerade in dem hier relevanten Punkt hat sich das Lauterkeitsrecht mit der Reform im Jahr 2004 aber einen wesentlichen Schritt weiterentwickelt und ist nun ausdrücklich ein Marktverhaltensrecht

---

[1383] Fezer - Fezer § 2 Rn. 45; Fezer in FS Schricker (2005) S. 677.

[1384] Fezer - Fezer § 2 Rn. 45; Fezer in FS Schricker (2005) S. 677.

[1385] Hefermehl/Köhler/Bornkamm - Köhler § 2 Rn. 22; HK - Meckel § 2 Rn. 10; Gloy/Loschelder - Gloy § 11 Rn. 7; Lettl Rn. 88 ff.; KG GRUR-RR 2005, 162 - Arzneimitteleigenschaften kraft Präsentation.

[1386] RegE zum UWG BT-Drucks. 15/1487 S. 16 li. Sp.

nicht nur zugunsten der Mitbewerber, sondern aller in § 1 UWG genannten Gruppen. Die Schutzweckklausel hat zur Folge, daß eine funktionale, d. h. am Schutzzweck des Wettbewerbsrechts ausgerichtete Auslegung maßgeblich ist.[1387] Schon aus diesem Grunde gehen subjektive Elemente bei der Feststellung der Wettbewerbswidrigkeit einer Handlung fehl, denn eine Beeinträchtigung des Wettbewerbs tritt unabhängig von subjektiven Momenten des Handelnden ein und schädigt Mitbewerber, Verbraucher, sonstige Marktteilnehmer und die Allgemeinheit in gleichem Maße. Zumindest der Unterlassungsanspruch (§ 8 UWG) muß daher auch bei nur objektiver Beeinträchtigung des Wettbewerbs greifen.[1388] Einzig beim Schadensersatz[1389] und naturgemäß bei den Strafvorschriften können subjektive Momente gefordert werden (§ 9 UWG: Vorsatz oder Fahrlässigkeit; § 10 UWG: Vorsatz; § 16 UWG: Vorsatz). Ein effektiver Schutz der Verbraucher läßt sich nur über einen objektiven Maßstab der Unlauterkeit erreichen. Dies kommt auch in der Grundtendenz des Reformgesetzgebers zum Ausdruck, denn dieser wollte den Schutz der in § 1 UWG genannten Gruppen - insbesondere der Verbraucher - mit der Reform sichern. So verzichtet § 2 I Nr. 1 UWG nun auf das Erfordernis eines konkreten Wettbewerbsverhältnisses zwischen Mitbewerbern als Voraussetzung für eine Eröffnung des Schutzes nach UWG.[1390]

Auch die rein objektive Formulierung des § 3 UWG spricht für eine funktional-objektive Auslegung des UWG.[1391] Widersprüchlich sind jedoch die Ausführungen in den Gesetzesmaterialien zur Frage subjektiver Momente im UWG. Einerseits betont der Regierungsentwurf, daß bei der Ermittlung der Frage, ob ein Wettbewerbsverstoß geeignet sei, den Wettbewerb i. S. d. § 3 UWG nicht unerheblich zu verfälschen, alle subjektiven und objektiven Momente des Einzelfalles zu berücksichtigen seien.[1392] Gleichzeitig betont der Entwurf aber, daß es für diese Frage allein auf die Wirkungen des wettbewerbswidrigen Verhaltens auf das Marktgeschehen ankomme,[1393] was gegen eine Berücksichtigung subjektiver Momente spricht. Weiter hält der Gesetzgeber einen Verzicht auf subjektive Momente ausdrücklich für möglich, weil er diese Frage -

---

1387 Vgl. Hefermehl/Köhler/Bornkamm - Köhler § 3 Rn. 41.

1388 Ähnlich Mayer-Maly, Das Bewußtsein der Sittenwidrigkeit S. 44/45 (zu § 1 UWG a. F.).

1389 Vgl. Sack GRUR 1970, 493, 502; Für einen Verzicht auf subjektive Merkmale auch beim Schadensersatz aber Mayer-Maly, Das Bewußtsein der Sittenwidrigkeit S. 46 (zu § 1 UWG a. F.).

1390 Fezer - Fezer § 3 Rn. 81 f. (hierauf verweist § 2 Fn. 95 zu Rn. 32).

1391 Vgl. Stellungnahme des BuRates zum UWG BT-Drucks. 15/1487 S. 30 li. Sp.

1392 RegE zum UWG BT-Drucks. 15/1487 S. 17 li. Sp.

1393 RegE zum UWG BT-Drucks. 15/1487 S. 17 li. Sp.

jedenfalls für § 3 UWG – Rechtsprechung und Literatur überlassen wollte.[1394] Die Gesetzesmaterialien ergeben also keinen widerspruchsfreien Hinweis und stehen schon deshalb einem Verzicht auf subjektive Momente nicht entgegen.

Weiter ist zu bedenken, daß man, spinnt man den Gedanken des subjektiven Elements fort, in der Konsequenz auch ein Bewußtsein der die Unlauterkeit ausmachenden Umstände fordern müßte (so die früher h. M.) Dem kann nach dem gerade Gesagten aber nicht gefolgt werden, zumal dies (teilweise) sogar von Vertretern eines subjektiven Tatbestandes der Wettbewerbshandlung abgelehnt wird.[1395] Fordert man ein Bewußtsein der die Unlauterkeit begründenden Umstände, könnte sich der Werbende im Hinblick auf Informationspflichten schlicht damit herausreden, daß er der Überzeugung gewesen sei, den Kunden informiert zu haben. So hätte er die Umstände, welche die Unlauterkeit begründen, nicht gekannt, sondern hätte sie nur kennen müssen. Dies wäre mit dem nach § 1 UWG bezweckten Schutz unvereinbar und dem hier vertretenen Verständnis der entsprechenden Vorschriften als Teil eines Rechts der Marktkommunikation fremd. Subjektive Momente sollten bei der Wettbewerbswidrigkeit grundsätzlich keine Rolle spielen.

Problematisch bleibt jedoch der Wortlaut des Gesetzes „mit dem Ziel". Ein rein objektiver Tatbestand könnte diesem widersprechen. Dem muß jedoch entgegengehalten werden, daß auch in anderen Rechtsgebieten Ziele eines Handelnden objektiv bestimmt werden. So wird etwa die Zueignung im Rahmen des objektiven Tatbestandes einer Unterschlagung i. S. d. § 246 StGB nach h. M.[1396] über eine objektive Manifestation des Zueignungswillens bestimmt, d. h. es wird gefragt, ob die fragliche Handlung eine Zueignung objektiv bezweckt. Auch ist zu bedenken, daß der Weg einer objektiven Bestimmung letztlich schon im alten Recht gegangen wurde, so daß es sich nur noch sehr begrenzt um ein wirklich subjektives Element gehandelt hat.

Nach dem Sinn und Zweck des Gesetzes ist die Wendung „mit dem Ziel" daher rein objektiv zu bestimmen, so daß sich ein Unternehmer nicht darauf berufen kann, nichts „Wettbewerbserhebliches" gewollt zu haben. Im übrigen bleibt es im Regelfall bei der „Vermutung", daß ein Unternehmer, der eine objektiv wettbewerbsfördernde Handlung vornimmt, mit dem Ziel der Wettbewerbsförderung handelt, d. h. die Wettbewerbsförderung objektiv bezweckt.

1394 Gegenäußerung der BuReg BT-Drucks. 15/1487 S. 40 re. Sp.

1395 Hefermehl/Köhler/Bornkamm – Köhler § 3 Rn. 41; a. A. Lettl, UnlWb Rn. 152.

1396 BGHSt 34, 309, 312; BGHSt 14, 38, 41; Schönke/Schröder – Eser § 246 Rn. 11 (Einzelheiten sehr str.).

Es wäre allerdings konsequent, ganz auf dieses Merkmal zu verzichten, die Wendung „mit dem Ziel" zu streichen und in einer weniger mißverständlichen Formulierung nur noch darauf abzustellen, ob die fragliche Handlung objektiv geeignet ist, den Wettbewerb zu beeinflussen, und ob dies objektiv bezweckt ist. Der Gesetzgeber sollte das UWG gänzlich von subjektiven Merkmalen entschlacken.

(4) Zwischenergebnis

Der Begriff der Wettbewerbshandlung hat - anders als im alten Recht - keinen subjektiven Tatbestand mehr, sondern es ist nur darauf abzustellen, ob eine fragliche Handlung zur Wettbewerbsförderung objektiv geeignet ist und diese objektiv bezweckt.

Diese Auslegung des Begriffs der Wettbewerbshandlung ist auf den Begriff der Werbung zu übertragen, da nach der Definition der Werbung gem. Art. 2 Nr. 1 der Irreführungsrichtlinie - ebenso wie bei der Wettbewerbshandlung - „mit dem Ziel" der Absatzförderung gehandelt werden muß und weil die Definition der Wettbewerbshandlung im UWG der Definition der Werbung in der Irreführungsrichtlinie entlehnt ist (vgl. o.[1397]).

Die Frage, ob der potentielle Werbende mit dem Ziel der Absatzförderung handelt, muß also allein anhand objektiver Anhaltspunkte unter Berücksichtigung aller Umstände des Einzelfalles ermittelt werden.

Dabei reicht grundsätzlich aus, daß der Handelnde eine Äußerung im Rahmen einer unternehmerischen Tätigkeit tut, die objektiv geeignet ist, den Absatz zu fördern.

Nach Sinn und Zweck des UWG ist das Merkmal der „objektiv bezweckten Wettbewerbsförderung" eher weit auszulegen, da so ein umfassender Schutz i. S. d. § 1 UWG garantiert wird und besondere Interessen der Presse und der Religionsgemeinschaften etc. angemessen in einer Interessenabwägung berücksichtigt werden können.[1398]

3) Zwischenergebnis: Begriff der „Werbung"

Dem Begriff der „Werbung" im UWG liegt die Definition der Werbung in Art. 2 Nr. 1 der Irreführungsrichtlinie zugrunde, wobei diese Definition ausgelegt und teils erweitert (auch Nachfrage) und teils eingeschränkt (nur Tatsachen) werden muß.

Werbung im Sinne des UWG ist daher *jede Äußerung, die <u>in funktionalem Zusammenhang</u> mit einem eigenen <u>oder fremden</u> Handel, Gewerbe, Handwerk oder freien Beruf steht, die <u>zumindest einen Tatsachenkern</u> aufweist sowie <u>ge-</u>*

[1397] Vgl. o. S. 218 ff.

[1398] Vgl. Beater, UnlWb § 11 Rn. 61 (zum UWG a. F.).

eignet und ***objektiv darauf gerichtet*** *ist, den Absatz oder Bezug von Waren oder die Erbringung oder Nachfrage von Dienstleistungen einschließlich unbeweglicher Sachen, Rechte und Verpflichtungen zu fördern* (Ergänzungen hervorgehoben).

B) Irreführung

I) Begriff der Irreführung

1) Keine Definition im Gesetz: Rückgriff auf die Irreführungsrichtlinie

Nach § 5 I UWG handelt unlauter, wer „irreführend" wirbt. Eine Definition des Begriffs der „Irreführung" suchte und sucht man im deutschen UWG jedoch vergeblich. Ein näherer Anhaltspunkt zur Konkretisierung des Begriffs der Irreführung findet sich einzig in § 5 II 1 UWG, wonach bei der Beurteilung der Frage, ob eine Werbung irreführend ist, sämtliche Bestandteile der Werbung zu berücksichtigen sind. Der irreführende Charakter der Werbung kann also nur in deren Gesamtbetrachtung ermittelt werden. Zur Irreführung selbst schweigt das Gesetz jedoch.

Eine Definition der „irreführenden Werbung" findet sich aber in Art. 2 Nr. 2 der Irreführungsrichtlinie, welche bei der Auslegung des deutschen Irreführungsverbotes zu beachten ist (vgl. o.[1399]). Hiernach ist irreführende Werbung „jede Werbung, die in irgendeiner Weise – einschließlich ihrer Aufmachung – die Personen, an die sie sich richtet oder die von ihr erreicht werden, täuscht oder zu täuschen geeignet ist und die infolge der ihr innewohnenden Täuschung ihr wirtschaftliches Verhalten beeinflussen kann oder aus diesen Gründen einen Mitbewerber schädigt oder zu schädigen geeignet ist".

Ähnlich heißt es in der Regierungsbegründung zu § 5 I UWG: „Verboten sind in der Werbung alle Angaben geschäftlicher Art, die zu Wettbewerbszwecken im geschäftlichen Verkehr gemacht werden und geeignet sind, einen nicht unerheblichen Teil der betroffenen Verkehrskreise über das Angebot irrezuführen und Fehlvorstellungen von maßgebender Bedeutung für den Kaufentschluß hervorzurufen."[1400]

Eine Auslegung des Begriffs der Irreführung muß sich in erste Linie an diesen Aussagen orientieren. Terminologisch sollte dabei zwischen wettbewerbsrechtlich relevanter Irreführung und Irreführung im engeren Sinne differenziert werden. Von einer Irreführung im engeren Sinne kann bei jeder Täuschung/Fehlvorstellung gesprochen werden, wohin-

---

[1399] Vgl. o. S. 218 ff.

[1400] RegE zum UWG BT-Drucks. 15/1487 S. 19 li. Sp.

gegen eine wettbewerbsrelevante nur unter den weiteren Voraussetzungen der §§ 5, 3 UWG gegeben ist.

2) Subjektive Unrichtigkeit

Aus der Definition der irreführenden Werbung in der Irreführungsrichtlinie und aus der Regierungsbegründung ergibt sich zunächst, daß der Begriff der Irreführung aus der Sicht der mit der Werbung angesprochenen Verkehrskreise zu bestimmen ist. Gleiches ergibt sich aus einer historischen Auslegung, denn der irreführende Charakter ist immer schon aus Sicht der angesprochenen Verkehrskreise festgestellt worden. Ursprünglich erfaßte das UWG mit § 1 UWG von 1896[1401] und § 3 UWG von 1909[1402] dem Wortlaut nach zwar keine „irreführenden", sondern nur „unrichtige" Angaben, schon vor der Änderung des Wortlauts hin zu „irreführenden Angaben" mit der Reform von 1969 hat die Rechtsprechung jedoch nicht darauf abgestellt, ob eine Angabe objektiv „unrichtig" ist.[1403] Vielmehr sollte es darauf ankommen, ob die Angabe aus der Sicht des Empfängers subjektiv unrichtig war.[1404] Für die Feststellung der Irreführung war also allein zu fragen, ob die angesprochenen Verkehrskreise einer Fehlvorstellung unterlagen, so daß selbst objektiv richtige Angaben unzulässig sein konnten, sofern die angesprochenen Verkehrskreise diese nur anders verstanden.[1405]

Ebenso kommt es im neuen Recht allein auf das Verständnis des Beworbenen an. Entscheidend ist, ob eine Werbung geeignet ist, bei den Adressaten eine Vorstellung zu erzeugen, die mit den wirklichen Verhältnissen nicht in Einklang steht, so daß Vorstellung (Soll) und objektive Wirklichkeit (Ist) auseinanderfallen.[1406]

Das sog. „Wahrheitsgebot" des Wettbewerbsrechts ist also kein Gebot objektiver Wahrheit, sondern allein ein Gebot der Wahrheit nach Emp-

---

1401 Wortlaut s. o. S. 126 Fn. 714.

1402 Wortlaut s. o. S. 126 Fn. 715 (Fassung 1090) bzw. S. 127 Fn. 716 (Fassung 1969).

1403 BGH GRUR 1960, 193, 196 – Medaillenwerbung; BGH GRUR 1956, 550, 551 – Tiefenfurter Bauernbrot; BGH GRUR 1955, 37, 40 – Cupresa-Kunstseide; RG GRUR 1939, 627, 629 – Eloxal; RG GRUR 1931, 875, 876 – antiseptisch präpariert.

1404 BGH GRUR 1960, 193, 196 – Medaillenwerbung; BGH GRUR 1956, 550, 551 – Tiefenfurter Bauernbrot; BGH GRUR 1955, 37, 40 – Cupresa-Kunstseide; RG GRUR 1939, 627, 629 – Eloxal; RG GRUR 1931, 875, 876 – antiseptisch präpariert.

1405 BGH GRUR 1960, 193, 196 – Medaillenwerbung; BGH GRUR 1956, 550, 551 – Tiefenfurter Bauernbrot; BGH GRUR 1955, 37, 40 – Cupresa-Kunstseide; RG GRUR 1939, 627, 629 – Eloxal; RG GRUR 1931, 875, 876 – antiseptisch präpariert.

1406 Vgl. Hefermehl/Köhler/Bornkamm – Bornkamm § 5 Rn. 2.66.; Fezer – Peifer § 5 Rn. 185; Harte-Bavendamm/Henning-Bodewig – Dreyer § 5 Rn. 151.

fängerhorizont.[1407] Ohne Belang ist, wie der Werbende selbst seine Angaben versteht.[1408]

Die Täuschung (Irreführung im engeren Sinne) ist infolge ihres subjektiven Verständnisses in drei Schritten zu prüfen.[1409] Zunächst muß festgestellt werden, an welche Verkehrskreise sie sich wendet, um sodann zu klären, wie die angesprochenen Verkehrskreise die fragliche Werbung verstehen. Hierbei ist die Werbung in Gänze zu bewerten (Gesamtbetrachtung); vgl. § 5 II 1 UWG.

Für das Verständnis der Verkehrskreise ist von ausschlaggebender Bedeutung, wie dieses zu ermitteln ist und welche Aufnahme- und Urteilsfähigkeit man den Verkehrskreisen zubilligt. So wird ein Kaufmann Werbung oft abgeklärter beurteilen als ein Verbraucher und ein Experte wird sich aufgrund seines Fachwissens weniger schnell in die Irre führen lassen. Hinsichtlich des Verständnisses von Verbrauchern stellte die Rechtsprechung lange Zeit auf den flüchtigen und unkritischen Verbraucher ab, wohingegen sie inzwischen in Anpassung an die Rechtsprechung des EuGH[1410] vom Bild des durchschnittlich informierten, situationsadäquat aufmerksamen und verständigen Durchschnittsverbrauchers ausgeht.[1411]

In einem dritten Schritt ist dann zu prüfen, ob das Verständnis der angesprochenen Verkehrskreise mit der objektiven Wirklichkeit übereinstimmt. Liegt eine Diskrepanz zwischen Vorstellung und Wirklichkeit vor, ist der Beworbene getäuscht worden. Es liegt eine Irreführung im engeren Sinne vor.

1407 Hefermehl/Köhler/Bornkamm – Bornkamm § 5 Rn. 2.69.

1408 BGH GRUR 1967, 308, 310 – Backhilfsmittel; BGH GRUR 1961, 193, 196 – Medaillenwerbung.

1409 Vgl. Lettl, UnlWb 412; ähnlich Hefermehl/Köhler/Bornkamm – Bornkamm § 5 Rn. 2.74.

1410 EuGH GRUR 2003, 533, 536 Tz. 55 – Pippig Augenoptik/Hartlauer; EuGH NJW 2002, 425, 427 Tz. 52 – Toshiba/Katun; EuGH GRUR 1999, 723, 726 Tz. 29 – Windsurfing Chiemsee; EuGH GRUR Int. 1999, 345, 348 Tz. 36 – Sektkellerei Kessler; EuGH GRUR Int. 1998, 795, 797 Tz. 31 und 37 – Gut Springheide (grundlegend).

1411 BGH GRUR 2004, 249, 251 – Umgekehrte Versteigerung im Internet; BGH GRUR 2004, 244, 245 – Marktführerschaft; BGH GRUR 2004, 162, 163 – Mindestverzinsung; BGH GRUR 2003, 626, 627 – Umgekehrte Versteigerung II; BGH GRUR 2003, 361, 362 – Sparvorwahl; BGH GRUR 2002, 715 und 716 – Sparvorwahl; BGH GRUR 2002, 550, 552 – Elternbriefe; BGH WM 2001, 1962, 1964 – Domain-Namen; BGH NJW 2001, 3193, 3195 – Anwalts- und Steuerkanzlei; BGH NJW 2001, 153, 154 – Möbel-Umtauschrecht; BGH GRUR 2000, 820, 821 – Space Fidelity Peep-Show; grundlegend: BGH GRUR 2000, 629, 621 – Orient-Teppichmuster (alle zu § 3 UWG a. F.).

3) Eignung zur Irreführung genügt

Schon zum alten Recht war nach ganz h. M. für eine wettbewerbsrechtliche Irreführung nicht erforderlich, daß tatsächlich eine Fehlvorstellung hervorgerufen wird. Vielmehr sollte bereits die Eignung einer Äußerung zur Irreführung genügen.[1412] Auch zum neuen Recht wird mit Blick auf Art. 2 Nr. 2 der Irreführungsrichtlinie daran festgehalten, daß unter dem Begriff der „Irreführung" schon die Irreführungsgefahr fällt.[1413]

In der Literatur[1414] ist jedoch aufgrund von Äußerungen des EuGH angedacht worden, ob eine Irreführung nur dann vorliegt, wenn auch tatsächlich Fehlvorstellungen beim Verbraucher hervorgerufen werden. Zugrunde liegt ein Fall, der Werbung für parallelimportierte Kraftfahrzeuge mit einer Serienausstattung, die geringerwertiger als bei Fahrzeugen für den nationalen Markt war, zum Gegenstand hatte. Der EuGH hat hierzu ausgeführt, eine Irreführung könne nur dann angenommen werden, wenn „nachweislich von einer erheblichen Anzahl von Verbrauchern, an die sich diese Werbung richtet, die Kaufentscheidung in Unkenntnis dessen getroffen wurde, daß der niedrigere Fahrzeugpreis mit einer geringeren Ausstattung der von parallelimportierten Kraftfahrzeuge einhergeht".[1415] In einer anderen Entscheidung hat er eine Irreführung vor dem Hintergrund abgelehnt, daß nicht nachgewiesen sei, daß eine bestimmte Verbrauchervorstellung tatsächlich bestehe.[1416]

Schon angesichts des eindeutigen Wortlauts des Art. 2 Nr. 2 der Irreführungsrichtlinie („täuscht oder zu täuschen geeignet ist") kann dem jedoch nicht gefolgt werden.[1417] Vielmehr können die Ausführungen des EuGH auch so verstanden werden, daß er die tatsächliche Irreführung (Täuschung) nur als Anzeichen für eine wettbewerbsrechtliche Irreführ-

---

1412 BGH GRUR 1992, 70, 72 – 40 % weniger Fett; BGH GRUR 1955, 409, 411 – Vampyrette; Baumbach/Hefermehl[22] § 3 Rn. 21 und Rn. 87; Köhler – Piper – Piper § 3 Rn. 45; vgl. BGH GRUR 1995, 610, 611 – Neues Informationssystem; BGH GRUR 1991, 852, 854 – Aquavit.

1413 Harte-Bavendamm/Henning-Bodewig – Dreyer § 5 Rn. 146; Fezer – Peifer § 5 Rn. 187; Hefermehl/Köhler/Bornkamm – Bornkamm § 5 Rn. 2.65; Lettl, UnlWb Rn. 412; Götting, WettbR § 8 Rn. 21 (ohne Hinweis auf die Irreführungsrichtlinie).

1414 Harte-Bavendamm/Henning-Bodewig – Dreyer § 5 Rn. 146; Fezer – Peifer § 5 Rn. 187; Hefermehl/Köhler/Bornkamm – Bornkamm § 5 Rn. 1.20 und Rn. 2.65; Köhler/Piper – Piper § 3 Rn. 45 (§ 3 UWG a. F.).

1415 EuGH WRP 1993, 233, 234 Tz. 16 – Nissan.

1416 EuGH GRUR Int. 1991, 215, 216 Tz. 18 – Pall/Dahlhausen.

1417 V. Deutsch GRUR 1996, 541, 544; Jänich in FS Schricker (2005) S. 723; Fezer – Peifer § 5 Rn. 187; Harte-Bavendamm/Henning-Bodewig – Dreyer § 5 Rn. 146; Hefermehl/Köhler/Bornkamm – Bornkamm § 5 Rn. 1.20 und Rn. 2.65; vgl. Kisseler WRP 1994, 1, 4.

rung sehen wollte.[1418] Stellenweise ist in der Literatur auch eine Ungenauigkeit der Übersetzung des im Original in Französisch abgefaßten Urteils[1419] „Nissan“ vermutet worden.[1420] Dies muß angesichts des Wortlauts „[...] où il serait établi que la décision [...] est prise [...]“ aber bezweifelt werden, denn auch hier wird darauf abgestellt, daß die Entscheidung der Verbraucher getroffen worden ist („[...] est prise [...]“), nicht aber, daß nur eine entsprechende Gefahr besteht. Besonders fällt aber ins Gewicht, daß der EuGH in späteren Entscheidungen ausdrücklich von der „Gefahr der Irreführung“ spricht.[1421]

Für das deutsche Recht muß weiter berücksichtigt werden, daß die Regierungsbegründung zum UWG[1422] ebenfalls ausdrücklich von Angaben spricht, die „geeignet sind, [...] irrezuführen und Fehlvorstellungen von maßgebender Bedeutung für den Kaufentschluß hervorzurufen“. Nach dem ausdrücklichen Willen des Gesetzgebers ist unter Irreführung daher nicht nur das Hervorrufen einer Fehlvorstellung, sondern auch das Schaffen der Gefahr einer Täuschung zu verstehen.

Im Gesetz findet dies allerdings praktisch keinen Niederschlag. Anführen läßt sich jedoch, daß § 3 UWG (und damit auch § 5 UWG) für das Urteil der Unlauterkeit die Eignung einer Wettbewerbshandlung zur Beeinträchtigung des Wettbewerbs ausreichen läßt, so daß es auf eine tatsächlich eingetretene Beeinträchtigung nicht ankommt. Reicht bereits die Eignung zur Beeinträchtigung, spricht dies dafür, daß nicht nur eine tatsächlich eingetretene Irreführung, sondern auch die Gefahr einer Irreführung unlauter sein kann, da auch der Gefährdung eine entsprechende Eignung innewohnen kann. Auch ist hervorzuheben, daß im Rahmen des § 4 Nr. 1 UWG eine Eignung der Beeinträchtigung der Entscheidungsfreiheit genügt. Es wäre wertungswidersprüchlich nur hier, nicht aber im Rahmen des § 5 UWG eine Eignung zur Täuschung ausreichen zu lassen.

Eine Irreführung i. S. d. § 5 I UWG liegt daher – wie im alten Recht – immer schon dann vor, wenn eine Werbung geeignet ist, zu täuschen.

1418 Harte-Bavendamm/Henning-Bodewig – Dreyer § 5 Rn. 148.

1419 Der französische Text ist im Internet abrufbar unter: http://europa.eu.int/smartapi/cgi/sga_doc?smartapi!celexplus!prod!CELEXnumdoc&lg=fr&numdoc=61990J0373.

1420 V. Deutsch GRUR 1996, 541, 544; diesem folgend Köhler/Piper – Piper § 3 Rn. 45.

1421 EuGH GRUR Int. 2000, 354, 356 Tz. 27 – Estée Lauder/Lancaster; EuGH GRUR Int. 1998, 795, 797 Tz. 31 – Gut Springheide.

1422 RegE zum UWG BT-Drucks. 15/1487 S. 19. li. Sp.

Der Begriff der Täuschungseignung wird in der Irreführungsrichtlinie bewußt nicht näher definiert[1423] und auch die Gesetzesmaterialien erhalten diesbezüglich keine Erläuterungen. Aus einer Zusammenschau mit dem abstrakten Gefährdungstatbestand des § 5 IV UWG und den ebenfalls einer abstrakten Gefahr vorbeugenden geschriebenen Informationspflichten ergibt sich, daß die Gefahr der Irreführung eine konkrete sein muß. Dies wird auch dadurch gestützt, daß Werbung schon aufgrund der Werbefreiheit, aber auch aufgrund der positiven (Informations-)Effekte, welche Werbung für den Verbraucher hat, nur aus zwingenden Gründen untersagt werden darf (vgl. o.[1424]). Eine nur abstrakte Gefährdung sollte daher nur in solchen besonderen Ausnahmefällen als ausreichend angesehen werden, bei denen einer konkreten Gefährdung nur dadurch wirksam vorgebeugt werden kann, daß bereits die abstrakte Gefährdung untersagt wird.

4) Anlockwirkung

a) Problem der Anlockwirkung

Die Erkenntnis, daß grundsätzlich nur eine konkrete Gefahr der Täuschung zur Irreführung i. S. d. § 5 I UWG ausreichen kann, könnte in den Fällen Bedeutung gewinnen, in denen ein Verbraucher lediglich angelockt worden ist und eine zunächst irreführende Angabe später „richtiggestellt" worden ist, z. B. wenn der Kunde erst im Geschäft erfährt, daß das in der Zeitung beworbene Gerät teurer ist als angekündigt. Die Fallkonstellationen der Anlockwirkung gewinnen insbesondere im Rahmen der Irreführung durch Verschweigen an Bedeutung, da hier eine zeitliche Grenze für die Möglichkeit der Aufklärung gezogen wird.

Ein Fall des unzulässigen bloßen Anlockens durch Irreführung ist nunmehr auch mit § 5 V UWG ausdrücklich geregelt. Dieser betrifft den Fall, daß der Kunde mit einer Ware, die nicht ausreichend bevorratet ist, angelockt wird, so daß er in dem Irrtum darüber, daß eine beworbene Ware auch vorhanden ist, die Geschäftsräume des Werbenden aufsucht und dann nolens volens ein anderes - möglicherweise teureres - Produkt erwirbt.[1425]

Hieran wird deutlich, daß die Information über das Produkt keineswegs allein für die Kaufentscheidung ausschlaggebend ist. Vielmehr spielen auch zahlreiche „externe Faktoren" bis hin zur Bequemlichkeit des Kun-

---

[1423] Lettl, Der lauterkeitsrechtliche Schutz S. 16; Doepner WRP 1997, 999, 1009; vgl. Trägner, Das Verbot irreführender Werbung S. 66 ff.

[1424] Vgl. o. S. 122.

[1425] Vgl. RegE zum UWG BT-Drucks. 15/1487 S. 20 re. Sp.

den, der trotz Irreführung kein anderes Geschäft aufsuchen möchte, eine Rolle.

Es wäre daher verfehlt, eine Irreführung aufgrund der Anlockwirkung schon per se deshalb zu verneinen, weil der Verbraucher im Zeitpunkt seiner Entscheidung zum Vertragsschluß alle wesentlichen Informationen hatte und sich nicht mehr in einem Irrtum befand. Oft wird der Verbraucher nämlich die Zeit, die Mühe und die Kosten scheuen, die er vergeblich aufgewandt hat oder noch aufwenden muß, wenn er vom Kauf eines Gerätes bei dem werbenden Händler völlig absieht. Er wird sich vielmehr - einmal vor Ort - zumindest vergleichbare Produkte des Werbenden ansehen und möglicherweise kaufen. Der Kunde befaßt sich also nicht mehr in der gleichen Form mit Angeboten der Konkurrenz, wie er dies bei von vornherein zutreffenden Informationen getan hätte.

Die mit der Irreführung geschaffene Marktintransparenz wird vom Verbraucher oft sogar notgedrungen in Kauf genommen. Besonders deutlich wird dies, wenn der Verbraucher einen nicht nur unerheblichen Weg zum Händler zurücklegen mußte. So müssen beispielsweise Verbraucher auf dem Land größere Entfernungen zurücklegen, um in einem Elektronikkaufhaus, von welchem man sich eine bedeutend größere Auswahl und günstigere Preise als bei sich zu Hause erhofft, einzukaufen. Wird der Verbraucher mit irreführender Werbung über eine größere Entfernung in ein entsprechendes Kaufhaus gelockt, kann es für ihn schon ein Rechenexempel sein, ob er angesichts der Fahrtkosten und des Zeitaufwandes nicht lieber das irreführend beworbene oder ein ähnliches Gerät kauft, anstatt in eine andere Stadt zu fahren, um dort möglicherweise doch nur ähnliche Überraschungen zu erleben. Aber auch außerhalb eines solchen schon im kleineren Rahmen bestehenden „Ortsvorteils“ hat der Werbende dadurch einen Wettbewerbsvorteil, daß der Verbraucher in näheren Kontakt zu ihm getreten ist und sich mit seinen Angeboten näher auseinandersetzt. Der Werbende schafft Marktintransparenz und nutzt diese aus, ja möglicherweise bringt er einen Kunden sogar so weit, daß dieser ein Produkt erwirbt, obwohl er weiß, daß er es anderswo zu einem günstigeren Preis erwerben könnte. Dies bringt dem Werbenden nicht nur einen nicht gerechtfertigten Wettbewerbsvorteil, sondern verursacht u. U. für den Verbraucher auch unerwünschte Kosten, wovor er geschützt werden muß.

b) Bisherige Rechtslage

Zum alten Recht war in Rechtsprechung[1426] und Literatur[1427] anerkannt, daß die Anlockwirkung einer irreführenden Werbung genügen kann, um gegen das Irreführungsverbot zu verstoßen. Es genüge, so wurde gesagt, daß eine irreführende Angabe geeignet sei, „den Kunden anzulocken und ihn zu veranlassen, sich mit diesem Angebot näher zu befassen, das er sonst nicht oder nicht in dieser Weise betrachtet hätte",[1428] so daß ein Fall auch dann unter das Irreführungsverbot fallen könne, wenn sich der Beworbene im Moment des Kaufentschlusses gar nicht (mehr) in einem Irrtum befinde.[1429]

c) Grad der Anlockwirkung

Zentrale Frage des Problems der bloßen Anlockwirkung ist, wann diese einen Grad erreicht hat, der es rechtfertigt, eine Werbung zu verbieten. Die Gefahren, die von einer Irreführung mit bloßer Anlockwirkung ausgehen, sind nämlich deutlich geringer als diejenigen, die von einer nicht mehr richtig gestellten Täuschung ausgehen.[1430] Die bloße Anlockwirkung hat oft keine unmittelbare, sondern nur mittelbare Marktentscheidungsrelevanz.

Nach der bisherigen Formulierung in der Rechtsprechung fällt unter eine unzulässige Anlockwirkung durch Irreführung jede Irreführung, die den Kunden geneigter macht, sich mit dem beworbenen Produkt zu befassen. Diese Formulierung ist so weit gefaßt, daß letztlich sogar die bloße Erregung von Aufmerksamkeit unter das Irreführungsverbot fallen

---

1426 BGH GRUR 1995, 610, 611 - Neues Informationssystem; BGH GRUR 1991, 774, 775 - Anzeigenrubrik II; BGH GRUR 1991, 772, 773 - Anzeigenrubrik I; BGH GRUR 1990, 1032, 1034 - Krankengymnastik; BGH GRUR 1989, 855, 856 - Teilzahlungskauf II; BGH GRUR 1988, 700, 702 - Meßpuffer; BGH GRUR 1982, 563, 564 - Betonklinker; BGH GRUR 1982, 242, 244 - Anforderungsscheck für Barauszahlungen; BGH GRUR 1981, 71, 73 - Lübecker Marzipan; BGH GRUR 1970, 425, 426 - Melitta-Kaffee, Anm. Krieger; BGH GRUR 1962, 310, 312/313 - Gründerbildnis; BGH GRUR 1961, 241, 242 - Socsil; BGH GRUR 1955, 251, 252 - Silberal; OLG Hamm GRUR 1983, 593, 594 - Marken-Jeans; OLG München WRP 1977, 279, 280 - Preis total; OLG Düsseldorf GRUR 1977, 261 - Alfa Romeo; OLG Stuttgart GRUR 1972, 658, 659 - Möbelwerbung; a. A. OLG Düsseldorf WRP 1976, 474 - Werbung für Markenski mit überjährigen Modellen.

1427 Baumbach/Hefermehl[22] § 3 Rn. 89a; GK - Lindacher § 3 Rn. 123 ff.; Köhler/Piper - Piper § 3 Rn. 205; Gloy, HbdWbR[2] - Helm § 49 Rn. 40.

1428 BGH GRUR 1995, 610, 611 - Neues Informationssystem; BGH GRUR 1989, 855, 856 - Teilzahlungskauf II; vgl. BGH GRUR 1962, 310, 313 - Gründerbildnis.

1429 BGH GRUR 1995, 610, 611 - Neues Informationssystem; BGH GRUR 1989, 855, 856 - Teilzahlungskauf II; BGH GRUR 1962, 310, 313 - Gründerbildnis.

1430 Hefermehl/Köhler/Bornkamm - Bornkamm § 5 Rn. 2.196; GK - Lindacher § 3 Rn. 125 (zu § 3 UWG a. F.).

würde.[1431] Daß aber allein die Erregung von Aufmerksamkeit nicht für einen Verstoß gegen das Irreführungsverbot ausreichen kann, ergibt sich schon daraus, daß nach dem modernen Verbraucherleitbild anzunehmen ist, daß der Verbraucher grundsätzlich mit Information rational umgehen kann und im Regelfall nicht impulsiv entscheidet.

Es kann also nicht von vornherein jede später aufgeklärte Irreführung mit dem Argument, daß eine Irreführung (im engeren Sinne, d. h. Fehlvorstellung) einmal eingetreten sei, zu einem Verstoß gegen § 5 UWG führen. So kann etwa bei komplexen Produkten, bei denen stets noch Gespräche und Beratungen über die Form der konkreten Leistung stattfinden, nicht jede Unrichtigkeit oder irreführende Unterlassung zu einem Verstoß gegen § 5 UWG führen, denn der genaue Leistungsinhalt ist ohnehin noch variabel und eine spätere Aufklärung über Details von vornherein geplant.[1432] Hier ist allerdings zu berücksichtigen, daß derartige Geschäfte nur sehr selten von Verbrauchern getätigt werden.

Stellenweise wird in der Literatur vorgeschlagen, eine Irreführung aufgrund der bloßen Anlockwirkung nur dann anzunehmen, wenn diese geeignet ist, die angesprochenen Verkehrsteilnehmer davon abzuhalten, sich mit sonstigen Angeboten zu befassen und weitere Marktüberlegungen anzustellen.[1433] Zu § 3 UWG a. F. ist auch vorgeschlagen worden, eine höhere Irreführungsquote als bei der unmittelbar marktentscheidungsrelevanten Irreführung zu verlangen.[1434]

Ob eine Anlockwirkung für eine Irreführung i. S. d. § 5 I UWG im konkreten Fall ausreicht, kann allein anhand des Normzwecks bestimmt werden. Nach dem von § 5 UWG bezweckten Abnehmer- und Mitbewerberschutz kann ein Anlocken nur dann für einen Verstoß gegen § 5 I UWG ausreichen, wenn das Anlocken die konkrete Gefahr birgt, daß der Verbraucher seine Entscheidung nicht einzig nach den Gesetzen des Marktes (insb. Preiswürdigkeit der Ware) trifft, weil er sich nicht in dem Maße mit anderen Angeboten auseinandersetzt, wie er dies ohne Irreführung getan hätte. Eine spätere Aufklärung kann nur dann genügen, wenn hierdurch eine konkrete Gefährdung der Entscheidungsgrundlage des Verbrauchers aufgehoben wird. Dauert die konkrete Gefährdung jedoch im Zeitpunkt der Marktentscheidung des Verbrauchers an, liegt eine wettbewerbsrechtlich relevante Irreführung vor.[1435]

Ein weitergehendes Werbeverbot würde weder vom Normzweck gedeckt, noch wäre es verhältnismäßig.

1431 Vgl. Fezer – Peifer § 5 Rn. 188.

1432 Vgl. BGH GRUR 1989, 682, 683 – Konkursvermerk.

1433 Fezer – Peifer § 5 Rn. 188.

1434 GK – Lindacher § 3 Rn. 125 (zu § 3 UWG a. F.).

1435 Ähnlich Fezer – Peifer § 5 Rn. 188.

Angesichts des Kaufverhaltens von Verbrauchern (vgl. o.[1436]) muß davon ausgegangen werden, daß eine Anlockwirkung regelmäßig dann vorliegt, wenn der Irrtum erst im Geschäft aufgeklärt wird. Denkbar erscheint einzig, daß bei hochwertigsten Gütern (z. B. Immobilien, Pkw) eine relevante Anlockwirkung verneint werden kann, wenn nur über unbedeutende Merkmale des Produkts irregeführt wird, die gemessen an der Summe der für die Kaufentscheidung maßgeblichen Faktoren praktisch nicht ins Gewicht fallen. Es handelt sich jedoch um eine Frage, die nur anhand der Umstände des Einzelfalles entschieden werden kann. Nicht ausreichend erscheint hingegen regelmäßig, daß der Verbraucher sich mit einer Anzeigenwerbung näher auseinandersetzt und seinen Irrtum schnell und problemlos erkennt. Dies betrifft etwa Fälle der Blickfangwerbung.

d) Dogmatische Anknüpfung

Bislang ungeklärt ist, wie Fälle nur geringer Anlockwirkung dogmatisch zu handhaben sind. Denkbar ist, zunächst einen Irrtum des Beworbenen zu verneinen, weil keine ausreichende Gefahr der Fehlvorstellung besteht.

Dabei ist zwischen der wettbewerbsrechtlich relevanten Irreführung und der (Gefahr der) Irreführung im engeren Sinne (tatsächliche Fehlvorstellung) als Tatbestandsvoraussetzung der wettbewerbsrechtlich relevanten Irreführung zu differenzieren. Die Täuschung im engeren Sinne entfällt durch eine Aufklärung nicht. Eine andere Frage ist aber, ob nun jede Täuschung dieser Art auch gleich eine wettbewerbsrechtlich relevante Irreführung darstellt.

Um dies zu beurteilen, bieten sich zwei dogmatische Hebel. Zum einen kann im Rahmen einer Interessenabwägung festgestellt werden, ob dem Werbenden die frühzeitige Aufklärung des Verbrauchers zuzumuten war,[1437] und zum anderen ist denkbar, die Relevanz des Anlockens für den Vertragsschluß zu verneinen.[1438]

Auch ist angedacht worden, im Rahmen der Bagatellklausel des § 3 UWG Fälle auszuscheiden, in denen die Anlockwirkung nur gering ist.[1439]

1436 Vgl. o. S. 249 f.

1437 Hefermehl/Köhler/Bornkamm – Bornkamm § 5 Rn. 2.196; GK – Lindacher § 3 Rn. 126 (zu § 3 UWG a. F.); vgl. BGH GRUR 1999, 1125, 1126 – EG-Neuwagen II; BGH GRUR 1999, 1122, 1124 – EG-Neuwagen I.

1438 Harte-Bavendamm/Henning-Bodewig – Dreyer § 5 Rn. 159.

1439 Vgl. Fezer – Peifer § 5 Rn. 188 in Auslegung von BGH GRUR 2004, 435, 436 – FrühlingsgeFlüge (zu § 13 III Nr. 2 UWG a. F.).

Die genannten Ansatzpunkte schließen einander jedoch grundsätzlich nicht aus. Kann dem Werbenden zugemutet werden, schon in der Werbung aufzuklären, ist nicht ausgeschlossen, daß der eingetretene Irrtum für den Entschluß des Verbrauchers zum Vertrag gar nicht relevant war. Schwer vorstellbar ist einzig, daß bei Relevanz des Anlockens für den Vertragsschluß die Interessen der Verbraucher nur unerheblich i. S. d. § 3 UWG beeinflußt sein sollen. Denkbar ist allenfalls, daß die Bagatellklausel aus anderen Gründen nicht erfüllt ist, z. B. weil es sich um einen einmaligen Verstoß handelt.

Von zentraler Bedeutung ist die Frage, ob und in welchem Maße das durch die Irreführung ausgelöste Anlocken für den Vertragsschluß relevant war. Ohne Beantwortung dieser Frage kann weder eine Interessenabwägung vorgenommen werden, da diese maßgeblich für die Gewichtung der betroffenen Interessen des Beworbenen ist, noch kann die für die Bagatellklausel des § 3 UWG festzustellende Schwere des Verstoßes ermittelt werden. Beachtet man diesen logischen Vorrang der Relevanz, kann der Grad der Anlockwirkung im Einzelfall unter jedem der genannten Aspekte (Relevanz, Zumutbarkeit, Bagatellklausel) dogmatisch sauber und ohne inhaltliche Konsequenzen eine wettbewerbsrechtlich relevante Irreführung verneint werden, so daß eine exakte dogmatische Einordnung dieser Frage gar nicht erforderlich ist.

5) Feststellung der Auffassung der angesprochenen Verkehrskreise

a) Ermittlung der angesprochenen Verkehrskreise

(1) Begriff der betroffenen/angesprochenen Verkehrskreise

Kern des Problems, ob eine Irreführung vorliegt, ist die Frage, wie der Beworbene die Werbung versteht. Die Gesetzesbegründung spricht von „Fehlvorstellungen" der „betroffenen Verkehrskreise".[1440] Das Verständnis der Werbung hängt maßgeblich davon ab, wer zu den „betroffenen Verkehrskreisen" zählt. So sind bei Fachleuten wegen deren besonderen Wissens andere Maßstäbe anzulegen als beim normalen Laien und beim normalen Laien sind andere Maßstäbe anzulegen als bei besonders schutzwürdigen Personen (vgl. § 4 Nr. 2 UWG). Beispielsweise kann eine Werbung anders zu beurteilen sein, wenn sie nur bereits geworbene Mandanten einer Anwaltskanzlei anspricht, als wenn auch potentielle Mandanten zu den betroffenen Verkehrskreisen zählen, denn der Mandantenstamm beurteilt die Werbung wegen seines Sonderwissens über

1440 RegE zum UWG BT-Drucks. 15/1487 S. 19 li. Sp.

die Verhältnisse der Kanzlei möglicherweise anders als Außenstehende.[1441]

Erster Schritt bei der Prüfung des Verständnisses der betroffenen Verkehrskreise ist also die Ermittlung, wer zu den betroffenen Verkehrskreisen gehört. Das UWG selbst enthält - mit Ausnahme des Sonderfalls des § 4 Nr. 2 UWG - keine Hinweise darauf, wie diese betroffenen Verkehrskreise beschaffen sein können und nach welchen Grundsätzen sie zu ermitteln sind. In der Literatur[1442] wird im Einklang mit der Rechtsprechung[1443] zu § 3 UWG a. F. teilweise formuliert, es sei entscheidend, an wen sich die Werbung „richtet".

Hinweise finden sich auch hier in Art. 2 Nr. 2 der Irreführungsrichtlinie. Dieser stellt darauf ab, ob die Werbung „die Personen, an die sie sich richtet oder die von ihr erreicht werden", in die Irre führt. Angesichts der gebotenen europarechtskonformen Auslegung des Irreführungsverbotes muß dies bei der Ermittlung der „betroffenen Verkehrskreise" berücksichtigt werden.[1444]

Die Irreführungsrichtlinie differenziert zwischen Personen, an die sich die Werbung richtet, und solchen, die von der Werbung erreicht werden, d. h. zwischen Personen, welche die Werbung ansprechen soll, und solchen, die die Werbung lediglich tatsächlich zur Kenntnis nehmen. Dies wird - wohl angesichts des Wortlauts der Regelung - in der Literatur[1445] teilweise übernommen.

Allerdings ist diese Differenzierung insofern etwas unglücklich, als sie nahelegt, daß die „betroffenen Verkehrskreise" als Personen, an die sich die Werbung richtet, auch unter Berücksichtigung der (subjektiven) Vorstellungen des Werbenden zu ermitteln sind. Dem Wettbewerbsrecht als objektivem Marktverhaltens- und Marktkommunikationsrecht sind subjektive Elemente jedoch fremd (vgl. o.[1446]). Dieses Verständnis liegt auch Art. 2 Nr. 2 der Irreführungsrichtlinie zugrunde, denn dieser stellt dar-

---

1441 BGH GRUR 1997, 925, 926 - Ausgeschiedener Sozius.

1442 Fezer - Peifer § 5 Rn. 190; Hefermehl/Köhler/Bornkamm - Bornkamm § 5 Rn. 2.75; ähnlich Götting, WettbR § 8 Rn. 22, der darauf abstellt, wer von der Werbung „angesprochen" wird.

1443 Vgl. BGH GRUR 2004, 162, 163 - Mindestverzinsung; BGH GRUR 1999, 760, 761 - Auslaufmodelle II; BGH GRUR 1999, 757, 758 - Auslaufmodelle I; BGH GRUR 1997, 925, 926 - Ausgeschiedener Sozius; BGH WRP 1993, 239 - sofortige Beziehbarkeit; BGH GRUR 1991, 546, 547 - … aus Altpapier; BGH GRUR 1982, 437 f. - Test Gut; BGH GRUR 1982, 374, 375 - Ski-Auslaufmodelle: „angesprochene Verkehrskreise".

1444 Ähnlich Lettl, UnlWb Rn. 116.

1445 Lettl, UnlWb Rn. 117 ff.

1446 Vgl. o. S. 240 ff.

auf ab, daß nicht nur erheblich ist, an wen sich die Werbung richtet, sondern auch, wer von der Werbung tatsächlich erreicht wird. Ob sich eine Werbung an eine Person richtet, kann daher im Einklang mit dem Sinn und Zweck der Irreführungsrichtlinie allein objektiv bestimmt werden, denn die Beeinträchtigung der Entscheidungsgrundlage derjenigen, welche eine irreführende Werbung zur Kenntnis nehmen, tritt unabhängig von den Vorstellungen des Werbenden ein. Eine gemischt subjektiv-objektive Feststellung wäre widersprüchlich.

Andererseits kann es nicht ausreichen, daß schon zu den betroffenen Verkehrskreisen zählt, wer die Werbung lediglich tatsächlich zur Kenntnis nimmt. Erhält ein Verbraucher etwa (versehentlich) eine postalische Werbung für eine Spezialmaschine, die nur in der Industrie verwendet werden kann, wird er nicht einen Moment lang mit dem Gedanken spielen, ein entsprechendes Gerät anzuschaffen, so daß ein Irreführungsschutz hinfällig ist.

Unter Zugrundelegung der Definition der irreführenden Werbung in Art. 2 Nr. 2 (Art. 2 lit. a n. F.) der Irreführungsrichtlinie und des Sinns und Zwecks des Irreführungsverbotes ist für die Bestimmung der „betroffenen Verkehrskreise" **nur entscheidend, ob die fragliche Werbung geeignet** (zur Täuschungseignung vgl. o.[1447]) **ist, den jeweiligen Personen Material für die Abwägung des Für und Wider eines Vertragsschlusses an die Hand zu geben, welches diese in ihre wirtschaftlichen Überlegungen einbeziehen**. Hiernach kann der Begriff der betroffenen Verkehrskreise (der angesprochenen Verkehrskreise/des Beworbenen) rein objektiv bestimmt werden. Mit dieser objektiven Bestimmung geht auch die Formulierung „betroffene" Verkehrskreise in der Regierungsbegründung[1448] einher, welche nicht auf den vor der UWG-Reform oft verwendeten, subjektiv gefärbten Begriff der „angesprochenen"[1449] Verkehrskreise abstellt.

Anders als in der Literatur[1450] vorgeschlagen wird, sollte man grundsätzlich nicht zwischen Personen, an die sich die Werbung richtet, und solchen, die von der Werbung erreicht werden, differenzieren. Vielmehr sollte von einem einheitlichen objektiven Begriff der angesprochenen Verkehrskreise ausgegangen werden. Denkbar ist eine Differenzierung nur als Hilfsüberlegung zwecks Vereinfachung der Ermittlung der ange-

---

1447 Vgl. o. S. 247 ff.

1448 RegE zum UWG BT-Drucks. 15/1487 S. 19 li. Sp.

1449 So etwa BGH GRUR 2004, 162, 163 – Mindestverzinsung; BGH GRUR 1999, 760, 761 – Auslaufmodelle II; BGH GRUR 1999, 757, 758 – Auslaufmodelle I; BGH WRP 1993, 239 – sofortige Beziehbarkeit; BGH GRUR 1991, 546, 547 – ... aus Altpapier; BGH GRUR 1982, 437 f. – Test Gut; BGH GRUR 1982, 374, 375 – Ski-Auslaufmodelle.

1450 Lettl, UnlWb Rn. 116 ff.

sprochenen Verkehrskreise, weil so etwa anhand objektiver Momente festgestellt werden kann, daß sich eine Werbung typischerweise an bestimmte Verkehrskreise richtet. Werden darüber hinaus ausnahmsweise noch Verkehrskreise von der Werbung erreicht, ist dies dann korrigierend mit einzubeziehen.

(2) Einzelheiten zur Bestimmung der betroffenen Verkehrskreise

(a) Allgemeines

Die hier vorgeschlagene Ermittlung der betroffenen Verkehrskreise schließt zunächst diejenigen Werbeempfänger aus, die keinerlei Interesse (auch kein potentielles) an der beworbenen Leistung haben. Wer ohnehin unter keinen denkbaren Umständen einen entsprechenden Vertrag abschließen wird, erhält mit der fraglichen Werbung auch kein Material, daß geeignet ist, bei seinen wirtschaftlichen Überlegungen im Rahmen der Abwägung des Für und Wider eines Vertragsschlusses eine Rolle zu spielen. Er stellt nämlich erst gar keine derartigen Überlegungen an, da das „Wider" unter Einbeziehung aller realistischen Möglichkeiten schon unverrückbar überwiegt.

Allerdings darf hiermit der Irreführungsschutz aus Gründen der Effektivität nicht eingeengt werden. Es sollten lediglich im Rahmen einer Evidenzprüfung Fälle ausgeschlossen werden, in denen der Werbempfänger keine für den Wettbewerb meßbare Notiz von der Werbung nehmen wird, weil er offensichtlich keinerlei Verwendung für die beworbene Leistung hat, und zwar auch nicht für Geschenkzwecke, für ein Hobby etc. (Beispiel: Ein Handwerker erhält Werbung für ein medizinisches Röntgengerät). Einem im Einzelfall zu scharfen Irreführungsschutz kann etwa im Rahmen der Bagatellklausel oder der Interessenabwägung entgegengewirkt werden. Betroffene Verkehrskreise sind also alle (begriffsnotwendig auch potentiellen[1451]) Kunden der beworbenen Leistung. Entgegen einer in der Literatur vertretenen Ansicht[1452] ist kein aktuelles Interesse des Beworbenen an der angepriesenen Leistung erforderlich, weil Werbung naturgemäß darauf gerichtet ist, Interesse zu wecken und „Bedürfnisse" zu erzeugen, die ohne Werbung nicht bestünden (und sei

---

1451 Vgl. auch Götting, WettbR § 8 Rn. 23; BGH GRUR 2004, 244, 245 - Marktführerschaft; BGH GRUR 1971, 305, 307 - Konservenzeichen II (beide zu § 3 UWG a. F.).

1452 GK - Lindacher § 3 Rn. 132 (zu § 3 UWG a. F.).

es nur, weil der Beworbene nicht wußte, daß die von ihm schon lange ersehnte Erfindung nun tatsächlich existiert).[1453]

Nicht erforderlich ist andererseits, daß die Werbung zu einem Vertragsschluß geführt hat, sondern es genügt die Eignung zur Mitursächlichkeit für einen Vertragsschluß. Auf eine ausschließliche Ursächlichkeit oder auch nur eine überwiegende Ursächlichkeit kann schon deshalb nicht abgestellt werden, weil die Faktoren, die für einen Entschluß zum Vertrag verantwortlich sind, entschieden zu mannigfach sind und weil das Lauterkeitsrecht präventiv ist.

Wichtige Konsequenz aus der objektiven Bestimmung der angesprochenen Verkehrskreise ist, daß unerheblich ist, wem gegenüber die Werbung direkt erfolgt. So ist im Einklang mit der bisherigen Rechtsprechung zu § 3 UWG a. F. davon auszugehen, daß beispielsweise ein Verbraucher auch dann zu den betroffenen Verkehrskreisen zählt, wenn der fragliche Werbebrief nur an Fachkreise geschickt worden ist, diese die Werbeangaben aber an die Verbraucher weitergeben.[1454] Ein entsprechender Erfahrungssatz, daß Werbung stets an Verbraucher weitergegeben wird, soll aber nicht bestehen.[1455] Umgekehrt werden potentielle Abnehmer von Werbemitteln beispielsweise nicht irregeführt, wenn eine Werbeschrift mit dem unzutreffenden Aufdruck „Regelmäßig samstags in Ihrem Briefkasten“ nur an private Haushalte verteilt wird.[1456]

Wer zu den betroffenen Verkehrskreisen zählt, ist eine Frage des Einzelfalles, die teilweise anhand bestimmter Erfahrungssätze beantwortet werden kann.[1457] So richtet sich die Werbung für Massenprodukte des täglichen Bedarfs üblicherweise an die Verbraucher aller Bevölkerungskreise.[1458]

Allerdings zählen teilweise auch nur Teile der Verbraucher zu den von der Werbung betroffenen Verkehrskreisen, was anhand verschiedener

---

1453 Ähnlich Fezer – Peifer § 5 Rn. 190: nicht lediglich allzu theoretisches Interesse; vgl. Köhler/Piper – Piper § 3 Rn. 113 (zu § 3 UWG a. F.); BGH GRUR 1971, 305, 307 – Konservenzeichen II.

1454 BGH GRUR 1983, 256 – Sauerteig; BGH GRUR 1968, 200, 201 – Acrylglas; BGH GRUR 1963, 539, 541 – echt skai; BGH GRUR 1961, 545, 546 – Plastic-Folien; BGH GRUR 1957, 339, 340 – Venostasin; OLG Hamburg GRUR 1990, 55, 56 – Butasan.

1455 Fezer – Peifer § 5 Rn. 191; GK – Lindacher § 3 Rn. 135 (zu § 3 UWG a. F.); vgl. BGH GRUR 1983, 256 – Sauerteig.

1456 OLG Hamburg GRUR-RR 2006, 23, 24 – TV-Supplement.

1457 Vgl. Fezer – Peifer § 5 Rn. 191.

1458 Hefermehl/Köhler/Bornkamm – Bornkamm § 5 Rn. 2.77; Fezer – Peifer § 5 Rn. 191; Götting, WettbR § 8 Rn. 24; Köhler/Piper – Piper § 3 Rn. 115 (zu § 3 UWG a. F.; Speckmann, Wettbewerbsrecht Rn. 895; BGH GRUR 1982, 672, 674 – Aufmachung von Qualitätsseifen (zu § 3 UWG a. F.); vgl. BGH GRUR 1990, 377, 378 – RDM.

objektiver Umstände deutlich wird. Zu diesen Umständen zählen produkt- und vertriebsbezogene Aspekte sowie Umstände, die im Beworbenen selbst liegen. So sind die „normalen" Verbraucher etwa nicht Betroffene einer Werbung für Luxusgüter (z. B. Segeljachten einer entsprechenden Klasse), weil dies ihre finanzielle Leistungsfähigkeit weit übersteigt und ein Erwerb nicht einmal theoretisch möglich ist. Ebenso zählen Jugendliche nicht zu den betroffenen Verkehrskreisen, wenn es um Werbung für Medikamente gegen Altersbeschwerden geht. Bei der Ermittlung der betroffenen Verkehrskreise spielen also Umstände wie der Preis der Leistung, die Art und insbesondere die Verwendbarkeit der Leistung, aber auch das Werbemedium oder die Person des Werbenden selbst (soziale, kulturelle und sprachliche Faktoren[1459] wie Bildung, finanzielle Leistungsfähigkeit, Sonderwissen, Erfahrung etc.) eine Rolle.[1460]

Beispielsweise kann bei der Bewerbung von Schachcomputern von Bedeutung sein, daß der von der Werbung betroffene Verkehrskreis mit den Grundregeln des Schachspiels vertraut ist, so daß über bestimmte Umstände nicht aufgeklärt zu werden braucht.[1461] Umgekehrt kann zu berücksichtigen sein, daß Werbung gegenüber besonders schutzwürdigen Personen erfolgt, wie z. B. Kindern und Jugendlichen, zu Leichtgläubigkeit oder Ängstlichkeit neigenden Senioren oder Ausländern, die mit der deutschen Sprache und den hiesigen Gebräuchen nicht vertraut sind.[1462]

Welche Faktoren für die Einteilung der Personengruppen maßgeblich sind, richtet sich nach dem Verständnishorizont der umworbenen Verkehrskreise. Nach der Rechtsprechung des BGH[1463] und nunmehr auch dem ausdrücklichen Willen des Gesetzgebers ist bei der Beurteilung der

---

1459 EuGH GRUR Int. 2000, 354, 356 – Lifting; Harte-Bavendamm/Henning-Bodewig – Dreyer § 5 Rn. 82.

1460 Vgl. Fezer – Peifer § 5Rn. 191.

1461 BGH GRUR 2003, 800, 802 – Schachcomputerkatalog; vgl. auch BGH GRUR 2005, 877, 879 – Werbung mit Testergebnissen.

1462 Hefermehl/Köhler/Bornkamm – Bornkamm § 5 Rn. 2.79; Götting, WettbR § 8 Rn. 24.

1463 BGH GRUR 2005, 877, 879 – Direkt ab Werk (zu § 5 UWG n. F.); BGH GRUR 2005, 438, 440 – Epson-Tinte (zu § 5 UWG n. F.); BGH GRUR 2004, 249, 251 – Umgekehrte Versteigerung im Internet; BGH GRUR 2004, 244, 245 – Marktführerschaft; BGH GRUR 2004, 162, 163 – Mindestverzinsung; BGH GRUR 2003, 626, 627 – Umgekehrte Versteigerung II; BGH GRUR 2003, 361, 362 – Sparvorwahl; BGH GRUR 2002, 715 und 716 – Sparvorwahl; BGH GRUR 2002, 550, 552 – Elternbriefe; BGH WM 2001, 1962, 1964 – Domain-Namen; BGH NJW 2001, 3193, 3195 – Anwalts- und Steuerkanzlei; BGH NJW 2001, 153, 154 – Möbel-Umtauschrecht; BGH GRUR 2000, 820, 821 – Space Fidelity Peep-Show (alle zu § 3 UWG a. F.).

Irreführung auf den durchschnittlich informierten und verständigen Verbrauchers abzustellen, der das Werbeverhalten mit einer der Situation angemessenen Aufmerksamkeit verfolgt,[1464] wobei mit dem EuGH[1465] soziale, kulturelle und sprachliche Faktoren zu berücksichtigen sind. Es können also alle Faktoren für die Einteilung maßgeblich sein, die auf die Informiertheit, die Aufmerksamkeit und die Verständigkeit der Betroffenen Einfluß haben.

Die betroffenen Verkehrskreise können somit verschiedene Personengruppen („Zielgruppen") sein, die anhand der genannten Faktoren nach dem Verständnishorizont zu bestimmen sind; beispielsweise „Normalverbraucher" und – im Hinblick auf die Besonderheiten der beworbenen Leistung – versierte Verbraucher.

(b) Regionale Unterschiede bei den betroffenen Verkehrskreise

Nicht zuletzt kann auch von Bedeutung sein, in welcher Region die Werbung erfolgt, da das Verständnis bestimmter Aussagen und Begriffe regional unterschiedlich sein kann. Beispielsweise versteht man in weiten Teilen Deutschlands unter einem „Lkw" nur einen Lastkraftwagen, nicht aber auch „Leberkaswecken". Ähnliches gilt für den „halben Hahn" im Rheinland. Es ist also möglich, daß eine Werbung im Rheinland nicht irreführend ist, während sie im Berchtesgadener Land anders aufgefaßt wird und daher als irreführend anzusehen ist. Noch größere Bedeutung gewinnen unterschiedliche regionale Verkehrsauffassungen im grenzüberschreitenden Verkehr.

Stellenweise[1466] ist unter Berufung auf den BGH[1467] angedacht worden, daß es in Einzelfällen auch auf das Verständnis im Herkunftsland des beworbenen Produktes ankommen könnte. Zwar sei nur die Auffassung der betroffenen Verkehrskreise maßgeblich, diese könne aber insbesondere angesichts zunehmender Reisetätigkeit unter Zuhilfenahme der Auffassung anderer regionaler Auffassungen bestimmt werden.[1468] Ob eine derartige Deduktion möglich ist, erscheint jedoch zweifelhaft, da auch die Kenntnis der betroffenen Verkehrskreise von anderen Verkehrsauffassungen keineswegs zwingend Rückschlüsse darauf zuläßt, daß die betroffenen Verkehrskreise ein gleiches Verständnis haben und etwa ihr bisheriges Verständnis entsprechend geändert haben. Auch betrifft die zitierte BGH-Entscheidung nicht einen Fall einer Irreführung, sondern einen solchen der Rufausbeutung (§ 1 UWG a. F.), wobei der

---

1464 RegE zum UWG BT-Drucks. 15/1487 S. 19 re. Sp.

1465 EuGH GRUR Int. 2000, 354, 546 Tz. 29 – Lifting.

1466 Fezer – Peifer § 5 Rn. 191.

1467 BGH GRUR 1988, 453, 456 – Ein Champagner unter den Mineralwässern.

1468 Fezer – Peifer § 5 Rn. 191.

BGH betont, daß eine Verwendung einer bestimmten Bezeichnung, wenn sie nicht einmal im Heimatland gegen die fragliche werbliche Verwendung geschützt sei, schwerlich als sittenwidrig i. S. d. § 1 UWG a. F. anzusehen sein kann.[1469] Es ist daher nur schwer vorstellbar, bei der Ermittlung einer regionalen Verkehrsauffassung anderen Verkehrsauffassungen mehr als - wenn überhaupt - Indizwirkung im Einzelfall zuzusprechen.

(c) Die betroffenen Verkehrskreise bei der Einzelwerbung

Die Konsequenz der Anwendbarkeit des Irreführungstatbestandes über die öffentliche Werbung hinaus auch auf die Einzelwerbung ist, daß auch eine einzelne Person in einem Verkaufsgespräch betroffener Verkehrskreis sein kann. Da die Werbung adressatengerecht sein muß, ist hier dann der erkennbare Grad des Verständnisses des jeweiligen Gesprächspartners Maßstab für die Auffassung der Werbung.[1470] Ist der Kaufinteressent beispielsweise offensichtlich technisch versiert, kann der Werbende einen entsprechenden Maßstab zugrundelegen. Umgekehrt hat er darauf einzugehen, daß sein Kunde mit den von ihm verkauften Geräten nicht vertraut ist. Nur so kann die Entscheidungsgrundlage des Kunden geschützt werden. Ist für den Werbenden der individuelle Verständnishorizont seines Gegenübers nicht erkennbar, kann von ihm grundsätzlich nicht mehr verlangt werden, als von einem durchschnittlichen Kunden auszugehen.[1471]

Hier findet eine Annäherung des Wettbewerbsrechts an das konkret-individuelle Schuldrecht statt, weil so nach ähnlichen Grundsätzen wie bei Aufklärungspflichten aus c.i.c. (§§ 280 I, 311 II, 241 II BGB) zu verfahren ist. Auch dort muß der Vertragsschließende den erkennbaren Kenntnisstand seines Vertragspartners berücksichtigen. Dennoch verläßt das UWG hier nicht den Boden der abstrakt-generellen Regelung, weil nicht jede Irreführung im Rahmen eines einzelnen Verkaufsgesprächs wettbewerbsrechtliche Konsequenzen nach sich zieht. Hierfür ist nämlich eine nicht nur unerhebliche Beeinträchtigung des Wettbewerbs erforderlich (§ 3 UWG), was bei einem einzelnen Verkaufsgespräch mit einem Verbraucher jedoch nicht der Fall ist.

1469 BGH GRUR 1988, 453, 456 – Ein Champagner unter den Mineralwässern.

1470 Hefermehl/Köhler/Bornkamm – Bornkamm § 5 Rn. 2.84.

1471 Hefermehl/Köhler/Bornkamm – Bornkamm § 5 Rn. 2.84.

(3) Verhältnis mehrerer betroffener Verkehrskreise

(a) Normalfall: Nicht nur unerhebliche Beeinträchtigung des Wettbewerbs maßgeblich

Von einer Werbung ist naturgemäß oft nicht allein ein bestimmter Verkehrskreis betroffen. Dies gilt in besonderem Maße für überregionale Werbung bei regional unterschiedlichen Verkehrsauffassungen, trifft jedoch schon bei jeder Werbung zu, die sich an die Allgemeinheit richtet, denn diese richtet sich z. B. immer auch an besonders schutzbedürftige Personen. Auch kann das beworbene Gerät für den Profi ebenso einsetzbar sein wie für den Verbraucher, der mit dem Gerät nur seinem Hobby nachgeht. Denkbar ist daher, daß die verschiedenen, von der Werbung betroffenen Verkehrskreise die Werbung unterschiedlich verstehen. Ein Verbot der Werbung zugunsten des irregeführten Verkehrskreises geht dann zu Lasten des mit der Werbung verbundenen Informationsgewinns für die nicht irregeführten Verkehrskreise.

Es kann jedoch nicht angenommen werden, daß ein bestimmter Verkehrskreis trotz eingetretener wettbewerbsrechtlich relevanter Irreführung sich zugunsten eines anderen, „höherrangigen" Verkehrskreises in seiner Entscheidungsgrundlage beeinträchtigen lassen muß. Vielmehr verbietet § 3 UWG jede nicht nur unerhebliche Beeinträchtigung des Wettbewerbs. Eine Irreführung auch nur eines der betroffenen Verkehrskreise genügt also schon dann, wenn hierdurch der Wettbewerb nicht nur unerheblich i. S. d. § 3 UWG beeinträchtigt wird.[1472] Umgekehrt nimmt das Gesetz die Irreführung nur unerheblicher Teile der betroffenen Verkehrskreise billigend in Kauf. Maßstab ist also die Bagatellklausel des § 3 UWG.

(b) Sonderfall der regional unterschiedlichen Verkehrauffassungen

Etwas anderes ist bei regional unterschiedlichen Verkehrsauffassungen vorgeschlagen worden. Wird ein wettbewerbsrechtlich relevanter Teil der betroffenen Verkehrskreise irregeführt, soll aus Gründen der Verhältnismäßigkeit ein räumlich beschränktes Werbeverbot in den Gebieten, in denen die Werbung falsch verstanden wird, möglich sein.[1473]

1472 Ähnlich Fezer – Peifer § 5 Rn. 192.

1473 Fezer – Peifer § 5 Rn. 192; Harte-Bavendamm/Henning-Bodewig – Dreyer § 5 Rn. 83; Götting, WettbR § 8 Rn. 25; Gloy/Loschelder – Helm § 53 Rn. 103; GK – Lindacher § 3 Rn. 138 (zu § 3 UWG a. F.); Köhler/Piper – Piper § 3 Rn. 119 (zu § 3 UWG a. F.); vgl. BGH GRUR 1986, 469, 470 – Stangenglas II; BGH GRUR 1983, 32, 33 – Stangenglas I.

Ein solches regionales Verbot kommt dem Informationsbedürfnis der nicht irregeführten Verbraucher entgegen. Ein vollständiges Verbot der Werbung ist nur dann verhältnismäßig und mit der Werbefreiheit vereinbar, wenn dies aus zwingenden Gründen erforderlich ist. Nicht überzeugend ist, darauf zu verweisen, daß ein regionales Verbot einer überregionalen Werbung dazu führen könne, daß die fragliche Werbung auch in anderen Gebieten aufgegeben werden müsse.[1474] Voraussetzung auch des regionalen Verbotes ist nämlich, daß der Wettbewerb - d. h. alle betroffenen Verkehrskreise[1475]- nicht nur unerheblich beeinträchtigt wird (§ 3 UWG). Alternative zum regionalen Verbot ist also nur das vollständige Verbot. Selbst wenn eine Werbung auch bei einem regionalen Verbot aufgegeben werden muß, ist dies also nicht schlechter als ein vollständiges Verbot.

Das Gesetz selbst sieht allerdings kein teilweises Verbot vor, sondern untersagt jede wettbewerbsrechtlich relevante Irreführung. Dies schließt jedoch nicht aus, daß einer wettbewerbsrechtlich relevanten Irreführung mit einem nur regionalen Verbot begegnet werden kann. Mit einem solchen kann sowohl den Interessen des Werbenden als auch den Interessen der betroffenen Verkehrskreise optimal entsprochen und verhältnismäßig reagiert werden. Nach dem Sinn und Zweck der Norm sollte daher auch ein regionales Verbot möglich sein, so daß das Irreführungsverbot, wenn ein regionales Verbot möglich ist, entsprechend teleologisch zu reduzieren ist. Prozessual ist zu beachten, daß hier ein besonderes Augenmerk auf die Bestimmtheit des regional beschränkten Urteils gelegt werden muß, so daß dieses eindeutige (politische oder geographische) Grenzen zu beschreiben hat.

(4) Zwischenergebnis

Für die Beurteilung der Irreführungseignung ist auf die Auffassung der „betroffenen Verkehrskreise" abzustellen. Diese sind in Auslegung von Art. 2 Nr. 2 der Irreführungsrichtlinie rein objektiv zu bestimmen, so daß entscheidend ist, ob die fragliche Werbung geeignet ist, den jeweiligen Personen Material für die Abwägung des Für und Wider eines Vertragsschlusses an die Hand zu geben, welches diese in ihre wirtschaftlichen Überlegungen einbeziehen.

Sind mehrere Verkehrskreise betroffen und verstehen diese die fragliche Werbung unterschiedlich, ist auch diese immer schon dann zu verbieten, wenn durch die Irreführung auch nur eines der Verkehrskreise der Wettbewerb nicht nur unerheblich i. S. d. § 3 UWG beeinträchtigt wird. Wird die Werbung regional unterschiedlich aufgefaßt, ist in teleologi-

---

1474 So Gloy/Loschelder - Helm § 53 Rn. 103.

1475 BGH GRUR 1983, 32, 33 - Stangenglas I; Hefermehl/Köhler/Bornkamm - Bornkamm § 5 Rn. 2.83; Fezer - Peifer § 5 Rn. 192.

scher Reduktion des Irreführungsverbotes ein regional beschränktes Verbot der Werbung denkbar.

b) Auffassung der Durchschnittsperson der betroffenen Verkehrskreise

(1) Durchschnittsperson des betroffenen Verkehrskreises

Sind die betroffenen Verkehrskreise ermittelt, so muß festgestellt werden, wie diese die fragliche Werbung verstehen. Hierzu ist auf die Durchschnittsperson der jeweiligen betroffenen Verkehrskreise, nicht aber auf das Verständnis Einzelner abzustellen. Dies ergibt sich daraus, daß sich Werbung allgemein an die betroffenen Verkehrskreise richtet, so daß der maßgebliche Adressatenhorizont nur der Durchschnittshorizont der jeweiligen betroffenen Verkehrskreise sein kann.[1476] Auch ist zu bedenken, daß das Umworbenenleitbild auf dem Verhältnismäßigkeitsgrundsatz beruht,[1477] so daß sowohl die Anforderungen an das Verbraucherverhalten als auch an den Werbenden auf das Zumutbare begrenzt sind, da nur so eine angemessene Risikoverteilung erlangt werden kann.[1478]

Sowohl die Rechtsprechung des EuGH[1479] als auch die des BGH[1480] haben bei der Ermittlung der Verkehrsauffassung schon immer auf diese Durchschnittsperson abgestellt. Auch das BVerfG hat dies nicht kritisiert.[1481] Ferner stellt die noch umzusetzende Richtlinie 2005/29/EG über

---

1476 Fezer – Peifer § 5 Rn. 192.

1477 EuGH GRUR Int. 2000, 354, 356 Tz. 28 – Lifting; Omsels GRUR 2005, 548, 553; Fezer – Peifer § 5 Rn. 196; Helm FS Tilmann (2003) S. 141.

1478 Lettl GRUR 2004, 449, 454; Lettl, Der lauterkeitsrechtliche Schutz S. 94 ff.

1479 EuGH GRUR 2003, 533, 536 Tz. 55 – Pippig Augenoptik/Hartlauer; EuGH NJW 2002, 425, 427 Tz. 52 – Toshiba/Katun; EuGH GRUR 1999, 723, 726 Tz. 29 – Windsurfing Chiemsee; EuGH GRUR Int. 1999, 345, 348 Tz. 36 – Sektkellerei Kessler; EuGH GRUR Int. 1998, 795, 797 Tz. 31 und 37 – Gut Springheide.

1480 BGH GRUR 2004, 249, 251 – Umgekehrte Versteigerung im Internet; BGH GRUR 2004, 244, 245 – Marktführerschaft; BGH GRUR 2004, 162, 163 – Mindestverzinsung; BGH GRUR 2003, 626, 627 – Umgekehrte Versteigerung II; BGH GRUR 2003, 361, 362 – Sparvorwahl; BGH GRUR 2002, 715 und 716 – Sparvorwahl; BGH GRUR 2002, 550, 552 – Elternbriefe; BGH WM 2001, 1962, 1964 – Domain-Namen; BGH NJW 2001, 3193, 3195 – Anwalts- und Steuerkanzlei; BGH NJW 2001, 153, 154 – Möbel-Umtauschrecht; BGH GRUR 2000, 820, 821 – Space Fidelity Peep-Show; BGH GRUR 2000, 629, 621 – Orient-Teppichmuster; BGH GRUR 1999, 760, 761 – Auslaufmodelle II; BGH GRUR 1999, 757, 758 – Auslaufmodelle I; BGH GRUR 1987, 682, 683 – Konkursvermerk; BGH GRUR 1968, 433, 436 – Westfalen-Blatt II; BGH GRUR 1959, 365, 366 – English-Lavendel (alle zur a. F.).

1481 BVerfG NJW 2003, 1307 – optimale Interessenvertretung.

unlautere Geschäftspraktiken auf den Durchschnittsverbraucher ab (Art. 5 Nr. 2 b; Art. 6 Nr. 1, Nr. 2; Art. 7 Nr. 1, Nr. 2; vgl. auch Erwägungsgrund 18).

Sind von der Werbung mehrere Verkehrskreise betroffen, so ist die Durchschnittsperson eines jeden Verkehrskreises zu ermitteln, um dann zu prüfen, ob einer der Verkehrskreise irregeführt wird.

(2) Entwicklung des Umworbenenleitbildes (Überblick)

Wie allerdings der Horizont dieser Durchschnittsperson zu ermitteln ist und welchen Horizont man dem Durchschnittsverbraucher zutraut, ist kontrovers beurteilt worden.

Während der BGH[1482] und mit ihm auch Stimmen in der Literatur[1483] beim Unternehmer stets davon ausgegangen sind, daß dieser als Fachmann daran gewöhnt ist, sich auch mit neuen Waren vertraut zu machen und aufgrund seiner Vorbildung und seiner beruflichen Verantwortung Angebote kritisch zu prüfen, hat er beim Verbraucher ursprünglich angenommen, daß zumindest bei Produkten des täglichen Bedarfs von einem flüchtigen und unkritischen Durchschnittsverbraucher auszugehen ist.[1484] Allerdings hat die Rechtsprechung auch hier bereits darauf abgestellt, daß die kritische Auseinandersetzung des Verbrauchers mit einer Werbung bei Produkten des nicht täglichen Bedarfs, die der Verbraucher ohnehin erst nach einiger Überlegung und nachdem er sich informiert hat, erwirbt, höher ist.[1485]

Dieses Leitbild des unkritischen und flüchtigen Verbrauchers ist auf Kritik gestoßen.[1486] Auch vertritt und vertrat der EuGH aus Gründen der Verhältnismäßigkeit[1487] einhergehend mit dem Informationsmodell das

---

1482 BGH GRUR 2003, 444, 445 – Ersetzt; BGH GRUR 1966, 445, 448 – Glutamal.

1483 Gloy/Loschelder – Helm § 53 Rn. 29.

1484 BGH GRUR 1993, 127 f. – Teilzahlungspreis II; BGH GRUR 1990, 604, 605 – Dr. S.-Arzneimittel; BGH GRUR 1970, 425, 426 – Melitta-Kaffee; BGH GRUR 1969, 415, 416 – Kaffeerösterei; BGH GRUR 1965, 610, 611 – Diplom-Ingenieur; BGH GRUR 1959, 359, 366 – Englisch-Lavendel; BGH GRUR 1957, 128 – Steinhäger; aus der Literatur: GK – Lindacher § 3 Rn. 150 (zu § 3 UWG a. F.).

1485 BGH GRUR 1999, 760, 761 – Auslaufmodelle II; BGH GRUR 1999, 757, 758 – Auslaufmodelle I; BGH GRUR 1987, 682, 683 – Konkursvermerk; OLG Düsseldorf GRUR 1975, 146, 147 – Kunststoffolie.

1486 Etwa Emmerich FS Gernhuber (1993) S. 870 f.: „an der Grenze zur Debilität verharrender, unmündiger, einer umfassenden Betreuung bedürftiger, hilfloser Verbraucher"; Emmerich, UnlWb[5] § 14 Nr. 2b, S. 181 f.; vgl. Kisseler WRP 1994, 1, 4 ff.; (zumindest in Teilen) zustimmend jedoch GK – Lindacher § 3 Rn. 150; Gloy FS Vieregge (1995), S. 314: „im großen und ganzen [...] vorbildlich"; Sack WRP 1999, 399, 401; V. Deutsch GRUR 1996, 541, 546.

1487 EuGH GRUR Int. 2000, 354, 356 Tz. 28 – Lifting-Creme.

Leitbild des „durchschnittlich informierten, aufmerksamen und verständigen Durchschnittsverbrauchers".[1488] Dieses beruht damit auf einer Abwägung zwischen den Grundfreiheiten, insbesondere der Warenverkehrs- und Dienstleistungsfreiheit einerseits und dem Verbraucherschutz als anerkanntem Gemeininteresse andererseits.[1489]

Mit Blick auf die englische und französische Fassung des Urteils „Gut Springheide"[1490] ist dabei umstritten, ob sich in der Formulierung des EuGH „durchschnittlich informierter, aufmerksamer und verständiger Durchschnittsverbraucher" das Adjektiv „durchschnittlich" nur auf das Adjektiv „informiert" bezieht[1491] oder ob es sich auch auf die Adjektive „aufmerksam" und „verständig" bezieht.[1492]

Das gemeinschaftsrechtliche Verbraucherleitbild ist stellenweise instanzgerichtlich übernommen worden[1493] und auch der BGH[1494] hat sich ab den 1990er Jahren diesem Leitbild unausgesprochen angenähert, bis er in der Entscheidung „Orientteppichmuster"[1495] – ohne Bezugnahme auf den EuGH oder das Sekundärrecht – formulierte, daß es auf den durchschnittlich informierten und verständigen Verbraucher ankomme, dessen Grad an Aufmerksamkeit von der jeweiligen Situation abhänge. Die Begriffe „flüchtig" und „verständig" schlössen sich dabei nicht aus,[1496] weil auf die situationsadäquate Aufmerksamkeit abzustellen sei und beispielsweise das Durchblättern einer Zeitung zwar flüchtig, aber durchaus „mit Verstand" erfolgen könne.[1497] Entscheidend sei, ob der durchschnittlich informierte, aufmerksame und verständige Verbraucher die fragliche Werbung üblicherweise nur flüchtig wahrnehme.[1498] Hier

---

1488 EuGH GRUR 2003, 533, 536 Tz. 55 – Pippig Augenoptik/Hartlauer; EuGH NJW 2002, 425, 427 Tz. 52 – Toshiba/Katun; EuGH GRUR 1999, 723, 726 Tz. 29 – Windsurfing Chiemsee; EuGH GRUR Int. 1999, 345, 348 Tz. 36 – Sektkellerei Kessler; EuGH GRUR Int. 1998, 795, 797 Tz. 31 und 37 – Gut Springheide (grundlegend).

1489 Omsels GRUR 2005, 548, 553; Fezer – Peifer § 5 Rn. 196; Helm FS Tilmann (2003) S. 141; Lettl, Der lauterkeitsrechtliche Schutz S. 92.

1490 EuGH GRUR Int. 1998, 795, 797 Tz. 31 – Gut Springheide.

1491 So Ackermann WRP 2000, 807, 808.

1492 So Lettl, Der lauterkeitsrechtliche Schutz S. 93 f.; vgl. Bornkamm FS 50 Jahre BGH (2000) S. 361; vgl. Helm FS Tilmann (2003) S. 140 und 142.

1493 OLG Hamburg GRUR Int. 1999, 780, 780 – Oldies.

1494 BGH GRUR 1996, 910, 912 – Der meistverkaufte Europas.

1495 BGH GRUR 2000, 619, 621 – Orient-Teppichmuster.

1496 BGH GRUR 2002, 715, 716 – Scanner-Werbung; BGH NJW 2001, 3193, 3195 – Anwalts- und Steuerkanzlei; BGH GRUR 2000, 619, 621 – Orient-Teppichmuster.

1497 BGH GRUR 2000, 619, 621 – Orient-Teppichmuster.

1498 BGH GRUR 2002, 715, 716 – Scanner-Werbung.

entscheidet also ebenfalls der Durchschnitt. Auch in Folgenentscheidungen stellt der BGH nunmehr auf den durchschnittlich informierten, situationsadäquat aufmerksamen und verständigen Durchschnittsverbraucher ab.[1499]

Er betont ausdrücklich, daß mögliche Mißverständnisse besonders flüchtiger oder uninteressierter Verbraucher ebensowenig eine Rolle spielen, wie die Auffassung besonders gut informierter und sorgfältiger Verbraucher.[1500] Minderheiten werden also nicht geschützt.[1501]

In der jüngsten Rechtsprechung des EuG[1502] (Gericht 1. Instanz) und des EuGH[1503] weist die Formulierung des Verbraucherleitbildes eine kleine Nuancierung auf. Während in den bisherigen Entscheidungen auf den „*durchschnittlich* informierten, aufmerksamen und verständigen Durchschnittsverbraucher"[1504] abgestellt wird, heißt es nun, maßgeblich sei der „*normal* informierte und *angemessen* aufmerksame und verständige Durchschnittsverbraucher".[1505] Dies hat in der deutschen Rechtsprechung aber bislang keine Auswirkungen gehabt.[1506]

1499 BGH GRUR 2005, 877, 879 – Direkt ab Werk (zu § 5 UWG n. F.); BGH GRUR 2005, 438, 440 – Epson-Tinte (zu § 5 UWG n. F.); BGH GRUR 2004, 249, 251 – Umgekehrte Versteigerung im Internet; BGH GRUR 2004, 244, 245 – Marktführerschaft; BGH GRUR 2004, 162, 163 – Mindestverzinsung; BGH GRUR 2003, 626, 627 – Umgekehrte Versteigerung II; BGH GRUR 2003, 361, 362 – Sparvorwahl; BGH GRUR 2002, 715 und 716 – Sparvorwahl; BGH GRUR 2002, 550, 552 – Elternbriefe; BGH WM 2001, 1962, 1964 – Domain-Namen; BGH GRUR 2001, 1061, 1063 – Mitwohnzentrale.de; BGH NJW 2001, 3193, 3195 – Anwalts- und Steuerkanzlei; BGH NJW 2001, 153, 154 – Möbel-Umtauschrecht; BGH GRUR 2000, 820, 821 – Space Fidelity Peep-Show (alle zu § 3 UWG a. F.).

1500 BGH GRUR 2000, 619, 621 – Orient-Teppichmuster.

1501 Harte-Bavendamm/Henning-Bodewig – Dreyer § 5 Rn. 89; Fezer – Peifer § 5 Rn. 195.

1502 EuG GRUR Int. 2004, 322 Tz. 30 – El Castillo; ähnlich EuG GRUR Int. 2004, 326 Tz. 33 – Nestlé Waters France: „normal informierter und ausreichend aufmerksamer und verständiger Durchschnittsverbraucher" (beide zum Markenrecht).

1503 EuGH GRUR Int. 2005, 44, 45 Tz. 24 – Sat.1 (zum Markenrecht).

1504 EuGH GRUR 2003, 533, 536 Tz. 55 – Pippig Augenoptik/Hartlauer; EuGH NJW 2002, 425, 427 Tz. 52 – Toshiba/Katun; EuGH GRUR 1999, 723, 726 Tz. 29 – Windsurfing Chiemsee; EuGH GRUR Int. 1999, 345, 348 Tz. 36 – Sektkellerei Kessler; EuGH GRUR Int. 1998, 795, 797 Tz. 31 und 37 – Gut Springheide (grundlegend).

1505 Hervorhebungen vom Verf.

1506 Zu den möglichen Folgen Sack WRP 2005, 462.

(3) Jetzige Rechtslage

(a) Allgemeines

In der Regierungsbegründung zu § 5 UWG wird ausdrücklich darauf hingewiesen, daß das neue Verbraucherleitbild des BGH auch dem reformierten Irreführungsverbot zugrunde liegt.[1507] Es sei vom „Leitbild eines durchschnittlich informierten und verständigen Verbrauchers aus[zugehen], der das Werbeverhalten mit einer der Situation angemessenen Aufmerksamkeit verfolgt".[1508] Nach dem ausdrücklichen Willen des Gesetzgebers hat nun also – kritischer Stimmen in der Literatur[1509] zum Trotz – das vom BGH übernommene europarechtliche Verbraucherleitbild Geltung. Auch die noch umzusetzende Richtlinie 2005/29/EG über unlautere Geschäftspraktiken geht in Erwägungsgrund 18 vom „Durchschnittsverbraucher, der angemessen gut unterrichtet und angemessen aufmerksam und kritisch ist, unter Berücksichtigung sozialer, kultureller und sprachlicher Faktoren in der Auslegung des Gerichtshofs" aus.

Mit dem Abstellen auf diesen Durchschnittsverbraucher wird die wettbewerbsorientierte Ausrichtung des Lauterkeitsrechts deutlich. Ein stärker sozialrechtliches Verständnis des Lauterkeitsrechts würde dazu neigen, die materielle Privatautonomie auch von Minderheiten durch das Lauterkeitsrecht als Teil des Verbraucherschutzes zu schützen.[1510]

Bei der Auslegung dieses Verbraucherleitbildes ist auch auf die Auslegungsgrundsätze der Rechtsprechung zurückzugreifen, weil der Gesetzgeber ausdrücklich die Rechtsprechung des BGH umsetzen wollte und die Rechtsprechung des BGH sich an die des EuGH anlehnt.

Wie der durchschnittlich informierte, verständige und situationsadäquat aufmerksame Verbraucher eine Werbung versteht, ist eine Einzelfallfrage, bei welcher nach EuGH[1511] soziale, kulturelle und sprachliche Unterschiede zu berücksichtigen sind. Maßgeblich sind diese Faktoren allerdings nur, soweit sie sich auf eines der Merkmale der Informiertheit, Verständigkeit oder Aufmerksamkeit auswirken, weil die Herausstellung dieser maßgeblichen Faktoren durch Rechtsprechung und Gesetz-

---

[1507] RegE zum UWG BT-Drucks. 15/1487 S. 19 re. Sp. unter Verweis auf BGH WRP 2000, 517 = GRUR 2000, 619 – Orient-Teppichmuster und BGH NJW 2001, 3262 = GRUR 2001, 1061 – Mitwohnzentrale.de.

[1508] RegE zum UWG BT-Drucks. 15/1487 S. 19 re. Sp.

[1509] Spätgens WRP 2000, 1023, 1025 f.; Reuthal WRP 1997, 1154, 1158 ff.; V. Deutsch GRUR 1996, 541, 546; Doepner WRP 1997, 999, 1003 f.

[1510] BGH GRUR 2002, 550, 552 – Elternbriefe; Fezer – Peifer § 5 Rn. 194.

[1511] EuGH GRUR Int. 2000, 354, 546 Tz. 29 – Lifting.

geber sonst überflüssig wäre.[1512] Es spiegelt sich nur in diesen Kriterien der Normzweck des § 5 UWG, nämlich der Schutz der Entscheidungsgrundlage des Verbrauchers.

Entscheidend ist eine werbespezifische Betrachtung anhand aller Umstände des Einzelfalles, d. h. die Faktoren der Informiertheit, Verständigkeit und Aufmerksamkeit sind im Hinblick auf die Auffassung in der konkreten Werbesituation entscheidend.[1513] Wird etwa ein Pkw beworben, ist nur die Informiertheit und Verständigkeit gezielt bezüglich Pkw maßgeblich.

Welches Maß an Informiertheit, Aufmerksamkeit und Verständigkeit im Einzelfall angenommen werden kann, ist von der Rechtsprechung bislang kaum skizziert worden. Selbst in der führenden Kommentarliteratur finden sich teilweise keinerlei Hinweise zur Konkretisierung.[1514] Im Folgenden sollen die drei Faktoren daher kurz skizziert werden, wobei wegen der starken Einzelfallbezogenheit der Frage keine umfassende Beleuchtung möglich ist.

Eine strikte Trennung zwischen den einzelnen Merkmalen ist dabei ausgeschlossen, da es hier zu Überschneidungen kommt.[1515] Beispielsweise setzt die Verständigkeit immer auch ein gewisses Maß an Informiertheit voraus, da sonst eine verständige Einordnung der Werbung nicht möglich ist.

(b) Informiertheit

Für die Bestimmung der Verkehrsauffassung sind nur durchschnittlich informierte Verbraucher maßgeblich.

Das Kriterium der Informiertheit betrifft den Kenntnisstand des Verbrauchers, mit dem er die Werbeaussage auffaßt.[1516] In Abgrenzung zur Verständigkeit handelt es sich also um das Wissen, welches der Verbraucher mitbringt, im Gegensatz zu dem Wissen, das der Verbraucher durch die Werbung aufnimmt.

Maßgeblich ist somit der Kenntnisstand, der von einem Durchschnittsverbraucher ohne Einholung weiterer Informationen stets erwartet wer-

---

1512 Harte-Bavendamm/Henning-Bodewig – Dreyer § 5 Rn. 86.

1513 Harte-Bavendamm/Henning-Bodewig – Dreyer § 5 Rn. 87.

1514 Ohne nähere Erläuterungen etwa Hefermehl/Köhler/Bornkamm – Bornkamm § 5 Rn. 2.87 ff.; Fezer – Peifer § 5 Rn. 197 (verweist nur auf den Verhältnismäßigkeitsgrundsatz); Harte-Bavendamm/Henning-Bodewig – Dreyer § 5 Rn. 86 f.; siehe aber Hefermehl/Köhler/Bornkamm – Köhler § 1 Rn. 29 ff.

1515 Ulbrich GRUR 2005, 940, 940 Fußnote 111.

1516 Omsels GRUR 2005, 548, 551; Lettl, Der lauterkeitsrechtliche Schutz S. 93.

den kann,[1517] d. h. ein insgesamt normaler, angemessener Kenntnisstand auf dem betreffenden Warengebiet.[1518]

Ein Kenntnisstand ist dann normal und angemessen, wenn er dem Wissen entspricht, das der Durchschnittsverbraucher der maßgeblichen Verbrauchergruppe im alltäglichen Leben (etwa durch Schul- und Allgemeinbildung, Zeitungslektüre, Fernseh- und Radiosendungen oder auch im Rahmen der Erziehung) erwirbt und das von ihm ohne die Bereitstellung oder Einholung weiterer Informationen grundsätzlich erwartet werden kann.[1519]

Bislang ungeklärt ist, ob und inwiefern dem Verbraucher zuzumuten ist, sich anderweitig Informationen zu verschaffen, also z. B. Vergleichsangebote einzuholen. Diese Frage überschneidet sich mit der nach der Verständigkeit des Verbrauchers, die sich auch in der Erkenntnis ausdrücken kann, daß er sich weitere Informationen beschaffen muß. Sie soll daher in diesem Zusammenhang erörtert werden (siehe u.[1520]).

Die Rechtsprechung hat hinsichtlich des durchschnittlichen Informationsstandes noch keine einheitliche Linie gefunden. So wisse, wie sie meint, der durchschnittlich informierte, aufmerksame und verständige Durchschnitts-Zeitungsleser zwar nicht, daß die Vorwahl „0180-5" die kostspieligste der mit „0180" beginnenden Nummern der Deutschen Telekom sei, und verwechsele diese sogar mit den kostenlosen „0800" und „01302" - Nummern,[1521] bringe aber so viel technisches Verständnis auf, daß er wisse, sich bei einem Mobilfunkvertrag selber darum kümmern zu müssen, daß er ein für die angebotenen Dienste entsprechend ausgestattetes Telefon mitbringe.[1522] Auch sei ihm bekannt, daß es sich bei der Aufnahme eines Hits von Roy Black aus dem Jahr 1984 nicht um eine Originalversion handeln könne.[1523]

Eine Irreführung ergebe sich aber nicht allein daraus, daß ein als umweltfreundlich beworbenes Produkt nicht absolut umweltverträglich sei, denn dem Verkehr sei bekannt, daß Herstellung, Verwendung oder Entsorgung zwingend mit für die Umwelt nachteiligen Prozessen verbun-

---

1517 Lettl GRUR 2004, 449, 454.

1518 Lettl GRUR 2004, 449, 454; Ulbrich WRP 2005, 940, 949.

1519 Ulbrich WRP 2005, 940, 949; Lettl GRUR 2004, 449, 454.

1520 Siehe u. S. 280 ff.

1521 OLG Stuttgart NJWE-WettbR 2000, 107, 108 – 01805; OLG Frankfurt a. M. NJWE-WettbR 1997, 217, 218 – Telekom-Sondernummer.

1522 OLG Köln GRUR-RR 2003, 118, 119 – i-mode.

1523 OLG Hamburg GRUR Int. 1999, 780, 781 – Oldies.

den seien, so daß eine Aufklärung hierüber auch nicht erforderlich sei.[1524] Auch ist dem Verbraucher nach dem EuGH bekannt, daß Marmelade, die unter der Bezeichnung „naturrein" vertreiben werde, nicht gänzlich frei von Schadstoffen sei, weil eine gewisse Menge an Schadstoffen stets in der Umwelt vorhanden sei.[1525]

Verbindliche Kriterien für die Beurteilung des Informationsstandes der Verbraucher sind von der Rechtsprechung noch nicht erarbeitet worden, so daß eine weitere Konkretisierung wünschenswert ist[1526] Angesichts der starken Einzelfallbezogenheit wird diese Frage aber zwangsläufig der Rechtsprechung überlassen werden müssen. Dies gilt insbesondere auch deshalb, weil sich der Informationsstand der Verbraucher infolge der immer noch zunehmenden Informationsmöglichkeiten in verschiedensten Medien in einem ständigen Fluß befindet.

(c) Situationsadäquate Aufmerksamkeit

((a)) Faktoren für die Aufmerksamkeit

Unter der Aufmerksamkeit, mit welcher der Verbraucher die fragliche Werbung wahrnimmt, ist die Intensität des Registrierens und inhaltlichen Aufnehmens von Informationen zu verstehen.[1527]

Entscheidend ist also der Grad der Aufnahme von Information, der danach zu beurteilen ist, ob dieser so hoch ist, daß der Verbraucher die fragliche Information bei seiner Entscheidung zum Vertragsschluß berücksichtigen bzw. als unwichtig verwerfen kann.

Der Grad der Aufmerksamkeit ist situationsbedingt, denn der Verbraucher reagiert nicht in jeder Kaufsituation gleich, insbesondere reagiert er nicht in jeder Kaufsituation rational und überlegt.[1528]

Die Aufmerksamkeit, die der Verbraucher einer Werbeaussage entgegenbringt, hängt dabei von zahlreichen Faktoren ab. So wird beispielsweise eine Radiowerbung oft – etwa beim Autofahren – mit geringerer Aufmerksamkeit aufgenommen als ein Werbebrief für eine Kapitalanlage. Bei den für die Beurteilung des Grades der Aufmerksamkeit maßgeblichen Faktoren kann zwischen adressatenbezogenen, auf die äußere

---

1524 BGH GRUR 1997, 666, 667 – Umweltfreundliche Reinigungsmittel; BGH GRUR 1996, 367, 368 – Umweltfreundliches Bauen; BGH GRUR 1994, 828, 829 – Unipor-Ziegel; BGH NJW 1989, 711, 712 – Umweltengel.

1525 EuGH GRUR Int. 756, 758 Tz. 27 f. – Darbo.

1526 Krit. auch Omsels GRUR 2005, 548, 551; Ulbrich WRP 2005, 940, 949.

1527 Lettl, Der lauterkeitsrechtliche Schutz S. 93; Ulbrich WRP 2005, 940, 949; vgl. Hefermehl/Köhler/Bornkamm – Köhler § 1 Rn. 29.

1528 Fezer – Peifer § 5 Rn. 198.

Werbesituation bezogenen und produktbezogenen Faktoren unterschieden werden.[1529] Entscheidend ist aber auch hier eine Gesamtbetrachtung (vgl. o.[1530]) aller Faktoren unter Berücksichtigung möglicher Wechselwirkungen, so daß eine adressatenbezogene höhere Aufmerksamkeit etwa durch eine produktbezogene niedrigere Aufmerksamkeit ausgeglichen werden kann.[1531]

Die **adressatenbezogenen** Umstände sind bereits bei Bestimmung der betroffenen Verkehrskreise ein wichtiger Faktor. So nehmen Kinder und Jugendliche eine Werbung möglicherweise abgelenkter auf als der Normalverbraucher und Fachleute aufmerksamer als Verbraucher.

Als **situationsbezogene äußere** Umstände der Werbung kommen insbesondere die Gestaltung der Werbung[1532] und das Werbemedium[1533] in Betracht, wobei z. B. die Frage, ob es sich um ein „flüchtiges" Medium handelt oder ob der Verbraucher die Information noch einmal prüfen kann, von Bedeutung ist. Damit einhergehend ist die für die zur Aufnahme und Verarbeitung der Informationen zur Verfügung stehende Zeit[1534] von Bedeutung, der Kontext der Werbung[1535] sowie möglicherweise ablenkende Momente, wie z. B. Hintergrundmusik.

Bei Radio- und Fernsehwerbung ist davon auszugehen, daß diese eher oberflächlich und nebenbei wahrgenommen wird. Zeitungsanzeigen werden ebenfalls eher flüchtig gelesen und können auch dann irreführend sein, wenn nach vollständiger Lektüre des gesamten Textes und nach einigem Nachdenken eine Fehlvorstellung vermieden werden könnte.[1536]

Darüber hinaus wird in der Literatur angeführt, neben der objektiven Informationsaufnahme seien außerdem Gefühle, Vorwissen, Einstellungen und soziale Stellung des Beworbenen zu beachten.[1537] Dies überschneidet sich mit den adressatenbezogenen Umständen (eine klare Zuordnung ist wegen der bestehenden Wechselwirkungen nicht immer möglich), trifft aber nur insoweit zu, als diese Umstände auf die Fakto-

---

1529 Fezer – Peifer § 5 Rn. 202.

1530 Vgl. o. S. 246.

1531 Fezer – Peifer § 5 Rn. 211.

1532 Harte-Bavendamm/Henning-Bodewig – Dreyer § 5 Rn. 85.

1533 Hefermehl/Köhler/Bornkamm – Bornkamm § 5 Rn. 2.89; Omsels GRUR 2005, 548, 549.

1534 Hefermehl/Köhler/Bornkamm – Köhler § 1 Rn. 30.

1535 Omsels GRUR 2005, 548, 549.

1536 BGH GRUR 2004, 605, 606 – Dauertiefpreise; vgl. BGH GRUR 2002, 715, 716 – Scanner-Werbung (beide zu § 3 UWG a. F.).

1537 Fezer – Peifer § 5 Rn. 203.

ren Informiertheit, Aufmerksamkeit und Verständigkeit durchschlagen, weil die Aufzählung dieser drei Faktoren durch den Gesetzgeber und die Rechtsprechung sonst sinnlos wäre (vgl. o.[1538]).[1539]

Von besonderer Bedeutung sind die **produktbezogenen** Differenzierungen, d. h. Differenzierungen nach Art und Wert der Ware.[1540] So ist der Verbraucher beim täglichen Brötchenkauf weniger aufmerksam als beim Kauf eines Autos.

Hierauf beruht auch die Aussage des BGH, daß ein Verbraucher beim Erwerb von geringwertigen Gegenständen des täglichen Bedarfs eher flüchtig sein werde[1541] und daß der Verbraucher andererseits bestimmte Produkte in der Regel nicht spontan, sondern nach einiger Überlegung kauft, nachdem er sich über das zu erwerbende Produkt informiert hat.[1542]

Als nicht geringwertige Produkte außerhalb des täglichen Bedarfs hat der BGH Orientteppiche[1543], die Leistungen eines Rechtsanwalts,[1544] einen Computer,[1545] einen Gebrauchtwagen,[1546] eine Kapitalanlage[1547] und eine Flugreise[1548] eingestuft.

Auch der EuGH differenziert bei der Aufmerksamkeit des Durchschnittsverbrauchers nach der Art der angebotenen Waren oder Leistungen.[1549]

1538 Vgl. o. S. 268 f.

1539 Harte-Bavendamm/Henning-Bodewig – Dreyer § 5 Rn. 86.

1540 Lettl GRUR 2004, 449, 454; Lettl, UnlWb Rn. 54; Lettl, Der lauterkeitsrechtliche Schutz S. 101; Ulbrich WRP 2005, 940, 949; Omsels GRUR 2005, 548, 549; Wuttke WRP 2004, 820, 822; Groeschke/Kiethe WRP 2001, 230, 234; Hefermehl/Köhler/Bornkamm – Köhler § 1 Rn. 30; Harte-Bavendamm/Henning-Bodewig – Dreyer § 5 Rn. 85; Fezer – Peifer § 5 Rn. 204; Gloy/Loschelder – Helm § 53 Rn. 23.

1541 BGH GRUR 2000, 619, 621 – Orient-Teppichmuster.

1542 BGH GRUR 2000, 616, 618 – Auslaufmodelle III; BGH GRUR 1999, 760, 761 – Auslaufmodelle II; BGH GRUR 1987, 682, 683 – Konkursvermerk; OLG Düsseldorf GRUR 1975, 146, 147 – Kunststoffolie.

1543 BGH GRUR 2000, 619, 621 – Orient-Teppichmuster.

1544 BGH GRUR 2002, 81, 83 – Anwalts- und Steuerkanzlei.

1545 BGH GRUR 2003, 249 – Preis ohne Monitor.

1546 BGH GRUR 2003, 626, 627 – Umgekehrte Versteigerung II.

1547 BGH GRUR 2004, 162, 163 – Mindestverzinsung (zu § 3 UWG a. F.).

1548 BGH GRUR 2004, 435, 436 – FrühlingsgeFlüge (zu § 3 UWG a. F.).

1549 EuGH GRUR Int. 2003, 422, 425 Tz. 52 – LTJ Diffusion; EuGH GRUR Int. 1999, 734, 736 Tz. 26 – Lloyd.

Bislang findet sich allerdings keine einheitliche Linie in der Rechtsprechung.[1550] So liest der Verbraucher bei einer Werbung für Computer im Wert von 750,- bis 1500,- Euro die Zeitungsanzeige nach Ansicht des BGH nicht vollständig,[1551] studiert aber auf einer Bierflasche für weniger als 1,- Euro das Etikett auf der Rückseite, um sich über den Herkunftsort zu vergewissern und zu erkennen, daß sein „Warsteiner" in Wirklichkeit in Paderborn gebraut ist.[1552] Eine weitere Konkretisierung wäre hier wünschenswert.

Mehr Kontur erhält die produktbezogene Differenzierung, wenn man mit einem Teil der Literatur[1553] die angebotenen Waren und Leistungen in die wirtschaftswissenschaftlichen Kategorien der Erfahrungs-, Such- und Vertrauensgüter einstuft, um anhand dieser Unterscheidung den Grad der Aufmerksamkeit des Verbrauchers festzumachen.

Erfahrungsgüter sind häufig gekaufte, billige und kurzlebige Produkte (insb. Gegenstände des täglichen Bedarfs).[1554]

Suchgüter sind selten erworbene und hochwertige Produkte von längerer Lebensdauer, vor deren Erwerb sich der Durchschnittsverbraucher eingehend unterrichtet.[1555]

Vertrauensgüter sind Produkte, bei deren Einschätzung der Verbraucher in besonderer Weise auf die Informationen des Verkäufers vertrauen muß, weil er die Qualität des Produktes auch nach dessen Erwerb nicht sicher überprüfen kann (z. B. Antiquitäten, Gebrauchtwagen, ärztliche Behandlungen), so daß er Informationen einholen muß.[1556]

Eine strikte Trennung dieser Kategorien ist – wie schon das Beispiel des Gebrauchtwagens zeigt – nicht immer möglich und auch nicht erforderlich. Insbesondere überschneiden sich die Vertrauens- und Suchgüter.

Die Intensität des Informationsverhaltens des Verbrauchers ist beim Erwerb von Erfahrungsgütern eher gering, denn er wird sich kaum die Zeit für eine gründliche Prüfung nehmen und daher regelmäßig flüchtig

---

1550 Krit. auch Omsels GRUR 2005, 548, 551.

1551 BGH GRUR 2003, 249 f. – Preis ohne Monitor.

1552 BGH GRUR 2002, 160, 162 – Warsteiner III (zur Irreführung im Markenrecht).

1553 Lettl GRUR 2004, 449, 454; Lettl, UnlWb Rn. 54; Lettl, Der lauterkeitsrechtliche Schutz S. 101; Ulbrich WRP 2005, 940, 949; Hefermehl/Köhler/Bornkamm – Köhler § 1 Rn. 30; Groeschke/Kiethe WRP 2001, 230, 234; vgl. Fezer – Peifer § 5 Rn. 204 ff.

1554 Lettl GRUR 2004, 449, 454; vgl. Beater, UnlWb § 15 Rn. 27.

1555 Lettl GRUR 2004, 449, 454; vgl. Beater, UnlWb § 15 Rn. 28.

1556 Lettl GRUR 2004, 449, 454; vgl. Beater, UnlWb § 15 Rn. 29.

agieren.[1557] Bei Such- und noch mehr bei Vertrauensgütern wird die Aufmerksamkeit des Verbrauchers hingegen höher sein.[1558]

Diese Differenzierung kann noch um eine rechtsgutbezogene Unterscheidung ergänzt werden. So wird ein Verbraucher beispielsweise bei gesundheitsbezogener Werbung, weil es um Produkte geht, die Gefahren oder Nutzen für das besonders hochwertige Rechtsgut der Gesundheit darstellen können, der Werbung oft mehr Aufmerksamkeit widmen als in anderen Fällen.[1559] Zu beachten ist, daß die rechtsgutbezogene Unterscheidung nur insoweit greift, als sie Auswirkungen auf die Aufmerksamkeit des Verbrauchers hat. Nur dann beeinflußt sie nämlich seine Kaufentscheidung. Es wird nur die Entscheidungsgrundlage des Verbrauchers, nicht aber etwa das betroffene Rechtsgut Gesundheit selbst geschützt (vgl. § 1 Satz 1 UWG). Ein Schutz der Gesundheit ist bloßer Rechtsreflex.

Bei der produktbezogenen Unterscheidung ist zu bedenken, daß sich der Verbraucher z. B. bei Vertrauensgütern oder gesundheitsbezogener Werbung zwar eher informieren wird, daß in diesen Fällen aber auch ein höheres Informationsbedürfnis des Verbrauchers besteht. Das Informationsgefälle zwischen Verbraucher und Unternehmer ist in diesen Fällen besonders stark und etwa bei Vertrauensgütern ohne Mithilfe des Unternehmers nicht überwindbar. Die Beurteilung nach Art und Wert des Produktes sollte daher um einen weiteren Faktor ergänzt werden. Von zentraler Bedeutung ist nämlich auch die Bedeutung der fraglichen Information. So wird ein Verbraucher zunächst den produktwesentlichen Schlüsselinformationen (Preis, Eckdaten der Leistung etc.) seine Aufmerksamkeit widmen und sich mit dem „Kleingedruckten“ erst danach befassen. Dies zeigt das o. g.[1560] Beispiel des Computers für 1500,- Euro[1561] und des „Warsteiner“-Bieres aus Paderborn.[1562] Ging es bei dem Computer um die zentrale Frage, ob dieser mit Monitor geliefert wird, mithin um die Hauptleistungspflicht, geht es beim Bier um einen Faktor, der die Qualität dieses Massenprodukts in einer - wenn überhaupt - nur für den Experten nachvollziehbaren Weise verändert (z. B. durch anderes Brauwasser). Ist eine Information nur von untergeordneter Bedeutung für den Kaufentschluß des Durchschnittsverbrauchers, so kann einem

---

1557 Hefermehl/Köhler/Bornkamm - Köhler § 1 Rn. 30; Omsels GRUR 2005, 548, 549; Hefermehl/Köhler/Bornkamm - Bornkamm § 5 Rn. 2.88; Wuttke WRP 2004, 820, 822; Gloy/Loschelder - Helm § 53 Rn. 23; vgl. Lettl GRUR 2004, 449, 455.

1558 Hefermehl/Köhler/Bornkamm - Köhler § 1 Rn. 30; Lettl GRUR 2004, 449, 456.

1559 Vgl. Lettl, Der lauterkeitsrechtliche Schutz S. 100.

1560 Vgl. o. S. 274.

1561 BGH GRUR 2003, 249 f. - Preis ohne Monitor.

1562 BGH GRUR 2002, 160, 162 - Warsteiner III.

Verbraucher, der ein überdurchschnittliches Interesse an dieser Information hat, eher zugemutet werden, sich Gedanken zu machen und beispielsweise die kleingedruckte Zutatenliste zu lesen, als dem Durchschnittsverbraucher. Dies ist praktisch die Umkehrung der Forderung nach gestufter Information des Verbrauchers (vgl. o.[1563]). Ebenso wie es nicht sinnvoll ist, dem Verbraucher - wie etwa im Time-sharing - schon bei einem nur allgemeinen Geschäftsinteresse mit sämtlichen für einen Vertragsschluß möglicherweise relevanten Informationen zu überschütten, muß bei der Irreführung beachtet werden, daß der Verbraucher den produktwesentlichen Schlüsselinformationen besondere Aufmerksamkeit schenken wird.

((b)) Durchschnittliche Aufmerksamkeit maßgeblich

Fraglich ist, ob sich die Aufmerksamkeit des Verbrauchers auf ein durchschnittliches Maß beschränkt. In der Literatur ist nämlich umstritten, ob sich beim Leitbild des durchschnittlich informierten, aufmerksamen und verständigen Verbrauchers nach EuGH (und BGH) das Adjektiv „durchschnittlich" auch auf die Aufmerksamkeit (und Verständigkeit)[1564] oder aber nur auf die Informiertheit bezieht.[1565] Grammatikalisch sind beide Auslegungsvarianten möglich.

Für die erstgenannte Auffassung wird angeführt, daß der EuGH[1566] bereits vor den einschlägigen Entscheidungen zum Verbraucherleitbild den einschränkungslos verständigen (und damit auch einschränkungslos aufmerksamen) Verbraucher gekannt habe.[1567] Die überwiegende Zahl der Stimmen im Schrifttum geht jedoch mit Blick auf die anderen Fassungen davon aus, daß es auf den durchschnittlich aufmerksamen Verbraucher ankomme (insb. die englische Fassung: „Average consumer, who is reasonably well informed and reasonably observant und circumspect" und die französische Fassung: „consommateur moyen, normalement informé et raisonablement attentif et avisé").[1568]

1563 Vgl. o. S. 70 f.

1564 So Sack WRP 2004, 521, 523; Sack WRP 2000, 399, 400 f.; Hefermehl/Köhler/Bornkamm - Köhler § 1 Rn. 19; Lettl, Der lauterkeitsrechtliche Schutz S. 93 f.; vgl. Bornkamm FS 50 Jahre BGH (2000) S. 361; vgl. Helm FS Tilmann (2003) S. 140 und 142.

1565 So Ackermann WRP 2000, 807, 808.

1566 EuGH WRP 1995, 677, 678 Tz. 24 - Mars.

1567 Ackermann WRP 2000, 807, 808.

1568 So Sack WRP 2004, 521, 523; Sack WRP 2000, 399, 400 f.; Hefermehl/Köhler/Bornkamm - Köhler § 1 Rn. 19; Lettl, Der lauterkeitsrechtliche Schutz S. 93 f; vgl. Bornkamm FS 50 Jahre BGH (2000) S. 361; vgl. Helm FS Tilmann (2003) S. 140 und 142.

Hierfür spricht auch die Formulierung in jüngeren Urteilen des EuG[1569] (Gericht 1. Instanz) und des EuGH[1570], die nicht mehr auf den *„durchschnittlich* informierten, aufmerksamen und verständigen Durchschnittsverbraucher"[1571], sondern auf den *„normal* informierten und *angemessen* aufmerksamen und verständigen Durchschnittsverbraucher"[1572] abstellt,[1573] also auf den „angemessenen Durchschnitt" abstellt und damit nicht von einer uneingeschränkten Aufmerksamkeit ausgeht.

Auch bei der Aufmerksamkeit kommt es daher auf den Durchschnittsverbraucher an.[1574]

((c)) Schutz des flüchtigen Verbrauchers?

Nach dem bisherigen Ergebnis ist festzuhalten, daß auch nach der Reform des UWG und der Übernahme des Leitbildes des durchschnittlich informierten, verständigen und situationsadäquat aufmerksamen Verbrauchers ein Schutz des flüchtigen (unaufmerksamen) Verbrauchers möglich ist, soweit der Durchschnittsverbraucher die Werbung nur flüchtig aufnimmt. Dies wird auch durch die Rechtsprechung des BGH bestätigt.[1575]

Der EuGH geht hingegen davon aus, daß der Verbraucher etwa Zutatenverzeichnisse liest[1576] und aufmerksam genug ist, um in gewissem Umfange umzudenken und sich auf neue Gegebenheiten einzustellen, und nicht bloßen Gewohnheiten bei der Auswahl von Produkten folgt[1577]

1569 EuG GRUR Int. 2004, 322 Tz. 30 - El Castillo; ähnlich EuG GRUR Int. 2004, 326 Tz. 33 - Nestlé Waters France: „normal informierter und ausreichend aufmerksamer und verständiger Durchschnittsverbraucher" (beide zum Markenrecht).

1570 EuGH GRUR Int. 2005, 44, 45 Tz. 24 - Sat.1 (zum Markenrecht).

1571 EuGH GRUR 2003, 533, 536 Tz. 55 - Pippig Augenoptik/Hartlauer; EuGH NJW 2002, 425, 427 Tz. 52 - Toshiba/Katun; EuGH GRUR 1999, 723, 726 Tz. 29 - Windsurfing Chiemsee; EuGH GRUR Int. 1999, 345, 348 Tz. 36 - Sektkellerei Kessler; EuGH GRUR Int. 1998, 795, 797 Tz. 31 und 37 - Gut Springheide (grundlegend).

1572 Hervorhebungen vom Verf.

1573 Sack WRP 2005, 462; Sack WRP 2004, 521, 523; Hefermehl/Köhler/Bornkamm - Köhler § 1 Rn. 19.

1574 Vgl. auch OLG Hamburg, Urt. vom 24.2.2005 (3 U 173/04) JurPC Web-Dok. 134/2005 Abs. 19: „situationsadäquat durchschnittlich aufmerksamen, informierten und verständigen Durchschnittsverbraucher".

1575 BGH GRUR 2004, 244, 245 - Marktführerschaft.

1576 EuGH GRUR Int. 2000, 756, 757 Tz. 22 - Darbo.

1577 EuGH GRUR 1987, 245, 246 Tz. 32 - Reinheitsgebot; vgl. EuGH GRUR Int. 1986, 633, 634/635 Tz. 25 - Genever.

und zur Verfügung gestellte Informationen auch tatsächlich nutzt.[1578] Hiernach kann der Verbraucher nicht uneingeschränkt flüchtig sein, sondern es gibt gewisse Grenzen, die es näher zu bestimmen gilt.

Der dogmatische Schlüssel zu diesem Verständnis liegt im Verhältnismäßigkeitsgrundsatz, denn das europäische Verbraucherleitbild beruht letztlich auf einer Abwägung von Verbraucherschutz und den primär die Anbieter sowie damit die Verwirklichung des Binnenmarktes schützenden und fördernden Grundfreiheiten (vgl. o.[1579]). Ziel der Auslegung des Verbraucherleitbildes muß es daher sein, eine angemessene Risikoverteilung zwischen Verbrauchern und Unternehmern zu erhalten.

Der EuGH geht ferner davon aus, daß der Verbraucher aus einem dynamischen Wettbewerb im Binnenmarkt Vorteile ziehen kann, so daß die Anforderungen an das Verbraucherverhalten erhöht werden können.[1580] Der Verbraucher ist aus europarechtlicher Sicht also in der Weise verständig, aufmerksam und selbständig, daß er den Wettbewerb zu seinem Vorteil nutzen kann, was sowohl in lauterkeitsrechtlichen Informationspflichten als insbesondere auch in den Informationspflichten des bürgerlichen Rechts seinen Niederschlag gefunden hat (vgl. o.[1581]). Der Verbraucher wird bewußt unter Zugrundelegung dieser Eigenschaften als Werkzeug zur Verwirklichung des Binnenmarktes eingesetzt, was sich im Verbraucherleitbild ebenso wie im Informationsmodell niederschlägt. Der BGH hat sich inzwischen dem EuGH ähnlich geäußert, wenn er darauf abstellt, daß der durchschnittlich informierte, verständige und situationsadäquat aufmerksame Verbraucher das Rücketikett einer Bierflasche beachten werde, wenn es für ihn von Bedeutung sei, an welchem Ort das Bier hergestellt worden ist.[1582] Ferner ist instanzgerichtlich inzwischen darauf hingewiesen worden, daß der Verkehr wisse, daß er wegen der Einzelheiten der Zusammensetzung eines Produktes (z. B. Zuckergehalt) auf die vorgeschriebenen Nährwertkennzeichnungen achten müsse.[1583]

Die Rechtsprechung des EuGH muß hier Berücksichtigung finden, weil nur so der Wertungswiderspruch vermieden werden kann, daß bei einem europarechtlichen Sachverhalt die Rechtsprechung des EuGH berücksichtigt werden muß, bei einem rein nationalen Sachverhalt hinge-

---

1578 EuGH GRUR 1987, 245, 246 Tz. 32 Reinheitsgebot; vgl. Lettl, Der lauterkeitsrechtliche Schutz S. 99 f.

1579 Vgl. o. S. 31 und 266 f.

1580 Lettl GRUR 2004, 449, 455.

1581 Vgl. o. S. 33 und 67.

1582 BGH GRUR 2002, 160, 162 – Warsteiner III (zur Irreführung im Markenrecht).

1583 OLG Düsseldorf GRUR-RR 2006, 235, 236 – „ohne Fett".

gen andere Grundsätze anzuwenden sind.[1584] Die Anwendung unterschiedlicher Auslegungsansätze ist schon deshalb nicht möglich, weil sonst die nach Art. 7 II der RL 84/450/EWG (nunmehr Art. 8 I der RL 2006/114/EG) abschließend geregelte irreführende vergleichende Werbung anders zu beurteilen wäre als die sonstige irreführende Werbung (vgl. o.[1585]). Auch wäre es widersprüchlich, sich einerseits auch im Lauterkeitsrecht auf das Informationsmodell zu stützen (vgl. o.[1586], z. B. § 4 Nr. 4 und 5 UWG), dessen Prämissen bei der Irreführung aber zu leugnen. Es muß also von einer Informationsmündigkeit des Verbrauchers ausgegangen werden. Dies hat zur Folge, daß dem Verbraucher ein Mindestmaß an Aufmerksamkeit auferlegt werden muß, zumal er sonst angehalten würde, stets ungeprüft „die Katze im Sack" zu kaufen, obwohl hieran kein schützenswertes Interesse besteht. Ein angemessener Interessenausgleich könnte so nicht erreicht werden. Es besteht daher eine Informationswahrnehmungs-„Obliegenheit".

Eine situationsbedingte Absenkung der Anforderungen an die Aufmerksamkeit des Verbrauchers greift daher nur dort, wo der Verbraucher Informationen aus tatsächlichen Gründen nur mit verminderter Aufmerksamkeit wahrnehmen kann, sei es, weil er die Information nicht kennt, oder aus rein praktischen Gründen, z. B. weil schon aus Zeitgründen nicht bei jedem Kauf eines Erfahrungsgutes eine eingehendere Begutachtung der Werbung erfolgen kann.

Entscheidend ist auch hier in einer Interessenabwägung die Zumutbarkeit der Wahrnehmung unter Berücksichtigung der Umstände des Einzelfalles (Einkaufssituation, Werbemedium, Aufwand der Informationsbeschaffung etc.). So ist es dem Verbraucher bei einem Internetangebot kaum zumutbar, sich für alle wesentlichen Informationen durch die umfangreichen Seiten des Anbieters im Internet zu „klicken".[1587]

Letztlich geht es bei dem hier erörterten Problem der „Mindestaufmerksamkeit" des Verbrauchers um die Frage, ob einzig das tatsächliche Verständnis der Verbraucher maßgeblich ist („Ist-Auffassung") oder ob den Verbrauchern normativ eine bestimmte Auffassung zugesprochen wird („Soll-Auffassung"), die auch von der „Ist-Auffassung" abweichen kann (hierzu noch ausführlich unten[1588]).

1584 HK WettbR - Ekey § 5 Rn. 89.

1585 Vgl. o. S. 209.

1586 Vgl. o. S. 89, 92.

1587 Vgl. BGH GRUR 2005, 438, 441 - Epson-Tinte (zu § 5 UWG n. F.).

1588 Vgl. u. S. 283 ff.

(d) Verständigkeit

((a)) Bestehen des Merkmals der Verständigkeit

Während sowohl der BGH als auch der EuGH auf den verständigen Verbraucher abstellen, ist in der Literatur umstritten, ob der verständige Durchschnittsverbraucher dem Verbraucherleitbild tatsächlich zugrunde liegt. Letztlich gilt es zu beantworten, inwiefern auch Minderheiten von weniger verständigen Verbrauchern geschützt werden.

In Auslegung der englischen und französischen Urteilsfassung und unter Hinweis auf das gem. Art. 153 I EG angestrebte hohe Verbraucherschutzniveau wird vertreten, daß es nicht auf den verständigen, sondern nur auf den normal informierten, angemessen aufmerksamen und umsichtigen Verbraucher ankomme.[1589] Auch die weniger verständigen und besonders schützenswerten Personen würden vom Irreführungsverbot geschützt.[1590]

Offen bleibt hierbei allerdings, was unter einem „umsichtigen" Verbraucher zu verstehen ist. Auch stellt der deutsche Gesetzgeber ausdrücklich auf den verständigen Verbraucher ab.[1591] Weiter spricht für eine Verständigkeit, daß der EuG[1592] (Gericht 1. Instanz) und der EuGH[1593] nicht mehr auf den „durchschnittlich informierten, aufmerksamen und verständigen Durchschnittsverbraucher"[1594], sondern auf den „*normal* informierten und angemessen aufmerksamen und verständigen Durchschnittsverbraucher"[1595] abstellen, ohne daß dies in den englischen oder französischen Urteilsfassungen eine Änderung in der Formulierung zur Folge gehabt hätte.

Auch ist zu bedenken, daß das Abstellen auf den Durchschnittsverbraucher die durchschnittliche intellektuelle Ausstattung des maßgeblichen Verbrauchers impliziert, weil es hier ja gerade um die durchschnittliche Auffassungsgabe geht. Die durchschnittliche Verständigkeit ist als Spie-

---

1589 Helm FS Tilmann (2003) S. 142.

1590 Helm FS Tilmann (2003) S. 142.

1591 RegE zum UWG BT-Drucks. 15/1487 S. 19 re. Sp.

1592 EuG GRUR Int. 2004, 322 Tz. 30 – El Castillo; ähnlich EuG GRUR Int. 2004, 326 Tz. 33 – Nestlé Waters France: „normal informierter und ausreichend aufmerksamer und verständiger Durchschnittsverbraucher" (beide zum Markenrecht).

1593 EuGH GRUR Int. 2005, 44, 45 Tz. 24 – Sat.1 (zum Markenrecht).

1594 EuGH GRUR 2003, 533, 536 Tz. 55 – Pippig Augenoptik/Hartlauer; EuGH NJW 2002, 425, 427 Tz. 52 – Toshiba/Katun; EuGH GRUR 1999, 723, 726 Tz. 29 – Windsurfing Chiemsee; EuGH GRUR Int. 1999, 345, 348 Tz. 36 – Sektkellerei Kessler; EuGH GRUR Int. 1998, 795, 797 Tz. 31 und 37 – Gut Springheide (grundlegend).

1595 Hervorhebung vom Verf.

gel des durchschnittlichen Verbraucherverhaltens selbstverständlich.[1596] Auch ist es nicht überzeugend, den Fortfall des Merkmals der Verständigkeit in der Richtlinie 2005/29/EG über unlautere Geschäftspraktiken mit der Begründung zu feiern, daß in Erwägungsgrund 18 nicht auf den verständigen, sondern auf den „angemessen aufmerksamen und *kritischen*" Verbraucher abgestellt wird.[1597] Kritik ist nämlich eine verständige Würdigung, die Beurteilung eines gegebenen Sachverhalts nach bestimmten Maßstäben. Selbst wenn man die Richtlinie 2005/29/EG vor ihrer Umsetzung und vor Ablauf der Umsetzungsfrist berücksichtigen wollte, würde dies also nicht zu einem abweichenden Ergebnis führen.

Es kann auch nicht überzeugen, darauf zu verweisen, daß beispielsweise eine Werbung, die sich zwar an alle richtet, jedoch offensichtlich so unseriös ist, das nur die wenigsten darauf hereinfallen, zulässig wäre (z. B. Versprechen traumhafter Renditen, Wirkungen eines „Wundermittels" etc.).[1598] Will man nämlich gleichzeitig auf den Durchschnittsverbraucher abstellen, ist auch bei Verzicht auf das Merkmal der Verständigkeit eine dogmatisch saubere Erfassung dieser Fälle mit § 5 UWG nicht möglich, denn es liegt in der Natur des Durchschnitts, daß der Unter- oder Überdurchschnittliche hieran keinen Anteil hat.

Auch bleiben diese besonders leicht zu beeinflussenden Verbraucher keineswegs ungeschützt. Vielmehr bietet § 4 Nr. 2 UWG, der gezielt Leichtgläubige schützt, inzwischen einen Ansatz für derartige Fälle außerhalb der irreführenden Werbung. Ein gesonderter Schutz der Leichtgläubigen wäre überflüssig, wenn man diesen bereits über das Irreführungsverbot verwirklichen könnte.

Maßgeblicher Durchschnittsverbraucher ist daher der durchschnittlich verständige Verbraucher.

((b)) Auslegung

Der Begriff der „Verständigkeit" kann in zweierlei Hinsicht ausgelegt werden. So ist es grammatikalisch möglich, daß mit der Verständigkeit nur kognitive Fähigkeiten gemeint sind (nur die Aufnahme von Information), oder aber, daß auch Einsichtigkeit (auch Verarbeitung der Information) erfaßt wird.[1599]

In Abgrenzung zur Aufmerksamkeit, welche die Aufnahme der Information betrifft, bezieht sich die Verständigkeit auch auf die Frage, wie der Verbraucher die erfaßten Informationen verarbeitet. Gerade die Verar-

---

1596 Ähnlich Fezer – Peifer § 5 Rn. 196.

1597 So aber Helm WRP 2005, 931, 932 f.

1598 So aber Helm FS Tilmann (2003) S. 142.

1599 Omsels GRUR 2005, 548, 552.

beitung von Information liegt dem Informationsmodell zugrunde, so daß hier angenommen werden muß, daß es um die durchschnittliche intellektuelle Ausstattung des Verbrauchers geht. Der „verständige" Verbraucher ist inzwischen unabdingbare Voraussetzung für das Verständnis vom Lauterkeitsrecht als Marktkommunikationsrecht (vgl. o.[1600]).

Angemessene Verständigkeit liegt daher vor, wenn die Verbraucher Informationen in normalem Umfang zutreffend einordnen, also auch kritisch hinterfragen, und insbesondere Vergleichsangebote sachgerecht zu prüfen wissen.[1601]

Hierbei ist zu berücksichtigen, daß es nicht stets nur eine einzige zutreffende Einordnung der Information gibt, sondern daß eine verständige Würdigung der fraglichen Werbung durchaus zu unterschiedlichen Ergebnissen führen kann.[1602]

Unklarheiten in der Werbung können aber unter dem Gesichtspunkt der angemessenen Risikoverteilung (vgl. o.[1603]) nicht zu Lasten desjenigen Verbrauchers gehen, bei dem trotz verständiger Würdigung ein mit der Wirklichkeit nicht übereinstimmendes Bild entsteht, denn er erliegt dann trotz Informiertheit, Aufmerksamkeit und Verständigkeit einem Irrtum, den nur der Werbende hätte vermeiden können. Es kann also nur eine Art „Vertretbarkeitskontrolle" erfolgen, wobei allein im Einzelfall anhand der zu erwartenden Lebenserfahrung, Schul- und Allgemeinbildung sowie des Wissen aus der Presse und Werbung (Vergleichsangebote) etc. entschieden werden kann.

Bei der Prüfung sollte auch die Zeit, die den Verbrauchern für die kritische Würdigung der Werbung zur Verfügung steht, berücksichtigt werden. Aus diesem Grunde kann bei Produkten, bei denen sich der Verbraucher mit der Kaufentscheidung üblicherweise mehr Zeit läßt, um erst nach reiflicher Überlegung und Prüfung von Vergleichsangeboten zu kaufen, eine höhere Verständigkeit erwartet werden als bei geringwertigen Produkten des täglichen Bedarfs.[1604] Auch hier bietet sich daher

---

1600 Vgl. o. S. 67 und 279.

1601 Lettl GRUR 2004, 449, 455 und 459; vgl. Lettl, Der lauterkeitsrechtliche Schutz S. 93; Hefermehl/Köhler/Bornkamm - Köhler § 1 Rn. 23 und 31; Ulbrich WRP 2005, 940, 952.

1602 BGH GRUR 2004, 162, 163 - Mindestverzinsung (zu § 3 UWG a. F.); Omsels GRUR 2005, 548, 552.

1603 Vgl. o. S. 264 und 278.

1604 Vgl. Lettl GRUR 2004, 449, 455; Hefermehl/Köhler/Bornkamm - Köhler § 1 Rn. 31.

eine Einteilung in Erfahrungs-, Such- und Vertrauensgüter an (vgl. o.[1605]).[1606]

Beispielsweise wird der Verbraucher normalerweise einer Kapitalanlage nur mit einiger Vorsicht und erst nach genauerer Prüfung nähertreten.[1607] Auch sind ihm gewisse wirtschaftliche Grundtatbestände bekannt, wie z. B., daß Kaufleute üblicherweise keine Leistungen verschenken.[1608] Auch ist davon auszugehen, daß er nicht jede Äußerung wörtlich nimmt, sondern beispielsweise humoristische Äußerungen als solche erkennt.[1609]

(4) Tatsachen- oder Rechtsfrage?

(a) Bedeutung der Frage

Bislang ungeklärt und heftig umstritten ist die Frage, ob die Verkehrsauffassung eine Tatsachenfrage oder eine (reine) Rechtsfrage ist. Diese dogmatische Kontoverse ist von großer praktischer Bedeutung, weil sie darüber entscheidet, ob hinsichtlich der Verkehrsauffassung im Prozeß Beweis angetreten werden kann. Dem Beweis zugänglich sind nämlich nur Tatsachen, so daß es den Parteien verwehrt ist - etwa mit Hilfe einer Befragung der betroffenen Verkehrskreise -, Beweis über die Verkehrsauffassung anzutreten, wenn man diese als Rechtsfrage auffaßt. Sieht man in der Feststellung der Verkehrsauffassung hingegen eine Tatsachenfrage, kann diese Frage empirisch beantwortet werden und muß gegebenenfalls auch empirisch beantwortet werden.

Eng hiermit verknüpft ist also die Frage, welche Rolle solche Sachverständigengutachten (insb. Verkehrsbefragungen) im Wettbewerbsprozeß spielen. Dies ist in der Praxis schon deshalb beachtlich, weil die Durchführung von Verkehrsbefragungen mit Kosten zwischen ca. 8.000 und 50.000 Euro[1610] (durchschnittlich 12.000 - 25.000 Euro[1611]) sehr teuer und auch zeitaufwendig ist. Wird mittels einer Verkehrsbefragung im Prozeß Beweis erhoben, sind die Kosten für diese gutachterliche Umfrage als Kosten eines Sachverständigenbeweises gem. § 91 I ZPO von der unterliegenden Partei zu tragen.

1605 Vgl. o. S. 274 ff.

1606 Lettl GRUR 2004, 449, 455.

1607 Vgl. BGH GRUR 2004, 162, 163 - Mindestverzinsung (zu § 3 UWG a. F.).

1608 Vgl. BGH GRUR 1999, 261, 263 - Handy-Endpreis.

1609 Vgl. BGH GRUR 2002, 982, 984 - Die Steinzeit ist vorbei.

1610 Teplitzky, Wettbewerbsrechtliche Ansprüche Kap. 47 Rn. 16 Fn. 65; vgl. unter Verweis auf Teplitzky: Götting, WettbR § 8 Rn. 27 und Hefermehl/Köhler/Bornkamm - Köhler § 12 Rn. 2.76: 7.500 - 40.000 Euro.

1611 Teplitzky, Wettbewerbsrechtliche Ansprüche Kap. 47 Rn. 16 Rn. 65.

Prozessual ist diese dogmatische Einordnung als Rechts- oder Tatsachenfrage auch deshalb von Interesse, weil sie darüber entscheidet, ob die Feststellungen der Tatsacheninstanz revisionsrechtlich gerügt werden können. Die Revision ist nämlich auf Rechtsfragen beschränkt (vgl. § 545 I ZPO) und kann tatsächliche Feststellungen nicht mehr angreifen.

Nicht zuletzt geht es um die Frage, ob allein das tatsächliche Verbraucherverhalten und damit verbunden die tatsächliche Auffassung der Durchschnittsverbraucher („Ist-Auffassung") im Sinne eines statistisch feststellbaren Mittels oder eine möglicherweise hiervon abweichende, wertend ermittelte „Soll-Auffassung" der Verbraucher ausschlaggebend sind.

(b) Entwicklung der Feststellung der Verkehrsauffassung in der Rechtsprechung

Nach traditionellem Verständnis der deutschen Rechtsprechung ist die Feststellung der Verkehrsauffassung Tatfrage.[1612] Auch nach dieser Rechtsprechung sollte der Tatrichter eine Irreführungsgefahr aber zumindest dann aus eigener Sachkunde heraus bejahen können, wenn er selbst zu den angesprochenen Verkehrskreisen zählt und sich die zu beurteilende Werbeaussage auf Gegenstände des allgemeinen Bedarfs bezog.[1613] Allerdings sollte der Richter die Irreführungsgefahr nur bejahen, nicht aber verneinen können (sog. „Bärenfang-Doktrin").[1614] Dieser Ansatz geht auf die Prämisse zurück, daß der Richter, wenn er aus eigener Sachkunde heraus urteilt, sich praktisch selbst einer Verkehrsbefragung unterzieht.[1615] Dies ist jedoch nach der früheren Rechtsprechung des BGH sowohl dann nicht möglich, wenn der Richter nicht zu den angesprochenen Verkehrskreisen zählt, als auch bei Verneinung der

---

1612 BGH GRUR 2002, 550, 552 - Elternbriefe; BGH GRUR 1995, 612, 614 - Sauerstoff-Mehrschritt-Therapie; BGH GRUR 1993, 677, 678 - Bedingte Unterwerfung (zum HWG); BGH GRUR 1990, 532, 533 - Notarieller Festpreis; BGH GRUR 1985, 140, 141 - Größtes Teppichhaus der Welt; BGH GRUR 1981, 656, 657 - Schlangenzeichen; BGH GRUR 1964, 397, 399 - Damenmäntel, zust. Anm. Bartholatus; Bornkamm in FS 50 Jahre BGH (2000) S. 356; Teplitzky, Wettbewerbsrechtliche Ansprüche Kap. 47 Rn. 4; Köhler/Piper - Piper § 3 Rn. 50; Ulbrich WRP 2005, 940, 944; Doepner WRP 1997, 999, 1000; Fezer WRP 1995, 671, 672.

1613 BGH GRUR 2000, 239, 240 - Last-Minute-Reise; BGH GRUR 1992, 406, 407 - Beschädigte Verpackung I; BGH GRUR 1963, 270, 272 f. - Bärenfang; BGH GRUR 1961, 538, 540 - Feldstecher; BGH GRUR 1961, 193, 195 - Medaillenwerbung.

1614 Namensgebend BGH GRUR 1963, 270, 273 - Bärenfang; im Anschluß daran BGH GRUR 1992, 406, 407 - Beschädigte Verpackung I; BGH GRUR 1987, 444, 446 - Laufende Buchführung; BGH GRUR 1985, 140, 141 - Größtes Teppichhaus der Welt.

1615 Hefermehl/Köhler/Bornkamm - Bornkamm § 5 Rn. 3.6.

Irreführung. Im letztgenannten Fall muß der Richter nämlich feststellen, daß kein rechtlich in Betracht kommender Teil des Verkehrs irregeführt wurde, so daß er – angesichts der von der Rechtsprechung niedrig angesetzten Irreführungsquote – über die Auffassung aller in Betracht kommenden Verkehrskreise urteilen muß, wofür ihm die erforderliche Sachkunde normalerweise nicht zur Verfügung steht.[1616] Hieran wird deutlich, daß der BGH im Grundsatz von einer empirischen Feststellung der Irreführungsgefahr ausging.

Später stufte der BGH die Verkehrsauffassung in der Entscheidung „Meister Kaffee“ als offenkundige Tatsache i. S. d. § 291 ZPO ein.[1617] Kurz darauf relativerte er diese Auffassung dahingehend, daß – obwohl bei offenkundigen Tatsachen ein Gegenbeweis grundsätzlich geführt werden könne – die Feststellung der Verkehrsauffassung durch den Richter, der zu den angesprochenen Verkehrskreisen zähle, auch bei Antritt des Gegenbeweises nicht schlechthin ausgeschlossen sei.[1618] Mit der Entscheidung „Elternbriefe“[1619] gab er die Bärenfang-Doktrin dann gänzlich auf. Weil gemäß der neueren Rechtsprechung[1620] auf den situationsadäquat durchschnittlich aufmerksamen, informierten und verständigen Verbraucher abzustellen sei, komme es – wie der BGH ausführt – nicht mehr auf die hiervon abweichenden Anschauungen von Minderheiten an, so daß es auch keinen Unterschied mehr mache, ob der Tatrichter seine Sachkunde und Lebenserfahrung zur Bejahung oder zur Verneinung einer Irreführungsgefahr einsetze.[1621]

Inzwischen ist der BGH mit der Entscheidung „Marktführerschaft“[1622] in ausdrücklicher Aufgabe des Urteils „Meister-Kaffee“[1623] gänzlich von der Auffassung abgewichen, daß die Verkehrsauffassung offenkundige Tatsache i. S. d. § 291 ZPO sein könne. Zur Begründung hat er ausgeführt, die Verkehrsauffassung könne deshalb keine offenkundige Tatsache i. S. d. § 291 ZPO sein, weil § 291 ZPO nur auf Tatsachen Anwendung finde, die Feststellung der Verkehrsauffassung sich aber auf Erfahrungswissen

---

1616 Vgl. Götting, WettbR § 8 Rn. 28; Hefermehl/Köhler/Bornkamm – Bornkamm § 5 Rn. 3.6.

1617 BGH GRUR 1990, 607, 608 – Meister-Kaffee.

1618 BGH GRUR 1992, 406, 407 – Beschädigte Verpackung I; BGH GRUR 1993, 677, 678 – Bedingte Unterwerfung.

1619 BGH GRUR 2002, 550, 552 – Elternbriefe.

1620 BGH GRUR 2000, 619, 612 – Orient-Teppichmuster; BGH GRUR 2000, 820, 821 – Space Fidelity Peep-Show.

1621 BGH GRUR 2003, 247, 248 – THERMAL BAD; BGH GRUR 2002, 550, 552 – Elternbriefe.

1622 BGH GRUR 2004, 244 – Marktführerschaft (zu § 3 UWG a. F.).

1623 BGH GRUR 1990, 607, 608 – Meister-Kaffee.

stütze.[1624] Sie sei dem Zeugenbeweis nicht zugänglich, sondern könne gegebenenfalls mit Hilfe eines Sachverständigengutachtens (Verkehrsbefragung) ermittelt werden.[1625] Der Richter könne die Verkehrsauffassung aber auch ohne sachverständige Hilfe ermitteln, wenn er aufgrund seines Erfahrungswissens über ausreichende Sachkunde verfüge.[1626]

Allerdings sei für die eigene Sachkunde des Gerichts nicht zwingend erforderlich, daß es zu den betroffenen Verkehrskreisen der Werbung gehöre.[1627] Insbesondere drei Aspekte seien hierfür verantwortlich: Es gebe Konstellationen, in denen es keiner besonderen Sachkunde bedürfe, so daß beispielsweise die Frage der Irreführung über den Preis auch von demjenigen beurteilt werden könne, der die Ware im allgemeinen nicht nachfrage.[1628] Weiter sei es denkbar, daß auch Fachkreise im konkreten Fall nicht über besondere Kenntnisse und Erfahrungen bezüglich der beworbenen Ware verfügten und schließlich könnten ständig mit Wettbewerbssachen betraute Gerichte aufgrund ihrer Erfahrung die erforderliche Sachkunde erworben haben.[1629]

Habe das Tatsachengericht die Verkehrsauffassung ohne sachverständige Hilfe beurteilt, obwohl es selbst nicht hinreichend sachkundig sei, könne dies - nach allgemeinen Grundsätzen - im Revisionsverfahren nach § 286 ZPO uneingeschränkt gerügt werden.[1630] Gleiches soll offenbar gelten, wenn sich die Beurteilung der Verkehrsauffassung als erfahrungswidrig erweist.[1631]

Wichtigste Konsequenz aus dem Urteil „Marktführerschaft" ist, daß das Gericht - hinreichende Sachkunde und sonstige pflichtgemäße Ermessenausübung vorausgesetzt - eine bestimmte Verkehrsauffassung auch dann annehmen kann, wenn für eine abweichende Auffassung dadurch Beweis angetreten worden ist, daß eine der Parteien ein Sachverständigengutachten vorgelegt hat.[1632]

[1624] BGH GRUR 2004, 244, 245 - Marktführerschaft (zu § 3 UWG a. F.).

[1625] BGH GRUR 2004, 244, 245 - Marktführerschaft (zu § 3 UWG a. F.).

[1626] BGH GRUR 2004, 244, 245 - Marktführerschaft (zu § 3 UWG a. F.).

[1627] BGH GRUR 2004, 244, 245 - Marktführerschaft (zu § 3 UWG a. F.).

[1628] BGH GRUR 2004, 244, 245 - Marktführerschaft (zu § 3 UWG a. F.); BGH GRUR 2002, 77, 79 - Rechenzentrum.

[1629] BGH GRUR 2004, 244, 245 - Marktführerschaft (zu § 3 UWG a. F.).

[1630] BGH GRUR 2004, 244, 245 - Marktführerschaft (zu § 3 UWG a. F.).

[1631] BGH GRUR 2004, 244, 245 - Marktführerschaft (zu § 3 UWG a. F.).

[1632] Ulbrich WRP 2004, 940, 945; Lettl WRP 2004, 1079, 1100; vgl. Hefermehl/Köhler/Bornkamm - Bornkamm § 5 Rn. 3.15.

Weitere Ausführungen zur Bestimmung der Irreführungsgefahr hat der BGH in seinem Urteil „Mindestverzinsung“ gemacht.[1633] Es sei zwar von einem durchschnittlich informierten, verständigen und situationsadäquat aufmerksamen Verbraucher auszugehen, dies habe aber nicht zur Folge, daß eine Irreführung nur dann angenommen werden könne, wenn die Angabe geeignet sei, jeden durchschnittlich informierten und verständigen Verbraucher irrezuführen.[1634] Vielmehr sei davon auszugehen, daß auch durchschnittlich informierte und verständige Verbraucher eine Aussage unterschiedlich auffassen könnten, so daß eine Irreführung nur dann anzunehmen sei, wenn Durchschnittsverbraucher „zumindest zu einem erheblichen Teil“ irregeführt würden.[1635] Hierfür reiche es nicht aus, wenn die fragliche Werbung nur geeignet sei, 15-20 % der betroffenen Verkehrskreise irrezuführen.[1636]

Ob diese Entwicklung in der Rechtsprechung nun eher für eine Hinwendung zur normativen Feststellung der Verbraucherauffassung spricht oder aber gerade als Bestätigung des empirischen Ansatzes zu lesen ist, ist in der Literatur unterschiedlich beurteilt worden.[1637]

Ähnlich der Rechtsprechung des BGH geht auch der EuGH davon aus, daß die nationalen Gerichte die Verkehrsauffassung regelmäßig selbst feststellen können, ohne darüber Beweis erheben zu müssen.[1638] Allerdings wird ausdrücklich betont, daß die nationalen Gerichte auf Verbraucherbefragungen zurückgreifen können, um eine nach nationalem Recht erforderliche Irreführungsquote festzustellen.[1639] Ob aus diesen Äußerungen geschlossen werden kann, daß der EuGH einen normativen oder einen empirischen Ansatz bei der Feststellung der Verkehrsauffassung verfolgt, wird ebenfalls unterschiedlich beurteilt.[1640]

1633 BGH GRUR 2004, 162 – Mindestverzinsung (zu § 3 UWG a. F.).

1634 BGH GRUR 2004, 162, 163 – Mindestverzinsung (zu § 3 UWG a. F.).

1635 BGH GRUR 2004, 162, 163 – Mindestverzinsung (zu § 3 UWG a. F.).

1636 BGH GRUR 2004, 162, 163 – Mindestverzinsung (zu § 3 UWG a. F.).

1637 Etwa einerseits Ulbrich WRP 2005, 940, 944 f.; andererseits Gloy/Loschelder – Helm § 53 Rn. 38.

1638 EuGH GRUR Int. 2000, 354, 356 Tz. 31 – Lifting Creme; EuGH GRUR Int. 1998, 795, 797 Tz. 31 – Gut Springheide.

1639 EuGH GRUR Int. 2000, 354, 356 Tz. 31 – Lifting Creme.

1640 Etwa einerseits Ulbrich WRP 2005, 940, 941; andererseits Groeschke/Kiethe WRP 2001, 230, 231; Gloy/Loschelder – Helm § 52 Rn. 26.

(c) Normativer Ansatz

Nach einer im Vordringen befindlichen Ansicht ist die Auffassung der betroffenen Verkehrskreise rein normativ festzustellen.[1641]

Anlaß zu einer intensiveren Auseinandersetzung mit dem Problem der Feststellung der Verkehrsauffassung waren insbesondere die bereits erwähnten Urteile des EuGH und später auch des BGH, aus denen eine Abkehr von der rein empirischen Feststellung der Irreführungsgefahr herausgelesen worden ist.[1642]

Für eine normative Feststellung wird vorgebracht, der EuGH orientiere sich an einem normativen Verbraucher, wenn er davon ausgehe, daß der Verbraucher Produktinformationen des Herstellers wahrnehme und einen Verbraucher voraussetze, der sich informiere.[1643] Seinen Entscheidungen liege ein Wettbewerbsmodell zugrunde, das von einem Konzept der informierenden Werbung als Marktkommunikation in einer marktwirtschaftlichen Wettbewerbsordnung und des sich informierenden Verbrauchers ausgehe.[1644] Geschützt werde also nicht das tatsächliche Verständnis der Verbraucher, sondern nur die „berechtigten Erwartungen eines verständigen [Durchschnitts-] Verbrauchers".[1645] Auch ergebe sich das normative Verständnis daraus, daß der EuGH darauf abstelle, ob „der" Durchschnittsverbraucher – also eine real in vielen Fällen gar nicht existierende Person – irregeführt werde, so daß dieser nur wertend ermittelt werden könne.[1646] Weiter betone der EuGH[1647], daß das Kriteri-

---

1641 Ulbrich WRP 2005, 940, 947; Harte-Bavendamm/Henning-Bodewig – Dreyer § 5 Rn. 71 ff.; Omsels GRUR 2005, 548, 558; Fezer WRP 1995, 671, 676; Scherer WRP 1999, 991, 994 f.; Scherer GRUR 2000, 273, 278 (zur Parallelproblematik der Verwechselungsgefahr im Markenrecht); S. Ahrens WRP 1999, 389, 394; Lettl, NJW Sonderheft 100 Jahre Markenverband (2003) 44, 48 (zur Parallelproblematik der Verwechselungsgefahr im Markenrecht); vgl. Lettl, Der lauterkeitsrechtliche Schutz S. 93; Lettl, UnlWb Rn. 125.

1642 Ulbrich WRP 2005, 940, 947; Harte-Bavendamm/Henning-Bodewig – Dreyer § 5 Rn. 72; Scherer WRP 1999, 991, 992; Fezer WRP 1995, 617, 672 und 675; vgl. Lettl, Der lauterkeitsrechtliche Schutz S. 92.

1643 Fezer WRP 1995, 671, 674.

1644 Fezer WRP 1995, 671, 674 und 676 in Auslegung der Urteile EuGH GRUR Int. 1985, 110 – r+r; EuGH Slg. 1982, 3961 – Rau; EuGH Slg. 1990 I 2971 – Piageme/Peeters; EuGH GRUR Int. 1991, 215 – Pall/Dahlhausen; EuGH GRUR Int. 1990, 955 – GB-INNO-BM; EuGH GRUR 1993, 747 – Yves Rocher; EuGH WRP 1993, 233 – Nissan; EuGH GRUR 1987, 245 – Reinheitsgebot für Bier und EuGH WRP 1995, 677 – Mars; vgl. auch Scherer WRP 1999, 991, 995.

1645 Fezer WRP 1995, 671, 675.

1646 Harte-Bavendamm/Henning-Bodewig – Dreyer § 5 Rn. 72; Scherer WRP 1999, 991, 992.

1647 EuGH GRUR Int. 2000, 354, 356 Tz. 28 – Lifting.

um der „mutmaßlichen Erwartung eines durchschnittlich informierten, aufmerksamen und verständigen Durchschnittsverbrauchers" auf dem Verhältnismäßigkeitsgrundsatz (also einer Abwägung von Grundfreiheiten und Verbraucherschutz[1648]) beruhe, wobei alle Umstände des Einzelfalles abzuwägen seien.[1649] Wäre die Statistik ausschlaggebend, wäre eine Abwägung unter Berücksichtigung des Verhältnismäßigkeitsgrundsatzes nicht möglich.[1650]

Der EuGH verlange vom Verbraucher durchschnittliche Eigenschaften, damit das gemeinschaftsrechtliche Interesse an der Gewährleistung der in erster Linie anbieterschützenden Marktfreiheiten, in denen das Binnenmarktkonzept seinen paradigmatischen Ausdruck gefunden habe, hinreichend Berücksichtigung finde.[1651] Deshalb sei das von EuGH zugrundegelegte Verbraucherleitbild zumindest teilweise normativer Natur.[1652] Ein aus der normativen Auffassung möglicherweise resultierendes Schutzdefizit infolge einer Abweichung der tatsächlichen Verbrauchergewohnheiten solle offenbar zugunsten einer größeren Flexibilität des Wettbewerbs auf dem Binnenmarkt und eines Zugewinns an Handlungs- und Entscheidungsfreiheit für die Marktbeteiligten in ihrer Gesamtheit hingenommen werden.[1653] Ergebnisse der Konsumentenforschung bestätigten das Verbraucherleitbild des EuGH jedenfalls nicht.[1654] Der Binnenmarkt könne nur funktionieren, wenn dem um Wahlmöglichkeiten bereicherten Verbraucher auch Informationslasten zugemutet würden.[1655]

Damit stellt diese Ansicht letztlich darauf ab, daß eine normative Bestimmung der Irreführungsgefahr mit der Folge, daß es auf eine „Soll-Auffassung" der betroffenen Verkehrskreise, nicht aber auf die „Ist-Auffassung" ankommt, zur Verwirklichung des ebenfalls auf dem Verhältnismäßigkeitsgrundsatz beruhenden Informationsmodells erforderlich ist. Dieser Auffassung wohnt also ein „erzieherisches Moment" in-

---

1648 Omsels GRUR 2005, 548, 553; Fezer – Peifer § 5 Rn. 196; Helm FS Tilmann (2003) S. 141.

1649 Harte-Bavendamm/Henning-Bodewig – Dreyer § 5 Rn. 72.

1650 Harte-Bavendamm/Henning-Bodewig – Dreyer § 5 Rn. 72.

1651 Lettl, Der lauterkeitsrechtliche Schutz S. 92; Fezer WRP 1995, 617, 675; Drexl in Schricker/Henning-Bodewig, Neuordnung des Wettbewerbsrechts S. 163.

1652 Lettl, Der lauterkeitsrechtliche Schutz S. 92; Fezer WRP 1995, 617, 675; Drexl in Schricker/Henning-Bodewig, Neuordnung des Wettbewerbsrechts S. 163.

1653 Lettl, Der lauterkeitsrechtliche Schutz S. 93; vgl. Drexl in Schricker/Henning-Bodewig, Neuordnung des Wettbewerbsrechts S. 178; Ulbrich WRP 2005, 940, 942.

1654 Lettl, Der lauterkeitsrechtliche Schutz S. 92 und ausführlich § 5 III 1b ee, S. 81 ff.; Ulbrich WRP 2005, 940, 942.

1655 Lettl, Der lauterkeitsrechtliche Schutz S. 93.

ne,[1656] weil sie von „Informationsobliegenheit" des Verbrauchers ausgeht.

Für eine normative Feststellung spreche weiter, so wird argumentiert, daß für einen Verstoß gegen das Irreführungsverbot keine tatsächliche Irreführung erforderlich sei, sondern eine Irreführungsgefahr ausreiche.[1657] Es sei also eine Prognose, welche zwingend eine wertende Entscheidung sei, erforderlich.[1658]

Einem normativen Verständnis stehe auch nicht entgegen, daß der EuGH ausdrücklich betont habe, daß der Richter des nationalen Gerichts sich auf ein Sachverständigengutachten stützen könne, denn jede Wertung beruhe auf einer Tatsachengrundlage.[1659] Statistische Erhebungen oder Gutachten könnten neben anderen Beweismitteln ein geeignetes Mittel darstellen, um die Anknüpfungstatsachen für die normative Feststellung des Verkehrsverständnisses zu liefern, wenn dem Gericht die tatsächliche Grundlage für die Entscheidung sonst fehle.[1660] Auch betone der EuGH, daß das nationale Gericht „bei Vorliegen besonderer Umstände"[1661] ein Sachverständigengutachten einholen dürfe, was zum Ausdruck bringe, daß diese Methode die Ausnahme sein solle.[1662]

Weiter wird die Entscheidung „Gut Springheide" des EuGH auf die Vorlagefrage des BVerwG, ob „für die erforderliche Beurteilung, ob werbewirksame Angaben geeignet seien, den Käufer irrezuführen, die tatsächliche Erwartung der angesprochenen Verbraucher zu ermitteln [sei], oder [ob ein] objektiver, allein juristisch zu interpretierender Käuferbegriff als Maßstab zugrunde [zu legen sei]",[1663] ins Feld geführt. Der EuGH hat auf die Vorlage hin geantwortet, es ergebe sich bereits aus zahlreichen vorausgegangenen Urteilen, daß der Gerichtshof[1664] bei der Beurteilung, ob die betreffende Werbeaussage geeignet war, den Käufer

---

1656 Vgl. vom Stein WRP 1970, 332, 333; Tilmann GRUR 1976, 544, 550; GK – Lindacher § 3 Rn. 101.

1657 Harte-Bavendamm/Henning-Bodewig – Dreyer § 5 Rn. 72.

1658 Harte-Bavendamm/Henning-Bodewig – Dreyer § 5 Rn. 72.

1659 Ulbrich GRUR 2005, 940, 943; Harte-Bavendamm/Henning-Bodewig – Dreyer § 5 Rn. 73; Scherer WRP 1999, 991, 992; vgl. Lettl, UnlWb Rn. 125.

1660 Harte-Bavendamm/Henning-Bodewig – Dreyer § 5 Rn. 73; Scherer WRP 1999, 991, 992; Lettl, UnlWb Rn. 125; Lettl, NJW Sonderheft 100 Jahre Markenverband (2003) 44, 48 (zur Parallelproblematik der Verwechselungsgefahr im Markenrecht).

1661 EuGH GRUR Int. 1998, 795, 796 Tz. 35 – Gut Springheide.

1662 Lettl, NJW Sonderheft 100 Jahre Markenverband (2003) 44, 47 (zur Parallelproblematik der Verwechselungsgefahr im Markenrecht).

1663 EuGH GRUR Int. 1998, 795, 796 Tz. 15 – Gut Springheide; siehe auch Tz. 14.

1664 EuGH GRUR Int. 1998, 795, 797 Tz. 31 – Gut Springheide.

irrezuführen, auf die mutmaßliche Erwartung eines Durchschnittsverbrauchers abgestellt habe, ohne ein Sachverständigengutachten einzuholen oder eine Verbraucherbefragung in Auftrag zu geben.[1665]

Eine Angleichung der deutschen Rechtsprechung an die Auffassung des EuGH sei schon mit Blick auf Art. 3 I GG erforderlich.[1666] Stellenweise wird auch vertreten, daß der BGH sich mit der Entscheidung „Elternbriefe" dem normativen Verständnis bereits zugewandt habe.[1667] Dort führe er nämlich aus, daß er die zuvor vertretene Auffassung, nach welcher es angesichts der uneinheitlichen Verkehrsauffassung darauf ankomme, wie informiert und verständig die einzelnen Verbraucher tatsächlich seien, aufgebe und nach der Anerkennung des Leitbildes des situationsadäquat durchschnittlich aufmerksamen, informierten und verständigen Verbrauchers nun Minderheiten unberücksichtigt lasse.[1668] Mit der Möglichkeit sowohl der Verneinung als auch der Bejahung der Irreführungsgefahr durch den Tatrichter aus eigener Sachkunde und Lebenserfahrung gebe der BGH zu erkennen, daß er der tatsächlichen Verkehrsauffassung keine weitere Bedeutung mehr zuspreche und auf den (empirischen) Irreführungsbegriff als Tatfrage verzichte.[1669] Gleiches ergebe sich aus der Entscheidung „Marktführerschaft"[1670], in welcher der BGH herausstelle, daß die Verkehrsauffassung keine offenkundige Tatsache i. S. d. § 291 ZPO sei, weil § 291 ZPO nur auf Tatsachen Anwendung finde, die Feststellung der Verkehrsauffassung sich aber auf Erfahrungswissen stütze.[1671] Wenn der BGH die Verkehrsauffassung nicht wie eine Tatsache als dem Beweis zugänglich ansehe, handele es sich um eine Wertung.[1672]

Einer normativen Auffassung stehe nicht entgegen, daß der BGH in der Entscheidung „Mindestverzinsung"[1673] unter Hinweis darauf, daß auch durchschnittlich informierte und verständige Verbraucher eine Werbeaussage unterschiedlich auffassen könnten, Ausführungen zur Irreführ-

---

1665 Scherer WRP 1999, 991, 992; S. Ahrens WRP 1999, 389, 392 ff.

1666 Scherer WRP 1999, 991, 994; allgemein Martin-Ehlers, Die Irreführungsverbote des UWG S. 215 ff.

1667 Ulbrich WRP 2005, 940, 945; Harte-Bavendamm/Henning-Bodewig – Dreyer § 5 Rn. 75 f.

1668 Harte-Bavendamm/Henning-Bodewig – Dreyer § 5 Rn. 75 f.

1669 Ulbrich WRP 2005, 940, 941; Omsels GRUR 2005, 548, 558.

1670 BGH GRUR 2004, 244, 245 – Marktführerschaft (zu § 3 UWG a. F.).

1671 Omsels GRUR 2005, 548, 558.

1672 Omsels GRUR 2005, 548, 558.

1673 BGH GRUR 2004, 162, 163 – Mindestverzinsung (zu § 3 UWG a. F.); Anm.: Auf dieses Urteil geht Omsels GRUR 2005, 548, 558 nicht ein.

rungsquote gemacht habe.[1674] Diese Äußerung sei zwar mißverständlich,[1675] könne aber auch so aufgefaßt werden, daß der BGH die tatsächliche Irreführungsquote nur als einen (von mehreren) Aspekten bei seiner wertenden Beurteilung berücksichtige.[1676]

Unabhängig von der Frage, ob die normative Feststellung der Verkehrsauffassung im Einklang mit der bisherigen Rechtsprechung stehe, biete der normative Ansatz auch nicht unerhebliche Vorteile gegenüber einer empirischen Feststellung.

Insbesondere ergebe die normative Feststellung der Irreführungsgefahr eine höhere Rechtssicherheit, weil sich die Frage der Irreführung nun nicht erst ex post im Rahmen einer Verkehrsbefragung, sondern schon ex ante normativ ermitteln lasse.[1677] Dies führe zu einer angemessenen Risikoverteilung hinsichtlich des (Miß-)Verstehens einer Werbung zwischen Verbraucher und Werbendem.[1678]

Auch werde so der Wertungswiderspruch behoben, daß die Rechtsprechung[1679] beim Parallelproblem der Verwechselungsgefahr im Markenrecht einen normativen Ansatz verfolge[1680]

Weiter werde auch in anderen Rechtsgebieten konkretes Verhalten normativ festgestellt, so etwa im Rahmen der Fahrlässigkeitsprüfung (§ 276 II BGB) oder bei der Auslegung einer Willenserklärung nach dem objektiven Empfängerhorizont, und es sei nicht gerechtfertigt, im Bereich unverbindlicher werblicher Aussagen einen milderen Maßstab anzulegen.[1681]

1674 Ulbrich WRP 2005, 940, 941; Harte-Bavendamm/Henning-Bodewig - Dreyer § 5 Rn. 81; vgl. Lettl, UnlWb Rn. 125; Lettl, Der lauterkeitsrechtliche Schutz S. 184.

1675 Ulbrich WRP 2005, 940, 941; vgl. Teplitzky GRUR 2004, 900, 903.

1676 Harte-Bavendamm/Henning-Bodewig - Dreyer § 5 Rn. 81; Lettl, UnlWb Rn. 125; Lettl, NJW Sonderheft 100 Jahr Markenverband (2003) 44, 48 (zur Parallelproblematik der Verwechselungsgefahr im Markenrecht); zurückhaltender Ulbrich WRP 2005, 940, 941.

1677 Ulbrich WRP 2005, 940, 947; Scherer GRUR 2000, 273, 278 (zur Parallelproblematik der Verwechselungsgefahr im Markenrecht); Scherer WRP 1999, 991, 994 f.; Fezer WRP 1995, 671, 675.

1678 Ulbrich WRP 2005, 940, 947; Scherer GRUR 2000, 273, 278 (zur Parallelproblematik der Verwechselungsgefahr im Markenrecht); Scherer WRP 1999, 991, 994 f.

1679 BGH GRUR 2000, 875, 877 - Davidoff; BGH GRUR 2000, 506, 508 - ATTACHÉ/TISSERAND.

1680 Ulbrich WRP 2005, 940, 947; Büttner GRUR 1996, 533; 536; Scherer GRUR 2000, 273, 277; Omsels GRUR 2005, 548, 557/558.

1681 Ulbrich WRP 2005, 940, 947; Scherer WRP 1999, 991, 996; Pohlmann/Orlikowski WuB V B § 3 UWG 1.99 S. 650.

Einer normativen Bestimmung der angesprochenen Verkehrskreise stehe auch nicht der mit dem Irreführungsschutz bezweckte Verbraucherschutz entgegen, da hier die widerstreitenden Interessen im Rahmen einer Interessenabwägung im Einzelfall zu berücksichtigen seien und die Interessen der Verbraucher an umfassender Information von vornherein in die Abwägung mit einbezogen werden könnten.[1682] Sowohl nach dem normativen als auch nach dem empirischen Ansatz sei es denkbar, Minderheiten zu schützen oder aber gerade auszuklammern.[1683] Auch könnten Umfang und Qualität der mit der Werbung gegebenen Information ebenso mit eingezogen werden wie die konkrete Situation, in der sich der Verbraucher befinde.[1684]

Es wird hervorgehoben, daß aus diesen Gründen nicht zu befürchten sei, daß die Feststellung der Verkehrsauffassung den Bezug zur Realität verliere.[1685]

Mit einer rein tatsächlichen Feststellung seien insbesondere Fälle eines stark inhomogenen Umworbenenkreises, bei denen eine Mittelschicht von Durchschnittsverbrauchern nicht bestehe, nicht zu fassen.[1686] Hier werde zwar eine Vielzahl von Personen tatsächlich irregeführt, aber der für das Irreführungsverbot allein maßgebliche (fiktive) Durchschnittsverbraucher unterliege keinem Irrtum.[1687] Eine Bestimmung der tatsächlichen Auffassung des Durchschnitts sei daher hier nicht möglich.[1688]

Auch wird bezweifelt, daß ein empirisches Vorgehen überhaupt geeignet sei, die tatsächliche Verkehrsauffassung wirklich festzustellen, weil es etwa schon an einer verläßlichen Feststellung des Personenpools, auf dessen Verständnis es ankomme, fehle.[1689]

Ferner fehle es für das bisherige rein empirischen Feststellungsmodell an einer tragfähigen Rechtfertigung dafür, daß tatsächliche Fehlvorstellun-

---

1682 Ulbrich WRP 2005, 940, 947; Scherer WRP 1999, 991, 994; vgl. Lettl, NJW-Sonderheft 100 Jahre Markenverband (2003) 44, 47 (zur Parallelproblematik des Verwechselungsgefahr im Markenrecht).

1683 Doepner WRP 1997, 999, 1000.

1684 Ulbrich WRP 2005, 940, 947; Fezer – Steinbeck § 4-1 Rn. 86.

1685 Ulbrich WRP 2005, 940, 947; krit. auch Drexl, Die wirtschaftliche Selbstbestimmung des Verbrauchers S. 432.

1686 Harte-Bavendamm/Henning-Bodewig – Dreyer § 5 Rn. 77.

1687 Harte-Bavendamm/Henning-Bodewig – Dreyer § 5 Rn. 77.

1688 Harte-Bavendamm/Henning-Bodewig – Dreyer § 5 Rn. 78.

1689 Omsels GRUR 2005, 248, 258.

gen, gleichgültig welcher Art und Qualität, unbesehen geschützt würden.[1690]

Ein weiterer Mangel der tatsächlich-empirischen Feststellung der Verkehrsauffassung sei, daß diese weitgehend inhalts- und konturenlos sei, denn es fehle an Kriterien für die wettbewerbsrechtliche Bewertung divergierender Verkehrsanschauungen sowie für die Bewertung von Unsicherheiten hinsichtlich der Absicherung werblicher Angaben durch Fakten.[1691]

Nicht zuletzt sei zu bedenken, daß auch nach traditioneller Ansicht des BGH schon immer normative Elemente bei der Bestimmung der Irreführungsgefahr einer Rolle gespielt hätten – etwa in der Interessenabwägung[1692] oder der Festlegung der Irreführungsquote,[1693] die bei gesundheitsbezogener Werbung sowie objektiv wahren Angaben aufgrund einer Wertung besonders niedrig angesetzt worden sei –, so daß von einem rein empirischen Ansatz ohnehin nicht ausgegangen werden könne.[1694]

Allerdings wird eingestanden, daß wegen der Notwendigkeit einer Generalisierung letztlich kein Verbraucherleitbild voll befriedigen könne.[1695]

(d) Empirischer Ansatz

Ein großer Teil des Schrifttums will auch und gerade nach den bereits angesprochenen Tendenzen in der Rechtsprechung (vgl. o.[1696]) daran festhalten, daß die Bestimmung der Auffassung der betroffenen Verkehrskreise Tatfrage, nicht aber eine reine Rechtsfrage sei.[1697] Allerdings

---

1690 Scherer GRUR 2000, 273, 277 (zur Parallelproblematik der Verwechselungsgefahr im Markenrecht).

1691 Doepner WRP 1997, 999, 1001 (jedoch im Ergebnis gegen den normativen Ansatz).

1692 Doepner WRP 1997, 999, 1001 (jedoch im Ergebnis gegen den normativen Ansatz).

1693 Drexl, Die wirtschaftliche Selbstbestimmung des Verbrauchers S. 430 f. (für einen normativen Ansatz); H.-J. Ahrens WRP 2000, 812, 813 (jedoch im Ergebnis gegen den normativen Ansatz).

1694 H.-J. Ahrens WRP 2000, 812, 813 (jedoch im Ergebnis gegen den normativen Ansatz).

1695 Lettl, Der lauterkeitsrechtliche Schutz S. 93; vgl. Scherer WRP 1999, 991, 996 f.

1696 Vgl. o. S. 285 ff.

1697 Helm WRP 2005, 931, 939; Helm FS Tilmann (2003) S. 143; Gloy/Loschelder – Helm § 53 Rn. 38; Fezer – Peifer § 5 Rn. 198; Groeschke/Kiethe WRP 2001, 230, 231; Spätgens WRP 2000, 1023, 1027; H.-J. Ahrens WRP 2000, 812, 814; Schweizer GRUR 2000, 923 ff.; Sack WRP 1999, 399, 401; Doepner WRP 1997, 999, 1006 f.; Seibt GRUR 2002, 465, 467 (zur Parallelproblematik im Markenrecht); Drexl in wird auch von Vertretern eines tatsächlich-empirischen Ansatzes zugestanden, daß gewisse Wertungen durch den Richter vorgenommen werden dürften.[1698] Stellenweise wird daher auch ein gemischt empirisch-normativer Ansatz vertreten. Insbesondere die traditionelle Rechtsprechung ist mit verschiedenen Wertungen (Irreführungsquote etc. vgl. o.[1699]) nicht rein empirisch.

Nach Ansicht der Vertreter der empirischen Auffassung kann aus der Rechtsprechung nicht geschlossen werden, daß es nicht auf die tatsächliche Auffassung des Verbrauchers ankomme, denn es werde ausdrücklich auf die Möglichkeit der Verkehrsbefragung hingewiesen und es werde die Beantwortung der Frage der Irreführungsquote den nationalen Gerichten überlassen, so daß es offensichtlich auf den realen Verbraucher ankomme.[1700]

Es wird argumentiert, die Formulierung des EuGH, daß entscheidend sei, wie der Verbraucher die Werbung wahrscheinlich auffassen „*werde*",[1701] spreche dafür, daß es nicht auf einen normativen Verbraucher, sondern auf einen Realtypus ankomme.[1702] Weiter betone der EuGH, daß über die Verkehrsauffassung Beweis erhoben werden könne, so daß es sich um eine Tatsachen- nicht aber um eine Rechtsfrage handele.[1703] Es treffe nicht zu, daß eine Beweiserhebung über die Erwartungen der Durchschnittsverbraucher nur dazu diene, dem Richter tatsächliche Grundlagen für seine im übrigen freie normative Sicht zu geben.[1704] Auch wird darauf hingewiesen, daß zu jeder Rechtsfrage zwingend eine Tatfrage gehöre und immer nur dann entschieden werden könne, wenn auch die (dem Beweis zugängliche) Tatfrage beantwortet sei.[1705] Keines-

---

Schricker/Henning-Bodewig, Neuordnung des Wettbewerbsrechts S. 186; Köhler/Piper - Piper § 3 Rn. 55; GK - Lindacher § 3 Rn. 105.

1698 Helm WRP 2005, 931, 939; Helm FS Tilmann (2003) S. 143; H.-J. Ahrens WRP 2000, 812, 814; Doepner WRP 1997, 999, 1006 f.; Drexl in Schricker/Henning-Bodewig, Neuordnung des Wettbewerbsrechts S. 186; GK - Lindacher § 3 Rn. 105.

1699 Vgl. o. S. 132.

1700 Spätgens WRP 2000, 1023, 1027; H.-J. Ahrens WRP 2000, 812, 814; Sack WRP 1999, 399, 401; Groeschke/Kiethe WRP 2001, 230, 231.

1701 EuGH GRUR Int. 1999, 345, 347 Tz. 38 - Sektkellerei Kessler; EuGH GRUR Int. 1998, 795, 797 Tz. 37 - Gut Springheide (Hervorhebung vom Verf.).

1702 Sack WRP 1999, 399, 401.

1703 Helm FS Tilmann (2003) S. 143; Groeschke/Kiethe WRP 2001, 230, 231.

1704 Helm WRP 2005, 931, 939.

1705 Schweizer GRUR 2000, 923, 927.

falls sei es möglich, allein eine Rechtsfrage ohne rechtserheblichen Sachverhalt zu beantworten.[1706]

Weiter sei nach dem EuGH[1707] bei der Anwendung des europäischen Verbraucherleitbildes zu beachten, daß soziale, kulturelle oder sprachliche Eigenheiten es rechtfertigen könnten, die strittige Werbeangabe in einem Mitgliedsstaat anders zu verstehen als in einem anderen Mitgliedsstaat.[1708] Dies spreche gegen eine normative Sichtweise, weil es bei einer rein normativ zu bestimmenden „Soll-Verkehrsauffassung" auf die nationalen Unterschiede gerade nicht ankommen dürfte, denn Ziel eines solchen Idealbildes wäre die Angleichung des Schutzniveaus in allen Mitgliedstaaten nach einem einheitlichen Muster.[1709] Daraus, daß der EuGH auch national unterschiedliche soziale, kulturelle oder sprachliche Eigenheiten berücksichtige, könne geschlossen werden, daß es auf die vorgefundene Wirklichkeit ankommen solle.[1710]

Ganz besonders problematisch sei beim normativen Ansatz jedoch, daß es für die Beurteilung der Verkehrsauffassung an einem verbindlichen Orientierungsmaßstab fehle, so daß man Gefahr laufe, unter dem Etikett der wertenden Betrachtung an deren Stelle die tatsächliche Auffassung des Richters zu stellen.[1711] Es bestehe die Gefahr, daß der Richter nach dem Motto „Das nicht sein kann, was nicht sein darf" handele.[1712] Dieses Problem der Willkürlichkeit werde auch nicht durch das Abstellen auf den Durchschnittsverbraucher beseitigt, denn es gehe auch hier nur um die „berechtigte Verbrauchererwartung", d. h. um eine „Soll-Auffassung". Die Erfassung unterschiedlicher Erwartungen eines inhomogenen Publikums sei schon vom Ansatz her ausgeschlossen.[1713] Es sei schwer vorstellbar, wie ein Richter ohne eigene Sachkunde und Erfahrung hinsichtlich der Werbeobjekte und der Werbemodalitäten ohne Rückgriff auf sozial-empirisch ermittelte Faktoren atypische Sachverhalte bewerten könne.[1714]

1706 Schweizer GRUR 2000, 923, 927.

1707 EuGH GRUR Int. 2000, 354, 356 Tz. 29 – Lifting.

1708 Seibt GRUR 2002, 465, 467 (zur Parallelproblematik im Markenrecht).

1709 Seibt GRUR 2002, 465, 467 (zur Parallelproblematik im Markenrecht).

1710 Seibt GRUR 2002, 465, 466 (zur Parallelproblematik im Markenrecht).

1711 Köhler/Piper – Piper § 3 Rn. 55; Drexl in Schricker/Henning-Bodewig, Neuordnung des Wettbewerbsrechts S. 186; Schweizer GRUR 2000, 923, 926; Doepner WRP 1997, 999, 1006; Seibt GRUR 2002, 466, 467 (zur Parallelproblematik im Markenrecht); vgl. Trägner, Das Verbot irreführender Werbung S. 90 ff.

1712 Doepner WRP 1997, 999, 1007.

1713 Doepner WRP 1997, 999, 1006.

1714 Doepner WRP 1997, 999, 1006/1007.

Auch wird darauf hingewiesen, der normative Ansatz unterliege dem rechtssoziologischen Irrtum, daß sich objektiv feststellen lasse, was verständig und vernünftig sei.[1715] Dies hänge nämlich einzig vom Rechtsgefühl des Urteilenden ab.[1716] Stellenweise wird sogar vertreten, die normative Auffassung verstoße gegen die Bindung des Richters an Recht und Gesetz (Art. 20 III GG), weil das Irreführungsverbot den Richter im Rahmen der normativen Voraussetzungen auf den tatsächlichen Sachverhalt verweise.[1717]

Die normative Auffassung sei auch in sich widersprüchlich.[1718] Voraussetzung der Werbung sei nämlich, daß es sich nach Auffassung der Verkehrskreise um Tatsachenmitteilungen handele, was der Fall sei, wenn die Äußerung mit Mitteln der Beweiserhebung überprüfbar sei.[1719] Nach dem normativen Modell sei diese Auffassung der Verkehrskreise aber gerade nicht dem Beweis zugänglich.[1720] Dies führe zu dem Ergebnis, daß die fragliche Äußerung - die sich mit Mitteln der Beweiserhebung nicht beweisen lasse - mit Mitteln des Beweises überprüfbar sei, womit sich der normative Ansatz selbst widerlege.[1721]

Weiter sei die Annahme eines fiktiven Normverbrauchers mit dem Ziel der europarechtlichen Richtlinien, ein hohes Verbraucherschutzniveau zu erreichen, unvereinbar und führe zu einer Absenkung des Schutzniveaus.[1722]

Es sei das gute Recht eines jeden, auf bestimmten Gebieten seiner Lebensgestaltung oberflächlich, flüchtig, unaufmerksam usw. zu sein, ohne daß hieraus zum Nachteil der Verbraucherschaft insgesamt oder des Einzelnen und zugunsten der Förderung spezifischer Partikularinteressen irgendwelche Schlüsse gezogen werden dürften.[1723]

Nicht überzeugend seien hingegen Argumente, die auf eine normative Auslegung des Willens im bürgerlichen Recht verwiesen, denn der

---

1715 Schweizer GRUR 2000, 923, 926.

1716 Schweizer GRUR 2000, 923, 926; ähnlich Trägner, Das Verbot irreführender Werbung S. 90 ff.

1717 Tilmann FS Henning (1996) S. 491.

1718 Schweizer GRUR 2000, 923, 925.

1719 Schweizer GRUR 2000, 923, 925.

1720 Schweizer GRUR 2000, 923, 925.

1721 Schweizer GRUR 2000, 923, 925.

1722 Helm WRP 2005, 931, 939.

1723 Spätgens WRP 2000, 1023, 1026.

Verbraucher wisse dort, daß er rechtsgeschäftlich handele, so daß strengere Anforderungen gestellt werden könnten.[1724]

Ferner wird proklamiert, es sei unverantwortlich, auf die Möglichkeit der Verkehrsbefragung gänzlich zu verzichten, weil den Parteien offenstehen müsse, in geeigneten Fällen Verkehrsbefragungen anzubieten, die im Prozeß auch Verwendung finden könnten.[1725] Verfahrensrechtlich müsse eine gerichtliche Entscheidung angreifbar werden, wenn sie ohne ausreichende Ermessensprüfung das Angebot einer Befragung ablehne oder ohne nachvollziehbare Begründung die eigene Sachkunde an die Stelle der Verkehrsbefragung setze.[1726] Damit sei die Frage der Verkehrauffassung letztlich eine tatsächliche.[1727]

(e) Stellungnahme

Weder im Gesetz selbst noch in der Regierungsbegründung[1728] zum UWG finden sich Hinweise darauf, ob die Verkehrsauffassung eine tatsächliche oder eine Rechtsfrage ist. Beweisregeln finden sich einzig in § 5 IV UWG, die allerdings keine Rückschlüsse für das hier behandelte Problem ermöglichen.

Eine Entscheidung kann daher nur nach Sinn und Zweck der Norm sowie dem Regelungszusammenhang getroffen werden. Allerdings muß hier auch der Rechtsprechung des EuGH und auch des BGH - soweit dies möglich ist - eine Indizwirkung zukommen, weil der Gesetzgeber sich im Rahmen der Reform von 2004 ausdrücklich für das vom EuGH übernommene Verbraucherleitbild des BGH ausgesprochen hat.[1729]

Die von beiden Ansichten diskutierten und jeweils für sich reklamierten Auslegungsansätze der Rechtsprechung lassen keine sicheren Schlüsse zu. Insbesondere ist die vom EuGH[1730] und vom BGH[1731] hervorgehobene Möglichkeit der Verkehrsbefragung weder für die eine noch für die andere Ansicht ein tragfähiges Argument, weil nach beiden Ansichten eine Verkehrsbefragung zumindest nicht ausgeschlossen ist. Die Möglichkeit einer Verkehrsbefragung spricht nicht gegen einen normativen Ansatz, denn es ist denkbar, daß das Ergebnis eines entsprechenden Gutachtens ein in der normativen Entscheidung zu berücksichtigender Faktor sein

---

1724 Seibt GRUR 2002, 465, 468 (zur Parallelproblematik im Markenrecht).

1725 Fezer - Peifer § 5 Rn. 198.

1726 Fezer - Peifer § 5 Rn. 198.

1727 Fezer - Peifer § 5 Rn. 198.

1728 RegE zum UWG BT-Drucks. 15/1487 S. 19 ff. (zu § 5 UWG).

1729 Vgl. RegE zum UWG BT-Drucks. 15/1487 S. 19 re. Sp.

1730 EuGH GRUR Int. 2000, 354, 356 Tz. 31 - Lifting Creme.

1731 BGH GRUR 2004, 162, 163 - Mindestverzinsung (zu § 3 UWG a. F.).

kann.[1732] Auch haben sich weder EuGH noch BGH ausdrücklich für eine normative oder empirische Feststellung ausgesprochen. Zu weit geht es jedenfalls zu behaupten, der EuGH habe in seinen Urteilen „Gut Springheide“[1733] und „Lifting“[1734] expressis verbis klargestellt, daß die Verkehrsauffassung als Tatsachenfrage dem Beweis zugänglich sei.[1735] Der EuGH spricht keineswegs von „Beweis“, sondern hält eine Verkehrsbefragung lediglich bei Vorliegen besonderer Umstände für möglich,[1736] ohne aber eine dogmatische Aussage zu treffen. Ebenso kann nicht davon ausgegangen werden, daß sich der EuGH deshalb für eine tatsächliche Feststellung ausspricht, weil er soziale, kulturelle, oder sprachliche Eigenheiten des jeweiligen Mitgliedsstaates berücksichtigt wissen will, so daß es nur auf die „Ist-Auffassung“, nicht aber auf eine normative „Soll-Auffassung“ ankommen könne.[1737] Diese Annahme geht davon aus, daß ein normatives Leitbild zwingend die Einebnung normativer Umstände nach sich zieht. Selbst wenn man annimmt, daß eine normative Auffassung den Verbrauchern europaweit bestimmte (Soll-) Eigenschaften zuspricht, heißt dies jedoch keineswegs, daß ein europäischer Einheitsverbraucher proklamiert würde. Auch bei einem normativen Ansatz können soziale, kulturelle und sprachliche Eigenheiten berücksichtigt werden, indem diese Faktoren in die Wertung einfließen. Allerdings muß zugestanden werden, daß sich in der Rechtsprechung Anhaltspunkte sowohl für als auch gegen eine tatsächliche oder normative Auffassung finden, so daß eine eindeutige Einordnung der Rechtsprechung nicht möglich ist.[1738]

Rechtsmethodisch wird gegen die normative Auffassung eingewandt, daß zu einer Rechtsfrage zwingend auch eine - von der Rechtsfrage zu unterscheidende - Tatfrage gehöre, so daß die Einstufung der Feststellung der Verkehrsauffassung als „reine Rechtsfrage“ nicht möglich sei.[1739]

1732 Harte-Bavendamm/Henning-Bodewig - Dreyer § 5 Rn. 73; Scherer WRP 1999, 991, 992; Lettl, UnlWb Rn. 125; Lettl, NJW Sonderheft 100 Jahre Markenverband (2003) 44, 48 (zur Parallelproblematik der Verwechselungsgefahr im Markenrecht).

1733 EuGH GRUR Int. 1998, 975 - Gut Springheide.

1734 EuGH GRUR Int. 2000, 354 - Lifting.

1735 So aber Groeschke/Kiethe WRP 2001, 230, 231.

1736 EuGH GRUR Int. 1998, 795, 796 Tz. 35 - Gut Springheide.

1737 So aber Seibt GRUR 2002, 465, 467 (zur Parallelproblematik im Markenrecht).

1738 Ähnlich Seibt GRUR 2002, 465, 467 (zur Parallelproblematik im Markenrecht) im Hinblick auf den Wortlaut der Entscheidung „Gut Springheide“.

1739 Schweizer GRUR 2000, 923, 926 f.

Dieser Gedankengang macht das Ergebnis der hier behandelten Frage zur Prämisse, denn nur wenn man davon ausgeht, daß es sich bei der Verkehrsauffassung um eine tatsächliche Frage handelt, kann man bemängeln, daß diese nicht empirisch ermittelt wird. Auch die normative Auffassung löst sich nicht von jeder Tatsachengrundlage, sondern entscheidet über eine konkrete Werbung unter Einbeziehung der konkreten Situation und der konkreten Merkmale der Werbung. Auch ist selbst nach normativer Auffassung denkbar, daß die durch Verkehrsbefragung ermittelte tatsächliche Verkehrsauffassung bei der Wertung berücksichtigt wird. Der Vorwurf, daß sich der normative Ansatz in unzulässiger Weise vom Tatsächlichen löst, trifft in dieser Strenge also nicht zu.

Problematisch ist auch, darauf zu verweisen, daß der normative Ansatz in sich widersprüchlich sei, weil nach diesem die Verkehrsauffassung dem Beweis nicht zugänglich sei, aber gleichzeitig drauf abgestellt werde, daß eine Tatsachenbehauptung im Sinne von Werbung nur dann vorliege, wenn die fragliche Äußerung nach der Verkehrsauffassung dem Beweis zugänglich sei.[1740] Bei der erstgenannten Frage geht es nämlich nur darum, ob die Äußerung abstrakt beweisbar ist, nicht aber darum, daß sie tatsächlich bewiesen wird. Es ist auch nicht von vornherein ausgeschlossen, daß die abstrakte Beweisbarkeit durch den Richter wertend festgestellt wird. Letztlich geht daher auch hier die Prämisse davon aus, daß ein tatsächliches Verbraucherverständnis zugrunde zu legen ist.

Ebensowenig wäre es überzeugend, darauf zu verweisen, daß es laut Regierungsbegründung[1741] der Irreführung eines „nicht unerheblichen Teils der betroffenen Verkehrskreise" bedarf, weil es dort heißt: „Verboten sind in der Werbung alle Angaben [...], die [...] geeignet sind, einen nicht unerheblichen Teil der betroffenen Verkehrskreise [...] irrezuführen [...]". Dies trifft nämlich keine Aussage darüber, wie diese „nicht unerheblichen Teile der angesprochenen Verkehrskreise" zu bestimmen sind.

Für eine Tatsachenfrage scheint aber zunächst zu sprechen, daß eine irreführende Werbung gem. § 3 UWG eine nicht nur unerhebliche Beeinträchtigung des Wettbewerbs voraussetzt, wobei es naturgemäß um den tatsächlich bestehenden Wettbewerb geht. Diese Erkenntnis hilft für die Frage der Feststellung der Verkehrsauffassung aber nicht weiter, weil hiermit nicht ausgeschlossen wird, daß diese Beeinträchtigung durch irreführende Werbung wertend festgestellt werden kann. Klar wird hieran aber, daß sichergestellt werden muß, daß die Feststellung der Irreführung sich grundsätzlich nicht gänzlich vom Tatsächlichen entfernt. Entgegengetreten werden muß daher der Auffassung, daß bei einem sehr inhomogenen Kreis der Umworbenen, zu dem neben einer Vielzahl überdurchschnittlich informierter, aufmerksamen und verständigen

---

1740 Schweizer GRUR 2000, 923, 925.

1741 RegE zum UWG BT-Drucks. 15/1487 S. 19 li. Sp.

Personen auch eine Vielzahl von deutlich unterdurchschnittlich informierten, aufmerksamen und verständigen Umworbenen gehört, durchaus ein erheblicher Teil der betroffenen Verkehrskreise irregeführt werden könne, ohne daß der Irreführungsschutz greife.[1742] In einem solchen Fall müssen die verschiedenen Personengruppen innerhalb der betroffenen Verkehrskreise (informiert, nicht informiert etc.) genau bestimmt und jeweils einer Irreführungsprüfung unterzogen werden. Für die Frage, ob eine normative oder eine empirische Auffassung vorzugswürdig ist, gibt diese Aussage also nichts her, weil hier die betroffenen Verkehrskreise nicht richtig bestimmt worden sind.

Eines der gewichtigsten Argumente gegen einen normativen Ansatz ist die Gefahr der Willkürlichkeit der richterlichen Entscheidung, solange nicht eindeutige Kriterien für die Feststellung nach einem normativen Maßstab aufgestellt worden sind. Zwar beansprucht der normative Ansatz in besonderem Maße Rechtssicherheit und die Möglichkeit einer Ex-ante-Feststellung der Irreführungsgefahr für sich,[1743] dieser Anspruch muß indes bezweifelt werden, weil die Wertungen des Richters durchaus von den Vorstellungen des Werbenden abweichen können. Eindrucksvoll zeigen etwa die Entscheidungen „Ohne Kochen hergestellt I[1744] und II[1745]", daß sogar derselbe Sachverhalt von unterschiedlichen Gerichten aus eigener Sachkunde unterschiedlich beurteilt werden kann.[1746] Dieses Argument kann jedoch nicht ausreichen, um sich für das empirische Modell auszusprechen, weil auch die empirische Feststellung der Verkehrsauffassung mit erheblichen Unsicherheiten belastet ist. Schon angesichts der Schwierigkeiten bei der Formulierung der gutachterlich zu klärenden Fragen und der Eingrenzung des maßgeblichen Personenkreises wird deutlich, daß auch die empirische Feststellung nicht automatisch ein Abbild des Tatsächlichen ist.[1747] Auch muß berücksichtigt werden, daß selbst eine augenscheinlich rein empirische Feststellung der Verkehrsauffassung schon aufgrund der nach dieser Ansicht zwingend erforderlichen Festlegung einer Irreführungsquote nicht ohne Wertungen auskommen kann. Das Argument der Willkürlichkeit und Rechtsunsicherheit läßt den empirischen Ansatz daher nicht eindeutig besser dastehen.

[1742] So aber Harte-Bavendamm/Henning-Bodewig – Dreyer § 5 Rn. 77.

[1743] Ulbrich WRP 2005, 940, 947; Scherer GRUR 2000, 273, 278 (zur Parallelproblematik der Verwechselungsgefahr im Markenrecht); Scherer WRP 1999, 991, 994 f.; Fezer WRP 1995, 671, 675.

[1744] OLG Düsseldorf ZLR 2004, 499 – Ohne Kochen hergestellt I (zum alten Recht).

[1745] OLG Köln ZLR 2004, 504 – Ohne Kochen hergestellt II (zum alten Recht).

[1746] Siehe dazu Anm. Reese ZLR 2004, 509 (zu beiden Urteilen).

[1747] Vgl. Teplitzky, Wettbewerbsrechtliche Ansprüche Kap. 47 Rn. 16.

Nicht überzeugend ist weiter, daß eine normative Auffassung gegen die Bindung des Richters an Recht und Gesetz verstoße (Art. 20 III GG), weil das Irreführungsverbot den Richter im Rahmen der Wertungen auf den tatsächlichen Sachverhalt verweise.[1748] Ob dies der Fall ist, ist gerade Kern des Streits, so daß diese These ebenso Behauptung bleibt wie die Feststellung, es sei das gute Recht des Verbrauchers, oberflächlich, flüchtig, unaufmerksam usw. zu sein.[1749]

Vielmehr ist umgekehrt zu fragen, was es rechtfertigen sollte, jede Verbrauchererwartung - und sei sie bei verständiger Betrachtung noch so abenteuerlich - zu schützen. Ganz im Gegenteil zeigt nämlich ein Blick auf andere Verbraucherschutzvorschriften, daß sich die europarechtlichen Vorgaben des Verbraucherschutzes mit dem auf dem Verhältnismäßigkeitsgrundsatz beruhenden[1750] Informationsmodell vom homo oeconomicus passivus verabschiedet haben und davon ausgehen, daß der aktive Verbraucher durch Information ausreichend geschützt werden kann (vgl. o.[1751]).[1752] Dies impliziert, daß der Verbraucher die Informationen grundsätzlich ausreichend wahrnimmt und verarbeitet, um zu einem für ihn optimalen Entschluß zu kommen. Der Verbraucher ist aus europarechtlicher Sicht also in der Weise verständig, aufmerksam und selbständig, daß er den Wettbewerb zu seinem Vorteil nutzen kann, was sowohl in lauterkeitsrechtlichen Informationspflichten, aber insbesondere auch in den Informationspflichten des bürgerlichen Rechts seinen Niederschlag gefunden hat. Der Verbraucher wird bewußt unter Zugrundelegung dieser Eigenschaften als Werkzeug zur Verwirklichung des Binnenmarktes eingesetzt.

Solche Erwägungen spielen auch beim europäischen Verbraucherleitbild eine Rolle, weil dieses ebenfalls auf dem Verhältnismäßigkeitsgrundsatz und damit auf einer Abwägung von Verbraucherschutz und den primär die Anbieter und damit die Verwirklichung des Binnenmarktes schützenden und fördernden Grundfreiheiten basiert (vgl. o.[1753]).[1754] Deshalb und weil die dem Informationsmodell entspringenden rein oder teilweise lauterkeitsrechtlichen Informationspflichten des BGB untrennbar mit dem UWG verwoben sind, muß gefragt werden, ob nicht eine normative Auslegung vorzugswürdig ist.

1748 So Tilmann FS Piper (1996) S. 491.

1749 So aber Spätgens WRP 2000, 1023, 1026.

1750 Vgl. EuGH GRUR Int. 1991, 468, 472 Tz. 13 - Cassis des Dijon.

1751 Vgl. o. S. 33.

1752 Vgl. Reich ZEuP 1994, 381, 382.

1753 Vgl. o. S. 33 (Informationsmodell) und 268 (Verbraucherleitbild).

1754 Ähnlich Fezer WRP 1995, 671, 675 f.

Hierfür spricht, daß dem Informationsmodell und dem wettbewerbsrechtlichen Verbraucherleitbild, welche beide die gleichen europarechtlichen Wurzeln haben, ein empirisch nicht nachweisbarer[1755] Idealtypus des Verbrauchers zugrunde liegt. Ähnlich wie im BGB wird dem Verbraucher nicht nur die Geschäftsfähigkeit, sondern auch eine Informationsmündigkeit zugemutet, ohne daß deren Bestehen im Einzelfall geprüft wird.

Es wäre widersprüchlich, im bürgerlichen Recht einen normativen Verbraucher anzunehmen, im Wettbewerbsrecht jedoch auf ein empirisches Verständnis zu bauen. Hiergegen wird zwar eingewandt, daß der Verbraucher im Rahmen des bürgerlichen Rechts wisse, daß er rechtsgeschäftlich handele, so daß strenge Anforderungen gestellt werden könnten.[1756] Diesem Schluß kann aber nicht gefolgt werden. Geschützt wird mit dem Irreführungsverbot nämlich die Entscheidungsgrundlage des Verbrauchers. Verläßt sich der Verbraucher also auf eine Werbung, macht er diese ebenfalls bewußt zur Grundlage seines rechtsgeschäftlichen Handelns, so als ob ihm die fraglichen Eigenschaften der Ware schuldrechtlich zugesagt worden wären. Dies spricht aber eher dafür, daß er im Rahmen von Werbung in gleichem Maße schutzbedürftig ist wie im rechtgeschäftlichen Bereich. Bei genauerem Hinsehen stellt sich heraus, daß er im Bereich des Wettbewerbsrechts sogar noch weniger schutzwürdig ist als bei rechtsgeschäftlichem Handeln, denn dem Verbraucher ist der oft nicht ganz sachliche und vielfach zwangsläufig lückenhafte Charakter der Werbung bekannt. Wenn schon im konkret individuellen Schuldrecht (etwa bei der Anfechtung oder Auslegung von Willenserklärungen oder aber auch bei Informationspflichten aus c.i.c., §§ 280 I, 241 II, 311 II BGB) ein normativer Maßstab zugrundegelegt werden kann, so muß dies erst recht im abstrakt generellen Lauterkeitsrecht gelten, weil der Verbraucher hier weniger schutzbedürftig ist und das Lauterkeitsrecht nur die Rahmenbedingungen für das Schuldrecht schaffen und präventiv, nicht aber repressiv eingreifen will.

Besonders deutlich wird dies auch an der Vorschrift des § 434 I 3 BGB, nach welcher die öffentliche Werbung für die Beurteilung der Frage, ob die Kaufsache mangelhaft ist, zu berücksichtigen ist. Wie im sonstigen rechtsgeschäftlichen Bereich muß der Aussagegehalt dieser öffentlichen Werbung hier - ähnlich einer Willenserklärung - normativ bestimmt werden. Bedenkt man nun, daß es sich bei § 434 I 3 BGB nicht nur um eine schuldrechtliche Norm, sondern auch um eine besondere Form der Sanktion für eine irreführende (falsche) Werbung handelt, kann bei schutzzweckorientierter Auslegung der Aussagegehalt einer Werbung im Recht der irreführenden Werbung nicht anders bestimmt werden.

1755 Lettl, Der lauterkeitsrechtliche Schutz S. 92 und ausführlich S. 81 ff.

1756 Seibt GRUR 2002, 465, 466 (zur Parallelproblematik im Markenrecht).

Der Regelungszusammenhang zwischen den anderen verbraucherschützenden Informationspflichten und deren Sanktion sowie sonstigen bürgerlich-rechtlichen Vorschriften ergibt daher, daß es in gewissen Grenzen möglich und geboten ist, sich von einer empirischen Basis zu lösen. Ein gewisses Maß an Realitätsferne ist also das gewollte Opfer für das Informationsmodell. Es ist die Konsequenz aus der Abkehr vom sozialrechtlichen Verständnis des Wettbewerbsrechts hin zum objektiven Marktkommunikationsrecht unter Annahme des (informations-)mündigen Verbrauchers als Werkzeug zur Verwirklichung des Binnenmarktes.

Hiergegen ließe sich allerdings einwenden, daß das Abstellen auf eine „Soll-Auffassung" das Risiko berge, daß gerade besonders schutzbedürftige Personenkreise (z. B. Kinder und Jugendliche) durch das Netz des Irreführungsschutzes fallen. Dies ließe allerdings außer acht, daß der besonderen Schutzbedürftigkeit von Leichtgläubigen, von Kindern und Jugendlichen oder geschäftlich unerfahrenen Verbrauchern mit § 4 Nr. 2 UWG Rechnung getragen wird. Diese Vorschrift würde weitgehend an Bedeutung verlieren, wenn man die hier geregelten Fälle unter das Irreführungsverbot subsumieren könnte, zumal auch diese Vorschrift eine nicht nur unerhebliche Beeinträchtigung des Wettbewerbs (§ 3 UWG) voraussetzt.

Auch bedeutet die normative Feststellung keineswegs, daß eine Entscheidung stets losgelöst vom tatsächlichen Verbraucherverständnis erfolgt und ein mit dem Schutzzweck unvereinbares „Eigenleben" entwickelt. Denn es muß betont werden, daß auch in eine normative Entscheidung alle maßgeblichen Faktoren einschließlich der Ergebnisse einer Verkehrsbefragung mit einfließen können. Insoweit ist der hier vertretene Ansatz zwar im Grundsatz ein normativer, er setzt sich jedoch nicht über Ergebnisse der Empirie hinweg. Für die Praxis bedeutet dies, daß es durchaus möglich sein sollte, dem Richter eine Verkehrsbefragung vorzulegen, wobei es dann in dessen pflichtgemäßem Ermessen steht, ob er diese annimmt und in seine Wertungen einstellt. Dementsprechend kann das Gericht auch – unter den Voraussetzungen des § 144 ZPO – von Amts wegen eine Verkehrsbefragung durchführen lassen.

Bedenken, daß ein normativer Ansatz den flüchtigen Verbraucher ausschließe und damit an der Realität vorbeigehe, können schon deshalb nicht geteilt werden, weil angesichts der hier geforderten situationsadäquaten Aufmerksamkeit auch der flüchtige Verbraucher geschützt werden kann und auch ein normatives Modell nicht allein deshalb, weil es normativ ist, weniger Schutz bietet.

Nicht zuletzt muß darauf hingewiesen werden, daß eine normative Bestimmung im Einklang mit den europarechtlichen Vorgaben steht. So verweist die Richtlinie 2005/29/EG in Erwägungsgrund 18 ausdrücklich darauf, daß der Begriff des Durchschnittsverbrauchers nicht auf einer empirischen Grundlage beruhe. Vielmehr geht der europäische Gesetzgeber ausdrücklich von der Maßgeblichkeit der normativen „Soll-Auffassung“ des Verbrauchers aus, wenn er in den Erwägungsgründen zur Richtlinie 2005/29/EG über unlautere Geschäftspraktiken schreibt, daß „der Gerichtshof […] [es] […] bei Erlaß seiner Rechtsprechung im Zusammenhang mit Werbung seit dem Erlaß der Richtlinie 84/450/EWG für erforderlich [gehalten hat], die Auswirkungen auf einen fiktiven typischen Verbraucher zu prüfen“,[1757] um anschießend dieses normative Verbraucherleitbild auch für diese Richtlinie zu übernehmen.

Die betroffenen Verkehrskreise sind daher normativ in einer wertenden Gesamtbetrachtung festzustellen.

c) Abweichen der ermittelten Verkehrsauffassung von der Wirklichkeit

Eine Täuschung der betroffenen Verkehrskreise (Irreführung im engeren Sinne) als Voraussetzung der Irreführung i. S. d. § 5 UWG liegt vor, wenn die nach den o. g. Grundätzen normativ ermittelte Verkehrsaufassung der von der Werbung betroffenen, durchschnittlich informierten, situationsadäquat aufmerksamen und durchschnittlich verständigen Verbraucher von der objektiven Wirklichkeit abweicht.

II) Irreführung durch Verschweigen

1) Unterlassen oder aktives Tun?

a) Begehungsform

Mit § 5 II 2 UWG geht das Gesetz erstmals auf die Möglichkeit ein, daß beim Beworbenen eine Fehlvorstellung auch dadurch erzeugt werden kann, daß in der Werbung ein Umstand verschwiegen wird. Die Irreführung liegt hier nicht in dem, was gesagt wird, sondern in dem, was nicht gesagt wird, so daß mittelbar eine generalklauselartige Informationspflicht konstatiert wird.

Weil das Gesetz neutral von „Verschweigen“ spricht, bleibt dabei offen, ob es sich um ein Unterlassungsdelikt handelt oder aber ob der Anknüpfungspunkt das aktive Setzen einer lückenhaften Angabe ist. Während Rechtsprechung[1758] und h. M.[1759] zu § 3 UWG a. F. mit dem Erfordernis

---

[1757] Erwägungsgrund 18 der Richtlinie 2005/29/EWG.

[1758] Grundlegend BGH GRUR 1951, 416, 417 – Dauerdose; vgl. RG GRUR 1939, 978, 979 – Werbekaufmann.

einer Aufklärungspflicht davon ausgingen, daß es sich um ein Unterlassungsdelikt handelt, ist vereinzelt argumentiert worden, es handele sich bei der Irreführung durch Verschweigen um ein aktives Tun, denn der Abwehranspruch beziehe sich in einem solchen Falle nicht auf die Leistung einer bestimmten Information, sondern auf die Unterlassung eines positiven Anbieterverhaltens, das ohne aufklärenden Hinweis desinformativ wirke.[1760]

Auch seien die Irreführungen durch Verschweigen wie die Irreführungen durch mehrdeutige Angaben (also Angaben, die neben einer objektiv zutreffenden auch eine unzutreffende Zweitbedeutung hätten und daher bei den betroffenen Verkehrskreisen falsche Vorstellungen hervorriefen) zu behandeln.[1761] Hier werde es nämlich unterlassen, die unzutreffende Zweitbedeutung der verwendeten Angabe durch entsprechende Informationen auszuräumen, so daß bei der Irreführung durch Verschweigen gleichfalls – wie bei der Werbung mit mehrdeutigen Angaben – eine Irreführung durch aktives Tun anzunehmen sei.[1762] Allerdings bezweifelt diese Ansicht, daß es im Rahmen der Irreführung überhaupt möglich sei, ein Unterlassen von Angaben als „Angabe" i. S. d. § 3 UWG a. F. zu werten,[1763] denn das Irreführungsverbot habe nicht die Aufgabe, für eine ausreichende Kundeninformation zu sorgen, und enthalte keine generelle Verpflichtung, etwaige Kundenerwartungen zu beachten und auszuräumen, wenn sie auf die beworbene Ware nicht zuträfen.[1764] Eine Lösung über § 1 UWG a. F. sei vorzuziehen.[1765] Nachdem der Gesetzgeber nun aber mit § 5 II 2 UWG klargestellt hat, daß auch ein Verschweigen bei Vertragswesentlichkeit des verschwiegenen Umstandes dem Irreführungsverbot – und nicht lediglich der Generalklausel des § 3 UWG n. F. oder § 4 Nr. 1 UWG n. F. – unterfallen kann, ist dieser Ansicht die Basis entzogen.

Weiter ist angeführt worden, daß die Konstruktion eines Unterlassungsdelikts und der Aufklärungspflichten gar nicht erforderlich sei, weil eine Werbung sich nicht im bloßen Schweigen erschöpfen könne, sondern immer eine – wenn auch unvollständige – aktiv gesetzte Angabe voraus-

---

1759 Baumbach/Hefermehl[22] § 3 Rn. 20 ff. (implizit); Köhler/Piper – Piper § 3 Rn. 102 ff. (implizit).

1760 GK – Lindacher § 3 Rn. 92.

1761 Tilmann GRUR 1976, 544, 555.

1762 Tilmann GRUR 1976, 544, 555.

1763 Ebenso Daunicht-Hoffrichter, Die halbe Wahrheit, S. 27 ff.

1764 Tilmann GRUR 1976, 544, 555.

1765 Tilmann GRUR 1976, 544, 555.

setze.[1766] Immer dann, wenn diese Angabe - auf welche Art auch immer - einen unzutreffenden Eindruck erwecke, der sich auf den Vertragsschluß auswirke (wettbewerbsrechtliche Relevanz), liege eine Irreführung vor.[1767] Es komme nur auf die Wirkung der fraglichen Werbung an.[1768]

Für diese Ansicht spricht zunächst, daß sie in einer rein wettbewerbsfunktionalen Betrachtung auf die Wirkung der jeweiligen Handlung abstellt und sich damit eng am Schutzzweck des Irreführungsverbotes orientiert. Allerdings geht diese Ansicht von der Prämisse aus, daß eine Irreführung durch reines Unterlassen, d. h. ein Verstoß gegen das Irreführungsverbot durch Verschweigen, ohne gleichzeitig aktiv eine Angabe zu setzen, „praktisch kaum vorstellbar"[1769] sei. Dies trifft in dieser Strenge jedoch nicht zu. So ist beispielsweise eine Irreführung durch Verschweigen auch bei unrichtig gewordenen Werbeangaben möglich, d. h. in Fällen, in denen eine Werbeangabe (z. B. in einem im Loseblattverfahren herausgegebenen Katalog) ursprünglich richtig war, jedoch später, z. B. weil die Eigenschaften des beworbenen Produkts zum Schlechteren verändert worden sind, falsch geworden ist.[1770] Hier tritt die Irreführung durch Verschweigen ohne jedes weitere werbliche Zutun und nicht gleichzeitig mit dem aktiven Setzen einer anderen Angabe ein. Auch bleibt es eine künstliche Unterstellung, bei einer Werbung, die weder ausdrücklich noch konkludent eine Aussage über eine bestimmte Eigenschaft des Produktes trifft, zu behaupten, der Werbende habe aktiv über den verschwiegenen Umstand irregeführt. Gerade der Unterschied zwischen dreister Lüge und bloßem Verschweigen kann aber bei der Gewichtung der Schwere des Wettbewerbsverstoßes im Rahmen der Bagatellklausel des § 3 UWG als wesentliches Unrechtsmerkmal einfließen, wenn eine Bewertung als wettbewerbswidrig nicht bereits aus wettbewerbsfunktionalen Gründen geboten ist.

Von besonderer Bedeutung ist, daß der Gesetzgeber[1771] indes selbst von einem Unterlassungsdelikt ausgeht, wenn er mit § 5 II 2 UWG den Ansatz der bisherigen Rechtsprechung, nach welcher ein Unterlassungsdelikt vorliegt und eine Aufklärungspflicht erforderlich ist,[1772] kodifiziert

---

1766 Schricker FS Zweigert (1981) S. 571; dahingehend auch Fezer - Peifer § 5 Rn. 182, der den Schwerpunkt des Handelns im Setzen der positiven Angabe sieht.

1767 Schricker FS Zweigert (1981) S. 571.

1768 Keyßner, Täuschung durch Unterlassen S. 167; vgl. Schricker FS Zweigert (1981) S. 571.

1769 Schricker FS Zweigert (1981) S. 571.

1770 Vgl. BGH GRUR 1958, 30, 31 - Außenleuchte.

1771 RegE zum UWG BT-Drucks. 15/1487 S. 19 re. Sp.

1772 BGH GRUR 2000, 616, 618 und 619 - Auslaufmodelle III; BGH GRUR 1999, 1125, 1126 - EG-Neuwagen II; BGH GRUR 1999, 1122, 1123 - EG-Neuwagen I; BGH (wenngleich auch ohne nähere Erläuterung des hier erörterten Problems).[1773] Im Regierungsentwurf zum UWG heißt es, eine solche Aufklärungspflicht bestehe - wenn sie sich nicht schon aus Gesetz, Vertrag oder vorangegangenem Tun ergebe - nur dann, wenn der Beworbene in einem wesentlichen Punkt, der die Kaufentscheidung zu beeinflussen geeignet sei, getäuscht werde, wobei die Offenbarungspflicht nur so weit gehe, wie dies zum Schutz des Verbrauchers und Berücksichtigung auch der Interessen des Werbenden unerläßlich sei.[1774]

Es ist daher nicht möglich, in einer - grundsätzlich zu begrüßenden - rein wettbewerbsfunktionalen Betrachtung stets von einer aktiven Irreführung auszugehen, sobald ein Verschweigen für den Vertragsschluß des Verbrauchers relevant ist. Nach dieser Ansicht müßte per se davon ausgegangen werden, daß wettbewerbsrechtliche Relevanz und die Aufklärungspflicht wegen Vertragswesentlichkeit des verschwiegenen Umstandes gleichzusetzen sind. Eine Aufklärungspflicht kann nach dem ausdrücklichen Willen des Gesetzgebers in Übernahme der bisherigen Rechtsprechung[1775] aber im Wege einer Interessenabwägung verneint werden, obwohl das Verschweigen für den Vertragsschluß relevant war. Auch führt diese Ansicht zu einem statischen Begriff der Aufklärungspflicht, nämlich der Festschreibung einer Aufklärungspflicht bei wettbewerbsrechtlicher Relevanz des verschwiegenen Umstandes, ohne daß dies in einem bislang nicht bedachten Fall durch weitere Faktoren ergänzt werden könnte. So hat etwa der BGH aufgrund der Rechtsprechung des EuGH[1776] bei der Beurteilung der Werbung für Parallel- und Reimporte der Schaffung des Binnenmarktes auch mit Blick auf die Warenverkehrsfreiheit nach Art. 28 EG (Ex-Art. 30 EGV) im Rahmen einer Interessenabwägung Rechnung getragen.[1777] Die Annahme eines Unterlassungsdeliktes ermöglicht es also, dogmatisch sauber und - wie dem mit Generalklauseln bewußt dynamisch ausgestalteten Wettbewerbsrecht immanent[1778] - flexibel zu reagieren.

GRUR 1999, 760, 761 - Auslaufmodelle II; BGH GRUR 1999, 757, 758 - Auslaufmodelle I; BGH GRUR 1989, 682, 683 - Konkursvermerk (grundlegend); OLG Köln GRUR-RR 2003, 118 - i-mode; vgl. BGH GRUR 1985, 450, 451 - Benzinverbrauch; OLG Hamm GRUR 1983, 593, 594 - Marken-Jeans (letztere alle ohne ausdrücklichen Verbraucherbezug).

1773 Fezer - Peifer § 5 Rn. 386; siehe aber ohne Bezug auf den RegE Rn. 182 (für aktives Tun nach Schwerpunkt des Handelns).

1774 RegE zum UWG BT-Drucks. 15/1487 S. 19 re. Sp.

1775 BGHZ 151, 84 ff. = GRUR 2002, 976 - Kopplungsangebot I.

1776 EuGH WRP 1993, 233 - Nissan.

1777 BGH GRUR 1999, 1125, 1126 und 1127 - EG-Neuwagen II; BGH GRUR 1999, 1122, 1124 - EG-Neuwagen I.

1778 Vgl. RegE zum UWG BT-Drucks. 15/1487 S. 13 li. Sp.

Dies schließt es auch aus, in einer Einzelfallbetrachtung zwar grundsätzlich auf aktives Tun abzustellen, jedoch ausnahmsweise (z. B. bei unrichtig gewordener Werbung) ein Unterlassen anzunehmen, wenn etwa nach strafrechtlichen Kriterien ein Unterlassen anzunehmen ist.

Allerdings ist zuzugestehen, daß das Gros der Fälle immer ein Moment aktiven Tuns enthalten wird. Auch kann ein Irrtum des Beworbenen nur dann vorliegen, wenn er der Werbung einen objektiv nicht vorhandenen Erklärungsgehalt entnimmt, so daß man sich damit doch wieder auf der Ebene der konkludenten Erklärung des Fehlens des verschwiegenen Umstandes bewegt. Dies allein kann aber nicht ausreichen, um stets auf aktives Tun als Begehungsform abzustellen, denn so haftet etwa auch dem unerlaubten Entfernen vom Unfallort i. S. d. § 142 StGB sowohl ein aktives Moment (Entfernen vom Unfallort) als auch ein Unterlassungsmoment an (Nichtermöglichen von Feststellungen bzw. Nichtwarten). Möglicherweise hat der Gesetzgeber die Konstruktion eines Unterlassungsdelikts aus Gründen der vermeintlich besseren praktischen Handhabbarkeit gewählt, weil so auf das bisherige Muster der Aufklärungspflicht aus Gesetz, Vertrag, vorangegangenem Tun oder Vertragswesentlichkeit des verschwiegenen Umstandes abgestellt werden kann.

Auch wenn das gesetzgeberische Konstrukt des Unterlassungsdelikts nicht gänzlich frei von dogmatischen Unsauberkeiten ist, muß aber mit der h. M. zum früheren Recht davon ausgegangen werden, daß die Begehungsform bei der Irreführung durch Verschweigen ein Unterlassen ist.

b) Nur Tatsachen

Bezugspunkt des Unterlassen ist die Nichtangabe von Tatsachen. Nicht tatbestandsmäßig ist etwa das Verschweigen von Werturteilen. Dies ergibt sich daraus, daß eine „Äußerung" i. S. v. Werbung eine Tatsache oder zumindest aber einen Tatsachenkern beinhalten muß, weil nur solche Äußerungen einen objektiv nachprüfbaren Informationsgehalt haben und daher einer Irreführungsprüfung zugänglich sein können (abweichen des subjektiven vom objektiven Aussagegehalt); vgl. o.[1779] Aus dem gleichen Grund kann auch durch Verschweigen nur über Tatsachen irregeführt werden.

2) Erforderlichkeit einer Abgrenzung von Tun und Unterlassen

Geht man davon aus, daß es sich bei der Irreführung durch Verschweigen um ein Unterlassungsdelikt handelt, stellt sich als nächstes die Frage, ob und wie zwischen aktivem Tun und Unterlassen zu unterscheiden ist.

[1779] Vgl. o. S. 223 ff.

Die Erforderlichkeit einer solchen Abgrenzung ergibt sich schon daraus, daß beim Unterlassen nur anhand eines bestimmten zusätzlichen Kriteriums - nämlich der Aufklärungspflicht - bestimmt werden kann, ob eine Irreführung vorliegt. Aus diesem Grunde ist zwischen (ausdrücklicher und konkludenter) aktiver irreführender Angabe und dem Unterlassen von (aufklärenden) Angaben zu unterscheiden.

3) Abgrenzung von Tun und Unterlassen

Die Frage, wann ein Unterlassen vorliegt, welches möglicherweise irreführt, ist in der Rechtsprechung bislang nicht problematisiert worden. Der BGH nimmt stillschweigend Unterlassen bzw. Tun an. Teilweise wird gar nicht klar, ob die Rechtsprechung auf das Verschweigen einer fraglichen Eigenschaft oder auf die konkludente Erklärung, die Eigenschaft sei nicht vorhanden, abstellt.[1780] Stellenweise wird die Entscheidung auch offengelassen.[1781] Das Gesetz selbst liefert hier ebensowenig Anhaltspunkte wie die Regierungsbegründung. Auch in der Literatur finden sich kaum Ansätze.[1782]

Denkbar wäre zunächst, auf strafrechtliche Kriterien der Abgrenzung zurückzugreifen, wobei allerdings zu bedenken ist, daß im Strafrecht immer auch die Zurechnungsfrage im Vordergrund steht, wohingegen es im Lauterkeitsrecht angesichts der gebotenen wettbewerbsfunktionalen Betrachtung in erster Linie auf das Ergebnis der Handlung, nämlich die Beeinträchtigung der Entscheidungsgrundlage des Verbrauchers ankommt.[1783]

Während die strafrechtliche Rechtsprechung[1784] zur Abgrenzung zwischen Tun und Unterlassen in normativer Betrachtung nach dem Schwerpunkt der Vorwerfbarkeit entscheidet, versucht ein nicht unerheblicher Teil der Literatur wertneutrale Kriterien zu finden und stellt daher auf das Kriterium des Energieeinsatzes[1785] oder aber auf die Kausalität eines Verhaltens im Sinne einer gesetzmäßigen Bedingung ab.[1786]

1780 Vgl. etwa BGH GRUR 1977, 494, 496 f. - DERMATEX.

1781 OLG Stuttgart NJWE-WettbR 2000, 107, 108 - 01805.

1782 Siehe aber Harte-Bavendamm/Henning-Bodewig - Dreyer § 5 Rn. 789 und Keyßner, Täuschung durch Unterlassen S. 23 f.

1783 Anm.: Aus diesem Grund kann hier auch nur auf den Teil des strafrechtlichen Streitstandes eingegangen werden, der nicht auf den strafrechtlichen Besonderheiten beruht.

1784 BGHSt 6, 46, 59; BGH NStZ 2003, 657; BGH NJW 2004, 528.

1785 So Engisch FS Gallas (1974) S. 170; Schlüchter JuS 1976, 795.

1786 Jescheck/Weigend StR AT S. 603; LK - Jescheck vor § 13 Rn. 83; SK - Rudolphi vor § 13 Rn. 6 (Einzelheiten str.!).

Ein aktives Tun liegt nach dieser Literatur vor, wenn der Handelnde Energie in eine bestimmte Richtung aufwendet bzw. in naturwissenschaftlich nachweisbarer Kausalität auf die Außenwelt einwirkt.

Beide Ansätze helfen hier jedoch nicht weiter, da bei einer Werbung begriffsnotwendig eine Angabe und damit ein Aufwenden von Energie sowie auch eine gesetzmäßige Kausalität für das Kaufverhalten vorliegen (sofern sich die beim Käuferverhalten immer psychisch vermittelte Kausalität nachweisen läßt). Selbst bei der Fallgruppe der unrichtig gewordenen Werbung liegt ein Energieaufwand bzw. der Anstoß eines Kausalitätsverlaufes in der ursprünglich richtigen Werbung. Damit läuft die gesetzgeberische Entscheidung, mit § 5 II 2 UWG die bisherige Rechtsprechung zu kodifizieren und ein Unterlassungsdelikt mit dem Erfordernis von Aufklärungspflichten zu konstruieren, leer. Für das Lauterkeitsrecht erweisen sich daher beide Ansätze aus der strafrechtlichen Literatur als ungeeignet.

Auch im Deliktsrecht versucht die h. M. nicht auf das unbestimmte Kriterium des Schwerpunktes der Vorwerfbarkeit abzustellen, wenngleich der Abgrenzung von Tun und Unterlassen im Zivilrecht angesichts der Verkehrssicherungspflichten eine geringere Bedeutung zugemessen wird als im Strafrecht.[1787] Entscheidend soll sein, ob der Handelnde in Gestalt einer gefährdenden Annäherung an das verletzte Rechtsgut eine Gefahrerhöhung verursacht hat (dann aktives Tun) oder ob er eine bestehende Gefahr, ohne durch sein Handeln eine Gefahrerhöhung herbeizuführen, lediglich nicht abgewendet hat (dann Unterlassen).[1788] Das Fehlen von Schutzmaßnahmen oder nur unzureichende Schutzmaßnahmen machen das Verhalten dabei nicht zu einem Unterlassen.[1789]

Auch diese Kriterien helfen für die hier in Rede stehende Abgrenzung nicht weiter, weil der Werbende mit seiner Werbung zumindest die Gefahr geschaffen hat, mißverstanden zu werden, und sich damit der Entscheidungsgrundlage als geschütztem Rechtsgut gefahrerhöhend angenähert hat. Es läge also stets ein aktives Tun vor, so daß auch nach diesem Ansatz die gesetzgeberische Wertung, ein Unterlassungsdelikt anzunehmen, übergangen würde.

Es zeigt sich, daß der Gesetzgeber mit seiner Konstruktion eines Unterlassungsdelikts kein reines Unterlassen gemeint haben kann, weil Fälle, in denen keinerlei aktives Tun erfolgt ist, nicht existieren. Ein „echtes"

1787 Deutsch, Allg. Haftungsrecht Rn. 108; Deutsch/Ahrens, Deliktsrecht Rn. 40; Staudinger - Hager § 823 Rn. H 6; Soergel - Spickhoff § 823 Rn. 16.

1788 Staudinger - Hager § 823 Rn. H 6; Soergel - Spickhoff § 823 Rn. 16; Jauernig - Teichmann § 823 Rn. 30; Deutsch, Allg. Haftungsrecht Rn. 108; Deutsch/Ahrens, Deliktsrecht Rn. 40; a. A. Buchner/Roth, Unerlaubte Handlungen S. 8, die für eine Abgrenzung nach sozialem Sinngehalt des fraglichen Verhaltens plädieren.

1789 Deutsch, Allg. Haftungsrecht Rn. 111.

Unterlassen in der Form, daß der Werbende nur „seine Hände in den Schoß legt", ist hier - anders als im Straf- und Deliktsrecht - nicht vorstellbar, weil eine Werbung zwingend eine „Angabe" voraussetzt und das bloße Schweigen mangels Informationsgehalts keine Angabe sein kann.

Nach Auffassung des Gesetzgebers besteht im Lauterkeitsrecht also die Möglichkeit des „Unterlassens durch Tun", also einer zwar aktiven Werbung, bei welcher es lauterkeitsrechtlich aber auf das Unterlassen der gebotenen Aufklärung ankommt. Von der Möglichkeit eines „Unterlassens durch Tun" geht auch der strafrechtliche Ansatz der Rechtsprechung und eines Teils der Literatur aus, wenn sie die Abgrenzung von Tun und Unterlassen nach dem Schwerpunkt der Vorwerfbarkeit unter Berücksichtigung des sozialen Sinngehalts der Handlung vornehmen und betonen, daß es beispielsweise möglich sei, durch das aktive Abschalten lebensverlängernder Maßnahmen den Tod eines Patienten durch Unterlassen herbeizuführen.[1790] Schon wegen des zwingenden Zusammentreffens von Tun und Unterlassen bei der Werbung kann auch im Wettbewerbsrecht nur eine normative Betrachtung nach dem Schwerpunkt der Vorwerfbarkeit unter Berücksichtigung des sozialen Sinngehalts der Handlung vorgenommen werden.

Eine solche normative Feststellung kann hier dadurch erfolgen, daß gefragt wird, ob der - normativ festzustellende - Durchschnittsverbraucher in der fraglichen Werbung eine konkludente Angabe über die verschwiegene Angabe sieht.[1791] Dies kann nur unter wertenden Gesichtspunkten ermittelt werden, denn auch im bürgerlichen Recht wird das Erklärungsverhalten normativ nach dem objektiven Empfängerhorizont bestimmt, so daß im Lauterkeitsrecht erst recht nichts anderes gelten kann (vgl. o. zur Feststellung der Verkehrsauffassung[1792]).

Dieser Ansatz sieht sich naturgemäß dem Vorwurf der Vorwegnahme des Ergebnisses der zu klärenden Frage und damit der Willkürlichkeit ausgesetzt. So ist ein Unterlassen in praktisch allen Fällen der irreführenden Werbung (künstlich) konstruierbar, denn es kann immer darauf verwiesen werden, daß der Werbende seine Lügen nicht aufgedeckt hat. Es soll hier daher versucht werden, zumindest einige Kriterien für die Abgrenzung aufzuzeigen.

Eine konkludente Erklärung liegt nur vor, wenn zwanglos und ohne künstliche Unterstellung angenommen werden kann, daß das Fehlen des

---

1790 Vgl. Wessels/Beulke AT Rn. 703.

1791 Im Ergebnis auch Harte-Bavendamm/Henning-Bodewig - Dreyer § 5 Rn. 789; vgl. Fezer - Rengier § 16 Rn. 70.

1792 Vgl. o. S. 298 ff.

verschwiegenen Umstandes miterklärt worden ist.[1793] Kein Unterlassen liegt also vor, wenn der Werbende eine objektiv unzutreffende Aussage macht.[1794] Nur wenn die einzelnen Aussagen der Werbung für sich genommen objektiv wahr sind, kann von einer Unterlassung ausgegangen werden. Allerdings darf nicht vergessen werden, daß auch mit objektiv wahren Angaben aktiv irregeführt werden kann, weil es einzig auf die subjektive Wahrheit ankommt. Die objektive Wahrheit ist daher nur notwendige, keinesfalls aber hinreichende Bedingung für ein Unterlassen.[1795]

Maßgeblich für die Frage, ob eine konkludente Aussage getroffen wird, ist der Kontext der Werbeaussagen, so daß der wesentliche Anhaltspunkt ist, ob überhaupt Angaben im Zusammenhang mit der verschwiegenen oder einer ähnlichen Eigenschaft gemacht werden. Ein Indiz für eine konkludente Erklärung kann also sein, daß ein inhaltlicher Zusammenhang zwischen Erklärtem und Verschwiegenem besteht.[1796] Dabei ist je eher von einer konkludenten Angabe auszugehen, je mehr Angaben die Werbung in eine bestimmte Richtung enthält. Die Verbrauchererwartung steigt mit dem Informationsgehalt der Werbung und liegt bei reiner Aufmerksamkeitswerbung bei null. Führt beispielsweise der Prospekt für eine Reisegepäckversicherung etwa eine Vielzahl von – auch eher fernliegenden – Risikoausschlüssen auf, kann eher von einer konkludent erklärten Vollständigkeit der aufgeführten Risikoausschlüsse ausgegangen werden als bei offensichtlich lückenhaften Angaben. Zu berücksichtigen ist allerdings, daß der Durchschnittsverbraucher weiß, daß Werbung oft gerade nicht mit Vollständigkeitsanspruch auftritt.

Besonderes Augenmerk verdient, daß nicht allein aus der Bedeutung der verschwiegenen Tatsache für den Vertragsschluß auf eine konkludente Erklärung der Vollständigkeit der Werbung geschlossen werden darf. Dies wäre ein Zirkelschluß, weil dann in allen Fällen des Verschweigens vertragswesentlicher Umstände anzunehmen wäre, daß ein aktives Tun durch konkludente Erklärung der Vollständigkeit der Werbung vorläge. Auch ist zu bedenken, daß bei der hier vertretenen normativen Feststellung ein Unterlassen selbst dann vorliegen kann, wenn zwar objektiv auf den betreffenden Umstand hingewiesen worden ist, dieser Hinweis vom Durchschnittsverbraucher aber nicht wahrgenommen wird, etwa weil der Hinweis nicht am Blickfang teilhat.

Weiter sind auch die Interessen des Werbenden zu berücksichtigen. Seit der Schuldrechtsreform im Jahr 2002 haftet der Werbende beispielsweise

---

1793 Vgl. allgemein zur Willenserklärung Soergel – Wolf § 157 Rn. 39.

1794 Keyßner, Täuschung durch Unterlassen S. 23.

1795 Keyßner, Täuschung durch Unterlassen S. 24.

1796 Vgl. Keyßner, Täuschung durch Unterlassen S. 167.

über § 434 I 3 BGB für das Vorhandensein einer öffentlich beworbenen Eigenschaft der Kaufsache. Weil das Verständnis der Werbung durch die betroffenen Verkehrskreise hier nicht anders ausgelegt werden kann als im Rahmen der irreführenden Werbung (vgl. o.[1797]), muß hier gefragt werden, ob aus der Werbung geschlossen werden kann, daß der Werbende für das Bestehen der fraglichen Eigenschaft einstehen wollte. Es kommt hier also zu einer Überschneidung von schuld- und lauterkeitsrechtlichen Kriterien.

Ausschlaggebend bleibt eine Gesamtwürdigung im Einzelfall. Dies mag zwar wegen der schwierigen Kalkulierbarkeit der Wertungen unbefriedigend erscheinen, muß jedoch hingenommen werden, weil keiner der anderen Ansätze mehr zu überzeugen vermag.[1798]

4) Bestehen einer Aufklärungspflicht

a) Normierung in § 5 II 2 UWG

Liegt ein Unterlassen der Angabe einer Tatsache vor, ist dies nur dann irreführend i. S. d. § 5 I UWG, wenn der Werbende über den verschwiegenen Umstand hätte aufklären müssen, d. h. wenn eine Aufklärungspflicht bestand.[1799] Woraus eine solche Aufklärungspflicht resultieren kann, ist in § 5 II 2 UWG unvollständig, d. h. nicht abschließend (vgl. Wortlaut „insbesondere"), geregelt.

In der Gesetzesbegründung heißt es dazu, daß eine Aufklärungspflicht, wenn sie sich nicht schon aus Gesetz, Vertrag oder vorangegangenem Tun ergebe, im Wettbewerb nicht schlechthin angenommen werden könne, da der Verkehr nicht ohne weiteres die Offenlegung aller, insbesondere auch der weniger vorteilhaften Eigenschaften einer Ware oder Leistung erwarte.[1800] Eine Aufklärungspflicht könne sich aber aus der besonderen Bedeutung ergeben, die der verschwiegenen Tatsache nach der Auffassung des Verkehrs für den Kaufentschluß zukommt, so daß das Verschweigen geeignet ist, das Publikum in relevanter Weise irrezuführen, also seine Entschließung zu beeinflussen.[1801] Dieser von der Rechtsprechung entwickelte Maßstab werde nun mit § 5 II 2 UWG ausdrücklich in das Gesetz übernommen.

Dies kommt in § 5 II 2 UWG nur unvollkommen zum Ausdruck. Gem. § 5 II 2 UWG sind „bei der Beurteilung, ob das Verschweigen einer Tat-

---

1797 Vgl. o. S. 209, 213.

1798 Vgl. allg. Deutsch/Ahrens, Deliktsrecht Rn. 40.

1799 RegE zum UWG BT-Drucks. 15/1487 S. 19 re. Sp.

1800 RegE zum UWG BT-Drucks. 15/1487 S. 19 re. Sp.

1801 RegE zum UWG BT-Drucks. 15/1487 S. 19 re. Sp.

sache irreführend ist, [...] insbesondere deren Bedeutung für die Entscheidung zum Vertragsschluß nach der Verkehrsauffassung sowie die Eignung des Verschweigens zur Beeinflussung der Entscheidung zu berücksichtigen".

Augenscheinlich will das Gesetz also zwischen zwei verschiedenen Fällen unterscheiden, wenn es zum einen auf die Bedeutung des Verschweigens für den Vertragsschluß und zum anderen auf die Eignung des Verschweigens zur Beeinflussung abstellt. Die Fassung des Gesetzes ist insofern etwas unglücklich, als sich nicht auf Anhieb erschließt, wodurch sich die beiden Fälle unterscheiden. Ist das Verschweigen nämlich für die Entscheidung zum Vertragsschluß von Bedeutung, so ist das Verschweigen auch geeignet, die Entscheidung des Verbrauchers zu beeinflussen.

Dies wurde auch im Gesetzgebungsverfahren seitens des Bundesrates kritisiert und es ist für eine Streichung des Passus „sowie die Eignung des Verschweigens zur Beeinflussung der Entscheidung" plädiert worden.[1802] Die Gegenäußerung der Bundesregierung[1803] gibt jedoch Aufschluß über die Bedeutung dieses Halbsatzes. Hier wird darauf hingewiesen, daß das Merkmal der Eignung zur Beeinflussung deshalb von Bedeutung sei, weil eine Tatsache durchaus für die Entscheidung von Bedeutung sein könne, ohne daß ihr Verschweigen im Einzelfall geeignet sei, die Entscheidung auch zu beeinflussen. Hätten die betroffenen Verkehrskreise nämlich trotz unterbliebener Aufklärung Kenntnis von vertragswesentlichen Tatsachen, so sei das Verschweigen nicht geeignet, die Entscheidung zu beeinflussen, und es könne keine Irreführung angenommen werden, obwohl die verschwiegene Tatsache von Bedeutung für die Entscheidung des Beworbenen sei.[1804]

Hiernach ist es beispielsweise nicht irreführend, den Verbraucher nicht darüber aufzuklären, daß er für den beworbenen Mobilfunkvertrag ein für die angebotenen Dienste entsprechend ausgestattetes Telefon selber mitbringen muß, wenn ihm dies bekannt ist.[1805] Das Erfordernis des „Dienste-fähigen" Mobiltelefons ist zwar für die Entscheidung zum Vertragsschluß von maßgeblicher Bedeutung, weil die beworbene Leistung ohne ein solches Gerät nicht oder zumindest nicht in vollem Umfang genutzt werden kann, das Verschweigen dieses Umstandes ist jedoch nicht geeignet, den Vertragsschluß zu beeinflussen, weil dem Kunden der verschwiegene Umstand bekannt ist.

1802 Stellungnahme des BuRates zum RegE zum UWG BT-Drucks. 15/1487 S. 31 re. Sp.

1803 Gegenäußerung der BuReg BT-Drucks. 15/1487 S. 41 re. Sp.

1804 Gegenäußerung der BuReg BT-Drucks. 15/1487 S. 41 re. Sp.

1805 Vgl. OLG Köln GRUR-RR 2003, 118, 119 – i-mode.

Für eine Aufklärungspflicht wegen Vertragswesentlichkeit des verschwiegenen Umstands sind daher die Marktentscheidungsrelevanz des verschwiegenen Umstandes (§ 5 II 2, 1. HS UWG) und die Unkenntnis des Verbrauchers vom fraglichen Umstand im Zeitpunkt der Werbung (§ 5 II 2, 2. HS UWG) entscheidend.[1806]

Auch hier liegt eine Parallele zur schuldrechtlichen Vorschrift des § 434 I 3 BGB vor, denn dort entfällt die Haftung für eine unrichtige öffentliche Werbung, wenn diese die Kaufentscheidung nicht beeinflussen konnte.[1807]

Anzumerken bleibt, daß eine klarere Formulierung des Gesetzeswortlauts wünschenswert wäre. Es genügt nicht, darauf zu verweisen, daß die Eignung zur Beeinflussung der Entscheidung zu berücksichtigen ist, weil mit dieser Formulierung grammatikalisch nicht einmal deutlich wird, ob und wie die Eignung zur Beeinflussung gemeinsam mit der Vertragswesentlichkeit zu berücksichtigen ist (für oder gegen eine Irreführung).

Festzuhalten ist, daß sich aus dem Wortlaut des § 5 II 2 UWG in Zusammenschau mit der Regierungsbegründung eine Aufklärungspflicht aus vier Umständen ergeben kann: Der Vertragswesentlichkeit des Verschweigens, aus Gesetz, aus Vertrag und aus vorangegangenem Tun, wobei stets die Unkenntnis der Verbrauchers vom verschwiegenen Umstand erforderlich ist.

b) Aufklärungspflicht wegen Vertragswesentlichkeit des Verschweigens

(1) Allgemeines

Der Hauptfall der Aufklärungspflichten ist die wegen Vertragswesentlichkeit des verschwiegenen Umstandes (vgl. o. zur Rechtsprechungsübersicht). Deshalb hat diese als Einzige in § 5 II 2 UWG im Gesetz selbst Niederschlag gefunden. Hierzu heißt es in der Regierungsbegründung, daß sich eine Aufklärungspflicht aus der besonderen Bedeutung, die der verschwiegenen Tatsache nach Auffassung des Verkehrs für den Kaufentschluß zukommt, ergeben kann, die dazu führt, daß das Verschweigen geeignet ist, das Publikum in relevanter Weise irrezuführen, also seine Entscheidung zu beeinflussen.[1808] Für weitere Einzelheiten wird sodann auf die Kommentierung von Baumbach/Hefermehl (22. Aufla-

[1806] Fezer – Peifer § 5 Rn. 406.

[1807] Fezer – Peifer § 5 Rn. 406.

[1808] RegE zum UWG BT-Drucks. 15/1487 S. 19 re. Sp.

ge)[1809] und die BGH-Entscheidung „Kopplungsangebot I"[1810] verwiesen.[1811]

Die angesprochene Kommentierung ergänzt die Formel der Regierungsbegründung im Einklang mit der Rechtsprechung[1812] dadurch um einen wesentlichen Punkt, daß sie eine Aufklärungspflicht hinsichtlich negativer Eigenschaften des beworbenen Produktes nur dann annimmt, wenn dies zum Schutz des Verbrauchers auch unter Berücksichtigung der Interessen des Werbenden unerläßlich ist.[1813]

Die Entscheidung „Kopplungsangebot I" bezieht sich auf den Sonderfall der Kopplungsangebote und stellt klar, daß hier keine grundsätzliche Informationspflicht aus dem Irreführungsverbot oder der wettbewerbsrechtlichen Generalklausel bezüglich der Einzelpreise oder des tatsächlichen Werts der gekoppelten Leistungen bestehe.[1814] Weiter stellt sie klar, daß ein Kopplungsangebot unter den Aspekten der (aktiven) Täuschung über den Wert des Angebots, der unzureichenden Information und des Ausschaltens der Rationalität der Nachfrageentscheidung durch übertriebenes Anlocken mit Hilfe von Zugaben unlauter sein kann. Dies sind jedoch keine Fragen der Irreführung durch Verschweigen. Insbesondere trifft das Urteil keine Entscheidung darüber, ob eine über die Irreführung hinausgehende Informationspflicht (Transparenzgebot) in § 5 II 2 UWG oder in § 4 Nr. 1, 3. Alt. UWG anzusiedeln ist (nach der hier vertretenen Ansicht ist die Lösung über § 4 Nr. 1, 3. Alt. UWG vorzugswürdig; vgl. o.[1815]). Weitere, verallgemeinerungsfähige Aussagen können dem Urteil im Hinblick auf eine Irreführung durch Verschweigen nicht entnommen werden.

Eine Aufklärungspflicht besteht also, wenn der verschwiegene Umstand von besonderer Bedeutung für den Vertragsschluß ist, dem

---

1809 Baumbach/Hefermehl[22] § 3 Rn. 48.

1810 BGHZ 159, 85 = GRUR 2002, 976.

1811 RegE zum UWG BT-Drucks. 15/1487 S. 19 re. Sp.

1812 BGH GRUR 2000, 616, 618 und 619 – Auslaufmodelle III; BGH GRUR 1999, 1125, 1126 – EG-Neuwagen II; BGH GRUR 1999, 1122, 1123 – EG-Neuwagen I; BGH GRUR 1999, 760, 761 – Auslaufmodelle II; BGH GRUR 1999, 757, 758 – Auslaufmodelle I; BGH GRUR 1989, 682, 683 – Konkursvermerk (grundlegend); OLG Köln GRUR-RR 2003, 118 – i-mode; vgl. BGH GRUR 1985, 450, 451 – Benzinverbrauch; OLG Hamm GRUR 1983, 593, 594 – Marken-Jeans (letztere alle ohne ausdrücklichen Verbraucherbezug).

1813 Baumbach/Hefermehl[22] § 3 Rn. 48.

1814 BGH GRUR 2002, 976, 978 – Kopplungsangebot I und nachfolgend BGH GRUR 2002, 979, 980 – Kopplungsangebot II; BGH GRUR 2003, 538, 539 – Gesamtpreisangebot; vgl. BGH GRUR 2004, 259, 262/263 – Strom und Telefon II; BGH GRUR 2004, 255, 259 – Strom und Telefon I.

1815 Vgl. o. S. 212 ff.

Verbraucher der verschwiegene Umstand nicht bekannt ist und eine Aufklärung über diesen Umstand auch unter Berücksichtigung der Interessen des Werbenden zum Schutz des Verbrauchers unerläßlich ist.

Hiernach ist eine Informationspflicht in Abwägung der Interessen der Verbraucher und des Interesses der Werbenden, seine Ware nicht selbst anzuschwärzen, zu ermitteln. Im Einklang mit dem europarechtlichen Informationsmodell und dem normativen Verbraucherleitbild ist also auch hier der Verhältnismäßigkeitsgrundsatz zu wahren, so daß die Aufklärungspflicht das Ergebnis einer angemessenen Risikoverteilung sein muß (vgl. o.[1816]). Bei der Aufklärungspflicht wegen Vertragswesentlichkeit des verschwiegenen Umstandes ist daher nicht nur die Bedeutung, welche der Verbraucher der jeweiligen Tatsache zumißt, entscheidend, sondern es ist zu fragen, was dieser bei einer angemessenen Risikoverteilung berechtigterweise erwarten darf. Hier besteht eine Parallele zu den Aufklärungspflichten aus c.i.c. (§§ 280 I, 241 II, 311 II BGB), bei denen ebenfalls wegen des natürlichen Interessengegensatzes zwischen den Parteien nicht eine Partei der anderen ihr Geschäftsrisiko abnehmen muß und eine Aufklärungspflicht nur dann angenommen wird, wenn der fragliche Umstand für das Zustandekommen oder die Durchführung des Vertrages entscheidend ist (vgl. o.[1817]).

Zwar kommt die Interessenabwägung nur in der Gesetzesbegründung, nicht aber im Gesetz selbst direkt zum Ausdruck, sie kann dogmatisch aber in den Begriff der „Unlauterkeit“ des § 3 UWG hereingelesen werden, weil nicht unlauter sein kann, was dem Werbenden unzumutbar ist.

Einen weiteren Anhaltspunkt liefert der Zweck des UWG, den Verbraucher zu schützen. Verbraucherschutz bedeutet die Sicherung der wirtschaftlichen Selbstbestimmung des Verbrauchers, d. h. die Chance, Ziel und Mittel wirtschaftlichen Handelns selbst zu bestimmen.[1818] Mithin soll ein Versagen von Wettbewerb und – untrennbar damit verbunden[1819] (vgl. o. [1820]) – der materiellen Privatautonomie verhindert werden. Ist bei der fraglichen Werbung eine Beeinträchtigung der wirtschaftlichen Selbstbestimmung zu verzeichnen, spricht dies maßgeblich für eine Aufklärungspflicht.[1821]

1816 Vgl. o. S. 264 und 278.

1817 Vgl. o. S. 38 f.

1818 Drexl, Die wirtschaftliche Selbstbestimmung des Verbrauchers S. 7.

1819 Drexl, Die wirtschaftliche Selbstbestimmung des Verbrauchers S. 301.

1820 Vgl. o. S. 89.

1821 Vgl. allg. zur Unlauterkeit Drexl, Die wirtschaftliche Selbstbestimmung des Verbrauchers S. 552.

(2) Bedeutung der verschwiegenen Tatsache für den Vertragsschluß

(a) Besondere Bedeutung für die Entscheidung erforderlich

Maßgebliches Kriterium für die Aufklärungspflicht ist die besondere Bedeutung der verschwiegenen Tatsache für den Vertragsschluß. Bedeutung für den Vertragsschluß bedeutet dabei allerdings nicht, daß es tatsächlich zu einem Vertragsschluß gekommen sein muß.[1822] Dies würde nämlich heißen, daß der Verbraucher durch das Verschweigen tatsächlich in die Irre geführt werden müßte. Ausreichend ist aber auch bei der Irreführung durch Unterlassen bereits die Gefahr der Irreführung (vgl. o.[1823]). Daher ist eine hypothetische Betrachtung durchzuführen.

Das Gesetz selbst stellt nur allgemein auf die „Bedeutung für die Entscheidung" gemäß der Verkehrserwartung ab, wobei die Gesetzesbegründung in Übernahme der bisherigen Rechtsprechung auf die *besondere* Bedeutung für den Vertragsschluß abhebt. Wie bereits oben[1824] zur bisherigen Rechtsprechung ausgeführt, genügt also entgegen einer zu § 3 UWG a. F. in der Literatur[1825] vertretenen Ansicht nicht jeder beliebige Faktor, der für den Vertragsschluß von Bedeutung sein kann. Wettbewerbsrechtliche Relevanz des Vorliegens eines Umstandes und Aufklärungspflicht wegen Vertragswesentlichkeit des verschwiegenen Umstandes sind nicht gleichzusetzen. Dies ergibt sich nicht nur aus dem Wortlaut der Gesetzesbegründung und daraus, daß die Aufklärungspflicht zum Schutz des Verbrauchers unerläßlich sein muß, sondern auch daraus, daß ansonsten schon das Verschweigen auch nur einer weniger bedeutenden AGB-Klausel gleich zur Unlauterkeit führen würde, weil diese - etwa bei komplexen Leistungen wie einer Kapitalanlage - durchaus für den Vertragsschluß von Bedeutung sein kann. Der Verbraucher erwartet nicht, daß ihm der komplette Vertragsinhalt bereits in der Werbephase vorgelegt wird. Aus dem gleichen Grunde ist bei der Frage der situationsadäquaten Aufmerksamkeit des Verbrauchers auch davon auszugehen, daß dieser den produktwesentlichen Schlüsselinformationen mehr Aufmerksamkeit widmet als weniger wichtigen Faktoren (vgl. o.[1826]).

1822 Im Ergebnis auch Harte-Bavendamm/Henning-Bodewig - Dreyer § 5 Rn. 797 unter Hinweis auf die Erwägungsgründe der Irreführungsrichtlinie 84/450/EWG.

1823 Vgl. o. S. 247 ff.

1824 Vgl. o. S. 142 ff.

1825 GK - Lindacher § 3 Rn. 183.

1826 Vgl. o. S. 275.

Das Erfordernis der besonderen Bedeutung für den Vertragsschluß wird aber auch von einer weiteren Überlegung gestützt. Nach der lauterkeitsrechtlichen (vgl. o.[1827]) Norm des § 1 I Nr. 3 BGB-InfoV ist der Verbraucher bei Fernabsatzgeschäften über „wesentliche Merkmale der Ware oder Dienstleistung" zu informieren. Wenn schon im Fernabsatzrecht, in dem der Gesetzgeber einen erhöhten Informationsbedarf des Verbrauchers gesehen hat, nur über wesentliche Merkmale informiert werden muß, so können für den normalen Warenverkehr grundsätzlich keine strengeren Maßstäbe gelten.[1828]

(b) Wettbewerbsfunktionale Betrachtung

Welche Umstände von besonderer Bedeutung für den Vertragsschluß sind, ist nicht nur nach der Verkehrserwartung, sondern auch nach dem Schutzzweck der Norm in einer wettbewerbsfunktionalen Betrachtung zu ermitteln.[1829]

Ziel der Sicherung eines funktionsfähigen Wettbewerbs ist es, die Schaffung von Marktintransparenz zu verhindern, nicht aber ohnehin bestehende Marktintransparenzen abzubauen. Das Verschweigen muß also der Schaffung von Marktintransparenzen durch aktive Täuschung gleichstehen. Hieraus resultiert etwa, daß eine Information dann gegeben werden muß, wenn eine solche Information am Markt allgemein üblich ist. Maßgeblich ist also, ob der Verkehr erwartet, daß eine Aufklärung erfolgt.[1830]

Erste Voraussetzung für eine Informationspflicht aus dem Irreführungsverbot ist infolge der wettbewerbsfunktionalen Betrachtung daher, daß der Verbraucher ohne Aufklärung zu einer falschen Marktentscheidung kommt. Der Verbraucher muß dann informiert werden, wenn er ansonsten seine Schiedsrichterfunktion nicht ausüben könnte und seine Kaufentscheidung kein Urteil über die unternehmerische Leistung nach den Gesetzen des Marktes darstellen würde.

Zweite Voraussetzung ist, daß der Verbraucher aufgrund seiner verbrauchertypischen Defizite nicht in der Lage ist zu erkennen, daß der vertragsrelevante Umstand nicht angegeben ist, so daß er als verständi-

---

1827 Vgl. o. S. 42 f.

1828 Krit. zu vergleichbaren Überlegungen aber Fezer – Steinbeck § 4-1 Rn. 198.

1829 Vgl. Fezer – Peifer § 5 Rn. 392.

1830 Ohne diese Herleitung bereits BGH GRUR 2000, 616, 618 – Auslaufmodelle III; BGH GRUR 1999, 760, 761 – Auslaufmodelle II; BGH GRUR 1999, 757, 759 – Auslaufmodelle I; BGH GRUR 1982, 374, 376 – Ski-Auslaufmodelle; KG GRUR-RR 2005, 204 – Schulrucksack (zu § 5 UWG n. F.); OLG Stuttgart NJWE-WettbR 2000, 107 – 01805; vgl. OLG Düsseldorf GRUR 1975, 146, 147 – Kunststoffolie; zust. Loewenheim GRUR 1980, 14, 16; GK – Lindacher § 3 Rn. 189f. und 193.

ger (mündiger) Verbraucher diese Information nicht selbständig nachfragen kann. Es trifft den Verbraucher also eine gewisse Pflicht, angebotene Informationen wahrzunehmen oder bei erkennbarer Unvollständigkeit sich selbst zu beschaffen (vgl. o. zur Aufmerksamkeit des Verbrauchers[1831]). Es muß also ein Informationsgefälle zwischen Werbendem und Beworbenem bestehen, welches der Verbraucher nicht selber ausräumen kann oder dessen Ausräumung ihm nicht zumutbar ist. Nur dann ist er schutzwürdig, wohingegen ein schützenswertes Interesse des Werbenden, dieses Gefälle auszunutzen, schon mit Blick auf den Leistungswettbewerb nicht besteht.[1832] Aus diesem Grunde besteht auch keine Aufklärungspflicht im Hinblick auf Selbstverständlichkeiten. Eine Unzumutbarkeit der Beschaffung der verschwiegenen Information ist unter dem Gesichtspunkt der Anlockwirkung von Werbung anzunehmen, wenn der Kunde sich die betreffende Information nur in Auseinandersetzung mit dem Produkt im Geschäft des Werbenden beschaffen kann. Stehen hingegen andere Informationsquellen zur Verfügung und wählt der Beworbene trotzdem diesen Weg, so hat er das der Anlockwirkung innewohnende Risiko, sich zum Kauf eines anderen Produktes hinreißen zu lassen, als verständiger Verbraucher bewußt in Kauf genommen.

Als dritte Voraussetzung muß der Verbraucher einem Irrtum über den Umstand erliegen, welcher für den Vertragsschluß von besonderer Bedeutung ist. Ob ein Umstand für den Vertragsschluß nach Auffassung des Durchschnittsverbrauchers von besonderer Bedeutung ist, ist eine Einzelfallfrage, die sich insbesondere nach der Art des beworbenen Produktes richtet.

Letztlich geht es bei der Bedeutung des Verschweigens für den Vertragsschluß um das Maß der (hypothetischen) Ursächlichkeit des Verschweigens für den Vertragsschluß.

Die hierfür maßgeblichen Faktoren (dazu sogleich) können nicht isoliert betrachtet werden, sondern stehen in untrennbarer Wechselwirkung zueinander. Es muß eine Gesamtschau aller Faktoren erfolgen.

(c) Faktoren für die besondere Bedeutung zum Vertragsschluß

((a)) Nur unternehmerische Leistung maßgeblich

Maßgebliche Faktoren für die besondere Bedeutung können nur wettbewerbsrechtlich relevante Faktoren sein, d. h. Umstände, deren Vorliegen oder Fehlen vom Verbraucher als Vor- oder Nachteil im Hinblick auf

---

1831 Vgl. o. S. 278 f.

1832 Vgl. Lettl, Der lauterkeitsrechtliche Schutz S. 97.

die wirtschaftliche Attraktivität des Angebots, also der unternehmerischen Leistung (insb. Qualität und Preiswürdigkeit) angesehen wird. Nur solche Faktoren, die Wesen und Wert des Angebots wesentlich mitbestimmen, sind Tatsachen, die der Durchschnittsverbraucher in seinem Entscheidungsprozeß verarbeitet.[1833] Nur diese Faktoren werden durch § 1 Satz 1 UWG geschützt. Entgegen im Schrifttum anklingenden Formulierungen kann daher nicht (direkt) auf mögliche Schäden (wirtschaftliche oder persönliche Folgen aufgrund der Entscheidung auf fehlerhafter Grundlage) beim Verbraucher mit der Begründung abgestellt werden, ihm drohende Schäden erschwerten den Eintritt in den Binnenmarkt.[1834] Andere Faktoren, wie etwa Produktgefahren, sind nur mittelbar zu berücksichtigen, wenn diese für die Entscheidung des Verbrauchers eine Rolle spielen. Je gewichtiger dabei die Auswirkungen des beworbenen Produkts auf ein Rechtsgut des Verbrauchers sind, desto eher ist anzunehmen, daß dieser Aufklärung erwartet, weil er diese Umstände bei seiner Entscheidung berücksichtigen will.

Unzulässig wäre es daher, etwa die Wertungen von Hinweispflichten, welche aufgrund der deliktsrechtlichen Verkehrssicherungspflicht bestehen, auf das Lauterkeitsrecht zu übertragen. Infolge dieser Verkehrssicherungspflichten ist der Hersteller eines Produktes nach BGH zum Ersatz von Schäden verpflichtet, die dadurch eintreten, daß er auf die Gefahren, die trotz einwandfreier Herstellung von der Verwendung seines Produktes ausgehen, pflichtwidrig nicht hingewiesen hat.[1835] In der Literatur werden derartige Instruktionspflichten als Marktverhaltensregeln zum Schutz der Verbraucher i. S. d. § 4 Nr. 11 UWG angesehen.[1836] Einen Rückschluß auf eine Aufklärungspflicht i. S. d. § 5 II 2 UWG lassen diese Pflichten aber wegen ihrer deliktsrechtlichen Ausrichtung nicht zu, zumal sie sich sogar erst nach dem Kauf des Produktes mit der Betriebsanleitung erfüllen lassen und weil nur der Hersteller, nicht aber der werbende Händler Anspruchsgegner ist. Auch ist deliktsrechtlich über mögliche Schädigungsgefahren aufzuklären, selbst wenn diese ohne jeden Einfluß auf Qualität und Preiswürdigkeit des Produktes sind (etwa weil jedes Produkt der betreffenden Art derartige Gefahren birgt). Zwar mögen sich Überschneidungen zu lauterkeitsrechtlichen Aufklärungspflichten ergeben, eine Übertragung der deliktsrechtlichen Verkehrssicherungspflichten in das Wettbewerbsrecht ist aber abzulehnen.

1833 Vgl. allgemein Beater, Verbraucherschutz und Schutzzweckdenken S. 147.

1834 Dahingehend etwas mißverständlich aber Lettl, Der lauterkeitsrechtliche Schutz S. 104; ohne Hinweis auf den Binnenmarkt wohl auch Fezer – Peifer § 5 Rn. 393; vgl. auch BGH GRUR 1996, 793, 795 – Fertiglesebrillen.

1835 BGH MDR 1999, 937 – Papierreißwolf.

1836 Hefermehl/Köhler/Bornkamm –Köhler § 4 Rn. 11.117.

((b)) Verbrauchererwartung; Informationsinteresse; Produktbezogene Differenzierung

Wie an den gerade angesprochenen lauterkeitsrechtlichen Hinweispflichten auf Produktgefahren deutlich wird, spielt die Verbrauchererwartung eine wesentliche Rolle. Der Verbraucher wird bei der entsprechenden Erwartung den fraglichen Umstand immer bei seiner Entscheidungsfindung berücksichtigen, so daß der verschwiegene Umstand stets für die Entscheidung zum Vertragsschluß von Bedeutung ist.

Entscheidend ist also das Informationsinteresse des Verbrauchers, so daß sich auch hier - wie bei der Frage der Aufmerksamkeit und der Informiertheit des Verbrauchers - eine produktbezogene Differenzierung nach Erfahrungs-, Such- und Vertrauensgütern anbietet (vgl. o.[1837]).[1838] So ist bei geringerwertigen Produkten des täglichen Bedarfs das Informationsinteresse niedriger als bei Such- und Vertrauensgütern. Allerdings muß diese Differenzierung zwingend in Zusammenschau mit der Aufmerksamkeit des Verbrauchers gesehen werden. Bei Such- und Vertrauensgütern ist nämlich wegen des gesteigerten Informationsinteresses auch die Aufmerksamkeit des Verbrauchers höher (vgl. o.[1839]). Erkennt der durchschnittlich informierte, situationsadäquat aufmerksame und verständige Durchschnittsverbraucher trotz dieser erhöhten Aufmerksamkeit das Fehlen des verschwiegenen Umstandes nicht, so sind dann bei Such- und erst recht bei Vertrauensgütern erhöhte Anforderungen an die Aufklärung zu stellen.

((c)) Produktwesentliche Schlüsselinformationen

Unabhängig von der produktbezogenen Differenzierung wird eine besondere Bedeutung für den Vertragsschluß grundsätzlich bei den Hauptleistungspflichten des Vertrages bestehen, wohingegen an der Aufklärung über Nebenleistungen zunächst nur ein geringeres Interesse besteht. Im Vordergrund steht also eine Aufklärung über die produktwesentlichen Schlüsselinformationen, zumal die Wahrnehmung des Verbrauchers in der Werbung ohnehin auf eine beschränkte Zahl von Schlüsselinformationen (chunks) beschränkt ist (vgl. o.[1840]). Es können naturgemäß nicht mehr Informationen verlangt werden, als der Beworbene in der konkreten Werbesituation aufnehmen kann.

1837 Vgl. o. S. 274 f.

1838 Steingass/Teworte WRP 2005, 676, 683.

1839 Vgl. o. S. 274 f.

1840 Vgl. o. S. 34.

((d)) Werbemedium; Informationsgehalt

Wie soeben schon angedeutet, muß für die Aufnahme der Informationen auch nach dem Werbemedium (z. B. Radio, Fernsehen, Printmedien, Werbebriefe, Internet, persönliches Gespräch einschließlich Telefon, Fax, SMS, Video-Text) unterschieden werden, weil hiervon die Aufnahmefähigkeit des Verbrauchers, aber insbesondere auch die technische Möglichkeit (Zeit, Raum etc.) der Gewährung von Information abhängt.[1841] Je weniger Information in dem betreffenden Medium gebracht werden kann, desto weniger wird der Verbraucher erwarten und desto stärker darf sich die Werbung auf die wichtigsten Informationen konzentrieren. Je mehr Information eine Werbung enthält, desto eher darf von deren Vollständigkeit ausgegangen werden und je eher ist eine Aufklärungspflicht über weitere Umstände anzunehmen.[1842] Enthält eine Werbung gar keine Information über ein bestimmtes Angebot (reine Aufmerksamkeitswerbung), fehlt es bereits am Merkmal der „Werbung" i. S. d. § 5 I UWG (vgl. o.[1843]). An einen „flüchtigen" Werbespot sind daher geringere Anforderungen zu stellen als an einen gedruckten Werbeprospekt.

Letztlich hilft jedoch auch hier nur eine wertende Betrachtung, die fragt, ob dem Vorhandensein des verschwiegenen Umstandes ein Überraschungsmoment für den Verbraucher anhaftet, weil er mit dieser Eigenschaft nicht rechnet, und ob diese Eigenschaft zu einer anderen Beurteilung des Produktes durch den Verbraucher führt. Dabei ist nicht erforderlich, daß die beworbene Ware zur tatsächlichen angebotenen Ware ein Aliud darstellt.

((e)) Prozessual-zeitliche Komponente

Das Informationsinteresse des Verbrauchers verdichtet sich vom ersten Werbekontakt bis zum Zeitpunkt des Vertragsschlusses, in welchem dem Verbraucher der gesamte Vertragsinhalt bekannt sein muß, damit eine wirksame Einigung zustande kommt. Neben der produktbezogenen Differenzierung ist also eine Differenzierung nach zeitlichen Stadien des Wettbewerbs als Kommunikationsprozeß vorzunehmen. So ist das Informationsinteresse bei einem ersten Kontakt zum Verbraucher über einen Werbespot, Plakate etc. noch gering,[1844] weil hier nur Kerninformationen und ein zwangsläufig lückenhafter Charakter erwartet werden und es beispielsweise bei komplexen Produkten wie Versicherungen

---

1841 Im Ergebnis auch Steingass/Teworte WRP 2005, 676, 683; Heermann WRP 2005, 141, 149 (jedoch mißverständlich S. 146).

1842 Steingass/Teworte WRP 2005, 676, 681; Schulze zur Wiesche Anm. zu BGH GRUR 1983, 654 – Kofferschaden S. 657 f.

1843 Vgl. o. S. 229 ff. sowie die Definition der Werbung auf S. 243 f.

1844 Vgl. Kemper, Verbraucherschutzinstrumente S. 177.

und Kapitalanlagen weder zumutbar noch sinnvoll ist, eine detaillierte Leistungsbeschreibung zu geben.[1845] Im individuellen Verkaufsgespräch kurz vor Abschluß eines Vertrages wird hingegen ein Mehr an Information bis hin zur vollständigen Information über den Vertragsinhalt erwartet.[1846]

((f)) Wettbewerb und Binnenmarkt

Eine Aufklärungspflicht kann jedoch infolge einer Interessenabwägung zu verneinen sein, wenn schützenswerte Interessen des Werbenden entgegenstehen.

zugunsten des Werbenden schützenswert ist alles, was den Wettbewerb – insbesondere den Binnenmarkt – fördert. Zu denken ist hier an besondere Vertriebsformen, wie etwa Parallel- und Reimporte von Kraftfahrzeugen.[1847] Es ist allerdings ungenau, hier nur Vorteile für den Werbenden anzunehmen, weil der Verbraucher ebenfalls von einer Förderung des Wettbewerbs auf dem Binnenmarkt profitiert (vgl. o.[1848]). Allein die Herkunft aus einem Mitgliedsstaat kann daher nicht zu einer Aufklärungspflicht führen, sofern der Verbraucher an die Herkunft nicht besondere Erwartungen hinsichtlich Qualität und Preiswürdigkeit knüpft.[1849]

In der Interessenabwägung ist daher auch zu berücksichtigen, ob die Vorteile durch den Wettbewerb für den Verbraucher nicht zu Lasten der Information hinzunehmen sind. Insofern kann ein Spannungsverhältnis zwischen Verbraucherschutz durch Information und originärem Verbraucherschutz durch Wettbewerb bestehen. Informationspflichten dürfen nur dann greifen, wenn nicht der Wettbewerb selbst ausreichenden Verbraucherschutz leistet.

Auch darf die Annahme von Aufklärungspflichten nicht dazu führen, daß sie einen innovativen Leistungswettbewerb behindert, sondern es ist dem Verbraucher zuzumuten, sich etwa mit Neuerungen auseinanderzusetzen.[1850]

Ebenso kann es zugunsten des Verbrauchers erforderlich sein, eine nur vorübergehende Irreführung durch neue Begriffe des Rechts- und Wirt-

---

1845 Vgl. Fezer – Steinbeck § 4-1 Rn. 194.

1846 Vgl. Schulze zur Wiesche Anm. zu BGH GRUR 1983, 654 – Kofferschaden S. 657 f.

1847 Vgl. BGH GRUR 1999, 1125, 1126 und 1127 – EG-Neuwagen II; BGH GRUR 1999, 1122, 1124 – EG-Neuwagen I.

1848 Vgl. o. S. 32.

1849 Vgl. Lettl, Der lauterkeitsrechtliche Schutz S. 100.

1850 Vgl. EuGH GRUR 1987, 245, 246 Tz. 32 – Reinheitsgebot; ähnlich EuGH GRUR Int. 1986, 633, 634/635 Tz. 25 – Genever.

schaftslebens hinzunehmen, wenn diese Neuerungen Ausdruck des Wettbewerbs sind und deren Bewerbung damit letztlich dem Informationsinteresse des Verbrauchers zugute kommt.[1851] Sinnvolle neue Begriffe und Änderungen dürfen durch das Irreführungsverbot nicht blockiert werden, da so sonst - entgegen dem Normzweck - eine zutreffende und wünschenswerte Information verhindert würde.

((g)) Aufwand der Informationserteilung und -beschaffung

Weiter muß der mit der Information verbundene Aufwand des Werbenden in vernünftiger Relation zum damit erreichten Schutz des Verbrauchers stehen.[1852] Dies ist im Interesse des Verbrauchers selbst, weil ihm die Kosten für Information als Kosten des Produktes auferlegt werden. Verbraucherschutz bedeutet auch Schutz vor überhöhten Preisen (vgl. o.[1853]). Aus informationsökonomischer Sicht sind Informationspflichten nur solange sinnvoll, wie der Aufwand der Informationsbeschaffung auf der Seite des Aufklärungspflichtigen geringer ist als der Nutzen auf seiten des Verbrauchers.[1854]

Stellenweise werden in der Literatur[1855] auch die Kosten und sonstiger Aufwand für die Informationsbeschaffung durch den Verbraucher als abwägungsrelevanter Umstand angesehen, so daß bei der Irreführung durch Verschweigen zu berücksichtigen ist, wer von den Beteiligten die jeweilige Information günstiger beschaffen kann. Offenbar soll es dabei um Fälle gehen, in denen ein Verbraucher zwar die Lückenhaftigkeit einer Werbung erkennt, sich die fragliche Information aber nur mit erheblichem Aufwand beschaffen kann, so daß - trotz Erkennbarkeit des Fehlens der Information - an eine Informationspflicht des Werbenden zu denken ist. Jedenfalls, so meint die zitierte Literatur, sei dem Unternehmer insbesondere die Erteilung der Information zuzumuten, wenn ihm dies ohne weiteren Kostenaufwand möglich sei, der Verbraucher hingegen langwierige und kostspielige (und möglicherweise vergebliche) Recherchen anstellen oder gar das Geschäftslokal des Werbenden betreten muß.[1856] Das Wettbewerbsrecht schütze die wirtschaftlichen Interes-

---

1851 Vgl. Sack WRP 2004, 521, 528; BGH GRUR 1965, 96, 99 - 20 % unter dem empfohlenen Richtpreis, zust. Anm. Seydel.

1852 Lettl, Der lauterkeitsrechtliche Schutz S. 94; vgl. OLG Düsseldorf GRUR 1975, 146, 147 - Kunststoffolie.

1853 Vgl. o. S. 76.

1854 Drexl, Die wirtschaftliche Selbstbestimmung des Verbrauchers S. 417.

1855 Lettl, Der lauterkeitsrechtliche Schutz S. 102; im Ergebnis auch Steingass/Teworte WRP 2005, 676, 684; Heermann WRP 2005, 141, 146; Hefermehl/Köhler/Bornkamm - Köhler § 4 Rn. 1.67; Harte-Bavendamm/Henning-Bodewig - Bruhn § Nr. 4 Rn. 20; vgl. Köhler GRUR 2001, 1067, 1072.

1856 Lettl, Der lauterkeitsrechtliche Schutz S. 102.

sen der Verbraucher auch dann, wenn es nicht zum Abschluß eines Vertrages gekommen sei, so daß der Verbraucher auch vor vergeblichen Recherchen geschützt werden müsse.[1857] Weiter sei zu bedenken, daß die Einholung von Informationen durch Verbraucher bei unbeteiligten dritten Unternehmern letztlich zum Nachteil der Verbraucher gehe, weil die Aufwendungen für die zunächst kostenlose Informationserteilung im Ergebnis wieder von der Allgemeinheit der Verbraucher getragen werden müsse.[1858] Werde etwa eine Kühltruhe zusammen mit einer Schweinehälfte zu einem nicht aufgeschlüsselten Gesamtpreis angeboten, wäre es eine unzumutbare Belästigung für die Schlachter in der Region, wenn Dutzende von Verbrauchern bei ihnen anriefen, um sich nach dem Preis für eine Schweinehälfte zu erkundigen und sich sodann dankend wieder zu verabschieden.[1859]

Zwar fällt auch der Schutz vor unnützen Kosten unter Verbraucherschutz i. S. d. UWG, es muß jedoch bedacht werden, daß es (bislang) nicht Aufgabe des Wettbewerbsrechts ist, für die Vergleichbarkeit von Produkten zu sorgen.[1860] Der Gesetzgeber hat sich ausdrücklich gegen weitergehende Informationspflichten ausgesprochen.[1861] De lege lata ist daher bei der Berücksichtigung des Informationsbeschaffungsaufwandes Zurückhaltung geboten, zumal den Verbraucher auch eine gewisse Informationsbeschaffungslast trifft (vgl. o.[1862]).

Weiter muß bedacht werden, daß etwa die Anfrage bei Konkurrenten nicht zwingend ohne Geschäftsabschluß bleibt. Kann der Konkurrent nämlich ein attraktives Angebot machen, wird der verständige Verbraucher dieses vorziehen. Dies ist ebenso wettbewerbsimmanente Folge wie die Ablehnung eines schlechteren Angebots. Es wäre widersprüchlich, einerseits souveränes Konsumentenverhalten einzufordern und andererseits dessen Folgen verhindern zu wollen. Voraussetzung für eine Berücksichtigung des Informationsaufwandes ist daher, daß es dem Verbraucher schlichtweg unzumutbar ist, die erforderliche Information zu beschaffen, so daß er praktisch gezwungen wird, die „Katze im Sack" zu kaufen. Tut er dies jedoch freiwillig, ist er nicht schutzwürdig. Der Anwendungsbereich dieser Fallgruppe scheint daher gering.

1857 Lettl, Der lauterkeitsrechtliche Schutz S. 103 unter Verweis auf Erwägungsgrund 3 der Irreführungsrichtlinie 84/450/EWG.

1858 Lettl, Der lauterkeitsrechtliche Schutz S. 103.

1859 Köhler GRUR 2001, 1067, 1072 in Auseinandersetzung mit BGH GRUR 1996, 363 - Saustarke Angebote.

1860 Vgl. BGH GRUR 2003, 538, 539 - Gesamtpreisangebot (zur Preistransparenz bei Kopplungsangeboten).

1861 RegE zum UWG BT-Drucks. 15/1487 S. 20 li. Sp.

1862 Vgl. o. S. 98 und 279.

Berücksichtigung finden kann allerdings, daß es für den Verbraucher oder auch den Unternehmer, der seine Produkte üblicherweise am besten kennt, mit nur geringem Aufwand verbunden ist, Informationen zu beschaffen bzw. herauszugeben.[1863]

In der wirtschaftswissenschaftlichen Literatur wird diskutiert, ob nicht aufgrund des Revelationsprinzips vertragsschlußbezogene Informationspflichten in bestimmten Grenzen überflüssig sein könnten.[1864] Das Revelationsprinzip besagt (verkürzt), daß verifizierbare Informationen freiwillig offenbart werden, weil der jeweilie Marktakteur sich mit der Angabe der ex post nachprüfbaren Information Vorteile am Markt verschaffen und eine Rückabwicklung des Vertrges durch einen enttäuschen Käufer verhindern kann. Schulbeispiel ist das Angebot einer verschlossenen Apfelkiste, die bis zu 100 Äpfel enthalten kann. Der Verkäufer, der 100 Äfpel in der Kiste hat, wird dies kundtun, weil die Kunden dann den Preis für 100 Äpfel akzeptieren. Derjenige, der weniger Äpfel anbietet, wird die Zahl ebenfalls angeben, weil er nicht möchte, daß der Kunde glaubt, er erhalte weniger Äpfel. Macht ein Verkäufer falsche Angaben, muß er die Rückabwicklung fürchten. Allein dies ist jedoch nicht geeignet, eine Informationspflicht hinsichtlich nach Vertragsschluß überprüfbarer Informationen zu verneinen. Verschweigt ein Verkäufer eine entsprechende Information, so kann dies ebenso an seiner Unkenntnis wie an der mangelnden Bereitschaft liegen.[1865] Es ist gerade Aufgabe des Lauterkeitsrechts, vor Marktakteuren zu schützen, denen die Kundenzufriedenheit gleichgültig ist.

(d) Übernahme übergeordneter Wertungen aus den bürgerlich-rechtlichen Informationspflichten?

Wie bereits dargelegt, ergeben sich aus dem europarechtlich angestoßenen Informationsmodell auch im Lauterkeitsrecht Konsequenzen für das Verbraucherleitbild und die Frage der Aufklärungspflichten. Denkbar erscheint daher, daß sich aus den speziellen bürgerlich-rechtlichen Informationspflichten, die ebenfalls auf der Grundlage des Informationsmodells geschaffen worden sind, Wertungen ableiten lassen, die bei der Beurteilung einer Aufklärungspflicht zu berücksichtigen sind.

Die Übertragung der schuldrechtlichen Ansätze ist jedoch unter mehreren Gesichtspunkten problematisch. Die Regelungszwecke, Voraussetzungen und Rechtsfolgen von Schuld- und Lauterkeitsrecht sind zu unterschiedlich.[1866] Insbesondere dient das Wettbewerbsrecht nicht der

[1863] Vgl. o. S. 72.

[1864] Fleischer, Informationsasymmetrie und Vertragsrecht S. 129.

[1865] Fleischer, Informationsasymmetrie und Vertragsrecht S. 130 f.

[1866] Vgl. Fezer – Steinbeck § 4-1 Rn. 198.

Sanktionierung der Verletzungen von Vertragsrecht. Zwar gibt es auch im bürgerlichen Recht inzwischen Informationspflichten mit teilweise sogar rein lauterkeitsrechtlichem Charakter, diese tragen jedoch durchweg einem besonderen Informationsinteresse des Verbrauchers in einer speziellen Situation Rechnung. Übergeordnete Wertungen sind hier nicht erkennbar, sondern es handelt sich um einen anlaßbezogenen Flickenteppich von Regelungen (vgl. o.[1867]). Auch werden diese Vorschriften bereits über den Rechtsbruchtatbestand lauterkeitsrechtlich sanktioniert und können als gesetzliche Aufklärungspflicht betrachtet werden. Die gesetzgeberische Wertung, nur in diesen besonderen Fallkonstellationen einen erhöhten Informationsbedarf beim Verbraucher zu sehen, darf nicht mit einer verallgemeinernden Informationspflicht umgangen werden. Im UWG trägt der Gesetzgeber einem gesteigerten Informationsbedürfnis des Verbrauchers in speziellen Situationen nämlich bereits mit §§ 4 Nr. 4, 5 UWG Rechnung und spricht sich im übrigen ausdrücklich gegen einen weitergehenden Katalog von Informationspflichten aus.[1868]

Auch eine Übernahme der Grundsätze zu Aufklärungspflichten aus c.i.c. (§§ 280 I, 241 II, 311 II BGB) hilft nicht weiter, weil diese erst mit Kontakten i. S. d. § 311 II BGB entstehen und damit nicht den gesamten Bereich der Werbung abdecken und weil sich die Haftung hier letztlich am höchst unbestimmten Maßstab „Treu und Glauben" ausrichtet.

Möglicherweise haben aber die Wertungen des Kaufmängelgewährleistungsrechts Einfluß auf die lauterkeitsrechtliche Beurteilung, denn der Gesetzgeber sanktioniert mit § 434 I 3 BGB irreführende öffentliche Werbung über das Gewährleistungsrecht und stellt somit eine Verbindung zwischen den beiden Rechtsgebieten her. Das Kaufrecht hilft bei der Bestimmung einer Aufklärungspflicht jedoch nicht weiter. Zum einen kann ein Mangel auch bei Eigenschaften vorliegen, die keine besondere Bedeutung für den Kaufentschluß haben, und weiter gibt § 434 I 3 BGB noch weniger Auskunft über die Rechtsfolgen des Verschweigens von Eigenschaften der Kaufsache als § 5 II 2 UWG. Die vom Gesetzgeber hergestellte Verknüpfung führt nur dazu, daß irreführende Werbung bei der Frage des Mangels zu berücksichtigen ist, nicht aber dazu, daß ein Mangel Rückschlüsse auf irreführende Werbung zuläßt.

Einzig der Schluß ist zulässig, daß das Irreführungsverbot grundsätzlich keine weitergehenden Informationspflichten aufstellen kann als die rein lauterkeitsrechtlichen Vorschriften des bürgerlichen Rechts, die einem besonderen Informationsinteresse des Verbrauchers in einer speziellen Situation Rechnung tragen (vgl. o. zu § 1 I Nr. 3 BGB-InfoV[1869]), sofern

---

1867 Vgl. o. S. 23.

1868 RegE zum UWG BT-Drucks. 15/1487 S. 20 li. Sp.

1869 Vgl. o. S. 320 und allg. zum Fernabsatzrecht S. 41 ff.

das Informationsinteresse des Verbrauchers nicht im Einzelfall ausnahmsweise höher ist.

Weiter ist zu bedenken, daß auch rein schuldrechtliche Informationspflichten, die nicht über den Rechtsbruchtatbestand sanktioniert werden (z. B. aus c.i.c.), auf die Verbrauchererwartung Einfluß haben können. Bestehen also schuldrechtliche Pflichten, die üblicherweise befolgt werden, kann hieraus eine entsprechende Verkehrserwartung und damit auch eine Aufklärungspflicht erwachsen. Zumindest in diesem Sinne ist eine Verknüpfung der Wertungen des Schuldrechts mit dem Lauterkeitsrecht möglich. Allerdings ist auch hier zu bedenken, daß der Zeitpunkt der Information und das Werbemedium eine wesentliche Rolle spielen, so daß auch die übliche Erfüllung schuldrechtlicher Pflichten nur einer von mehreren Faktoren für eine Aufklärungspflicht sein kann.

c) Gesetz, Vertrag, vorangegangenes Tun

(1) Allgemeines

Die Vertragswesentlichkeit des verschwiegenen Umstandes ist nur eine mögliche Quelle von Aufklärungspflichten (vgl. Wortlaut „insbesondere"). In Übernahme der bisherigen Rechtsprechung[1870] heißt es in der Regierungsbegründung zu § 5 UWG, daß eine Aufklärungspflicht, „wenn sie sich nicht schon aus Gesetz, Vertrag oder vorangegangenem Tun ergibt, im Wettbewerb nicht schlechthin angenommen werden kann"[1871]. Der Gesetzgeber geht also davon aus, daß sich - ähnlich wie im Strafrecht, wo der Ursprung von Garantenpflichten nach Gesetz, tatsächlicher Übernahme und vorangegangenem Tun (Ingerenz) eingeteilt wird - eine Aufklärungspflicht auch aus Gesetz, Vertrag oder vorangegangenem Tun ergeben kann.

(2) Gesetz

Aufklärungspflichten aus Gesetz sind ausdrückliche Informationspflichten aus anderen Gesetzen als dem UWG. Derartige Aufklärungspflichten können über das UWG in zweifacher Weise sanktioniert werden: Einmal über den Rechtsbruchtatbestand des § 4 Nr. 11 UWG, weil eine solche Informationspflicht den Wettbewerb im Interesse der Marktteilnehmer (Verbraucher und Mitbewerber) regelt, und über die Irreführung durch

---

1870 BGH GRUR 2000, 616, 618 - Auslaufmodelle III; BGH GRUR 1999, 1125, 1126 - EG-Neuwagen II; BGH GRUR 1999, 1122, 1123 - EG-Neuwagen I; BGH GRUR 1999, 760, 761 - Auslaufmodelle II; BGH GRUR 1999, 757, 758 - Auslaufmodelle I; BGH GRUR 1982, 374, 375 - Ski- Auslaufmodelle; OLG Köln GRUR-RR 2003, 118 - i-mode; OLG Hamm GRUR 1983, 593, 594 - Marken-Jeans.

1871 RegE zum UWG BT-Drucks. 15/1487 S. 19 re. Sp.

Unterlassen. Der entscheidende Unterschied zwischen Rechtsbruch und § 5 UWG ist, daß ein Verstoß gegen § 5 UWG nur dann angenommen werden kann, wenn das Unterlassen der Information auch zu einer für die Entscheidung des Beworbenen relevanten Fehlvorstellung (Irrtum) führt, wohingegen der Rechtsbruchtatbestand allein mit dem Verstoß gegen die betreffende Informationspflicht erfüllt ist (vgl. o[1872]). Eine Aufklärungspflicht aus Gesetz kann sich daher auch nur aus Vorschriften ergeben, die zu einer Aufklärung über vertragsrelevante Umstände verpflichten.

Hinzuweisen ist auch darauf, daß der Rechtsbruchtatbestand - nach dem hier vertretenen Ansatz der objektiven Unlauterkeit - keine Absicht der Vorsprungserzielung mehr voraussetzt,[1873] so daß § 5 UWG auch nicht mehr als Auffangbecken für Fälle zu begreifen ist, in denen der Rechtsbruchtatbestand aus diesem Grunde nicht greift.[1874] Vielmehr wird immer auch ein Fall des § 4 Nr. 11 UWG vorliegen, wenn infolge eines Verstoßes gegen eine gesetzliche Aufklärungspflicht i. S. d. § 5 I UWG irregeführt wird.

Es ist angesichts der Vielzahl von Informationspflichten nicht möglich, alle hier in Betracht kommenden Normen aufzuzählen. Von besonderer Bedeutung sind die große Zahl von Produktkennzeichnungsvorschriften,[1875] aber auch die Informationspflichten des bürgerlichen Rechts und die Vorschriften der PAngV. Entscheidend ist, ob sich die jeweilige Informationspflicht auf Umstände bezieht, welche generell für den Abschluß eines Vertrages von Bedeutung sein können, weil nur solche Umstände für die Entscheidungsgrundlage eine Rolle spielen und im Rahmen des § 5 I UWG berücksichtigt werden können. (Ob der Verstoß gegen eine solche gesetzliche Informationspflicht dann tatsächlich eine Irreführung i. S. d. § 5 I UWG zur Folge hat, ist eine Frage der wettbewerbsrechtlichen Relevanz.)

Daneben müssen auch solche Aufklärungspflichten als gesetzliche Aufklärungspflicht i. S. d. § 5 II 2 UWG begriffen werden, die für den Fortbestand oder die endgültige Wirksamkeit eines Vertrages von Bedeutung sind, weil es bei wirtschaftlicher Betrachtung keinen Unterschied macht, ob das Unterlassen der Aufklärung zum Abschluß eines Vertrages oder aber zur Fortsetzung eines Vertrages und damit zum Absatz oder Bezug von Waren führt.

1872 Vgl. o. S. 205 f.

1873 Hefermehl/Köhler/Bornkamm - Köhler § 4 Rn. 11.58; anders noch zum alten Recht BGH GRUR 1996, 786, 788 - Blumenverkauf an Tankstellen; BGH GRUR 1995, 601, 603 - Bahnhofs-Verkaufsstellen; BGH GRUR 1994, 638, 639 - Fehlende Planmäßigkeit; BGH GRUR 1994, 222, 224 - Flaschenpfand.

1874 So aber noch BGH GRUR 1964, 269, 272 - Grobdesin.

1875 Überblick bei Hefermehl/Köhler/Bornkamm - Köhler § 4 Rn. 11.118 ff.

Eine Aufklärungspflicht ergibt sich daher insbesondere aus der Pflicht zur Belehrung über ein Widerrufsrecht i. S. d. § 355 I BGB, weil die Kenntnis von der Ausübung des Widerrufsrechts Einfluß auf den Fortbestand des Vertrages bzw. auf dessen endgültige Wirksamkeit haben kann.

Nachvertragliche Pflichten stellen grundsätzlich keine Aufklärungspflichten stellen dar, sofern die nachvertraglichen Pflichten nicht dergestalt Einfluß auf den durchzuführenden Vertrag haben, daß die Vertragsdurchführung werbenden Charakter hat (z. B. Erhaltung des Kundenstammes) und so etwa zum Fortbestehen eines Vertragsverhältnisses beitragen.

Fraglich ist, ob eine Irreführung auch hinsichtlich solcher Informationspflichten angenommen werden kann, ohne deren Erfüllung kein wirksamer Vertrag zustande kommt (z. B. wegen Formmangels gem. § 494 I BGB). Hier ist zu beachten, daß auch in solchen Fällen der Anschein eines wirksamen Vertrages besteht, so daß es auch zu einem wirtschaftlichen Austausch wie bei einem wirksamen Vertrag kommen kann. Es besteht daher im gleichen Maße ein Schutzbedürfnis des Verbrauchers. Auch ist für § 5 I UWG der Abschluß eines Vertrages gar nicht erforderlich, weil bereits die Gefahr einer Irreführung genügt. Wenn eine Irreführung schon vorliegen kann, obwohl für beide Parteien erkennbar kein Vertrags zustande gekommen ist, muß erst recht genügen, wenn der Anschein eines Vertrages erweckt wird. Auch ist zu beachten, daß gegebenenfalls Heilungsmöglichkeiten für den unwirksamen Vertrag bestehen (z. B. § 494 II BGB), so daß ein Irrtum über den Umweg der Heilung noch zu einem Vertragsschluß führen kann. Entscheidend ist daher nur, ob die Information bei einem hypothetischen Vertragsschluß geeignet gewesen wäre, diesen zu beeinflussen.

Informationspflichten ergeben sich beispielsweise aus § 312 c I BGB i. V. m. § 1 I BGB-InfoV (Fernabsatz); § 312e BGB I i. V. m. § 3 BGB-InfoV (elektronischer Geschäftsverkehr), § 477 BGB (Garantiebestimmungen beim Verbrauchsgüterkauf), §§ 482 ff. i. V. m. § 2 BGB-InfoV (Teilzeitwohnrecht); § 492 BGB i. V. m. § 491 I BGB bzw. § 499 I BGB, § 502 I BGB (Verbraucherkreditrecht); der PAngV; § 7 TDG (Informationspflichten bei kommerzieller Kommunikation bei Mediendiensten), § 10 MDStV (Informationspflichten von Dienstanbietern von Mediendiensten).

(3) Vertrag

Immer wieder hat die Rechtsprechung[1876] formelartig betont, daß sich eine Aufklärungspflicht auch aus Vertrag ergeben könne, ohne allerdings je einen Fall zu entscheiden, in dem eine Aufklärungspflicht aus Vertrag geprüft worden wäre. Auch die Regierungsbegründung[1877] geht im Anschluß an die Rechtsprechung davon aus, daß sich eine Aufklärungspflicht aus Vertrag ergeben kann, wobei zu dieser Fallgruppe keine weiteren Ausführungen gemacht werden. Ebenso hat die Literatur[1878] bereits zum alten Recht ebenfalls im Anschluß an die Formulierung der Rechtsprechung auf die Möglichkeit einer Aufklärungspflicht aus Vertrag hingewiesen, wobei auch hier keine relevanten Fälle oder nähere Kriterien aufgezeigt werden. Allerdings kommt ein Teil der Literatur[1879] – wohl wegen des bislang fehlenden Anwendungsbereichs der Fallgruppe – auch ohne jeden Hinweis auf die Möglichkeit der Aufklärungspflicht aus Vertrag aus.

Mit Aufklärungspflichten „aus Vertrag" können hier nicht die besonderen gesetzlichen Informationspflichten für den jeweiligen Vertragstyp gemeint sein, da insoweit der Rechtsbruchtatbestand (§ 4 Nr. 11 UWG) bzw. eine Aufklärungspflicht aus Gesetz greifen. Eine Aufklärungspflicht „aus Vertrag" setzt daher voraus, daß bereits ein Schuldverhältnis zwischen Werbendem und Beworbenem besteht, welches selbst Ursprung einer Aufklärungspflicht ist. Allein dies schränkt den Anwendungsbereich dieser Fallgruppe stark ein, weil eine Werbung üblicherweise auf den Abschluß eines Vertrages zielt.

Nach der weiten Definition des Begriffs der Werbung, unter die jede Äußerung fällt, die in funktionalem Zusammenhang mit einem eigenen oder fremden Handel, Gewerbe, Handwerk oder freien Beruf steht, die zumindest einen Tatsachenkern aufweist und objektiv darauf gerichtet und geeignet ist, den Absatz oder den Bezug von Waren oder die Erbringung oder Nachfrage von Dienstleistungen einschließlich unbe-

---

[1876] BGH GRUR 2000, 616, 618 – Auslaufmodelle III; BGH GRUR 1999, 1125, 1126 – EG-Neuwagen II; BGH GRUR 1999, 1122, 1123 – EG-Neuwagen I; BGH GRUR 1999, 760, 761 – Auslaufmodelle II; BGH GRUR 1999, 757, 758 – Auslaufmodelle I; BGH GRUR 1982, 374, 375 – Ski- Auslaufmodelle; OLG Köln GRUR-RR 2003, 118 – i-mode; OLG Hamm GRUR 1983, 593, 594 – Marken-Jeans.

[1877] RegE zum UWG BT-Drucks. 15/1487 S. 19 re. Sp.

[1878] Hefermehl/Köhler/Bornkamm – Bornkamm § 5 Rn. 2.44; Harte-Bavendamm/Henning-Bodewig – Dreyer § 5 Rn. 792; Gloy/Loschelder – Helm § 53 Rn. 46; Lettl, UnlWb Rn. 418; Götting, WettbR § 8 Rn. 33; Boesche, WettbR Rn. 273; Baumbach/Hefermehl[22] § 3 Rn. 49b (zu § 3 UWG a. F.); Köhler/Piper – Piper § 3 Rn. 104 (zu § 3 UWG a. F.); krit. einzig Fezer – Peifer § 5 Rn. 389.

[1879] HK WettbR – Ekey § 5 Rn. 398 ff.; Emmerich, UnlWb § 14 V 2, S. 276 ff.; Nordemann Rn. 271 ff.; GK – Lindacher § 3 Rn. 182 ff.; Beater, UnlWb § 15 Rn. 41 ff. (zu § 3 UWG a. F.).

weglicher Sachen, Rechte und Verpflichtungen zu fördern (vgl. o.[1880]), fällt unter Werbung aber nicht nur die Neuanwebung von Kunden, sondern auch die Erhaltung eines bereits bestehenden Kundenstammes.[1881] Bei der gebotenen wirtschaftlichen Betrachtung ergibt sich nämlich kein Unterschied daraus, ob ein Kunde Waren oder Dienstleistungen erstmalig oder im Rahmen bereits bestehender Vertragsbeziehungen bezieht bzw. absetzt.

Es könnte hier also um Aufklärungspflichten aus laufenden Verträgen gehen, bei denen die Nichtaufklärung über einen bestimmten Umstand die Beendigung des vertraglichen Verhältnisses seitens der nicht aufgeklärten Partei und damit die Beendigung des Absatzes bzw. des Bezuges von Waren oder Dienstleistungen verhindert (Verhinderung der Kündigung des laufenden Vertrages) oder den Abschluß eines weiteren Vertrages ermöglicht. Bei wirtschaftlicher Betrachtung sind Kündigung und Nichtabschluß eines Vertrages nämlich gleichzusetzen.

Eine vertragliche Aufklärungspflicht könnte also bestehen, wenn das Unterlassen der Kündigung eines Dauerschuldverhältnisses auf dem Unterlassen einer Information beruht, die der Werbende dem Beworbenen aufgrund vertraglicher Abreden oder als Ausfluß der vertraglichen Treue- und Nichtschädigungspflicht (pVV, §§ 280 I, 241 II, 242 BGB) hätte geben müssen.

Denkbar wäre etwa, daß ein Großhändler von seinem Lieferanten aufgrund eines Dauerlieferungsvertrages mit Spielzeugfiguren bestimmten Typs beliefert wird, ohne daß dieser darauf hinweist, daß er die gelieferten Figuren inzwischen nicht mehr in Deutschland, sondern in gleicher Qualität in Asien in Kinderarbeit fertigen läßt. Eine lauterkeitsrechtliche Informationspflicht ist hier denkbar, wenn der Großhändlervertraglich zugesichert hat, über einen Wechsel des Herstellers auch bei gleichbleibender Qualität der Ware zu informieren, oder wenn man davon ausgeht, daß der Umstand, daß die Ware in Kinderarbeit hergestellt wird, sich auf die Wertschätzung des Unternehmens und der angebotenen Produkte auswirkt, so daß sich eine Aufklärungspflicht aus § 280 I BGB ergibt. Gleiches könnte sich ergeben, wenn der Großhändler einen weiteren Vertrag über ähnliche Typen von Spielzeug in der Überzeugung abschließt, daß nur in Deutschland produziert wird.

Denkbar wäre auch, daß ein Verbraucher mit einem Unternehmer nach dem Kauf eines technischen Gerätes (etwa einer Computeranlage) einen

---

[1880] Vgl. o. S. 243 f.

[1881] Vgl. zur Wettbewerbshandlung BGH GRUR 1986, 615, 618 – Reimportierte Kraftfahrzeuge; BGH GRUR 1970, 465, 467 – Prämixe; BGH GRUR 1959, 488, 489 – Konsumgenossenschaften; Fezer – Fezer § 2 Rn. 33; Hefermehl/Köhler/Bornkamm – Köhler § 2 Rn. 23; Harte-Bavendamm/Henning-Bodewig – Keller § 2 Rn. 33.

Wartungsvertrag mit der Pflicht zur Information über neue Zubehörteile, Erweiterungen etc. abschließt, wobei auf bestimmte Faktoren besonders hingewiesen werden soll, die der Werbende dann zu seinem Vorteil verschweigt.

Auch könnte ein Verbraucher mit seinem lokalen Stromlieferanten vereinbaren, daß dieser ihn informiert, wenn er den gelieferten Strom nicht von regionalen Wind- und Wasserkraftwerken (z. B. von der nahegelegenen Talsperre/Windpark) bezieht, sondern ausnahmsweise Atom- oder Kohlestrom zukauft, den sein Abnehmer aus ökologischen Gründen vermeiden möchte. Kann der Lieferant nun etwa infolge technischer Schwierigkeiten über einen längeren Zeitraum keinen „ökologischen" Strom liefern und informiert er seine bereits geworbenen Kunden darüber nicht, unterscheidet sich dies bei wertender Betrachtung nicht von einer aktiven Irreführung von Neukunden, die im guten Glauben, aus regenerativen Energien gewonnenen Strom zu erwerben, möglicherweise bereit sind, höhere Preise zu zahlen.

Es muß allerdings bezweifelt werden, ob es in den genannten Fallkonstellationen der Fallgruppe „Aufklärungspflicht aus Vertrag" überhaupt bedarf, da es sich auch hier um Umstände handelt, die für den Vertragsschluß von Bedeutung sind, sei es, daß sie im Vertrag ausdrücklich festgeschrieben sind, oder sei es, daß sich dies aus Treu und Glauben gem. §§ 280 I, 241 II, 242 BGB ergibt. Auch solche Konstellationen lassen sich unter die „normale" Aufklärungspflicht wegen Vertragswesentlichkeit des verschwiegenen Umstandes subsumieren, weil ein Umstand, der zur Kündigung eines Schuldverhältnisses führt, auch dessen Abschluß verhindert hätte und damit von Bedeutung für den Vertragsschluß ist. Ein eigenständiger Anwendungsbereich ergibt sich hier nicht.

Möglicherweise sind mit der Aufklärungspflicht aus Vertrag daher auch vorvertragliche Aufklärungspflichten gemeint.[1882] Allerdings muß auch hier bezweifelt werden, daß sich aus c.i.c. (§§ 280 I, 241 II, 311 II BGB) Aufklärungspflichten ergeben, die sich nicht unter die allgemeine Formel der Vertragswesentlichkeit des verschwiegenen Umstandes fassen lassen, denn auch hier ist der für die Aufklärung anzulegende Maßstab „Treu und Glauben" i. S. d. § 242 BGB, so daß praktisch die gleiche Interessenabwägung stattfindet, wie bei der Vertragswesentlichkeit des verschwiegenen Umstandes, um die berechtigte Erwartung des Beworbenen festzustellen.

Auch darf nicht vergessen werden, daß nicht jede Verletzung schuldrechtlicher Informationspflichten sogleich wettbewerbsrechtlich relevant ist, denn die Vertragsrechtsverletzung muß wettbewerbsrechtliche Relevanz i. S. d. der Bagatellklausel des § 3 UWG gewinnen, was bei einem

[1882] Fezer – Peifer § 5 Rn. 389.

einzelnen Vertrag kaum der Fall sein wird.[1883] Die Sanktionierung individuell-konkreter Vertragsverletzungen ist nicht Aufgabe des Wettbewerbsrechts.

Es muß davon ausgegangen werden, daß die Fallgruppe „Aufklärungspflicht aus Vertrag" überflüssig ist und lediglich in Anlehnung an die Einteilung der Entstehungsgründe strafrechtlicher Garantenstellungen nach Gesetz, tatsächlicher Übernahme und vorangegangenem Tun (Ingerenz) ohne ausreichende Prüfung Eingang in die Formulierung der Rechtsprechung und damit auch in die Regierungsbegründung gefunden hat. Offenbar ist die strafrechtliche Fallgruppe der tatsächlichen Übernahme, welche oft mit einem Vertrag einhergeht, hier nur an zivilrechtliche Vorstellungen angepaßt worden.

(4) Vorangegangenes Tun

Als weitere Quelle von Aufklärungspflichten wird in der Regierungsbegründung[1884] im Anschluß an die Rechtsprechung[1885] und dem folgend in einem Teil des Schrifttums[1886] auf die Möglichkeit einer Aufklärungspflicht aus vorangegangenem Tun hingewiesen.

Zwar hat die Rechtsprechung nie ausdrücklich in einem entscheidungsrelevanten Zusammenhang auf diese Möglichkeit des Ursprungs der Aufklärungspflicht hingewiesen, sie hat aber zum einen unter dem Aspekt einer unrichtig gewordenen Werbung[1887] und zum anderen aufgrund einer vorherigen irreführenden Werbung eine Aufklärungspflicht angenommen, solange und soweit[1888] sich die neue (an sich zulässige) Werbung nicht hinreichend von der alten (irreführenden) unterscheidet, so daß eine Fortwirkung der Irreführung anzunehmen ist (für Fälle aus der Rechtsprechung vgl. o.[1889]).[1890]

1883 Fezer – Peifer § 5 Rn. 389.

1884 RegE zum UWG BT-Drucks. 15/1487 S. 19 re. Sp.

1885 BGH GRUR 2000, 616, 618 – Auslaufmodelle III; BGH GRUR 1999, 1125, 1126 – EG-Neuwagen II; BGH GRUR 1999, 1122, 1123 – EG-Neuwagen I; BGH GRUR 1999, 760, 761 – Auslaufmodelle II; BGH GRUR 1999, 757, 758 – Auslaufmodelle I; BGH GRUR 1982, 374, 375 – Ski- Auslaufmodelle; OLG Köln GRUR-RR 2003, 118 – i-mode; OLG Hamm GRUR 1983, 593, 594 – Marken-Jeans.

1886 Hefermehl/Köhler/Bornkamm – Bornkamm § 5 Rn. 2.44; Harte-Bavendamm/Henning-Bodewig – Dreyer § 5 Rn. 792; Fezer – Peifer § 5 Rn. 390; Gloy/Loschelder – Helm § 53 Rn. 46; Lettl, UnlWb Rn. 418; Götting, WettbR § 8 Rn. 33; Boesche, WettbR Rn. 273; Baumbach/Hefermehl[22] § 3 Rn. 49b; Köhler/Piper – Piper § 3 Rn. 104.

1887 BGH GRUR 1958, 30, 31 – Außenleuchte.

1888 BGH GRUR 1964, 686, 689 – Glockenpackung II, zust. Anm. Droste.

1889 Vgl. o. S. 140 f.

Dem erstgenannten Aspekt ist zuzustimmen, weil es für die Entscheidungsgrundlage des Verbrauchers keinerlei Unterschied macht, ob eine falsche Werbeaussage einmal richtig war oder nicht.

Auch der zweitgenannte Aspekt verdient Zustimmung, weil Werbung gerade darauf angelegt ist, sich in der (unterbewußten) Erinnerung des Beworbenen einzunisten, so daß eine vorherige Werbung nicht unbeachtet bleiben kann.

Eine angemessene Risikoverteilung zwischen Werbendem und Beworbenem erfordert es, daß dieser der durch seine Werbung erzeugten und fortwirkenden Gefahr, mißverstanden zu werden, entgegenwirkt.

Voraussetzung für eine solche Aufklärungspflicht aus vorangegangenem Tun ist zunächst, daß das vorangegangene Tun noch fortwirkt und so auch auf die Entscheidung des Verbrauchers Einfluß haben kann.

Bei der unrichtig gewordenen Werbung ist dies dann der Fall, wenn diese nach der Auffassung der betroffenen Personenkreise noch mit Geltungsanspruch auftritt. Ein Katalog mit dem Aufdruck „Sommer 2006“ muß daher im Winter 2006 nicht mehr berichtigt werden, weil der Verbraucher erkennen kann, daß die Werbeaussagen keine Gültigkeit mehr beanspruchen sollen. Maßgeblicher Bedeutung kommt hier dem Werbemedium zu. Ein einfacher Prospekt, der einer Zeitung beigelegt wird, gilt üblicherweise nur für einige Tage, so daß der Verbraucher keine längere Geltung erwartet, wohingegen bei einem aufwendig gestalteten Katalog von einer längeren Gültigkeit ausgegangen werden kann. Diese Gültigkeit kann dabei etwa durch das Erscheinen eines neuen Kataloges beendet werden, sofern der Verbraucher mit dem Erscheinen eines neuen Kataloges rechnen muß.

Bei der Beurteilung, ob eine frühere irreführende Werbung fortwirkt, müssen alle bereits zum Verbraucherleitbild genannten Faktoren für die Wahrnehmung des Durchschnittsverbrauchers und zusätzlich eine zeitliche Komponente beachtet werden. Je länger einer Werbung zurückliegt, desto eher kann diese außer Betracht bleiben, und je geringer das irreführende Moment war, desto geringere Anforderungen sind an eine Aufklärung zu stellen.

Eine Fortwirkung liegt vor, wenn der Verkehr aufgrund seiner Erinnerung an die frühere Werbung zu einer mit der Wirklichkeit nicht in Ein-

---

[1890] BGH GRUR 1962, 97, 99 f. – Tafelwasser, zust. Anm. Droste; BGH GRUR 1965, 368, 372 – Kaffee C, Anm. Hoepffner; BGH GRUR 1964, 686, 689 – Glockenpackung II, zust. Anm. Droste; BGH GRUR 1959, 360, 363 – Elektrotechnik (zu § 16 I UWG a. F.), Anm. Dietrich Reimer; BGH GRUR 1958, 86, 88 f. – Ei-fein, Anm. Heydt; BGH GRUR 1957, 348, 349 – Klasen-Möbel.

klang stehenden Auffassung vom Inhalt der neuen Werbung gelangt.[1891] Nach traditioneller Rechtsprechung ist dabei zu berücksichtigen, daß der Verkehr schwer erkennbare Abwandlungen einer Werbung nicht sorgfältig registriere und ihnen keine (ausreichende) gedankliche Aufmerksamkeit widme.[1892] Dem kann mit Blick auf das neue Verbraucherleitbild in dieser Pauschalität nicht mehr voll zugestimmt werden, denn auch hier sind eine situationsadäquate Aufmerksamkeit und durchschnittliche Verständigkeit entscheidend.

In engem Zusammenhang damit, wie eine frühere Irreführung zu beseitigen ist, steht die Frage, inwiefern auf Produktveränderungen hingewiesen werden muß, denn auch hier kann eine frühere Werbung fortwirken. Zwar ist davon auszugehen, daß der Verbraucher sich etwa die Zutatenliste auf einem Produkt durchliest, wenn er Interesse an der Zusammensetzung beispielsweise seiner Marmelade hat, welcher Verbraucher wird aber bei seiner täglich verzehrten Lieblingsmarmelade regelmäßig die Zutatenliste auf Änderungen hin durchforsten? Hier geht der Verbraucher grundsätzlich bei unveränderter Aufmachung des Produktes auch von einem unveränderten Produkt aus. Wird ein relevanter Teil der Verbraucher auf diese Art und Weise durch die unveränderte Aufmachung über wesentliche Punkte der Zusammensetzung irregeführt, ist daher ein Hinweis wie z. B. „Neue Rezeptur" anzubringen. Dies ist dem Hersteller regelmäßig auch zumutbar, da sich ein solcher Hinweis sogar verkaufsfördernd auswirken kann und im Verkehr üblich ist. Allerdings ist auch hier eine einzellfallbezogene Untersuchung, insbesondere im Hinblick auf die jeweilige Art des Produktes erforderlich. Nur wenn es sich um Produkte handelt, bei denen die Aufmerksamkeit des Verbrauchers infolge der Gewohnheit so gering ist, daß er die Einzelheiten der Produktinformation nicht wahrnimmt, kann hier eine Aufklärungspflicht wahrgenommen werden. Dieses Ergebnis steht nicht im Widerspruch zum neuen Verbraucherleitbild, da dieses auch den flüchtigen Verbraucher schützt (vgl. o.[1893]).

(5) Interessenabwägung auch bei Aufklärungspflichten aus Gesetz, Vertrag, vorangegangenem Tun?

Zentrales Element bei der Bestimmung der Aufklärungspflicht wegen Vertragswesentlichkeit des verschwiegenen Umstandes ist die Abwägung der Interessen von Beworbenem und Werbendem (vgl. o.[1894]). Es

[1891] BGH GRUR 1982, 685, 686 – Ungarische Salami II; BGH GRUR 1965, 368, 372 – Kaffee C, Anm. Hoepffner; BGH GRUR 1964, 686, 689 – Glockenpackung II, zust. Anm. Droste.

[1892] BGH GRUR 1971, 256, 257 – Plym-Gin, Anm. Gross.

[1893] Vgl. o. S. 277 ff.

[1894] Vgl. o. S. 317 f.

stellt sich daher die Frage, ob auch bei den Aufklärungspflichten aus Gesetz, Vertrag und vorangegangenem Tun eine Interessenabwägung geboten ist. Hierfür spricht, daß die Bestimmung einer Aufklärungspflicht das Ergebnis einer angemessenen Risikoverteilung zwischen den Betroffenen sein muß.

Bei der Aufklärungspflicht aus Gesetz hat jedoch schon der Gesetzgeber das Ergebnis dieser Risikoverteilung festgeschrieben, indem er dem Unternehmer die Informationslast aufgebürdet hat.

Raum für eine Interessenabwägung bleibt daher nur bei den Aufklärungspflichten aus Vertrag (sofern man diese Fallgruppe anerkennt) und aus vorangegangenem Tun. Bei der letztgenanntem Fallgruppe ist eine Interessenabwägung schon deshalb vorzunehmen, weil selbst im Strafrecht die Garantenpflicht aus Ingerenz durch die Zumutbarkeit der Erfolgsabwendung begrenzt ist. Besonders ist zu bedenken, daß nicht unlauter i. S. d. § 3 UWG sein kann, was dem Werbenden unzumutbar ist. Eine Interessenabwägung muß daher auch hier erfolgen. Will man eine Aufklärungspflicht aus Vertrag annehmen, ist dabei zu bedenken, daß sich der Werbende mit der vertraglichen Verpflichtung möglicherweise seiner schützenswerten Interessen selbst begeben hat.

III) Erfüllung der Aufklärungspflicht

1) Art und Weise der Information

Besteht eine Aufklärungspflicht, stellt sich die Frage, wie dieser nachgekommen und eine künftige Irreführung vermieden werden kann. Die Aufklärung ist der Spiegel der Aufklärungspflicht, so daß hier dieselben Überlegungen herangezogen werden müssen, wie bei der Feststellung der Aufklärungspflicht. Eine Information ist dann ausreichend, wenn sie so dargeboten wird, daß der durchschnittlich informierte, situationsadäquat aufmerksame und durchschnittlich verständige Verbraucher diese wahrnehmen und in seinen Entscheidungsprozeß einstellen kann. Letztlich ist also zu prüfen, ob trotz der getroffenen Maßnahmen zur Aufklärung immer noch eine Irreführung vorliegt, z. B. weil der aufklärende Hinweis zu klein ist, um vom Verbraucher in der konkreten Werbesituation wahrgenommen zu werden. Insofern kann auf das oben zur Feststellung der Verkehrsauffassung Gesagte verwiesen werden.[1895]

Ebenso wie mit allen Ausdrucksmitteln irregeführt werden kann (Wort, Bild, Ton, das Produkt selbst etc.), solange nur eine Information transportiert wird, kann auch mit allen Ausdrucksmitteln informiert werden. Entscheidend ist nur, daß die Information eindeutig und unmiß-

[1895] Vgl. o. S. 254 ff.

verständlich ist und nicht aufgrund ihrer Mehrdeutigkeit die betroffenen Verkehrskreise irreführt.

Ausdrucksmitteln wie Bild und Ton wird dabei ein weniger eindeutiger Aussagegehalt zugesprochen, sie werden vielmehr möglicherweise sogar als „schmückendes Beiwerk" einer beispielhaften Illustration der Werbung vom Beworbenen abgetan. Muß z. B. der Anbieter eines Handy-Dienstes ausnahmsweise darauf hinweisen, daß seine Leistungen nur mit einem einzigen Gerät am Markt genutzt werden können, genügt es nicht, dieses Gerät in der Werbung abzubilden.[1896]

Ein Text wird vom Verbraucher hingegen auch neben weiteren, nicht textlichen Hinweisen eher als abschließend und verbindlich angesehen, da Informationen „schwarz auf weiß" schon wegen der größeren Eindeutigkeit mehr Vertrauen entgegengebracht wird.

2) Zeitpunkt der Information

Wie bereits oben ausgeführt, genügt für eine Irreführung i. S. d. § 5 I UWG bereits die Gefahr einer Irreführung. Eine spätere Aufklärung des Verbrauchers - auch noch vor Vertragsschluß - läßt die Irreführung daher nicht entfallen, wenn von dieser eine Anlockwirkung ausgeht. Zeitliche Grenze bis zu der die erforderliche Aufklärung erfolgt sein muß, ist daher der Moment, in dem die zu beurteilende Werbung ihre Wirkung entfaltet.

Allerdings kann im Rahmen der Bagatellklausel des § 3 UWG eine noch vor Vertragsschluß aufgeklärte Irreführung als geringerer Angriff auf die Entscheidungsgrundlage des Beworbenen gewertet werden als ein vollendeter Betrug.

C) Weitere Voraussetzungen des § 5 UWG

I) Erfordernis einer Eingriffsschwelle wie nach alter Rechtsprechung?

Nach traditioneller Rechtsprechung liegt eine wettbewerbsrechtlich relevante Irreführung nur dann vor, wenn ein nicht unerheblicher Teil der betroffenen Verkehrskreise irregeführt wird,[1897] wobei (einzelfallbezogen) Irreführungsquoten von 10-15 % grundsätzlich für ausreichend gehalten worden sind.[1898] Bei der Werbung mit objektiv richtigen Anga-

---

1896 OLG Köln GRUR-RR 2003, 118, 119 - i-mode.

1897 Z. B. BGH GRUR 1991, 546, 547 - … aus Altpapier; BGH GRUR 1982, 437 f. - Test Gut.

1898 BGH GRUR 1992, 66, 68 - Königl.-Bayrische Weiße (15 %); BGH MDR 1981, 118 - Lübecker Marzipan (13,7 %); BGH GRUR 1979, 716, 718 - Kontinent Möbel, ben - also auch bei der Irreführung durch Verschweigen - hat die Rechtsprechung allerdings eine höhere Quote für erforderlich gehalten.[1899] Nachdem der BGH das Leitbild des durchschnittlich informierten, situationsadäquat aufmerksamen und durchschnittlich verständigen Verbrauchers übernommen hat, wies er darauf hin, daß jedenfalls eine Irreführungsquote von 15-20 % nicht ausreiche.[1900] Ob hieraus zu lesen ist, daß auch weiterhin die Festlegung einer Irreführungsquote erforderlich ist, wird unterschiedlich beurteilt.[1901] Stellenweise wird in der Literatur ein Quorum von einem Viertel bis zu einem Drittel der betroffenen Verkehrskreise vorgeschlagen.[1902] Keinesfalls könne aber aus den Entscheidungen „Elternbriefe"[1903] und „Thermal Bad"[1904], welche die Anschauungen von Minderheiten vom Irreführungsschutz ausnehmen, geschlossen werden, daß die Irreführungsquote über 50 % liegen müsse.[1905] Teilweise wird auch allgemein auf eine Mindestquote von über 20 % verwiesen.[1906]

Die Frage, ob man ein Mindestquorum tatsächlich Irregeführter zur Voraussetzung des § 5 I UWG macht, hängt davon ab, ob man die Irreführung als Tatsachen- oder als Rechtsfrage auffaßt. Nach dem hier vertretenen Ansatz (vgl. o.[1907]) ist die Feststellung der tatsächlich irregeführten Personen nicht zwingende Voraussetzung einer Irreführung, sondern lediglich einer von mehreren Umständen, der bei Feststellung der Irreführungsgefahr in die richterliche Wertung mit einzubeziehen ist.[1908] Eine starre Quote verbietet sich daher.

Anm. Michels (10 %); OLG Braunschweig MDR 1992, 1003, 1004 - Buchführungshelfer (10-15 %).

1899 BGH GRUR 1996, 985, 986 - PVC-frei; BGH GRUR 1995, 60, 62 -Napoléon: 12-18 % nicht ausreichend; BGH WRP 1993, 239 - sofortige Beziehbarkeit; BGH GRUR 1992, 70, 72 - 40 % weniger Fett; BGH GRUR 1991, 852, 855 - Aquavit; BGH GRUR 1991, 552, 554 - TÜV-Prüfzeichen; BGH GRUR 1987; 171, 172 - Schlußverkaufswerbung; strenger bei umwelt- und gesundheitsbezogener Werbung etwa BGH GRUR 1996, 985, 986 - PVC-frei.

1900 BGH GRUR 2004, 162, 163 - Mindestverzinsung (zu § 3 UWG a. F.).

1901 Etwa einerseits Ulbrich WRP 2005, 940, 944 f.; andererseits Gloy/Loschelder - Helm § 53 Rn. 38.

1902 Hefermehl/Köhler/Bornkamm - Bornkamm § 5 Rn. 2.106.

1903 BGH GRUR 2002, 550.

1904 BGH GRUR 2003, 247.

1905 Hefermehl/Köhler/Bornkamm - Bornkamm § 5 Rn. 2.106.

1906 Fezer - Peifer § 5 Rn. 200.

1907 Vgl. o. S. 298 ff.

1908 Ebenso Lettl, UnlWb Rn. 125 und 446; ders. NJW-Sonderheft 100 Jahre Markenverband (2003), 45, 48; Götting, WettbR § 8 Rn. 29; vgl. Lettl, Der lauterkeits-

Es ist aber zu bedenken, daß die Zahl der tatsächlich irregeführten Beworbenen im Rahmen der Bagatellklausel des § 3 UWG und bei der Berechnung von Schadensersatzansprüchen eine Rolle spielen kann.

II) Relevanz der Irreführung

1) Allgemeines

Nicht jede durch die Werbung erzeugte Fehlvorstellung des Beworbenen ist eine Irreführung i. S. d. § 5 I UWG. Nach allgemeiner Ansicht[1909] liegt nur dann eine wettbewerbsrechtlich relevante Irreführung vor, wenn der Irrtum geeignet ist, die Marktentscheidung des Beworbenen zu beeinflussen (ungeschriebenes Tatbestandsmerkmal). Im Gesetz findet dies nur in § 5 II 2 UWG unvollkommen Anklang, wird jedoch im Regierungsentwurf ausdrücklich herausgestellt, wenn es dort heißt, daß Werbung verboten ist, die geeignet ist, „irrezuführen und Fehlvorstellungen von maßgeblicher Bedeutung für den Kaufentschluß hervorzurufen".[1910] Gleiches ergibt sich aus der Definition der irreführenden Werbung in Art. 2 Nr. 2 der Irreführungsrichtlinie 84/450/EWG (nun Art. 2 lit. b der RL 2006/114/EG), wonach irreführende Werbung „jede Werbung [ist], die in irgendeiner Weise - einschließlich ihrer Aufmachung - die Personen, an die sie sich richtet oder die von ihr erreicht werden, täuscht oder zu täuschen geeignet ist und infolge der ihr innewohnenden Täuschung ihr wirtschaftliches Verhalten beeinflussen kann oder aus diesen Gründen einen Mitbewerber schädigt oder zu schädigen geeignet ist". Auch der EuGH fragt, ob ein Einfluß auf die Kaufentscheidung vorliegt.[1911]

Stellenweise wird in der Literatur daher vertreten, daß die Relevanz Teil der Definition der Irreführung sein sollte.[1912] Dem ist schon deshalb zuzustimmen, weil der Irreführungsschutz aufgrund des Schutzzweckes des UWG auf die Sicherung der Entscheidungsgrundlage beschränkt ist. Es soll nur der Wettbewerb und daher nicht jede beliebige Fehlvorstellung des Beworbenen geschützt werden. Maßgeblich sind grundsätzlich

---

rechtliche Schutz S. 184; Omsels GRUR 2005, 548, 555; Ulbrich WRP 2005, 940, 943.

1909 BGH GRUR 2005, 442, 443 - Direkt ab Werk (zu § 5 UWG n. F.); BGH GRUR 2003, 628, 630 - Klosterbrauerei; BGH GRUR 2000, 914, 915 - Tageszulassung II; BGH GRUR 1998, 949, 951 - D-Netz-Handtelefon (zu § 3 UWG a. F.); Fezer - Peifer § 5 Rn. 240; Harte-Bavendamm/Henning-Bodewig - Dreyer § 5 Rn. 214; Lettl, UnlWb Rn. 447; Götting, WettbR § 8 Rn. 41; Emmerich, UnlWb § 14 VI, S. 286 (alle zu § 5 UWG n. F.).

1910 RegE zum UWG BT-Drucks. 15/1487 S. 19 li. Sp.

1911 EuGH WRP 1993, 233, 234 Tz. 15 - Nissan.

1912 Fezer - Peifer § 5 Rn. 185.

nur solche Fehlvorstellungen, die sich auf den Wettbewerb auswirken, d. h. solche, die die Entscheidung beeinflussen.

Für die Annahme einer Irreführung durch Verschweigen ist die Bedeutung des Irrtums für den Vertragsschluß bereits im Rahmen der Feststellung der Aufklärungspflicht von wesentlicher Bedeutung, da es hier auf den Grad der Bedeutung des verschwiegenen Umstandes für den Vertragsschluß ankommt.

2) Nur Mitbewerberschädigung ausreichend?

Auffallend ist, daß die Definition der Irreführungsrichtlinie eine Irreführung nicht nur bei einer Eignung zur Beeinflussung der Kaufentscheidung des Beworbenen annimmt, sondern auch bei einer (sonstigen) Schädigung der Mitbewerber. Bei der Beeinflussung der Entscheidungsgrundlage des Beworbenen wird immer auch der Wettbewerb zum Nachteil der Mitbewerber verfälscht (vgl. o.[1913]), so daß in der Richtlinie nur die alleinige Schädigung von Mitbewerbern gemeint sein kann. Schon weil die Irreführungsrichtlinie gem. Art. 7 I einen Mindeststandard vorschreibt, genügt daher auch die Eignung der Irreführung zur Mitbewerberschädigung für die wettbewerbsrechtliche Relevanz. Unklar ist, wie derartige Fälle in der Praxis aussehen könnten.

Ein solcher Fall könnte der Entscheidung „Last-Minute-Reisen" des BGH[1914] zugrunde liegen.[1915] Hier ist der BGH davon ausgegangen, daß es an der wettbewerbsrechtlichen Relevanz der Irreführung mangele, wenn ein Unternehmer mit „Last-Minute-Reisen" werbe, obwohl die angebotenen Reisen mehr als 14 Tage nach Buchung angetreten würden, sofern nur ein einem „Last-Minute-Angebot" entsprechender Preisvorteil geboten werde.[1916] Allerdings muß bezweifelt werden, daß die Werbung auch unter diesen Umständen ohne Gefahr des Einflusses auf die Kaufentscheidung bleibt.[1917] Dies hängt entscheidend davon ab, ob eine solche Werbung eine hinreichende Anlockwirkung auslöst. Nach der hier vertretenen Formel für die relevante Anlockwirkung ist nur dann von einer alleinigen Schädigung der Mitbewerber durch die Irreführung auszugehen, wenn die Werbung für den Kunden nicht die konkrete Gefahr birgt, daß dieser seine Entscheidung nicht allein nach den Gesetzen des Marktes (insb. Preiswürdigkeit der Ware) trifft, weil er sich nicht in dem Maße mit anderen Angeboten auseinandersetzt, wie er dies ohne

---

1913 Vgl. o. S. 91.

1914 BGH GRUR 2000, 239 – Last-Minute-Reisen.

1915 Hefermehl/Köhler/Bornkamm – Bornkamm § 5 Rn. 2.191.

1916 BGH GRUR 2000, 239, 241 – Last-Minute-Reisen.

1917 Krit. auch Hefermehl/Köhler/Bornkamm – Bornkamm § 5 Rn. 2.191.

Irreführung getan hätte (vgl. o. zur Anlockwirkung[1918]). Diese Formel verbindet Verbraucher- und Mitbewerberschutz bereits in einer Weise, die kaum Raum dafür läßt, daß nur die Interessen der Mitbewerber geschädigt werden. Im vorliegenden Fall wird sich der Verbraucher gerade deshalb näher mit dem Angebot befassen, weil es als „Last-Minute-Angebot" angepriesen wird, so daß er von anderen Angeboten, die redlicherweise ohne das Schlagwort „Last-Minute", sondern nur mit günstigen Preisen werben, weggelockt wird.[1919]

Denkbar erscheint allerdings der Fall, daß eine Irreführung hinsichtlich einer nicht angemessenen Bevorratung im Ladenlokal aufgeklärt wird und der Beworbene nicht auf ein anderes Angebot des Werbenden ausweichen kann, weil dieser keine substituierbaren Produkte im Sortiment hat (z. B. Werbung eines Lebensmitteldiscounters für einen Laptop, den dieser ausnahmsweise im Angebot hat und zwar in einer Stückzahl, die hinter der zu erwartenden Nachfrage weit zurückbleibt).[1920] Geht man nun davon aus, daß der enttäuschte Kunde nicht die Gelegenheit nutzt, um seinen Bedarf an Lebensmitteln bei diesem Discounter zu decken, und nun auch nicht mehr bereit ist, bei einem Mitbewerber einen höheren Preis für ein vergleichbares Gerät aufzuwenden, ist (nur) eine Mitbewerberschädigung anzunehmen.[1921]

Dieser Sonderfall der unangemessenen Bevorratung bei nicht substituierbaren Produkten unterscheidet sich allerdings insofern von der „herkömmlichen" Irreführung, als er nicht dazu führt, daß der Verbraucher seine Entscheidung nicht nach den Gesetzen des Markts fällt. Vielmehr wird der Beworbene möglicherweise warten, bis ein neues Angebot zu einem vergleichbar günstigen Preis auf den Markt kommt. Die Entscheidungsgrundlage des Verbrauchers wird hier nicht in Frage gestellt, sondern es wird vielmehr die wettbewerbsimmanente Folge ausgelöst, daß der Beworbene nur gewillt ist, den günstigsten Preis für die entsprechende Qualität zu zahlen. Hieran zeigt sich, daß der Sonderfall der unangemessenen Bevorratung mit aus dem Sortiment des Werbenden nicht substituierbaren Produkten eigentlich kein Fall der irreführenden Werbung ist, zumal der Absatz bzw. Bezug von Waren nicht gefördert, sondern zum Erliegen gebracht wird.

Sonstige Fälle der alleinigen Mitbewerberschädigung sind angesichts der hier vertretenen Auffassung von der Anlockwirkung nicht ersichtlich, weil in der Herbeiführung einer nicht ausreichenden Beschäftigung des

---

1918 Vgl. o. S. 249 ff.

1919 Hefermehl/Köhler/Bornkamm – Bornkamm § 5 Rn. 2.191.

1920 Beispiel nach Hefermehl/Köhler/Bornkamm – Bornkamm § 5 Rn. 1.195 (nach OLG Düsseldorf WRP 2002, 1467 – Lockvogel-Angebote).

1921 Hefermehl/Köhler/Bornkamm – Bornkamm § 5 Rn. 2.195; a. A. aber OLG Düsseldorf WRP 2002, 1467, 1471 – Lockvogel-Angebote.

Verbrauchers mit Konkurrenzangeboten immer auch eine Benachteiligung der Entscheidungsgrundlage des Verbrauchers liegt. Es sollte daher überlegt werden, de lege lata auf das Merkmal der alleinigen Beeinträchtigung von Mitbewerbern zu verzichten, weil dies mit dem Schutzzweck des Irreführungsverbotes nicht vereinbar ist.

3) Die Relevanz bei der Irreführung durch Unterlassen

a) Relevanz bei Aufklärungspflicht wegen Vertragswesentlichkeit

Die durch die Irreführung eingetretene Fehlvorstellung ist nur dann eine Irreführung i. S. d. § 5 I UWG, wenn die Fehlvorstellung von Bedeutung für den Vertragsschluß war (wettbewerbsrechtliche Relevanz).

Bei einer Aufklärungspflicht wegen Vertragswesentlichkeit des verschwiegenen Umstandes kommt der wettbewerbsrechtlichen Relevanz keine eigenständige Bedeutung zu, weil bereits bei Ermittlung der Aufklärungspflicht festgestellt worden ist, daß das irreführende Verschweigen von wesentlicher Bedeutung für den Vertragsschluß ist. Ist dieses von wesentlicher Bedeutung für den Vertragsschluß, ist auch der durch das Verschweigen hervorgerufene Irrtum für den Vertragsschluß von Bedeutung und die Fehlvorstellung des Beworbenen ist bereits aus diesem Grunde wettbewerbsrechtlich relevant.

b) Relevanz bei Aufklärungspflicht aus Gesetz

Anders verhält es sich allerdings bei einer Aufklärungspflicht aus Gesetz. Hier ist nämlich durchaus vorstellbar, daß die gesetzliche Aufklärungspflicht für den Vertragsschluß keinerlei Bedeutung hat und nur über den Rechtsbruchtatbestand sanktioniert werden kann. Zu denken ist hier etwa an Kennzeichnungsvorschriften, die Hinweise vorschreiben, mit denen der Durchschnittsverbraucher nichts anfangen kann. Hier muß also im Einzelfall geprüft werden, ob die Verletzung der Aufklärungspflicht in der konkreten Werbesituation geeignet war, Einfluß auf den Kaufentschluß zu nehmen (oder infolge der Täuschung die Mitbewerber zu schädigen).

c) Relevanz bei Aufklärungspflicht aus Vertrag

Ähnlich wie bei der Aufklärungspflicht wegen Vertragswesentlichkeit des verschwiegenen Umstandes wird auch bei der Aufklärungspflicht aus Vertrag (sofern man diese anerkennt, vgl. o.[1922]) die Relevanz üblicherweise anzunehmen sein. Hier ergibt sich die Bedeutung für den

---

[1922] Vgl. o. S. 333 ff.

Vertragsschluß nämlich daraus, daß eine Aufklärung extra vereinbart worden ist oder daß eine Aufklärung nach Treu und Glauben (§ 242 BGB) zu erwarten war (vgl. o.[1923]).

d) Relevanz bei Aufklärungspflicht aus vorangegangenem Tun

Eine Aufklärungspflicht aus vorangegangenem Tun ergibt sich, wenn ein vorangegangenes Tun in der Form fortwirkt, daß die Gefahr besteht, daß es sich auf die Entschließung des Beworbenen auswirkt. Eine Aufklärungspflicht aus vorangegangenem Tun ist also ebenfalls mit der Entscheidung des Verbrauchers verbunden, so daß auch hier eine weitere Prüfung der wettbewerbsrechtlichen Relevanz entbehrlich ist.

4) Feststellung der Relevanz

Bislang hat die Rechtsprechung auf die Relevanz anhand der empirisch zu ermittelnden Irreführungsquote als maßgebliches, aber nicht alleiniges Kriterium geschlossen.[1924] Dies ist schon deshalb bedenklich, weil eine Irreführungsquote nur hinsichtlich wettbewerbsrechtlich relevanter Fehlvorstellungen bestehen kann, so daß die Gefahr eines Zirkelschlusses besteht.

Nach dem hier vertretenen normativen Ansatz der Bestimmung der Verkehrsauffassung kann es allerdings ohnehin nicht auf eine empirisch zu ermittelnde Irreführungsquote ankommen.[1925] Vielmehr ist auch hier die Auffassung der Durchschnittsverbraucher maßgeblich, weil sich hiernach deren Kaufverhalten richtet.

1923 Vgl. o. S. 334 f.

1924 BGH GRUR 2000, 239, 241 – Last-Minute-Reisen; BGH GRUR 1993, 220, 222 f. – Emilio Adani II; BGH GRUR 1991, 852, 855 – Aquavit.

1925 Vgl. Lettl, UnlWb Rn. 450.

III) Interessenabwägung/Verhältnismäßigkeitsprüfung

1) Bisheriges Recht

Die Rechtsprechung von BGH[1926] und EuGH[1927] und ihr folgend das herrschende Schrifttum[1928] haben unter der Geltung von § 3 UWG a. F. nicht in jeder wettbewerbsrechtlich relevanten Irreführung einen Verstoß gegen das Irreführungsverbot gesehen, sondern sind davon ausgegangen, daß im Einzelfall eine Irreführungsgefahr hinzunehmen sein kann, wenn eine Interessenabwägung dies ergibt. Der BGH führt aus, auch wenn das Interesse des Werbenden an der Verwendung einer irreführenden Angabe nicht schutzwürdig sei, könnten doch im Einzelfall das Schutzbedürfnis der Allgemeinheit und das individuelle Interesse eines Mitbewerbers überwiegen.[1929] Auch das Irreführungsverbot werde durch den Grundsatz der Verhältnismäßigkeit beschränkt.[1930] Stellenweise wird in der Literatur aufgrund dieser Äußerung des BGH und aufgrund der Terminologie des EuGH dafür plädiert, nicht von „Interessenabwägung", sondern von „Verhältnismäßigkeitsprüfung" zu sprechen.[1931]

Der BGH hat im Rahmen einer Interessenabwägung verschiedene Faktoren berücksichtigt, nämlich z. B. den Grad der Irreführung (Geringfügigkeit),[1932] die Frage, ob eine Werbung objektiv unwahr ist oder lediglich von den betroffenen Verkehrskreisen falsch verstanden wird,[1933] ob mit dem Verbot der Werbung ein erhaltungswürdiger wertvoller Besitzstand

---

1926 BGH GRUR 2003, 628, 630 – Klosterbrauerei; BGH GRUR 2000, 73, 75 – Tierheilpraktiker; BGH GRUR 1992, 406, 408 – Beschädigte Verpackung; BGH GRUR 1990, 604, 606 – Dr. S.-Arzneimittel; BGH GRUR 1971, 313, 315 – Bocksbeutelflasche; BGH GRUR 1966, 445, 449 f. – Glutamal; BGH GRUR 1957, 285, 287 – Erstes Kulmbacher.

1927 EuGH GRUR Int. 2000, 756, 758 Tz. 28 – Darbo; EuGH GRUR Int. 1999, 215, 216 Tz. 19 – Pall/Dahlhausen; EuGH GRUR Int. 1995, 804, 805 Tz. 19 – Mars.

1928 GK – Lindacher § 3 Rn. 259; Köhler/Piper – Piper § 3 Rn. 216; Baumbach/Hefermehl[22] § 3 Rn. 96; krit. Beater, UnlWb § 15 Rn. 163; ausführlich Hösl, Interessenabwägung und rechtliche Erheblichkeit der Irreführung bei § 3 UWG (1986).

1929 BGH GRUR 2003, 628, 630 – Klosterbrauerei, BGH GRUR 1971, 313, 315 – Bocksbeutelflasche.

1930 BGH GRUR 2003, 628, 630 – Klosterbrauerei.

1931 Wuttke WRP 2003, 839, 843.

1932 BGH GRUR 2003, 628, 630 – Klosterbrauerei; BGH GRUR 1992, 406, 408 – Beschädigte Verpackung; BGH GRUR 1990, 604, 606 – Dr. S.-Arzneimittel.

1933 BGH GRUR 2003, 628, 630 – Klosterbrauerei; BGH GRUR 2000, 73, 75 – Tierheilpraktiker.

beeinträchtigt wird (z. B. Verwendung einer Marke),[1934] ob das Werbeverbot auch im Lichte der Marktfreiheiten nach Art. 28, 49 EG Bestand haben kann,[1935] und zu Lasten des Werbenden (allerdings nicht ausdrücklich), ob die Werbung zwar nicht in die Irre führt, aber eine dreiste Lüge darstellt.[1936] Nach der Literatur können bei dieser Abwägung auch Grundrechte des Werbenden berücksichtigt werden.[1937]

Die neuere Rechtsprechung versteht die Interessenabwägung wieder als nachgeschalteten (ungeschriebenen) Prüfungspunkt, nachdem der BGH sie zuvor mit der Bestimmung der Irreführungsquote vermengt hatte.[1938]

Die Rechtsprechung hat mit der Interessenabwägung bislang dem Umstand Rechnung getragen, daß bei einer Irreführungsquote von (nur) 10 – 15 % den irregeführten Verbrauchern eine inhomogene Gruppe von Verbrauchern und Mitbewerbern sowie die Allgemeinheit gegenüberstehen, die ein Interesse an der für sie möglicherweise wertvollen Information haben können, so daß nicht nur quantitative, sondern auch qualitative Aspekte in normativer Korrektur des Irreführungsbegriffs berücksichtigt werden müssen.[1939]

2) Neues Recht; Normanknüpfung

a) Fortbestehen der Interessenabwägung

Sowohl in § 3 UWG a. F. als auch in § 5 UWG n. F. findet sich kein Hinweis auf die Notwendigkeit einer Interessenabwägung. Auch die Gesetzesbegründung schweigt hierzu. Dennoch ist auch im neuen Recht eine Interessenabwägung erforderlich. Dies ergibt sich aus dem gemeinschaftsrechtlichen Verhältnismäßigkeitsgrundsatz und daraus, daß im

[1934] BGH GRUR 2003, 628, 630 – Klosterbrauerei; BGH GRUR 1966, 445, 449 f. – Glutamal; vgl. BGH GRUR 1994, 519, 521 – Grand Marnier; BGH GRUR 1957, 285, 287 – Erstes Kulmbacher; ähnlich schon RGZ 139, 363, 375 – Pilsener Bier, RGZ 137, 282, 287 – Steinhäger (jeweils mit Hinweis auf die Rechtssicherheit).

[1935] BGH GRUR 2003, 628, 630 – Klosterbrauerei; EuGH GRUR Int. 2000, 756, 758 Tz. 28 – Darbo; EuGH GRUR Int. 1999, 215, 216 Tz. 19 – Pall/Dahlhausen; EuGH GRUR Int. 1995, 804, 805 Tz. 19 – Mars; vgl. BGH GRUR 1999, 1125, 1126 – EG-Neuwagen II; BGH GRUR 1999, 122, 1124 – EG-Neuwagen I.

[1936] BGH GRUR 2002, 715, 716 – Scanner Werbung; BGH GRUR 2001, 78, 79 – Falsche Herstellerpreisempfehlung.

[1937] Hefermehl/Köhler/Bornkamm – Bornkamm § 5 Rn. 2.212.

[1938] BGH GRUR 2003, 628, 639 – Klosterbrauerei; anders noch BGH GRUR 1994, 519, 521 – Grand Manier; Überblick zur Entwicklung bei Wuttke WRP 2003, 839, 842; umfassend Hösl, Interessenabwägung S. 97 ff.

[1939] Vgl. Wuttke WRP 2003, 839, 841; Harte-Bavendamm/Henning-Bodewig – Dreyer § 5 Rn. 242.

Bereich der Meinungs- und Werbefreiheit agiert wird.[1940] Auch kommt so zum Ausdruck, daß ein Werbeverbot nur eine Ausnahme sein kann und nur aus zwingenden Gründen unter Beachtung der Verhältnismäßigkeit möglich ist. Das Ergebnis der Irreführungsprüfung muß Ausdruck einer angemessenen Risikoverteilung sein. Auch wenn der Aspekt einer angemessenen Risikoverteilung bereits im Rahmen des Verbraucherleitbildes zu berücksichtigen ist (vgl. o.[1941]), bleibt noch Raum für eine weitere Interessenabwägung, weil qualitative Aspekte der Irreführung im Rahmen der Feststellung der Auffassung der betroffenen Verkehrskreise keine Rolle spielen. Weiter können im Rahmen der Interessenabwägung auch sonstige, von § 1 UWG geschützte Faktoren berücksichtigt werden, wie z. B. das Interesse der Mitbewerber am uneingeschränkten Gebrauch eines bestimmten Begriffes,[1942] wenn diese Faktoren nicht bereits in die Festlegung des Verbraucherleitbildes angemessen eingeflossen sind.

b) Anknüpfung im Gesetz

Unklar ist allerdings die Normanknüpfung für diese Verhältnismäßigkeitsprüfung.

Nach dem hier vertretenen Ansatz der normativen Feststellung der Auffassung der betroffenen Verkehrskreise ist jedenfalls kein Raum mehr dafür, die Interessenabwägung mit der Festlegung einer Irreführungsquote zu verbinden, wie dies die Rechtsprechung[1943] stellenweise getan hat.

Überwiegend wird die Interessenabwägung (unausgesprochen) als ungeschriebenes Merkmal des § 5 UWG gesehen.[1944]

Vereinzelt ist auch vorgeschlagen worden, die Interessenabwägung als Teil der Bagatellklausel des § 3 UWG zu begreifen, weil diese dazu diene, geringe Irreführungen vom Verbot auszunehmen und den überwiegenden Interessen des Werbenden zur Geltung zu verhelfen.[1945] Da im Rahmen der Bagatellklausel auf Art und Schwere des Verstoßes sowie zu erwartende Auswirkungen für den Wettbewerb und auf den Schutzzweck des Wettbewerbsrechts abzustellen sei, gehe es um die gleichen Kriterien, die bislang bei der Interessenabwägung geprüft worden sei-

---

1940 Vgl. Fezer – Peifer § 5 Rn. 160.

1941 Vgl. o. S. 264.

1942 Vgl. BGH GRUR 1986, 822, 823 – Lakritz-Konfekt.

1943 BGH GRUR 1994, 519, 521 – Grand Manier.

1944 Hefermehl/Köhler/Bornkamm – Bornkamm § 5 Rn. 2.197 ff.; Harte-Bavendamm/Henning-Bodewig – Dreyer § 5 Rn. 242 ff.; Emmerich, UnlWb § 14 VI, S. 289 f.; Lettl, UnlWb. Rn. 451 ff.; Götting, WettbR § 8 Rn. 42.

1945 Fezer – Peifer § 5 Rn. 246.

en.[1946] Es sei daher dogmatisch klarer, die Interessenabwägung in die Prüfung der Bagatellklausel zu verlagern.[1947]

Allen hier möglichen Ansichten ist gemein, daß eine dem (sonstigen) Tatbestand des § 5 UWG nachgeschaltete Prüfung erfolgt. Vorteil der letztgenannten Prüfung ist, daß der im Rahmen der Irreführung zu berücksichtigende Aspekt des Grades der Irreführung so in dogmatisch sauberer, wettbewerbsfunktionaler Betrachtung innerhalb der Prüfung der Auswirkungen der Werbung auf den Wettbewerb erfolgt. Allerdings ist zu bedenken, daß im Rahmen der Bagatellklausel nicht alle Interessen berücksichtigt werden können, sondern nur solche, deren Verletzung zu einer nicht nur unerheblichen Beeinträchtigung des Wettbewerbs führt (Art und Schwere des Verstoßes).

Es ist ferner zu bedenken, daß es bei der Interessenabwägung gerade darum geht, daß eine Irreführung wegen entgegenstehender Interessen der Werbenden oder der Mitbewerber (z. B. wegen eines wertvollen Besitzstandes) zum Nachteil der Verbraucher hingenommen werden soll. Eine Anknüpfung an die Bagatellklausel wäre also unvollständig, weil diese nur Fälle der geringfügigen Beeinträchtigung des Wettbewerbs ausschließen will.[1948] Hier gilt es aber, im Rahmen der Interessenabwägung die verschiedenen in § 1 UWG geschützten Interessen zum Ausgleich zu bringen.

Allerdings ist zuzugestehen, daß eine enge Verknüpfung mit der Schwere der Beeinträchtigung des Wettbewerbs und damit der Bagatellklausel besteht. Denkbar ist daher, die Interessenabwägung in § 3 UWG anzusiedeln, für den Ausgleich von Interessen, die auf die Schwere der Beeinträchtigung des Wettbewerbs keinen Einfluß haben, aber auf das Merkmal der „Unlauterkeit" abzustellen. Der Vorwurf der Unlauterkeit, d. h. der Vorwurf einer Handlung, die den anständigen Gepflogenheiten in Handel, Gewerbe, Handwerk oder selbständiger beruflicher Tätigkeit zuwiderläuft, kann nicht erhoben werden, wenn dem Unternehmer mit dem Werbeverbot Unzumutbares aufgebürdet oder Interessen Dritter in unverhältnismäßiger Weise beeinträchtigt würden. Der dogmatische Anknüpfungspunkt für die Interessenabwägung liegt also nur zum Teil in der Bagatellklausel.

1946 Fezer – Peifer § 5 Rn. 160.

1947 Fezer – Peifer § 5 Rn. 160.

1948 Vgl. RegE zum UWG BT-Drucks. 15/1487 S. 17 li. Sp.

c) Differenzierung zwischen objektiv wahren und falschen Tatsachen?

In Rechtsprechung[1949] und Literatur[1950] findet bei der Interessenabwägung Berücksichtigung, ob die fragliche Werbung objektiv wahr ist und lediglich von Teilen des Verkehrs mißverstanden wird. Dies ist für die Irreführung durch Unterlassen deshalb von großer Bedeutung, weil der Werbende auch hier mit objektiv zutreffenden Aussagen wirbt und die Irreführung nur durch das Weglassen von Informationen entsteht.

Es wird argumentiert, daß den nicht getäuschten Adressaten die objektiv richtigen Informationen aus der Werbung nicht einfach vorenthalten werden dürften.[1951] Bei objektiv zutreffender Werbung sei daher größere Zurückhaltung geboten.[1952]

Dieser Argumentation kann so nicht zugestimmt werden. Entscheidend kann nämlich nur die Wirkung der Werbung (irreführend oder nicht irreführend) sein. Es ist für das Verständnis des Verbrauchers und dessen Kaufentscheidung ohne Unterschied, ob er deshalb von falschen Prämissen ausgeht, weil er die Werbung mißversteht oder weil sie objektiv falsch ist. Auch muß bezweifelt werden, daß ein schutzwürdiges Interesse der anderen Verbraucher an einer Werbung besteht, die nicht nur unerhebliche Teile der betroffenen Verkehrskreise in die Irre führt. Das Wettbewerbsrecht hindert nämlich keineswegs daran, mit zutreffenden Äußerungen zu werben, sondern es verbietet nur irreführende Werbung. Ein überwiegendes Interesse nicht irregeführter Verbraucher ist nur ausnahmsweise in dem seltenen Fall anzuerkennen, daß sich die Werbung nicht ohne ein irreführendes Moment gestalten läßt.[1953] Ansonsten sind objektiv zutreffende Angaben ebenso zu behandeln wie objektiv falsche Angaben, weil sie mit letzteren wirkungsgleich sind.

3) Die Interessenabwägung bei der Irreführung durch Unterlassen

Bei der Irreführung durch Unterlassen besteht die Besonderheit, daß – nach der hier vertretenen Auffassung – bereits bei Bestimmung der Auf-

---

1949 BGH GRUR 1996, 985, 986 – PVC-frei; BGH GRUR 1995, 60, 62 –Napoléon IV; BGH WRP 1993, 239 – sofortige Beziehbarkeit; BGH GRUR 1992, 70, 72 – 40 % weniger Fett; BGH GRUR 1991, 852, 855 – Aquavit; BGH GRUR 1991, 552, 554 – TÜV-Prüfzeichen; BGH GRUR 1987; 171, 172 – Schlußverkaufswerbung; strenger bei umwelt- und gesundheitsbezogener Werbung etwa BGH GRUR 1996, 985, 986 – PVC-frei (jeweils unter Forderung einer höheren Irreführungsquote).

1950 Emmerich, UnlWb § 14 VI, S. 290; Wuttke WRP 2004, 820, 823.

1951 Emmerich, UnlWb § 14 VI, S. 290; Wuttke WRP 2004, 820, 823.

1952 Emmerich, UnlWb § 14 VI, S. 290.

1953 Vgl. Sack WRP 2004, 521, 524 (zur Irreführungsquote).

klärungspflicht eine Interessenabwägung zu erfolgen hat. Einzig bei der gesetzlichen Aufklärungspflicht ist auf eine Interessenabwägung zu verzichten, weil diese der Gesetzgeber selbst vorgenommen hat, indem er eine Aufklärung vorgeschrieben hat.

Die nachgeschaltete Interessenabwägung gewinnt daher nur dann an Bedeutung, wenn noch andere Interessen als bei der Bestimmung der Aufklärungspflicht (z. B. solche von Mitbewerbern) berücksichtigt werden. Bei der Aufklärungspflicht werden nämlich nur solche Faktoren berücksichtigt, welche die Interessen von Werbendem und Beworbenem widerspiegeln. Berücksichtigt man andere Interessen in einer nachgeschalteten Interessenabwägung, wird auch im Prüfungsgang deutlich, daß die Interessen des Beworbenen grundsätzlich eine Aufklärung erfordern, daß eine Irreführung aber nur ausnahmsweise unter dem Gesichtspunkt der Verhältnismäßigkeit zu verneinen ist. Dies bringt strukturelle Klarheit und betont, daß das Irreführungsverbot unter dem Vorbehalt der Verhältnismäßigkeit steht.

4) Zwischenergebnis zur Interessenabwägung

Auch das Irreführungsverbot nach § 5 UWG steht unter dem Vorbehalt der Verhältnismäßigkeit, so daß eine Interessenabwägung als nachgeschalteter Prüfungspunkt durchzuführen ist.

Hinsichtlich solcher Interessen, die Einfluß auf die Schwere der Beeinträchtigung des Wettbewerbs haben, ist bei der Prüfung an die Bagatellklausel, hinsichtlich sonstiger Interessen an den Begriff der Unlauterkeit anzuknüpfen.

Eine Differenzierung zwischen objektiv richtigen und objektiv falschen Angaben spielt für die Interessenabwägung keine Rolle.

Bei der Irreführung durch Unterlassen kommt eine Interessenabwägung nur hinsichtlich solcher Interessen zum Tragen, die nicht bereits bei Ermittlung der Aufklärungspflicht berücksichtigt worden sind.

IV) Bagatellklausel (Erheblichkeitsschwelle) des § 3 UWG

1) Allgemeines

Der Verweis auf § 3 UWG in § 5 I UWG („Unlauter im Sinne von § 3 handelt [...]") stellt klar, daß eine unzulässige Irreführung nur dann vorliegt, wenn die fragliche Werbung geeignet ist, den Wettbewerb zum Nachteil der Mitbewerber, der Verbraucher oder der sonstigen Marktteilnehmer nicht nur unerheblich zu beeinträchtigen (Bagatellklausel des § 3 UWG).

Das Erfordernis einer Eignung zur nicht nur unerheblichen Beeinträchtigung des Wettbewerbs (§ 3 UWG) ist heute materielle Voraussetzung der Unzulässigkeit einer Wettbewerbshandlung. Es tritt an die Stelle der Beschränkung der Klagebefugnis der abstrakten Mitbewerber und Wirtschaftsverbände auf Fälle, in denen die fragliche Wettbewerbshandlung geeignet war, den Wettbewerb auf dem Markt wesentlich zu beeinträchtigen (§ 13 II Nr. 1 und 2 UWG a. F.).[1954]

2) Europarechtswidrigkeit der Bagatellklausel?

In der Literatur ist umstritten, ob § 3 UWG eine richtlinienkonforme Umsetzung der Irreführungsrichtlinie darstellt, denn § 3 UWG findet auch auf die vergleichende Werbung i. S. d. §§ 6 und 5 III UWG Anwendung, welche vom europäischen Gesetzgeber abschließend (Art. 8 I RL 2006/114/EG; vormals Art. 7 II RL 84/450/EWG) ohne Bagatellklausel geregelt worden ist.[1955]

In diesem Zusammenhang kann diese Frage jedoch unerörtert bleiben, weil eine eventuelle Gemeinschaftsrechtswidrigkeit des § 3 UWG keine Auswirkungen auf dessen Geltung als nationales Recht hat.[1956]

3) Begriff der nicht nur unerheblichen Beeinträchtigung des Wettbewerbs

a) Ausführungen der Regierungsbegründung

Wann eine Eignung zur nicht nur unerheblichen Beeinträchtigung des Wettbewerbs i. S. d. § 3 UWG vorliegt, ist bislang nicht geklärt. Die Regierungsbegründung[1957] stellte insoweit noch auf eine „Verfälschung" und nicht auf den später im Gesetzgebungsverfahren[1958] bevorzugten Begriff der „Beeinträchtigung" des Wettbewerbs ab. In der Begründung wird ausgeführt, daß unter Verfälschung des Wettbewerbs nicht jede Verfälschung des Wettbewerbs als Institution der Marktwirtschaft zu verstehen sei, sondern daß es auf die Auswirkungen des wettbewerbswidrigen Verhaltens auf das Marktgeschehen ankomme. Die Schwelle der Erheblichkeit der Verfälschung des Wettbewerbs sei nicht zu hoch anzusetzen, da nur Bagatellfälle ausgeschlossen werden sollten (minima non curat praetor).[1959]

1954 RegE zum UWG BT-Drucks. 15/1487 S. 17 li. Sp.

1955 Ohly GRUR 2004, 889, 895 f. (für Gemeinschaftsrechtswidrigkeit); Sack WRP 2004, 30 f.; Lettl, UnlWb Rn. 409 (gegen Gemeinschaftsrechtswidrig-keit unter Berufung auf den gemeinschaftsrechtlichen Verhältnismäßigkeits-grundsatz).

1956 Vgl. allg. Streinz, Europarecht Rn. 395; Koenig/Haratsch, Europarecht Rn. 284 ff.

1957 RegE zum UWG BT-Drucks. 15/1487 S. 17 li. Sp.

1958 Siehe Stellungnahme des BuRates zum UWG BT-Drucks. 15/1487 S. 30 li. Sp. und Gegenäußerung der BuReg S. 40 re. Sp.

1959 RegE zum UWG BT-Drucks. 15/1487 S. 17 li. Sp.

Die Beurteilung der fraglichen Wettbewerbshandlung habe unter Wertung aller Umstände des Einzelfalles zu erfolgen, wobei insbesondere die nach Art und Schwere des Verstoßes zu erwartenden Auswirkungen auf den Wettbewerb sowie der Schutzzweck des Wettbewerbsrechts mit einzubeziehen seien.[1960] Eine nicht nur unerhebliche Verfälschung könne demnach auch bei Verstößen mit nur geringen Auswirkungen für die Marktteilnehmer im Einzelfall vorliegen, wenn durch das Verhalten eine Vielzahl von Marktteilnehmern betroffen sei oder eine nicht unerhebliche Nachahmungsgefahr bestehe.[1961]

b) Auffassungen, die auf Kriterien der bisherigen Rechtsprechung aufbauen

Stellenweise wird vertreten, daß die in Auslegung von § 13 II Nr. 1, 2 UWG a. F. ergangene Rechtsprechung - unter Beachtung möglicher Änderungen durch das neue Verbraucherleitbild - auch für die Auslegung der Erheblichkeitsschwelle des § 3 UWG herangezogen werden könne.[1962]

Die h. M. führt zur Feststellung der Eignung des Wettbewerbsverstoßes zur nicht nur unerheblichen Beeinträchtigung des Wettbewerbs eine wertende Gesamtbetrachtung durch, und zwar unter Berücksichtigung aller Umstände des Einzelfalles, namentlich der Interessen von Mitbewerbern und Verbrauchern sowie der Schutzzwecke des Wettbewerbsrechts.[1963]

Als Kriterien für eine Erheblichkeit der Beeinträchtigung des Wettbewerbs werden dabei verschiedene Faktoren angeführt. So wird hinsichtlich möglicher Nachteile der Mitbewerber auf die Größe des erzielten Wettbewerbsvorsprungs abgestellt, welcher sich etwa nach den Marktverhältnissen (Größe des Unternehmens, Zahl der (geschädigten) Mit-

---

1960 RegE zum UWG BT-Drucks. 15/1487 S. 17 li. Sp.

1961 RegE zum UWG BT-Drucks. 15/1487 S. 17 li. Sp.

1962 Baumbach/Hefermehl[23] - Köhler § 3 Rn. 52; Lettl, UnlWb Rn. 146; Götting, WettbR § 6 Rn. 21; Emmerich, UnlWb § 5 IV, S. 87; Boesche, WettbR Rn. 17 und 184; Köhler NJW 2004, 2121, 2123; Heermann GRUR 2004, 94, 95; Münker/Kaestner BB 2004, 1689, 1692; vgl. OLG Köln NJW 2005, 2786, 2787 - Umstellung auf ISDN-Tarif; einschränkend Harte-Bavendamm/Henning-Bodewig – Schünemann § 3 Rn. 252: „kritische Überprüfung"; krit. auch Köhler GRUR 2005, 1, 2 f.

1963 Fezer - Fezer § 5 Rn. 37 f.; Baumbach/Hefermehl[23] - Köhler § 3 Rn. 54 ff.; Lettl, UnlWb Rn. 146; Götting, WettbR § 6 Rn. 20; Heermann GRUR 2004, 94, 98; vgl. Münker/Kaestner BB 2004, 1689, 1692 f.; KG GRUR-RR 2005, 357, 368 - Außer Haus Verkauf eines Imbißstandes; krit. Harte-Bavendamm/Henning-Bodewig – Schünemann § 3 Rn. 245: „nicht zwingend", näher Rn. 247 (teilw. abl.).

bewerber)[1964] und der Gefahr der Nachahmung des unlauteren Verhaltens durch Mitbewerber richtet.[1965] Weiter werden Planmäßigkeit und Häufigkeit sowie Art und Schwere des jeweiligen Verstoßes herangezogen.[1966] Auch das Maß an Verschulden des Werbenden wird für relevant gehalten.[1967]

Hinsichtlich der geschützten Verbraucherinteressen soll die Beeinträchtigung der Entscheidungsfreiheit nach Art und Schwere, Häufigkeit, Dauer und Wiederholungsgefahr der unlauteren Handlung im Vordergrund stehen.[1968] Bei der hier in Rede stehenden irreführenden Werbung werden ferner herangezogen: Die Höhe der Irreführungsquote,[1969] das Ausmaß des betroffenen Verbraucherinteresses (insb. Gefährdung von Rechtsgütern von hohem Rang, wie z. B. bei Gesundheitswerbung),[1970] die Planmäßigkeit des Vorgehens (systematische Irreführung),[1971] das

---

1964 Fezer – Peifer § 3 Rn. 37- 39; Harte-Bavendamm/Henning-Bodewig – Schünemann § 3 Rn. 252; Baumbach/Hefermehl[23] – Köhler § 3 Rn. 55; vgl. Heermann GRUR 2004, 94, 96; Münker/Kaestner BB 2004, 1689, 1692 f.; vgl. Harte-Bavendamm/Henning-Bodewig – Dreyer § 5 Rn. 239; vgl. OLG Dresden GRUR-RR 2005, 354, 355 – Rabattankündigung; vgl. zu § 13 II Nr. 1 UWG a. F. BGH GRUR 2001, 258, 259 – Immobilienpreisangaben; zu § 13 Nr. 2 UWG BGH GRUR 1996, 786, 788 – Blumenverkauf an Tankstellen.

1965 Fezer – Peifer § 3 Rn. 37- 39; Harte-Bavendamm/Henning-Bodewig – Schünemann § 3 Rn. 252; Harte-Bavendamm/Henning-Bodewig – Dreyer § 5 Rn. 239; Baumbach/Hefermehl[23] – Köhler § 3 Rn. 55; Heermann GRUR 2004, 94, 97; Münker/Kaestner BB 2004, 1689, 1693; Sack WRP 2004, 30, 31; vgl. zu § 13 II Nr. 2 UWG a. F. BGH GRUR 2004, 253, 254 – Rechtsberatung durch Automobilclub; BGH GRUR 2001, 1166, 1169 – Fernflugpreise; BGH GRUR 1997, 767, 770 – Brillenpreise II; BGH GRUR 1995, 122, 124 – Laienwerbung für Augenoptiker.

1966 Baumbach/Hefermehl[23] – Köhler § 3 Rn. 55; Münker/Kaestner BB 2004, 1689, 1692 (ohne Hinweis auf Planmäßigkeit); vgl. KG GRUR-RR 2005, 357, 358 – Außer Haus Verkauf eines Imbißstandes; vgl. zu § 13 II Nr. 2 UWG a. F. BGH GRUR 1995, 358, 360 – Folgeverträge II.

1967 Harte-Bavendamm/Henning-Bodewig – Dreyer § 5 Rn. 239; Heermann GRUR 2004, 94, 96.

1968 Baumbach/Hefermehl[23] – Köhler § 3 Rn. 56.

1969 Harte-Bavendamm/Henning-Bodewig – Schünemann § 3 Rn. 252; Baumbach/Hefermehl[23] – Köhler § 3 Rn. 56; Harte-Bavendamm/Henning-Bodewig – Dreyer § 5 Rn. 239: „Beeinträchtigung einer großen Zahl von Verbrauchern".

1970 Heermann WRP 2004, 94, 96; Fezer – Peifer § 3 Rn. 40; vgl. umgekehrt KG GRUR-RR 2005, 357, 358 – Außer Haus Verkauf eines Imbißstandes, das darauf abstellt, daß keine teuren Getränke verkauft werden; zu § 13 II Nr. 2 UWG a. F. vgl. BGH GRUR 1995, 122, 124 – Laienwerbung für Augenoptiker.

1971 Harte-Bavendamm/Henning-Bodewig – Schünemann § 3 Rn. 252; Baumbach/Hefermehl[23] – Köhler § 3 Rn. 56; vgl. zu § 13 II Nr. 2 UWG a. F. BGH GRUR 1995, 358, 360 – Folgeverträge II.

Maß der wettbewerbsrechtlichen Relevanz,[1972] die Zahl der Umworbenen,[1973] die Möglichkeit einer Ausräumung des Irrtums durch näheres Befassen mit der Ware,[1974] die Frage, ob die fragliche Angabe objektiv richtig ist,[1975] und das Maß der Anreizwirkung[1976] der Werbung. Auch wird vertreten, daß die Möglichkeit behördlicher Sanktionen (z. B. bei Verstoß gegen eine Aufklärungspflicht aus Gesetz) zu berücksichtigen sei.[1977]

Als weitere Faktoren werden die Marktmacht des handelnden Unternehmens und die besondere Schutzwürdigkeit der beworbenen Personenkreise oder die besondere Wettbewerbssituation genannt.[1978]

Einzelheiten sind hier jedoch noch nicht geklärt. Insbesondere liegt noch keine höchstrichterliche Rechtsprechung vor. Teilweise wird daher darauf verwiesen, daß eine rein wettbewerbsfunktionale Bewertung zu erfolgen habe, so daß nur solche Kriterien zum Tragen kommen könnten, die in quantifizierbarer Art und Weise auf das Marktgeschehen im Sinne eines Wettbewerbsprozesses Einfluß hätten.[1979] Insbesondere sei daher etwa der Verschuldensgrad des Handelnden ohne Belang, weil diese keine Auswirkungen auf eine Wettbewerbsbeeinträchtigung habe.[1980] Ebensowenig komme es darauf an, ob Rechtsgüter von besonderer Bedeutung betroffen seien, weil das UWG nur das Allgemeininteresse an einem unverfälschten Wettbewerb schütze, so daß wettbewerbsfremde

---

1972 Baumbach/Hefermehl[23] – Köhler § 3 Rn. 56; OLG Dresden GRUR-RR 2005, 354, 355 – Rabattankündigung; vgl. OLG Stuttgart GRUR-RR 2005, 608, 609 – Gleitsichtgläser (zu § 4 Nr. 11 UWG i. V. m. § 1 PAngV).

1973 Baumbach/Hefermehl[23] – Köhler § 3 Rn. 56; KG GRUR-RR 2005, 357, 358 – Außer Haus Verkauf eines Imbißstandes.

1974 Baumbach/Hefermehl[23] – Köhler § 3 Rn. 56; Heermann GRUR 2004, 94, 97; vgl. zu § 13 II Nr. 2 UWG a. F. BGH GRUR 1995, 382, 383 – Altunterwerfung I.

1975 Baumbach/Hefermehl[23] – Köhler § 3 Rn. 56; Heermann GRUR 2004, 94, 97.

1976 Baumbach/Hefermehl[23] – Köhler § 3 Rn. 56; Münker/Kaestner BB 2004, 1689, 1692 f.; KG GRUR-RR 2005, 357, 358 – Außer Haus Verkauf eines Imbißstandes; OLG Dresden GRUR-RR 2005, 354, 355 – Rabattankündigung; vgl. zu § 13 II Nr. 2 UWG a. F. BGH GRUR 1999, 1119, 1121 – RUMMS; BGH GRUR 1997, 382, 383 – Altunterwerfung I; BGH GRUR 1995, 122, 124 – Laienwerbung für Augenoptiker; krit. zur Anreizwirkung Heermann GRUR 2004, 94, 97.

1977 Harte-Bavendamm/Henning-Bodewig – Dreyer § 5 Rn. 239; vgl. zu § 13 II Nr. 1 und 2 UWG a. F. BGH GRUR 2001, 1166, 1169 – Fernflugpreise; BGH GRUR 2001, 258, 259 – Immobilienpreisangaben.

1978 Fezer – Peifer § 3 Rn. 39 f.; Baumbach/Hefermehl[23] – Köhler § 3 Rn. 56; Heermann GRUR 2004, 94, 96.

1979 Harte-Bavendamm/Henning-Bodewig – Schünemann § 3 Rn. 248 f.

1980 Harte-Bavendamm/Henning-Bodewig – Schünemann § 3 Rn. 253.

Zwecke nicht berücksichtigt werden dürften.[1981] Auch könne bei einer wirkungsbezogenen Generalklausel der „objektive Unrechtsgehalt" keine maßgebliche Bedeutung haben.

c) Schutzgutorientierte Auslegung

Noch weitergehend wird vertreten, daß es - entgegen den Ausführungen in der Regierungsbegründung[1982] - nicht auf die Auswirkungen der fraglichen Wettbewerbshandlung auf das Marktgeschehen ankomme, sondern allein darauf, ob die unlautere Wettbewerbshandlung geeignet sei, sich nicht nur unerheblich zum Nachteil von Mitbewerben, Verbrauchern oder sonstigen Marktteilnehmern auszuwirken.[1983] Ein Nachteil sei dabei nicht nur unerheblich, wenn eine Gesamtwürdigung aller Umstände des Einzelfalles ergebe, daß der Grad der Einwirkung auf die geschützten Interessen aus Sicht des durchschnittlich informierten, aufmerksamen und verständigen Marktteilnehmers nicht lediglich so gering sei, daß dieser ihr keine Bedeutung zumesse.[1984] Der Nachteil müsse aus Sicht des verständigen Marktteilnehmers spürbar sein.[1985]

Ein Abstellen auf das Marktgeschehen werde dem Sinn und Zweck des UWG nicht gerecht, weil dieses das Interesse der Allgemeinheit am unverfälschten Wettbewerb nicht um seiner selbst willen, sondern im Interesse der Mitbewerber, Verbraucher und sonstigen Marktteilnehmer schütze.[1986] Auch könnten die Mitbewerber und Verbände mit den ihnen allein zur Verfügung stehenden zivilprozessualen Mitteln eine Auswirkung der fraglichen Wettbewerbshandlung auf das konkrete Marktgeschehen gar nicht darlegen.[1987] Anders als im Kartellrecht gebe es hier keine ermittlungsbefugten Behörden, so daß die Gefahr bestehe, daß der Handelnde sich immer mit dem Einwand, es handele sich bei der fraglichen Wettbewerbshandlung nur um einen Einzelfall, der keine Auswirkungen auf das Marktgeschehen habe, herausrede.[1988]

Eine Übertragung der bisherigen Rechtsprechung zu § 13 II Nr. 1, 2 UWG a. F. sei nicht möglich, weil der Gesetzgeber eine andere Formulie-

---

1981 Harte-Bavendamm/Henning-Bodewig - Schünemann § 3 Rn. 254.

1982 RegE zum UWG BT-Drucks. 15/1487 S. 17 li. Sp.

1983 Köhler GRUR 2005, 1, 3 unter ausdrücklicher Aufgabe der Kommentierung in Baumbach/Hefermehl[23] - Köhler § 3 Rn. 54 ff. (siehe Fn. 2); nunmehr auch Hefermehl/Köhler/Bornkamm - Köhler § 3 Rn. 53.

1984 Köhler GRUR 2005, 1, 4; Hefermehl/Köhler/Bornkamm - Köhler § 3 Rn. 53.

1985 Hefermehl/Köhler/Bornkamm - Köhler § 3 Rn. 56.

1986 Köhler GRUR 2005, 1, 5.

1987 Köhler GRUR 2005, 1, 5.

1988 Köhler GRUR 2005, 1, 3, insb. Fn. 27.

rung für die Bagatellklausel in § 3 UWG gewählt habe und - anders als im alten Recht - an die Klagebefugnis der Verbraucherverbände nunmehr die gleichen Anforderungen stelle wie an die der Mitbewerber und Wirtschaftsverbände.[1989]

Maßgeblich seien daher nur Faktoren, die Einfluß auf den Grad der Beeinträchtigung der durch das UWG geschützten Interessen von Mitbewerbern, Verbrauchern und sonstigen Marktteilnehmern hätten, nicht aber solche, bei denen auf das Marktgeschehen abgestellt werde. Es komme daher nicht auf die Anzahl der Betroffenen, ein Verschulden des Werbenden oder eine mögliche Nachahmungsgefahr an.[1990] Auch sei die Möglichkeit behördlicher Sanktionen nicht zu berücksichtigen, weil dies nur zur Hin- und Herschiebung von Zuständigkeiten führe.[1991] Ebenso sei eine mögliche Wiederholungsgefahr ohne Belang, da diese erst Voraussetzung des § 8 UWG sei.[1992]

Bei der irreführenden Werbung spiele die Bagatellklausel keine eigenständige Rolle, weil bereits mit der Feststellung der wettbewerbsrechtlichen Relevanz der Irreführung eine nicht nur unerhebliche Beeinträchtigung von Verbraucherinteressen (Entscheidungsfreiheit) feststehe.[1993]

d) Eigene Auffassung

(1) Eingeschränkte schutzgutorientierte Auslegung

Eine Übertragung der bisherigen Rechtsprechung zu § 13 II Nr. 1, 2 UWG a. F. läßt sich nicht begründen. Zwar knüpft die Regierungsbegründung in ihren Ausführungen an Formulierungen aus der Rechtsprechung an,[1994] übernimmt diese jedoch nicht ausdrücklich und wählt auch eine andere Formulierung im Gesetz. Insbesondere findet sich kein Hinweis mehr darauf, daß eine Beeinträchtigung auf einem bestimmten Markt vorliegen muß (so aber § 13 II Nr. 1, 2 UWG a. F.: „[...] geeignet ist, den Wettbewerb auf diesem Markt wesentlich zu beeinflussen"). Es liegt daher nahe, sich von kartellrechtlichen Vorstellungen zu lösen und eine marktfunktionale Betrachtung durchzuführen, d. h. auf den Marktprozeß abzustellen.

1989 Köhler GRUR 2005, 1, 3; zur Änderung der Formulierung auch Münker/Kaestner BB 2004, 1689, 1692.

1990 Köhler GRUR 2005, 1, 5.

1991 Köhler GRUR 2005, 1, 5.

1992 Köhler GRUR 2005, 1, 5.

1993 Köhler GRUR 2005, 1, 7.

1994 Vgl. etwa BGH GRUR 1997, 767, 770 - Brillenpreise II; BGH GRUR 1995, 122, 124 - Laienwerbung für Augenoptiker.

Dies ergibt sich aber nicht nur aus der Änderung des Gesetzeswortlauts, sondern ist in erster Linie Konsequenz des hier vertretenen Begriffs der wettbewerbsfunktionalen objektiven Unlauterkeit (vgl. o.[1995]), denn dieser erfordert es, daß auch die Frage der Eignung zur nicht nur unerheblichen Beeinträchtigung des Wettbewerbs unter besonderer Berücksichtigung des Schutzzwecks des UWG (§ 1 UWG) beantwortet wird. Zuzustimmen ist daher der Auffassung, daß der Grad der Beeinträchtigung der geschützten Interessen i. S. d. § 1 UWG maßgebliche Bedeutung haben muß. Die Schwere der Beeinträchtigung der Entscheidungsfreiheit und der durch die Irreführung erzielte Wettbewerbsvorsprung sind die Gradmesser.

Für die irreführende Werbung ist hiernach zu fragen, ob eine erhebliche Beeinträchtigung der Marktkommunikation vorliegt. Das könnte immer schon dann zu bejahen sein, wenn der Durchschnittsverbraucher in einer für seine Vertragsentscheidung relevanten Weise irregeführt wird.

Hiernach liefe die Bagatellklausel bei der Irreführung aber leer, da immer die Gefahr einer erheblichen Beeinträchtigung der Entscheidungsfreiheit anzunehmen wäre. Der Gesetzgeber hat in der Gesetzesbegründung jedoch ausdrücklich darauf verwiesen, daß der Irreführungstatbestand bei Bagatellfällen nicht zur Wettbewerbswidrigkeit führen soll.[1996] Weiter ist zu bedenken, daß auch die für den Vertragsschluß relevante Irreführung dem Grundsatz der Verhältnismäßigkeit unterliegt und daß daher im Rahmen der Interessenabwägung sogar der Tatbestand des § 5 UWG verneint werden kann. Auch verläßt die Ansicht, daß in jeder irreführenden Werbung eine erhebliche Beeinträchtigung des Wettbewerbs zu sehen sei, den abstrakt-generellen Boden der Ausrichtung des Wettbewerbsrechts und sanktioniert jede Irreführung auch in einem Einzelfall über das UWG. Einzelfälle sollen aber gerade dem konkret-individuellen Schuldrecht vorbehalten bleiben, da sonst jeder „Betrug" eines Kaufmanns gleich lauterkeitsrechtliche Folgen hätte. Daß dies nicht der Fall sein soll, zeigt § 1 Satz 2 UWG, der darauf abstellt, daß *zugleich* mit den Interessen von Mitbewerbern, Verbrauchern und sonstigen Marktteilnehmern das Interesse der Allgemeinheit an einem unverfälschten Wettbewerb geschützt wird. Voraussetzung einer Anwendung des Wettbewerbsrechts bleibt daher, daß auch das Interesse der Allgemeinheit berührt wird. Zumindest muß daher die Zahl der Umworbenen eine Rolle für die Eignung zur erheblichen Beeinträchtigung des Wettbewerbs spielen. Für eine Berücksichtigung einer starren Irreführungsquote ist hingegen bei dem hier vertretenen normativen Ansatz kein Raum (vgl. o.[1997]).

1995 Vgl. o. S. 240 ff.

1996 RegE zum UWG BT-Drucks. 15/1487 S. 19 re. Sp. (zu Abs. 1).

1997 Vgl. o. S. 298 ff.

Damit kann der in der Literatur vorgeschlagenen streng schutzgutorientierten Auslegung der Bagatellklausel nicht in letzter Konsequenz zugestimmt werden.

Die hier vertretene Ansicht sieht sich dem Einwand ausgesetzt, daß sie, wenn sie auf die Zahl der Umworbenen abstellt, in gewissem Maße auch auf das Marktgeschehen abhebt und Einzelfälle für eine Irreführung grundsätzlich nicht ausreichen läßt. In der Literatur ist es kritisiert worden, bei der Feststellung der Eignung zur nicht nur unerheblichen Beeinträchtigung des Wettbewerbs auf das konkrete Marktgeschehen abzustellen, weil dieses im Zivilprozeß nicht ausreichend dargelegt werden könne.[1998] Diese Argumentation ist jedoch nur begrenzt überzeugend, denn es ergeben sich bereits bei der Feststellung der Auffassung der betroffenen Verkehrskreise ähnliche Probleme (vgl. o.[1999]). Auch hier ist denkbar, einen solchen Einfluß der fraglichen Handlung auf das konkrete Marktgeschehen unter Berücksichtigung wertender Gesichtspunkte oder gutachterlich festzustellen. Weiter kann bei einer unlauteren Handlung grundsätzlich vermutet werden, daß diese geeignet ist, den Wettbewerb negativ zu beeinflussen, so daß nur bei entsprechenden Anhaltspunkten die Erheblichkeitsschwelle im Prozeß problematisiert werden muß. Nicht zuletzt hat der Gesetzgeber[2000] die Durchsetzung wettbewerbsrechtlicher Ansprüche bewußt in privater Hand gelassen und so die hiermit einhergehenden Nachteile im Grundsatz gebilligt. Auch wird selbst nach der Ansicht, die das Marktgeschehen unbeachtet lassen will und nur auf die Beeinträchtigung geschützter Interessen abstellt, zumindest mittelbar auf das Marktgeschehen abgehoben, weil sich eine Beeinträchtigung der geschützten Interessen auf dieses auswirkt. Schon wegen der engen Verbindung der geschützten Interessen mit dem Marktgeschehen kann über die Darlegung der Beeinträchtigung dieser Interessen auch eine Beeinträchtigung des Marktgeschehens dargelegt werden. Eine strikte Trennung zwischen der Beeinträchtigung geschützter Interessen und Auswirkungen auf das Marktgeschehen ist nicht möglich.

Es ist daher an der hier vorgeschlagenen (eingeschränkten) schutzgutorientierten Auslegung festzuhalten. Bei der Feststellung der Eignung einer Wettbewerbshandlung zur nicht nur unerheblichen Beeinträchtigung des Wettbewerbs ist daher die Eignung zur Beeinträchtigung (nur) der durch § 1 UWG geschützten Interessen maßgeblich, wobei insofern auf das Marktgeschehen abgestellt werden kann, als es auch auf die Zahl der Umworbenen ankommt.

1998 Köhler GRUR 2005, 1, 3.

1999 Vgl. o. S. 283 ff.

2000 RegE zum UWG BT-Drucks. 15/1487 S. 22 li. Sp.

(2) Maßgebliche Faktoren

Eine Vielzahl von Faktoren, die nach der Rechtsprechung und Literatur für die Frage der nicht nur unerheblichen Beeinträchtigung des Wettbewerbs herangezogen werden, sind nicht mit dem Schutzzweck des UWG, den Wettbewerbsprozesses zu schützen, vereinbar und können daher bei der Feststellung der Eignung zur nicht nur unerheblichen Beeinträchtigung des Wettbewerbs keine Rolle spielen.

So haben Häufigkeit, Dauer, Wiederholungsgefahr und die Frage, ob eine Angabe objektiv richtig ist, keinen Einfluß auf die Entscheidung des Verbrauchers und damit auch keinen Einfluß auf den Wettbewerbsprozeß. Diese Faktoren können allenfalls bei der Frage des Schadensersatzes eine Rolle spielen.

Wollte man die Möglichkeit der Ausräumung des Irrtums durch näheres Befassen mit der Ware als maßgeblichen Faktor anerkennen, so würde man aushebeln, daß für eine Irreführung bereits die Gefahr einer Irreführung und damit eine Anlockwirkung ausreicht (zur Anlockwirkung vgl. o.[2001]).

Problematisch ist auch, das Maß der wettbewerbsrechtlichen Relevanz des Irrtums in die Überlegungen mit einzubeziehen, denn auch eine geringe Relevanz führt (wenn auch knapp) zu falschen Marktentscheidungen und beeinträchtigt damit die Interessen der Mitbewerber und auch der Verbraucher. Die Besonderheit der falschen Marktentscheidung ist, daß hier nicht zwischen „ein bißchen falsch" und „sehr falsch" differenziert werden kann, weil ein Vertragsschluß zum Nachteil der Mitbewerber auch nicht nur „ein bißchen" zustande kommt. Denkbar ist nur, in einer Gesamtschau etwa darauf abzustellen, daß der Werbende einerseits den Beworbenen kaum meßbar schädigt und zudem praktisch keinen Wettbewerbsvorsprung erzielt. Allerdings ist hierbei die Wertung des § 10 UWG zu berücksichtigen, der gerade dem Umstand Rechnung trägt, daß auch geringe Schäden beim Einzelnen die Mitbewerber schädigen können. Ähnlich verhält es sich mit der Anreizwirkung der Werbung. Eine Werbung kann nur dann als irreführend bezeichnet werden, wenn sie eine hinreichende Anreizwirkung entfaltet und damit die Gefahr falscher Marktentschlüsse birgt. Auch dieser Faktor, welcher den erzielten Wettbewerbsvorsprung widerspiegelt, kann daher nur in Zusammenschau mit dem Maß der Beeinträchtigung des Verbraucherinteresses gesehen werden und wird daher regelmäßig nicht zur Verneinung der Erheblichkeit führen.

Die marktfunktionale Betrachtung erfordert es – im Gegensatz zu einem sozialrechtlich-ethischen Verständnis des Wettbewerbsrechts – auch, daß subjektive Momente wie Vorsatz oder gar Planmäßigkeit der Irreführ-

---

[2001] Vgl. o. S. 249 ff.

rung ohne Belang sind, weil sie keinen Einfluß auf den Wettbewerbsprozeß haben. Zwar stellt die Regierungsbegründung ausdrücklich auf eine Gesamtbetrachtung anhand subjektiver und objektiver Momente ab,[2002] die Regierungsbegründung ist insoweit jedoch nicht eindeutig, da sie gleichzeitig auf das Marktgeschehen abstellt, welches von subjektiven Momenten unabhängig ist (vgl. o. zur Objektivierung des Wettbewerbsrechts[2003]).

Wegen der umfassenden Berücksichtigung der verschiedenen Interessen bereits innerhalb des Irreführungstatbestandes selbst (Relevanz, Interessenabwägung) verbleibt für die Bagatellklausel jedoch nur ein geringer Anwendungsbereich, bei dem es in erster Linie um die Zahl der Beworbenen gehen wird. Üblicherweise wird eine wettbewerbsrechtlich relevante Irreführung auch geeignet sein, den Wettbewerb nicht nur unerheblich zu beeinträchtigen. Allerdings ist die wettbewerbsrechtliche Relevanz insofern nicht mit der Eignung zur erheblichen Beeinträchtigung deckungsgleich, als die Relevanz auch bei der Einzelwerbung zu bejahen sein kann.

Im Regelfall wird die Bagatellklausel bei der irreführenden Werbung aber keine Bedeutung erlangen. Dies gilt besonders für die Irreführung durch Unterlassen, weil es hier meist um Irreführungen geht, die von besonderer Bedeutung für den Vertragsschluß sind, so daß auch in besonderem Maße Verbraucherinteressen berührt werden.

Dennoch bleibt die Erheblichkeitsschwelle auch bei der Irreführung durch Unterlassen eine zusätzlich zur Feststellung der Unlauterkeit zu prüfende Voraussetzung[2004] (vgl. auch den Wortlaut des § 3 UWG „unlautere Wettbewerbshandlungen, die geeignet sind [...]").

V) Subjektiver Tatbestand und Verschulden?

In der Literatur[2005] ist bereits zum alten Recht problematisiert worden, ob § 3 UWG a. F. insofern einen subjektiven Tatbestand aufweist, als der Handelnde in Kenntnis der Tatumstände, welche die Wettbewerbswidrigkeit begründen, handeln muß. Die Rechtsprechung hat sich zu dieser kaum praxisrelevanten Frage bislang nicht äußern müssen. Allerdings hat sie bei der Generalklausel des § 1 UWG a. F. subjektive Erfordernisse aufgestellt.[2006] In der Literatur wird daher bei der Generalklausel des

---

2002 RegE zum UWG BT-Drucks. 15/1487 S. 17 li. Sp.

2003 Vgl. o. S. 237 ff.

2004 Lettl, UnlWb Rn. 146; Hefermehl/Köhler/Bornkamm – Köhler § 3 Rn. 54.

2005 Köhler/Piper – Piper § 3 Rn. 88; auch zu § 3 UWG n. F. HK – Plaß § 3 Rn. 49; krit. Kling/Thomas – Kling § 1 Rn. 180 und § 3 Rn. 652 Fn. 23 (zu § 3 UWG a. F.).

2006 BGH GRUR 1991, 914, 915 – Kastanienmuster; BGH GRUR 1969, 292, 294 – Buntstreifensatin II; BGH GRUR 1964, 146, 150 – Genossenschaftliche Rückvergüneuen Rechts (§ 3 UWG n. F.) ein Handeln in Kenntnis der objektiven Tatumstände gefordert.[2007]

Nachdem der Irreführungstatbestand des § 5 I UWG n. F. nun auf die wettbewerbsrechtliche Generalklausel des § 3 UWG n. F. verweist, könnte daher auch bei der irreführenden Werbung die Kenntnis der objektiven Tatumstände Voraussetzung für das Unlauterkeitsurteil sein.

Nach dem hier vertretenen Ansatz der marktbezogenen objektiven Unlauterkeit kann dem jedoch nicht gefolgt werden, weil eine Beeinträchtigung der durch § 1 UWG geschützten Interessen unabhängig von subjektiven Merkmalen oder einem Verschulden eintritt (vgl. o.[2008]). Solche Aspekte können nur beim Schadensersatz eine Rolle spielen. Für das Verschulden ergibt sich dies bereits im Umkehrschluß aus § 9 UWG, welcher zumindest fahrlässiges Verhalten zusätzlich zur unlauteren Wettbewerbshandlung i. S. d. § 3 UWG voraussetzt.

---

tung, zust. Anm. Seydel; BGH GRUR 1962, 42, 44 - Sonderveranstaltung II, Anm. Heydt; BGH GRUR 1960, 200, 201 - Abitz II; BGH GRUR 1957, 355, 357 - Spalttabletten; BGH GRUR 1955, 411, 414 - Zahl 55; BGH GRUR 1954, 274, 275 - Goldwell; BGH GRUR 1953, 290, 292 - Fernsprechnummer.

2007 Lettl, UnlWb Rn. 152; a. A. Hefermehl/Köhler/Bornkamm - Köhler § 3 Rn. 41; Emmerich, UnlWb § 5 III, S. 84.

2008 Vgl. o. S. 20 ff.

Teil 6 Implizite Informationspflichten außerhalb von § 5 UWG

1. Abschnitt Verbot der Täuschung durch Unterlassen gem. § 4 Nr. 1, 3. Alt. UWG

Die Gesetzesmaterialien weisen ausdrücklich auf die Möglichkeit hin, eine Täuschung außerhalb der irreführenden Werbung unter das Verbot des sonstigen unangemessen unsachlichen Einflusses auf die Entscheidungsfreiheit der Verbraucher gem. § 4 Nr. 1, 3. Alt. UWG zu subsumieren.[2009] Danach könnte sich eine Informationspflicht auch außerhalb des § 5 II 2 UWG durch ein Verbot der Täuschung durch Unterlassen aus § 4 Nr. 1, 3. Alt. UWG ergeben.

Eine solche Informationspflicht aus § 4 Nr. 1, 3. Alt. UWG wird aber angesichts der weiten Definition von Werbung nur selten vorliegen, da § 5 UWG im Bereich der täuschenden Werbung vorrangig ist (vgl. o.[2010]). Nach der hier vertretenen Definition von Werbung ist unter dieser jede Äußerung zu verstehen, die in funktionalem Zusammenhang mit einem eigenen oder fremden Handel, Gewerbe, Handwerk oder freien Beruf mit dem Ziel getätigt wird, den Absatz oder den Bezug von Waren oder die Erbringung oder die Nachfrage von Dienstleistungen einschließlich unbeweglicher Sachen, Rechte und Verpflichtungen zu fördern (vgl. o.[2011]). Soll eine Täuschung durch Unterlassen nun an § 4 Nr. 1, 3. Alt. UWG gemessen werden, darf einerseits keine Werbung vorliegen und andererseits muß nach allgemeinen Grundsätzen auch hier eine Wettbewerbshandlung i. S. d. § 2 I Nr. 1 UWG vorliegen. Eine Wettbewerbshandlung i. S. d. § 2 I Nr. 1 ist eine Handlung „mit dem Ziel, zugunsten des eigenen oder fremden Unternehmens den Absatz oder den Bezug von Waren oder die Erbringung oder den Bezug von Dienstleistungen zu fördern".

Wettbewerbshandlung und Werbung unterscheiden sich praktisch nur durch das Merkmal des Zusammenhangs mit einer unternehmerischen Tätigkeit und dem Merkmal der Äußerung. Das Merkmal der Äußerung ist in Fällen der Täuschung nicht zur Abgrenzung geeignet, weil eine Täuschung zwingend eine nach außen tretende Handlung mit Informationsgehalt voraussetzt, so daß immer eine Angabe vorliegen wird.

Eine Informationspflicht über das Verbot der Täuschung durch Unterlassen nach § 4 Nr. 1, 3. Alt. UWG kann daher nur bei Personen bestehen, die nicht in funktionalem Zusammenhang mit einer eigenen oder frem-

---

2009 Gegenäußerung der BuReg BT-Drucks. 15/1487 S. 41 li. Sp.

2010 Vgl. o. S. 207 ff.

2011 Vgl. o. S. 243 f.

den unternehmerischen Tätigkeit handeln. Damit kommen nur Fälle in Frage, in denen Privatleute handeln, die weder ein eigenes wirtschaftliches Interesse verfolgen, noch mit der Wahrung der Interessen eines Unternehmers betraut sind.[2012]

Denkbar wäre etwa, daß sich ein dankbarer Patient eigenmächtig und öffentlichkeitswirksam für einen „Wunderdoktor" einsetzt und dabei wesentliche Aspekte verschweigt (man denke nur an die stark beworbene, jedoch medizinisch höchst umstrittene Krebstherapie mit Vitaminen).

Meßlatte sind hier dieselben Voraussetzungen wie bei § 5 II 2 UWG. Allerdings werden derartige Fälle sehr selten sein und im Regelfall dürfte bei rein privat Handelnden kaum in dem Maße eine Öffentlichkeit erreicht werden, daß ein Handeln jenseits der Erheblichkeitsschwelle des § 3 UWG vorliegt. Der praktische Anwendungsbereich wird daher gering bleiben.

2. Abschnitt Informationspflichten über das Verbot der Täuschung hinaus?

In Rechtsprechung und Literatur wird angenommen, daß sich eine lauterkeitsrechtliche Pflicht zur Information auch bei einer lediglich unzureichenden Information des Verbrauchers ohne Täuschung ergeben kann. Eine solche Informationspflicht außerhalb des Täuschungsverbotes kann sich aus § 4 Nr. 1, 3. Alt. UWG, nicht aber in § 5 II 2 UWG ergeben (vgl. o.[2013]).

Bislang völlig ungeklärt ist, welche Voraussetzungen ein solches Informationsgebot hat.

Denkbar wäre zunächst, in Übernahme von Art. 7 Nr. 1 der Richtlinie 29/2005/EG über unlautere Geschäftspraktiken eine Informationspflicht immer dann anzunehmen, wenn der Verbraucher die betreffende Information benötigt, um eine informierte geschäftliche Entscheidung zu treffen. Es ist jedoch bereits zweifelhaft, ob nicht auch Art. 7 UGP-RL eine konkrete Irreführung voaussetzt.[2014] Jedenfalls hat sich der Gesetzgeber ausdrücklich gegen eine allgemeine Informationspflicht, wie sie bei der Verabschiedung des reformierten UWG bereits mit dem

2012 Vgl. Hefermehl/Köhler/Bornkamm – Bornkamm § 5 Rn. 2.22.

2013 Vgl. o. S. 213 f.

2014 Nach der hier vertretenen Auffassung setzt auch Art. 7 UGP-RL eine konkrete Fehlvorstellung und damit eine Irreführung voraus; vgl. u. S. 400.

Vorschlag für die Richtlinie über unlautere Geschäftspraktiken in Rede stand,[2015] ausgesprochen.[2016]

Vielmehr kann eine Informationspflicht zur Vermeidung von Wertungswidersprüchen zu § 5 UWG nur dann angenommen werden, wenn das Unterlassen der Information täuschungsgleichen Charakter hat, denn die Voraussetzungen, die selbst bei Vorliegen einer Täuschung bestehen, müssen erst recht gelten, wenn keine Täuschung vorliegt.

Eine Informationspflicht ist daher nur denkbar, wenn der Handelnde eine bestehende Marktintransparenz täuschungsgleich ausnutzt. Es müßte also ein Informationsgefälle zwischen Werbendem und Verbraucher bestehen, welches dazu führt, daß der nicht ausreichend informierte Verbraucher eine falsche Marktentscheidung trifft und daß dieser infolge seiner verbrauchertypischen Defizite nicht in der Lage war, seine Unkenntnis zu erkennen und selbst zu beseitigen. Der unbekannte Umstand müßte weiter von besonderer Bedeutung für den Vertragsschluß sein, so daß eine Information des Verbrauchers auch unter Berücksichtigung der Interessen des Werbenden zum Schutz des Verbrauchers unerläßlich ist.

Dies allein macht das Unterlassen jedoch noch nicht täuschungsgleich und kann daher für eine Informationspflicht nicht ausreichen. Ansonsten würde letztlich ein Tatbestand geschaffen, der unter Verzicht auf das Merkmal der Täuschung dem des Verbots der Irreführung durch Unterlassen entspricht. Zwar kann auch die bloße Unkenntnis des Verbrauchers ohne Irrtum zu ebenso falschen Marktentscheidungen führen wie eine Fehlvorstellung, de lege lata würde eine solche Auslegungaber die gesetzgeberische Wertung des § 5 UWG und den ausdrücklichen Verzicht des Gesetzgebers auf eine Normierung weitergehender Informationspflichten unterlaufen.

Weitere Voraussetzung einer Informationspflicht aus § 4 Nr. 1, 3. Alt. UWG muß daher sein, daß – zusätzlich zu den Voraussetzungen der Informationspflicht aufgrund des Verbots einer Irreführung durch Unterlassen – der Informationsbedarf des Verbrauchers ausnahmsweise so hoch ist, daß das Fehlen einer Täuschung kompensiert wird.

Eine solche Konstellation ist angesichts des Leitbildes des durchschnittlich informierten, situationsadäquat aufmerksamen und durchschnittlich verständigen Verbrauchers jedoch nur schwer vorstellbar,[2017] weil dieser

[2015] Vgl. Art. 7 Nr. 1 des Vorschlags der Kommission für eine Richtlinie des Europäischen Parlamentes und des Rates über unlautere Geschäftspraktiken vom 18.6.2003, KOM (2003) 356 endgültig.

[2016] RegE zum UWG BT-Drucks. 15/1487 S. 20 li. Sp.

[2017] Krit. zur Fallgruppe des übertriebenen Anlockens allg. Emmerich, UnlWb § 12 IV 4b, S. 230; Götting, WettbR § 9 Rn. 14; zurückhaltender Fezer – Steinbeck § 4-1 Rn. 132 f.

eine Informationslast trägt (vgl. o.[2018]) und im Regelfall in der Lage ist, Informationen selbst nachzufragen. Tut er dies nicht, ist er nicht schutzwürdig. Bedenkt man weiter, daß auch hier nur vertragswesentliche Umstände in Betracht kommen, wird meist ein Irrtum und damit ein Fall des § 5 UWG vorliegen. Der Verbraucher wird sich nämlich über die für ihn vertragswesentlichen Umstände informieren und dann einer Fehlvorstellung etwa hinsichtlich der Verwendbarkeit des Produktes o. ä. unterliegen, wenn ihm wesentliche Aspekte verschwiegen werden.

In der Literatur[2019] und Rechtsprechung[2020] ist weiter daran gedacht worden, einen unangemessen unsachlichen Einfluß anzunehmen, wenn eine Werbung infolge ihrer Intransparenz eine besonders hohe Anlockwirkung entfaltet, ohne daß die Angaben konkret genug sind, um eine Fehlvorstellung zu erwecken. Dies betrifft insbesondere Fälle, in denen das Angebot an eine Vergünstigung gekoppelt ist. Ein übertriebenes Anlocken liegt vor, wenn die von einer Werbung ausgehende Anreizwirkung so stark ist, daß die Rationalität der Nachfrageentscheidung ausnahmsweise vollständig in den Hintergrund tritt und der Beworbene seine Entscheidung nicht mehr nach Qualität und Preiswürdigkeit der Ware trifft.[2021] Auch dieser Ansatz muß jedoch angesichts des modernen Verbraucherleitbildes in Zweifel gezogen werden. Dieses bürdet dem Verbraucher nämlich nicht nur eine Informationslast auf, sondern billigt ihm auch ein gewisses Maß an Rationalität im Umgang mit Information und daher im Umkehrschluß auch mit dem Fehlen von Information zu und stellt damit gerade nicht auf ein triebhaftes Verbraucherverhalten ab. Für die Fallgruppe des „übertriebenen Anlockens" wird daher nur bei Hinzutreten besonderer Umstände, die dem Verbraucher die Möglichkeit einer kritischen Überprüfung des Angebots nehmen (z. B. Zeitdruck), Raum sein.

Festzuhalten ist daher, daß eine Informationspflicht aus § 4 Nr. 1, 3. Alt. UWG auch ohne Täuschung bei lediglich unzureichender Information theoretisch möglich ist, wenn ein Informationsgefälle täuschungsgleich ausgenutzt wird. Wegen der hohen Anforderungen an eine solche Pflicht besteht jedoch allenfalls ein theoretischer Anwendungsbereich.

2018 Vgl. o. S. 279.

2019 Steingass/Teworte WRP 2005, 676, 680; vgl. HK WettbR – Plaß § 4 Rn. 18 ff.

2020 BGH GRUR 2004, 255, 259 – Strom und Telefon I; BGH GRUR 2003, 890, 891 – Buchclub-Kopplungsangebot; BGH GRUR 2002, 979, 980 – Kopplungsangebot II; vgl. BGH GRUR 2003, 538, 539 – Gesamtpreisangebot (alle zu § 1 UWG a. F.).

2021 Hefermehl/Köhler/Bornkamm – Köhler § 4 Rn. 1.35; Fezer – Steinbeck § 4-1 Rn. 130; BGH GRUR 2004, 255, 259 – Strom und Telefon I; BGH GRUR 2003, 890, 891 – Buchclub-Kopplungsangebot; BGH GRUR 2002, 979, 980 – Kopplungsangebot II (alle Urteile zu § 3 UWG a. F.)

Teil 7 Umsetzungsbedarf hinsichtlich der Richtlinie 2005/29/EG über unlautere Geschäftspraktiken (UGP-RL) vom 11.05.2005 – welche Änderungen sind zu erwarten?

1. Abschnitt Überblick

Schon bei Verabschiedung des neuen UWG waren Neuerungen auf europäischer Ebene durch eine Richtlinie bezüglich unlauterer Geschäftspraktiken zu erwarten. Der Regierungsentwurf zum neuen UWG vom 22.08.2003 ging jedoch davon aus, es sei unwahrscheinlich, daß die europäische Entwicklung das deutsche Reformvorhaben einholen oder gar überholen könnte, zumal der Richtlinienvorschlag den deutschen Vorstellungen entgegenkomme.[2022]

Am 11.05.2005 haben Europäisches Parlament und der Rat die Richtlinie 2005/29/EG über unlautere Geschäftspraktiken (UGP-RL) vorgelegt. Fristende für die Umsetzung dieser Richtlinie ist der 12.06.2007, weshalb sich schon kurz nach Inkrafttreten des neuen UWG die Frage nach dessen Änderung stellt. Am 08.05.2007 stellte daher die vom Bundesministerium der Justiz eingesetzte „Arbeitsgruppe Unlauterer Wettbewerb" ihren Diskussionsentwurf eines Gesetzes zur Änderung des UWG vor (im Folgenden: Diskussionsentwurf[2023]). Der Regierungsentwurf zur Änderung eines ersten Gesetzes zur Änderung des Gesetzes gegen den unlauteren Wettbewerb (BT-Drucks. 16/10145) konnte vor Drucklegung nicht mehr berücksichtigt werden.

Die Richtlinie regelt nun erstmals auf europäischer Ebene mit einer Generalklausel (Art. 5 UGP-RL) das Verbot unlauteren Wettbewerbs, wobei der Anwendungsbereich gem. Art. 1 und 3 I UGP-RL jedoch auf das Verhältnis zwischen Unternehmer und Verbraucher beschränkt ist. Die Generalklausel wird mit dem Verbot irreführender Werbung nach Art. 6-7 UGP-RL und der Untersagung aggressiver Geschäftspraktiken gem. Art. 8-9 UGP-RL konkretisiert. Ausweislich der Erwägungsgründe 5 und 12 soll damit ein einheitlicher europäischer Rechtsrahmen die Fragmentierung der Vorschriften über unlautere, die wirtschaftlichen Interessen der Verbraucher schädigende Geschäftspraktiken beseitigen.

Hier soll nur auf die Vorschriften eingegangen werden, welche auf Informationspflichten Einfluß haben können. Dies sind – neben allgemeinen Vorschriften, welche den Anwendungsbereich betreffen – die Generalklausel (Art. 5) und das Verbot der Irreführung durch Unterlassen

---

2022 RegE zum UWG BT-Drucks. 15/1487 S. 12 re. Sp.

2023 Abrufbar im Internet unter www.bitkom.de.

(Art. 7). Die Irreführung durch positives Tun (Art. 6) bleibt hier daher ebenso unbehandelt wie die aggressiven Geschäftspraktiken (Art. 8, 9), welche nicht die quantitative Seite werblicher Kommunikation, sondern primär den freien Willensbildungsprozeß schützen. Auch auf die Rechtsfolgenseite (Art. 11 UGP-RL) - welche nicht Teil dieser Arbeit ist - soll hier nicht eingegangen werden.[2024]

2. Abschnitt Vollharmonisierung

Die Richtlinie strebt - anders als etwa die Irreführungsrichtlinie - eine Vollharmonisierung des von ihr geregelten Bereichs an. Dies ist zwar nicht ausdrücklich normiert, ergibt sich aber aus einer Gesamtschau insbesondere der Erwägungsgründe 3, 12 und 13 sowie aus Art. 3 V UGP.[2025] Eine etwaige Umsetzung darf den Standard der Richtlinie daher weder über- noch unterschreiten. Lediglich die Wahl der Mittel zur Erreichung des Ziels der Richtlinie obliegt gem. Art. 249 III EGV den Mitgliedstaaten. Im Wortlaut der nationalen Regelungen sind die Mitgliedstaaten damit frei. Eine Anpassung der bestehenden Regelungen ist nur dann zwingend, wenn diese - auch in richtlinienkonformer Auslegung - den Rahmen der Richtlinie nicht einhalten. Zunächst ist daher der Anwendungsbereich der Richtlinie, in welchem die Vollharmonisierung zu beachten ist, zu untersuchen.

3. Abschnitt Anwendungsbereich und Schutzzweck

A) Persönlicher Anwendungsbereich

I) Beschränkung auf das Verhältnis zwischen Gewerbetreibendem und Verbraucher („B2C")

Die Richtlinie bezieht sich nach Art. 1 und Art. 3 I nur auf Geschäftspraktiken, welche die wirtschaftlichen Interessen der Verbraucher beeinträchtigen. Gemäß Erwägungsgrund 8 will die Richtlinie hingegen keine Geschäftspraktiken regeln, die „zwar nicht den Verbraucher schädigen, sich jedoch nachteilig für Mitbewerber" auswirken. Sie soll den lauterkeitsrechtlichen Schutz der Verbraucher umfassend regeln und gem. Art. 1 UGP-RL ein hohes Verbraucherschutzniveau garantieren. Der Mitbewerberschutz wird der Irreführungsrichtlinie überlassen, welche gemäß dem durch die UGP-RL geänderten Art. 1 n. F. - anders als noch nach Art. 1 a. F. - nur dem Schutz der Gewerbetreibenden dient. Es ist ein zweigleisiges Regelungssystem entstanden.

[2024] Hierzu Alexander GRUR Int. 2005, 809 ff.

[2025] Vgl. Sosnitza WRP 2006, 1, 3.

Der Schutz des Interesses der Allgemeinheit an einem lauteren Wettbewerb findet in den Schutzzweckklauseln keine (ausdrückliche) Erwähnung mehr. Es scheint fast, der europäische Gesetzgeber habe die Schutzzwecktrias[2026] aufgeben wollen. Daß dies aber zumindest faktisch nicht der Fall ist, zeigt sich schon daran, daß eine saubere Trennung zwischen den Interessen der Verbraucher, der Mitbewerber und der Allgemeinheit gar nicht möglich ist, weil das Gros der wettbewerbswidrigen Handlungen sowohl die Interessen der Verbraucher als auch der Mitbewerber als auch der Allgemeinheit verletzt („Interessenkonformität der Schutzzwecke" vgl. o.[2027]). Aus diesem Grunde ist die Beschränkung der UGP-RL auf das Verhältnis zwischen Verbraucher und Unternehmer („B2C") in der Literatur einhellig kritisiert worden.[2028]

Die Richtlinie hält die Trennung zwischen Mitbewerber- und Verbraucherschutz indessen gar nicht strikt durch, sondern führt in den Erwägungsgründen 6 und 8 aus, die wirtschaftlichen Interessen der (rechtmäßig handelnden) Mitbewerber würden durch eine unmittelbare Schädigung der Verbraucher und durch unlautere Werbung regelmäßig mittelbar geschädigt.[2029] Auch ist zu bedenken, daß sowohl Art. 11 UGP-RL als auch Art. 5 I n. F. der Irreführungsrichtlinie (Art. 4 I a. F.) geeignete Mittel zur Bekämpfung unlauteren Wettbewerbs einschließlich solcher Rechtsvorschriften fordern, „die es Personen oder Organisationen, die nach nationalem Recht ein berechtigtes Interesse an der Bekämpfung unlauterer Geschäftspraktiken haben, einschließlich Mitbewerber, gestatten," gegen unlautere Geschäftspraktiken vorzugehen. Die zumindest mittelbare Schädigung der Mitbewerber wird also auch auf der Rechtsfolgenseite durch Zuerkennung der Aktivlegitimation anerkannt, weshalb in der Literatur auch von einem „unvollkommenen B2C & B2B-System" gesprochen wird.[2030] Offenbar sind nicht rechtliche oder wirtschaftliche Aspekte, sondern Mehrheits- oder Kompetenzkonflikte der Grund für diese unglückliche Aufspaltung in Verbraucher und Mitbewerberschutz. Festzuhalten ist, daß materiell nur unmittelbare (vgl. Er-

---

2026 Vgl. o. S. 88 ff.

2027 Vgl. o. S. 92.

2028 Gamerith WRP 2005, 391, 427: „nur mit einem Mangel an Einsicht in die bestehenden Zusammenhänge zu erklären"; Henning-Bodewig GRUR Int. 2004, 183, 188 und 193; Glöckner/Henning-Bodewig WRP 2005, 1311, 1316; Apostolopoulos WRP 2004, 841, 843; Veelken WRP 2004, 1, 6/7; Köhler GRUR 2005, 793, 801 Tz. 57; Köhler/Lettl WRP 2003, 1019, 1050 Tz. 156.

2029 Seichter WRP 2005, 1087; vgl. auch Köhler GRUR 2005, 793, 801 Tz. 57 ff.

2030 Gamerith WRP 2005, 391, 428; vgl. auch Henning-Bodewig GRUR Int. 2004, 183, 188.

wägungsgrund 7; dazu noch unten[2031]) Schädigungen von Verbrauchern in den Anwendungsbereich der Richtlinie fallen.

II) Begriff des Verbrauchers

1) Gemeinsamkeiten von UGP-Richtlinie und § 13 BGB

Der Verbraucher ist in Art. 2 lit. a der UGP-RL als „jede natürliche Person, die im Geschäftsverkehr im Sinne dieser Richtlinie zu Zwecken handelt, die nicht ihrer gewerblichen, handwerklichen oder beruflichen Tätigkeit zugerechnet werden kann" definiert. Diese Definition entspricht derjenigen der anderen Verbraucherschutzrichtlinien.[2032] Nach § 2 II UWG i. V. m. § 13 BGB ist - von Art. 2 lit. a UGP-RL sprachlich leicht abweichend - „jede natürliche Person, die ein Rechtsgeschäft zu einem Zweck abschließt, der weder ihrer gewerblichen noch ihrer selbständigen beruflichen Tätigkeit zugerechnet werden kann", Verbraucher.

Eine nur augenscheinliche Abweichung liegt darin, daß nach dem Wortlaut des § 13 BGB ein Rechtsgeschäft tatsächlich abgeschlossen werden muß. Hier ist lediglich der Wortlaut der deutschen Vorschrift etwas verunglückt, denn es ist nur auf die Zurechenbarkeit eines *potentiellen* Rechtsgeschäfts zu privatem Handeln abzustellen (vgl. o.[2033]).[2034]

Daß die Richtlinie ein Handeln „im Geschäftsverkehr im Sinne dieser Richtlinie", d. h. ein Handeln im binnenmarktinternen Geschäftsverkehr verlangt, liegt in der Natur der Sache.

Ebenfalls unschädlich ist die zusätzliche Erwähnung des Ausschlusses von „handwerklichen" Tätigkeiten vom geschützten Bereich, denn diese fallen auch nach deutschem Recht unter den Unternehmerbegriff.[2035]

2031 Vgl. u. S. 378 ff.

2032 Richtlinie 1999/44/EG des Europäischen Parlaments und des Rates vom 25. Mai 1999 zu bestimmten Aspekten des Verbrauchsgüterkaufs und der Garantien für Verbrauchsgüter, ABl. L 299 vom 12.12.1995, S. 11-12; Richtlinie 97/7/EG des Europäischen Parlaments und des Rates vom 20. Mai 1997 über den Verbraucherschutz bei Vertragsabschlüssen im Fernabsatz, ABl. L 144 vom 4.6.1997, S. 19-28; Richtlinie 93/13/EWG des Rates vom 5. April 1993 über mißbräuchliche Klauseln in Verbraucherverträgen, ABl. L 95 vom 21.4.1993, S. 29-34; Richtlinie 85/577/EWG des Rates vom 20. Dezember 1985 betreffend den Verbraucherschutz im Fall von außerhalb von Geschäftsräumen geschlossenen Verträgen, ABl. L 372 vom 31.12.1985, S. 31-33.

2033 Vgl. o. S. 80 f.

2034 Lettl GRUR 2004, 449, 451; ders. UnlWb Rn. 34; Hefermehl/Köhler/Bornkamm - § 2 Rn. 76; Harte-Bavendamm/Henning- Bodewig - Keller § 2 Abs. II Rn. 7.

2035 Vgl. Palandt - Heinrichs § 14 Rn. 2.

Eine Übereinstimmung liegt (leider) weiterhin in der subjektiven Färbung des Verbraucherbegriffs, weil nach dem Wortlaut der Vorschriften mit einem „Zweck“ gehandelt werden muß. Auch der Verbraucherbegriff der Richtlinie ist aber aus den gleichen Gründen wie bei § 13 BGB ein objektiver Verbraucherbegriff (vgl. o.[2036]).

2) Unselbständige berufliche Tätigkeit

Ein merklicher Unterschied zum deutschen Verbraucherbegriff könnte sich aber daraus ergeben, daß nach § 13 BGB nicht jede berufliche Tätigkeit, sondern nur eine „selbständige“ berufliche Tätigkeit vom Verbraucherbegriff ausgenommen wird. Nach § 13 BGB handeln daher beispielsweise auch Arbeitnehmer als Verbraucher.

In der Literatur ist angedacht worden, daß auch die Richtlinie nur die selbständige berufliche Tätigkeit vom Verbraucherbegriff ausnehme, weil der Verbraucherbegriff als Komplementärbegriff zum „Gewerbetreibenden“ verwendet werde.[2037] Dem liegt die Auffassung zugrunde, der unternehmerisch Tätige (d. h. der Gewerbetreibende) trage - im Gegensatz zum Nichtselbständigen - das wirtschaftliche Risiko seines Handelns, was insbesondere den planvollen Einsatz seiner Mittel erfordere.[2038] Danach ist nichtselbständiges berufliches Handeln als Handeln eines Verbrauchers anzusehen.

Mit diesem Verständnis geht einher, daß die Definition des Gewerbetreibenden in Art. 2 lit. b der UGP-RL nunmehr ausdrücklich auf bestimmte nichtselbständig Handelnde, die „im Auftrag“ (bzw. selbständig im Namen) des Gewerbetreibenden tätig werden, ausgeweitet worden ist. Diese Anordnung wäre überflüssig, wenn ohnehin jede nichtselbständige berufliche Tätigkeit eine unternehmerische wäre. Jedoch muß bei der Umsetzung dieser Erweiterung des Begriffs des Gewerbetreibenden und der damit einhergehenden Einschränkung des Verbraucherbegriffs Rechnung getragen werden.

Der Diskussionsentwurf sieht dennoch keinen Änderungsbedarf. Zwar sei der deutsche Verbraucherbegriff enger als derjenige der Richtlinie, auf eine Gesetzesänderung könne aber verzichtet werden, weil § 2 II UWG den § 13 UWG lediglich für entsprechend anwendbar erkläre, was eine richtlinienkonforme Auslegung gestatte. Dies habe den Vorteil, daß in anderen Rechtsgebieten der Schutz des Verbrauchers nicht verändert werde.[2039]

2036 Vgl. o. S. 81 ff.

2037 Köhler GRUR 2005, 793, 985 Tz. 17.

2038 Bamberger/Roth –Schmidt-Räntsch § 13 Rn. 25.

2039 Diskussionsentwurf der AG UWG, S. 14.

Hiermit würde jedoch nur für das Lauterkeitsrecht durch die Hintertür ein neuer - engerer - Verbraucherbegriff eingeführt, ohne daß dies im Gesetz Anklang fände. Eine ausdrückliche Klarstellung ist vorzugswürdig. Diese könnte auch ohne Eingriff in das restliche Verbraucherschutzrecht vorgenommen werden, etwa indem § 2 II n. F. UWG den § 13 BGB nur mit der Maßgabe für anwendbar erklärt, daß bei *jedem* Zusammenhang mit einer beruflichen Tätigkeit die Verbrauchereigenschaft fehlt.

III) Begriff des Gewerbetreibenden

1) Gemeinsamkeiten der Begriffe im UWG und in der Richtlinie

Die Richtlinie findet gem. Art. 3 UGP-RL nur auf Handlungen von Gewerbetreibenden Anwendung. Für das deutsche Recht ist der Begriff des „Gewerbetreibenden", der von der Richtlinie anstelle des Begriffs „Unternehmer" als Komplementärbegriff zum Verbraucher verwendet wird, in diesem Zusammenhang neu. Nach Art. 2 lit. h ist ein Gewerbetreibender „jede natürliche oder juristische Person, die im Geschäftsverkehr im Sinne dieser Richtlinie im Rahmen ihrer gewerblichen., handwerklichen oder beruflichen Tätigkeit handelt, und jede Person, die im Namen oder Auftrag des Gewerbetreibenden handelt." § 14 BGB definiert den Unternehmer als „eine natürliche oder juristische Person oder eine rechtsfähige Personengesellschaft, die bei Abschluß eines Rechtsgeschäfts in Ausübung ihrer gewerblichen oder selbständigen beruflichen Tätigkeit handelt".

Hinsichtlich der Tatbestandsmerkmale des Abschlusses eines Rechtsgeschäfts in § 14 BGB, der Einbeziehung der handwerklichen Tätigkeit und der Beschränkungen auf den Geschäftsverkehr im Sinne der Richtlinie gilt das soeben zu den Parallelproblemen bei der Verbraucherdefinition Gesagte.

Auffällig ist zunächst, daß die Definition der Richtlinie die rechtsfähigen Personengesellschaften nicht nennt. Die Erwähnung der rechtsfähigen Personengesellschaften im deutschen Recht hat jedoch primär klarstellende Funktion, weshalb sich inhaltlich keine Abweichungen ergeben.

2) Die Erweiterung des Begriffes des Gewerbetreibenden um Dritte

Anders verhält es sich jedoch mit dem Zusatz „und jede Person, die im Namen oder im Auftrag des Gewerbetreibenden handelt.". Diese Erweiterung des Begriffs des Unternehmers ist eine Konsequenz der Begrenzung der Richtlinie auf das Verhältnis zwischen Unternehmer und Verbraucher, um Schutzlücken zu vermeiden. Handlungen beispielsweise eines Angestellten können nämlich weder dessen „gewerblicher noch (selbständiger) beruflicher Tätigkeit" zugerechnet werden, so daß er Verbraucher ist und seine Handlungen ohne die erweiterte Definition des Gewerbetreibenden nicht in den Anwendungsbereich der Richtlinie fallen würden. Die Richtlinie sieht es nämlich nicht vor, Gehilfenhandlungen dem Inhaber des von der Handlung profitierenden Unternehmens zuzurechnen. Sie erhebt daher kurzerhand auch Beauftrage und solche, die im Namen des Gewerbetreibenden handeln, zum Gewerbetreibenden.

3) Umsetzungsbedarf

Der Begriff der „Gewerbetreibenden" weist – mit Ausnahme der Erweiterung um bestimmte Dritte – keine signifikanten Unterschiede zum Begriff des „Unternehmers" auf. Dies kommt in der Richtlinie selbst dadurch zum Ausdruck, daß der „Unternehmer" in Art. 3 I doch wieder in die Richtlinie „hereingerutscht" ist.[2040] Auch erläutert Art. 2 lit. d, daß Geschäftspraktiken zwischen „Unternehmern" und Verbrauchern nur Geschäftspraktiken von „Gewerbetreibenden" sind.

Nach einer Literaturmeinung[2041] und dem Diskussionsentwurf[2042] besteht auch hinsichtlich der Erweiterung um Handlungen bestimmter Dritter kein Umsetzungsbedarf, weil über die Zurechnungsnorm des § 8 II UWG auch Handlungen Dritter dem Inhaber eines Unternehmens zugerechnet werden könnten. Dem kann mit dieser Begründung nicht gefolgt werden. Das deutsche UWG setzt mit § 8 UWG nicht auf der Tatbestands-, sondern erst auf der Rechtsfolgenseite und damit eine Stufe später als die Richtlinie an. § 8 II UWG läßt lediglich Maßnahmen *auch* gegen den Inhaber eines Unternehmens zu, weil ein solches Vorgehen besonders effektiv ist. Die Zurechnung setzt jedoch voraus, daß sich bereits die Handlung seines Angestellten o. ä. als unlauter erweist.[2043] Unterfällt dessen Handlung schon nicht den wettbewerbsrechtlichen Regelungen, kann kein zurechenbarer Verstoß vorliegen. § 8 II UWG käme gar nicht zur Anwendung.

Der Unternehmerbegriff des UWG bedarf dennoch keiner Erweiterung. Der Anwendungsbereich des UWG ist unabhängig von der Verbraucher- oder Unternehmereigenschaft des Handelnden schon bei jeder Wettbewerbshandlung i. S. d. § 2 I Nr. 1 UWG eröffnet. Es genügt „jede Handlung einer Person", welche zur Förderung des auch fremden Absatzes (und Bezuges) geeignet ist. Angestellte, Gehilfen und sonstige Dritte i. S. d. Art. 2 lit. b der UGP-RL werden hiervon zwanglos erfaßt. Ansatzpunkt für den Umsetzungsbedarf ist daher richtigerweise der Begriff der „Wettbewerbshandlung" bzw. der „Geschäftspraxis". Sofern – mit der

---

2040 Glöckner/Henning-Bodewig WRP 2005, 1311, 1325.

2041 Glöckner/Henning-Bodewig WRP 2005, 1311, 1325.

2042 Diskussionsentwurf der AG UWG, S. 14.

2043 Hefermehl/Köhler/Bornkamm – Köhler § 8 Rn. 2.38.

hier vertretenen Auffassung[2044] - der Begriff der „Wettbewerbshandlung" nicht von einem diesbezüglich materiell abweichenden Begriff abgelöst und das integrierte Modell von Mitbewerber- und Verbraucherschutz aufgegeben wird, besteht daher kein Umsetzungsbedarf. Weiter greift der Verweis auf § 8 II UWG auch deshalb zu kurz, weil § 8 II UWG nur Handlungen von Mitarbeitern oder Beauftragten erfaßt. Gewerbetreibender i. S. d. Art. 2 lit. b der UGP-RL kann jedoch auch sein, wer nur „im Namen" des Gewerbetreibenden - also ohne angestellt oder sonst beauftragt zu sein - handelt. Dies stellt auch der Diskussionsentwurf heraus, um es dann doch unberücksichtigt zu lassen.

B) Sachlicher Anwendungsbereich

I) Schutz wirtschaftlicher Interessen

1) Schutzzweckklausel und Verbraucherbenachteiligungsklausel

Während das deutsche UWG die Privatsphäre, die Freiheit, das Eigentum, den Besitz, das sonstige Vermögen, die Gesundheit und insbesondere die rationale Entscheidung des Verbrauchers schützt, ist der Anwendungsbereich der Richtlinie gem. Erwägungsgrund 7 auf den Schutz vor unlauteren Geschäftspraktiken, welche die wirtschaftlichen Interessen der Verbraucher beeinträchtigen, beschränkt. Auch ergibt sich aus der „Verbraucherbenachteiligungsklausel" des Art. 5 II lit. b UGP-RL, wonach eine Handlung nur unlauter ist, wenn sie geeignet ist, das wirtschaftliche Verhalten des Verbraucher wesentlich zu beeinflussen, daß Verhaltensweisen ohne Auswirkungen auf die wirtschaftlichen Verhaltensweisen außerhalb des Anwendungsbereichs der Richtlinie liegen.

2) Öffnungsklausel für Verbote aus Gründen der „guten Sitten und des Anstandes" aufgrund kultureller Eigenheiten

Erwägungsgrund 7 läßt es den nationalen Gesetzgebern ausdrücklich offen, Geschäftspraktiken „aus Gründen der guten Sitten und des Anstands" zu verbieten, „auch wenn diese Praktiken die Wahlfreiheit des Verbrauchers nicht beeinträchtigen." Als Beispiel wird auf das Ansprechen von Verbrauchern in der Öffentlichkeit zu Verkaufszwecken verwiesen, welches aus kulturellen Gründen unerwünscht sein könne. Offenbar sollen die „guten Sitten und der Anstand" den Gegenbegriff zur Beeinträchtigung der wirtschaftlichen Interessen darstellen und damit den Anwendungsbereich der Richtlinie begrenzen. In der Literatur ist hiergegen angeführt worden, der Wortlaut „[...] *auch* wenn sie...die Wahlfreiheit [...] nicht beeinträchtigen." sei so zu verstehen, daß der na-

---

[2044] Vgl. u. S. zum integrierten Modell S. 372 und vgl. u. zur Wettbewerbshandlung S. 380 ff.

tionale Gestaltungsspielraum auch dann gegeben sei, wenn die fragliche Handlung die Verbraucherentscheidung beeinflusse.[2045] Diese Auslegung steht jedoch im Widerspruch zu Art. 1 und Art. 5 II lit. b der Richtlinie, welche ausdrücklich (nur) auf wirtschaftliche Interessen abstellen. Das Ziel der Vollharmonisierung im Bereich der wettbewerblichen Beeinflussung wirtschaftlicher Interessen würde selbst bei einer nur restriktiven Zulassung von nationalen Alleingängen in diesem Feld über eine Einfalltür „gute Sitten und Anstand" unterlaufen.[2046] Die Wendung „auch" hat daher nur klarstellende Funktion dahingehend, daß nationale Regelungen möglich sind, obwohl die Wahlfreiheit durch die geregelte Geschäftspraxis nicht tangiert wird.

3) Abgrenzungskriterien

Der Anwendungsbereich der Richtlinie wird somit positiv durch die „wirtschaftlichen Interessen der Verbraucher" und negativ durch die „guten Sitten und Anstand" aufgrund nationaler kultureller Eigenheiten bestimmt. Dieses Begriffspaar ist wenig glücklich gewählt, da die „guten Sitten und der Anstand" in den meisten Mitgliedsstaaten gerade der Gradmesser für die Unlauterkeit sind und daher den Kern des Anwendungsbereichs der Richtlinie treffen.[2047] Was gemeint ist, wird jedoch deutlicher, wenn man hinzunimmt, daß nur kulturellen Unterschieden Rechnung getragen werden soll.[2048] Letztlich ist auch dies aber kein geeigneter Maßstab, da es in allen Mitgliedstaaten gerade als Unkultur empfunden wird, wenn ein Kunde - was wiederum den Kern des Anwendungsbereichs der Richtlinie trifft - in die Irre geführt wird. Als Abgrenzungskriterium bleibt daher nur die Eignung zur Beeinträchtigung wirtschaftlicher Interessen durch die fragliche Handlung.

Weiter will die Richtlinie laut Art. 3 II UGP-RL nicht in das Vertragsrecht eingreifen.

4) Wettbewerbsfunktionale Ausrichtung der Richtlinie

Diese Begrenzung auf den Schutz wirtschaftlicher Interessen ist keineswegs zufällig. Auch die UGP-RL führt gem. Art. 1 und Erwägungsgrund 3 den europarechtlichen roten Faden fort, den (informierten und informationsmündigen) Verbraucher in seiner Eigenschaft als Brennpunkt der wettbewerblichen Auslese als Werkzeug zur Verwirklichung des funktionsfähigen Binnenmarktes einzusetzen.[2049] Ein objektives Markt-

---

2045 Sosnitza WRP 2006, 1, 4.

2046 Auf diese Gefahr weist auch Sosnitza WRP 2006, 1, 4 f. hin.

2047 Sosnitza WRP 2006, 1, 4.

2048 Sosnitza WRP 2006, 1, 4.

2049 Vgl. Keßler/Micklitz BB-Spec. 13/2005, 1, 7; Veelken WRP 2004, 1, 5.

verhaltensrecht, welches das freie Kräftespiel des Marktes sichern will, benötigt nur den Schutz der wirtschaftlichen Interessen der Marktteilnehmer - insbesondere der freien Entscheidung.

Mit diesem Schutzzweck wird schon im ersten Artikel der Richtlinie die schutzzweckorientierte, marktfunktionale und damit objektive Ausrichtung der Richtlinie deutlich. Dies ist bei der Auslegung zu berücksichtigen.[2050] Die Richtlinie ist ein weiterer Schritt in Richtung eines objektiven Marktkommunikationsrechts.

5) Umsetzungsbedarf hinsichtlich der Schutzzweckklausel

a) Aufgabe des „integrierten Modells"?

Mit der Trennung von Verbraucher- und Mitbewerberschutz ergibt sich für den Rechtsanwender das Problem der Abgrenzung. Schon weil der größte Teil der wettbewerbswidrigen Handlungen sowohl die Interessen der Verbraucher als auch die der Mitbewerber schädigt, ist diese Abgrenzung nicht immer einfach. So meint etwa die Kommission in Nr. 40 der Begründung des Entwurf der Richtlinie, Mitbewerber herabzusetzen sei ein Fall, in dem Verbraucherinteressen nicht beeinträchtigt würden. Die Herabsetzung eines Mitbewerbers dient aber gerade dem Zweck, die Kaufentscheidung des Verbrauchers nachhaltig zu beeinflussen und zu verfälschen, weshalb diese Einordnung bezweifelt werden muß.[2051] Auch trifft in vielen Fällen (insbesondere der Werbung) eine Wettbewerbshandlung gar nicht ausschließlich Verbraucher oder gewerbliche Abnehmer, sondern beide.[2052]

Es liegt es daher nahe, bei einer wettbewerbsfunktionalen Betrachtung vor dem Hintergrund der Interessenkonformität der Schutzzwecke beim „integrierten Modell" zu bleiben, welches Verbraucher und Mitbewerber in einem Gesetz schützt. So würde etwa auch eine Berücksichtigung von Mitbewerberinteressen bei Wettbewerbsverstößen gegenüber Verbrauchern dogmatisch einwandfrei möglich bleiben. Die Richtlinie läßt auch den Spielraum, in einem Gesetz gleiche Regelungen für den Verbraucher- und Mitbewerberschutz zu treffen, da letzterer nicht von der Richtlinie erfaßt wird.[2053]

2050 Veelken WRP 2004, 1, 5.

2051 Gamerith WRP 2005, 391, 419; Köhler/Lettl WRP 2003, 1019, 1050 Tz. 156.

2052 Glöckner/Henning-Bodewig WRP 2005, 1311, 1316.

2053 Glöckner/Henning-Bodewig WRP 2005, 1311, 1324.

b) Änderung der geschützten Interessen

Bleibt das integrierte Modell erhalten, müssen die Schutzzweckklauseln des Art. 1 der UGP-RL und der Irreführungsrichtlinie kombiniert werden. Beim Verbraucherschutz geht das bisherige UWG jedoch über den bloßen Schutz der wirtschaftlichen Interessen des Verbrauchers hinaus (vgl. o.[2054]). Dies ergibt aber keine wesentlichen Unterschiede, weil die wirtschaftlichen Interessen recht weit gefaßt werden müssen. Sind etwa Gesundheits- und Sicherheitsinteressen des Verbrauchers tangiert, sind diese Umstände immer auch kaufentscheidungsrelevant, weshalb auch die wirtschaftlichen Interessen des Verbrauchers berührt sind. Weiter ist zu bedenken, daß die Richtlinie gem. Erwägungsgrund 7 nationale Spielräume für Regelungen läßt, die nicht den wirtschaftlichen Interessen des Verbrauchers dienen.[2055]

Auch die Erwähnung des Schutzes des Allgemeininteresses an einem lauteren Wettbewerb steht der Beibehaltung des § 1 UWG in seiner jetzigen Form nicht entgegen. Der Schutz des Allgemeininteresses ist nämlich lediglich Ausfluß des Schutzes von Verbrauchern und Mitbewerbern (vgl. Wortlaut „schützt *zugleich* das Interesse der Allgemeinheit"). Auch findet der Schutz des Allgemeininteresses in Art. 1 UGP-RL sogar - wenn auch unvollkommen - Anklang, da die Richtlinie hiernach auch einem reibungslosen Funktionieren des Binnenmarkes dienen soll.[2056] Gerade dies ist Teil des Allgemeininteresses von Verbrauchern und Mitbewerbern - und damit der Allgemeinheit - an einem unverfälschten Wettbewerb. Die Öffnungsklausel des Erwägungsgrundes 7 muß hinsichtlich des Allgemeininteresses also gar nicht erst bemüht werden.

Bezüglich der Schutzzweckklausel besteht - im Einklang mit dem Diskussionsentwurf - kein Umsetzungsbedarf.

II) Unmittelbarer Zusammenhang mit der Beeinflussung der wirtschaftlichen Entscheidung

1) Grund für die Beschränkung

Eine weitere Einschränkung des Anwendungsbereichs erfährt die Richtlinie in Satz 1 des Erwägungsgrundes 7, nach welchem sich die Richtlinie auf Geschäftspraktiken bezieht, welche ein einem *unmittelbaren* Zusammenhang mit den geschäftlichen Entscheidungen des Verbrauchers im Hinblick auf Produkte stehen. Ausdrücklich ausgenommen werden nach Satz 2 des Erwägungsgrundes 7 Geschäftspraktiken, welche vorrangig

---

2054 Vgl. o. S. 85 ff.

2055 Vgl. Seichter WRP 2005, 1087, 1088; Köhler GRUR 2005, 793, 794 Tz. 9.

2056 Vgl. Henning-Bodewig GRUR Int. 2004, 183, 190; Apostolopoulos WRP 2004, 841, 847 Fn. 67.

anderen Zielen dienen, wie etwa bei kommerziellen, für Investoren gedachten Mitteilungen, z. B. Jahresberichten und Unternehmensprospekten. Das Kriterium der Unmittelbarkeit ist eine Konsequenz aus der Beschränkung der Richtlinie auf das Verhältnis zwischen Gewerbetreibendem und Verbrauchern und der bisweilen unzutreffenden[2057] Abgrenzung der Kommission. Will man etwa - wie die Kommission[2058] - die Herabsetzung von Mitbewerbern und dementsprechend etwa auch Fälle der Werbebehinderung (z. B. Abreißen von Plakaten)[2059] nur als Mitbewerberschädigung und nicht auch als Verbraucherschädigung werten, muß der Anwendungsbereich der Verbraucherschutzrichtlinie auf unmittelbare Handlungen gegenüber dem Verbraucher beschränkt werden. Sonst fiele praktisch jede Handlung zum Nachteil eines Mitbewerbers unter die Verbraucherschutzrichtlinie (was bei wettbewerbsfunktionaler Betrachtung auch richtig wäre!).

Hier zeigt sich deutlich die Schwäche der künstlichen Aufspaltung des Lauterkeitsrechts in Verbraucher- und Mitbewerberschutz. Zwar mag ein Jahresbericht etc. nicht unmittelbar dem Absatz der (eigentlichen) Produkte und so Unternehmen dienen, für potentielle Aktionäre etwa ist er aber eine wesentliche Information. Es ist nicht einzusehen, warum der Käufer von Aktien nicht in gleicher Weise schutzwürdig sein soll wie der Käufer eines Waschmittels.[2060] Auch wird wegen fehlender Unmittelbarkeit der Beeinflussung der Verbraucherentscheidung die reine Aufmerksamkeitswerbung von der Richtlinie nicht erfaßt, so daß etwa die Werbung mit bewußt falschen Unternehmensbezeichnungen zulässig ist, obwohl diese Werbung Einfluß auf die Verbraucherentscheidung hat.[2061] Diese Beschränkung ist - entgegen der Zielsetzung in Art. 1 UGP-RL - ein Rückschritt für den Schutz des Verbrauchers, da Art. 2 Nr. 1 a. F. (Art. 2 lit. a n. F.) der Irreführungsrichtlinie bei der Werbung keine solche Einschränkung kannte (und kennt). Paradoxerweise wird in diesem Punkt also der Gewebetreibende über die Irreführungsrichtlinie besser geschützt als der Verbraucher über die UGP-RL.

2) Abgrenzung von „mittelbar" und „unmittelbar"

In Erwägungsgrund 7 klingt an, daß eine Abgrenzung zwischen mittelbarem und unmittelbarem Zusammenhang anhand subjektiver Kriterien vorzunehmen sein könnte. Während Satz 1 nämlich für die positive Abgrenzung des Anwendungsbereichs objektiv auf die Unmittelbarkeit der

---

2057 Gamerith WRP 2005, 391, 419.

2058 Nr. 40 der Begründung zum Richtlinienentwurf.

2059 Vgl. Gamerith WRP 2005, 391, 419; Köhler GRUR 2005, 791, 801 Tz. 59.

2060 Köhler/Lettl WRP 2003, 1019, 1034/1035 Tz. 66.

2061 Köhler/Lettl WRP 2003, 1019, 1034/1035 Tz. 66.

Beeinflussung der geschäftlichen Entscheidung abstellt, bezieht sich die negative Abgrenzung des Satzes 2 auf die „Ziele" der fraglichen Handlung. Bei der gebotenen funktionalen schutzzweckorientierten Auslegung (vgl. o.[2062]) kann es jedoch nicht auf subjektive Momente, sondern allein darauf ankommen, ob die geschäftliche Entscheidung tatsächlich beeinflußt wird. Entscheidend ist somit die Frage, ob die Kausalität für die Beeinträchtigung der Verbraucherentscheidung über die Beeinträchtigung der Interessen Dritter vermittelt wird.[2063] Dann ist der Anwendungsbereich der Richtlinie nicht eröffnet. Nach dem Modell des Rechts der Marktkommunikation muß also eine unmittelbare (direkte) Kommunikationsbeziehung zwischen Unternehmer und Verbraucher bestehen.[2064] Damit liegen also Fälle wie die Beseitigung von Werbematerial, Mitbewerberbehinderung, Boykottaufrufe, Nachahmungen von Produkten ohne Irreführung oder Herabsetzung und Anschwärzung außerhalb des Anwendungsbereichs der Richtlinie.[2065]

3) Umsetzungsbedarf

Die Einschränkung des Anwendungsbereiches lauterkeitsrechtlicher Vorschriften auf unmittelbaren Einfluß ist dem deutschen Recht fremd. Weil aus den genannten Gründen vom integrierten Modell von Verbraucher- und Mitbewerberschutz nicht abgewichen werden sollte, bedarf es im deutschen Recht keiner Einschränkung durch das Merkmal der „Unmittelbarkeit" (vgl. o.[2066]). Nur so können auch die o. g. Widersprüche – insbesondere ein stärkerer Schutz von Mitbewerbern über die Irreführungsrichtlinie – vermieden werden. Da Handlungen in nur mittelbarem Zusammenhang mit den geschäftlichen Entscheidungen nach Erwägungsgrund 7 Satz 1 i. V. m. Satz 2 nicht von der Richtlinie erfaßt sind, steht die angestrebte Vollharmonisierung dem nicht entgegen.

III) Begriff der Geschäftspraktiken

1) Definition des Art. 2 lit. d i. V. m. Art. 3 I

Gem. Art. 3 I UGP-RL findet die Richtlinie nur auf „Geschäftspraktiken", und zwar „vor, während und nach Abschluß eines auf ein Produkt bezogenen Handelsgeschäfts" zwischen Unternehmen und Verbrauchern

---

2062 Vgl. o. S. 240 ff.

2063 Vgl. Glöckner/Henning-Bodewig WRP 2005, 1311, 1320; letztlich wohl auch Köhler GRUR 2005, 793, 801 Tz. 58-63.

2064 Keßler/Micklitz BB-Spec. 13/2005 1, 9.

2065 Vgl. Köhler GRUR 2005, 793, 801 Tz. 58-63.

2066 Vgl. o. S. 378 ff.

Anwendung. Die „Geschäftspraxis“[2067] ist Voraussetzung aller Unlauterkeitstatbestände (vgl. Art. 5-9 UGP-RL) und wird von der Richtlinie anstelle des Begriffs der „Wettbewerbshandlung“ i. S. d. § 2 I Nr. 1 UWG benutzt. Art. 2 lit. d UGP-RL definiert die „Geschäftspraxis“ als „jede Handlung, Unterlassung, Verhaltensweise oder Erklärung, kommerzielle Mitteilung einschließlich Werbung und Marketing eines Gewerbetreibenden, die unmittelbar mit der Absatzförderung, dem Verkauf oder der Lieferung eines Produkts an den Verbraucher zusammenhängt“. Nach Art. 3 I UGP-RL erstreckt sich der Begriff der Geschäftspraxis dabei auch auf Handlungen nach Vertragsschluß.

Die „Wettbewerbshandlung“ wird von Art. 2 I Nr. 1 UWG als „jede Handlung einer Person mit dem Ziel, zugunsten des eigenen oder eines fremden Unternehmens den Absatz oder den Bezug von Waren oder die Erbringung oder den Bezug von Dienstleistungen, einschließlich unbeweglicher Sachen, Rechte und Verpflichtungen zu fördern“ definiert. Es fallen primär folgende Unterschiede der Definitionen ins Auge: die „Geschäftspraxis“ setzt immer das Handeln eines Gewerbetreibenden voraus; sie erfaßt nur die Absatz-, nicht aber die Bezugsförderung; der Zusammenhang mit der Absatzförderung muß „unmittelbar“ sein; der Begriff der Geschäftspraxis verzichtet auf die subjektiv geprägte Wendung der Zielsetzung und es werden - über Art. 3 I UGP-RL - auch nachvertragliche Handlungen erfaßt (letzteres ergibt sich auch aus Erwägungsgrund 13). Der Begriff scheint damit einerseits enger (kein Nachfragewettbewerb, nur Gewerbetreibende, nur unmittelbare Absatzförderung) und andererseits auch weiter (auch nachvertragliche Handlungen, kein subjektives Element) zu sein als die Wettbewerbshandlung.

2) Mögliche Unterschiede der Definitionen im einzelnen

a) Beschränkung auf Handlungen von Gewerbetreibenden gegenüber Verbrauchern

Unschädlich ist, daß sich das UWG nach § 2 I Nr. 1 UWG auf Handlungen von „jedermann“ und nicht nur auf Handlungen von Gewerbetreibenden gegenüber Verbrauchern erstreckt. Handlungen von Personen, die keine Gewerbetreibenden i. S. d. Art. 2 lit. b UGP-RL sind oder gegenüber Gewerbetreibenden vorgenommen werden, unterfallen der Richtlinie und damit auch dem harmonisierten Bereich nicht.

Weil die Definition des „Gewerbetreibenden“ in Art. 2 lit. b der UGP-RL auch auf bestimmte Dritte erweitert worden ist, ist die Bedeutung der

---

[2067] Etymologisch interessante Hinweise finden sich bei Fezer WRP 2006, 781, 785 Fn. 23.

Abweichung im Hinblick auf Handlungen von „Nicht-Gewerbetreibenden" ohnehin gering.[2068]

b) Kein subjektives Element

Hinsichtlich des subjektiven Elements liegt nur scheinbar eine Abweichung vor, weil auch der Begriff der Wettbewerbshandlung - ebenso wie der Begriff der Werbung - rein objektiv funktional auszulegen ist. Es genügt, daß die Absatz- bzw. Bezugsförderung objektiv bezweckt ist (vgl. o.[2069]). Eine Wettbewerbsabsicht ist - entgegen der ganz h. M.[2070] zum UWG a. F. - nicht (mehr) erforderlich. Folgt man jedoch weiterhin dem subjektiven Ansatz,[2071] wäre eine Anpassung des UWG erforderlich, um den Schutzbereich des Verbrauchers nicht unzulässig zu verkleinern. Aus Gründen der Klarstellung schlägt der Diskussionsentwurf wohl in Anlehnung an den Vorschlag von Köhler[2072] eine rein objektive Definition vor.[2073]

c) Nachfragewettbewerb?

Der Nachfragewettbewerb findet in der UGP-RL - ebenso wie in der Richtlinie über vergleichende Werbung - keinerlei Erwähnung. Dies kann nicht damit gerechtfertigt werden, daß die meisten Fälle des Nachfragewettbewerbs deshalb erfaßt würden, weil sie zumindest mittelbar

---

2068 Seichter WRP 2005, 1087, 1089.

2069 Vgl. o. S. 269 ff.

2070 St. Rechtsprechung BGH GRUR 2003, 257, 258 - Wertgutscheine für Asylbewerber; BGH GRUR 2002, 1093, 1094 - Kontostandsauskunft; BGH GRUR 2002, 987, 993 - Wir Schuldenmacher; GRUR 1997, 916, 918 - Kaffeebohne; BGH GRUR 1992, 707, 708 - Erdgassteuer; BGH GRUR 1989, 773, 774 - Mitarbeitervertretung; BGH GRUR 1986, 898, 899 - Frank der Tat, Anm. Tilmann; BGH GRUR 1986, 812, 813 - Gastrokritiker; BGH GRUR 1983, 379, 380 - Geldmafiosi; BGH GRUR 1981, 658, 660 - Preisvergleich, Anm. Schulze zur Wiesche; BGH GRUR 1952, 216, 217 - Bad Ems, Anm. Lindenmaier; BGH NJW 1952, 660, 661 - Constanze I; Baumbach/Hefermehl[22] Einl. UWG Rn. 215 (zum objektiven Teil der Def.) und 232 (zum subjektiven Teil); Beater, UnlWb § 11 Rn. 29.

2071 So Hefermehl/Köhler/Bornkamm - Köhler § 2 Rn. 22; HK - Meckel § 2 Rn. 10; Gloy/Loschelder - Gloy § 11 Rn. 7; Lettl Rn. 88 ff.; KG GRUR-RR 2005, 162 - Arzneimitteleigenschaften kraft Präsentation.

2072 Köhler GRUR 2005, 793, 795 Tz. 13 und 14.

2073 Der Vorschlag lautet: „'Wettbewerbshandlung' jedes Verhalten einer Person, das zugunsten des eigenen oder fremden Unternehmens ummittelbar mit der Förderung des Absatzes, des Bezuges oder der Lieferung von Waren oder der Erbringung von Dienstleistungen, einschließlich unbeweglicher Sachen, Rechte und Verpflichtungen zusammenhängt."

auch der Absatzförderung dienten (vgl. o. zum Begriff der Werbung[2074]). Die Geschäftspraxis ist nämlich ausdrücklich auf die unmittelbare Absatzförderung beschränkt. Aus den gleichen Gründen wie die Definition der Werbung ist jedoch auch die Geschäftspraxis - über den Wortlaut hinaus - nach Sinn und Zweck der Richtlinie auf den Nachfragewettbewerb zu erweitern (vgl. o.[2075]).[2076] Es gibt keinen sachlichen Grund, den Nachfragewettbewerb, bei welchem der Verbraucher nicht minder schutzwürdig ist, auszuklammern. Dies erkennt auch der Richtliniengeber an, wenn er in Art. 2 lit. k UGP-RL feststellt, daß auch die Entscheidung, ein Produkt abgeben oder behalten zu wollen, eine schützenswerte geschäftliche Entscheidung eines Verbrauchers sein kann. Offenbar ist diese Erkenntnis nur versehentlich (immer noch) nicht ausreichend berücksichtigt worden. Auch ist der Wortlaut des Art. 3 I UGP-RL für eine solche erweiterte Auslegung offen, weil er sich lediglich auf ein „auf ein Produkt bezogenes Handelsgeschäft" bezieht.

d) Unmittelbarkeit des Zusammenhangs mit der Absatzförderung

In Parallele zu Erwägungsgrund 7, nach welchem sich die Richtlinie auf Geschäftspraktiken bezieht, die in einem unmittelbaren Zusammenhang mit den geschäftlichen Entscheidungen des Verbrauchers im Hinblick auf Produkte stehen (vgl. o.[2077]), liegt eine Geschäftspraxis nur vor, wenn die fragliche Handlung „unmittelbar" mit der Absatzförderung (oder Bezugsförderung) zusammenhängt. Erforderlich ist also eine „doppelte Unmittelbarkeit" der Handlung im Hinblick auf einen Zusammenhang mit der Verbraucherentscheidung und im Hinblick auf die Absatzförderung.

Was unter „unmittelbarem" Zusammenhang im Hinblick auf die Absatzförderung zu verstehen ist, wird weder in der Richtlinie selbst noch in den Erwägungsgründen oder im Richtlinienentwurf skizziert. Schon wegen seiner großen Unbestimmtheit bereitet der Begriff Schwierigkeiten.[2078] Auch will sich der Sinn und Zweck nicht recht erschließen, hat der Verbraucher doch ein Interesse daran, auch nicht durch (nur) mittelbar der Absatzförderung dienende Handlungen in seinen wirtschaftlichen Interessen geschädigt zu werden. Es besteht die Gefahr von Schutzlücken. Bei der gebotenen wettbewerbsfunktionalen und schutzzweckorientierten Betrachtungsweise ist - gemäß der Zielsetzung

---

2074 Vgl. o. S. 233.

2075 Vgl. o. S. 232 ff.

2076 Krit. auch Köhler/Lettl WRP 2003, 1019, 1035 Tz. 67.

2077 Vgl. o. S. 378 ff.

2078 Henning-Bodewig GRUR Int. 2004, 183, 189: „ärgerlich".

der Richtlinie - einzig die Beeinträchtigung der Interessen des Verbrauchers entscheidend. Möglicherweise sollte eine Ausuferung des Anwendungsbereichs der Richtlinie verhindert werden. Schließlich macht ein Unternehmer letztlich nichts, was nicht der Absatzförderung dient. Ein solches Ausufern steht aber nicht zu befürchten. Das zeigt schon das deutsche UWG, welches eine derartige Einschränkung nicht kennt. Möglicherweise sollen daher nur die gleichen Bereiche aus dem Anwendungsbereich herausgenommen werden, die mit der Beschränkung auf die unmittelbare Beeinträchtigung der Verbraucherentscheidung nach Erwägungsgrund 7 (Jahresberichte etc.) ausgeschlossen werden. Hiergegen spricht jedoch, daß der Bezugspunkt der Unmittelbarkeit hier ausdrücklich ein anderer ist (nämlich die Absatzförderung und nicht die Verbraucherentscheidung). Andererseits stellen sich die Fragen, warum man dann aber die „Regelung" des Erwägungsgrundes 7 nicht in einen Artikel gefaßt hat und warum sich zum Problem der Unmittelbarkeit der Absatzförderung nach Art. 2 lit. d UGP-RL in den Erwägungsgründen keine Hinweise finden. Auch dienen die in Erwägungsgrund 7 genannten Beispiele (Jahresberichte und Unternehmensprospekte für Investoren) ebenfalls nur mittelbar der Absatzförderung, gerade weil sie sich - mit Ausnahme etwa des Aktienerwerbs - nur mittelbar auf die Verbraucherentscheidung auswirken. Es kann daher auf eine Umsetzung verzichtet werden (vgl. o.[2079]), zumal die mittelbare Absatzförderung außerhalb des Anwendungsbereichs der Richtlinie liegt.

Die Praxisrelevanz der Einschränkung dürfte im Hinblick auf irreführende Werbung ohnehin gering sein, weil Werbung regelmäßig unmittelbar mit der Absatzförderung zusammenhängt. Auch wird bei aggressiven Geschäftspraktiken meist ein direkter Bezug zum Absatz und zur Verbraucherentscheidung bestehen.

e) Nachvertragliche Handlungen

Neu scheint auch die ausdrückliche Erstreckung der Richtlinie auf Handlungen nach Vertragsschluß gem. Art. 3 I UGP-RL. Nach Erwägungsgrund 13 soll „das generelle Verbot für unlautere Geschäftspraktiken sowohl außerhalb einer vertraglichen Beziehung zwischen Gewerbetreibenden und Verbrauchern als auch nach Abschluß eines Vertrags und während dessen Ausführung gelten". Nach Art. 2 lit. k UGP-RL ist unter „geschäftlicher Entscheidung" des Verbrauchers, dessen potentielle Beeinflussung Voraussetzung der Art. 6-9 ist, dementsprechend auch die Entscheidung zu verstehen, ob der Verbraucher „eine Zahlung insgesamt oder teilweise leisten, ein Produkt behalten oder abgeben oder ein vertragliches Recht im Zusammenhang mit dem Produkt ausüben will".

2079 Vgl. o. S. 380.

Teilweise wird deshalb für die ausdrückliche Erfassung nachvertraglicher Handlungen im zu reformierenden UWG plädiert.[2080]

Dies unterliegt jedoch zwei wesentlichen Einschränkungen. Zum einen läßt die Richtlinie gem. Art. 3 II UGP-RL (und Erwägungsgrund 9) das Vertragsrecht unberührt und zum anderen wird der Anwendungsbereich durch die Geschäftspraxis und damit durch den Zusammenhang der zu beurteilenden Handlung mit der Absatzförderung bzw. dem Verkauf oder der Lieferung eines Produktes begrenzt (Art. 2 lit. d UGP-RL). Ob sich ein über das bisherige Verständnis des Lauterkeitsrechts hinausgehender Anwendungsbereich auch im nachvertraglichen Bereich ergibt, hängt davon ab, wie weit man den Zusammenhang mit der Absatzförderung bzw. dem Verkauf oder der Lieferung eines Produktes versteht. Schon zum alten UWG war in der Rechtsprechung[2081] anerkannt, daß auch nachvertragliches Verhalten mit Absatzförderungsbezug – beispielsweise die Durchsetzung unbegründeter Forderungen[2082] – wettbewerbswidrig sein kann.[2083] Ebenso ist es für die Anwendung des UWG unerheblich, ob eine Handlung auf Erweiterung oder nur Erhaltung eines Kundenstammes gerichtet ist.[2084] Eine Neuerung liegt in der ausdrücklichen Erfassung nachvertraglichen Verhaltens daher nur, wenn man den erforderlichen Zusammenhang mit Absatzförderung sowie Verkauf oder Lieferung eines Produktes so weit versteht, daß man auch Handlungen nach erfolgreichem Absatz und ohne Absatzbezug einbeziehen will. Es ist jedoch zu bedenken, daß das lauterkeitsrechtliche Informationsinteresse, welches die Sicherung der Schiedsrichterrolle des Verbrauchers zum Ziel hat (vgl. Art. 1 UGP-RL), grundsätzlich mit dem Vertragsschluß erlischt (vgl. o.[2085]). Nach Sinn und Zweck der Richtlinie ist deren Anwendung in Fällen ohne Absatzförderungsbezug daher nicht geboten. Es würde sonst – entgegen Art. 3 II UGP-RL – in den Bereich des Vertragsrechts eingegriffen, denn der Zusammenhang mit der Absatzförderung ist die Schnittstelle zum Vertrags- und Deliktsrecht. Die in der Literatur[2086] vertretene Ansicht, bei nachvertraglichen Handlungen sei kein unmittelbarer Zusammenhang mit der Absatzförderung

---

2080 Seichter WRP 2005, 1087, 1092; Köhler GRUR 2005, 792, 794 Tz. 13.

2081 Vgl. BGH GRUR 2002, 1093, 1094 – Kontostandsauskunft; BGH GRUR 2001, 1178 – Gewinn-Zertifikat; BGH GRUR 1998, 415, 416 – Wirtschaftsregister.

2082 BGH GRUR 2001, 1178 – Gewinn-Zertifikat.

2083 Vgl. Glöckner/Henning-Bodewig WRP 2005, 1311, 1326.

2084 BGH GRUR 1986, 615, 618 – Reimportierte Kraftfahrzeuge; BGH GRUR 1970, 465, 467 – Prämixe; BGH GRUR 1959, 488, 489 – Konsumgenossenschaften; Fezer – Fezer § 2 Rn. 33; Hefermehl/Köhler/Bornkamm – Köhler § 2 Rn. 23; Harte-Bavendamm/Henning-Bodewig – Keller § 2 Rn. 33.

2085 Vgl. o. S. 71 und 92.

2086 Köhler GRUR 2005, 792, 794 Tz. 7 und 13.

erforderlich, bleibt eine Begründung schuldig, welche über die ausdrückliche Anordnung des Art. 2 lit. d und Art. 3 II UGP-RL hinweghilft. Hätte der Richtliniengeber die Grenzen zwischen Vertrags- und Lauterkeitsrecht (noch) weiter aufweichen wollen, so müßte dies im Wortlaut der Richtlinie oder zumindest in den Erwägungsgründen deutlicher zum Ausdruck kommen, zumal auch nach der hier vorgeschlagenen Auslegung ein hinreichender nachvertraglicher Anwendungsbereich verbleibt.

Für das deutsche Recht ist zusätzlich zu bedenken, daß sogar nachvertragliche Handlungen mit nur mittelbarem Bezug zur Absatzförderung dem UWG unterfallen. Es besteht daher auch im Hinblick auf nachvertragliche Pflichten kein Umsetzungsbedarf.

f) Nur eigener oder auch fremder Wettbewerb?

Ob sich der für die Geschäftspraxis erforderliche Zusammenhang mit der Absatzförderung nur auf die Förderung eigenen oder aber auch fremden Absatzes erstreckt, geht aus der offenen Formulierung in Art. 2 lit. d. UGP („mit der Absatzförderung [...] zusammenhängt") nicht hervor. Um in marktfunktionaler Betrachtungsweise einen möglichst umfassenden Schutz des Verbrauchers zu gewährleisten, sollte – ebenso wie bei der Wettbewerbshandlung – auch eine Handlung zur Förderung fremden Wettbewerbs als „Geschäftspraxis" angesehen werden.[2087] Es besteht daher diesbezüglich kein Umsetzungsbedarf.

g) Begriff des Produkts

Eine Geschäftspraxis muß sich auf die Absatzförderung hinsichtlich eines „Produkts" beziehen. Gemäß Art. 2 lit. c UGP-RL ist unter Produkt „jede Ware oder Dienstleistung, einschließlich Immobilien, Rechte und Verpflichtungen" zu verstehen. Es ergeben sich inhaltlich also keine Änderungen zur deutschen Formulierung „Waren oder Dienstleistungen einschließlich unbeweglicher Sachen, Rechte und Verpflichtungen" in § 2 I Nr. 1 UWG.[2088] Die sprachliche Vereinfachung durch den Sammelbegriff „Produkt" ist jedoch durchaus zu begrüßen.[2089]

h) Sonstige Änderungen

Nach der ausschweifenden Formulierung in Art. 2 lit. d UGP-RL kann eine Geschäftspraxis nicht einfach nur – wie bei der Wettbewerbshandlung nach § 2 I Nr. 1 UWG – aus *„jeder* Handlung", sondern sogar aus

---

2087 Mit abw. Begr. auch Veelken WRP 2004, 1, 6.

2088 Glöckner/Henning-Bodewig WRP 2005, 1311, 1325; vgl. Köhler GRUR 2005, 793, 794 Tz. 9.

2089 Köhler GRUR 2005, 793, 795 Tz. 20.

„jeder Handlung, Unterlassung, Verhaltensweise oder Erklärung, kommerziellen Mitteilung einschließlich Werbung und Marketing" bestehen. Diese Umschreibung ein und desselben Begriffes findet selbst in Gründen der Klarstellung keinerlei Rechtfertigung, sondern überfrachtet lediglich den Wortlaut der Regelung. Sie sollte keinesfalls ins UWG, sondern allenfalls in die Gesetzesbegründung übernommen werden. Sonst sähe sich der Gesetzgeber dem Verdacht ausgesetzt, er traue dem Rechtsanwender nicht einmal zu, auch in einem Unterlassen eine Verhaltensweise oder in einer Erklärung eine Handlung zu sehen.

3) Vorschlag der Arbeitsgemeinschaft unlauterer Wettbewerb

Der Diskussionsentwurf sieht folgende Neufassung des bisherigen § 2 I Nr. 1 UWG vor: „‚Wettbewerbshandlung' jedes Verhalten einer Person, das zugunsten des eigenen oder eines fremden Unternehmens unmittelbar mit der Förderung des Absatzes, des Bezuges oder der Lieferung von Waren oder der Erbringung oder des Bezuges von Dienstleistungen, einschließlich unbeweglicher Sachen, Rechte und Verpflichtungen, zusammenhängt".

Dieser Vorschlag ist inhaltlich grundsätzlich zu unterstützen. Zweifelhaft ist lediglich, ob die „Lieferung von Waren" tatsächlich der separaten Erwähnung bedarf. Nach dem oben zu den nachvertraglichen Handlungen Gesagten handelt es sich hierbei um eine spezielle Ausprägung einer Handlung im Zusammenhang mit dem Absatz, die auch so unter den Tatbestand subsumiert werden kann. Sprachlich wäre die Formulierung in einem ganzen Satz oder zumindest die Verwendung eines Doppelpunktes nach „Wettbewerbshandlung" schöner.

4. Abschnitt Bedeutung der „Binnenmarktklausel"; Art. 4 UGP-RL

Bislang ungeklärt ist die Bedeutung des Art. 4 UGP-RL, nach welchem der freie Dienstleistungs- und Warenverkehr von den Mitgliedstaaten nicht aus Gründen, die im Zusammenhang mit dem durch die Richtlinie angepaßten Bereich stehen, eingeschränkt werden darf.

Stellenweise wird Art. 4 UGP-RL als Bekräftigung der Vollharmonisierung gewertet.[2090] Der Diskussionsentwurf geht hingegen davon aus, es handele sich um ein – überflüssiges – Bekenntnis zur primärrechtlichen Waren- und Dienstleistungsfreiheit (wohl unter Einschluß der Cassis-Doktrin).[2091] Denkbar ist aber ganz im Gegenteil, daß die Regelung die

---

[2090] Sosnitza WRP 2006, 1, 3.

[2091] Diskussionsentwurf AG UWG, S. 23.

Möglichkeit der Rechtfertigung strengerer Regelungen aufgrund zwingender Erfordernisse i. S. d. Cassis-Rechtsprechung ausschließen soll.[2092]

Schwierigkeiten bereitet drüber hinaus schon die Frage, wann ein „Zusammenhang" mit dem Bereich der Richtlinie i. S. d. Art. 4 UGP-RL besteht.

Für die Frage des Umsetzungsbedarfs ist das Verständnis des Art. 4 UGP-RL im Ergebnis ohne Bedeutung.[2093] Im harmonisierten Bereich sind wegen der Vollharmonisierung ohnehin keine von der Richtlinie abweichenden Regelungen möglich.[2094] Die Frage, ob die Cassis-Doktrin Anwendung findet, spielt im harmonisierten Bereich keine Rolle.

Will man den Begriff des „Zusammenhangs mit dem durch die Richtlinie angepaßten Bereich" weit verstehen und Art. 4 UGP-RL auch auf den nicht harmonisierten Bereich anwenden, ist zu bedenken, daß Art. 4 UGP-RL als sekundärrechtliche Regelung das Primärrecht (einschließlich Cassis-Doktrin) nicht derogieren kann.[2095]

Auch kann aus der Regelung keine Festschreibung des Herkunftslandprinzips herausgelesen werden, weil dieses aus dem Entwurf der Richtlinie gestrichen (Art. 4 I des Entwurfs) und gerade nicht in die Richtlinie übernommen wurde. Bezüglich Art. 4 UGP-RL besteht kein Umsetzungsbedarf.

5. Abschnitt Die Generalklausel des Art. 5 UGP-RL

A) Überblick

Mit Art. 5 I UGP-RL wird jedweder unlautere Wettbewerb untersagt. Art. 5 II UGP-RL unternimmt den Versuch, den Begriff der Unlauterkeit durch die Kombination eines Verstoßes gegen berufliche Sorgfaltspflichten mit der Eignung zur wesentlichen Beeinflussung der wirtschaftlichen Entscheidung des Durchschnittsverbrauchers zu definieren.

Nach Abs. III ist unter bestimmten Umständen die besondere Schutzbedürftigkeit von betroffenen Verbrauchern zu berücksichtigen.

2092 Veelken WRP 2004, 1, 13 f.; vgl. Seichter WRP 2005, 1087, 1089 (offenlassend); Glöckner/Henning-Bodewig WRP 2005, 1311, 1326 (abl.).

2093 Seichter WRP 2005, 1087, 1090.

2094 Keßler/Micklitz BB-Spec. 13/2005, 1, 12; vgl. Gamerith WRP 2005, 391, 412 (der zwar einen „Zusammenhang" auch im nicht harmonisierten Bereich sieht, jedoch eine Anwendung des Art. 4 UGP-RL hierauf wegen Vorrang des Primärrechts ablehnt).

2095 Gamerith WRP 2005, 391, 411.

Nach Abs. IV sind insbesondere Verstöße gegen das Irreführungsverbot (Art. 6 und 7) sowie das Verbot aggressiver Geschäftspraktiken (Art. 8 und 9) unlauter.

Ein Novum stellt Abs. V dar, der auf eine Liste von Per-se-Verboten im Anhang der Richtlinie verweist.

B) Die Definition der Unlauterkeit

I) Zweistufiger Unlauterkeitsbegriff; Art. 5 II lit. a und lit. b UGP-RL

Art. 5 II UGP-RL ist zweistufig aufgebaut. Eine Geschäftspraxis ist unlauter, wenn sie erstens „den Erfordernissen der beruflichen Sorgfalt widerspricht" (Art. 5 II lit. a UGP-RL) und zweitens (kumulativ) „in Bezug auf das jeweilige Produkt das wirtschaftliche Verhalten des Durchschnittsverbrauchers, den sie erreicht oder an den sie sich richtet oder des durchschnittlichen Mitglieds einer Gruppe von Verbrauchern, wenn sich die Geschäftspraxis an eine bestimmte Gruppe von Verbrauchern wendet, wesentlich beeinflußt oder dazu geeignet ist, es wesentlich zu beeinflussen" (Art. 5 II lit. b UGP-RL). Was unter „beruflicher Sorgfalt" und unter „wesentlicher Beeinflussung des wirtschaftlichen Verhaltens des Verbrauchers" zu verstehen ist, ist in Art. 2 lit. e bzw. Art. 2 lit. h der UGP-RL definiert.

II) Erster Teil der Definition: Begriff der beruflichen Sorgfalt; Art. 5 II lit. a i. V. m. Art. 2 lit. h UGP-RL

1) Definition über anständige Marktgepflogenheiten sowie Treu und Glauben

Nach Art. 2 lit. h UGP-RL ist unter „beruflicher Sorgfalt" der „Standard an Fachkenntnissen und Sorgfalt, bei denen billigerweise davon ausgegangen werden kann, daß der Gewerbetreibende sie gegenüber dem Verbraucher gemäß den anständigen Marktgepflogenheiten und/oder dem allgemeinen Grundsatz von Treu und Glauben in seinem Tätigkeitsbereich anwendet," zu verstehen.

Der Maßstab des „Standards an Fachkenntnissen und Sorgfalt" zerfällt also wiederum in zwei Teile. Einerseits in den Maßstab der „anständigen Marktgepflogenheiten" und andererseits in den Maßstab von „Treu und Glauben".

Terminologisch wird der Begriff der „beruflichen Sorgfalt" kritisiert, weil dieser im deutschen Zivilrecht traditionell dem Haftungsrecht

(§ 276 I BGB) zugeordnet wird.[2096] Unter Fachkenntnissen und Sorgfalt werden hier außerlauterkeitsrechtliche Faktoren verstanden, wohingegen es im Wettbewerbsrecht aus marktfunktionalen Gründen nur um die Mißachtung schutzwürdiger Interessen der Marktteilnehmer geht.[2097] Zum einen muß man sich jedoch vor Augen halten, daß diese Begrifflichkeit ebenso wie der Unlauterkeitsbegriff möglicherweise nicht in allen Mitgliedstaaten eine gleiche Tradition hat.[2098] Zum anderen wird der Begriff u. a. durch die „anständigen Marktgepflogenheiten" und damit durch den gleichen Begriff, wie er in Art. 10bis PVÜ verwendet wird, konkretisiert. Dies allein stellt schon den lauterkeitsrechtlichen Charakter klar.[2099] Die Gefahr der Mißdeutung, es sei bereits jede Schlechterfüllung im Sinne des Vertragsrechts lauterkeitsrechtlich zu sanktionieren, besteht daher nicht, zumal es auf Sorgfaltspflichtverletzungen im haftungsrechtlichen Sinne weder in Art. 6-9 noch im Anhang der Richtlinie ankommt.[2100]

Die Verbindung der anständigen Marktgepflogenheiten und des Maßstabs von Treu und Glauben verknüpft faktische Elemente (Marktgepflogenheiten als von den „anständigen" Berufsgenossen anerkannte tatsächliche Übung) und Sollenselemente, nämlich Treu und Glauben.[2101] Es wird also nicht nur - anders als es noch die Formulierung im Richtlinienentwurf nahelegte[2102] - der status quo des üblichen Handelspraxis festgeschrieben. Damit ist jedoch nur der Bereich, aus welchem die Pflichten des Gewerbetreibenden stammen, angegeben, nicht aber die Art und die genaue Quelle dieser Pflichten.[2103]

Hier hilft Erwägungsgrund 7 weiter, welcher den Anwendungsbereich der Richtlinie auf die Sicherung der geschäftlichen Entscheidung beschränkt und lauterkeitsrechtliche Beschränkungen aufgrund von Sitte und Anstand gemäß der kulturellen Unterschiede vom Anwendungsbereich ausnimmt. Nimmt man die Zielsetzung der Richtlinie, zu einem

---

2096 Seichter WRP 2005, 1087, 1090; Köhler GRUR 2005, 793, 796 Tz. 25; Glöckner/Henning-Bodewig WRP 2005, 1311, 1327; relativierend Keßler/Micklitz BB-Spec. 13/2005, 1, 14.

2097 Köhler GRUR 2005, 793, 796 Tz. 25; Glöckner/Henning-Bodewig WRP 2005, 1311, 1327.

2098 Köhler GRUR 2005, 793, 796 Tz. 25.

2099 Keßler/Micklitz BB-Spec. 13/2005, 1, 14.

2100 Seichter WRP 2005, 1087, 1090.

2101 Veelken WRP 2004, 1, 16; Apostolopoulos WRP 2004, 841, 846; Gamerith WRP 2005, 391, 418; Keßler/Micklitz BB-Spec. 13/2005, 1, 14.

2102 Art. 2 lit. j des Entwurfs lautete: „‚berufliche Sorgfalt' das Maß an Fachkenntnissen und Sorgfalt, das der im Binnenmarkt im Tätigkeitsbereich des Gewerbetreibenden üblichen Handelspraxis entspricht".

2103 Veelken WRP 2004, 1, 16.

reibungslosen Funktionieren des Binnenmarktes und zum Erreichen eines hohen Verbraucherschutzniveaus beitragen zu wollen, hinzu, so wird deutlich, daß der Unlauterkeitsbegriff nur wettbewerbsfunktional und schutzzweckorientiert ausgelegt werden kann.[2104] Die Unlauterkeit ist daher in einer Interessenabwägung unter Gesamtbetrachtung der Verbraucherinteressen, der Interessen der Gewerbetreibenden vor dem Hintergrund der europäischen Wirtschaftsordnung und der mit der Richtlinie verbundenen Ziele für den Binnenmarkt sowie des Grundsatzes der Verhältnismäßigkeit zu bestimmen (Interessenabwägung unter Berücksichtigung aller Umstände des Einzelfalles).[2105] Hieraus folgt, daß der üblichen (und „anständigen") Handelspraxis nur insoweit eine Indizwirkung zukommt, als diese regelmäßig den Anforderungen genügen wird. Das Korrektiv der Interessenabwägung anhand der Meßlatte von „Treu und Glauben" ist letztlich aber maßgeblicher und allgemeinerer Faktor. Fehlt eine übliche Handelspraxis (z. B. bei neuartigen Verhaltensweisen), kann ohnehin nur auf den „sorgfältigen" Gewerbetreibenden, d. h. denjenigen, der auch die Interessen des Verbrauchers angemessen berücksichtigt, abgestellt werden.[2106]

Dieser Maßstab ist aufgrund der wettbewerbsfunktionalen Ausrichtung der Richtlinie objektiv zu bestimmen. Anders als in der Literatur teilweise vertreten wird,[2107] läßt der Begriff der „beruflichen Sorgfalt" aus diesem Grunde und wegen der angestrebten Vollharmonisierung keine unterschiedlichen nationalen Auslegungen zu.[2108] Einzig in Fragen von Sitte und Anstand sind eigene nationale Wege zulässig. Einfallstor für Nationales ist jedoch auch hier die Frage der Üblichkeit der fraglichen Geschäftspraxis in dem Gebiet, in welchem sie auf den Verbraucher trifft.

2) Umsetzungsbedarf des ersten Teils der Definition der Unlauterkeit

Unlauter im Sinne von § 3 UWG sind nach herkömmlichem Verständnis alle Handlungen, die den anständigen Gepflogenheiten in Handel, Gewerbe, Handwerk oder selbständiger beruflicher Tätigkeit zuwiderlaufen.[2109] Auch dieser Unlauterkeitsbegriff ist funktional zu verstehen, so

---

2104 Keßler/Micklitz BB-Spec. 13/2005, 1, 13; Apostolopoulos WRP 2004, 841, 846; Veelken WRP 2004, 1, 21.

2105 Apostolopoulos WRP 2004, 841, 846; Apostolopoulos GRUR Int. 2005, 292; Köhler/Lettl WRP 2003, 1019, 1037 Tz. 77; vgl. Keßler/Micklitz BB-Spec. 13/2004, 1, 13.

2106 Apostolopoulos GRUR Int. 2005, 292; Köhler/Lettl WRP 2003, 1019, 1037 Tz. 77.

2107 Glöckner/Henning-Bodewig WRP 2005, 1311, 1328.

2108 Keßler/Micklitz BB-Spec. 13/2005, 1, 13; Apostolopoulos WRP 2005, 152, 154.

2109 RegE zum UWG BT-Drucks. 15/1487 S. 16 li. Sp.

daß die gleiche Interessenabwägung wie bei Art. 5 UGP-RL vorzunehmen ist.[2110] Es besteht daher kein Umsetzungsbedarf, zumal § 3 UWG diesbezüglich durch die Rechtsprechung[2111] hinreichend konkretisiert worden ist.[2112] Dem kann nicht entgegengehalten werden, die Richtlinie wolle nach Erwägungsgrund 13 die nationalen Generalklauseln „ersetzen“, weil dies nur eine Aussage über die materielle Angleichung der nationalen Vorschriften trifft, welche hier gerade nicht erforderlich ist. Der Diskussionsentwurf läßt § 3 UWG in diesem Punkt daher auch unberührt.

III) Zweiter Teil der Definition: Eignung zur wesentlichen Beeinflussung des wirtschaftlichen Verhaltens des Verbrauchers; Art. 5 II lit. b i. V. m. Art. 2 lit. e UGP-RL

1) Objektiver Tatbestand der wesentlichen Beeinflussung

a) Eignung zur Beeinflussung der Verbraucherentscheidung

Verstößt eine Geschäftspraxis gem. Art. 5 II lit. a UGP-RL gegen die „Erfordernisse der beruflichen Sorgfaltspflicht“ ist diese gem. Art. 5 II lit. b UGP-RL nur dann unlauter, wenn sie zusätzlich geeignet ist, „in Bezug auf das jeweilige Produkt das wirtschaftliche Verhalten des Durchschnittsverbrauchers [...] wesentlich zu beeinflussen“. Daß die Richtlinie dabei neben der Eignung zur Beeinflussung auch die (tatsächliche) Beeinflussung nennt, ist überflüssig, da in letzterem Fall zwingend auch die Eignung gegeben ist.

Unter „wesentlicher Beeinflussung des wirtschaftlichen Verhaltens des Verbrauchers“ i. S. d. Art. 5 II lit. b UGP-RL ist gem. Art. 2 lit. e UGP-RL „die Anwendung einer Geschäftspraxis, um die Fähigkeit des Verbrauchers, eine informierte Entscheidung zu treffen, spürbar zu beeinträchtigen und damit den Verbraucher zu einer geschäftlichen Entscheidung zu veranlassen, die er anderenfalls nicht getroffen hätte“, zu verstehen.

Bezugspunkt der Unlauterkeit ist somit die Sicherung der freien Entscheidung des Verbrauchers nach den Gesetzen des Marktes. Der Verbraucher soll in seiner Funktion als Brennpunkt wettbewerblicher Auslese nicht behindert werden.

2110 Vgl. allg. zur Interessenabwägung bei § 3 UWG Hefermehl/Köhler/Bornkamm – Köhler § 3 Rn. 42.

2111 Ausdrücklich zur Interessenabwägung etwa BGH GRUR 2001, 1181, 1182 – Telefonwerbung für Blindenwaren; vgl. BGH GRUR 1982, 53, 55 – Bäckerfachzeitschrift (beide zu § 1 UWG a. F.).

2112 Vgl. auch Glöckner/Henning-Bodewig WRP 2005, 1311, 1330.

b) Wesentlichkeit der Beeinflussung/Relevanzschwelle

Nach Erwägungsgrund 6 schützt die Richtlinie „im Einklang mit dem Verhältnismäßigkeitsprinzip [...] die Verbraucher vor den Auswirkungen solcher unlauteren Geschäftspraktiken, [nur] soweit sie als wesentlich anzusehen sind, berücksichtigt jedoch, daß die Auswirkungen für den Verbraucher in manchen Fällen unerheblich sein können". Die Beeinflussung muß daher „wesentlich" sein. Dem trägt Art. 2 lit. e UGP-RL Rechnung, wonach die Fähigkeit eine informierte Entscheidung zu treffen, durch die zu beurteilende Handlung „spürbar" beeinträchtigt werden können muß. Dies ist Folge des wettbewerbsfunktionalen Verständnisses des Lauterkeitsrechts, weil die Funktionsfähigkeit des Wettbewerbs durch kleinere Störungen nicht beeinträchtigt wird.[2113] Auch kann eine Unterbindung von Bagatellverstößen nicht zu dem gem. Art. 1 UGP-RL angestrebten besseren Funktionieren des Binnenmarktes beitragen.[2114] Es handelt sich somit um eine allein anhand objektiver Kriterien zu bemessende, qualitative Relevanzschwelle.[2115]

Eine Parallele hierzu besteht im deutschen Recht in der Bagatellklausel des § 3 UWG, wonach die Wettbewerbshandlung nur dann als unlauter zu bewerten ist, wenn sie geeignet ist, den Wettbewerb nicht nur unerheblich zum Nachteil der Verbraucher etc. zu beeinflussen. Auch hier muß in schutzgutorientierter Auslegung eine nicht nur unerhebliche Beeinträchtigung der geschützten Verbraucherinteressen vorliegen (vgl. o.[2116]). Nach einer in der Literatur vertretenen Ansicht kann die Bagatellklausel das Merkmal „wesentlich" jedoch schon deshalb nicht ersetzen, weil der deutsche Gesetzgeber mit der Wendung „nicht nur unerheblich" sich bewußt von der stärkeren Form der „wesentlichen" Beeinträchtigung abgewandt habe, um nur Bagatellfälle auszuschließen. Hiergegen ist jedoch einzuwenden, daß nach Erwägungsgrund 6 ausdrücklich nur Fälle unerheblicher Auswirkungen auf den Verbraucher ausgeschlossen werden sollen.

Die bisherige Bagatellklausel genügt somit der Umsetzung des Merkmals der „Wesentlichkeit".[2117] Unerheblich ist insoweit, daß nach § 3 UWG auch die Beeinträchtigung zum Nachteil der sonstigen Marktteilnehmer genügt. Sollten Fälle der alleinigen Beeinträchtigung von sonsti-

---

2113 Keßler/Micklitz BB-Spec. 13/2005, 1, 15; vgl. auch Henning-Bodewig GRUR Int. 2004, 183, 190; Apostolopoulos WRP 2004, 841, 847 Fn. 67.

2114 Henning-Bodewig GRUR Int. 2004, 183, 190; Apostolopoulos WRP 2004, 841, 847 Fn. 67.

2115 Keßler/Micklitz BB-Spec. 13/2005, 1, 15.

2116 Vgl. o. S. 358 ff.

2117 Im Ergebnis ebenso: Seichter WRP 2005, 1087, 1090/1091; Glöckner/Henning-Bodewig WRP 2005, 1311, 1329; Köhler ZLR 2005, 3, 7 Tz. 15 f.; Keßler/Micklitz BB-Spec. 13/2005, 1, 15.

gen Marktteilnehmern überhaupt bestehen, ist jedenfalls nicht denkbar, daß diese in einer Handlung gegenüber Verbrauchern, welche deren Entscheidungsfreiheit beeinträchtigt, besteht. Es muß sich vielmehr um Handlungen gegenüber Mitbewerbern handeln, die außerhalb des Anwendungsbereichs der Richtlinie liegen.[2118]

Anzumerken ist weiter, daß sich hieraus ein weiteres Argument für die Gemeinschaftsrechtskonformität der Bagatellklausel im Hinblick auf die vergleichende Werbung ergibt (vgl. o.[2119]). Wenn nämlich schon beim Verbraucherschutz eine (ausdrückliche) Bagatellklausel besteht, kann für den Schutz der Mitbewerber schwerlich ein strengerer Schutzstandard gelten.

2) Subjektiver Tatbestand?

Nach dem Wortlaut des Art. 2 lit. e UGP-RL liegt eine „wesentliche Beeinflussung" nur dann vor, wenn die Handlung gerade deshalb vorgenommen wird, um die Freiheit der Entscheidung zu beeinträchtigen (vgl. „[...] um [...] zu [...]"). Diese Formulierung legt direkten Vorsatz nahe, was der Richtlinie jedoch gänzlich den Zahn ziehen würde.[2120] Daß wegen der gebotenen funktionalen objektiv-normativen Auslegung dem Lauterkeitsrecht subjektive Elemente fremd sind, ist bereits für das UWG dargelegt worden (vgl. o.[2121]) und gilt hier ebenso.[2122] Daß der Richtliniengeber zwischen subjektiven und objektiven Momenten selbst nicht sauber differenziert, zeigt sich auch am Verbraucherbegriff („zu Zwecken") und bei der Abgrenzung von mittelbarem und unmittelbarem Einfluß auf die Verbraucherentscheidung nach Erwägungsgrund 7. Für die UGP-RL wird dieses Ergebnis auch dadurch gestützt, daß es weder in den Art. 6-9 noch in den in Anhang I der Richtlinie aufgezählten Fällen auf subjektive Momente ankommt[2123] und daß der Begriff der Geschäftspraxis ein objektiver ist.[2124]

3) Umsetzungsbedarf hinsichtlich des zweiten Teils der Definition

Die Generalklausel des § 3 UWG geht über die des Art. 5 II UGP-RL hinaus, weil sie auch Wettbewerbshandlungen verbietet, die keinen

[2118] Vgl. Seichter WRP 2005, 1087, 1090.

[2119] Vgl. o. S. 353.

[2120] Glöckner/Henning-Bodewig WRP 2005, 1311, 1328.

[2121] Vgl. o. S. 240.

[2122] So auch Keßler/Micklitz BB-Spec. 13/2005, 1, 15; Glöckner/Henning-Bodewig WRP 2005, 1311, 1328.

[2123] Seichter WRP 2005, 1087, 1090.

[2124] Gamerith WRP 2005, 391, 428.

Einfluß auf das wirtschaftliche Verhalten des Verbrauchers haben. Sie ist weiter als die Richtlinie, was jedoch keine Umsetzung erforderlich macht. Handlungen, welche nicht geeignet sind, das wirtschaftliche Verhalten der Verbraucher zu beeinflussen, liegen nach Erwägungsgrund 7 außerhalb des Anwendungsbereichs der Richtlinie.

IV) „Adressat" der Geschäftspraxis: Der Durchschnittsverbraucher

1) Der „normale" Durchschnittsverbraucher des Art. 5 I UGP-RL

Art. 5 II der UGP-RL stellt nun ausdrücklich auf den „Durchschnittsverbraucher" ab. Nach Erwägungsgrund 18 nimmt die Richtlinie damit den „Durchschnittsverbraucher, der angemessen gut unterrichtet und angemessen aufmerksam und kritisch ist, unter Berücksichtigung sozialer, kultureller und sprachlicher Faktoren in der Auslegung des Gerichtshofs als Maßstab", wobei dieser Durchschnittsverbraucher nicht auf einer statistischen Grundlage beruhe. Damit führt die Richtlinie das normative Verbraucherleitbild fort und erteilt insbesondere einem empirischen Ansatz eine Absage (zum bisherigen Verständnis vgl. o.[2125]).

Der EuGH[2126] formuliert herkömmlich, es komme auf den „durchschnittlich informierten, aufmerksamen und verständigen Durchschnittsverbraucher" an. Das EuG[2127] und auch der EuGH[2128] sind hiervon teilweise sprachlich etwas abgewichen und haben auf den „*normal* informierten und *angemessen* aufmerksamen und verständigen Durchschnittsverbraucher" abgestellt, ohne daß dies inhaltliche Änderungen brächte (vgl. o.[2129]). Die Definition der Richtlinie ist insoweit neu, als sie den Durchschnitt über die Angemessenheit definiert („*angemessen* gut unterrichtet" statt „*durchschnittlich* informiert"). Hieran wird allerdings nur das normative Verständnis der Richtlinie deutlich. Auch sonst ergeben sich keine Unterschiede, zumal das Leitbild des EuGH ausdrücklich

---

[2125] Vgl. o. S. 283 ff.

[2126] EuGH GRUR 2003, 533, 536 Tz. 55 - Pippig Augenoptik/Hartlauer; EuGH NJW 2002, 425, 427 Tz. 52 - Toshiba/Katun; EuGH GRUR 1999, 723, 726 Tz. 29 - Windsurfing Chiemsee; EuGH GRUR Int. 1999, 345, 348 Tz. 36 - Sektkellerei Kessler; EuGH GRUR Int. 1998, 795, 797 Tz. 31 und 37 - Gut Springheide (grundlegend).

[2127] EuG GRUR Int. 2004, 322 Tz. 30 - El Castillo; ähnlich EuG GRUR Int. 2004, 326 Tz. 33 - Nestlé Waters France (beide zum Markenrecht).

[2128] EuGH GRUR Int. 2005, 44, 45 Tz. 24 - Sat.1 (zum Markenrecht).

[2129] Vgl. o. S. 284 ff.

fortgeführt werden soll.[2130] Insbesondere ergeben sich daher aus der von den „traditionellen" Formulierungen abweichenden Formulierung in Erwägungsgrund 18 keine inhaltlichen Änderungen, denn ein „unterrichteter" ist ein „informierter" und ein „kritischer" ein „verständiger"[2131] Verbraucher im Sinne des bisherigen Verbraucherleitbildes. Soweit Art. 5 II UGP-RL auch darauf abstellt, ob sich eine Werbung an eine bestimmte Gruppe von Verbrauchern „wendet", ist dies ebenso objektiv zu verstehen, wie im Rahmen der bisherigen Formulierung die „betroffenen Verkehrskreise" (vgl. o.[2132]).

2) Der „besondere" Durchschnittsverbraucher des Art. 5 III

Nach Art. 5 III UGP-RL ist unter besonderen Voraussetzungen auf die Auffassung besonders schutzbedürftiger Personengruppen abzustellen, wenn diese Schutzbedürftigkeit in geistigen oder körperlichen Gebrechen, Alter oder Leichtgläubigkeit im Hinblick auf die Geschäftspraxis oder die ihr zugrundeliegenden Produkte ihren Ursprung hat. Leichtgläubigkeit kann dabei wie im Rahmen von § 4 Nr. 2 UWG ausgelegt werden.[2133] Weitere Voraussetzung ist hierfür, daß „voraussichtlich in einer für den Gewerbetreibenden vernünftigerweise vorhersehbaren Art und Weise" das wirtschaftliche Verhalten der Gruppenmitglieder wesentlich beeinflußt wird und daß diese Gruppe „eindeutig identifizierbar" ist.

Maßgebliches Tatbestandsmerkmal ist die Vorhersehbarkeit. Diese muß insoweit qualifiziert sein, als die Beeinträchtigung „vernünftigerweise" vorhersehbar gewesen sein muß und als sie sich auf die Art und Weise und damit eine konkrete Vorstellung bezieht. Schon aus diesem Grunde kann einfache Fahrlässigkeit nicht genügen. Bei einer herkömmlichen Werbung (z. B. Zeitungsannonce) für ein Produkt des täglichen Bedarfs ist immer objektiv vorhersehbar und nicht vermeidbar, daß auch schutzbedürftige Personen (z. B. ältere Menschen) von ihr Kenntnis nehmen. Die Bestimmung ist als Ausnahmevorschrift eng auszulegen, so daß erforderlich ist, daß sich die Mißverständnisse dem Unternehmer hätten aufdrängen müssen.[2134] Es ist daher erforderlich, aber auch ausreichend, wenn der Unternehmer grob fahrlässig gehandelt hat.

Ein Pendant findet diese Regelung in § 4 Nr. 2 UWG, wonach das Ausnutzen einer besonderen Schutzbedürftigkeit unlauter ist. Hier ist nach

---

2130 Seichter WRP 2005, 1087, 1091; Glöckner/Henning-Bodewig WRP 2005, 1311, 1329; Keßler/Micklitz BB-Spec. 13/2005 1, 4.

2131 Vgl. hierzu o. S. 269 ff. und 280 f.

2132 Vgl. o. S. 254 ff.

2133 Köhler ZLR 2005, 3, 11 Tz. 29.

2134 Seichter WRP 2005, 1087, 1091.

bisheriger Auffassung bedingter Vorsatz erforderlich.[2135] Der Diskussionsentwurf schlägt eine richtlinienkonforme Auslegung der Tatbestandsmerkmals „Ausnutzen" vor. Eine Klarstellung, daß nun statt positiver Kenntnis (Vorsatz) auch das evidente Kennenmüssen (grobe Fahrlässigkeit) genügt, würde jedoch der Rechtssicherheit dienen.

6. Abschnitt Der Irreführungstatbestand des Art. 7 UGP-RL

A) Überblick

Die Irreführung ist in der Richtlinie in den Art. 6 und 7 geregelt, wobei Art. 6 sich der Irreführung durch aktives Tun und Art. 7 sich ausschließlich der Irreführung durch Unterlassen widmet. Anknüpfungspunkt für Informationspflichten ist daher insbesondere Art. 7 UGP-RL. Eine Geschäftspraxis, welche gegen Art. 7 verstößt, ist gem. Art. 5 IV UGP-RL unlauter und damit gem. Art. 5 I UGP-RL untersagt.

Die Absätze I-III des Art. 7 UGP-RL regeln generalklauselartig die Irreführung durch Unterlassen, wobei Abs. I die Grundnorm ist. Absatz II stellt heraus, daß auch unklare, unverständliche oder zweideutige Angaben eine Irreführung durch Unterlassen nicht ausräumen und daß im Verschweigen des kommerziellen Zwecks eine Irreführung liegen kann. Absatz III macht deutlich, wie die Pflicht zur Angabe von Informationen von den Beschränkungen des verwendeten Werbemediums abhängig ist.

Absatz IV umfaßt einen Katalog von Angaben, welcher dem Verbraucher immer dann zur Verfügung gestellt werden muß, wenn der Gewerbetreibende ihn mit der Wettbewerbshandlung zum Kauf auffordert. Absatz V schließlich verweist auf die Pflicht zur Angabe von Informationen, die sich aus anderen gemeinschaftsrechtlichen Regelungen mit Marktkommunikationsbezug, insbesondere der in Anhang II festgehaltenen, ergibt.

B) Abgrenzung von Tun und Unterlassen

Auch die Richtlinie versucht sich nicht an einer Abgrenzung von aktivem Tun und Unterlassen. Gleichwohl ist eine solche Abgrenzung erforderlich, weil Art. 7 UGP-RL besondere - von Art. 6 UGP-RL abweichende - Voraussetzungen hat. Insbesondere findet Art. 7 III UGP-RL keine Entsprechung in Art. 6 UGP-RL.[2136] Die Unterscheidung ist nach den gleichen Grundsätzen wie zu § 5 UWG vorzunehmen (normative Be-

---

2135 Hefermehl/Köhler/Bornkamm - Köhler § 4 Rn. 2.15.

2136 Veelken WRP 2004, 1, 20.

trachtung nach dem Schwerpunkt der Vorwerfbarkeit unter Berücksichtigung des sozialen Sinngehalts der Handlung; vgl. o.[2137]).

C) Generalklausel des Art. 7 I UGP-RL

I) Tatbestandsmerkmale

Die Irreführung durch Unterlassen besteht im wesentlichen aus folgenden Tatbestandsmerkmalen: Der „Geschäftspraxis“, dem „Vorenthalten“ einer „wesentlichen Information“, welche der Durchschnittsverbraucher für eine „informierte geschäftliche Entscheidung“ benötigt, und der „Eignung“ der Geschäftspraxis, eine „geschäftliche Entscheidung“ herbeizuführen, die der Verbraucher sonst nicht getroffen hätte. Das Merkmal der „geschäftlichen Entscheidung“ wird dabei in Art. 2 lit. k UGP-RL definiert und erfaßt praktisch jede wirtschaftlich relevante Entscheidung im Zusammenhang mit dem Erwerb des Produktes.

II) Informierte Entscheidung: Entscheidungsrelevanz als zentrales Merkmal

Anders als bei § 5 II 2 UWG scheinen bei Art. 7 I UGP-RL nicht der Begriff der Irreführung, sondern derjenige des „Vorenthaltens“ von wesentlichen Informationen und derjenige der „informierten geschäftlichen Entscheidung“ im Vordergrund zu stehen. Teilweise wird sogar ein Paradigmenwechsel vermutet.[2138]

Auch das Merkmal „informierte“ geschäftliche Entscheidung muß funktional ausgelegt werden, d. h. eine geschäftliche Entscheidung ist dann „informiert“, wenn der Verbraucher unter Zugrundelegung der Anforderungen des Verbraucherleitbildes seine Entscheidung nach den Gesetzes des Marktes trifft und nicht die Unkenntnis bestimmter produktrelevanter Tatsachen dazu führt, daß er einem Produkt den Vorzug vor einem anderen gibt.

Allerdings liegt eine Irreführung nur vor, wenn die Geschäftspraxis – weil Informationen fehlen – geeignet ist, den Verbraucher zu einer geschäftlichen Entscheidung zu veranlassen, welche er sonst nicht getroffen hätte. Die doppelte Nennung von tatsächlicher Veranlassung und Eignung zur Veranlassung im Normtext ist dabei überflüssig, da im erstgenannten Fall immer auch ein Fall der Eignung gegeben ist.

Das Merkmal der „informierten“ Entscheidung tritt damit in den Hintergrund, weil auch eine Entscheidung auf der Grundlage unzureichender Informationen dann nicht unlauter ist, wenn die (potentielle) Rele-

---

[2137] Vgl. o. S. 280 ff.

[2138] Apostolopoulos GRUR Int. 2005, 292, 297.

vanz des Informationsdefizits für die Verbraucherentscheidung fehlt. Dies ist bei wettbewerbsfunktionaler Betrachtung nur konsequent, weil der Markt nicht durch Handlungen gestört wird, welche gar keinen Einfluß auf das Marktgeschehen, nämlich die Verbraucherentscheidung, haben. Hat es keine Auswirkungen auf die Entscheidung, wenn der Verbraucher nicht vollständig über das Produkt informiert ist, liegt kein relevantes Informationsdefizit vor. Maßgeblicher Faktor ist damit im Kern derselbe wie bei § 5 II 2 UWG, welcher darauf abstellt, ob die verschwiegene Tatsache als eine für den Vertragsschluß wesentliche geeignet ist, den Vertragsschluß zu beeinflussen (vgl. o.[2139]). Ein Paradigmenwechsel liegt also nicht vor.

III) Wesentlichkeit der vorenthaltenen Information

Eine Einschränkung des Tatbestandes könnte darin liegen, daß die vorenthaltene Information „wesentlich" sein muß. Aufgrund der Formulierung „[...] wesentliche Information [...], die der durchschnittliche Verbraucher benötigt, um eine informierte Entscheidung zu treffen [...]" könnte man jedoch auch meinen, die Entscheidungsrelevanz definiere lediglich das Merkmal der Wesentlichkeit, so daß eine Information immer dann wesentlich sei, wenn sie entscheidungsrelevant ist. Allerdings ist zu bedenken, daß der Verbraucher - insbesondere bei komplexen Produkten - gar nicht erwartet, alle entscheidungsrelevanten Informationen schon in der Werbung zu erhalten (vgl. o. zum Problem der *besonderen* Bedeutung einer verschwiegenen Tatsache für den Vertragsschluß im Rahmen des § 5 II 2 UWG[2140]). Dies wird durch einen Umkehrschluß aus Art. 4 I lit. b der Fernabsatzrichtlinie gestützt. Dieser fordert selbst in einem vertragsrechtlichen Bereich, in welchem der Gesetzgeber einen gesteigerten Informationsbedarf gesehen hat, nur die Angabe von „wesentlichen" Eigenschaften. Es wäre widersprüchlich, wenn das allgemeine Lauterkeitsrecht strengere Anforderungen stellen wollte (vgl. o. zu § 1 I Nr. 4 BGB-InfoV[2141]). Auch ist zu bedenken, daß nach Art. 7 IV UGP-RL selbst bei Aufforderung zum Kauf - und damit ebenfalls bei verdichtetem Informationsinteresse - nur die „wesentlichen" Merkmale des Produkts angegeben werden müssen. Eine Pflicht zur Angabe von Informationen besteht daher auch nach Art. 7 I UGP-RL nur, wenn dies zum Schutz der Entscheidungsfreiheit des Verbrauchers unter Berücksichtigung der berechtigten Interessen des Werbenden unerläßlich ist.[2142] Maßgeblich ist also eine Interessenabwägung.[2143]

2139 Vgl. o. S. 316 ff.

2140 Vgl. o. S. 319 f.

2141 Vgl. o. S. 320.

2142 Köhler/Lettl WRP 2003, 1019, 1041 Tz. 100.

IV) Konkrete Fehlvorstellung erforderlich?

In der Literatur ist aus dem Erfordernis der „informierten Entscheidung" geschlossen worden, Art. 7 I UGP-RL setze keine Eignung zum Hervorrufen einer konkreten Fehlvorstellung des Verbrauchers voraus.[2144] Eine Irreführung im Sinne des Art. 7 I UGP-RL liege daher etwa auch dann vor, wenn sich ein Anbieter durch das Unterlassen von Angaben in die Anonymität flüchte, um der Rechtsverfolgung durch die Marktteilnehmer zu entgehen.[2145] Dem ist entgegenzuhalten, daß der Tatbestand ausdrücklich mit „irreführendes Unterlassen" überschrieben ist. Eine Irreführung setzt begrifflich eine Fehlvorstellung voraus. Hiergegen kann auch nicht etwa vorgebracht werden, Art. 7 I formuliere lediglich, eine Geschäftspraxis *gelte* unter den Voraussetzungen der Norm nur als irreführend. Auch Art. 6 UGP-RL formuliert für die aktiven Irreführungen nämlich ebenfalls, daß die fraglichen Geschäftspraktiken als irreführend „gelten". Auch spricht das Erfordernis der Entscheidungsrelevanz des Vorenthaltens einer wesentlichen Information dafür, daß eine Irreführung i. S. d. Art. 7 I UGP-RL eine (potentielle) Fehlvorstellung voraussetzt. Es ist kaum vorstellbar, daß ein Verbraucher eine geschäftliche Entscheidung trifft, die er sonst nicht getroffen hätte, ohne daß diese Entscheidung auf einer bestimmten Vorstellung beruht.

Eine Einordnung des § 5 II 2 UWG als Aufklärungspflicht und des Art. 7 UGP-RL als allgemeine Informationspflicht würde auch allenfalls theoretische Unterschiede bringen, da bei Anwendung beider Vorschriften die Bedeutung der verschwiegenen Tatsachen für die Entscheidung des Durchschnittsverbrauchers und die Eignung des Verschweigens zur Beeinflussung dieser Entscheidung im Rahmen einer Interessenabwägung zu berücksichtigen sind.[2146]

Allerdings verdeutlicht die Formulierung des Art. 7 I UGP-RL die dogmatische Verortung des europäischen Lauterkeitsrechts im Paradigma einer kompetitiv ausgerichteten Kommunikationsordnung.[2147]

V) Vorenthalten der Information

Das Tatbestandsmerkmal des „Vorenthaltens" ist – ebenfalls frei von subjektiven Elementen – als ein Verschweigen von besonderem Gewicht zu verstehen. Dieses besondere Gewicht ergibt sich dabei aus der We-

---

2143 Apostolopoulos GRUR Int. 2005, 292, 299; zur Generalklausel: Apostolopoulos WRP 2004, 841, 846; Apostolopoulos GRUR Int. 2005, 292; Köhler/Lettl WRP 2003, 1019, 1037 Tz. 77

2144 Köhler/Lettl WRP 2003, 1019, 1041 Tz. 99; Apostolopoulos WRP 2004, 841, 848.

2145 Apostolopoulos WRP 2004, 841, 848 Fn. 77.

2146 Apostolopoulos GRUR Int. 2005, 292, 299.

2147 Keßler/Micklitz BB-Spec. 13/2005, 1, 18.

sentlichkeit der Information und deren (potentieller) Relevanz für den Vertragsschluß sowie aus einer Interessenabwägung.

VI) Geschäftspraxis

1) Verzicht auf das Merkmal der Werbung

Während § 5 UWG und die Irreführungsrichtlinie nur im Rahmen von „Werbung" greifen, stellt die UGP-RL nur auf die „Geschäftspraxis" ab.

Werbung im Sinne des UWG ist jede Äußerung, die in funktionalem Zusammenhang mit einem eigenen oder fremden Handel, Gewerbe, Handwerk oder freien Beruf steht, die zumindest einen Tatsachenkern aufweist sowie geeignet und objektiv darauf gerichtet ist, den Absatz oder Bezug von Waren oder die Erbringung oder Nachfrage von Dienstleistungen einschließlich unbeweglicher Sachen, Rechte und Verpflichtungen zu fördern. Der Begriff ist also enger als derjenige der Geschäftspraxis, denn er erfaßt nicht jede Handlung, sondern nur „Äußerungen". Andererseits ist er weiter, denn er umfaßt nicht nur Handlungen von Gewerbetreibenden.

Beider Punkte lösen jedoch keinen Umsetzungsbedarf aus. Unter „Äußerung" ist nämlich jedes Verhalten mit Informationsgehalt zu verstehen. Bei einer Irreführung (auch bei der durch Unterlassen) ist immer ein Minimum an Information erforderlich (vgl. o. zur Abgrenzung von Tun und Unterlassen[2148]), weshalb eine Irreführung ohne „Äußerung" gar nicht möglich ist. Das Merkmal läuft strenggenommen leer. Wenn § 5 UWG auch Handlungen Dritter, die nicht Gewerbetreibende sind, erfaßt, ist dies ebenfalls unschädlich, denn dies liegt außerhalb des Anwendungsbereichs der Richtlinie und wird zudem sehr selten sein.

2) Eigene und fremde Verhältnisse

Art. 6 und 7 I UGP-RL treffen keine ausdrückliche Aussage darüber, ob nur eine Irreführung über eigene oder aber auch eine über fremde geschäftliche Verhältnisse erfaßt werden soll. Zum Richtlinienentwurf wurde vertreten, es seien nur die eigenen geschäftlichen Verhältnisse erfaßt, weil in Art. 6 II des Entwurfs die vergleichende Irreführung nicht genannt war und auch aus der Irreführungsrichtlinie gestrichen werden sollte.[2149] Dies ist jedoch in der Endfassung der Richtlinie nicht Wirklichkeit geworden, weshalb diese Auffassung überholt ist. Eine Irreführung ist sowohl über die eigenen als auch über fremde geschäftliche Verhält-

[2148] Vgl. o. S. 311.

[2149] Köhler/Lettl WRP 2003, 1019, 1039 Tz. 90 f. (krit.).

nisse möglich, zumal auch die Förderung fremden Wettbewerbs eine Geschäftspraxis sein kann (vgl. o.[2150]).

VII) Umsetzungsbedarf hinsichtlich Art. 7 I UGP-RL

Art. 7 I UGP-RL bedarf keiner Umsetzung, weil die Norm - ebenso wie § 5 II 2 UWG - ein Verschweigen als unlauter ansieht, wenn es die Gefahr einer konkreten Irreführung über eigene oder fremde Geschäftsverhältnisse birgt und eine Interessenabwägung ergibt, daß eine Aufklärung des Verbrauchers zum Schutz seiner Entscheidungsfreiheit unter Berücksichtigung der berechtigten Interessen des Werbenden unerläßlich ist.

D) Die Regelung des Art. 7 II UGP-RL: Nicht ausreichende Angabe und Verschweigen des kommerziellen Zwecks einer Geschäftspraxis

I) Nicht ausreichende Angaben

1) Nach Art und Weise nicht ausreichende Angaben

Art. 7 II UGP-RL enthält zwei Regelungen. Mit dem ersten Halbsatz wird klargestellt, daß eine Irreführung durch Unterlassen nach den Grundsätzen des Absatzes I auch dann vorliegt, wenn wesentliche Informationen zwar gegeben werden, der Gewerbetreibende dies jedoch nur unklar, unverständlich, zweideutig oder nicht rechtzeitig tut. Dies umschreibt letztlich Selbstverständlichkeiten der Irreführung. Eine Information, welche der Verbraucher nicht aufnehmen und verarbeiten kann, hat die gleiche Wirkung wie ein vollständiges Verschweigen.

2) Zeitlich nicht ausreichende Angaben; Problem der Anlockwirkung

Inwiefern durch das Merkmal „nicht rechtzeitig“ die zeitlichen Grenzen der (ausreichenden) Informationsangabe beschrieben werden sollen, wird in der Richtlinie und deren Erwägungsgründen nicht näher erläutert. Es liegt nahe, hier ebenso zu verfahren wie bei der Frage der Anlockwirkung im Rahmen des § 5 UWG (vgl. o.[2151]). Hiernach sind die zeitlichen Grenzen der Aufklärung überschritten, wenn das Anlocken die konkrete Gefahr birgt, daß der Verbraucher seine Entscheidung nicht einzig nach den Gesetzen des Marktes (insb. Preiswürdigkeit der Ware) trifft, weil er sich nicht in dem Maße mit anderen Angeboten auseinandersetzt, wie er dies ohne Irreführung getan hätte, und wenn die spätere

---

[2150] Vgl. o. S. 386.

[2151] Vgl. o. S. 249 ff.

Aufklärung die konkrete Gefährdung der Entscheidungsgrundlage des Verbrauchers nicht ausnahmsweise aufhebt (vgl. o.[2152]). Problematisch ist allerdings, daß die Richtlinie nur auf die unmittelbare Beeinflussung der Verbraucherentscheidung abstellt (Erwägungsgrund 7). Nach bisherigem Verständnis der Anlockwirkung bezieht sich diese nämlich auch und gerade auf Fälle der nur mittelbaren Beeinflussung der Verbraucherentscheidung („Wenn ich schon einmal da bin, [...]"). Die zeitliche Grenze für die Informationsmöglichkeit könnte daher nach der Richtlinie eine andere sein als bei § 5 UWG. Dies kann hier jedoch dahinstehen, weil mittelbare Beeinflussungen von der Richtlinie nicht erfaßt werden und daher auch nicht dem harmonisierten Bereich unterfallen. Die bisherige Auslegung der Anlockwirkung bei § 5 UWG steht daher nicht im Widerspruch zur Richtlinie. Allerdings zeigt sich hier erneut, daß die Beschränkung des Anwendungsbereichs der Richtlinie auf das Verhältnis zwischen Unternehmer und Verbraucher - dem auch die Beschränkung auf unmittelbare Beeinflussungen geschuldet ist - erhebliche und überflüssige Probleme birgt.

Ein Umsetzungsbedarf hinsichtlich des ersten Halbsatzes von Art. 7 II UGP-RL besteht nicht.

II) Verschweigen des kommerziellen Zwecks der Geschäftspraxis; Auswirkungen des Art. 7 II, 2. HS UGP-RL auf §§ 4 Nr. 3, § 7 II Nr. 4 und § 4 Nr. 5 UWG

1) Auswirkungen auf § 4 Nr. 3 UWG

Neu ist eine Irreführung durch Unterlassen der (rechtzeitigen) Angabe des kommerziellen Zwecks einer Geschäftspraxis, wie es Art. 7 II, 2. HS UGP-RL vorsieht. Die Regelung wird in Anhang I durch das Verbot redaktioneller Werbung (Nr. 11) und das Verbot, den Eindruck zu erwecken, eine Geschäftspraxis hänge nicht mit dem eigenen Unternehmen zusammen (Nr. 22), ergänzt.

Eine ähnliche Regelung enthält § 4 Nr. 3 UWG mit dem Verbot der Verschleierung des Werbecharakters von Wettbewerbshandlungen. Dieses greift jedoch unabhängig von der Frage, ob das Verschleiern des kommerziellen Charakters für die Kaufentscheidung relevant sein kann. Zweck des § 4 Nr. 3 UWG ist, daß der Beworbene die kommerziellen Absichten des Handelnden erkennt und die erhaltenen (naturgemäß nicht immer nur sachlichen) Informationen entsprechend kritisch beurteilen kann.[2153] Es handelt sich damit um einen abstrakten Gefährdungstatbestand. Art. 7 II UGP-RL ist daher enger, da die Eignung zur Beein-

---

[2152] Vgl. o. S. 352 f.

[2153] Vgl. Hefermehl/Köhler/Bornkamm - Köhler § 4 Rn. 3.2.

flussung der Verbraucherentscheidung positiv festgestellt werden muß. Dies ist eine erhebliche Beschränkung des Verbraucherschutzes. Der kommerzielle Zweck des Produktes hat mit Preis und Leistung nämlich nichts zu tun und ist damit für den Vertragsschluß grundsätzlich unerheblich.

Eine Umsetzung des Art. 7 II UGP-RL könne möglicherweise dennoch unterbleiben, wenn man über die Bagatellklausel des § 3 UWG die konkrete Beeinträchtigung der wirtschaftlichen Entscheidung in den Tatbestand des § 4 Nr. 3 UWG hereinlesen will.[2154] Um das Verhältnis von § 4 Nr. 3 UWG zu § 5 UWG zu klären, ist eine ausdrückliche Umsetzung jedoch erforderlich.

2) Auswirkungen auf § 7 II Nr. 4 UWG

Das ergänzende Verbot der anonymen Werbung mit elektronischen Nachrichten (§ 7 II Nr. 4 UWG) kann bestehen bleiben, weil dieses auf der Datenschutzrichtlinie beruht, welche gem. Erwägungsgrund 15 unberührt bleibt.

3) Auswirkungen auf § 4 Nr. 5 UWG

Anders verhält es sich jedoch mit § 4 Nr. 5 UWG, welcher die Pflicht zur Angabe der Teilnahmeinformationen bei Preisausschreiben und Gewinnspielen regelt. Dieser findet in der Richtlinie keine Entsprechung und ist daher abzuschaffen. Der Diskussionsentwurf setzt sich hiermit nicht auseinander

E) Regelung in Art. 7 III UGP-RL

Nach Art. 7 III UGP-RL sind bei der Frage, ob eine Information zu geben ist, sowohl die Beschränkungen des verwendeten Kommunikationsmediums als auch Maßnahmen, welche der Gewerbetreibende getroffen hat, um die Information anderweitig zur Verfügung zu stellen, zu berücksichtigen. Damit wiederholt und konkretisiert Art. 7 III UGP-RL z. T. Art. 7 I UGP-RL, nach welchem ebenfalls die Beschränkungen des Kommunikationsmediums zu berücksichtigen sind. Diese Beschränkungen sind schon im bisherigen UWG bei der Frage der Aufklärungspflicht mit einzubeziehen. (vgl. o.[2155]).

Des weiteren verpflichtet die Richtlinie im Falle von Beschränkungen durch das Werbemedium dazu, alle Maßnahmen zu berücksichtigen, welche der Gewerbetreibende getroffen hat, um die Information anderweitig zur Verfügung zu stellen. Wie sich aus Abs. II ergibt, kann eine

---

[2154] So Glöckner/Henning-Bodewig WRP 2005, 1311, 1332.

[2155] Vgl. o. S. 151, 324.

anderweitige Information aber nur dann eine Irreführung abwenden, wenn diese „rechtzeitig" gegeben wird. Hinsichtlich der Rechtzeitigkeit der Aufklärung kann im deutschen Recht das bisherige Modell der Anlockwirkung beibehalten werden, auch wenn diese Fälle nur Konstellationen mittelbarer Beeinflussung des Verbrauchers beinhalten (vgl. o.[2156]). Hat die Werbung also eine relevante Anlockwirkung entfaltet, kann auch die „anderweitige" Information die Irreführung nicht beseitigen. Ein Anwendungsbereich ergibt sich daher nur, wenn die Werbung keine ausreichende Anlockwirkung entfaltet, etwa wenn bereits in der Werbung weitere (erforderliche) Informationsmöglichkeiten angeboten werden (z. B. Angabe einer Informations-„Hotline"). Letzteres kann jedoch kein Freibrief sein, weshalb im Einzelfall nach Bedeutung der verschwiegenen Information abgewogen werden muß. Fälle nicht ausreichender Anlockwirkung können sich etwa ergeben, wenn der Kunde kein Ladenlokal betreten muß, sondern beispielsweise bei einem Internetanbieter einkauft. Können hier in einer Fernseh- oder Radiowerbung nicht alle Informationen gegeben werden, kann es im Einzelfall ausreichen, wenn die Information erst auf der beworbenen Internetseite gegeben wird, welche der Verbraucher mit einem einfachen „Klick" verlassen kann.

F) Regelung des Art. 7 IV UGP-RL; besondere Pflichten bei „Aufforderung zum Kauf"

I) Begriff der „Aufforderung zum Kauf"

Völlig neu ist die Regelung von gesteigerten Informationsanforderungen im Falle der Aufforderung zum Kauf. Die im abschließenden Katalog des Art. 7 IV lit. a-e UGP-RL angegebenen Faktoren gelten stets als „wesentlich" i. S. d. Art. 7 I UGP-RL, wenn der Gewerbetreibende zum Kauf auffordert. Die Vorschrift trägt dem gesteigerten Informationsinteresse des Verbrauchers Rechnung, wenn sich der Kontakt zum Gewerbetreibenden entsprechend verdichtet hat. Nach Nr. 64 der Begründung zum Richtlinienvorschlag muß daher „allgemeine marken- und produktbezogene Werbung, welche die Voraussetzungen eines Kaufangebots nicht erfüllt, die Informationen nicht enthalten".

Was unter „Aufforderung zum Kauf" zu verstehen ist, wird in Art. 2 lit. i UGP-RL definiert als „jede kommerzielle Kommunikation, die die Merkmale des Produktes und den Preis einer Ware angibt, die den Mitteln der verwendeten kommerziellen Kommunikation angemessen ist und den Verbraucher dadurch in die Lage versetzt, einen Kauf zu tätigen". Der „Kauf" kann sich also auf alle „Produkte" i. S. d. Art. 2 lit. c UGP-RL und damit auch auf Dienstleistungen erstrecken. Er ist nicht im

---

[2156] Vgl. o. S. 402 f.

vertragsrechtlichen Sinne (§ 433 BGB) zu verstehen. Zentrales Merkmal der Aufforderung gem. Art. 2 lit. i UGP-RL ist, daß der Verbraucher durch Angabe von Schlüsselinformationen „in die Lage versetzt wird, einen Kauf zu tätigen". Eine bloße Aufmerksamkeitswerbung fällt daher nicht unter Absatz IV, zumal diese ohnehin nur mittelbar Einfluß auf die Verbraucherentscheidung hat und daher von der Richtlinie nicht erfaßt wird (Erwägungsgrund 7; vgl. o.).

Ein Rechtsbindungswille des Gewerbetreibenden ist nicht Voraussetzung dieser Definition des Art. 2 lit. c UGP-RL, weshalb kein schuldrechtliches Angebot erforderlich ist, sondern eine invitatio ad offerendum genügt.[2157] Dies allein genügen zu lassen, wäre sehr weitgehend, da so in jeder Fernsehwerbung für ein konkretes Produkt mit Preisangabe beispielsweise die Adresse des Werbenden mitzuteilen wäre (Art. 7 IV lit. b UGP-RL). Dies wäre nicht nur realitätsfern, sondern wäre auch vom Informationsinteresse des Verbrauchers und damit dem Zweck der Norm nicht gedeckt. Die Regelung bereitet also ähnliche Schwierigkeiten wie § 1 PAngV, bei dem hinsichtlich der Preisangabenpflicht zwischen einfacher Werbung und dem „Anbieten" von Waren zu differenzieren ist.[2158] Ein „Anbieten" liegt bei jeder Erklärung eines Unternehmers vor, die im Verkehr als rein tatsächliches - auch unverbindliches - Angebot verstanden wird, sofern die Ankündigung ihrem Inhalt nach so konkret gefaßt ist, daß sie nach der Verkehrsauffassung den Abschluß eines Geschäfts auch aus Sicht des Kunden ohne weiteres zuläßt.[2159] Keine Anbieten liegt dagegen vor, wenn es noch ergänzender Angaben bedarf, um ein Geschäft zum Abschluß zu bringen.[2160]

Ähnlich verhält es sich auch beim Merkmal des „Anbietens" im Sinne des § 3 Pkw-ENVkV, welches eine Pflicht zur Angabe von CO_2-Emissionen und Kraftstoffverbrauch eines beworbenen Pkw auslöst.[2161] Nach Anlage 4 (zu § 5) Abschnitt I Nr. 3 der Pkw-EnVKV fällt das bloße Bewerben einer Fabrikmarke oder eines Typs, ohne daß Angaben zur Motorisierung gemacht werden, nicht unter das „Anbieten". Allein eine bloße invitatio ad offerendum genügt also nicht, sondern es müssen produktspezifische Basisinformationen (Motorleistung) gegeben werden, die in untrennbarem inneren Zusammenhang mit den weiteren geforderten Informationen stehen und dem Verbraucher überhaupt erst eine entsprechende Beschäftigung mit dem Produkt ermöglichen.

2157 Apostolopoulos GRUR Int. 2005, 292, 298; Apostolopoulos WRP 2004, 841, 848; Keßler/Micklitz BB-Spec 13/2005 1, 18; vgl. Veelken WRP 2004, 1, 22.

2158 Vgl. im Ergebnis auch Diskussionsentwurf der AG UWG, S. 17.

2159 Vgl. Hefermehl/Köhler/Bornkamm - Köhler § 1 PAngV Rn. 8.

2160 Vgl. Hefermehl/Köhler/Bornkamm - Köhler § 1 PAngV Rn. 8.

2161 Zur Pkw-EnVKV Goldmann WRP 2007, 38 ff.

Diese Ansätze sind zu kombinieren. Es ist zusätzlich zu den Abgrenzungskriterien aus § 1 PAngV auf das Informationsinteresse des Verbrauchers abzustellen, so daß eine Aufforderung nur dann anzunehmen ist, wenn ein Vertragsabschluß möglich und vom Verbraucher auf der Grundlage der schon zur Verfügung stehenden Informationen - bei unterstellter Redlichkeit des Gewerbetreibenden - üblicherweise auch ernsthaft in Erwägung gezogen wird. Will sich der Gewerbetreibende den Informationsanforderungen nicht aussetzen, muß er seine Werbung allgemein halten oder bei konkret produktbezogener Werbung auf die Preisangabe verzichten, weil dann gem. Art. 2 lit. I UGP-RL keine Aufforderung zum Kauf vorliegt.

Zu begrüßen ist, daß der Diskussionsentwurf den vertragsrechtlich geprägten und damit mißverständlichen Begriff der „Aufforderung zum Kauf" durch den des „Anbietens" von Waren ersetzen will und damit auch einen Bezug zur PAngV schafft. Problematisch ist es jedoch, bei der Frage der Aufforderung auch auf das verwendete Kommunikationsmittel abzustellen.[2162] Zwar wäre dies aus praktischen Erwägungen sinnvoll, es findet jedoch keinen Anklang in der Richtlinie. Auch hängt allenfalls die Verbrauchererwartung, nicht aber das Informationsinteresse des Verbrauchers vom Kommunikationsmedium ab.

II) Umfang der Vermutung der „Wesentlichkeit"

Die sehr offen formulierte Anknüpfung an die „Wesentlichkeit" in Art. 7 IV UGP-RL läßt ungeklärt, ob hiermit nur die besondere Bedeutung der Information[2163] oder auch die Kaufentscheidungsrelevanz vermutet wird.[2164]

Stellenweise wird darauf verwiesen, aus dem identisch aufgebauten für Art. 7 V UGP-RL geltenden Erwägungsgrund 15 folge, daß auf eine zusätzliche Prüfung der Relevanz des Verschweigens für die Verbraucherentscheidung verzichtet werden könne.[2165]

Es muß jedoch bezweifelt werden, ob sich dies aus Erwägungsgrund 15 herauslesen läßt. In dem Erwägungsgrund ist nämlich - anders als in den Erwägungsgründen 17 und 18, welche sich auf die Per-se-Verbote des Anhanges I beziehen - nicht von Unlauterkeit unter allen Umständen, sondern ebenfalls nur pauschal von „Wesentlichkeit" die Rede. Was genau damit gemeint ist, daß eine Information „als wesentlich angesehen" wird, wird auch hier nicht erläutert.

2162 So aber der Diskussionsentwurf der AG UWG, S. 44.

2163 So Apostolopoulos WRP 2004, 841, 848.

2164 So Veelken WRP 2004, 1, 22.

2165 Seichter WRP 2004, 1087, 1092 Fn. 67.

Für das Erfordernis der Relevanz auch in Fällen des Absatz IV (und damit auch des Absatz V) spricht jedoch ein Umkehrschluß aus der Trennung der Fälle des Art. 7 IV UGP-RL und den Per-se-Verboten der „schwarzen Liste". Wäre im Falle der Aufforderung zum Kauf die Kaufentscheidungsrelevanz nicht zu prüfen, so wären diese Fälle in der „schwarze Liste" geregelt. Weiter ist auf Art. 7 IV lit. a UGP-RL hinzuweisen, wonach die wesentlichen Merkmale des Produkts in Fällen der Aufforderung zum Kauf anzugeben sind. Angesichts der Reichweite der „Aufforderung zum Kauf" würde eine solche Vielzahl von Werbungen erfaßt, daß für Art. 7 I UGP-RL nur noch ein verhältnismäßig geringer Anwendungsbereich bliebe.[2166] Auch würde das Informationsinteresse des Verbrauchers es nicht rechtfertigen, regelnd in den Bereich der Werbung einzugreifen, wenn diese auf seine Entscheidung und damit auf seine Funktion als Werkzeug zur Verwirklichung des Binnenmarktes (Art. 1 UGP-RL) ohne Einfluß ist. Die Beantwortung der Frage nach der Erforderlichkeit einer Relevanzprüfung hängt weiter davon ab, ob man die „Wesentlichkeit" als eigenes Tatbestandsmerkmal oder nur als Definition der Kaufentscheidungsrelevanz betrachtet. Nach der hier vertretenen Auffassung ist die Wesentlichkeit der verschwiegenen Information neben der Relevanz für die Verbraucherentscheidung eine zusätzliche, das Irreführungsverbot einschränkende Voraussetzung des Art. 7 I UGP-RL (vgl. o.[2167]). Hiervon geht offenbar auch die „Arbeitsgemeinschaft unlauterer Wettbewerb" aus, weil in § 5 IV des Diskussionsentwurfs (welcher Art. 7 I UGP-RL umsetzten soll) deutlich zum Ausdruck kommt, daß „Wesentlichkeit" und Entscheidungsrelevanz zwei verschiedene Paar Schuhe sind („[...] wesentlich *und* dazu geeignet ist, die Entscheidung zu beeinflussen"[2168]).

Die Relevanz des Verschweigens für die Verbraucherentscheidung ist daher auch in Fällen des Art. 7 IV UGP-RL zu prüfen.

III) Umfang der Pflichten

1) Art. 7 IV lit. a UGP-RL: wesentliche Merkmale des Produkts

Nach Art. 7 IV lit. a UGP-RL müssen bei einer Aufforderung zum Kauf alle wesentlichen Merkmale des Produkts in einem für das Kommunikationsmedium angemessenen Umfang angegeben werden. Der Umfang der Pflichten wird dabei von dem Produkt und dem Werbemedium abhängig gemacht. Eine Angabe in AGB genügt dem Informationsinte-

---

2166 Vgl. Apostolopoulos WRP 2004, 841, 848.

2167 Vgl. o. S. 399.

2168 Hervorhebung vom Verf.

resse des Verbrauchers dabei nicht,[2169] da er diese nicht in ausreichendem Maße zur Kenntnis nehmen wird.

Nicht ganz deutlich ist, ob mit der Vorschrift auch das Anbieten im Ladenlokal erfaßt werden soll, weil Art. 7 IV lit. a UGP-RL offenbar von der Verwendung eines Mediums ausgeht. Komplexere Produkte dürften dann nicht ohne einen Grundstock an Informationen angeboten werden, weil bei ihnen die bloße Inaugenscheinnahme nicht alle wesentlichen Informationen liefert. Dies wäre nur bedingt interessengerecht, denn der informationsmündige Verbraucher ist selbst in der Lage, Informationen nachzufragen und deren Fehlen zu erkennen. Anders als im Fernabsatz - bei dem der Gesetzgeber aufgrund der Besonderheiten des verwendeten Mediums einen erhöhten Informationsbedarf gesehen hat - ist der Verbraucher hier in seinen Informationsmöglichkeiten nicht in gleichem Maße beschränkt. Allerdings ist auch zu bedenken, daß hier - anders als etwa im Fernabsatzrecht - immer noch die Kaufentscheidungsrelevanz und damit ebenfalls ein gesteigerter Informationsbedarf gegeben sein muß. Es werden daher nach Sinn und Zweck der Norm auch Verkaufsgespräche erfaßt.

Aufgrund des Erfordernisses der Kaufentscheidungsrelevanz ist allerdings offen, ob der Norm wirklich eigenständige Bedeutung zukommt, da sie damit im wesentlichen wiedergibt, was sich bereits aus Art. 7 I UGP-RL ergibt. Auch wenn man - wie bei § 1 I Nr. 3 BGB-InfoV - erhöhte Anforderungen stellt und eine detaillierte und übersichtliche Beschreibung ohne Weitschweifigkeit, aus welcher der Verbraucher die für seine maßgeblichen Merkmale entnehmen kann,[2170] fordert, bleibt die Kaufentscheidungsrelevanz das zentrale Merkmal. Will man daher die Ansicht vertreten, eine Kaufentscheidungsrelevanz sei nicht erforderlich, wäre die eigenständige Bedeutung neben Art. 7 V UGP-RL, über welchen u. a. ein Verstoß gegen die Pflicht zur Angabe wesentlicher Produktmerkmale im Fernabsatzrecht zu sanktionieren ist, ebenso unklar, wie sich ein Widerspruch zur Annahme eines erhöhten Informationsinteresses im Fernabsatz ergäbe. So oder so läuft die Regelung daher nicht rund.

Jedenfalls kennt das UWG keine vergleichbare Vorschrift, weshalb Umsetzungsbedarf besteht.

2) Art. 7 IV lit. b UGP-RL; Anschrift und Identität des Gewerbetreibenden

Nach Art. 7 IV lit. b UGP-RL sind Anschrift und Identität des Gewerbetreibenden, also z. B. sein Handelsname und gegebenenfalls Anschrift

---

[2169] Veelken WRP 2004, 1, 22; vgl. Palandt - Grüneberg § 1 BGB-InfoV Rn. 3.

[2170] Vgl. Palandt - Grüneberg § 1 BGB-InfoV Rn. 3.

und Identität des Gewerbetreibenden, für den er handelt, anzugeben. Die letztgenannte Alternative bezieht sich offenbar auf Fälle, in denen Dritte gem. Art. 2 lit. b UGP-RL zwar Gewerbetreibende sind, jedoch für einen anderen Gewerbetreibenden handeln. Die Vorschrift ermöglicht es dem Verbraucher, sich schon vor Vertragsschluß zu vergewissern, mit wem er kontrahiert. Es ist zu überlegen, ob diese Vorschrift nicht auf die Auslegung des Fernabsatzrechts ausstrahlt. Wenn nach allgemeinem Lauterkeitsrecht bereits bei Aufforderung zum Kauf Name und Anschrift angegeben werden müssen, liegt es nahe, die Erfüllung der (fast identischen) Pflicht nach § 1 I Nr. 3 BGB-InfoV nur dann als „rechtzeitig vor Vertragsschluß" i. S. d. § 312c I BGB anzusehen, wenn diese auch bei „Aufforderung zum Kauf" erfüllt wird, weil der Gesetzgeber im Fernabsatzrecht ein Informationsbedürfnis gesehen hat, welches über das im allgemeinen Lauterkeitsrecht geregelte hinausgeht.

In der Rechtsprechung zum UWG ist bereits darauf hingewiesen worden, es sei ein elementarer Grundsatz wettbewerblichen Anstands, daß der Wettbewerbsteilnehmer sich offen zu seiner Identität bekenne und diese nicht verberge, damit sein Geschäftspartner erforderlichenfalls etwaige zivilrechtliche Ansprüche durchsetzen könne.[2171] Allerdings ging es in der betreffenden Entscheidung nicht um eine allgemeine Angabepflicht, sondern um das gezielte Verbergen durch nichtssagende Angaben im Telefonbuch. Auch können verschiedene Konstellationen auch über den Rechtsbruchtatbestand (z. B. i. V. m. GewO) erfaßt werden. In dieser Offenheit ist die Pflicht zu Identitätsangabe jedoch neu und damit umzusetzen.

3) Art. 7 IV lit. c UGP-RL: Preisangaben

Die Pflicht zur (vollständigen) Preisangabe des Art. 7 IV lit. c UGP-RL findet sich im deutschen Recht bereist in der PAngV wieder. Eine Umsetzung ist daher nicht erforderlich.[2172]

4) Art. 7 IV lit. d UGP-RL: Zahlungs-, Liefer- und Leistungsbedingungen

a) Regelungsinhalt des Art. 7 IV lit. d UGP-RL

Nach Art. 7 IV lit. d UGP-RL sind Liefer- und Zahlungsbedingungen anzugeben, sofern diese „von den Erfordernissen der beruflichen Sorgfalt abweichen". Gleiches gilt für das Verfahren im Umgang mit Beschwerden. Hiervon werden Fälle erfaßt, in denen billigerweise davon

---

2171 OLG Düsseldorf GRUR-RR 2004, 24 – Schlüsselnotdienst; vgl. KG GewA 1991, 270, 271 (zum Verstoß gegen § 15a GewO i. V. m. § 1 UWG a. F.).

2172 Für eine Umsetzung nur aus Gründen der besonderen Bedeutung aber der Diskussionsentwurf der AG UWG, S. 45.

ausgegangen werden kann, daß der Gewerbetreibende gegenüber dem Verbraucher gemäß den anständigen Marktgepflogenheiten und/oder dem allgemeinen Grundsatz von Treu und Glauben andere Bedingungen verwendet (vgl. Art. 2 lit. h UGP-RL).

Maßgeblich ist also insbesondere das Übliche und die – hieraus fließende – berechtigte Verbrauchererwartung. Entscheidend ist damit eine Interessenabwägung. Darüber hinaus widerspricht eine Abweichung vom Grundgedanken der gesetzlichen Vorschriften stets der „beruflichen Sorgfalt" und löst damit eine Hinweispflicht aus.

Der Umfang der Angabepflicht kann im Einzelfall problematisch sein, weil der Pflicht bei Liefer- und Zahlungsbedingungen faktisch nur durch Übergabe von AGB nachgekommen werden kann. Diese sind oftmals Kern des Vertragswerkes. Die AGB – oder ein ähnliches Papier – wird der Verbraucher in den meisten Fällen aber wohl kaum lesen. Interessengerechter wäre es gewesen, den Gewerbetreibenden nur zur – deutlichen – Angabe wesentlicher Abweichungen zu verpflichten. Diese nähme der Verbraucher wahr und er würde vor weiteren, weniger bedeutenden Abweichungen hinreichend gewarnt. Weiter ist die Vorschrift deshalb problematisch, weil sie unabhängig vom verwendeten Werbemedium gilt und auch daher im Einzelfall zu weit gefaßt sein kann. Auch hat diese Vorschrift Auswirkungen auf das Vertragsrecht, weil sie die Pflicht zur Angabe bestimmter AGB – nämlich der Liefer- und Zahlungsbedingungen – weit in den vorvertraglichen Bereich verlegt. Behält man das integrierte Modell von Verbraucher- und Mitbewerberschutz in einem einheitlichen Gesetz bei, so besteht diese Pflicht auch für Werbung gegenüber Gewerbetreibenden. Entgegen § 310 I BGB müßten deshalb u. U. die AGB dem Gewerbetreibenden dann doch zumindest teilweise ausgehändigt werden. Damit wird das abstrakt-generelle Lauterkeitsrecht strenger als das konkret individuelle Schuldrecht.

b) Umsetzung des Art. 7 IV lit. d. UGP-RL im Diskussionsentwurf

Der Diskussionsentwurf formuliert in seinem § 5 V Nr. 4, eine Pflicht zur Angabe von Zahlungs-, Liefer- und Leistungsbedingungen bestehe, wenn die Bedingungen „von wesentlichen Grundgedanken der gesetzlichen oder auf andere Weise verbindlichen Regelung abweichen". Der Terminus der „sonst verbindlichen Regelung" erschließt sich nicht ohne weiteres und klingt nach Gewohnheitsrecht. Dies würde dem dynamischen Wettbewerbsrecht nicht gerecht. Vorzugswürdig ist daher, auf die berechtigte Verbrauchererwartung abzustellen.

5) Art. 7 IV lit. e UGP-RL: Rücktritts- oder Widerrufsrechte

Nach Art. 7 IV lit. e UGP-RL ist auf das Rücktritts- und das Widerrufsrecht i. S. d. § 355 BGB hinzuweisen. Diese Konstellationen werden bislang schon über § 4 Nr. 11 UWG erfaßt. Dies wird künftig nicht mehr möglich sein (dazu sogleich[2173]), so daß ein entsprechender Tatbestand in das UWG zu übernehmen ist.

IV) Verhältnis zu den anderen Tatbeständen

Art. 7 IV UGP-RL greift nur bei einem besonderen Informationsinteresse, weil sich das Informationsinteresse des Verbrauchers bei Aufforderung zum Kauf entsprechend verdichtet hat. Dies trifft jedoch keine Aussage darüber, ob das Informationsinteresse nicht auch schon vor der Aufforderung zum Kauf beispielsweise hinsichtlich wesentlicher Merkmale des Produkts eine Informationspflicht rechtfertigt. Dem Katalog des Art. 7 IV UGP-RL kommt daher keine Sperrwirkung dahingehend zu, daß die dort aufgeführten Informationen immer erst bei einer Aufforderung zum Kauf angegeben werden müssen.[2174]

G) Die Regelung des Art. 7 V UGP-RL

Gemäß Art. 7 V UGP-RL gelten die gemeinschaftsrechtlichen Informationsanforderungen in Bezug auf die kommerzielle Kommunikation als wesentlich. Nicht abschließend, sondern nur beispielhaft findet sich im Anhang II eine Liste der wichtigsten gemeinschaftsrechtlichen Informationspflichten (insbesondere die in Teil 2 dieser Arbeit behandelten Pflichten). Ebenso wie bei Art. 7 IV UGP-RL muß auch hier zusätzlich die Relevanz i. S. d. Art. 7 I UGP-RL geprüft werden. Allein ein Verstoß gegen die betreffende Norm genügt daher nicht.

Der Diskussionsentwurf sieht keine Übernahme des Anhanges II vor, denn es könne der Rechtsprechung überlassen bleiben zu bestimmen, welche Pflichten im Einzelnen unter die Vorschrift fallen.[2175] Dies entspricht der Praxis zu den gesetzlichen Aufklärungspflichten bei § 5 II 2 UWG bzw. § 4 Nr. 11 UWG und unterliegt keinen Bedenken.

2173 Vgl. u. S. 413 f.

2174 Keßler/Micklitz BB-Spec. 13/2005, 1, 18/19.

2175 Diskussionsentwurf der AG UWG, S. 40.

H) Änderungen in der Liste des § 4 UWG?

I) Fortbestand des Rechtsbruchtatbestandes (§ 4 Nr. 11 UWG)?

Nachdem Art. 7 V UGP-RL für Verstöße gegen bestimmte gemeinschaftsrechtliche Verbote eine Wettbewerbswidrigkeit nur dann ausspricht, wenn dieser Verstoß auch kaufentscheidungsrelevant ist, stellt sich die Frage, ob § 4 Nr. 11 UWG in der bisherigen Form bestehen bleiben kann. Nach § 4 Nr. 11 UWG genügt nämlich bereits der Verstoß gegen eine Marktverhaltensregel, ohne daß es einer Irreführung bedarf. Denkbar wäre zwar, die Kaufentscheidungsrelevanz über die Bagatellklausel des § 3 UWG auch in die bestehenden Vorschriften des UWG hereinzulesen,[2176] dies würde jedoch die systematischen Unterschiede zwischen § 4 UWG und § 5 UWG verwischen (vgl. hierzu o.[2177]). Bei § 4 Nr. 11 UWG kommt es auf die Kaufentscheidungsrelevanz nicht an, wohingegen diese bei § 5 UWG positiv festzustellen ist. § 4 Nr. 11 UWG ist daher in Bezug auf die gemeinschaftsrechtlichen Informationspflichten i. S. d. des Art. 7 V UGP-RL neu zu fassen. Hieraus folgt eine erhebliche Liberalisierung des Wettbewerbsrechts, welche nach deutschem Verständnis einer kleinen Revolution gleichkommen dürfte, aber dem Schutzzweck der Richtlinie entspricht. Hat ein Verstoß gegen eine Informationspflicht keinen Einfluß auf die Verbraucherentscheidung, so ist dieser Verstoß auch ohne Folgen für den Verbraucher und die Verwirklichung des Binnenmarktes. Zuzugeben ist, daß die Richtlinie hier in sich widersprüchlich ist, da sie einerseits Per-se-Verbote für auch eher fernliegende Geschäftspraktiken aufstellt und andererseits den Verstoß gegen maßgebliche gemeinschaftsrechtliche Informationspflichten von der Kaufentscheidungsrelevanz abhängig macht. In der Praxis könnte man dieses Problem dadurch entschärfen, daß man die Kaufentscheidungsrelevanz eines Verstoßes (welcher ja normativ festzustellen ist, vgl. o.[2178]), deshalb vermutet, weil der Gemeinschaftsgesetzgeber diesen Informationen besondere Bedeutung zugemessen hat.

Unproblematisch können unter den Rechtsbruchtatbestand aber aufgrund Erwägungsgrund 7 solche Regeln, die nur aufgrund von Sitte und Moral bestehen, und über Erwägungsgrund 9 solche, die dem Schutz der Gesundheit oder Sicherheit des Verbrauchers dienen, gefaßt werden.[2179]

2176 Vgl. Glöckner/Henning-Bodewig WRP 2005, 1311, 1332.

2177 Vgl. o. S. 205 f. zum „Drei-Säulen-Modell".

2178 Vgl. o. S. 283, insb. 298 ff.

2179 Köhler GRUR 2005, 793, 799, Tz. 46.

Der Diskussionsentwurf äußert sich zu diesem Problemkreis leider nicht. Er läßt § 4 Nr. 11 UWG unberührt, obwohl auch er zwischen „Wesentlichkeit" und Entscheidungsrelevanz differenziert (vgl. o.[2180]).

II) Fortbestand des § 4 Nr. 4 UWG?

Vor dem gleichen Hintergrund wie § 4 Nr. 11 UWG ist auch § 4 Nr. 4 UWG problematisch, welcher bei Verkaufsförderungsmaßnahmen die nicht klare und eindeutige Angabe der Bedingungen für die Inanspruchnahme der Vergünstigungen auch ohne Irreführung verbietet. Allein aus den Wendungen „nicht klar und eindeutig" kann nicht auf das Erfordernis einer Irreführung i. S. d. § 5 UWG, sondern nur auf das Erfordernis einer Fehlvorstellung (ohne Entscheidungsrelevanz) geschlossen werden. Auch § 4 Nr. 4 UWG kann in dieser Form daher keinen Fortbestand haben.

7. Abschnitt Art. 5 V UGP-RL, die „schwarze Liste"

Anhang I zur Richtlinie enthält einen abschließenden Katalog von Geschäftspraktiken, welche nach Art. 5 V UGP-RL stets unlauter sind („Per-se-Verbote"). Auf eine Beeinflussung der Verbraucherentscheidung kommt es hier nicht an. Es handelt sich daher quasi um abstrakte Gefährdungsdelikte, wie etwa § 4 Nr. 4, 5 UWG. Diese Regelungen in Anhang I haben nur geringen Bezug zu Informationspflichten (z. B. Nr. 11, Verbot redaktioneller Werbung), da die meisten Fälle aktives Tun sind.

Dir Regelungen des Anhanges I sollten am besten durch Übernahme in einen Anhang des UWG umgesetzt werden.[2181] Dies dient der Rechtsklarheit. Zwar mag eine Erwähnung der Fallgruppen in der Gesetzesbegründung das Gesetz schlank halten und unnötige Wiederholungen vermeiden,[2182] für den Rechtsanwender, der kein Jurist ist, würde dies aber letztlich wie ein zweites zwar verbindliches, jedoch „geheimes" Gesetz für die Fachleute wirken. Die Rechtsklarheit ist angesichts der detaillierten Regelungen aber gerade Ziel des Anhanges. Ansonsten wären Regelungen wie beispielsweise Nr. 17 (falsche Behauptung, ein Produkt könne Krankheiten etc. heilen) oder auch Nr. 12 (falsche Behauptung über Gefahr für die Sicherheit des Verbrauchers), welche auch ohne Per-se-Verbot stets dem Irreführungstatbestand unterfielen, nur so zu erklären, daß der Richtliniengeber den nationalen Gerichten die Auslegung der Generalklauseln nicht zutraut. Nur am Rande sei darauf

---

[2180] Vgl. o. S. 408.

[2181] So auch Fezer WRP 2006, 781, 783; a. A. Gamerith WRP 2005, 391, 425 (Anhang als unverbindliche praktische Leitlinie); a. A. Köhler GRUR 2005, 793, 797 Tz. 31 (nur Erwähnung in den Gesetzesmaterialien).

[2182] Dies betont Köhler GRUR 2005, 793, 797 Tz. 31.

hingewiesen, daß Anhang I in dieser Form Gefahr läuft, unsystematisch und uferlos zu werden.[2183]

Der Diskussionsentwurf sieht eine - mit Ausnahme von Nr. 26[2184] - vollständige Übernahme des Anhanges I in das UWG ebenfalls als Anhang vor, auf welchen ein neu einzufügender Paragraph (§ 3 II des Entwurfs) verweist.

8. Abschnitt Verhaltenskodizes

Nach Art. 6 II lit. b UGP-RL kann auch die Nichteinhaltung eines Verhaltenskodex irreführend sein, wenn dies für die Verbraucherentscheidung relevant ist. Denkbar ist, daß sich auch hieraus eine Informationspflicht ergibt, sofern ein Verhaltenskodex eine solche aufstellt. Will man einen derartigen Fall des Unterlassens nicht - eigentlich systemwidrig - über Art. 6 UGP-RL regeln, sollte die durch den Verhaltenskodex vorgeschriebene Information als „wesentlich" i. S. d. Art. 7 I UGP-RL angesehen werden. Bislang haben derartige freiwillige Regelungen, welche sich eine Branche selbst auferlegt, in Deutschland kaum praktische Bedeutung, weshalb die Vorschrift hier nicht vertieft werden soll.

9. Abschnitt Regelungstechnik; Verhältnis von schwarzer Liste, Spezialtatbeständen und Generalklausel zueinander

Die Vorschriften der Richtlinie (bzw. die Vorschriften, welche zu deren Umsetzung erlassen werden) sind in „umgekehrter Reihenfolge" zu prüfen, d. h. eine Handlung ist zunächst an der „schwarzen Liste" des Anhang I, dann an den Spezialtatbeständen der Art. 6-9 und sodann an der Generalklausel zu messen.[2185]

Nach dem Regelungskonzept der Richtlinie sperrt die jeweils speziellere Vorschrift die Anwendung der allgemeinen grundsätzlich nicht. Es kann daher daraus, daß eine der Handlungen zu einer Fallgruppe im Anhang I gehört, geschlossen werden, diese Handlung sei immer nur unter den dort genannten Umständen unlauter.[2186] Die fraglichen Handlungen sind unter den im Anhang genannten Vorschriften nämlich nur per se unlauter. Zu berücksichtigen ist allerdings, daß in den Fallgruppen des Anhangs bestimmt Wertungen zum Ausdruck kommen können, die vor dem Hintergrund der Vollharmonisierung beachtet werden müssen.

2183 Gamerith WRP 2005, 391, 432; Kritik zu einzelnem Fallgruppen etwa bei Köhler ZLR 2005, 3, 9 Tz. 19 und Gamerith WRP 2005, 391, 425 f.

2184 Siehe hierzu Diskussionsentwurf AG UWG, S. 26.

2185 Keßler/Micklitz BB-Spec. 13/2005, 1, 8; Gamerith WRP 2005, 391, 415.

2186 Köhler ZLR 2005, 3, 9 Tz. 19.

Insoweit kann daher auch der Anhang I im Einzelfall tatbestandsähnliche Wirkung haben.[2187] Nur so kann eine faktische und nach Art. 5 V UGP-RL unzulässige Erweiterung der Liste durch die nationalen Gerichte verhindert werden.[2188] Gleiches gilt für die Anwendung der Generalklausel, wenn die Spezialtatbestände nicht greifen, so daß sich diese in erster Linie auf neue Geschäftspraktiken bezieht.[2189] Dies ist für das deutsche Wettbewerbsrecht nicht neu, denn etwa § 5 UWG entfaltet aufgrund der in ihm zum Ausdruck kommenden Wertungen auch nach bisherigem (hier vertretenen[2190]) Verständnis tatbestandsähnliche Wirkung, obwohl die Norm lediglich § 3 UWG konkretisiert.

10. Abschnitt Zwischenergebnis zum Umsetzungsbedarf hinsichtlich der UGP-Richtlinie

Auch die UGP-RL spinnt trotzt ihrer Beschränkung auf das Verhältnis Unternehmer-Verbraucher den Gedanken des objektiven Marktverhaltensrechts, welches das freie Kräftespiel des Marktes sichern will, fort. Sie ist ein weiterer Schritt in Richtung eines objektiven Marktkommunikationsrechts. Es ist jedoch nicht zu begrüßen, daß die Richtlinie sich nur dem Verbraucher-, nicht aber dem Mitbewerberschutz widmet. Es sollte daher im UWG beim integrierten Modell unter Beibehaltung der Schutzzweckklausel des § 1 UWG bleiben. Dies ist unproblematisch, da sowohl der Mitbewerberschutz als auch der Schutz anderer Verbraucherinteressen als der wirtschaftlichen Entscheidung außerhalb des Anwendungsbereichs der Richtlinie liegen.

Der Zentralbegriff der „Wettbewerbshandlung" kann im UWG unverändert erhalten blieben, wenngleich eine eindeutig objektive Definition wünschenswert wäre. Insbesondere zwingen die Beschränkungen der Richtlinie auf die unmittelbare Verbraucherbeeinflussung und -beeinträchtigung nicht zu einer Änderung des UWG, sofern das integrierte Modell beibehalten wird. Ebenso ist es unschädlich, wenn sich das UWG auch auf die Nachfrageförderung erstreckt.

Der neue europarechtliche Unlauterkeitsbegriff bestätigt den hier schon zum bisherigen UWG vertretenen objektiven Unlauterkeitsbegriff, denn auch nach Art. 5 I UGP-RL ist die gleiche Interessenabwägung wie bei § 3 UWG Grundlage der Unlauterkeitsbestimmung.

Auch das objektiv-normative Verbraucherleitbild des UWG wird durch die Richtlinie voll bestätigt. Ein geringfügiger Umsetzungsbedarf zwecks

---

2187 Engels K & R 2005, 59, 63.

2188 Engels K & R 2005, 59, 63 f.

2189 Apostolopoulos WRP 2005, 152, 156 f.; Keßler/Micklitz BB-Spec. 13/2005, 1, 16.

2190 Vgl. o. S. 207 ff.

Klarstellung besteht lediglich hinsichtlich der besonders schützbedürftigen Personengruppen, da ein Verstoß gegen § 4 Nr. 2 UWG in richtlinienkonformer Anwendung schon bei grob fahrlässigem Verhalten vorliegt.

Die Regelungen der Art. 7 I, 7 II 1. HS., 7 III UGP-RL bringen inhaltlich keine Veränderung. Aus Gründen der Klarstellung könnte jedoch eine gestraffte und von Unklarheiten befreite Übernahme in das UWG erfolgen.

Es ist – mit Ausnahme der Preisangabenpflicht – jedoch eine dem Art. 7 IV UGP-RL entsprechende Vorschrift in das UWG aufzunehmen. Die „Aufforderung zum Kauf“ ist dabei so auszulegen wie das „Anbieten“ im Rahmen von § 1 PAngV und sollte daher ebenso bezeichnet werden. Gilt eine verschwiegene Information nach Art. 7 IV UGP-RL als „wesentlich“, ist das Verschweigen nur relevant, wenn dieses für die Verbraucherentscheidung relevant ist. Die Pflichten nach Art. 7 IV lit. a, b und d UGP-RL sind in dieser Form im Lauterkeitsrecht neu und bürden dem Unternehmer nicht unerhebliche Informationspflichten auf, wie sie bislang nur bei besonderen Geschäften (z. B. Fernabsatz) galten. Eine Einschränkung besteht nur aufgrund der zu fordernden Relevanz des Verschweigens für die Kaufentscheidung. Die Gründe für die detaillierte Regelung erschließen sich aus lauterkeitsrechtlicher Sicht nicht vollständig. So dient die Pflicht zur Angabe von Anschrift und Identität eher der Durchsetzung von Ansprüchen und geht damit über die Sicherung der Entscheidungsgrundlage, also den Schutzzweck des Art. 1 UGP-RL, hinaus. Auch die eigenständige Bedeutung von Art. 7 IV lit. a UGP-RL ist nicht klar.

Änderungen ergeben sich auch im Rahmen von § 4 UWG: § 4 Nr. 3 UWG ist um das Tatbestandsmerkmal der Entscheidungsrelevanz zu ergänzen, wohingegen § 4 Nr. 5 UWG kein Pendant in der Richtlinie findet und somit abzuschaffen ist.

Auch kann § 4 Nr. 11 UWG in dieser Form nicht fortbestehen, weil er Verstöße gegen gemeinschaftsrechtliche Informationsgebote in Bezug auf die kommerzielle Kommunikation auch ohne Relevanz des Verschweigens für die Verbraucherentscheidung verbietet und damit im Widerspruch zu Art. 7 V UGP-RL steht.

Weiter ist die „schwarze Liste“ dem UWG als Anhang beizufügen und die Generalklausel ist um einen entsprechenden Verweis auf diese Per-se-Verbote zu ergänzen.

Festzuhalten ist, daß die Richtlinie keine bahnbrechenden Verbesserungen für den Verbraucher bringen wird. Insbesondere stellt sich die augenscheinlich allgemeine Informationspflicht des Art. 7 UGP-RL als waschechtes Irreführungsverbot dar. Dies führt streckenweise sogar zu einer Liberalisierung, nimmt aber auch den Informationspflichten nach Abs. IV ihren Schneid. Ein Mehr wäre zur Verwirklichung des Binnenmarktes allerdings nicht erforderlich, da Handlungen ohne Einfluß auf die Verbraucherentscheidung diesen auch nicht zu „falschen" Marktentscheidungen veranlassen. Darüber hinausgehende Regelungen wären von „Sitte und Anstand" i. S. d. Erwägungsgrundes 7 getragen.

Die „drei Säulen der Information" werden durch die UGP-RL z. T. merklich verändert. Die „erste Säule" (ausdrückliche Informationspflichten aus dem UWG selbst oder über den Rechtsbruchtatbestand) bleibt nur eingeschränkt bestehen. Die §§ 4 Nr. 3, 4, 5 UWG sind zumindest um das Erfordernis eines entscheidungsrelevanten Irrtums zu ergänzen. Der Rechtsbruchtatbestand ist auf Verstöße gegen gemeinschaftsrechtliche Informationsgebote in Bezug auf die kommerzielle Kommunikation nicht mehr anwendbar, sondern wird auf nationale Regelungen ohne diesen europarechtlichen Bezug – insbesondere auf Regeln aufgrund Sitte und Anstand – beschränkt. Die erste Säule wird daher erheblich liberalisiert.

Die zweite Säule wird um Transparenzgebote aus Anhang I ergänzt (z. B. Nr. 11, Verbot redaktioneller Werbung) und um den neuen Irreführungstatbestand bereichert. Auch das Verbot des unangemessen unsachlichen Einflusses nach § 4 Nr. 1, 3. Alt. UWG bleibt trotz der Erweiterung des Irreführungstatbestandes für Fälle bestehen, in denen keine „Werbung" vorliegt.

Die Dritte Säule der Information erfährt nur scheinbar eine erhebliche Erweiterung, weil Art. 7 I UGP-RL auf die „informierte Entscheidung" abstellt. Inhaltlich bleibt es im wesentlichen jedoch bei einem Irreführungstatbestand, wie er bereits bekannt ist. Aus den gleichen Gründen wie zum bisherigen UWG liegt es daher nahe, daß die dritte Säule der Information keinen praktischen Anwendungsbereich findet und damit – trotz vielfacher Erwähnung von Informationspflichten ohne Irreführung – letztlich nur eine „Scheinsäule" ist.

Teil 8 Zusammenfassung der Ergebnisse

1. Abschnitt Gründe für Verbraucherschutz

Der Gedanke des Verbraucherschutzes hat insbesondere aufgrund europarechtlicher Einflüsse in den letzten Jahrzehnten im gesamten Zivilrecht an erheblicher Bedeutung gewonnen. Die besondere Schutzbedürftigkeit von Verbrauchern gegenüber Unternehmern wird dogmatisch überwiegend in einer strukturellen und typischen Ungleichgewichtslage zwischen Unternehmer und Verbraucher gesehen, welche dazu führe, daß der Verbraucher unfrei handele, so daß seine Entscheidungsfreiheit und damit die Privatautonomie eingeschränkt sei. In solchen typischen Ungleichgewichtssituationen sei ein Eingreifen des Gesetzgebers angezeigt. Dieses Verständnis liegt nicht nur zahlreichen Verbraucherschutzvorschriften des BGB, sondern auch deren europarechtlichen Vorgaben zugrunde. In tatsächlicher Hinsicht rechtfertigt sich der Verbraucherschutz durch informationelle und wirtschaftliche Defizite, welche der Verbraucher im Vergleich zum Unternehmer ausweist. Informationelle Defizite ergeben sich aus Mängeln bei der Möglichkeit der Informationsbeschaffung, aus fehlender Marktübersicht, der leichten Manipulierbarkeit des Verbrauchers, aber auch aus mangelnder Weitsicht und der Unkenntnis rechtlicher Grundtatbestände des Verbrauchers. Eine wirtschaftliche Unterlegenheit kann sich daraus ergeben, daß viele - insbesondere größere - Unternehmer angesichts zunehmender Marktmacht nicht auf das Geschäft mit dem einzelnen Kunden angewiesen sind, so daß sie sich opportunistisch verhalten.

2. Abschnitt Vorrang der Information als Schutzinstrument

Eines der wichtigsten Verbraucherschutzinstrumente sind Informationspflichten zugunsten des Verbrauchers. Neben ausdrücklichen Informationspflichten dienen insbesondere auch die Widerrufs- und Rücktrittsrechte der Information des Verbrauchers, weil diesem so eine erneute Überlegungsfrist und eine weitere Möglichkeit zur Informationsbeschaffung eingeräumt wird. Letztlich dienen sogar die Schriftformerfordernisse der Information des Verbrauchers, weil diese die Informationsaufnahme erhöhen.

Das Instrument der Information genießt Vorrang vor anderen Verbraucherschutzinstrumenten (insbesondere vor der Inhaltskontrolle). Dieser Vorrang wird als „Informationsmodell" oder auch „Informationsparadigma" bezeichnet.

Der Vorrang des Verbraucherschutzes durch - insbesondere vorvertragliche - Information hat verschiedene Gründe, die sich vor allem der europäische Richtliniengeber zu Eigen macht. Die Information ist das mildeste Mittel des Verbraucherschutzes, denn es läßt der Vertragsfreiheit größtmöglichen Spielraum und sichert als Spiegel dazu den Grundsatz „pacta sunt servanda“ in größtmöglichem Maße. Schon aus Gründen der Verhältnismäßigkeit ist der Information daher im Einklang mit der Cassis-de-Dijon-Rechtsprechung des EuGH Vorrang vor anderen Schutzinstrumenten einzuräumen. Insbesondere kommt der Information der Verbraucher aber wettbewerbsfördernde und -sichernde Wirkung zu, denn sie baut Marktintransparenzen ab. Der informierte Verbraucher wird als Instrument zur Verwirklichung des europäischen Binnenmarktes angesehen, denn nur der ausreichend informierte Verbraucher kann und wird auf dem europäischen Markt Produkte nachfragen, die seinen Bedürfnissen am ehesten entsprechen. Nur der informierte Verbraucher ist unverfälschter Brennpunkt der wettbewerblichen Auslese, ein Schiedsrichter über die wettbewerbliche Leistung der Anbieter. Nur die Marktentscheidung eines ausreichend informierten Verbrauchers birgt – ähnlich wie im Vertragsrecht – eine Richtigkeitsgewähr in dem Sinne in sich, daß er die für ihn optimale Leistung ausgewählt hat und daß sich das bessere Angebot nach den Gesetzen des Markts durchgesetzt hat. Der so geförderte Leistungswettbewerb kommt auch dem Verbraucher zugute und beugt einem Marktversagen infolge von Informationsdefiziten („adverse Auslese“) vor. Verbraucherschutz durch Information ist daher ein marktkomplementäres Verbraucherschutzinstrument, welches allen Beteiligten zum Vorteil gereicht.

Prämisse dieses Informationsmodells ist, daß der Verbraucher Informationen ausreichend wahrnimmt und verarbeitet und daher in der Weise verständig, aufmerksam und selbständig ist, daß er die Information angemessen bewerten und verarbeiten und den durch sie geförderten Wettbewerb als homo oeconomicus zu seinem Vorteil nutzen kann. Der Verbraucher ist „informationsmündig“.

3. Abschnitt Informationspflichten im Bürgerlichen Recht

Im Bürgerlichen Recht findet sich eine Vielzahl von vorvertraglichen Informationspflichten, welche – anders als es ihr Standort im zweiten Buch des BGB vermuten läßt – zumindest teilweise lauterkeitsrechtlicher Natur sind. Einige Normen sind sogar rein lauterkeitsrechtlicher Natur. Es gibt daher inzwischen ein in das Schuldrecht integriertes, spezielles Lauterkeitsrecht für die Anbahnung bestimmter Vertragstypen. Das europarechtliche Informationsmodell hat zur Folge, daß die nämlichen schuldrechtlichen Verbraucherschutzvorschriften als spezielles Werberecht nicht mehr allein ein konkret-individuelles Haftungsrecht darstellen, sondern hin zu einem abstrakt-generellen präventiven Schutz tendieren. Das Schuldrecht übernimmt damit nicht mehr nur die restitutive Aufgabe des Haftungsrechts, sondern überschneidet sich mit dem präventiven Charakter des originären Lauterkeitsrechts. Die bürgerlichrechtlichen Vorschriften werden untrennbar mit dem originären Lauterkeitsrecht zu einem ineinandergreifenden Schutzsystem verwoben.

Aus diesem Grunde kann das Lauterkeitsrecht nicht ohne Berücksichtigung der Wertungen, welche den schuldrechtlichen Informationspflichten zugrunde liegen, ausgelegt werden. Insbesondere müssen bei der Auslegung des Lauterkeitsrechts die Prämissen des Informationsmodells berücksichtigt werden. Weitere übergeordnete Wertungen können dem Schuldrecht jedoch kaum entnommen werden, weil die Vorschriften mit lauterkeitsrechtlichem Charakter eher einem anlaßbezogenen Flickenteppich als einem strukturierten Umgang mit Information gleichen. Insbesondere werden Verstöße gegen Informationspflichten ohne erkennbares Muster sanktioniert. Hier sollte ein strukturiertes Sanktionensystem geschaffen werden, bei welchem sich die Schwere der Sanktion an der Bedeutung der nicht erteilten Information für den Verbraucher orientiert.

Weiter sind die Informationspflichten inzwischen so zahlreich und kompliziert, daß selbst ein bemühter Unternehmer Gefahr läuft, seinen Pflichten nicht ausreichend nachzukommen. Dies führt zu einer unnötigen Rechtsunsicherheit sowie zusätzlichen Kosten für Rechtsberatung und gegebenenfalls Rechtsverteidigung, was wiederum zu höheren Preisen führt, den Wettbewerb behindert und dem Verbraucher schadet. Weiter überschreiten einige Informationspflichten das Maß an Information, welches der Durchschnittsverbraucher situationsangemessen verarbeiten kann. Ein Übermaß an Information bringt die grundsätzlich positiven Wirkungen von Information selbst zu Fall, weil der Verbraucher die wirklich relevanten Informationen nicht aus der Informationsflut herausfiltern kann, so daß diese möglicherweise untergehen. Jede Informationspflicht, die zur Sicherung der Verbraucherentscheidung oder sonstigen Förderung des Wettbewerbs nicht erforderlich ist, ist überflüssig und aus den gerade genannten Gründen sogar schädlich. Die Informationspflichten sollten daher nicht über das an der Informationsmündigkeit des Verbrauchers zu messende Informationsinteresse hinausgehen. Das Informationsinteresse nimmt mit den verschiedenen Stufen des Verhältnisses Unternehmer-Verbraucher bis zum Vertragsschluß zu(z. B. Werbestufe - allgemeines Geschäftsinteresse - Anbahnung eines konkreten Vertrages - Vertragsschluß - nachvertragliche Pflichten) .

4. Abschnitt Verbraucherschutz im UWG

Mit § 1 UWG in der Fassung der Reform von 2004 werden der Schutz der Mitbewerber, der sonstigen Marktteilnehmer - insbesondere der Verbraucher - und das Interesse der Allgemeinheit an einem unverfälschten Wettbewerb („Schutzzwecktrias") erstmals ausdrücklich als Schutzzweck des UWG im Gesetz erwähnt, was der Gesetzgeber als materiellen Schwerpunkt der Reform begriffen hat.

In Auslegung von § 13 BGB i. V. m. § 2 II UWG wird eine Wettbewerbshandlung gegenüber einem Verbraucher als Schutzsubjekt des UWG vorgenommen, wenn die Wettbewerbshandlung gegenüber einer natürlichen Person vorgenommen wird und auf ein potentielles Rechtsgeschäft gerichtet ist, welches weder deren gewerblichen noch selbstständigen beruflichen Tätigkeit zugerechnet werden kann. Gewerbe ist dabei jede nach außen in Erscheinung tretende, selbstständige, auf gewisse Dauer angelegte und planmäßige Tätigkeit. Der potentielle Geschäftszweck ist anhand objektiver Kriterien aufgrund einer Typisierung des Verbraucherhandelns unter Berücksichtigung der Verkehrsauffassung zu bestimmen. Existenzgründer sind Unternehmer. In analoger Anwendung von § 13 BGB kann eine nicht gewerblich tätige Gesellschaft Bürgerlichen Rechts im Einzelfall als Verbraucher auftreten.

Durch das UWG geschützte Interessen des Verbrauchers (Schutzgüter) sind die Privatsphäre, die (negative Informations-) Freiheit, das Eigentum, der Besitz, das sonstige Vermögen, die Gesundheit und insbesondere die rationale Entscheidung des Verbrauchers.

Der Schutz der Entscheidungsgrundlage des Verbrauchers ist untrennbar mit dem ebenfalls vom UWG bezweckten Schutz der Mitbewerber und der Sicherung und Förderung des Allgemeininteresses an einem unverfälschten Wettbewerb verbunden. Die wettbewerbsfördernde und -sichernde Wirkung des Verbraucherschutzes durch Information kommt gleichermaßen den Wettbewerbern wie den Verbrauchern zugute. Ein unverfälschter Wettbewerb ohne Marktstörung liegt im allseitigen Interesse, so daß im Lauterkeitsrecht - anders als im Schuldrecht - eine Interessenkonformität der Schutzzwecke besteht.

Der Zusammenhang von lauterkeitsrechtlichem Verbraucherschutz, Wettbewerb und Wettbewerbsförderung durch Information liegt vor allem den europarechtlichen Vorgaben zugrunde, wonach der informierte Verbraucher als Werkzeug für die Vollendung des Binnenmarkts eingesetzt wird. Es besteht allein infolge der Sicherung des Wettbewerbs durch das Lauterkeitsrecht ein originärer Verbraucherschutz in Form der Wettbewerbssicherung.

Das UWG verbietet mit dem Täuschungsverbot nur eine Falschinformation und statuiert damit nur eine mittelbare Pflicht zur Information. Damit wird lediglich verhindert, daß durch unlauteres Verhalten zusätzliche Marktintransparenz geschaffen wird. Hingegen zielt das Gros der vertragsrechtlichen Informationspflichten darauf, von vornherein bestehende Marktintransparenzen abzubauen, d. h. die Markttransparenz zu erhöhen. Es bleibt aus lauterkeitsrechtlicher Sicht also grundsätzlich dabei, daß der Verbraucher selbst gehalten ist, sich einen Marktüberblick zu verschaffen. Vertragsrechtlich würde man sagen, daß ihn eine „Informationsbeschaffungsobliegenheit" trifft.

Anders als im Schuldrecht stehen dem Verbraucher nach Abschaffung des § 13a UWG a. F. keine eigenen Ansprüche zu. Mit dem UWG wird nicht ein konkret-individuelles Verhältnis zwischen Unternehmer und Verbraucher, sondern das abstrakt-generelle Verhältnis von Unternehmer und den Verbrauchern als Gesamtheit geregelt. Eine Anspruchsberechtigung der Verbraucherverbände nach § 8 III Nr. 3 UWG besteht nur dann, wenn die fragliche Wettbewerbshandlung auch Verbraucherinteressen beeinträchtigt.

Ein Schutz des Verbrauchers vor Information ist nur aus zwingenden Gründen gerechtfertigt. Über den Anwendungsbereich des § 4 Nr. 2 UWG hinaus ergeben sich jedoch keine praktisch relevanten Fallgruppen. Insbesondere kann allein ein Übermaß an Information grundsätzlich keine Unlauterkeit begründen.

5. Abschnitt Informationspflichten in der Rechtsprechung

Schon vor der Reform hat die Rechtsprechung im Einklang mit der Literatur aus § 3 UWG a. F. unter dem Gesichtspunkt der Irreführung sowie aus § 1 UWG a. F. insbesondere unter den Gesichtspunkten des Vorsprungs durch Rechtsbruch wegen Verstoßes gegen ausdrückliche Informationspflichten außerhalb des UWG wettbewerbsrechtliche Informationspflichten hergeleitet. Nach der Rechtsprechung zum alten UWG setzte eine Irreführung durch Verschweigen eine Aufklärungspflicht voraus, welche zwar nicht schlechthin bestehe, sich aber - wenn sie sich nicht schon aus Gesetz, Vertrag oder vorangegangenem Tun ergebe - daraus ergeben könne, daß das Publikum bei Unterbleiben eines Hinweises in einem wesentlichen Punkt, welche die Kaufentscheidung zu beeinflussen geeignet sei, getäuscht werde, wobei die Offenbarungspflicht nur so weit gehe, wie dies zum Schutz des Verbrauchers unter Berücksichtigung der Interessen des Werbenden unerläßlich sei. Eine klare Einordnung der Rechtsprechung danach, ob sie eine Irreführung durch Verschweigen oder aber durch aktives Tun annimmt, ist meist nicht möglich, weil diese zu dieser Frage sich bislang nicht geäußert hat und stillschweigend eine der beiden Begehungsweisen annimmt.

6. Abschnitt Informationspflichten im reformierten UWG

Im reformierten UWG können die Informationspflichten in einem „Drei-Säulen-Modell“ skizziert werden. Erste Säule sind ausdrückliche Informationspflichten, wobei von einer Doppelsäule gesprochen werden kann, weil hier neben den ausdrücklichen Pflichten des UWG (z. B. § 4 Nr. 4 UWG) auch ausdrückliche Informationspflichten außerhalb des UWG in Frage kommen, welche über den Rechtsbruchtatbestand des § 4 Nr. 11 UWG sanktioniert werden. Die zweite Säule setzt sich aus mittelbaren (impliziten) Informationspflichten zusammen, welche sich insbesondere aus dem nunmehr ausdrücklich normierten Verbot der Irreführung durch Verschweigen (§ 5 II 2 UWG) und dem Verbot der Beeinträchtigung der Entscheidungsfreiheit des Verbrauchers durch unangemessen unsachlichen Einfluß (§ 4 Nr. 1, 3. Alt. UWG) ergeben. Als dritte Säule sind implizite Informationspflichten über das Verbot der Täuschung hinaus unter dem Aspekt der lediglich unzureichenden Information denkbar. Anders als bei den Informationspflichten der zweiten Säule muß der Verbraucher bei den Informationspflichten der ersten Säule keinem konkreten Irrtum unterliegen, sondern es genügt die vom Gesetzgeber angenommene abstrakte Gefahr einer Irreführung bzw. unsachlichen Beeinflussung.

Ein Verstoß gegen ausdrückliche Informationspflichten ist neben einem Verstoß gegen die implizierten Informationspflichten der zweiten Säule möglich. Aus § 4 Nr. 1, 3. Alt. UWG läßt sich hingegen nur dann eine Informationspflicht ableiten, soweit § 5 II 2 UWG eine Lücke aufweist.

Für eine Pflicht zur Information über das Verbot der Täuschung hinaus kann an § 4 Nr. 1, 3. Alt. UWG - nicht aber an § 5 II 2 UWG - angeknüpft werden.

7. Abschnitt Das Verbot der Irreführung durch Verschweigen

A) Der Begriff der Werbung

Werbung im Sinne des UWG ist in Auslegung der Irreführungsrichtlinie jede Äußerung, die in funktionalem Zusammenhang mit einem eigenen oder fremden Handel, Gewerbe, Handwerk oder freien Beruf steht, die zumindest einen Tatsachenkern aufweist sowie geeignet und objektiv darauf gerichtet ist, den Absatz oder Bezug von Waren oder die Erbringung oder Nachfrage von Dienstleistungen einschließlich unbeweglicher Sachen, Rechte und Verpflichtungen zu fördern. Hiervon wird auch Einzelverwebung (z. B. ein individuelles Verkaufsgespräch) erfaßt.

B) Der Begriff der Irreführung

Die Irreführung ist in einem Dreischritt zu prüfen: Feststellung der angesprochenen Verkehrskreise, Verständnis der angesprochenen Verkehrskreise und Feststellung einer Diskrepanz zwischen Vorstellung und Wirklichkeit (subjektive Unrichtigkeit). Für einen Verstoß gegen § 5 UWG genügt bereits die konkrete - nicht aber eine abstrakte - Gefahr der Irreführung. Es genügt daher, wenn ein Verbraucher durch eine Irreführung nur angelockt und sein Irrtum später ausgeräumt wird, sofern das Anlocken die konkrete Gefahr birgt, daß der Verbraucher seine Entscheidung nicht einzig nach den Gesetzen des Marktes (insb. Preiswürdigkeit der Ware) trifft, weil er sich nicht in dem Maße mit anderen Angeboten auseinandersetzt, wie er dies ohne Irreführung getan hätte. Eine Aufklärung erst in den Geschäftsräumen genügt regelmäßig nicht. Dogmatisch können Fälle, in denen eine Irreführung keine ausreichende Anlockwirkung entfaltet, unter dem Gesichtspunkt der wettbewerbsrechtlichen Relevanz der Irreführung oder - wenn diese bejaht wird - unter dem Gesichtspunkt der Zumutbarkeit einer Aufklärung im Rahmen der stets vorzunehmenden Interessenabwägung oder auch bei Prüfung der Bagatellklausel ausgeschieden werden.

C) Der Begriff der betroffenen Verkehrskreise

Wer zu den „betroffenen Verkehrskreisen“ einer Werbung zählt, richtet sich danach, ob die fragliche Werbung geeignet ist, den jeweiligen Personen Material für die Abwägung des Für und Wider eines Vertragsschlusses an die Hand zu geben, welches diese in ihre wirtschaftlichen Überlegungen einstellen.

Ob dies der Fall ist, ist nach Sinn und Zweck der Irreführungsrichtlinie allein objektiv, nicht jedoch unter Berücksichtigung des Willens des Werbenden zu ermitteln. Die bislang vielfach übliche Terminologie „angesprochene Verkehrskreise“ sollte daher vermieden werden. Es können verschiedene Verkehrskreise betroffen sein, wobei bei deren Ermittlung Umstände wie der Preis der Leistung, die Art und insbesondere die Verwendbarkeit der Leistung, aber auch das Werbemedium oder die Person des Werbenden selbst (soziale, kulturelle und sprachliche Faktoren wie Bildung, finanzielle Leistungsfähigkeit, Sonderwissen, Erfahrung etc.) und sonstige Faktoren, welche die Informiertheit, die Aufmerksamkeit und die Verständigkeit der jeweiligen Verkehrskreise beeinflussen, eine Rolle spielen. Bei der Einzelwerbung ist der erkennbare Verständnishorizont des jeweiligen potentiellen Vertragspartners und, wenn dieser nicht erkennbar ist, der Durchschnittshorizont entscheidend. Sind mehrere Verkehrskreise betroffen und verstehen diese die fragliche Werbung unterschiedlich, ist diese immer schon dann zu verbieten, wenn durch die Irreführung auch nur eines der Verkehrskreise der Wettbewerb nicht nur unerheblich i. S. d. § 3 UWG beeinträchtigt wird. Wird die Werbung regional unterschiedlich aufgefaßt, ist in teleologischer Reduktion des Irreführungsverbotes ein regional beschränktes Verbot der Werbung denkbar.

Für die Frage, wie die betroffenen Verkehrskreise die jeweilige Werbung auffassen, ist in Abkehr von einem sozialrechtlichen Verständnis des Lauterkeitsrechts vom Leitbild eines durchschnittlich informierten und verständigen Verbrauchers auszugehen, der das Werbeverhalten mit einer der Situation angemessenen Aufmerksamkeit verfolgt. Für das Verbraucherverständnis sind soziale, kulturelle und sprachliche Unterschiede zu berücksichtigen, soweit diese sich auf die Informiertheit, Verständigkeit oder Aufmerksamkeit des Verbrauchers auswirken.

Das Kriterium der **Informiertheit** betrifft den Kenntnisstand des

Verbrauchers, mit dem er die Werbeaussage auffaßt. Es kann von einem durchschnittlichen Kenntnisstand ausgegangen werden, d.h. von einem Kenntnisstand, der dem Wissen entspricht, das der Durchschnittsverbraucher der maßgeblichen Verbrauchergruppe im alltäglichen Leben (etwa durch Schul- und Allgemeinbildung, Zeitungslektüre, Fernseh- und Radiosendungen oder auch im Rahmen der Erziehung) erwirbt und das von ihm ohne die Bereitstellung oder Einholung weiterer Informationen grundsätzlich erwartet werden kann.

Unter der **Aufmerksamkeit**, mit welcher der Verbraucher die fragliche Werbung wahrnimmt, ist die Intensität des Registrierens und inhaltlichen Aufnehmens von Informationen zu verstehen. Diese hängt insbesondere – neben adressatenbezogenen Umständen, welche bereits bei Bestimmung der betroffenen Verkehrskreise ermittelt werden – von situationsbezogenen äußeren Umständen wie dem Werbemedium und produktbezogenen Umständen wie Art und Wert der Ware ab. Für den letztgenannten Faktor ist zwischen Erfahrungs-, Such- und Vertrauensgütern zu differenzieren. Weiter ist rechtsgutbezogen danach zu unterscheiden, ob das beworbene Produkt Gefahren oder Nutzen für besonders hochwertige Rechtsgüter, wie z.B. die Gesundheit, birgt. Maßgeblich ist auch hier die Aufmerksamkeit der Durchschnittsperson des betroffenen Verkehrskreises. Diese ist situationsabhängig, so daß auch der flüchtige Verbraucher geschützt wird, sofern der durchschnittliche Verbraucher die fragliche Werbung flüchtig aufnimmt.

Im reformierten UWG ist weiterhin – auch angesichts der RL 2005/29/EG über unlautere Geschäftspraktiken – der durchschnittlich **verständige** Verbraucher maßgebend. Durchschnittlich verständig sind Verbraucher, wenn sie die Informationen in normalem Umfang zutreffend einzuordnen, also auch kritisch zu hinterfragen und insbesondere Vergleichsangebote sachgerecht zu prüfen wissen. Eine verständige Würdigung der fraglichen Werbung kann dabei durchaus zu unterschiedlichen Ergebnissen führen. Faktoren für die Verständigkeit sind die zu erwartende Lebenserfahrung der betroffenen Verkehrskreise, Schul- und Allgemeinbildung sowie das Wissen aus der Presse und Werbung (insb. bzgl. Vergleichsangeboten).

Entgegen der traditionellen Rechtsprechung ist die Verkehrsauffassung keine reine Tatsachen-, sondern eine normative Frage, bei deren Entscheidung jedoch die tatsächliche Verkehrsauffassung Berücksichtigung finden kann.

D) Die Irreführung durch Verschweigen als Unterlassungsdelikt

Bei der Irreführung durch Verschweigen handelt es sich um ein Unterlassungsdelikt. Hierbei ist jedoch zu berücksichtigen, daß der Irreführung durch Unterlassen im Regelfall ein aktives Tun anhaftet, so daß praktisch immer ein Fall mehrdeutiger Werbeangaben vorliegt, weshalb die Konstruktion eines Unterlassungsdelikts dogmatisch nicht ganz glücklich ist. Schon weil es sich bei der Irreführung durch Verschweigen um ein Unterlassen durch Tun handelt, kann eine Abgrenzung von Tun und Unterlassen nur in einer normativen Betrachtung nach dem Schwerpunkt der Vorwerfbarkeit unter Berücksichtigung des sozialen Sinngehalts der Handlung vorgenommen werden. Es ist normativ festzustellen, ob der Durchschnittsverbraucher in der fraglichen Werbung eine konkludente Angabe hinsichtlich des verschwiegenen Umstandes sieht.

E) Die Aufklärungspflicht

Eine Irreführung durch Verschweigen setzt eine Aufklärungspflicht hinsichtlich des verschwiegenen Umstandes voraus, welche sich aus der Vertragswesentlichkeit des Verschweigens, aus Gesetz, aus Vertrag und aus vorangegangenem Tun ergeben kann, wobei stets die Unkenntnis der Verbrauchers vom verschwiegenen Umstand im Zeitpunkt der Werbung erforderlich ist.

Eine Aufklärungspflicht wegen Vertragswesentlichkeit des verschwiegenen Umstandes besteht, wenn der verschwiegene Umstand von besonderer Bedeutung für den Vertragsschluß ist, dem Verbraucher der verschwiegene Umstand nicht bekannt ist und eine Aufklärung über diesen Umstand auch unter Berücksichtigung der Interessen des Werbenden zum Schutz des Verbrauchers unerläßlich ist

Bei der **Aufklärungspflicht wegen Vertragswesentlichkeit** des verschwiegenen Umstandes ist daher in einer Interessenabwägung unter Beachtung der - europarechtlich gebotenen - Verhältnismäßigkeit nicht nur die Bedeutung, welche der Verbraucher der jeweiligen Tatsache zumißt, entscheidend, sondern es ist zu fragen, was dieser bei einer angemessenen Risikoverteilung berechtigterweise erwarten darf. Hierbei kommen nur Umstände, die von besonderer Bedeutung für den Vertragsschluß sind, in Frage. In wettbewerbsfunktionaler Betrachtung kommt eine Aufklärungspflicht nur in Betracht, wenn der Verbraucher wegen täuschungsgleicher Schaffung von Marktintransparenz durch den Werbenden mit seiner (potentiellen) Kaufentscheidung kein Urteil über die unternehmerische Leistung des Werbenden fällt und infolge verbrauchertypischer Defizite nicht in der Lage ist, das Verschweigen der fraglichen Information selbst zu erkennen und sich diese Information selbständig zu beschaffen.

Ob eine Aufklärungspflicht besteht, hängt maßgeblich von der Verkehrserwartung ab. Diese bestimmt sich nach dem Informationsinteresse des Verbrauchers, welches davon abhängt, ob es sich um ein Erfahrungs-, Such- oder Vertrauensgut handelt. Besondere Bedeutung kommen den produktwesentlichen Schlüsselinformationen zu. Das Maß der zu erwartenden Information wird weiter vom Werbemedium sowie einer prozessual-zeitlichen Komponente, d. h. der Zeit, welche der Verbraucher zur Prüfung der Werbung hat, beeinflußt. Eine Aufklärungspflicht kann abzulehnen sein, wenn schützenswerte Interessen des Werbenden einer solchen Pflicht entgegenstehen, wobei schützenswert ist, was den Wettbewerb - insbesondere den Binnenmarkt - fördert. Eine Informationspflicht besteht nur dann, wenn der Wettbewerb selbst den Verbraucher nicht ausreichend schützt. Begrenzt werden Aufklärungspflichten dadurch, daß sie in vernünftiger Relation zu dem mit ihnen erreichten Verbraucherschutz stehen müssen. Die schuldrechtlichen Informationspflichten bieten bei der Annahme von Informationspflichten nur insofern einen Anhaltspunkt, als die allgemeine Aufklärungspflicht i. S. d. § 5 II 2 UWG nicht über spezielle Pflichten des BGB hinausgehen kann, in denen der Gesetzgeber ein besonderes Informationsinteresse gesehen hat.

Eine **Aufklärungspflicht aus Gesetz** kann sich nur aus Rechtsvorschriften ergeben, welche zu einer Aufklärung über Umstände verpflichten, die generell geeignet sind, für die Vertragsentscheidung eine Rolle zu spielen.

Zwar betonen Rechtsprechung und die Gesetzesbegründung zum UWG, daß sich eine **Aufklärungspflicht aus Vertrag** ergeben könne, diese Fallgruppe hat jedoch nicht einmal einen theoretischen Anwendungsbereich und ist daher überflüssig.

Eine **Aufklärungspflicht aus vorangegangenem Tun** kann sich zum einen unter dem Aspekt einer unrichtig gewordenen Werbung und zum anderen aus einer vorherigen irreführenden Werbung ergeben, sofern eine neue (an sich zulässige) Werbung sich nicht hinreichend von der alten (irreführenden) unterscheidet, so daß diese fortwirkt. Eine Fortwirkung liegt vor, wenn der Verkehr aufgrund seiner Erinnerung an die frühere Werbung zu einer mit der Wirklichkeit nicht in Einklang stehenden Auffassung vom Inhalt der neuen Werbung gelangt.

F) Weitere Voraussetzungen der Irreführung durch Verschweigen

Eine Irreführung setzt entgegen der früheren Rechtsprechung nicht voraus, daß ein bestimmtes Quorum von Verbrauchern tatsächlich irregeführt wird (keine **Irreführungsquote**).

Bei der Irreführung durch Verschweigen ist die **Relevanz** des Irrtums für den Vertragsschluß (wettbewerbsrechtliche Relevanz) nur bei einer Aufklärungspflicht aus Gesetz oder vorangegangenem Tun festzustellen. Diese Feststellung ist rein normativ und von einer Irreführungsquote grundsätzlich unabhängig. Für die wettbewerbsrechtliche Relevanz genügt nach der Irreführungsrichtlinie auch eine alleinige Mitbewerberschädigung. Diese Fallgruppe hat keine praktische Relevanz und ist letztlich mit dem Schutzzweck des Irreführungsverbot nicht vereinbar.

Auch das Irreführungsverbot nach § 5 UWG steht unter dem Vorbehalt der Verhältnismäßigkeit, so daß eine **Interessenabwägung** als nachgeschalteter Prüfungspunkt durchzuführen ist. Hinsichtlich solcher Interessen, die Einfluß auf die Schwere der Beeinträchtigung des Wettbewerbs haben, ist bei der Prüfung an die Bagatellklausel, bezüglich sonstiger Interessen an den Begriff der Unlauterkeit anzuknüpfen. Eine Differenzierung zwischen objektiv richtigen und objektiv falschen Angaben spielt für die Interessenabwägung keine Rolle.

Entgegen der bisher herrschenden Anschauung ist für die **Bagatellklausel** des § 3 UWG in einer wettbewerbsfunktionalen Auslegung auf die Schwere der Beeinträchtigung der durch das UWG geschützten Interessen – namentlich der Entscheidungsfreiheit der Umworbenen – und den durch diese Beeinträchtigung erzielten Wettbewerbsvorsprung abzustellen, wobei auch die Zahl der betroffenen Verbraucher zu berücksichtigen ist. Faktoren, welche auf die Entscheidungsfreiheit keinen Einfluß haben (z. B. Wiederholungsgefahr, Irreführungsquote oder Vorsatz) spielen für die Bagatellklausel keine Rolle.

Das Urteil der Unlauterkeit nach UWG trifft den Werbenden unabhängig von **subjektiven Voraussetzungen** oder **Verschulden**. Etwas anderes gilt nur bei den Schadensersatz- und Strafvorschriften.

8. Abschnitt Implizite Informationspflichten außerhalb des § 5 UWG

Außerhalb von Werbung kann sich ein Verbot der **Täuschung durch Verschweigen** aus § 4 Nr. 1, 3. Alt. UWG ergeben, wobei hierfür angesichts der weiten Definition von Werbung kein praktisch relevanter Anwendungsbereich verbleibt.

Eine **über das Verbot der Täuschung hinausgehende Informationspflicht** im Bereich von Werbung kann sich theoretisch aus § 4 Nr. 1, 3. Alt. UWG ergeben. Weil die Wertungen des § 5 UWG jedoch nicht umgangen werden dürfen und somit strenge Anforderungen zu stellen sind, ergibt sich jedoch kein praktischer Anwendungsbereich.

9. Abschnitt Umsetzungsbedarf hinsichtlich der UGP-RL

Die UGP-Richtlinie bringt keine wegweisenden Veränderungen. Das integrierte Modell von Verbraucher- und Mitbewerberschutz kann und sollte nach wie vor beibehalten werden. Die Zentralbegriffe des deutschen Wettbewerbsrechts, d. h. die Begriffe der Wettbewerbshandlung, der Unlauterkeit sowie der Werbung, müssen nicht neu überdacht werden. Vielmehr finden der objektive Unlauterkeitsbegriff und das objektiv-normative Verbraucherleitbild sogar volle Bestätigung in der UGP-Richtlinie. Die Beschränkung der Richtlinie auf Verbraucherschutz, auf die unmittelbare Beeinträchtigung von Verbraucherinteressen und auf die unmittelbare Absatzförderungen zwingen nicht zu Änderungen, weil ein Schutz, welcher über den so begrenzten Anwendungsbereich hinausgeht, zulässig bleibt.

Die Verbote der Irreführung durch Unterlassen in den Art. 7 I, 7 II 1. HS., 7 III UGP-RL bringen inhaltlich keine Veränderungen. Insbesondere bleibt auch nach Art. 7 UGP-Richtlinie eine Irreführung im herkömmlichen Sinne Voraussetzung der Unlauterkeit.

Neu ist jedoch der in das UWG umzusetzende Art. 7 IV UGP-RL bezüglich Informationspflichten bei „Aufforderung zum Kauf". Die „Aufforderung zum Kauf" ist dabei so auszulegen wie das „Anbieten" im Rahmen von § 1 PAngV. Eine gravierende Verbesserung des Verbraucherschutzes ist durch diese Vorschrift jedoch nicht zu erwarten, da auch Art. 7 IV UGP-RL eine konkrete Fehlvorstellung der Beworbenen fordert.

Weiter ist § 4 Nr. 3 UWG um das Tatbestandsmerkmal der Entscheidungsrelevanz zu ergänzen. § 4 Nr. 5 UWG ist ersatzlos zu streichen.

Die inhaltlich interessanteste Änderung ist, daß § 4 Nr. 11 UWG in dieser Form nicht fortbestehen kann, weil er – im Widerspruch zu Art. 7 V UGP-RL – Verstöße gegen gemeinschaftsrechtliche Informationsgebote in Bezug auf die kommerzielle Kommunikation auch ohne Relevanz des Verschweigens für die Verbraucherentscheidung verbietet.

Ferner ist dem UWG eine „schwarze Liste" von Per-se-Verboten als Anhang beizufügen.

10. Abschnitt Fazit

Aufgrund des Informationsmodells sind in das gesamte Zivilrecht eine erhebliche Anzahl von Verbraucherschutzvorschriften eingeführt worden. Der Integration der europarechtlichen Vorgaben liegt ein streng wettbewerbsorientiertes Verständnis zugrunde, welches nicht in der gleichen Strenge zwischen Lauterkeits- und Schuldrecht differenziert wie das bisherige deutsche Verständnis. Verbraucherschutz durch Information im Wettbewerbsrecht ist nicht mehr auf das UWG beschränkt.

Die europäischen Vorgaben wenden sich in ihrer objektiv schutzgut- und wettbewerbsorientierten Ausrichtung von einem sozialrechtlich-ethischen Verständnis des Zivilrechts ab. Dieses objektiv wettbewerbsorientierte Verständnis hat maßgebliche Auswirkungen auf das Verbraucherleitbild. Die entsprechenden europarechtlichen Vorgaben gehen von einem empirisch nicht nachweisbaren Idealtypus des Verbrauchers aus, so daß dem Verbraucher nicht nur die Geschäftsfähigkeit nach BGB, sondern auch eine Informationsmündigkeit zugemutet wird, ohne daß deren Bestehen im Einzelfall zu prüfen ist. Ein gewisses Maß an Realitätsferne, welches hieraus resultiert, ist das gewollte Opfer für das Informationsmodell und den Einsatz des Verbrauchers als

Werkzeug zur Verwirklichung des Binnenmarktes. Sowohl das Wettbewerbsrecht als auch Teile des Schuldrechts sind objektives Marktkommunikationsrecht. Dem Wahrheitsgebot des Lauterkeitsrechts liegt in funktional-schutzgutorientierter Auslegung das wettbewerbsorientierte Verständnis einer objektiv marktkommunikationsbezogenen Unlauterkeit zugrunde. Dies zeigt sich besonders daran, daß letztlich infolge des Informationsmodells die Auffassung der betroffenen Verkehrskreise in Abkehr von der traditionellen Auffassung als normative Frage zu sehen ist, aber auch daran, daß sowohl der Begriff der Wettbewerbshandlung und damit einhergehend auch derjenige der Werbung rein objektiv zu bestimmen sind.

Diese Entwicklung hat das materielle Lauterkeitsrecht schon vor der Reform im Jahr 2004 erheblich geprägt. Aus der nunmehr ausdrücklichen Normierung des Verbraucherschutzes und der Anlehnung an europarechtliche Vorgaben im Wortlaut einiger Vorschriften ergeben sich daher keine materiellen Veränderungen, sondern eine Bestätigung und Fortführung dieser Entwicklung. Dies gilt auch und insbesondere vor dem Hintergrund der UGP-RL (2005/29/EG). Ein Bewußtsein dafür, daß auch Wettbewerb originärer Verbraucherschutz ist, entwickelt sich jedoch erst allmählich und hat insbesondere in der Rechtsprechung bislang keinen ausreichenden Niederschlag gefunden. Dies gilt in besonderem Maße für die Informationsmündigkeit des Verbrauchers. Diese ist gerade bei der Irreführung durch Verschweigen zu berücksichtigen. Die Normierung in § 5 II 2 UWG ist hierfür offen. Sie bringt lediglich etwas mehr strukturelle Klarheit, jedoch keine neuen materiellen Anhaltspunkte.

Trotz der positiven Grundtendenz, welche im Verständnis zahlreicher Informationspflichten zum Ausdruck kommt, ist scharf zu kritisieren, daß manche Informationspflicht über ihr Ziel hinausgeht. Eine allzu extensive Schaffung schadet dem Grundgedanken des Informationsmodells. Der Umgang mit Information ist daher oft noch widersprüchlich, weil Informationspflichten geschaffen werden, die diametral zur Informationsmündigkeit des Verbrauchers stehen. Die Informationspflichten sollten daher gemessen am Informationsinteresse des Verbrauchers gestrafft werden. So umständliche Vorschriften wie Art. 7 der Richtlinie 2005/29/EG über unlautere Geschäftspraktiken und ihr Anhang I sollten vermieden werden. Ein wirklicher Gewinn an Klarheit geht durch den Umfang der Regelungen verloren, zumal es ein unmögliches Unterfangen ist, alle Erscheinungsformen des Wettbewerbs mit einer Einzelfallregelung erfassen zu wollen.

Besonders ist zu hoffen, daß die künstliche Aufspaltung von Verbraucher- und Mitbewerberschutz auf europäischer Ebene sich nicht weiter fortsetzt.

FSC
www.fsc.org
MIX
Papier | Fördert gute Waldnutzung
FSC® C083411

Kolibri 360 GmbH
Ferdinand-Jühlke-Straße 7
99095 Erfurt, Deutschland
produktsicherheit@kolibri360.de